法学特色专业系列教材

租船实务与法律

PRACTICE AND LAW IN TRAMP SHIPPING

(第三版)

郭　萍　编著

司玉琢　主审

大连海事大学出版社

图书在版编目(CIP)数据

租船实务与法律 / 郭萍编著. —3 版. — 大连 ：大连海事大学出版社，2014. 10(2025. 8 重印)
法学特色专业系列教材
ISBN 978-7-5632-3093-8

Ⅰ. ①租…　Ⅱ. ①郭…　Ⅲ. ①租赁—船舶—高等学校—教材②租赁—船舶—法律—高等学校—教材　Ⅳ. ①U695. 2②D922. 296

中国版本图书馆 CIP 数据核字(2014)第 233800 号

大连海事大学出版社出版

地址：大连市黄浦路 523 号　邮编：116026　电话：0411-84729665(营销部)　84729480(总编室)
http://press. dlmu. edu. cn　E-mail：dmupress@ dlmu. edu. cn

大连天骄彩色印刷有限公司印装　　大连海事大学出版社发行
2014 年 10 月第 3 版　　2025 年 8 月第 5 次印刷
幅面尺寸：170 mm×230 mm　　印张：32. 5
字数：618 千　　印数：10001 ~ 11000 册

出版人：余锡荣

责任编辑：王桂云　　责任校对：刘长影　杨　洋
封面设计：王　艳　　版式设计：解瑶瑶

ISBN 978-7-5632-3093-8　　定价：65. 00 元

内容提要

本书集实务和法律于一体，分别阐述了有关租船运输的基础知识、租船合同的订立程序、租船市场概况、有关 GENCON、NYPE、BALTIME 及 BARECON 等标准租船合同格式的主要内容以及租船合同下签发提单的有关法律问题。可作为国际海事、外贸运输、航运管理等专业本科生及教师的教材或参考书籍，对从事司法实践、租船运输实务、货运代理、国际贸易等工作的读者亦有一定的参考价值。

大连海事大学法学特色专业系列教材建设委员会

序

海商法专业是大连海事大学重点建设的本科专业，是大连海事大学的重要支撑性专业之一。该专业建设历史悠久，早在1957年大连海事大学（原大连海运学院）就为船舶驾驶专业开设了海商法课程，1972年至1976年招收工农兵学员，为船舶驾驶专业开设了“远洋运输业务与海商法”课程。1978年改革开放以后，我国国际贸易和海上运输业得到快速发展，对海事法律人才的需要越显迫切。在此情况下，原大连海运学院于1984年成立了航管系，大连海事大学前任校长司玉琢教授作为该系的创始人担任系主任，1985年开始招收国际海事专业本科生和研究生班，1998年成立法学院后，国际海事专业改为现在的海商法专业。在学校的大力支持与学科创始人司玉琢教授的带领下，海商法学科从无到有发展迅速，1993年获国际经济法学（海商法）专业硕士学位授予权，1998年获得博士学位授予权，2010年获得法学博士后流动站，目前大连海事大学成为亚太地区唯一的具有海商法本科、硕士和博士授予权的学校。

在人才培养上，大连海事大学法学院一直坚持以本科教育为立院之本的办学宗旨。2010年法学专业获得国家特色专业建设点，2013年获批教育部卓越法律人才培养基地以及辽宁省普通高等学校本科综合改革试点专业建设。在前述建设项目的支持下，大连海事大学法学院成立了法学特色专业教材建设委员会，组织具有多年海商法本科教学经验的任课教师以及外聘教授、司法实务届专家，撰写海商法特色专业系列教材，共计19本，计划在2~3年出版齐全。

这套特色专业系列教材在内容上是任课教师多年教学内容的总结，不仅体现对海商法理论的阐释，也注重对航运实务的反映。在系统上，力求完整；在时效上，吸收、反映国内外最新海商立法与实践。在适用对象上，不仅能够满足本校海商法本科生教学、人才培养之需，也能够为其他航海类院校和法学院系解决特色教材之需。

大连海事大学法学特色专业系列教材建设委员会

2014年8月

第三版前言

承蒙广大读者的支持和厚爱,本书对于普及和传播有关租船合同相关业务与法律知识发挥了绵薄之力。

自本书第二版修订以来,不论是国际租船市场还是相关的国内外立法,都发生了较大变化。这些变化或多或少影响着租船合同条款及其内容的确定、合同的履行及合同争议的处理。

2008 年下半年席卷全球的金融危机爆发,也给时值兴隆的租船市场带来了消极影响。作为衡量租船市场风向标的波罗的海指数(BDI)大幅下挫,因此导致相关租船合同纠纷大量产生。通过制定较为完善的租船合同条款,成为租船合同当事方保护己方利益的重要手段。

此外,随着索马里海盗及恐怖活动的不断出现,船载油类货物及相关有毒有害物质造成的海域污染事故时有发生。如何保障国际航行安全以及船舶、船上人员的安危,如何保护海洋环境,日益吸引世人眼球并成为人们关注和谈论的热点话题。与此同时,国际立法活动日益活跃,《国际船舶安全营运和防止污染管理规则》(ISM 规则)、《国际船舶和港口设施保安规则》(ISPS 规则)、《2001 年国际燃油污染损害民事责任公约》、《国际控制船舶有害防污底系统公约》等相关国际海事条约相继颁布、生效,MARPOL 73/78 公约先后多次修订。

2002 年以来,我国先后颁布实施《物权法》、《侵权责任法》、《防治船舶污染海洋环境管理条例》、《船舶油污损害民事责任保险实施办法》、《船舶安全检查规则》、《港口设施保安规则》等重要法律、法规、规章。最高人民法院先后出台《关于适用〈海事诉讼特别程序法〉若干问题的解释》、《关于审理民事案件适用诉讼时效制度若干问题的规定》、《关于适用〈中华人民共和国保险法〉若干问题的解释(一)》、《关于适用〈中华人民共和国合同法〉若干问题的解释》、《关于适用〈中华人民共和国仲裁法〉若干问题的解释》等多个司法解释。

此外,欧盟、美国加利福尼亚州等先后颁布法令要求在规定水域行驶的船舶应当使用低硫燃油,美国在防止船舶污染以及保障国家安全方面也先后颁布内国法令。

上述国际条约以及国内外立法的变化,都将对租船合同当事方的权利、义务与责任产生不同程度的影响。因此本次修订尽量及时反映和体现这些变化并进行分析。

为了加深对租船合同内容及条款的理解,增强本书的可读性及实用性,本次修订还注意及时补充国内外司法判例及海事仲裁实例。

提请读者关注的是，在洽谈租船合同的实践中，当事方通常会大量使用一些租船缩略语，并在选用某个标准租船合同格式基础上增加一些附加条款。鉴于本书篇幅未对这些内容作更多详述，各位读者可以关注由笔者编写、2010 年由大连海事大学出版社出版的《租船缩略语与常用条款》一书加以了解。

感谢我的家人以及从事航运实践工作的一些朋友们，对此书提出的诚恳建议及给予的热情支持！2009 级海商法硕士研究生王欣、张梦迪、高佳璐、丰潇、滕晓琴等同学在一些租船合同案例的收集和整理方面做了部分工作，在此一并表示谢意！

作　者

2014 年 3 月于大连星海湾畔

第二版前言

为了满足高等院校海商法教学以及租船实践中对有关租船合同及业务理论的迫切要求,作者对《租船运输实务与法律》一书进行了适当的修改和补充。修订的原因是基于如下方面的考虑:

首先,本书第一版出版之后,《中华人民共和国合同法》、《中华人民共和国海事诉讼特别程序法》等法律先后颁布实施,加上《中华人民共和国海商法》关于租船运输中的个别条款在实践中暴露出规定不明确或规定不足等问题,因此在本次修订过程中,力争结合最新的法律规定和司法实践,对有关问题进行深入研究和分析。

其次,本书第一版在出版印刷之后,在教学及学习过程中发现若干排版及文字错误。本次修订中已经把发现的错误一一纠正过来。同时对于读者因使用本书产生的误解和不便,致以深深的歉意。

第三,作者于 2000 年 9 月至 2001 年 9 月以公派访问学者的身份在英国南安普敦大学(University of Southampton)研修海商法一年。留学期间对于英国有关租船合同的法律及判例有了进一步的认识和了解,作者竭力将新的学习体会和收获反映在这次修订版中。

一些从事航运实践工作的朋友们,也对此书提出了诚恳的建议并提供了热情的帮助 ,在此深表谢意。

因水平有限,肤浅谬误之处在所难免,欢迎读者不吝赐教。

作　者

2002 年 4 月 5 日

第一版前言

《租船运输实务与法律》一书,经过各方努力,终于付梓成书,这使作者深感欣慰。作者多年来一直从事海商法教学工作,特别是从事租船运输课程的教学活动,苦于无专门的教材,又无太多合适的中文参考书,于是将几年来的教学心得和体会加以整理,终成此书。由于租船运输业务涉外性及实务性较强,因此在具体洽谈业务中,需要更多地对有关租船运输方面的法规及国际惯例加以了解,此外还应对有关合同条款的内容加以认真研究,才能更好地增强谈判及缔约能力。由于作者水平及时间、资料有限,加之租船实务的复杂性及广泛性,作者深知此书尚属于早产儿,对某些问题的研究尚过于浅显,缺点及不足在所难免。考虑到即将面对世人的评论,心中难免有所惴惴不安。因此作者热忱地希望航运界各位前辈及同仁不吝赐教,这将成为鞭策作者的动力,以便更好地继续从事有关租船运输实务与法律的研究工作。

本书在写作过程中,得到了大连海事大学校长司玉琢教授、法学院院长傅廷中教授及胡正良教授的鼓励和帮助,在此深表谢意。

编　者

1998 年 12 月 14 日

目 录

第一章
租船运输概述

【本章要点】本章内容主要涉及国际租船运输的基本方式、概念、特点及作用，航次租船合同、定期租船合同及光船租赁合同的含义，租船经纪人与租船合同的订立程序，主要标准租船合同格式，租船市场，租船运输成本及航次费率估算等相关内容。

随着世界经济的发展，国家与国家间的贸易往来不断增加，运输业则为这种国际贸易的顺利进行提供了便捷的条件。因运输工具的不同，运输业可以采用如下几种运输方式：陆路运输、水上运输、航空运输和管道运输。其中水上运输可分为内河运输和海洋运输，海洋运输一般又细分为沿海运输和远洋运输；陆路运输又分为铁路运输和公路运输。近几十年，随着集装箱运输及多式联运业务的不断拓展，航空运输、陆路运输有了蓬勃的发展。由于海运运价低廉、海运运量较大等诸多优点，加上船舶技术的不断改进，使船舶抗风险能力及提供快速服务方面都有了较大提高，因而，海运业务在国际贸易运输中仍发挥着重要作用。

目前，海上运输通常采用如下两种基本方式进行：一种是定期船运输（Liner shipping），又称班轮运输；另一种是不定期船运输（Tramp shipping），又称租船运输。班轮运输是指船舶按事先制定的船期表（或时间表）在特定的航线上，以既定的挂靠港口顺序，经常地从事航线上各港口之间的船舶运输方式。班轮运输比较适于那些种类繁多、数量不是很大、收（发）货人多、市场性较强的件杂货运输。例如工业制成品、半制成品、生鲜食品、日用品以及其他各种货价较高的货物。班轮运输又可进一步分成两种形式，即定线定期班轮和定线不定期班轮。前者又称核心班轮，是班轮运输的主要形式，即船舶严格按照预先公布的船期表运行，到、离港口的时间固定不变。后者虽有船期表，但船舶到、离港口的时间并不固定；虽有固定的起始港和最终目的港，但中途挂靠港则视货源情况有所增减，即所谓定线不严格定期的班轮运输。

第二次世界大战期间，美国军队率先采用集装箱进行军用物资运输，此后逐渐推广至民用。自20世纪60年代后半期，集装箱运输发展迅猛，此时的班轮运输又进一步分化为传统的杂货班轮运输和集装箱班轮运输。由于使用集装箱运输具有装卸方便、装卸效率高、货运质量好、便于开展多式联运等优点，目前航运实践中越来越多的集装箱船班轮运输已经取代了传统的杂货船班轮运输，特别是在件杂货国际航运中，集装箱船班轮运输具有绝对优势。

在班轮运输方式之下，货主通过订舱向船公司办理有关托运手续。如果作为承运人的船公司或其船舶代理接受了货主（托运人）的订舱申请并加以确认，则货主与船公司之间的海上货物运输合同关系成立。在货物装船之前，船、货双方无需签订书面的海上货物运输合同，而是在货物装船后或承运人接管货物时，应托运人请求，由承运人或其授权的代理或船长签发已装船提单或收货待运提单。提单是船公司单方签发的，事先印制好的具有固定格式的一种书面运输单证，其正面记载事项及背面条款是确定船、货双方权利和义务的主要依据，也是船、货双方之间海上货物运输合同成立及其内容的证明。

但对于批量较大、货价较低的大宗散货，例如原油、粮食、矿砂、煤炭等货物而言，货主往往采用租船运输的方式。由于租船运输与班轮运输相比较而言，有着不同的货运程序、不同的营运方式、不同的合同内容及特点，因此对于那些平均进出口货价较低的国家，尤其是对于像中国这样一个发展中国家，了解和掌握租船运输方面的理论和实务，尤为重要。

第一节　租船运输的概念、种类与特点

一、租船运输的概念

租船运输与班轮运输不同，没有既定的船期表，也没有固定的航线及挂靠港，更没有固定的挂靠顺序，而是根据货源情况，安排船舶就航的航线，组织货物运输，特别是整船运输的船舶营运方式。也就是说，是通过船舶出租人（shipowner）和承租人（charterer）之间签订运输合同或船舶租用合同进行货物运输的基本营运方式。

在这种运输方式下，船舶出租人将整船或部分舱室出租给承租人使用。使用的期限可以限定为一个或几个具体航次，也可以是约定数月或数年，甚至船舶出租人将一艘不配备船员的船舶出租给承租人使用。具体使用的时间、方式、航行区域范围以及如何结算并负担相关营运费用等，完全依据出租人、承租人双方在合同中约定的具体内容确定。例如这个航次船舶在大连港装货，在日本神户港卸货，下一个航次可能是从日本某港至马来西亚的某一个港口。从这个意义上说，租船运输是不定期运输，甚至是全球运输。

二、租船运输的特点

虽然从最终的形式上看，班轮运输与租船运输都是为了满足货物运输的需要而采取的具体营运方式，但租船运输仍具有自己的特点，主要表现如下：

1. 租船运输之下，没有既定的船期表，也没有固定的航线或挂靠港口，而且完全按照合同的约定，安排船舶就航的航线，组织货物运输。即船舶航线完全依据货源情况确定，甚至可能是全球航线，而且航线的长短也是根据运输航次的长短确定。承租人租用船舶或使用的期限也是根据合同约定予以确定和安排。因此租船运输方式下没有固定的装卸港，也没有固定的挂靠港口，更没有固定的航线和船期。

2. 租船运输特别适合于大宗散货的整船或包船运输。大宗散货一般包括粮食、化肥、石油、煤炭、矿砂、钢材、木材等。这类货物的特点是批量大、价格低廉，不需要或需要比较简单的包装。而班轮运输往往适合于批量小、种类繁多、价格较昂贵的件杂货物运输。例如纺织品、服装、日用品、食品、电子仪器、机器配件、工业产品等。这类货物往往需要适于海上运输的包装，即使使用集装箱运输，也需要一定强度的外包装。

3. 出租人、承租人在参考市场价格基础上，对运价或租金率在合同中予以明确。班轮运输下，货物的运费通常根据班轮公司颁布或备案的运价本(tariff)确定，即依据该票货物运输航线及货物种类、等级等因素确定的基本运价与货物数量乘积之和予以计算。有的情况下，除了上述基本运费外，根据航线特点、货物情况等，班轮公司还可能临时加收一定的附加运费，例如超重附加费、超长附加费、燃油附加费、选港附加费等。集装箱货物运价，根据不同班轮公司承运的航线不同而有所区别。但是对于同一班轮公司的同一航线运送的集装箱货物而言，不论该票货物卸载的港口顺序如何，均根据同样的费率予以计算。而租船运输的出租人可以根据承租人的需要，提供整船或部分舱位，安排特定航线或约定期限内的航线。运价或租金率完全由出租人、承租人在参考当时国际航运市场价格的基础上协商确定，并在租船合同中予以明确。同时对运费或租金的支付方式、时间、地点，甚至支付货币的币种、受益人等都在租船合同中明确下来。

4. 船舶营运中的相关费用及其风险由谁负责或负担,视租船合同的类别及合同条款而定。例如航次租船中,双方通常需要对装货费、卸货费、平舱费、积载费、绑扎费等的支付做约定;定期租船除上述费用之外,还需要对船员工资、燃油费、港口使费、代理费等做约定;光船租船则还需要对船舶保险费、维修费等做约定。总体来说,从航次租船到定期租船,再到光船租船,出租人负担的费用相对越来越少,而承租人支付的费用和承担的风险越来越大。而在班轮运输下,通常不需要对上述费用的支付及其负担做出约定。一般来说,承运人负责包括装货、卸货和理舱在内的作业,有时还负责仓库至船边或相反方向的搬运作业,并负担全部费用。如果所有装货费、卸货费、理货费都已计入班轮公司运价本规定的费率中,承运人不另行收取。至于仓库至船边之间的搬运费,有的班轮公司在基本运费之外增收附加费,有的班轮公司则将上述费用计入运价本中,一并在计收运费时向货方收取。除非根据协议,当承运批量较大的货物时,承运人允许托运人在船边交货和收货人在船边提货外,否则通常情况下,承运人都要求托运人将货物送至承运人指定的码头仓库交货,或承运人将货物卸至码头仓库后,要求收货人在码头仓库提取货物。如果是集装箱货物,则依据货物属于整箱货(FCL:full container load cargo)还是拼箱货(LCL:less than container load cargo)有所不同。如果是整箱货,则由托运人在装货港集装箱堆场将货物交付承运人,收货人在卸货港集装箱堆场(CY:container yard)接收货物;如果是拼箱货,则托运人在装货港集装箱货运站(CFS:container freight station)向承运人交付货物,收货人在卸货港集装箱货运站提取货物。当然依据集装箱货物交接方式的不同,也可能存在托运人在其内陆工厂将货物交给承运人,而收货人在目的地内陆工厂或公司提取货物的情形。

5. 出租人与承租人之间通过签订运输合同或船舶租用合同明确双方的权利、义务。如果货物装船后,船长或承运人签发提单给承租人,则提单对于承租人和出租人而言,仅起到货物收据(receipt of cargo)的作用,确定出租人、承租人双方权利、义务的依据只能是运输合同或船舶租用合同,而不是提单。但是如果承租人通过背书把提单转让给第三方,此时提单不仅是收货人凭以提货的凭证,并且当提单在承租人以外的第三人手中时,对于作为承运人的出租人和第三人而言,提单还起到海上货物运输合同证明的作用,即承运人与持有提单的第三人(非承租人)之间的权利、义务的内容根据该租船合同下签发的提单条款予以确定。

而在班轮运输下,货物装船前,承运人与托运人通常无须签订书面海上货物运输合同。只是在货物装船后或承运人接管货物后,应托运人请求,承运人或其船长签发已装船提单或收货待运提单。该提单是承运人接管货物或已将货物装船的收据,同时是承运人、托运人之间存在海上货物运输合同及其内容的证明。此外承运人与托运人之间权利义务的确定也是依据提单内容,除非经证明承运人、托运人之间存在提单以外的其他协议。如果提单从托运人手中转移至包括收货人在内的其他善意第三人手中时,则提单上有关货物的记载事项视为承运人收到该票货物的绝对证据。

此外,根据有关提单的国际公约规定,例如《1924 年统一提单若干法律规定的国际公约》(简称《海牙规则》)第 1 条、《修正 1924 年海牙规则的 1968 年议定书》(简称《维斯比规则》)、《1978 年联合国海上货物运输公约》(简称《汉堡规则》)第 2 条以及《2008 年联合国全程或者部分海上国际货物运输合同公约》(简称《鹿特丹规则》)第 6 条的规定,上述公约不调整租船合同以及租船合同下签发的提单,但当租船合同下签发的提单调整并约束承运人和非承租人的提单持有人之间的关系时,公约的各项规定适用于此种提单。

三、租船运输的种类

租船运输的基本营运方式包括航次租船、定期租船和光船租赁。以下将分别予以说明。

(一)航次租船(voyage charter)

1. 概念

航次租船又称“航程租船”、“程租船”,是出租人负责提供一艘船舶或部分舱室,在约定的港口之间,运送约定的货物,进行一个航次或数个航次的租船方式。

2. 特点

航次租船运输下,出租人负责提供整艘船舶或部分舱室供承租人使用,并用于货物运输,由承租人支付运费等相关费用。与其他几种租船运输基本营运方式比较,其具有如下特点:

(1)出租人负责配备船长、船员,负担船长、船员工资、航行补贴、伙食费等。航次租船下出租人仍有配备船长、船员的义务,通过配备船长、船员达到控制和占有船舶的目的,并进行日常营运。

(2)出租人负责营运安排和调度工作,并负担船舶的燃料费、修理费、港口费用、淡水费、物料费、船舶折旧费、维修费、船舶保险费等大部分营运费用。这里所指出租人负责营运安排工作,是指出租人负责在合同约定的装、卸港进行装卸作业并运送合同约定的货物,并不意味着出租人可以随意安排航线及营运工作。只是强调在符合合同约定的情况下,出租人仍需对船舶管理、航行等具体事项负责。

(3)按照装载货物的数量或按船舶吨位的总和以及合同约定的运价计收运费。根据具体货物不同,装载货物的数量,可以是货物的载重量,也可以是货物的容积数。运费通常应该包含船舶营运的日常费用或支出,此外合同还需对运费支付的方式、时间、地点、币种等各项内容做出明确规定。

(4)租船合同中需明确有关货物装卸等相关费用由出租人还是承租人负担。航次租船合同中通常都对装卸货物的费用以及与装卸货有关的其他费用，例如积载、平舱、绑扎、垫舱等项费用由出租人或者承租人负担问题做出明确规定，有的还对因此产生的风险负担问题做出规定。这类费用通常不被认为包括在日常营运费中，因此也就不能被涵盖在运费中。需要在合同中予以特别明确，是否由出租人负担需视合同的具体规定。

(5)需订明可用于装卸的时间、计算方法并规定速遣费、滞期费的计算标准。通常这项规定也是航次租船合同中的重要条款之一。而班轮运输一般不需明确装卸时间以及滞期、速遣问题，因为班轮公司会依据船期表安排每个运输环节，而且通常是作为承运人的班轮公司委托装卸港港口经营人统一进行装卸港的各项作业活动。因此该内容也是班轮运输和航次租船运输显著不同的特点之一。

3. 种类

航次租船主要包括单航次租船(single trip charter)、往返航次租船(return trip charter)、连续单航次租船或连续往返航次租船(consecutive single voyage charter or continuous return voyage charter)。

所谓单航次租船，是指出租人和承租人只洽租一个单程航次，由出租人提供特定的船舶，将约定货物从约定的一港运至另一港的租船方式。往返航次租船是根据出租人和承租人之间的约定，同一艘船舶在完成一个单航次之后，紧接着在上一个航次的卸货港(或其邻近港口)装运约定的货物，运回原装货港(或其附近港口)卸货后，航次才告终止的租船方式。连续单航次租船或连续往返航次租船是指同一艘船舶在同方向、同航线上，连续完成规定的两个或两个以上的单航次或往返航次的一种租船方式。

实践中存在一种包运合同(COA:contract of affreightment)①运输，在形式上与连续单航次类似。所谓包运合同是指根据承运人与托运人之间达成的协议，承运人负责将约定名称和数量的货物包运至指定的港口，并由托运人支付总运费的海上货物运输合同，又被称之为“海上货物运输总合同”。承运人、托运人在议定合同时，只是约定承运货物的名称、数量、承运的期限、运费及船舶的类型和特征等主要内容。至于具体的航次数、每次运量多大以及用什么样的船舶，通常由承运人决定，托运人一般不予以干涉。当然，当承运人确定使用某一艘或几艘船舶从事货物运输时，应事先通知货方，以便货方备货并及时安排货物装运。只要承运人在规定

① 按照英国法律，COA不是此处特指的包运合同，而是指海上货物运输合同，具体包括提单证明的海上货物运输合同、航次租船合同和定期租船合同三种，请读者加以区分。

期限内,将指定的包运货物从一港运至另一港,即有权收取包运运费(lump sum freight)。包运运费又称为“总笔运费”、“一揽子运费”等。显然从合同内容看,包运合同属于海上货物运输合同的一种,而连续单航次租船则是航次租船的一种方式。如果包运合同的全部履行是通过同一艘船舶完成,则从形式上看,与连续单航次租船合同没有什么实质上的不同。实践中也常有人认为这种情况下的航次租船合同就是包运合同。但是如果包运合同的履行是通过两艘或两艘以上的船舶完成,则二者仍然存在区别。

需要引起注意的是,2008 年《鹿特丹规则》首次在国际海运公约层面规定了批量合同(volume contract)的概念。虽然批量合同与这里提及的包运合同有些类似,但是并不完全相同。因为根据《鹿特丹规则》第 1 条的规定,批量合同是指在约定期间内分批装运特定数量货物的运输合同,货物数量可以是最低数量、最高数量或一定范围的数量。《鹿特丹规则》在对班轮运输中的海上货物运输合同普遍强制适用的前提下,对批量合同采用相对自由的“特别规则”,即允许当事方在批量合同中约定增加或减少公约规定的海上货物运输合同当事方的权利、义务和赔偿责任,但是涉及承运人适航义务、托运人提供信息义务以及承运人赔偿责任限制丧失条件等方面不得做出与公约规定不一致的约定。①

从包运合同与批量合同的定义来看,二者非常相似。但是相比较而言,包运合同是一个较为广义的概念。按照履行方式的不同,包运合同既可以针对集装箱货物用于班轮运输,也可以针对大宗散货,采用航次租船的非班轮运输方式。由于《鹿特丹规则》规定的批量合同仅限定在班轮运输之下,因此批量合同可以包含在包运合同的范围内。但就本书讨论的租船运输而言,包运合同不包括《鹿特丹规则》下的批量合同,因此就包运合同的合同双方——承运人、托运人而言,也就不涉及是否适用《鹿特丹规则》的问题。但是如果该包运合同之下,针对每个具体航次运输,承运人签发了运输单证,则对承运人与非托运人的运输单证持有人而言,《鹿特丹规则》还是会强制适用于该运输单证。

(二)定期租船(time charter)

1. 概念

定期租船又称“期租船”、“期租”,是出租人负责提供一艘配备船员的船舶,并出租给承租人使用一定时期,由承租人支付租金的租船方式。承租人可以将期租进来的船舶用于班轮运输,还可以将船舶再次以航次租船或定期租船等方式转租出去,另作其他用途。但无论如何,转租的船舶应符合原定期租船合同中约定的用

① 参见《鹿特丹规则》第 80 条的规定。

途。

2. 特点

(1)由船舶出租人负责提供一艘船舶,并负责配备船长、船员,同时负担船长、船员的工资、航行补贴、伙食费用等。

如果船长、船员因听从承租人指示,承担了超出与船舶出租人之间订立的雇用合同或劳务合同规定范围以外的营运工作,则应由承租人负担其劳务费或加班费用的支付。

(2)承租人负责船舶的调度安排、货运工作以及相关费用。除船舶修理费、物料费、润滑油费、船舶折旧费、船舶保险费等由船舶出租人负担外,其他有关的营运费用,如燃料费、港口费用等均由承租人负担。

一般来说,期租下出租人仅负责船舶航行的安全及船舶管理工作,至于具体货运安排,由承租人负责。此外相应的营运费用如何分担,要看定期租船合同中的明确约定。通常在一定时期相对固定不变的费用由出租人负担,如船员工资、保险费、折旧费等;相对变化的,并且随每个不同航次发生变化的费用由承租人负担,如燃油费、港口使费等。

(3)租金率根据船舶装载能力、租期长短以及航运市场价格等多方面因素,由出租人和承租人在合同中明确约定。同时定期租船合同中还需要对租金支付的时间、方式、地点、币种以及停租等方面的内容进行约定。

(4)合同中需订明淡水费的分担。船上锅炉用水的费用,主要是用于船舶营运,通常由承租人负担,而船长、船员生活用的淡水费通常由出租人负担。

(5)合同中常订有关于交、还船的规定。定期租船的特点是出租人将船舶租给承租人使用一段期间,因此合同中常约定租期。而租期的起算和止算又与交、还船舶有着密切的联系,因此交、还船的规定通常是定期租船合同中的重要条款之一。该条款通常需要对交、还船舶的状态、时间及地点等内容进行明确约定。

20 世纪 70 年代以来,航运实践中又出现了一种租船方式,即航次期租(TCT, time charter on trip basis or time chartertrip),是综合了定期租船以及航次租船的内容及特点。形式上仍以一个航次为限,但是承租人并不支付运费,而是支付租金。租金则按该航次使用的实际时间及日租金率计算。当装货港或卸货港条件较差,或航线的航行条件较差,或者出租人对于该航次中约定的装、卸港口情况并不是特别了解,比较难于确定完成一个特定航次所需时间的情况下,如果采用航次期租,对出租人比较有利,可以避免因为不测而使航次时间延长造成船期损失。

航次期租最初产生的时候,其合同内容主要以定期租船合同为主,结合部分航次租船合同的内容,因此航次期租合同通常被认为是定期租船合同的一种。但是目前航运实践中,越来越多的航次期租合同是在航次租船合同基础上,适当增加一些定期租船内容,此类航次期租合同更偏重于航次租船合同。因此对于航次期租合同如何定性,究竟是属于航次租船合同还是定期租船合同,笔者建议应当综合考虑该合同中的具体条款和内容予以判断,而不能单纯地从合同名称本身妄下结论。

(三)光船租赁(demise charter)

1. 概念

光船租赁又称"船壳租船"、"光租"、"光船租船",是指船舶出租人提供一艘不包括船员在内的空船出租给承租人使用一定时期,并由承租人支付租金的一种租船方式。

2. 特点

(1)出租人只提供一艘空船(bare boat)。这里所指空船是符合合同约定的并且没有配备船长、船员的适航船舶,包括船舶上附属设备、仪器及其他相关的船舶证书或文件。

(2)承租人负责配备船员、任命船长,并负担船长、船员的工资、奖金、补贴及伙食费等。这是光船租赁与其他几种租船方式的最大不同,承租人通过配备的船员占有、控制和使用船舶,俨然是船舶所有人,通常又称之为二船东(disponent owner)。

(3)承租人负责船舶调度和营运安排,并负担除船舶保险费以外的一切营运费用。船舶保险应由谁投保并由谁支付相应的保险费,依据双方的约定并需在合同中订明。由于出租人只是保留了船舶所有权中的处分权和部分收益权,而将船舶的占有权、使用权和收益权转移给承租人,因此承租人除了安排货物运输工作外,还需承担船舶的日常维修保养、定期检验及船舶修理等义务。

(4)合同中通常订明因光船租赁前存在的船舶担保物权及光船租赁期内产生的船舶担保物权引起的费用、风险及责任承担等问题。一般来说,出租人应向承租人保证,在船舶光租给承租人之前,船舶上没有附着类似船舶优先权、船舶抵押权等船舶担保物权;一旦已经存在上述船舶担保物权,出租人应当履行告知义务,以便承租人确定是否仍然光租该船舶。同时承租人保证在整个光船租赁期间,出租人的利益不受租期内因承租人原因而可能产生的船舶担保物权的影响,例如光船租赁期间,因为承租人配备船员而拖欠船员工资时,就会产生船舶优先权。此外,光船租赁期间,出租人在船舶上设定抵押的权利也要受到限制,只有征得光船租赁承租人同意,出租人才可以设定船舶抵押。

(5)合同中需订明超出一定数额的设备或仪器的变更费用如何分担。由于光船租赁期限往往比较长,因法律变更或其他合理理由,需要对船舶上的一定设备或仪器进行修理、添置或者改造。如果变更费用数额较大的话,合同中常订明在出租人与承租人之间如何负担的内容。例如 2001 年发生"9 · 11"恐怖袭击事件之后,

《国际船舶及港口保安规则》(ISPS)被列入《国际海上人命安全公约》(SOLAS 公约)强制予以实施。根据 ISPS 规则，船舶应当配备满足公约要求的保安设施。因此如果光船租赁期间,ISPS 规则强制生效,则对添加该保安设施的费用如何分担问题,需要在光船租赁合同中予以明确。

在 20 世纪 80 年代,作为船舶融资的一种手段,国际上出现了一种新的光船租赁方式,即光船租购(bareboat charter by hire purchase)。光船租购融合了光船租赁和船舶买卖于一体,通过光船租赁的方式,最终达到船舶买卖的目的。原因在于船舶的购买和经营,需要巨额投资,而船公司一下子拿不出这么多资金,所以通过光船租购方式,可以像光船租赁承租人一样占有、使用和管理船舶,丝毫不影响船公司(光船承租人)对该船舶的控制和经营。同时该船公司将巨额的购船款分成若干小额的款项,随同每一期的光船租金同时支付,从而减轻一次性支付购船款的压力。这样当光船租赁期限届满时,购船价款也全部支付完毕,船舶买卖合同即时发生效力,船舶所有权随之转移。而在光船租赁期间,一旦承租人不按时支付租金,出租人(船舶所有人)可以通过撤船等方式来保护自己的利益,从而减少风险。作为船舶卖方(出租人)可以通过光船租购,定期按时获得租金收益及分期收回船舶价款,而船舶买方(光船承租人)完全可以通过配备船员获得占有、使用、控制船舶的权利,并没有因为不享有船舶所有权而影响对船舶的控制和使用,因此对船舶买卖双方都有保障。

表 1-1 所示为不同租船方式当事人负担费用情况。

表 1-1　不同租船方式当事人负担费用表

费用明细	光船租赁	定期租船	航次租船
船舶折旧费	出租人	出租人	出租人
船壳及设备保险费	出租人或者承租人	出租人	出租人
船级检验费	出租人或者承租人	出租人	出租人
维持及修理费	承租人	出租人	出租人
公司一般管理费	承租人	出租人	出租人
物料及船员伙食	承租人	出租人	出租人
船员工资	承租人	出租人	出租人
润滑油费	承租人	出租人	出租人
淡水费	承租人	出租人 或者承租人	出租人
燃油费	承租人	承租人	出租人
港口使费	承租人	承租人	出租人
装卸费	承租人	承租人	出租人或者承租人

续表 1-1

费用明细	光船租赁	定期租船	航次租船
货物积载所需材料费	承租人	承租人	出租人或者承租人
清洁货舱费	承租人	承租人	出租人或者承租人
货物损害	承租人	出租人或者承租人（根据合同约定）	出租人或者承租人（根据合同约定）

第二节　租船合同的概念、种类与性质

一、租船合同的概念

租船合同（charter party：C/P）是承租人以一定的条件向出租人租用一定的船舶或舱位，以运输货物或旅客，就相互间的权利、义务做出明确规定的合同。charter party 一词来源于中世纪时期的一个拉丁词“*charta partiri*”，“*charta*”一词的意思是“纸张”，“*partiri*”一词没有太多含义，就是“部分”的意思。在当时 charter party 只有一页纸，通过骑缝将该单证从上至下分成两份内容完全相同的部分，每个当事人各执一份。当他们各执其中的一份，骑缝相对时，构成一张完整无缺的文件。例如法国路易十四国王在 1681 年颁布的《海事条例》（the Ordonnance *de la* Marine）中第一次在国内法中对租船合同予以规定，明确租船合同是在船公司与商人之间订立的有关船舶租用的一份书面文件。该内容对以后编制的有关海商法律的著作起到很大作用。后来这个词逐渐演变成这种特定的航运文件，即特指租船合同。

租船合同是日后进行运输工作、安排营运调度，各方承担其责任或行使其权利的依据。以下本书着重对货物运输方面的合同予以阐述，有关旅客运输方面的租船合同不在本书讨论范围之内。

租船合同，又称之为租约（charters），一般认为包括航次租船合同（voyage charter party：voy. C/P）、定期租船合同（time charter party：time. C/P）、光船租赁合同（bare boat charter party or charter party by demise）。其显著特点是这些合同都带有“charter party”一词，许多国家也是如此划分的。但需要引起注意的是，在《中华人民共和国海商法》（以下简称《海商法》）条文中，将航次租船合同列入第四章，即“海上货物运输合同”（contract of carriage of goods by sea）一章，而定期租船合同和光船租赁合同则列入第六章，即“船舶租用合同”（charter parties）一章。由于中国

《海商法》第六章"船舶租用合同"的英文翻译为 charter parties，因此仅从英文表述看，charter parties 仅包括定期租船合同、光船租赁合同，而不包括航次租船合同，这一规定有别于国际上对 charter parties 一词的通常理解，请读者予以甄别。我国法律之所以做出上述区别规定的原因，在于我国对航次租船合同、定期租船合同、光船租赁合同的性质存在不同的理解和解释，以下将分别予以说明。

二、航次租船合同

（一）概念

根据我国《海商法》第 92 条的规定，航次租船合同（voyage charter party：voy. C/P）是指船舶出租人向承租人提供船舶或者船舶的部分舱位，装运约定的货物，从一港运至另一港，由承租人支付约定运费的合同。将该定义与我国《海商法》第 41 条有关海上货物运输合同①的界定相比较，可以看出二者的共同点在于，都是装运约定的货物，经海路从一港运至另一港，完成运输的对价是收取运费。但是二者存在明显不同，表现在：第一，航次租船合同之下，合同当事人的名称为出租人和承租人，而不是海上货物运输合同中的承运人和托运人；第二，航次租船合同之下，出租人提供的是整艘船舶或船舶的大部分舱位。我国法律并没有界定出租人和承租人的含义。虽然出租人的英文表述是 shipowner，但是出租人未必是该艘船舶的真正所有人。出租人是指向承租人提供船舶之人，而且该船舶是适于约定货物运输的适航船舶，船舶上已经配备适职船员，因此船舶出租人既可以是船舶所有人，也可以是船舶的经营人，甚至船舶承租人。而承租人的英文表述为 charterer，即租用船舶或部分舱室以满足货运要求之人，因此该承租人可以是货方，也可以是从事船舶经营或营运之人。如果是后者，该承租人还可以以"出租人"的名义，再与其他人（一般是货主）订立航次租船合同。但无论承租人是否是真正的货主，根据航次租船合同，承租人都有向出租人提供约定货物的义务。

根据我国《海商法》第 43 条的规定，航次租船合同应当书面订立，因此口头约定的航次租船合同无效。以电报、电传、传真以及电子邮件、电子数据交换的方式订立的航次租船合同，具有书面订立的效力。②

在我国租船实务中，航次租船合同通常由双方当事人在往来洽谈的传真文件

① 我国《海商法》第 41 条规定，海上货物运输合同是指承运人收取运费，负责将托运人托运的货物经海路由一港运至另一港的合同。

② 我国《海商法》第 43 条规定，电报、电传和传真具有书面效力。我国《合同法》第 11 条规定，书面形式是指合同书、信件、电报、电传、传真、电子数据交换和电子邮件等可以有形地表现所载内容的形式。

上进行签字盖章。我国《合同法》规定已经确认了传真的书面效力。但是实务中常常会因为谁有权签字及盖印什么章等问题产生纠纷。例如2004年2月13日,钦州市钦州港西南船务代理有限公司(以下简称西南公司)与福州金帆船务有限公司(以下简称金帆公司)签订航次租船合同,约定由金帆公司所属的“金富达6号”船承运约定货物,双方均采用传真方式洽谈合同。[①] 合同中约定定金1万元,违约金为总运费的20%,此外还特别约定“本合同须于2004年2月13日当天签字盖章方能生效。”承租人西南公司签字盖章后传真给金帆公司,金帆公司业务员高某在合同上签署“收到1万元定金即生效”并加盖金帆公司“金富达6号”船船章后传真给西南公司。西南公司收到传真后于当日向高某指定账户汇款1万元。但是事后金帆公司未能在规定时间内提供船舶抵达装货港承运货物。承租人向法院提起扣押船舶申请,经金帆公司提供担保后船舶被释放,随后西南公司提起诉讼并索赔违约金。案件争议的焦点为金帆公司业务员是否有权代表公司签署以及加盖“金富达6号”船船章而非金帆公司印章的合同是否有效[②]。法院经过审理认定,第一,在我国沿海航次租船实务中,使用船舶印章签订航次租船合同是较为常见的习惯做法,而且船章的使用应当是在金帆公司的掌控之下进行的,使用船章签署合同应当视为金帆公司的行为。第二,业务员高某签署合同并使用船章,视为履行金帆公司赋予职责的行为,不能因为其不是法定代表人或总经理而影响合同的效力,而且高某的行为得到金帆公司的默认。第三,西南公司在收到传真后即刻打入定金,视为认可金帆公司签署的合同,并且根据合同约定,合同已经发生效力。金帆公司对此并未提出任何异议。因此金帆公司未能按照合同约定提供船舶应当承担相应的违约责任。

虽然案件的最终审理是非常公正、合理的,但是该案件仍然经过了一审、上诉等繁复的诉讼程序。因此本书作者建议航次租船合同双方当事人能够从中吸取教训,规范使用公司印章,规范合同签署流程和形式,从而保证合同顺利履行,避免不必要的损失。

(二)性质

由于航次租船合同之下,船长、船员的聘用以及配备的权利由船舶出租人控制,所以用人权仍在船舶出租人手中。而船舶的营运安排及调度工作,也由船舶出租人负责。即出租人是通过对船长、船员的聘用和控制从而实际占有和控制船舶,

---

① 本案件一审法院为北海海事法院,参见其(2004)海商初字第012号民事判决书;二审法院为广西壮族自治区高级人民法院,参见其(2004)桂民四终字第15号民事判决书。

② 案件内容源自桂光明“这条船有无签订主体资格”,刊载于《国际商报》2005年10月10日第A04版。

他只是将整艘船舶或部分舱室出租出去，完成一港至另一港之间的货物运输，并对因此付出的劳务有权收取运费。综上，航次租船合同属于海上货物运输合同，尽管合同名称含有“租”的字样，合同当事人的称谓也不再是承运人与托运人，但航次租船合同并不是财产租赁合同。因此航次租船合同适用的法律，应该是有关调整海上货物运输方面的法律。

但是鉴于航次租船合同当事方能够比较充分地发挥“订约自由”的权利，对合同内容进行平等协商，这一点不同于提单所证明的海上货物运输合同，[①]所以我国《海商法》在第四章“海上货物运输合同”第七节中对航次租船合同做出有别于其他海上货物运输合同的特别规定。所谓特别规定，是指充分尊重航次租船合同订约双方的意愿，只是在个别条文中予以强制规范。根据我国《海商法》第 94 条的规定，第 47 条有关承运人在开航前、开航当时谨慎处理使船舶适航的义务和第 49 条有关承运人不得进行不合理绕航的义务的规定，强制适用于航次租船合同的出租人。而《海商法》关于航次租船合同的其他规定全部为非强制性规定，仅在航次租船合同当事方没有约定或者没有不同约定时，适用我国《海商法》的相关规定。

(三)主要条款

航次租船合同和其他的合同一样，包含许多条款，而且针对不同的航次、不同的货物、不同的当事方，每个航次租船合同的具体内容是不尽相同的。根据我国《海商法》第 93 条的规定，航次租船合同的内容，主要包括出租人和承租人的名称、船名、船籍、载货重量、容积、货名、装货港和卸货港、受载期限、装卸期限、运费、滞期费、速遣费以及其他有关事项。显然《海商法》的规定并没有列明所有航次租船合同内容，根据实践中常用的标准航次租船合同条款，我们认为其主要条款不外乎如下内容：

(1)船舶说明条款(Description of vessel clause)；

(2)预备航次条款(Preliminary voyage clause)；

(3)出租人的责任及免责条款(Owner's liabilities and exceptions clause)；

(4)运费支付条款(Payment of freight clause)；

(5)装卸条款(Loading and discharging clause)；

(6)滞期费和速遣费计算条款(Demurrage and despatch money clause)；

(7)合同解除条款(Cancelling clause)；

---

① 由于提单通常系班轮公司单方签发并且是单方印刷的格式条款，承运人和托运人无法就运输合同的内容进行平等协商和自由约定，所以为了保护提单在国际贸易和结算领域的正常流转以及保护善意提单持有人的合法权益，不论是国际条约还是各国国内法，通常都对提单或者提单证明的海上货物运输合同进行强制规范。

(8)留置权或承租人责任终止条款(Lien clause or cesser clause);
(9)互有责任碰撞条款(Both to blame collision clause);
(10)新杰森条款(New Jason clause);
(11)共同海损条款(General average clause);
(12)提单条款(Bill of lading clause);
(13)罢工条款及战争条款(Strike and war clause);
(14)冰冻条款(Ice clause);
(15)仲裁条款(Arbitration clause);
(16)佣金条款等(Commission clause)。

此外还有合同当事方约定的其他各种附加条款(rider clause)。

以上条款的具体内容,详见本书后文。

三、定期租船合同

(一)概念

根据我国《海商法》第129条的规定,定期租船合同(time charter party:time C/P)是指船舶出租人向承租人提供约定的由出租人配备船员的船舶,由承租人在约定的期间内按照约定的用途使用,并支付租金的合同。定期租船合同,又称为"期租合同",也是由出租人提供约定的船舶,并且该船舶上配备船长、船员。但是不再限于仅仅将货物从一港运至另一港,而是将该特定船舶交给承租人使用一段期间,该期间内承租人不能随心所欲支配船舶,必须按照合同约定的用途使用船舶,否则出租人有拒绝将船舶继续交给承租人使用的权利。承租人根据约定使用船舶期间,应当根据合同约定时间、方式等按时支付租金。根据我国《海商法》第128条的规定,定期租船合同应当书面订立,其书面格式的要求参见前文关于航次租船合同之相关规定。

Time charter party 在我国台湾地区的翻译并不统一,台湾地区的海事法规对此也没有规定。学者们通常将该合同称之为"期间雇船契约",或称"论时租用契约"。[①]

(二)性质

关于定期租船合同的性质,国内外学者一直存在不同的看法。归纳总结各方观点,主要存在"海上货物运输合同"论、"财产租赁合同"论、"混合合同"论。

---

① 吴智.海商法论.4版.台北:三民书局出版,123;尹章华,徐国勇.海商法.台北:元照出版公司,2000:169;邱锦添.海商法.2版.台北:五南图书出版公司,1998:235.

1.“海上货物运输合同”论

其理由是，定期租船合同主要是关于海上货物运输的规定。在定期租船合同下，船舶的占有权、航行与管理权仍在出租人手中，就如同其他的承运人一样。尽管定期租船合同中经常存在“在承租人的指示和命令之下”的表述，但是该表述仅仅表明在船舶营运方面承租人享有指示和命令的权利，而选用什么样的船员以及当承租人提出更换失职船员时，是否最终撤换船员的权利，仍由出租人行使。因此船舶的实际控制和占有的权利并没有因为定期租船合同的存在，而转移至承租人，定期租船合同仍然属于海上货物运输合同。例如英国著名学者 John Wilson 先生在其经典的 Carriage of Goods by Sea 一书①中认为，海上货物运输合同包括以海上运输为目的的租船合同，例如航次租船合同和定期租船合同。

2.“财产租赁合同”论

理由主要包括：首先，在定期租船合同下，承租人有权就船舶的营运向船长、船员发出指示，只要没有违反合同的约定，船长、船员应当予以服从。可见，船舶的营运权已转移给承租人。其次，承租人向出租人支付的不再是运费而是租金。再次，我国《海商法》第六章将定期租船合同与光船租赁合同统称为“船舶租用合同”，区别于第四章“海上货物运输合同”，显然，作为船舶租用合同一种的定期租船合同不应当属于海上货物运输合同。在船舶租用合同就有关事项没有规定或者规定不明时，应适用第六章“船舶租用合同”；如果第六章亦无规定，由于我国《海商法》为民事特别法，可以适用我国《民法通则》有关租赁合同的规定；如果我国《民法通则》也无规定，则应依照我国《海商法》第 268 条的规定，适用国际惯例②。

3.“混合合同”论

根据该学说，定期租船合同属于混合合同。其理由是，随着生产力的发展，经济关系日益复杂，出现许多集几种经济关系为一体的混合合同，对此种合同绝不能简单地将其归为一种单一的有名合同，必须根据合同条款确立的权利与义务来认识合同的性质。目前国内一些学者支持此种观点，但是对于属于哪一类型的混合合同在名称上仍然存在分歧。具体又区分为“海上货运输合同与财产租赁合同混合合同说”和“财产租赁合同与劳务合同混合合同说”。

(1) 海上货物运输合同与财产租赁合同混合说

主要理由包括：在定期租船合同情况下，船舶在租期内仍由出租人通过其雇佣的船长、船员予以占有。因此与一般财产租赁合同之下需要转移标的物的占有和使用存在明显区别。而且绝大多数情况下，定期租船合同主要是关于货物运输方

---

① John Wilson. Carriage of Goods by Sea. 3rd edition. Pitman Publishing，1999.

② 陈安. 国际海事法学. 北京：北京大学出版社，1999：344.

面的规定，如船舶载货能力，约定允许承租人装运货物的种类和使用船舶从事的运输区域，出租人对货物灭失或者损坏承担责任等，因此定期租船合同具有海上货物运输合同的某些特征。但是，在定期租船合同下，船舶在租期内由承租人按照约定的用途使用。因此，在标的物的使用方面，定期租船合同与财产租赁合同具有一定的相似之处。特别是承租人定期租用船舶不是为了运输货物，而是作其他用途，如作为仓库时，定期租船合同就完全不具有运输合同的特征。[①] 因此也决定了定期租船合同不能归属于某一单纯的有名合同的特点。

（2）财产租赁合同与劳务合同混合合同说

持这种观点的人认为，在定期租船合同下，虽然出租人把船舶出租给承租人使用，但是船舶所有权仍归属于出租人，承租人仅在约定的期限内取得船舶使用权、经营权和部分支配权。在约定的租赁期间内，出租人负责船舶及其机器设备的维修保养及其产生的费用。例如，船舶维修和保养费用，机器所使用的润滑油，舱面及机房的备件和补给及船舶管理费等；而承租人则应承担与船舶营运有关的一切费用，诸如燃油费、港口费、拖轮费、引航费、运河费、装卸费等。待租赁期限届满时，承租人应返还与交船时相同状态的租赁船舶，这明显具有财产租赁合同的特征；而在另一方面，出租人应承担费用，负责配备租赁船舶的船员。在租赁期间内，出租人配备的船员应对船舶的航行安全负责，但就船舶的营运和使用，则应根据承租人的指示行事，于是就产生了合同当事人在提供劳务过程中各自权利义务的法律关系。[②]

4. 本书观点

通过对上述几种观点的比较分析，本书作者支持将定期租船合同定性为“财产租赁合同说”。除了上文提及的理由外，本书作者认为对于一个合同的定性，除了要从其基本含义进行剖析外，更主要应当根据具体合同条款及约定内容，特别是合同中的实质条款、主要条款等予以判断。根据我国《合同法》第 212 条的规定，财产租赁合同是出租人将租赁物交付承租人使用、收益，承租人支付租金的合同。该合同不仅明确了财产使用权，而且明确了承租人的收益权。在租赁合同中，租赁物的所有人或经营人为出租人，使用他人财产的人为承租人或租赁人。[③] 租赁合

① 司玉琢. 海商法. 北京：法律出版社，2003：220；吴焕宁. 海商法学. 北京：法律出版社，1996：152；沈木珠. 海商法比较研究. 北京：中国政法大学出版社，1998：198－199；张湘兰. 海商法论. 武汉：武汉大学出版社，2001：164；田田. 海商法研究. 合肥：中国科技大学出版社，1999：99；张丽英，邢海宝. 海商法教程. 北京：首都经济贸易大学出版社，2002：148.

② 於世成. 海商法. 北京：法律出版社，1997：187.

③ 翟云岭，郭洁. 新合同法论. 大连：大连海事大学出版社，2000：289.

同的概念来源于大陆法系，通过法国、德国、瑞士、意大利、日本等国有关租赁的相关规定可以看出，租赁合同是转移财产使用收益权，并由承租人支付租金的合同。虽然通常租赁情况下，财产使用收益权的转移是通过财产占有的转移实现的，但是如果出租人未转移财产的占有，并且出租人的占有使用与承租人的占有使用并不矛盾时，并不影响租赁关系的成立。①

以下根据我国《海商法》第六章有关定期租船合同条款及常用定期租船合同格式条款的规定与财产租赁合同相关内容进行比较，以进一步分析定期租船合同的属性，如表 1-2 所示。

表 1-2　定期租船合同与财产租赁合同相关内容的比较分析②

序号	定期租船合同	财产租赁合同	备注和说明
1	主体为出租人、承租人	主体为出租人、承租人	
2	租期由双方约定，并规定租期起算的条件	租赁期限最长不超过 20 年，未规定租期起算问题	
3	不论租期长短，应当采用书面形式	6 个月以上应采用书面形式，否则视为不定期	
4	出租人按照约定的时间、地点、条件等向承租人交付船舶	出租人按照约定向承租人交付租赁物	定期租船合同交船的状态为适航船舶
5	交付的船舶适于约定用途	出租人在租期内保持租赁物符合约定用途	
6	船舶在租期内不符合约定适航状态的，出租人应采取措施予以恢复，否则承租人可以停租	出租人应当履行租赁物的维修义务以及违反的后果	明确了定期租船合同下出租人在租期内维持船舶适航状态的义务
7	承租人应在合同约定的安全航区进行海上运输并承担违反的法律责任	承租人按照约定的方法或租赁物性质使用租赁物并承担违反的法律责任	
8	承租人可以转租，只需尽通知义务	承租人经出租人同意，可以转租	
9	租期内发生船舶所有权转让，不影响原合同约定的权利、义务，出租人有通知义务	租期内发生船舶所有权转让，不影响原合同效力，出租人有通知义务	

① 郭明瑞，王轶. 合同法新论——分则. 北京：中国政法大学出版社，1998：95.

② 表格内容源自司玉琢，李志文. 中国海商法基本理论专题研究. 北京：北京大学出版社，2009：390－391.

续表 1-2

序号	定期租船合同	财产租赁合同	备注和说明
10	承租人按照约定的时间、方式、币种、地点等支付租金,不得进行不合理扣减,否则会产生撤船的法律后果,即导致合同的解除	承租人按照约定支付租金,逾期未支付的,出租人可以解除合同	
11	未付租金时,出租人有解除合同的权利和留置权	未付租金时,出租人有解除合同的权利	
12	承租人应在合同约定的时间、地点、条件还船	租赁期满,承租人应交还租赁物,租赁物应符合按照约定使用后的状态	
13	未按照合同约定期限还船的最后航次的法律责任	租赁期满,出租人未提出异议,承租人继续使用的,视为原合同继续有效	
14	出租人、承租人就营运费用负担内容的约定	无	
15	通常有关于停租的规定以及租金可以扣减的条件	无	

(注:表中关于定期租赁合同的内容主要参考我国《海商法》第六章以及 Baltime 、NYPE 格式内容,租赁合同的内容主要参考我国《合同法》。)

定期租船合同仅有少量的几个条款涉及海上运输及其责任,例如:①承租人保证船舶用于约定货物运输;②出租人有义务保证交船是船舶处于适航状态并在租期内有维持船舶处于适航状态的义务;③承租人有义务对货物进行装载、积载和平舱;④提单签发条款;⑤有关绕航的规定等,分别与海上货物运输合同中承运人有提供适航船舶义务、管货义务、应托运人要求签发提单义务、不得进行不合理绕航义务等内容有类似之处。主要原因是目前大多数承租人将船舶定期租进来,主要还是用于货物运输。既可以运输承租人自己的货物,承租人也可以承揽运输其他人的货物,或者将船舶用于货物运输之外的其他用途,例如将船舶暂时租进来作为临时仓库。但是无论如何,承租人应该并且只能按照定期租船合同约定的用途使用。因此当期租船舶用于货物运输时,在定期租船合同中订明与此相关的事项也是很自然的事情。就上述有关涉及货物运输的内容而言,实际上仍然是财产租赁合同内容的延伸,因为除了个别条文之外,定期租船合同的主要条款及其内容与财产租赁合同的内容几乎完全一致。也不能因此影响或削弱定期租船合同具有财产租赁合同的特性。①

有鉴于此，我们认为，我国《海商法》把定期租船合同与光船租赁合同放在一起，单列一章进行调整是完全合理的。

（三）主要条款

根据我国《海商法》第127条的规定："本章关于出租人和承租人之间权利、义务的规定，仅在船舶租用合同没有约定或者没有不同约定时适用。"可以看出，我国法律关于定期租船合同的规定属于任意性规定，当事人在不违反法律基本原则的前提下，可以自由订立他们协商认可的内容。

我国《海商法》第130条规定，定期租船合同的内容，主要包括出租人和承租人的名称、船名、船籍、船级、吨位、容积、船速、燃料消耗、航区、用途、租船期间、交船和还船的时间和地点以及条件、租金及其支付以及其他有关事项。

根据一些标准定期租船合同范本条款，定期租船合同主要内容包括：

(1)船舶说明条款(Description of vessel clause)；

(2)船速及燃油条款(Vessel's speed and fuel consumption clause)；

(3)交船条款(Delivery of vessel clause)；

(4)租期条款(Period of hire clause)；

(5)合同解除条款(Cancelling clause)；

(6)合法货物条款(Lawful merchandise clause)；

(7)航行区域条款(Trading limits clause)；

(8)出租人提供的事项条款(Owners to provide clause)；

(9)承租人提供的事项条款(Charterers to provide clause)；

(10)租金支付条款(Payment of hire clause)；

(11)还船条款(Redelivery of vessel clause)；

(12)停租条款(Off-hire clause)；

(13)出租人责任及免责条款(Owners' responsibilities and exceptions clause)；

(14)使用及赔偿条款(Employment and indemnity clause)；

(15)转租条款(Sub-let clause)；

(16)共同海损条款(General Average clause)；

(17)新杰森条款(New Jason clause)；

(18)互有责任碰撞条款(Both to blame collision clause)；

(19)战争条款(War clause)；

---

① 具体理由参见郭萍. 定期租船合同的性质问题研究//司玉琢，李志文. 中国海商法基本理论专题研究. 北京：北京大学出版社，2009：380－393.

(20)仲裁条款(Arbitration clause);

(21)佣金条款等(Commission clause etc.)。

以上各条款的具体含义,参见后文有关定期租船合同的相关内容。

四、光船租赁合同

(一)概念

光船租赁合同(charter party by demise or bare boat charter party),又称"光租合同",是指船舶出租人向承租人提供不配备船员的船舶,在约定的期间内由承租人占有、使用和营运,并向出租人支付租金的合同。[①] 与航次租船合同、定期租船合同一致,我国《海商法》也明确规定光船租赁合同应当书面订立。[②]

(二)性质

从光船租赁合同的界定中,可以看出,光船租赁合同属于典型的财产租赁合同。因为在整个租期内,船舶的占有、控制、使用及配备船长、船员的一切权利均转移给承租人。即承租人租赁进来一艘空船,通过配备船长、船员,达到占有、使用船舶的目的,并通过船舶营运,最终达到收益的目的。尽管光船租赁合同之下,船舶的占有、使用和部分收益的权利已经转移至承租人,但是船舶的处分权仍保留在出租人手中。因此,不论是光船租赁合同的特点还是光船租赁合同的内容,与一般的财产租赁合同并无不同,本应受民法中的相关内容约束,但光船租赁合同的标的是船舶的使用,而船舶又是比较特殊的财产,所以仍在《海商法》调整范围之内。但是《海商法》关于光船租赁合同的规定属于非强制性条款,《海商法》仅在光船租赁合同没有规定或者与《海商法》没有不同规定时适用。鉴于《海商法》有关光船租赁合同的规定只有寥寥几条,因此光船租赁合同还可以适用我国《合同法》有关财产租赁合同的相关规定。

(三)主要条款

光船租赁合同的条款与定期租船合同的条款有许多相同或相似之处。例如定期租船合同中的交、还船条款、仲裁条款、租金支付条款等,均可以在光船租赁合同中发现踪影。但是光船租赁合同仍然存在一些特殊的不同于定期租船合同的内容,如船舶保险条款、无担保物权保证条款等。我国《海商法》第 145 条规定,光船租赁合同的内容主要包括出租人和承租人名称、船名、船籍、船级、吨位、容积、航区、用途、租船期间、交船和还船的时间和地点以及条件、船舶检验、船舶的保养维

---

① 我国《海商法》第 144 条。

② 我国《海商法》第 128 条。

修、租金及其支付，船舶保险、合同解除的时间和条件以及其他有关事项。

根据有关标准光船租赁合同范本条款，光船租赁合同主要包括如下内容：

(1)船舶说明条款(Description of vessel clause)；

(2)交船条款(Delivery clause)；

(3)船舶的使用及保养条款(Maintenance and operation clause)；

(4)船舶的检查条款(Inspection clause)；

(5)租金支付条款(Payment of hire clause)；

(6)船舶的抵押条款(Mortgage clause)；

(7)船舶保险条款(Insurance and repairs clause)；

(8)还船条款(Redelivery clause)；

(9)合同的转让与转租条款(Assignment and sub-demise clause)；

(10)无担保物权的保证条款(Non-lien clause)；

(11)共同海损条款(General average clause)；

(12)战争条款(War clause)；

(13)仲裁条款(Arbitration clause)；

(14)佣金条款等(Commission clause etc.)。

第三节　租船合同的订立及标准合同范本

一、租船合同的订立程序

在租船市场上，租船交易是通过出租人与承租人之间签订租船合同而实现的。班轮运输之下，货方可以很容易通过公共媒体、船公司网站、航运刊物等多种途径了解班轮公司及航线情况，从而可以直接与班轮公司或其指定代理人办理订舱托运手续或了解相关信息。而租船运输往往随着货源情况确定具体租船运输方式。因此对于租船交易双方而言，能够顺利、方便地找到交易对方，无异于大海捞针一般。而且很多租船交易并不都是出租人与承租人亲自到场直接洽谈，因此租船实务中，出租人和承租人往往通过租船经纪人(chartering broker)签订租船合同。

所谓的租船经纪人，是在租船业务中代表出租人或承租人进行磋商租船业务的人。他可以接受出租人的委托，也可以接受承租人的委托。虽然双方可以各自委托一个租船经纪人，但由于习惯上，租船合同通常约定经纪人的劳务报酬都是由出租人承担，而且经纪人只不过充当中间人的身份，最后是否能够订立租船合同的决定权并不掌握在经纪人的手中，所以实践中双方共同委托一个租船经纪人的情况就经常发生。当然不排除一项租船合同的订立是通过两个或以上的租船经纪人完成的情形。

租船经纪人是船舶经纪人(shipbroker)的一种,由于船舶经纪人的主要业务是从事租船合同的洽谈以及租船业务的安排,因此实务中租船经纪人和船舶经纪人的名称可以互用。当然,有的船舶经纪人还从事船舶买卖、拖航、船舶代理、融资管理等方面的业务。为了更好地服务于客户,一些大的船舶经纪公司还有专门人员对市场现状及未来走势进行理论研究和分析,并定期向其客户提供相关的市场报告。例如目前世界上最大的船舶经纪公司之一 Simpson Spence & Young(SSY),最早成立于 1880 年,目前已经分别在伦敦、纽约、汉堡、温哥华、香港、北京、雅典及新加坡的某些港口开设办事机构。能够提供干货船、油船、化学品船等租船业务、远期运费交易、新造船舶交易、二手船交易、拆船及集装箱业务等。①

租船经纪人一般都与出租人或承租人或者双方保持经常联系。他们能够经常掌握货源的信息途径和船公司运力情况,了解租船市场行情的变化,对于租船业务积累了较丰富的经验。由于通过租船经纪人进行交易,不但能够及时、迅速,而且交易条件比较合理,能满足出租人、承租人双方的需要,同时还可以减少许多事务上的烦琐手续。所以实践中使用租船经纪人进行交易已成为一种航运习惯,并且几乎有关租船合同的谈判和协商,都是通过租船经纪人进行的。

租船经纪人接受出租人或承租人的委托,代办租船交易的谈判和签订租船合同之后得到的报酬,称为佣金(commission,brokerage)。通常佣金为运费或租金的 1.25% 或其倍数,一般每个租船经纪人最多可以获得的佣金不超过 2.5%,②而且一般都是由出租人支付。有时候在租船合同约定的佣金条款中,还会包括一种回扣佣金或称洽租佣金(address commission)。洽租佣金一般是指出租人为了表示此次签约的成功以及为了同货主继续保持合作关系,而返还给承租人的一种具有回扣性质的费用。例如:合同中规定"commission is 3.75%, including address commission 2.5%",表明租船经纪人在收到 3.75% 的全部佣金中,只能得到 1.25% 的酬劳,而其中的 2.5% 是要返给承租人的。与通常的市场运价或租金率相比较,租船合同中明确规定支付回扣佣金的,实质上相当于一定程度上降低了运价或租金率。

虽然租船实务中,租船经纪人可以受出租人或承租人委托,进行租船交易的谈

---

① 以上内容源自 SSY 官方网站:http://www.ssyonline.com,2012 年 2 月 4 日访问。

② 以上关于佣金支付比例并没有法律依据,主要是一种航运习惯,该习惯做法早在 1942 年就已经存在了。以上内容参见美国船舶经纪人及代理人协会官方网站有关该机构历史情况的陈述。

判，但是租船经纪人并不是租船合同任何一方的代理人，更不是租船合同当事方，而仅仅是为双方相互传递信息，起到沟通、联络并促使交易达成的作用。根据我国《合同法》第二十三章关于“居间合同”的规定，居间人向委托人报告订立合同的机会或者提供订立合同的媒介服务，居间人有权从委托人处获得一定报酬。可以看出租船经纪人实际上属于居间人。从租船实务看，通常租船经纪人不与委托人另行订立居间合同，只是在订立相关的租船合同中订有“佣金条款”，就佣金支付的方式、数额及付费人等内容做出明确规定。由于租船经纪人仅仅作为“中间人”提供相关信息和订立合同的媒介服务，因此对于租船合同是否最终能够订立、生效以及履行不承担责任，也不涉及租船合同规定下具体权利、义务的承担。但是租船合同是否生效、是否顺利履行，与租船经纪人是否能够获得全部或部分佣金密切相关，因此租船合同中通常对于支付佣金费的具体条件做规定。有关佣金条款的内容，详见后文各章的具体规定。

由于租船经纪人对于租船交易达成，租船合同双方进行合同内容的洽谈、协商方面扮演着“润滑油”、“调节剂”的作用，因此租船经纪已经作为一种行业，成为国际航运中不可缺少的一个环节。但是在我国的租船实务中，也存在一些不规范、不正规的做法。个别租船经纪公司直接以一方当事人身份签订租船合同，并且由于自身无法提供船舶或货物，再通过“背对背”(back to back)合同，与其他能够提供船舶的出租人或能够提供货物的承租人再签订租船合同，从而赚取两个租船合同之间存在的运费或租金差价。事实上，尽管该租船经纪公司名义上是或者公司名称上冠以“经纪人”的称谓，实际上该公司已经超越了租船经纪人的范畴，不再单纯是“中间人”，而应当分别在两个不同租船合同中承担合同当事人的责任和义务。从遵守职业道德操守和规范航运市场的角度，租船经纪人应当避免以合同当事一方身份签订租船合同的情形。

与其他合同的订立一样，租船合同也要经过“要约”和“承诺”两个阶段，但是具体而言，一般从一方提出租船要求到最后与对方签订租船合同，大致要经过如下程序(以货方提出租船要求为例)：

(一)询价(inquiry)

承租人根据自己货物对运输的需要或自己对船舶的要求，将自己所要运输货物的种类、数量、装货港、卸货港、装船期限以及计划运价，或将自己所需要的船舶的详细说明，提交给租船经纪人，要求安排适当的船舶。租船经纪人根据其对船公司运力情况的了解，有针对性地将这些货运要求转向一个或几个出租人提出，要求出租人在规定时间内答复是否可提供满足货方要求的合适船舶以及是否同意承租人所提出的各项条件。

询价可以通过电报、电传、传真、电子邮件、书信等书面形式提出。

（二）报价（offer）

出租人接到承租人的询价后，经过成本估算，或者对比其他的询价条件，在对自己有利的条件下，通过经纪人向承租人提出自己所能提供船舶的情况和能够接受的合同条件，这个过程称之为报价。

根据报价的具体要求和内容，又可分为“硬性报价”和“条件报价”。

1. 硬性报价

硬性报价是指报价条件不可改变的报价，常常附有有效期间。这样承租人必须在有效期内，对出租人的报价做出接受或不接受的答复。超过有效期间，这一报价即告失效。这种报价对出租人也有约束，即在有效期内出租人不得再向其他承租人报价，也不得撤销或更改已经提出的报价条件。如果承租人对硬性报价完全接受，则直接进入接受订租、签订订租确认书的程序。

由于这种报价方式缺乏灵活性，实践中比较少见。

2. 条件报价

条件报价是指接受方可以改变报价条件的报价。出租人可以与承租人反复磋商，修改报价条件，出租人也可以同时向几个承租人报价。条件报价一般不附有效期限。

报价的内容除了对询价做出答复以外，主要是关于运价、租金率的高低、有关费用的承担、所选定的租船合同范本以及对范本条款的具体修订和补充方面的规定。

（三）还价（counter offer）

承租人针对条件报价中不能接受的内容和条款提出修改或增减内容，或提出自己的条件。还价意味着对出租人报价的拒绝和新的一轮询价的开始。

当出租人接到承租人的还价后，可以再次做出答复，表明是否接受承租人的全部或部分还价条件，并根据自己能够接受的条件，再次做出新的报价。上述所有报价、还价、新的报价、再还价等过程，相互的信息通常都是通过租船经纪人传递和转达。

（四）报实盘（firm offer）

在一笔交易中，还价与再还价可能要反复几次，经过几轮磋商和沟通，出租人、承租人双方的意见趋向于一致，出租人可以报实盘，要求承租人决定是否成交。

报实盘时出租人要列举双方在整个谈判过程中同意的主要内容，既要把双方已经同意的合同条款和内容在实盘中加以明确，又要对尚未最后敲定的条款加以列明。如果在实盘中规定有效期限，则承租人是否接受实盘必须在有效期限内做出答复，否则实盘所报的条件即告失效。同样在有效期限内，出租人不能撤销所报实盘,也不得同时向两个承租人报实盘。如果未规定期限,则承租人应该在合理的时间内做出答复。

(五)接受订租(acceptance)

承租人接到出租人所报实盘,在有效期内或者合理期限内,对实盘中所列各项条件明确表示承诺或同意,并对实盘中尚待敲定的事项加以确认并有待于双方进一步协商。这个阶段通常会制作 Recapitulation 文件,即将过往协商阶段,双方明确同意或承诺的全部内容予以列明和总结,实践中简称为 Recap 文件。

(六)签订订租确认书(issue fixture note)

出租人接到承租人对实盘的承诺后,即根据双方约定的主要条款和内容,编制订租确认书(fixture note)。

订租确认书要列明出租人、承租人双方在实盘中共同承诺的主要条款及内容,经出租人、承租人或其代理人签字盖章后,每一方各留一份备查,同时各方开始履行合同的准备工作。除双方另有约定外,租船合同即告成立。

订租确认书无统一格式,但其内容应详细列明出租人和承租人在洽租过程中双方承诺的主要条款。以航次租船合同为例,一般应包括如下内容:出租人和承租人的名称及公司地址、船名及船舶说明事项、货物的名称及数量等、装卸港(或泊位)、受载期和解约日、装卸率及装卸条款、滞期费和速遣费率、运费率及支付方式、采用的合同范本、佣金条款、双方约定的其他特殊事项、订租确认书签订日期、双方当事人或其代表的签署等。

一般来说,承租人接受订租,并由出租人、承租人双方签署订租确认书,出租人、承租人之间的租船合同成立。我国《合同法》第 33 条明确规定,如果当事人采用信件、数据电文等形式订立合同的,可以在合同成立之前要求签订确认书,合同自签订确认书时成立。因此尽管出租人、承租人双方尚未签署正式的选定某个范本格式的租船合同,但是租船合同已经成立。需要提醒注意的是,租船合同成立,不等于租船合同生效。因为有的情形下,接受订租时,双方当事人只就主要条款或大部分条款达成一致的意思表示,而对于细节问题或个别问题还需进一步商定。此时尽管双方签署了订租确认书,只要就这些细节或个别条款在事后双方未能达成一致意见的,合同仍不生效。这种情况即属于我国《合同法》中规定的"附生效条件的合同"。根据《合同法》第 45 条规定,如果双方当事人对合同生效约定附条件的,合同自条件成就时生效。同时第 46 条还规定,如果双方当事人对合同生效约定附期限的,合同自期限届满时生效。

租船实务中,订租确认书上常见的附生效条件的条款表现为"subject to contract"、"subject to details"、"subject to survey, permission or approval","subject to receiver's approval","subject to charterer's BOD approval"(BOD: board of directors)

等。中国法院或仲裁机构如何具体理解或解释上述所附条件尚不明确，但是根据英国判例法，上述条件成就的要件各不相同。“subject to contract”是指“有待于将来正式合同的订立”。尽管在租船业务磋商中该条款并不是普遍采用的一种条款，但通常用来表述磋商阶段双方尚没有即刻订立合同的意愿，直至双方订立正式的租船合同，订租确认书中规定的内容才对租船合同双方产生约束力。“subject to details”or “subject details”or “sub-details”是指“有待于另订的细节”，表明双方虽然签署了订租确认书，并就基本条款达成一致意见，但该确认书尚不能合法地约束当事双方，直至双方已就全部细节达成一致意见。这是租船实务最常见的一种表述。此外双方当事人还需本着诚实信用原则（in good faith）对细节问题进行深入磋商，任何当事方不得擅自以“细节（details）尚未确定”为由否认合同的效力。因为有些合同细节，有的属于当事方可控制的事项，有的属于当事方无法控制的事项。根据每个具体的合同，这些细节的内容也不尽相同。例如，subject to export license，subject to P & I club permission 等。如果出租人、承租人事后就全部细节问题进行了磋商并达成一致意见，尽管事后未必签署正式的合同书，租船合同仍然成立并生效。此外，如果双方当事人未就细节问题进行磋商，但已经实际采取行动，促使未商定的细节条件成就，则订租确认书仍对合同双方产生约束力。

对此美国法院采用不同的观点。根据美国有关判例，如果双方当事人已经就合同基本内容（essentials）达成一致意见，尽管订有“subject to details”，并且双方未就“细节”（details）达成任何共识，租船合同仍然成立。但是究竟哪些内容构成“基本条款”（essentials），哪些仅属于细节（details），则恐怕有待于法院或仲裁机构的解释。如果某一事项被法院认定为 essentials，则即使属于细节（details）中的一部分，在双方没有进一步磋商达成一致意见时，合同仍不成立。

“subject to survey”（有待于船舶检验）、“subject to government permission”（有待于政府同意）或“subject to shipper's approval”（有待于托运人同意）也是航运实务中经常遇见的条款。这些表述说明：①当事双方之间尚不受租船合同的约束，即租船合同尚未生效。②一旦约定的条件中，例如“船舶检验已经完成”或“已经获得政府允诺或获得托运人同意”，则由于附生效条件的上述内容已经得以满足，则租船合同生效，并立即对双方当事人起约束作用。

“Subject Stem”这个术语仅限于承租人（货方）对于货物情况的确认。即一旦使用该术语，表明需要给承租人一段时间考虑并确认已经洽租的船舶是否能够被货主接受以便在约定受载期内装运约定数量的货物。

综上所述，依据每一租船合同所附具体的生效条件不同，结合具体情况，理解和掌握租船合同生效的时间和效力。同时请读者注意英、美法院对上述条款解释上的差异。

如果订租确认书中表明租船合同有待于具体细节的商定条款，则在上述细节内容被商定并在出租人、承租人之间达成一致意见后，出租人、承租人通常会再次签署一份订租确认书，并在该确认书上载明"出租人接受承租人上一次最后还价的全部内容，并在此确认有待于细节洽定的订租确认书的全部内容"(owners accept charterer's last in full and confirm hereby the fixture subject to details)或载明"承租人再次确认有待于细节洽定的订租确认书的全部内容"(charterers reconfirm the fixture subject to details)。上述被确认的合同细节内容将对租船合同双方具有约束力。

现将某一航次租船合同订租确认书的形式举例如下，供参考。

FIXTURE NOTE

M/V　　10th Oct. 2011

(or Suitable Substitute Vessel)

It is mutually agreed between Messrs(出租人的名称及详细地址)as Owners and Messrs(承租人的名称及详细地址)as Charterers that:

1. Cargo 15 000t Rice in Bags 5% more or less at Owners option(Owners to declare quantity to be shipped 2 days before vessel arriving at loading port).

2. Loading at one safe port Singapore.

3. Discharging at one safe port China.

4. Laydays and Canceling Date: 20th to 30th Oct. 2011.

5. Freight rate USD 15.00 per Metric ton F. I. O. S. T. CQD both ends.

6. 100% Freight prepaid by T/T to Owners account in U. S. Dollars at Singapore after completion of loading before issuing and releasing Bill of Lading.

7. Any dues/taxes on vessel, on freight to be for Owners account.
   Any dues/taxes on cargo to be for Charterers account.

8. If Charterers fail to ship as agreed quantity, they are liable to pay the dead freight at the freight rate as agreed.

9. Otherwise details as per '94 GENCON C/P.

For and on Behalf of	For and on behalf of
(出租人或其代表签字)	(承租人或其代表签字)
(Owners)	(Charterers)

(七)编制、审核、签订租船合同(making, checking, signing C/P)

在各方签订了订租确认书之后，出租人根据经确认的订租确认书内容以及双方选择的某个租船合同格式范本，开始编制正式的、完整的租船合同，并通过经纪人送交承租人。承租人收到后,应该仔细审核,该合同内容是否与原协议内容相符。如果没有异议,即可签署,否则应要求出租人及时修改不符之处。在租船实践中,有时为了简化程序,各当事方签订订租确认书后,不再编制正式的租船合同,而把订租确认书作为履行合同的最终依据。因此订租确认书内容正确与否,是否能够真实地反映双方当事人的意图,就显得十分重要。

以上是签订租船合同的一般程序。实践中根据具体情况,会增加或减少其中的一个或几个程序。但无论如何,任何一个租船合同都必须经过要约和承诺两个阶段,从而使合同成立。

为了规范中国租船市场采用的航次租船合同订租确认书的格式及内容,中国国际商会(China Chamber of International Commerce)制定了《航次租船合同确认书(2000 年标准格式)》,供航次租船合同当事人选择使用。

《航次租船合同确认书》的特点表现在:

(1)该确认书采用中、英文两种文本,由当事人根据情况决定采用何种文本。

(2)对同一事项,确认书有多个条款予以规定并供当事人选择使用,未选中的部分内容可以划掉或删除;已经选择的条款,也可根据具体情况进行修改和补充。

(3)允许当事人在确认书规定条款以外增加特别条款。

(4)关于法律适用和争议解决问题,该确认书明确规定应适用中国法律并根据中国法律解释,同时规定租船合同自签订确认书时成立。因确认书产生的或与之有关的任何争议应提交中国海事仲裁委员会在北京仲裁。

(5)如果确认书中的条款 与 1976 年金康租船合同或 1994 年金康租船合同的条款发生抵触时,确认书中的条款优先于 1976 年金康租船合同或 1994 年金康租船合同条款适用。

《航次租船合同确认书(2000 年标准格式)》的主要内容包括:双方当事人的名称与地址、承运船舶的规模、货物及其数量、受载期、装卸货率、装卸时间、运费率及运费支付、滞期/速遣费、其他税费、代理的指定、佣金条款、法律适用及争议解决条款等。中文文本的内容,详见本书附录二。

二、主要的租船合同范本(格式)

租船合同是承租人以一定的条件向出租人租用整艘船舶或部分舱位,以运输货物,就使用船舶的相关事宜,为相互间的权利、义务做出明确规定的合同。它是日后进行运输及船舶使用时,各方承担责任或行使其权利的依据。因此租船合同双方为了各自的利益,必然对租船合同的每一项条款逐字逐句推敲,这样势必造成旷日持久的谈判,不利于迅速成交。

为了简化和加速签订进程和节省为签订租船合同而花费的费用,也为了维护各自的利益，在国际租船市场上，一些航运垄断集团、大的船公司或大的货主，都制订一些规范化的租船合同格式。这些事先印刷好的租船合同格式，大都以英文为通用语言，但是并不意味着英国法的必然适用。所以尽管是以英文订立，当事双方仍然可以在合同中约定适用的法律。

这些租船合同格式中罗列事先拟就的主要条款，并且通常为了便于双方通过电报、传真等方式对这些格式进行删减、修改和补充，每一个租船合同都为格式的名称编了代码名称(code name)，为每项条款编了代号，并在每行内容前(或后)编了顺序号。

这些范本在总结租船业务实践经验的基础上拟定，并不断更新。出租人、承租人或者其代理人通常选择一份租船合同范本作为订约的基础，对其条款结合各自的实际情况进行修改完善后，最终订立约束双方的合同。应当明确的是，租船合同范本并非法律，而且不同范本中所包含条款的公平性、合理性差异较大。由于出租人、承租人是以某个租船合同范本为基础进行合同内容的洽谈和磋商，能够充分体现"订约自由"，所以这些租船合同范本不属于我国《合同法》中规定的格式合同。实践中一份经过协商并签署的完整租船合同文本是由双方选定的某个标准合同范本中的印刷条款(pre-printed clauses)、附加条款(rider clause)或补充条款(additional clause)共同组成。

租船合同格式种类很多，仅以航次租船合同为例，根据不同的货物就有不同的范本；即使同一种货物，由于航线不同，也可能存在许多不同范本，所以其实际数量至少在百种以上。其中仅英国航运公会批准的，并得到世人公认的，包括用于煤炭运输的有 16 种，用于木材运输的有 7 种，用于谷物运输的有 11 种。

(一)种类

按租船方式划分，可以分为：①航次租船合同格式；②定期租船合同格式；③光船租赁合同格式。

按照是否得到公认，是否得以广泛应用来划分，可以分为：①标准租船合同格式；②非标准租船合同格式；③厂商租船合同格式。

大约在 19 世纪，出租人和承租人就开始考虑起草一些标准的租船合同格式。最初这些合同格式都是由代表某一方利益的合同当事一方起草，后来发展为由出租人和承租人共同起草合同格式。最早出现标准合同格式的是那些比较特殊的贸易运输，例如 1862 年成立的地中海及黑海运输委员会，针对从黑海和地中海运出的谷物贸易，起草并制订了几种标准合同格式供当事人选择使用。由于地中海及黑海运输委员会由出租人、货主和租船经纪人共同组成，一般来说，其起草的租船合同格式能够反映租船合同各方的利益。

而在 20 世纪起重大作用的则是英国航运公会和波罗的海国际航运公会等国

际航运机构。标准租船合同格式(standard C/P form),通常是指由英国航运公会(Chamber of Shipping of the United Kingdom)文件委员会[①]、波罗的海国际航运公会(The Baltic and International Maritime Council: BIMCO[②])文件委员会、纽约土产交易所(New York Produce Exchange:NYPE)和日本海运集会所(Japan Shipping Exchange Inc)[③]文件委员会等机构制定的被公认并且被广泛使用的合同格式,其条款用语比较缜密,相对合同各方比较公正。上述机构制定、同意、认可或推荐的租船合同格式,在租船实务中所起的作用略有不同。以下根据 BIMCO 对这些标准合同范本用语的解释,予以说明。[④]

"经同意的文本"(agreed document),是指 BIMCO 或者英国航运公会或者法国船东中央委员会(Comité Central des Armateurs de France)或者代表船东利益的其他机构与代表承租人利益的一个或多个集团或机构之间协商订立的租船合同。除非得到上述全部机构的同意,否则不得对这种类型的租船合同内容进行修改或删减,主要强制适用于某些特殊类型的海运贸易。比较典型的"经同意的文本"主要包括 BIMCO 于 1971 年制订的煤炭航次租船合同(Coal Voyage Charter: POLCOALVOY)、1956 年制订的斯堪的纳维亚航次租船合同(Scandinavian Voyage Charter:SCANCON)、标准矿石租船合同(Standard Ore Charter Party:OREVOY)、1973 年制订的木材租船合同(Wood Charter Party:NUBALTWOOD)。

"经采纳的文本"(adopted document)是指代表船东利益的某个机构,例如 BIMCO 与代表承租人利益的其他机构之间如果订立了经同意的文件,获得代表船东利益的其他机构的支持,例如英国航运公会,则英国航运公会就会对上述经同意的文件采取"采纳"的态度,该租船合同即成为"经采纳的文本"。这种租船合同一

---

① 英国航运公会是英国国内涉及航运业务的企业,特别是维护船舶所有人利益的企业参加的一个行业协会组织。最早成立于 1878 年,目前已经成为具有影响力、历史最为悠久的航运组织之一。1975 年更名为 General Chamber of British Shipping (GCBS),1992 年起又变更为现有名称。现办公大楼设在英国伦敦 Carthusian 大街,英国伊丽莎白二世女王还出席了办公楼落成仪式。英国航运公会对于国际航运公会(International Chamber of Shipping : ICS)的成立做出突出贡献。

② 波罗的海国际航运公会是一个倾向于保护船舶所有人利益的国际性商业航运组织。成立于 1905 年,原名为波罗的海及白海航运公会(The Baltic and White Sea Maritime Conference)。会址设在丹麦首都哥本哈根。该公会下设的法律委员会制订了相当数量的标准租船合同格式。BIMCO 由出租人、船舶经纪人、承租人代理及船东互保协会等多家会员组成。

③ 日本海运集会所成立于 1921 年,地址设在日本东京。目前有超过 370 家会员,主要由船公司、船舶管理公司、船舶经纪人与代理人、船东互保协会、托运人、贸易商等组成。作为非营利性质的海运交易所,向其会员提供相关咨询、租船合同范本、海事仲裁、提供相关信息等服务。

④ LARS GORTON. Shipbroking and Charting Practice. 6th Edition. LLP,2004:111.

经被某个机构"采纳"，则此种租船合同对于该机构下属的会员公司而言，是强制适用的。当然租船实践中也存在这样的情形，即某个代表船东利益的机构，例如国际油船船东协会（INTERTANKO）就特定航线运输与代表承租人利益的机构达成租船合同，尽管不属于"经同意的文本"，还是有可能被 BIMCO 所"采纳"。例如日本海运集会所制订的煤炭租船合同（Coal Charter Party：NIPPONCOAL）被 BIMCO 采纳。用于 LNG 以外的其他液化气租船合同（Gas Voyage Charter Party：GASVOY）被英国航运公会所采纳；BIMCO 制定的标准矿石租船合同（Standard Ore Charter Party：OREVOY）被英国航运公会及 FONASBA 所采纳；BIMCO 制定的散装化学品船舶统一定期租船合同（Uniform Time Charter Party for Vessels Carrying Chemicals in Bulk：BIMCHEMTIME）被 INTERTANKO 以及英国航运公会所采纳。

"经推荐的文本"（recommended document）是指未经过代表出租人和承租人利益的机构之间进行协商确定的租船合同，而仅仅由代表一方利益的机构制定并推荐出租人和承租人使用。因此此种文本对制定机构下属会员公司不具有强制性，合同条款及内容可以进行修改和删减。例如美洲威尔士煤炭租船合同 Americanized Welsh Coal Charter ：AMWELSH 1993）、北美谷物租船合同（North American Grain Charterparty：NORGRAIN 1989）得到 BIMCO 和 FONASBA 的共同推荐；北美化肥租船合同（North American Fertilizer Charter Party ：FERTIVOY 88）、澳大利亚小麦租船合同（Australian Wheat Charter：AUSTWHEAT）得到 BIMCO 的推荐；GENCON 合同、黑德鲁查特航次租船合同（Hydrocharter Voyage Charter Party：HYDROCHARTER）则由 BIMCO 制订并推荐使用；全球航次租船合同（Universal Voyage Charter Party：NUVOY-84）得到 BIMCO 和英国航运公会的一致推荐。

租船实务中，不论是"经同意的文本"、"经采纳的文本"还是"经推荐的文本"，都属于"经批准的格式"（approved forms）或"正式格式"（official forms）。

非标准租船合同格式（non-standard C/P form）虽然不属于标准的租船合同格式，但合同的格式也有一定的规律，并且被广泛采用。厂商租船合同格式（private C/P form），是指由某个大货主特别是具有垄断性质的财团或机构，仅就某一种特定的货物或贸易（particular trade）制定的并只在自己租船时使用的合同格式。常常存在于矿砂、化肥、原油、粮食等干散货贸易中。

其中标准租船合同格式在航运实务中影响最大、最重要。以下将以标准的合同格式进行介绍。

（二）标准的航次租船合同格式

1. 统一杂货租船合同（Uniform General Charter）

租约代号"金康"（GENCON），是由国际著名的船东组织——波罗的海国际航运公会（BIMCO）制定的，并几经修改。最早的合同格式于 1922 年制定，分别在

1939 年、1950 年、1966 年、1976 年进行修改。实践中采用比较广泛的是 1976 年的合同格式。但是,1976 年的金康格式受到联合国贸易和发展会议的严厉指责,BIMCO 文件委员会内部经过反复讨论之后,于 1991 年成立了一个工作小组,以考虑对金康进行可能的修改。据此,工作小组于 1992 年 5 月又成立了一个分委员会,专门负责此项工作。最新的合同范本于 1994 年 11 月由 BIMCO 的文件委员会定稿颁布,并命名为 GENCON 1994。其特点是:①对一些过时的条款进行必要的删节和补充;②增加了一些附加条款,如仲裁条款;③增加一些选择性条款,使合同得到更加广泛的使用。这是一个适于各种货物、各种航线的应用较广泛的标准合同格式。

2. 威尔士煤炭租船合同(Chamber of Shipping Walsh Coal Charter Party)

该租船合同格式最初由英国航运公会(the Chamber of Shipping of the United Kingdom)于 1896 年在伦敦制定,主要用于从威尔士地区各港口装运煤炭运往世界各地的租船运输。后来该格式得到了波罗的海国际航运公会文件委员会的认可和采纳。该格式对于美洲威尔士煤炭租船合同的制定起到很大作用。后经 1912 年、1924 年两次修改,是专门用于煤炭运输的标准格式。在这个标准格式中,以连续小时(running hours)表示装卸时间,对于延滞费也规定了特殊的计算方法。

3. 谷物泊位租船合同[Baltimore Berth Grain Charter Party-Steamer (Form C)]

租约代码名称为“巴尔的摩 C 式”(Baltimore Form C),这是广泛用于从北美和加拿大向世界各港整船运输谷物的标准格式。该标准合同格式由总部设在纽约的北美粮食出口协会、总部设在伦敦的北美托运人协会以及纽约土产交易所联合制定。最早制定于 1913 年,目前普遍采用的是 1974 年版本。关于装船数量、装卸时间以及提单签发等内容都有特殊的规定。

4. 澳大利亚谷物租船合同(Australian Grain Charter Party)

代码名称 AUSTRAL,是专门用于整船谷物运输的标准格式。

5. C(矿石)7 租船合同[C (Ore) 7 Mediterran Iron Ore Charter Party]

该合同格式系第一次世界大战期间,英国政府制订的关于进口铁矿石运输的航次租船合同。

6. 油船航次租船合同(Tanker Voyage Charter Party)

租约代码名称为“阿斯巴坦可瓦依”(ASBATANKVOY)。此格式是 1977 年由美国船舶经纪人和代理人协会(Association of Ship Brokers and Agents(USA):ASBA)①制定的,专门用于油船航次租船。

7. 美国威尔士煤炭租船合同(Americanized Welsh Coal Charter)

租约代码名称为“艾姆威尔士”(AMWELSH)。此格式是在参考了威尔士煤炭租船合同格式的基础上于1920年制定的,最初主要由美国煤炭托运人或承租人使用,专门针对美国港口情况,因此被称之为“美国威尔士煤炭租船合同”。在1946、1947、1949、1952年分别进行修订。1953年美国船舶经纪人和代理人协会(ASBA)在1952年格式基础上进行修改,在纽约发布通过了“AMWELSH”格式。目前该格式不仅广泛用于美国港口装运煤炭的租船运输,还大量地用于美洲湾、美国西海岸港口装运石油焦炭的租船运输。后来又经过1979年和1993年两次修订,现在普遍采用的是1993年格式。该格式受到BIMCO和英国国家船舶经纪人和代理人协会联合会(Federation of Association of National Ship Brokers and Agents:FONASBA)推荐和采纳。对于装卸准备就绪通知书的递交及装卸时间起算、加班费的计算、因货物产生额外保险等问题做了较为详尽的规定。

8. 1990年澳大利亚小麦租船合同(Australian Wheat Charter 1990)

租约代码名称为“奥斯威特”(AUSTWHEAT)。是由波罗的海国际航运公会(BIMCO)推荐使用的标准租船合同格式,主要用于在澳大利亚各港装运小麦驶往世界各地的航次。该格式规定了“托运人”(shipper)的概念,并明确托运人是指澳大利亚墨尔本小麦委员会。同时对于装货港船舶的检验、备货义务等做了详细而特别的规定。

9. 1982年多用途船舶租赁合同(Multi-Purpose Charter Party 1982)

租约代码名称为“马蒂弗姆”(Multiform)。是英国国家船舶经纪人和代理人协会联合会(FONASBA)于1982年制定的,在1986年进行过修订。该格式不用于集装箱运输。已得到下列国家的船舶经纪人组织的批准,这些国家包括:奥地利、

---

① 美国船舶经纪人及代理人协会成立于1934年,总部设在美国纽约。现有会员190个,主要包括从事干散货/油船及船舶买卖方面的船舶经纪人、持有资质证书的船舶代理人以及与租船业务相关的其他企业及机构,例如船舶所有人、船舶经营人、承租人、拖轮公司、海事律师等。除美国会员外,目前也包括一些加拿大会员。该协会成立至今,一直致力于促进和发展航运实践操作的规范化和标准化以及代表会员利益与政府部门及其他机构进行沟通等。特别是在制订和完善相关租船合同范本方面,与其他一些国际航运组织一起做出重大贡献。近年来主要从事一些标准租船合同或其他合同格式的电子化工作,并提供AMWELSH 1979 & 1993、ASBACHEMVOY、ASBATANKVOY、ASBATIME 1981、GENCON 1994、NIPPON SALES FORM 1993 & 1999、NORGRAIN 1973, 1989 & 2000、NORWEGIAN SALES FORM 1987 & 1993、NYPE 46 & 93等电子合同编辑软件。

巴西、丹麦、芬兰、法国、联邦德国(现已统一为德国)、希腊、冰岛、意大利、马耳他、摩洛哥、荷兰、挪威、葡萄牙、新加坡、南非、西班牙、瑞典、英国、美国、乌拉圭和南斯拉夫。

10. 斯堪的纳维亚航次租船合同(Scandinavian Voyage Charter)①

租约代码名称为“斯堪康”(SCANCON),是波罗的海国际航运公会于 1956 年制定,经 1963、1993 年修改,主要用于斯堪的纳维亚地区的杂货航次租船。

11. 普尔煤炭航次租船合同 (Coal Voyage Charter)

租约代码名称为“普尔可瓦依”(POLCOALVOY),是波罗的海国际航运公会于 1971 年制定,经过 1976、1997 年修订,专门用于煤炭运输的标准航次租船合同格式。

12. 波罗的海谷物航次租船合同(BIMCO Grain Voyage Charter Party)

在过去的很多年,BIMCO 已经批准了一系列谷物航次租船合同格式,例如 NORGRAIN 1989, SYNACOMEX 2000②, AUSTWHEAT 1990, GRAINVOY and NIPPONGRAIN③ 等,上述这些谷物航次租船合同均用于特定的地域和航线,鉴于在谷物运输方面,尚缺乏一个统一的应用领域更为广泛的标准合同格式,BIMCO 于 2001 年开始着手完成该工作,并于 2003 年完成波罗的海谷物航次租船合同。该合同格式在起草过程中,广泛地征求了谷物运输承租人及船东们的意见,因此与其他谷物航次租船合同格式相比较,更加注意平衡了船东及承租人的利益,并且注意弥补和修改了现行一些谷物租船合同格式的不足,更加满足商业发展的需要。代码名称为“格林康”(GRAINCON)。

13. 北美谷物航次租船合同(North American Grain Charter Party)

租约代码名称为“诺格林”(NORGRAIN)。最初由美国船舶经纪人及代理人协会于 1973 年制定,1989 年进行过修订,现在用得比较多的是 1989 年修订过的版本。该文本得到 BIMCO 和英国船舶经纪人和代理人协会联合会的共同推荐使用。专门用于美国和加拿大出口谷物的航次租船运输。

---

① 以下合同格式,参见郭萍,等. 国际海上货物运输实务与法律. 大连:大连海事大学出版社,2010:162 - 165.

② 该合同格式的全称为大陆谷物租船合同(Continent Grain Charterparty),最早制定于 1957 年,后经过 1960、1974、1990、2000 年多次修订。最新的修订版本是由法国谷物出口商联盟(SYNACOMEX)、法国船东协会(CCAF)、巴黎海事仲裁商会(CAMP)以及法国船舶经纪人协会共同完成的。

③ NIPPONGRAIN 是由日本海运集会所文件委员会制定的,专门针对谷物运输的航次租船合同格式。

14. 北美化肥航次租船合同(North American Fertilizer Charter Party)

租约代码名称为“弗提瓦依”(FERTIVOY)。系波罗的海国际航运公会于1978年制定的,经过1988年修订,专门用于化肥航次租船运输。

15. 化肥航次租船合同(Fertilizer Voyage Charter Party)

租约代码名称为“弗提康”(FERTICON)。化肥航次租船合同格式最初是由英国航运公会在1942年制定的,后经过1950年、1974年两次修订,专门针对化肥航次租船运输。由于该合同格式已经不能完全反映航运实践及商业需求,该合同格式的主要使用者——化肥运输承租人以及BIMCO很多会员都提出应当对该格式进行修改。此外,由于化肥运输中很多人选用金康合同格式,特别是金康合同于1994年修订后,修改本合同格式的呼声更加强烈。因此BIMCO文件委员会开始介入到对FERTICON格式的修改,并于2007年完成最近一次修订工作。

(三)标准的定期租船合同格式

1. 统一定期租船合同(Uniform Time Charter)

代码名称为“波尔的姆1939”(BALTIME 1939),实践中简称为“波尔的姆”,是1909年由BIMCO文件委员会制定的。经过1911年、1912年、1920年、1939年、1950年、1974年、2001年数次修改,现行使用较多的依然是1974年或2001年的格式。该格式还得到英国航运公会文件委员会以及日本航运交易所文件委员会所采纳。由于该合同格式是由代表船东利益的BIMCO制定,因此相对而言,其条款及内容比较维护船舶所有人的利益。

2001年修订的波尔的姆格式较之1974年格式,在内容上并没有实质性变化,但是从形式上以及条款编排方面有一些显著特点。以下简要说明:(1)2001年修订格式的第一部分(Part I),依然保留了BIMCO制定合同文本的特点,有若干个栏目(Box),留待合同双方洽谈后填写,而涉及该栏目的具体条款内容,详见第二部分(Part II)。删除了1974年格式中的第20栏有关战争的内容,因此总的栏目数量由1974年格式的25项减少为24项;对部分栏目的位置进行了调整;将1974年格式中的第24栏目内容“仲裁地点在伦敦”调整为第23栏目“争议解决”。(2)第二部分的条文数量由25项调整为24项,并且在每个条款之前增加了条款的名称。尽管每个条款的名称非常简洁,几乎就是该条款的关键词,但是视觉上更加直观、清晰,从而避免了1974年格式只有条款顺序号,而无条款名称在使用方面的不便。24项条文名称分别是交船时间/港口/日期、贸易范围、出租人义务、承租人义务、燃油、租金、还船、允许装运的货物空间、船长、航行指示与日志、停租、责任与免责、垫付款项、除外港口、船舶灭失、加班、留置权、救助、转租、战争、解约规定、争议解决、共同海损、佣金。(3)条款方面,在内容上变化比较明显的就是战争条款和争议解决条款。2001年格式中的战争条款,采用的是BIMCO推荐使用的标准定期租船合同战争条款(conwartime 1993)①。争议解决条款变化比较明显,不再是1974年格式中单一的只有伦敦仲裁的方式,而是在条款中明确规定了争议解决的几种途径。方式A是选择伦敦仲裁,适用英国法,并规定了仲裁庭组成及其程序;方式B是选择纽约仲裁,适用美国法,同时规定了仲裁庭组成及其程序;方式C是双方选择在A、B方式以外的其他地点仲裁并选择适用的法律;方式D是双方当事人可以选择通过调解方式解决争议,即使已经根据A、B、C方式提起仲裁的情形;方式E明确了如果合同中未对争议解决做出明确约定的,视为默示选择伦敦仲裁。

本书后文凡是在引用BALTIME格式进行问题探讨的,除另有特别说明和标注外,主要依据1974年修订的合同条款内容。

2. 定期租船合同(Time Charter Party)

代码名称是“土产格式”(Produce Form),是美国纽约土产交易所(New York Produce Exchange)制定,并由美国政府批准的格式。由于美国纽约土产交易所的简称是NYPE,所以又称为NYPE格式 。最早制定于1913年,现行使用的是1946年的格式。由于纽约土产交易所的成员都是谷物、粮食等方面的大交易商,所以该合同格式比较维护承租人的利益。

鉴于NYPE 1946格式中的一些条款已经不能反映航运实务的发展,一些国际组织先后尝试对NYPE格式的修订工作。美国船舶经纪人及代理人协会在20世纪70年代末组织有关人员对NYPE 1946格式进行修改,修改过程中还与波罗的海国际航运公会(BIMCO)、英国国家船舶经纪人和代理人协会联合会(FONASBA)及英国航运公会(GCBS)共同协作,历时4年,最终于1981年6月12日出台了一个新的租船合同范本,并命名为ASBATIME,但实践中采用的并不普遍。鉴于此次修订未能达到被广泛接受的效果,1993年在波罗的海国际航运公会(BIMCO)、英国国家船舶经纪人和代理人协会联合会(FONASBA)及美国船舶经纪人和代理人协会(ASBA)的共同参与下,完成了对NYPE1946年格式的最新修订,即NYPE1993格式。NYPE1993格式由美国船舶经纪人和代理人协会制定,并获得FONASBA、BIMCO的推荐,并不是美国纽约土产交易所制定的,与1946年版本的格式相比较,内容及形式方面发生了很多变化,只不过仍然沿用了NYPE的名称而已。NYPE1993格式目前在我国的定期租船实务中广泛使用。实践中,合同双方当事人在选择NYPE格式时,针对实际问题,常常会通过在现有格式条款基础上,

---

① 包括8个分条款,就战争及其产生的风险如何在出租人、承租人之间进行分配和承担。有关该条款的中文含义及解释,详见郭萍. 租船缩略语与常用条款. 大连:大连海事大学出版社,2010:204-206.

增加补充条款或者附加条款的方式。这样就常常会造成附加的条款内容与印就的条款之间可能存在冲突或者矛盾之处，因此实践中常常针对这些内容产生纠纷。特别是自 1993 年以来，有关的国际公约，例如《国际安全管理规则》（ISM）、《国际船舶和港口保安规则》（ISPS）、《控制船舶有害防污底系统国际公约》（Anti-fouling Convention）等已经生效并强制使用，索马里海盗的防范及安保等现实情况也带来新的问题。针对上述内容，当事方常常会在 NYPE 格式中增加相关补充条款，以明确各方的权利、义务和责任。为了避免不必要的风险以及为了避免定期租船合同采用庸长的合同条款，波罗的海国际航运公会（BIMCO）、美国船舶经纪人与代理人协会（ASBA）、新加坡海运基金（SMF：Singapore Maritime Fund）等国际组织目前已经成立一个工作组，酝酿对 NYPE1993 格式进行适当修订，以便于能够包括租船实务常见的附加条款及相关内容。2015 年 10 月 15 日，BIMCO 联合 ASBA 以及 SMF 联合发布了 2015 年最新版本的 NYPE 格式合同。该格式是在 1993 年版本基础上进行的修改，历时将近 3 年。修改过程中广泛征求了出租人、承租人、货主、保赔协会、律师和船舶经纪人等相关利益方的意见。①

此外，1982 年英国船舶经纪人和代理人协会吸收了 BALTIME 和 NYPE 的优点制定了一个合同格式，代码名称为 FONASBATIME。1986 年曾经进行过修改，但是实践中采用的较少。该格式不适用于集装箱船运输，奥地利、巴西、丹麦、芬兰、法国、德国、希腊、冰岛、意大利、马耳他、摩洛哥、荷兰、挪威、葡萄牙、新加坡、南非、西班牙、瑞典、英国、美国、捷克斯洛伐克等国已批准了该文件。

3. 通用定期租船合同（General Time Charter Party）②

租约代码名称为“金的姆”（GENTIME）。系由波罗的海国际航运公会于 1999 年制定的，主要适用于干散货定期租船，也可以用于集装箱船舶的定期租用。在 NYPE1993 年格式推出以后，考虑到“波尔的姆”格式在现代航运实践中存在一些不足，并希望能够在 NYPE 格式以外再多一些可供选择的定期租船合同格式，波罗的海国际航运公会执行委员会于 1994 年决定再重新起草一份新的期租合同格式以适应干散货运输的需要。在征求了各方意见后，文件委员会起初想对 BALTIME 格式进行修改以完成上述目的，但是考虑到现有 BALTIME 格式在结构以及传统上更适用于短途近洋运输（short sea trade），最终决定形成一个新的合同格式。与其他通用的定期租船合同格式相比较，GENTIME 格式有很多不同之处，例如增加了索引（Index），使整个合同内容一目了然。有些条款，例如停租条款，与其他合同格

---

① 参见 BIMCO 官方网站：https://www.bimco.org/Chartering/Clauses_and_Documents/Documents/Time_Charter_Parties/NYPE_2015.aspx，2015 年 12 月 23 日 21:00 时访问。

② 参见郭萍. 国际海上货物运输实务与法律. 大连：大连海事大学出版社，2010：165 – 166.

式的相关规定差别较大，将一些保护性条款（protective clauses），例如战争风险条款、首要条款、共同海损条款、双方互有责任碰撞条款等统一放在附录 A 中。

总之，GENTIME 格式具有鲜明的特点：第一，更加注意兼顾出租人和承租人利益的平衡；第二，吸收了一些比较现代化的条款，特别是实践中当事人经常补充的一些附加条款；第三，合同格式的结构更加合理，逻辑性更强，比较清晰地列明当事人的权利、义务，便于使用者查找。

4. 1980 年中租格式（Time Charter Party 1980）

代码名称为“中租 1980”（SINOTIME 1980），是 1980 年中国租船公司（China National Chartering Corporation）制定的，①其条款对船舶所有人比较苛刻。

除上述定期租船合同格式外，BIMCO 还针对一些特殊类型的船舶，制定了专门的定期租船合同格式，②例如专门针对散装化学品船舶的“Bulk chemical time charter”（代码名称为 BIMCHEMTIME 2005）、针对集装箱船舶的“Standard Time Charter Party for Container Vessels”（代码名称为 BOXTIME，最早制定于 1990，2004 年进行过修订）、针对油船的“定期租船合同”（Time Charter Party：代码名称为 BPTIME③），针对液化气船舶的“统一载运液化气船舶定期租船合同”（Uniform Time Charter Party for Vessels Carrying Liquified Gas，代码名称为 GASTIME④），针对近岸供给船舶的“近岸供给船舶定期租船合同”（Time Charter Party for Offshore Service Vessels，代码名称为 SUPPLYTIME⑤）等。

（四）标准的光船租赁合同格式

在 20 世纪 70 年代中期之前，光船租赁市场上并没有标准的租船合同格式，那个时代合同当事方普遍采用自行订立合同格式的方式。波罗的海国际航运公会在 1974 年完成了标准光船租赁合同的制定，即标准光船租赁合同（Standard Bareboat Charter），代码名称为“贝尔康”（BARECON），该格式分别在 1989 年、2001 年进行过修订。1974 年版本的 BARECON 包括 BARECON A、BARECON B 两种格式，前

---

① 中国租船公司，简称“中租公司”（SINO CHART），成立于 1955 年，经公司改制，自 2009 年 1 月 1 日起更名为中国租船有限公司，是中国外运长航集团有限公司旗下的专业子公司。主要通过集团自有船队及自营期租船承运矿砂、煤炭、粮食、镍矿、铝矾土等大宗进出口货物等。以上信息来自该公司官方网站，http://chart.sinotrans-csc-com.

② 以下内容参照 BIMCO 官方网站公布的信息，2009 年 2 月 5 日访问。

③ 由英国石油公司（BP）和 BIMCO 于 2001 年 2 月联合制定。

④ 该合同格式也获得了英国航运总会（The General Council of British Shipping）文件委员会的批准。

⑤ 最早制定于 1975 年，后经过 1989 年、2005 年修订。并获得国际供给船船东协会（International Support Vessel Owners' Association：ISOA）的批准。

者主要涉及现有船舶的光船租赁，不论船舶上是否设定抵押；后者用于通过抵押融资的新建船舶的光船租赁。上述两种格式的第三部分，都是关于船舶租购的规定，一旦被选用，则成为船舶租购合同。该文件获得英国航运公会文件委员会采纳。

在1989年修订中，主要针对新建船舶的光船租赁问题，增加了一些供选择使用的条款。在该格式的广泛使用中，进行光船租赁登记越来越普遍，并且当事方常常会选择变更国籍和船旗，因此1989年格式中增加了有关如何在变更国籍情况下，船舶抵押权人的保护问题。同时在合同格式总体结构框架方面进行了一些调整。与1989年格式相比较，2001年“贝尔康格式”更满足现代光船租赁的需求，并且为了保障出租人的合法权益，增加了有关出租人终止合同并重现占有船舶的条款。以2001年格式为例，光船租赁合同全部内容包括5个部分。第一部分（Part I）是空白表格部分，包括46个栏目，属于BIMCO标准合同格式的典型风格。第二部分（Part II）是光船租赁合同的标准合同条款，共31条。第三至第五部分供当事方选择使用。第三部分（Part III）仅适用于新建船舶的光船租赁，如果选择使用本部分内容，同时需要在第一部分的第37栏目中明确选择并填写，包括6个条文。第四部分（Part IV）涉及光船租购协议，同时需要在第一部分的第42栏目中选择并填写。第五部分（Part V）适用于光船租赁合同登记，同时需要在第一部分的第43栏目中选择并填写，包括3个条款。

第四节　租船运输的法规与国际惯例

租船运输下签订的合同不像班轮运输下的提单、海运单那样，由国际海运公约或国内法予以强制调整，而是由双方当事人平等地自由协商，并明确彼此的权利、义务。因此只要不违反本国法律的基本原则，双方本着平等、互利，不存在有意欺诈的情况下，应当以有关租船合同内容及条款作为履约及解决双方争议的依据。

目前尚没有调整租船合同的国际海运公约，大都由各国国内法律予以调整。世界上许多国家制定海商法典，对租船运输设专门规定。例如《意大利航海法典》、《挪威海商法典》、《俄罗斯联邦商船航运法典》、《瑞典海商法》等。但这些条款大多是任意性条款，只有当合同没有规定时，海商法才予以适用。如我国《海商法》第94条规定：“本法第47条和第49条的规定，适用于航次租船合同的出租人。本章其他有关合同当事人之间的权利、义务的规定，仅在航次租船合同没有约定或者没有不同约定时，适用于航次租船合同的出租人和承租人。”表明第四章有关国际海上货物运输合同的内容只有关于承运人提供适航船舶的义务及不得进行不合理绕航的义务是强制适用于航次租船合同的出租人，航次租船合同其他条款均可以由双方约定,不属于强制性条款。《海商法》第 127 条也明确规定:“本章关于出租人和承租人之间权利、义务的规定,仅在船舶租用合同没有约定或者没有不同约定时适用。”显然我国关于定期租船合同和光船租赁合同的法律规定也是非强制适用的。需要引起读者注意的是,由于航次租船合同被规定在第四章,而根据我国《海商法》的规定,该章仅适用于国际海上货物运输,因此我国《海商法》提及的航次租船合同不包括沿海航次租船合同,后者应当依据我国《合同法》以及原交通部颁布的 2000 年《国内水路货物运输规则》的相关规定。而《海商法》关于船舶租用合同的规定则没有上述限制,因此第六章内容可以适用于沿海以及国际航行的定期租船合同和光船租赁合同。

而在有些国家,特别是英、美法系这样的判例法国家,并没有关于租船合同的特定法规,因此,有关租船合同方面的争议,完全遵照“遵守先例原则”和“契约自由原则”进行处理,所以双方拟就条款的自由性很高。

在我国,如果租船合同本身没有明确约定,而《海商法》也没有相应规定或规定不明的情况下,就合同争议及适用而言,还可以依据《合同法》或《民法通则》等基本民事法律规定。

此外,租船合同当事方争议的解决,还可以参照有关这方面的国际惯例。如我国《海商法》第 268 条第 2 款规定:“中华人民共和国法律和中华人民共和国缔结或者参加的国际条约没有规定的,可以适用国际惯例。”租船合同方面的国际惯例,实践中主要表现为一些标准的租船合同格式条款、内容以及一些国际组织关于租船合同条款及术语的解释规则及释义等。例如 1980 年租船合同装卸时间定义、1993 年航次租船合同装卸时间解释规则等(详见本书后文及附录)。因此,加强对这些合同格式中主要条款和国际惯例的学习和研究,就显得十分重要。

虽然各国法律关于租船合同的规定大都属于任意性条款,但是如果在租船合同下签发提单,并且当提单转让至承租人之外的善意提单持有人手中,则调整该提单持有人与承运人(出租人)之间的法律关系,则要受有关提单的相关国际海运公约或国内法的强制约束。例如,1924 年《海牙规则》第 5 条,1978 年《汉堡规则》第 2 条第 3 款,[①]2008 年《鹿特丹规则》第 6 条[②]对此做明确规定。此外,一些国家的国内立法也有类似的规定。例如,美国 1936 年《海上货物运输法》(COGSA)第 1

---

① 以上公约条款参见胡正良. 国际海事条约汇编(第 6 卷). 大连:大连海运学院出版社,1994:1 - 15.

② 参见司玉琢,韩立新. 鹿特丹规则研究. 大连:大连海事大学出版社,2009:74.

条第 2 项有关运输合同的规定，[①]澳大利亚 1998 年《海上货物运输法》第 1 条第 2 项有关运输合同的规定，[②]1994 年《瑞典海商法》第十三章第 3 条有关租船运输的规定[③]、第十四章租船的一般规定，[④]1958 年《希腊海事私法典》第 107 条、第 170 条、第 189 条[⑤]，《德国海商法》第 663 条，[⑥]《荷兰海商法》第 511 条[⑦]等。

第五节　租船市场概况

租船市场，又称为海运交易市场，是需求船舶的承租人和提供船舶运力的出租人协商、洽谈租船业务，订立有关的租船合同的场所。它通常设在世界范围内货主和船舶所有人汇集、外贸和运输繁荣发达的地方。世界上各租船市场有专门在城市内设立集中场所当面洽谈的，也有不设专门集中场所，而是分散在城内由各个经纪人凭借通信工具互相洽谈的。这些租船市场彼此之间并不必然存在依存关系，并且独自发展，各具特色。它们并不必然地与某个特定地域具有联系，但是通常与那些载运类似货物的船舶具有关联。

租船市场的发展态势最终是由市场供需平衡所决定的，当然与世界范围内的经济贸易发展以及原油价格的变动戚戚相关，甚至在某些情况下，因为战争、较大范围内的罢工、收成不好、冰冻等原因，也会影响租船市场水平的高低。造船市场，特别是新船市场、二手船市场以及运费水平高低之间的关系也会在某种程度上影响租船市场的走势。

目前世界上超过 300 总吨的船舶大约有 70 000 艘，其吨位总和达到 12.2 亿

① 参见韩立新，王秀芬，编译. 各国（地区）海商法汇编（中英文对照）. 大连：大连海事大学出版社，2003：374.

② 参见韩立新，王秀芬，编译. 各国（地区）海商法汇编（中英文对照）. 大连：大连海事大学出版社，2003：459.

③ 参见韩立新，王秀芬，编译. 各国（地区）海商法汇编.（中英文对照）. 大连：大连海事大学出版社，2003：780.

④ 参见韩立新，王秀芬，编译. 各国（地区）海商法汇编（中英文对照）. 大连：大连海事大学出版社，2003：790－791.

⑤ 参见韩立新，王秀芬，编译. 各国（地区）海商法汇编（中英文对照）. 大连：大连海事大学出版社，2003：953，960－961.

⑥ 参见韩立新，王秀芬，编译. 各国（地区）海商法汇编（中英文对照）. 大连：大连海事大学出版社，2003：1055－1056.

⑦ 参见韩立新，王秀芬，编译. 各国（地区）海商法汇编（中英文对照）. 大连：大连海事大学出版社，2003：1124.

载重吨。其中大约9%的船舶,载重吨在10 000吨以下。油船总数达到12 700余艘,但是其吨位总和达到世界船舶总吨位的37.5%。目前从事干散货运输的海运船舶仍然占多数,大约有22 000艘,约8 000艘船舶从事其他航运市场运输。①

一、租船市场的作用

船舶所有人要在某个特定的时期在航运市场上寻找合适的货物以及货主要在众多的船公司中找到合适的船舶所有人看似大海捞针,但由于世界范围内形成了许多专门的租船市场,其中又活跃着成千上万经验丰富的经纪人,使交易得以迅速达成。因此,租船市场起着不可或缺的重要作用。

1. 专门为船舶所有人和承租人提供各种租船业务的机会,他们无须亲自谈判,只要通过租船经纪人接触,协商和办理租船事宜,最终签约。据统计分析,租船运输占世界总海运量的70%左右,而班轮运输只占世界总海运量的30%左右。由此可见租船市场的分量。

2. 租船市场能使出租人和承租人快速有效地成交业务。表现为:

(1)租船市场拥有分布在全世界的大量船舶所有人、承租人、租船经纪人,形成一个世界范围的网络。

活跃在租船市场的一些著名船舶经纪公司主要包括:ACM Shipping、Arrow Shipbroking Group、Banchero Costa、Barry Rogliano Salles、Braemar Seascope②、Cabot Shipping、Charles Weber、Charterhouse Shipbroking、Clarksons、Compass Maritime Services、Eastport、Ernst Russ、Fearnleys、Freight Investor Services、Galbraiths、Gibson Shipbrokers、Genoc Chartering、GFI Group、Howe Robinson、ICAP Shipping 、Inge Steensland、Island Shipbrokers、Lightship Chartering、Maersk Broker、McAnerin Shipbroking、Mid – Ship Marine、MJLF、McQuilling Brokerage Partners、Optima Shipbrokers、Poten & Partners、Raffles Shipbrokers、Riverside Tanker Chartering、SSY、Vogt & Maguire、Wallem Shipbroking、Weberseas、Wonsild & Son、Yamamizu Shipping 等。

活跃在租船市场的大型船公司或者船舶经营者主要包括:AET、Agelef Shipping、Armada Shipping、Biglift Shipping、Bocimar、Bonyad Shipping Company、BP Shipping、CC Maritime、Clipper Group、Cosco Bulk 、Egon Oldendorff、Eitzen Bulk、Fednav、Gestion Maritime、Golden Ocean、Goulandris Brothers、Great Eastern Shipping、Heidenreich Marine、Interfrete Transportes、K Line、Kadmar、Maersk、Man Shipping、MUR Ship-

---

① 参见 LARS GORTON. Shipbroking and Charting Practice. 7th Edition. LLP, 2009:1.

② 根据2014年5月《贸易风》(Trade winds)发布的消息,Braemar Seascorce(百力马)将与ACM Shipping(艾斯盟)合并,后者将被前者收购。

ping、Navios、Norden、Oceanbulk Group、Oldendorff、OSG、Pacific Basin、Pacific Carriers、Safety Management、Sanko Steamship、SK Shipping、STX Pan Ocean 、Swissmarine、Thenmaris、Torm、Tsakos Group、Western Bulk Carriers、Zodiac Maritime Agencies 等。

主要的贸易交易商(承租人)包括:Cargill、Bunge Corporation、Constellation Energy、Commodities Group、EDF Trading、Glencore、Hess Energy Trading、Koch Supply & Trading、Louis Dreyfus Trading、Noble Group、RWE Trading、Vitol 等。

(2)采用现代化的快速通信工具,例如电传、传真、国际电话以及电脑通信网络等。

3. 调节全球航运市场。因为整个世界的货物贸易量要与船舶运力协调,世界各个地区的船货供求又不平衡,因此通过租船市场的“微调”作用,使整个航运市场达到平衡状态。

4. 为船东和承租人提供大量的租船市场的信息资料,如通过航运报纸杂志、市场报告等方式发布行情动态及发展趋势。例如波罗的海航运交易所(Baltic Exchange)定期向其会员,一些大的船舶经纪公司定期向船舶所有人、承租人以及其他船舶经纪公司、船舶代理公司等提供一天或者一周的航运市场信息。其中还会涉及一些对干散货、油船市场等大型市场走势的综合分析。这些分析内容有的从区域角度,例如大西洋区域、太平洋区域,有的从特定种类货物的视角,例如谷物、煤炭、矿砂、钢铁等,有的则侧重于不同吨位船舶的角度,具体分析不同市场的现状及未来走势。①

二、租船市场分类

租船市场是一个总概念,实际上是由不同的分市场组成的。首先,是根据船舶载货的类型划分;其次,是根据租船方式和租期长短来划分。

(一)根据船舶类型划分

可以分为干货船市场(dry cargo market)、油船市场(tanker market)、冷藏货船市场(reefer market)、汽车专用船市场(car carrier market)和客船市场(passenger market)。其中干货船市场又可分为干散货船市场(bulker)、传统杂货船市场(tweendecker)、集装箱船市场(container)、滚装船市场(ro/ro)、支线班轮船市场(liner)、小船市场(small ships)以及特种用途船市场(special ships)等。

上述市场之间一般没有直接的竞争影响,另外每一分市场中的大小船舶之间的竞争影响也不大,例如大型油船经营长航次,小船经营短航次。但实务中也存在

---

① LARS GORTON. Shipbroking and Charting Practice. 6th Edition. LLP,2004:31.

着选择船型、船舶吨位大小的灵活余地，因此，某一个分市场的变化仍会或多或少地影响整个租船市场。

1. 干货船市场

在我国干货船租船实务中，常见的船型有“Handy size”船型（又称为灵便型）、“Handymax”（又称为超灵便型或者大灵便型）、“Panamax size”船型（又称为巴拿马型）以及“Capsize”船型（又称为海岬型或好望角型）。

灵便型船舶针对载重吨介于25 000～35 000吨之间的船舶。超级灵便型船舶针对船舶载重吨介于35 000～45 000吨之间的一类船舶，该类船型系在20世纪90年代出现的一种散货船，通常要比灵便型船舶大，目前该类船舶的市场比较成熟，并且该类型船舶的数量呈持续增加的态势。巴拿马型主要针对载重吨55 000～80 000吨之间的散货船，并且船舶吨位主要集中在68 000～73 000吨之间，该类型船舶的最大长度、宽度和吃水能够满足通过巴拿马运河，故此得名。是由大西洋通过巴拿马运河到太平洋的最佳船型，也是世界船队中和市场操作中最有代表性的船型，在煤炭、矿石、粮食、化肥等干散货以及集装箱和石油运输中都得到广泛的应用。此类型船舶通常不配备装卸设施。介于超灵便型和巴拿马型之间的船舶（载重吨介于45 000～55 000吨），实践中常被称为“Supramaxes”，通常配有自己的抓斗（grab），也是20世纪90年代产生的一种类型船舶。海岬型船舶是指载重吨在90 000吨及其以上能够经过非洲好望角连接大西洋和太平洋的典型船型，主要用于矿砂和煤炭的远距离运输，船舶自身通常不配备装卸货设施。对于载重吨介于90 000～150 000吨之间的船舶，又被称为小海岬型船（small cape），160 000～180 000吨之间的船舶，又被称为标准海岬型船（standard cape），180 000吨以上的船舶，被称之为大海岬型船（large cape）。大海岬型船舶仅用于煤炭和铁矿石的远距离运输，主要是北美、澳大利亚至远东的煤炭航线；南美、澳大利亚至日本、远东、地中海和欧洲地区的铁矿石航线。

为了满足干货船市场的需求，除了通过配备抓斗等能够满足散货装卸货作业的要求，一些船舶出租人还在船舶上配置一些特殊的设施和装备，例如为了在规定季节能够通过圣劳伦斯水道而配备的设备（Lakes trader or Lakes-fitted vessel），为了适于在冬季的波罗的海水域或加拿大水域通过，而具备抵御冰冻等级（ice-class）的设备等。

从事干货船市场的船舶，主要用于煤炭、谷物、矿砂、废钢材、钢材、水泥、磷肥、化肥等货物运输。载重吨基本分布在5 000～180 000吨之间。10 000吨以下的小型船舶，常常从事于短途或近洋固定航线（例如我国港口至日、韩航线），少量从事不定线的全球运输。

干货船市场中，干散货运输所占比重较大。在国际海运贸易中，每年大约有

20 多亿吨的干散货投向货运市场，占世界海运量的 1/3。也正是因为干散货运输量之大，干散货又被称之为大宗散货。

干散货一般是指不需要包装或简单包装并可直接装于船舱的干货，主要是一些工业用初级产品及其他产品。初级产品主要包括铁矿石、煤炭、粮谷、铝矾土、磷矿石，实践中又被称之为“五大干散货”，是国际干散货航运中的主要货源。其他还包括农产品、木材、水泥、化肥、原糖、废钢铁等。其中铁矿石、煤炭、粮谷、铝矾土和磷矿石大都是工业生产的原材料。例如铁矿石和煤炭是钢铁制造业的原材料，而钢铁是建筑业、汽车业、商船业、机器制造业以及大多数工业产品的主要原料；煤炭除了用于生产钢铁外，还是能源发电工业的主要原料；而粮谷更是人类生存的必需品；铝矾土是铝工业的原料，而铝是仅次于钢铁的重要现代工业原料；磷矿石是农作物生产所依赖的重要化肥原料。从干散货的重要性可以看到，国际干散货航运对于世界经济的发展具有非常重要的作用。

铁矿石的海运量很大程度上是由钢铁厂的布局和原料产地的距离决定的。20 世纪 70 年代以前，钢铁厂家倾向于在靠近原料产地的地方建厂，70 年代以后，船舶大型化导致规模经济的实现和现代海运技术的快速发展，使得铁矿石无需就近供应。特别是 80 年代以后，由于缺乏原料，使基建、汽车和造船业相当发达的日本和欧洲成为世界重要的铁矿石进口国。80 年代末期以来，中国也成为极其重要的进口国之一。目前铁矿石的流向主要是从澳大利亚、美洲流向远东和欧洲。

煤炭是仅次于铁矿石的第二大干散货，由于其与钢铁工业的紧密关联性，煤炭的海运流向和发展趋势与铁矿石类似，主要从澳大利亚、北美和南部非洲流向日本、远东、欧洲和地中海等地区。

粮谷有所不同，主要包括小麦、大米、玉米、大豆和高粱等，由于粮谷是农业商品且主要用于人类和动物消费，因此在路线和流量上呈现出季节性和不稳定性。目前粮谷的出口区域主要分布在美国、加拿大、南美洲和澳大利亚；而进口区域主要在非洲、日本、远东和印度。

铝土矿和磷矿石在 5 类大宗干散货中所占的比例相对较小，其中铝土矿的海运贸易格局与铁矿石相似，主要从澳大利亚、非洲流向欧洲和北美；磷矿石因为是生产复合化肥的主要原料，主要出口区域包括摩洛哥、美国、中国、俄罗斯等；而进口区域主要包括东亚、西欧和美洲一些国家。

与持续增长的干散货船相比较，传统的件杂货船的数量呈递减的趋势。目前传统件杂货船主要用于袋装散货运输，例如大米、糖、水泥、化肥等；此外当一些固定运输航线船舶运力不足时，传统件杂货船会作为适当的补充。

滚装船市场是干货船市场中发展较晚的一个分市场。在 20 世纪 70 年代初，随着工业产品、机器、车辆、建筑材料的大量需求，特别是从欧洲、美国至中东国家，以及从欧洲至西非一些国家的贸易需求尤其突出。由于进口国普遍存在效率低下，港口设施不能满足大量船舶靠泊造成严重压港现象，为了解决这些矛盾，滚装船市场应运而生。通过滚装船进行货物运输，可以将对港口设施的需要降低到最低程度，并且货物管理系统比较灵活，可以通过卡车装运不同种类的货物，包括集装箱。至 70 年代中期，滚装船市场在世界范围内得以迅速发展，并且有租船经纪人专门从事滚装船租船业务。

2. 油船市场

油船市场与干散货市场不完全一致，因为目前的油船市场往往由少数大型油类贸易公司或运输公司所掌控。而干散货市场的出租人、承租人，既可以是大型企业或集团，也可以是一些中小企业。由于世界上石油生产和需求分布的不均匀，油船运输往往是单航次载货运输，回航航次往往是压载航次。这一特点也决定了油船出租人更倾向于以较长期限将船舶出租出去，较少采用航次租船方式。但是由于近年来航运市场的不景气，许多承租人对未来市场无法把握，倾向于短时段的航次租船，即使是定期租船，也很少超过 1 年租期。

从 20 世纪 50 年代开始，油船市场就被分成原油市场①(crude market)和成品油市场(product market)。自 20 世纪 70 年代后期以来，油船大型化的趋势不减，一些超大型油船不断涌现。就油船船型而言，包括超大型油船和中小型油船。超大型油船主要用于原油运输，包括 VLCC 船和 ULCC 船。VLCC 船舶是指载重吨介于 200 000 ~ 300 000 吨之间的油船，即 Very Large Crude Carrier 的缩写。ULCC 船舶是指载重吨介于 300 000 ~ 500 000 吨之间的超大型油船，是 Ultra Large Crude Carrier 的缩写。中小型油船用于原油和成品油运输，根据船舶年龄及货物油清洁情况，又可具体分为：巴拿马船型油船(Panamax)，船舶载重吨介于 55 000 ~ 70 000吨之间；阿芙拉型油船(Aframax)，船舶载重吨介于 70 000 ~ 100 000 吨之间；苏伊士型油船(Suezmax)，船舶载重吨介于 100 000 ~ 150 000 吨之间；②灵便型油船(Handysize)，船舶载重吨介于 10 000 ~ 60 000 吨之间。此外还有专门用于液化气运输的大型船舶 VLGC (Very Large Gas Carrier)，能够载运大约 76 600 立方米货物。

为了减少油船压载航次空放的情形以及能够最大限度获取船舶营运利润，实践中还出现了兼装矿砂/油类(ore/oil)或者矿砂/散货/油类(ore/bulk/oil，简称 OBO)类型的多用途船舶。该类型船舶又被称为“COMBOS”船舶。由于多用途船舶在营运安排方面具有较大的灵活性，因此对于纯粹的干散货船市场或纯粹的油

① 由于原油往往是持久性油类，实践中往往被称之为“脏油市场”(dirty market)。

② 参见 LARS GORTON. Shipbroking and Charting Practice. 7th Edition. LLP，2009：8.

船市场或多或少会产生影响。但是在过去的10年中，航运市场上已经很少建造新的多用途船舶，随着老旧多用途船舶不断被淘汰，该类型船舶对干散货或油船租船市场的影响会日益减少。①

3. 冷藏货船市场

与其他几个市场相比较，冷藏货船市场相对比较封闭，只有少数的冷藏船船舶所有人、经营人及冷藏船租船经纪人活跃在这个市场上，大约有500～600艘海运冷藏船舶。承租人往往是一些大的私有企业或者国有企业。与其他干货船租船市场略有不同，冷藏货船市场的承租人往往直接与出租人进行洽谈，而不通过租船经纪人。冷藏货的装运港遍布世界各地，但是卸货区域往往集中在欧洲、美国和日本。最大量常年装运的冷藏货是香蕉，季节性的也会装运一些鱼类、柑橘、其他水果和蔬菜等。市场需求量较大的肉类，通常不采用冷藏货船，而往往通过装运在冷藏集装箱中，通过定线集装箱班轮运送。冷藏货需求最旺盛的时段往往集中在每年的上半年。由于冷藏货运输交易的单向性和不对等性以及装卸区域分布的不平衡，因此每年的上半年为旺季，其他时间为淡季。此外不同区域农作物收成的结果不同，也会每天或每周影响到冷藏货物的运输需求量。

随着干货船市场的变化，一些冷藏船也会运送车辆、一般袋装货物、纸张、重量较轻的成套设备以及装运干杂货物的集装箱等。②

4. 汽车专用船市场

汽车专用船市场与冷藏货船市场类似，都属于较为封闭的市场，从事运输的船舶数量在400～500艘之间，大多数租船业务都是通过作为承租人的出口贸易公司或经营人与出租人直接洽谈订立，很少涉及租船经纪人。汽车专用船市场很少存在旺季淡季的问题，运费率变化相对不大，租船合同期限往往较长，一般在2～4年之间。

组装车辆运输的主要航线比较集中在日本至美国、欧洲的往返航线以及欧洲至美国航线、欧洲各国之间的运输航线等。次要航线主要是欧洲、美国至非洲、中东地区、中美洲、南美洲各国以及从日本运至非洲、中东地区、中美洲、南美洲、澳洲等国家。目前上述进口国越来越多地采取进口汽车配件然后在本国组装的方式，因此上述汽车零配件主要通过集装箱班轮运输。

运送的车辆大部分属于载客轿车，也包括一些运货汽车、卡车、拖车和大型客车。为运送车辆而建造的船舶被称之为纯车辆运输船（pure car carrier：PCC），大型车辆运输船舶被称之为PVHCC或PCTC船，每艘船舶能够装载2 000～6 000辆

---

① 参见LARS GORTON. Shipbroking and Charting Practice. 7th Edition. LLP，2009：10.

② 参见LARS GORTON. Shipbroking and Charting Practice. 6th Edition. LLP，2004：10－11.

汽车。通常采用滚上滚下方式进行装卸货并提高装卸效率。

(二)根据租期长短划分

可以分为短期租船市场和长期租船市场,前者主要针对航次租船而言,后者主要针对定期租船、包运合同运输、连续航次租船等。

除公开的租船市场外,还有许多正在发展的不公开市场(closed or private charter market),因为成交的租约不对外公布,尤其是长期租船市场业务,双方均不愿意公布订租确认书的内容。另外,出租人可能在订租确认书中同意较低的租金率,怕张扬出去影响市场行情;同样承租人也不希望租金率让他人共知,将不利于今后的竞争,因此形成所谓的"不公开"租船市场。尽管他们守口如瓶,其内容仍可通过各种途径透露出来。

三、主要租船市场简介

随着租船业务的兴起与发展,长期以来已在世界上形成几个公认的租船中心,即常说的租船市场,主要有伦敦、纽约、东京、香港、奥斯陆、汉堡、鹿特丹等市场。

(一)伦敦市场

伦敦市场被公认为世界上历史最悠久、租船业务最多的市场。它之所以居于世界首位,一方面有其历史原因,另一方面是它有一个固定的集中场所供船舶经纪人和租船代理人聚集面谈业务,这个特殊的场所称为"波罗的海海运交易所"(The Baltic Mercantile and Shipping Exchange)。它与劳合社(Lloyd's)和证券交易所(Stock Exchange)一样都是由先前的咖啡馆演变成为一个市场交易中心。当时有几家咖啡馆经常聚集一大批怀有共同兴趣的船舶所有人和贸易商人,相互传播信息并进行贸易和运输交易,其中最有名的两家是耶路撒冷咖啡馆(Jerusalem Coffee House)和弗吉尼亚波罗的海咖啡馆(Virginia and Baltick Coffee House)。到 1810 年,由于这种业务非常兴盛,它们搬迁到 Thread-needle 大街上的一家安特卫普旅馆(Antwerp Tavern)里,并改名为 Baltic。1823 年它已成为具有 300 名会员的俱乐部。1891 年伦敦又出现了第二家海运交易所(Longdon Shipping Exchange)。1899 年这两家交易所合并,1900 年 1 月正式成立,组成注册登记的公司定名为"波罗的海海运交易所"(The Baltic Exchange Limited),通常称之为 The Baltic Exchange,或者 Baltic, 或者 Exchange ,办公大楼位于 St. Mary Axe 大街。从 1903 年正式对外使用。1956 年大楼扩建,当时的伊丽莎白二世女王主持庆典。1985 年,波罗的海航运交易所发布世界上第一个运费指数(The Baltic Freight Index: BFI)。波罗的海运费指数,又称为波罗的海运价指数,是对一些大宗原材料货物通过海上运送,其运输成本的评估指数。主要是针对世界范围内 26 个主要航线,载运煤炭、铁矿、谷物等货物的不同类型船舶,例如灵便型船舶、巴拿马型船舶、海岬型船舶等进行航次租船和定期租船费率为基础，进行综合加权评估计算出来的平均费率。该指数目前不仅反映了干散货市场的供需情况，而且对于大宗散货的交易、金融投资等都产生影响，目前已经成为预测未来国际经济发展的重要风向标。

截止到 2012 年 1 月，现有 600 多家公司会员和 3 000 多名个人会员，大约 400 名公司会员办公地点位于伦敦。除英国会员外，波罗的海海运交易所的会员遍及美国、欧洲及远东地区。该交易所总部设在伦敦，在新加坡设有区域办公室。会员不仅包括船舶经纪人、出租人、承租人，还包括一些金融机构、海事律师、从事海事教育的人士、保险人以及相关机构。业务范围如下：

1. 租船中心

大部分干货船经纪人的办公室或公司就在交易所附近，因此，每天 1200 时和 1600 时，经纪人两次聚集到交易所大楼内进行交易活动。他们从大厅内公布的资料中就可以看出当天的租船行情、货物及船舶的种类和数量等，从而寻找合适的对象洽谈。交易所内还装设许多设施方便双方洽谈，若与保险公司（仅距 2 分钟路程）或与仲裁员或共同海损理算师联系也极为方便。这些辅助因素促进了交易所业务的增长。

2. 船舶买卖交易

波罗的海海运交易所船舶买卖交易市场是世界最大的船舶买卖交易市场之一，既包括新船买卖、也包括二手船买卖及废旧船舶的交易。特别是相当数量的二手船交易都是通过波罗的海海运交易所的船舶经纪人达成的。

3. 发布波罗的海干散货指数（BDI）

波罗的海海运交易所每天向航运市场适时发布波罗的海干散货指数（The Baltic Exchange Dry Index：BDI），又称之为波罗的海干散货综合指数。该指数是波罗的海 BHSI、BSI、BPI、BCI 等多个指数的总称和概括，其提供的信息较好地反映了干散货市场波动起伏的走向，并且也是构成波罗的海运费指数（The Baltic Freight Index：BFI）的重要方面。BDI 指数对租船合同当事方确定当前交易的费率以及判断租用船舶期限等方面产生较大影响。BHSI（the Baltic Exchange Handysize Index）、BSI（the Baltic Exchange Supramax Index）、BPI（the Baltic Exchange Panamax Index）、BCI（the Baltic Exchange Capesize Index）分别是波罗的海海运交易所针对干散货船市场的不同船型，例如灵便型船舶、Supramax 船舶、巴拿马船型、海岬型船舶等，基于一定数量的船舶经纪人对上述不同类型船舶在主要定期租船航线上，计算出来的平均费率。海岬型船舶指数计算，还考虑该类型船舶航次租船之下主要航线的情况。①

① 参见波罗的海海运交易所官方网址，http://www.balticexchange.com

除上述指数外,波罗的海海运交易所还针对其他类型船舶,发布不同的波罗的海指数或评估信息。例如波罗的海国际航线油船指数(The Baltic Exchange International Tanker Routes:BITR)、波罗的海原油油船指数(The Baltic Exchange Dirty Tanker Index:BDTI)、波罗的海成品油油船指数(The Baltic Clean Tanker Index:BCTI))、波罗的海液化石油气船舶指数(The Baltic Exchange Liquefied Petroleum Gas Route:BLPG)、波罗的海棕榈油航线评估(The Baltic Exchange Palm Oil Route:BPOIL)、波罗的海船舶买卖和交易评估(The Baltic Exchange Sale and Purchase Assessments:BSPA)、波罗的海拆船评估(The Baltic Exchange Demolition Assessments:BDA)、波罗的海远期运费交易评估(The Baltic Exchange Forward Assessment:BFA)等。

4. 粮食和油料作物种子交易

这是波罗的海海运交易所早期从事业务范围的一部分,现在已经基本不从事此类业务。

5. 航空租机业务

目前波罗的海海运交易所的航空租机业务都是通过其下属机构会员——波罗的海航空租赁协会(The Baltic Air Charter Association:BACA)进行。① BACA 的前身是航空经纪人协会(Airbrokers' Association),后者是由波罗的海商品及航运交易所(the Baltic Mercantile and Shipping Exchange)会员于 1949 年 3 月成立的,目的就是寻求航空租赁业务的有序竞争和正规化。1976 年该组织向航空公司及非波罗的海海运交易所成员开放,并自此启用波罗的海航空租赁协会的名称。在该协会成立后,波罗的海海运交易所航空租机业务大幅减少。但是 BACA 成员依然可以使用波罗的海海运交易所为其会员提供的场所及会议室等。因此,波罗的海海运交易所在行政管理和其他日常事务方面向 BACA 提供了大力支持。BACA 的会员主要包括航空租机业务的经纪人、航空公司、机场、航空业务经营者、航空业务代理人等。

由此可见,波罗的海海运交易所的租船活动可以代表世界各地船货的供求现状,也可反映世界航运市场的状况,因此,世界各地的船舶所有人和承租人都时刻密切关注伦敦市场的动态。

(二)纽约市场

纽约市场在第二次世界大战前还只是一个地区性市场。战后随着美国经济的强大,已成为仅次于伦敦市场的国际租船市场。与伦敦租船市场不同,它没有专门

---

① 参见波罗的海航空租赁协会官方网址,http://www.baca.org.uk/.

的场所，租船业务的洽谈成交全由经纪人通过电话、电传、传真等通信工具联系和进行。主要顾客是谷物、铁矿石、煤炭进出口商人和希腊、挪威等国的船舶所有人。因为美洲是世界上主要的粮食产地，另外美国还是一个煤炭出口大国，这对于从事第三国货物运输的大航运公司而言极具吸引力。据介绍，世界上大部分石油租船合同是在纽约成交的，少部分在伦敦成交。纽约市场的发展还有其他一些非常重要的因素起了不可忽视的作用，如纽约是世界上最大的经济中心，纽约的贸易繁荣，保险业也特别发达，还有许多海事律师事务所、海事仲裁机构，海事诉讼和仲裁法律体系也很健全。这些因素直接或间接地促进了纽约租船中心的繁荣和发展。由于与伦敦市场之间存在时差关系，许多来不及在伦敦市场成交的订单，可以直接流向纽约市场，在那里成交。

（三）汉堡、鹿特丹、奥斯陆市场

这几个市场都是地方性市场，主要是船舶所有人汇集的地方。这些市场的特点是，汇集在这里的船舶所有人并不把注意力放在本国进出口货物的运输上，他们大都是从事国际的货物运输（第三国运输），所以他们也经常出入于伦敦市场和纽约市场，以揽取货载。

（四）东京市场

东京市场也是一个地方性市场，它是日本船舶所有人和货主汇集的地方。由于日本是一个对外依赖性很强的贸易大国，对外贸易进出口物质中，除一部分使用本国的运力外，相当一部分要在国际市场上寻找运力，所以现在东京市场已形成了对国际上具有巨大影响力的货主市场。

（五）香港市场

香港市场也是地方性的以船舶所有人为中心的租船市场。它主要进行以东南亚为中心的中小型船舶的租船交易和以日本的货主和经营船舶所有人为对象的租船交易。中国内地的经济发展对于香港市场的发展起了很大的作用。

（六）租船市场的中国因素

20 世纪 70 年代末，中国采取改革开放的经济政策以来，中国经济得以迅速发展。中国的航运业也得到空前发展。截止到 2011 年年底，中国已连续 12 届当选为国际海事组织 A 类理事国，成为世界海运发展的主要推动力；中国港口货物吞吐量和集装箱吞吐量已连续 6 年位居世界第一，中国的海运业承担了 93% 的外贸运输量。根据国家统计局关于“十一五”经济社会发展成就系列报告统计数据，中国进出口贸易规模不断扩大，国际竞争力和影响力显著提高。进出口贸易总额近年来一直位居世界前列，其中货物出口额在 2009 年超过德国，跃居世界第一位；货物进口额仅次于美国，居世界第二位。由于中国大部分工业生产都从外国进口原材料,因此随着中国外向型经济和对外贸易的持续、快速发展,中国因素对于全球干散货租船市场的影响不容小觑。

目前中国尚没有成型的、专门租船市场,但是上海、重庆、青岛等地相继成立航运交易所。这些航运交易所根据中国交通运输部颁布的有关规定成立,一般不涉及国际航运交易,而仅仅针对中国国内航运交易。但是也会对租船市场或多或少产生影响。以下对中国部分航运交易所的情况简要予以介绍。

上海航运交易所(Shanghai Shipping Exchange:SSE)是经国务院批准、由交通部和上海市人民政府共同组建,于 1996 年 11 月 28 日成立的我国唯一一家国家级航运交易所。在遵循"公开、公平、公正"原则的前提下,上海航运交易所主要致力于规范航运市场行为,调节航运市场价格,沟通航运市场信息三大基本功能,此外还构建航运信息研究平台、航运资信评估体系、船舶交易鉴证中心、口岸航运服务中心等。在交通运输部的授权下,自 2009 年 7 月 31 日起,在全国沿海港口实行运价备案制度,上海航运交易所作为执行机构。上海航运交易所于 1998 年 4 月 13 日首次发布中国出口集装箱运价指数(CCFI),成为继 BDI 之后的世界第二大运价指数,被联合国贸发会海运年报作为权威数据引用。此外还针对沿海散货运输情况,发布中国沿海(散货)运价指数(CBFI)以及上海地区出口集装箱运价指数(SCFI)以反映上海国际航运中心集装箱班轮运输市场状况。此外还通过《中国航运发展报告》(航运白皮书)、《航运交易公报》、《航运动态信息》等刊物发布中国航运市场信息。①

重庆航运交易所(Chongqing Shipping Exchange:CSE)是 2010 年 8 月经重庆市人民政府批准成立的专业性航运交易服务机构,主要致力于促进长江上游航运中心和金融中心的形成,与上海航运交易所遥相呼应、功能互补,有力推进我国内河航运事业的发展。②

青岛国际航运交易所全称是青岛国际航运交易所有限公司(简称青航交所,Qingdao International Shipping Exchange Ltd. :QDSE),是 2009 年经有关部门批准在青岛成立的有限公司。目前致力于向航运企业提供包括标准办公环境在内的一揽子航运服务、建立大型专业网上交易平台、进行相关航运指数研究并培育出版《国际航运》《国际航空》等刊物。③ 目前主要从事二手船交易。

---

① 以上内容参见上海航运交易所官方网站:http://www. sse. net. cn.

② 以上内容参见重庆航运交易所官方网站:http://www. cse. net. cn.

③ 以上内容参见青岛国际航运交易所官方网站:http://www. qdse. net,其下设的青岛江河海船舶交易服务有限公司有权从事船舶交易服务。

目前国内已经建成的航运交易所及航运中心情况详见表 1-3 所示。①

表 1-3　目前国内现有航运交易所及航运中心情况

市场名称	成立时间	提供服务	备注
上海航运交易所(Shanghai Shipping Exchange)	1996 年	发布 CCFI,CCBFI 等指数，进行船舶交易和登记	波罗的海海运交易所会员
浙江船舶交易市场(Zhejiang Shipping Exchange Co., Ltd)	1998 年	发布中国船舶交易综合价格指数(SSPI)、进行船舶交易及船舶登记等	波罗的海海运交易所会员
天津国际贸易及航运服务中心(Tianjin International Trade and Shipping Service Center)	2005 年	提供多种服务,发布 TSI(天津航运指数) TCI(北方国际集装箱运价指数)，TBI(北方国际干散货运价指数)等	将更名为天津航运交易所(Tianjin Shipping Exchange)
青岛国际航运交易所(Qingdao International Shipping Exchange)	2009 年	船舶交易和登记等	
重庆航运交易所(Chongqing Shipping Exchange)	2010 年	船舶交易和登记等	针对内水运输
福建省八方船舶交易中心有限公司(Fujian Bafang Shipping Exchange Center Co Ltd.)	2010 年	船舶交易和登记等	
大连东北亚国际航运中心船舶交易市场(Dalian Shipping Exchange)	2011 年	船舶交易和登记等	

与国际上比较成熟的租船市场或航运交易中心相比较,中国的航运交易所的功能相对比较单一,大部分还仅仅停留在进行船舶交易和提供相关信息方面。根据交通运输部颁布的《船舶交易管理规定》②的内容,中国籍的国际航行船舶、港澳航线船舶、国内航行油船、100 总吨以上内河普通货船、200 总吨以上沿海普通货船、50 客位以上的国内航行客船的交易应通过船舶交易服务机构进行。据此,交通运输部水运局已经先后 3 批次公布进行船舶交易的服务机构名称,截止到 2011

① 根据航运贸易网提供资料整理,http://en.eshiptrading.com/news/d/221/163/.

② 参见交通运输部交水发[2010]120 号文件。

年12月底，共有17家。分别是上海航运交易所（上海）、天津商品交易市场有限公司（天津）、天津津海通船舶交易服务有限公司（天津）、浙江船舶交易市场有限公司（舟山）、宁波船舶交易市场有限公司（宁波）、青岛江河海船舶交易服务有限公司（青岛）、芜湖市长江船舶交易市场（芜湖）、汕头市江南船舶交易有限公司（汕头）、重庆航运交易所（重庆）、温州市银海船舶交易有限公司（温州）、福建省八方船舶交易中心有限公司（福州）、厦门船舶交易服务中心有限公司（厦门）、南京市船舶交易经营管理服务公司（南京）、盐城市中川船舶交易服务有限公司（盐城）、巢湖市海天船舶服务有限公司（巢湖）、广州航运交易所（广州）、海南环岛船舶交易市场有限公司（洋浦）。

四、租船市场交易新宠——远期运费协议

远期运费协议（Forward Freight Agreement：FFA）是买卖双方达成的一种协议，规定具体的航线、价格、数量等，且双方约定在未来某一时点，收取或支付依据波罗的海海运交易所发布的官方运费指数价格与合同约定价格的运费差额。从本质上说，它是一种运费风险管理工具，也是全球投资者进入干散货市场的首选。就是把运费作为一种商品，出租人或承租人通过FFA市场为运营环节买了保险，保证其稳定运营的可持续发展，即运费套期保值。套期保值是期货期权中规避风险的一种方法，也是期货市场产生的原动力，无论是农产品期货市场还是金属、能源期货市场，其产生都是源于生产经营过程中面临现货价格剧烈波动而带来风险时，自发形成的买卖远期合同的一种交易行为。

1985年产生了第一个运费期货产品即波罗的海运费指数期货（BIFFE），受到市场参与者的青睐。而远期运费协议交易则源于20世纪80年代末，1992年欧洲两家著名航运公司签订第一个干散货远期运费协议，1994年全球性跨国企业美国嘉吉公司（Cargill）和英国石油公司（BP）根据伦敦油船经纪协会提供的平均运费率的报价为标的，签订第一个油船运费远期协议。为了促进FFA交易的进行，保障交易行为以及采用合同格式的规范化，波罗的海海运交易所还于1997年成立远期运费协议经纪人协会（The Forward Freight Agreement Brokers Association：FFABA）。从2006年开始，该协会根据市场需要，又具体区分为干货市场（dry market）和液货市场（wet market）两个部分分别进行操作和管理。2001年11月，在国际海运交易市场上首次出现由挪威期货和期权结算所结算的远期运费协议。[①]

FFA交易通常是通过隶属于FFABA会员的某个船舶经纪人达成，协议内容一

① 参见“揭开FFA的神秘面纱”，刊登在《海运纵览》2010年第11期（总第228期），上海国际海事信息研究中心出版，第8页。

般也是合同双方在 FFABA 推荐的标准合同格式和条款基础上进行适当修改确定。合同主要内容包括：双方约定的费率、结算的年月日、合同数量、双方予以结算的合同费率差等。当结算日来临，合同双方应当在结算日届满后的 5 日内进行现金结算。交易达成后，应当根据约定向船舶经纪人支付佣金。[①]

在 FFA 产生之后的 15 年间，80% 的交易都在欧洲的船东和商品贸易商之间进行，交易的流动性不是很高。2002 年以来，随着航运市场百年不遇的猛涨，市场波动性剧烈震荡，市场参与者套期保值和套利的需求推动 FFA 市场的快速发展。

2006 年无论是 FFA 的成交量还是参与度来说，都达到一个前所未有的水平。正如波罗的海交易所主席所言“运费已经真正成为一种可供交易的商品”。2006 年 FFA 市场最大的赢家是中国台湾海运公司（Taiwan Maritime Transportation：TMT），通过运费期货套值，公司利润超过 10 亿美元。作为一个“零和博弈”的赌场，自然也有输者。希腊船东 DRYSHIPS 公司（DRYSHIPS Inc.）[②]、德国船东 OLDENDORFF 公司（OLDENDORFF CARRIER）[③]、韩国 STX PAN OCEAN 公司（STX Pan Ocean Co.，Ltd.）[④]等分别传出在 FFA 市场巨亏的消息。FFA 对于现货市场的影响越来越大，中国国内一些航运商和贸易商也相继介入 FFA 交易。随着 2008 年金融危机的爆发，全球国际贸易陆续停滞，航运市场也逐渐低迷。2008～2009 年，中国远洋运输集团公司（简称“中远”），通过使用 FAA 进行套保交易，浮亏 39.5亿元。[⑤] FFA 也因此成为中国国内市场关注的对象，FFA 的高风险也因此呈现出来。

目前 FFA 市场的参与者主要包括以下四类公司：第一类，从事国际大宗散货运输的航运企业及经营者，例如挪威的 Torvald Klaveness Group 公司（KLAVENESS）、丹麦的 Dampskibsselskabet NORDEN A/S 公司（NORDEN）、德国的 OLDENDORFF 公司、法国的 Louis Dreyfus Armateurs 公司（CETRAGPA）、意大利的 DEIULEMAR Shipping Corporation 公司（DEIULEMAR）、希腊的 Navios Maritime Holdings Inc. 公司（NAVIOS）以及 Oceanbulk Maritime SA 公司（OCEANBULK）、新加坡的 Pacific Carriers Limited 公司（PCL）以及万邦泛亚（私人）有限公司（IMC Pan Asia Alliance Group：IMC）、韩国的 Korean Line Corporation 公司（KOREANLINE）以

---

① 参见波罗的海海运交易所有关 FFA 的官方网站。

② 该公司于 2004 年成立于马绍尔群岛，目前是专门从事干散货运输的全球性航运企业，已经在纽约纳斯达克上市。

③ 该公司于 1921 年成立于德国汉堡，目前是从事干散货运输的全球性航运企业。

④ 该公司于 1966 年成立于韩国，目前是韩国从事干散货运输的主要海运企业之一。

⑤ 参见“揭开 FFA 的神秘面纱”，刊登在《海运纵览》2010 年第 11 期（总第 228 期），上海国际海事信息研究中心出版，第 8 页。

及 STX PAN OCEAN 公司等。第二类,从事矿石、煤炭、粮食等大宗散货进出口的贸易企业。比如世界四大国际粮食巨头,法国的路易达孚公司(Louis Dreyfus Property Group Partners: Louis Dreyfus)①、美国嘉吉公司(Cargill Incorporated: Cargill)②、美国邦基公司(Bunge Limited: Bunge)③、美国 Archer Daniels Midland Company 公司(ADM)④等。第三类,从事矿石冶炼、粮食加工、电力、炼油等大宗原材料消耗的生产企业。比如世界矿业巨头必和必拓集团(BHP BILLITON Limited: BHP BILLITON)⑤和力拓集团(Rio Tinto Group:RIO TINTO)⑥,德国最大电力公司 RWE 集团公司⑦,美国 KOCH CARBON LLC. 公司(KOCH CARBON)⑧以及美国安然公司(Enron Corporation)⑨等。第四类,各种投资银行、对冲基金、期货公司等。比如美国高盛公司(Goldman Sachs Group, Inc.)⑩、摩根士丹利公司(Morgan Stan-

---

① 该公司于 1851 年创建于法国巴黎。

② 该公司于 1865 年创建,目前总部在美国威斯康星州,是世界第一大粮食出口及交易商。

③ 该公司于 1818 年创建于荷兰的阿姆斯特丹,1999 年总部迁至美国纽约。

④ 创建于 1905 年,目前是世界最大的油籽、玉米、小麦加工企业之一。以上四大粮食交易商,根据公司缩写字母排序,实践中又被称之为 ABCD 公司,即分别代表美国 ADM,美国邦基、美国嘉吉和法国路易达孚公司。

⑤ 世界三大铁矿石巨头是澳大利亚必和必拓公司、力拓公司和巴西的淡水河谷公司。必和必拓由两家巨型矿业公司合并而成,现在已经是全球最大的采矿业公司。其中,BHP 公司成立于 1885 年,总部设在墨尔本,是澳大利亚历史最悠久、规模最庞大的公司之一。比利登于 1860 年成立于印度尼西亚的比利登岛,是国际采矿业的先驱。2001 年,两家公司合并组成 BHP BILLITON 矿业集团。

⑥ 力拓集团公司成立于 1873 年的西班牙。RioTinto 是西班牙文,意为黄色的河流。1962 年至 1997 年,该公司兼并了数家全球有影响力的矿业公司,并在 2000 年成功收购了澳大利亚北方矿业公司。力拓集团总部在英国,澳洲总部在墨尔本。目前是全球第二大采矿业集团,仅次于必和必拓公司。

⑦ RWE 集团公司于 1898 年成立于德国 Essen, RWE 取自其成立之初的 Rheinisch-Westf lisches Elektrizit tswerk Aktiengesellschaft 公司的简称,目前是德国最大电力供应商,荷兰及英国第 3 大电力供应商,欧洲 5 大电力和能源供应商之一。

⑧ 系美国 Koch Industries Inc. 公司的子公司,Koch Industries Inc. 公司于 1927 年成立,目前是美国最大的私有企业。KOCH CARBON 主要从事石油、焦炭、煤炭、水泥、纸浆等产品的贸易及运输,并在加州匹兹堡、长滩、芝加哥等地拥有自己的码头。

⑨ 美国安然公司原是世界上最大的综合性天然气和电力公司之一,在北美地区是头号天然气和电力批发销售商。成立于 1930 年,总部设在美国休斯敦。已经于 2001 年倒闭。

⑩ 高盛公司成立于 1869 年,目前是全球最大的投资银行、担保及投资管理公司之一。

ley)[①]、法国兴业银行集团(Société Générale S. A.)[②]、澳大利亚麦格理银行(Macquarie Group Limited)[③]、美国美林证券公司(Merrill Lynch)[④]等。

除了波罗的海海运交易所外,随着 FFA 交易量的不断上升,从事 FFA 交易结算的机构不断增加,主要包括挪威奥斯陆期货期权结算所(The Norwegian Futures and Options Clearinghouse:NOS)、美国纽约商业交易所(The New York Mercantile Exchange :NYMEX)、伦敦结算所(The London Clearing House:LCH Clearnet) 以及新加坡交易所(the Singapore Exchange Limited:SGX)亚洲结算行等。

国际海运交易所(The International Maritime Exchange:IMAREX)进行的 FFA 交易全部都是在挪威奥斯陆期货期权结算所进行结算。国际海运交易所于 2000 年成立于挪威奥斯陆,主要为全球海运运费、海洋食物、环保产品的交易提供有效结算平台。2001 年进行了第一个油船远期运费协议交易,2002 年开展了干散货远期运费协议交易。目前 IMAREX 由 IMAREX ASA 公司[⑤]经营。

美国纽约商业交易所和美国商品交易所(Commodity Exchange,Inc:COMEX)同属于美国 CME 集团公司,为能源和稀有金属两大类产品期权期货交易所。前者更侧重于原油、汽油、燃油、天然气、电力等期货及期权交易,目前是流动性最大的原油交易平台;后者侧重于金、银、铜、铝等稀有金属的期货和期权交易。美国纽约商业交易所的期货期权交易,可以通过交易大厅场内进行,并通过 NYMEX ClearPort 的结算网站进行结算,也可以在交易大厅场外交易,通过 NYMEX ACCESS 电子系统平台进行交易。

伦敦 LCH. Clearnet 结算所是由两家独立的欧洲结算机构 London Clearing House 和位于法国巴黎的 Clearnet 于 2003 年合并而成,全球利息互换交易(interest rate swap)的 50% 是通过该结算所完成的,也是全球第二大债券(bonds)交易机构。自 2005 年开始从事场外 FFA 协议交易。2010 年 6 月开始介入集装箱远期运费市

---

① 摩根士丹利是一家美国国际金融服务公司,1935 年成立于美国纽约,目前提供包括证券、资产管理、企业合并重组和信用卡等多种金融服务。

② 法国兴业银行简称法兴,简写为 Euronext:GLE,是法国最大的商业银行集团之一,总行在巴黎。它创建于 1864 年 5 月,全称为“法国促进工商业发展总公司”。

③ 麦格理银行是澳大利亚最大的银行集团之一。麦格理银行向投资者、公司、以及政府提供一系列的金融服务。公司成立于 1970 年,总部位于悉尼。

④ 美林证券是世界最大的证券零售商和投资银行之一,成立于 1914 年,总部位于美国纽约市。原公司名称为 Merrill Lynch & Co. , Inc。除了传统的投资银行和经纪业务外,还包括共同基金、保险、信托、年金和清算服务。

⑤ IMAREX ASA 公司之前被称为 IMAREX NOS,目前在奥斯陆、新加坡、日内瓦和美国的休斯敦开设办事机构。参见 IMAREX 官方网站:http://www. imarexgroup. com

场，进行集装箱运费交换协议（Container Freight Swap Agreements：CFSAs）的场外交易（over-the-counter：OTC）。

新加坡交易所是亚太地区首家集证券及金融衍生产品交易于一体的交易所。新加坡交易所下设不同的部门，其中亚洲结算行（AsiaClear）能够提供油类交换的场外交易以及 FFA 交易。

FFA 是否属于租船合同的一种？因为 FFA 协议产生的争议，是否可以像租船合同争议一样提起仲裁和诉讼？2010 年上海海事法院审理了中国第一起涉及 FFA 纠纷的案件，就涉及对上述问题的回答。以下对该案进行简单介绍。[①]

2010 年 7 月 16 日，申请人昌运东富期货有限公司以被申请人德尤勒马航运公司欠付其远期运费协议下的应付款项为由，依据《中华人民共和国海事诉讼特别程序法》（以下简称《海事诉讼特别程序法》）第 21 条第 6 项的规定“船舶的使用或者租用的协议”以及第 18 项“船舶所有人或者光船承租人应当支付的或者他人为其支付的与船舶有关的佣金、经纪费或者代理费”，向上海海事法院请求扣押被申请人所属的意大利籍船舶“露西安娜”船，并责令其提供 105 万美元的担保。在申请人提供适当担保后，海事法院裁定在连云港扣押了此船。7 月 21 日，被申请人向法院提出复议，认为 FFA 项下的协议不属于法律规定的可扣押船舶的海事请求，并请求解除扣押。上海海事法院随即对该案组织了听证会，并最终认定申请人与被申请人之间确实存在有效的 FFA 协议，基于该协议产生的争议不属于《海事诉讼特别程序法》规定的海事请求并裁定解除对该船的扣押。在讨论中有关 FFA 的性质存在三种不同观点：第一种观点认为，根据 FFA 约定的内容，虽然是对某一类型船舶某一航线运价或租金在未来一段时间进行结算，但是以市场上同类型船舶的平均价格为交易基础，因此与船舶的实际使用和租用密切相关，属于一种新型的船舶使用协议，属于《海事诉讼特别程序法》规定的“船舶使用或租用协议”的海事请求范围。第二种观点则认为 FFA 是当事人为船舶营运提供一种风险对冲服务，属于《海事诉讼特别程序法》中“为船舶营运、管理、维护……或者服务产生的海事请求。”第三种观点则认为 FFA 与海上货物运输没有直接关系，属于运费或租金的“远期”金融衍生品，是双方当事人以运费为内容进行“对赌”以期获利，故不属于《海事诉讼特别程序法》规定的 22 项海事请求中的任何一项。从案件最终判决结果看，第三种观点占了上风。本书作者认为实践中 FFA 协议约定的内容并非一成不变，因此对于 FFA 的定性不能过于绝对，还是要依据该协议的具体内容和事实情况加以辨析和判定。虽然大部分 FFA 协议属于一种对空的“纸面运价”的

---

① 参见樊长春，谢振衔，单丹. 远期运费协议的法律性质及管辖问题——评中国第一起航运金融衍生品纠纷. 中国海商法年刊，2011（2）：108－113.

约定，因此可以认定其为一种金融衍生产品，不属于海事请求。但是有的FFA协议中也会约定用某一艘船舶实际履行未来一段期间内约定的特定航线。那么这种约定仍然属于与船舶营运及使用有关的海事请求，仍然应当在海事法院管辖范围。

五、租船运输成本及航次费率估算

尽管租船市场是一个完全自由竞争的市场，出租人和承租人在洽谈运费或者租金时，很大程度上受国际贸易供求关系以及现时租船市场运费率或租金率的影响。对于任何一个航运企业而言，在洽谈租船合同之前或洽谈过程中，都需要了解本企业船舶运输成本，做到心中有数，才能更好地与对方洽谈费率。

（一）船舶运输成本

船舶运输成本是航运企业为提供运输服务所支出一切费用的总和，也是企业确定运费率或租金率的主要依据。船舶运输成本一般包括固定成本和可变动成本两大类。①

1. 固定成本（Fixed Cost）

固定成本是指船公司为了维持船舶的营运状态而必须支出的各项费用，在一段期间内，上述费用发生的总额相对固定，不受运量增加或者减少的影响。在船舶总运输成本中占较大比重，即使运量为零，固定成本也会发生。②

固定成本又可具体分为资金成本、船舶直接成本和公司管理费。资金成本主要包括船舶购买成本、分期偿还银行贷款本金/利息及其他贷款费用、船舶折旧等。船舶直接成本主要包括与船员相关的费用，例如船员工资、社会保险费、各项福利费用、奖金、津贴及伙食费等；还包括与船舶运营有关的费用，例如船舶保险费（包括在商业保险公司投保的船壳险及在船东互保协会投保的一些责任险等），包括船舶维修保养费、物料供给费、润滑油费、船舶吨位税等。公司管理费主要包括非船员的其他人员费用、船公司办公场所购置费或租金，船公司办公设备的租金或折旧费用、交通通信费用、公司营业税等。

2. 可变动成本（Variable Cost）

可变动成本又称之为“可变成本”、“变动成本”，是指船舶在每个具体营运航次中发生的与该航次直接相关的各项费用，其发生总额受货物运量、装卸港、航线、运输组织方式等因素的变动而有所变化。可变动成本包括船舶在营运期内航行、装卸、停泊等耗用的全部燃料费用，运河费，进出港口、航道及停泊港口而产生的港口使费，货物装卸费以及相关的绑扎、垫舱、隔票等材料费，发生海损事故而产生的

---

① 参见林光，张志清. 航运经营与管理. 东徽兴业有限公司，2001：672－686.

② 参见张晓. 运输业务与海商法. 大连：大连海事大学出版社，2003：53－54.

施救、赔偿、修理、诉讼及善后处理费用(包括通信导航费、领事费、港口招待费、代理费、交通车船费等在内的各项杂费)。

上述可变动成本及固定成本的一部分,会因为租船运输方式的不同,可能在具体的租船合同条款中约定由承租人负担。如果租船合同约定部分运输成本由承租人负担的,作为出租人的船公司在核算船舶运输成本时,应将承租人负担的部分扣除。同样,承租人在定期租船或光船租船下,如果欲将船舶转租,则应当根据主租船合同中约定其负担部分船舶运输成本的条款内容以及其支付的租金情况,综合计算承租人在转租租船合同下的运输成本。①

以下根据船舶运输成本的相关内容,以一个航次为例,说明单个航次可能发生的成本以及影响该航次成本的各种因素,最终估算该航次应收的运费率。

(二)航次费率估算

1.航次费率估算所需资料

航次估算需要的资料比较多,大体上可以分为如下几类。

(1)货载详细情况:包括货物的种类、特性、数量、积载因素、包装形式等。

(2)船舶规范或者船舶说明:包括船舶载重吨、货舱容积、油舱容积、船舶吃水、航速、耗油等情况。

(3)装卸港资料。包括①起始点至装货港,再到卸货港之间的距离,各港口的气象、自然状况等;②装卸效率;③港口使费的项目及费率标准;④装卸港口的设施、水深、码头长度、进出港口的规定及要求等;⑤是否存在拥挤以及可能滞港的时间;⑥了解是否强制引航及引航费用;⑦如果装卸泊位为2个或2个以上的,还需要考虑移泊费用及时间。

(4)加油港油价及其港口情况。

(5)航行路线:包括预定航线沿途的最新海图、航行距离表、港口信息、船舶保险合同有关航行区域限制之内容,航线上可能进行加油的港口相关资料,沿途海况及气象资料,航行履行的时间,是否需要通过运河以及可能产生的费用等。

2.航次费率估算方法②

航次租船费率是出租人与承租人在洽谈合同过程中经过反复多次协商,综合考虑相关因素而最终确定的。

不论是承租人报价还是出租人自己报价,作为出租人都需要对每艘船舶的具体固定费用以及每航次可能发生的变动费用事先做出估算,求出该船舶每营运吨天的固定费用和航次费用,将该合同航次可能需要的航次时间乘以每营运吨天的

---

① 转租租船合同下,相对于转租承租人而言,承租人的身份为“出租人”。

② 参见胡美芬,王义源.远洋运输业务.4版.北京:人民交通出版社,2007:275-277.

固定费用和航次费用，再加上预期的盈利，就可以得出作为洽谈运费依据的估算费率表。

航次租船费率有三种估算方式，分别是日租租船费率估算、航次租船费率估算和包船租船费率估算。

(1)日租租船费率的估算

根据具体的船舶及航线的情况，按船舶每一营运吨天的固定费用和平均每营运吨天的航次费用，作为确定船舶每营运吨天运费的下限，即日租租船费率。

$$\text{每营运吨天固定费用} = \frac{\text{船舶固定成本(包括资金成本、船舶直接成本、公司管理费用)}}{\text{计划营运天数} \times \text{船舶载重吨}}$$

$$\text{每营运吨天航次费用} = \frac{\text{船舶可变动费用(燃油费} + \text{港口使费} + \text{其他费用)}}{\text{航次时间} \times \text{船舶载重吨}}$$

实际上船舶每吨天营运费用，也可以以同类型船舶同期日租金率作为估算的依据，而不必对每艘船舶的固定费用做出实际计算。

(2)航次租船费率的估算

$$\text{每吨货物的运费} = \frac{(\text{每营运吨天固定费用} + \text{每营运吨天航次费用}) \times \text{航次天数}}{\text{合同货物吨数}}$$

以每吨货物运费估算费率为下限，再考虑适当的利润、船方应负担的费用以及市场竞争情况，估算出作为洽谈合同依据的费率水平。

还可以有个更为简便的方法，即参考同期同类型船舶的日租金率，即

$$\text{每吨货物的运费} = \frac{\text{相同类型船舶定期租船的日租金率} \times \text{估计的航次时间} + \text{航次费用}}{\text{合同货物吨数}}$$

(3)包船租船费率的估算

包船租船是指不需要考虑载货数量多少，均按照船舶载重吨数计收运费的方式。因此估算费率会相对简单一些。

$$\text{包船租船的费率} = \text{日租租船的估算费率} \times \text{估计航次天数} \times \text{船舶载重吨}$$

如果是以定期租船的租金率进行估算的话，则

$$\text{包船运费估算率} = \frac{\text{相同类型船舶定期租船的日租金率} \times \text{估计的航次时间} + \text{估算的航次费用}}{\text{船舶载重吨}}$$

第二章
航次租船合同

【本章要点】本章主要根据标准航次租船合同条款,结合有关装卸时间定义或航次租船合同解释规则等航运惯例,阐述并说明装卸时间、滞期费、速遣费、装卸准备就绪通知书等主要概念,并对航次租船合同常见主要条款进行分析说明。

本章将以 GENCON 合同格式为例介绍航次租船合同的主要内容,并对 1976 年金康合同和 1994 年金康合同的主要条款加以介绍。

第一节 航次租船合同的陈述

一、陈述的含义及意义

陈述(representation)是指由出租人在租船合同中做出的有关船舶事实情况的说明。陈述的意义在于:

(1)通过陈述,使船舶特定化,因此对于承租人是否租用船舶起重要作用,决定其是否订立合同。

(2)陈述可能构成合同内容的一部分,即成为合同的重要条款之一。

所以出租人必须保证陈述内容的正确性,如果陈述与事实不符,即为错误陈述,简称误述(misrepresentation or misstatement)。误述是指以语言或其他行为做出与事实实际情况不符的意思表示，一般旨在欺骗或诱导他人。如果仅仅是意愿和想法的表述，不构成误述。在合同的洽谈过程中，如果一方当事人针对某一重要事实做出沉默的态度，则沉默不是陈述。如果一项陈述中部分反映了事实，部分是虚假的，则该陈述依然构成误述。如果做出陈述当时是真实的，事后变成不符合事实的，做出陈述的一方在知晓该变动的情况下，未在合同订立之前予以澄清的，仍构成误述。

二、误述的法律后果

对于误述产生的法律后果，各国对此规定不一致。

根据英国普通法，从形式上分为促成合同达成的误述和构成合同条款的误述。对于前者而言，并不在合同的正式文本中体现出来，仅仅在合同以外的其他书面文件或口头文件上体现。早期英国法认为凡是不在合同中表现出来的，都不具有法律效力；现在则认为促成合同达成的误述，尽管不在合同的正式文本中体现出来，也是出租人的一项附属承诺（collateral promise），因而产生法律效力。而后者则在合同中体现。

（一）促成合同达成的误述

对于促成合同达成的误述，由于误述的法律性质不同而产生不同的法律后果。①

1. 欺诈性误述（fraudulent misrepresentation）

所谓欺诈性误述是指某人为诱使他人依其陈述内容行事，明知与事实不符而故意做出错误的说明，或者对于自己根本不相信的事实仍做出如此说明，或者明知所做出的陈述会误导对方而毫不在意。

构成欺诈性误述必须满足两个要件：存在误述、受害人因信赖该误述而订立合同。欺诈性误述必须是：第一，与事实不符的陈述，可以是口头言语做出，也可以是以书面文件或者其他行为做出。例如用木板掩盖船舶腐烂的地方，以便让对方在进行船舶检验时看不到，英国法院认为该行为也构成误述。但单纯的沉默不构成误述。第二，误述必须针对既存事实（existing fact），如果是对法律的陈述，对意见或信心的陈述或者对未来事项的说明，均不构成误述。第三，必须存在欺诈的目的和用意；第四，该陈述必须是在协商订立合同的过程中做出的。因欺诈性误述而被诱使订立合同的当事人，有权依据英国普通法撤销该合同或者申请法院颁发撤销令（order of rescission）。撤销合同的后果就是根据“恢复原状”原则，使该合同自始

① 参见郭萍，王丹. 论租船合同中的误述及其法律后果. 大连：大连海事大学学报（社会科学版），2004（1）：9－13.

无效,没有履行的不再履行,已经履行的当事人之间采取措施使双方恢复到从未履行的状态。无法恢复的则通过赔偿损失达到恢复原状的目的。同时不影响受害人以“诈骗之诉”向做出误述的一方提出侵权损害赔偿。

2. 疏忽性误述(negligent misrepresentation)

所谓疏忽性误述是指明知自己所做出的说明是错误的,但相信不会给对方造成损害或者相信损害能够避免。在1967年以前,根据英国衡平法(equity law),疏忽性误述的法律后果只能是撤销合同,一般不允许受害人行使索赔权。但是受害人在满足下列条件时,仍然有权以“侵权之诉”主张损害赔偿。即①陈述人负有注意义务;②陈述人违反了该注意义务;③违反注意义务的行为与损害之间存在因果关系。但是根据英国《1967年误述法》(Misrepresentation Act, 1967)第2条第1款的规定,上述情形有所改变。对于疏忽性误述,受害人有权请求损害赔偿,但能否解除合同,由仲裁员或法院依据公平原则,在考虑误述的内容和性质、误述可能给受害人造成的损害以及如果解除合同将给陈述人带来的损害等诸多因素后做出决定。但不论能否解除合同,承租人均可请求损害赔偿。由于该《误述法》的存在,疏忽性误述的受害人通过侵权之诉请求索赔的概率大大减少,仅限于陈述人不是合同一方或者误述后并没有订立合同的情形。

3. 无过错性误述(innocent misrepresentation)

无过错性误述又称为“无过失的误述”,或“无辜的误述”。指做出误述的一方没有任何过错,从做出陈述开始至整个订约期间,并不知晓自己做出的陈述与事实相违背。根据英国《误述法》,做出误述的一方对另一方造成的损害,仍要承担赔偿责任,除非能证明在订立合同时,他有合理的理由相信所做出的陈述是真实的。若能证明其做出误述时起直至签订合同时止,一直相信自己做出的陈述是真实的,则陈述方不必承担赔偿责任。至于能否解除合同,则由法院或仲裁员根据公平原则确定。

《1967年误述法》不适用于欺诈性误述。除欺诈性误述外,因误述承担的赔偿责任,其数额以相信误述的一方因此遭受的损失为限。而欺诈性误述则以相信误述的一方因此而产生的合同预期利益的损失为限。

(二)构成合同条款的误述

如果某人引诱他人与之订立合同而做出的误述,被纳入到合同当中,则属于构成合同条款的误述。对于构成合同条款的误述,依据违约处理,即承租人是否有权解除合同,视误述是条件条款、保证条款或中间义务条款而定。条件条款、保证条款或中间义务条款是英美法中的概念,目前为止还没有一个国家的法律或权威著作对它们的含义做出详细的规定,大都是通过一些标准加以判断。对于条件条款(condition clause)的判断标准是:①成文法中明文规定是条件条款的;②合同中明显指出是条件条款的;③普通判例法规定是条件条款的。(但因为案例可能会被推翻,因此依据判例法确定的条件条款并非百分之百正确,存在一定的不稳定性。)通常法院会根据当事人双方的意图、合同订立的背景环境、合同执行的情况、合同的内容以及违约的后果等方面加以确定。但是鉴于条件条款对于合同的重要性,英国法院通常对此做较为严格的解释。例如:船名、船型、船舶现处的位置、船级等通常被认定为条件条款。由于条件条款涉及合同中的实质性内容,因此在英美法国家,对该类型条款的违反,通常被认为是破坏了合同的根基(root of contract),受害方可以解除合同,并同时可以提出损害赔偿请求。

保证条款是合同中具有补充性或辅助性的一种条款,“保证”(warranty)一词在条款中是否出现,对于判断保证条款至关重要。英国法院或仲裁机构会根据合同条款的内容、当事双方订立合同的意图等因素予以决定。例如:港口的安全性、船速及燃油消耗(在英国,船速及燃油消耗的规定被认为是中间义务条款)、船舶的维修保养等一般都属于保证条款。如果合同一方违反保证条款,则另一方不可以解除合同,只能向违约方提出损害赔偿请求。

中间义务条款(intermediate clause or innominate clause)介于条件条款和保证条款之间。如果违反的话,视违反程度如何,确定是否能解除合同。如果违反的程度比较轻微,不能解除合同。无论是否可以解除合同,受害方都可以提出损害赔偿请求。如提供适航船舶的条款就属于典型的中间义务条款。

根据英国法律,违约赔偿的大原则就是补偿受害方因为违约造成的损失,及通过“尽量用金钱来令受害方回到一个合约被履行的地位”①。补偿意味着受害方不能因此获利,只能索赔因为违约造成的“纯损失”或“净损失”。一般包括因为违约直接带来的损失,不包括遥远损失和间接损失。

根据美国法律,有关船舶的误述,除承租人在决定是否租用船舶时所依据的陈述外,如果有错误,只能请求损害赔偿,不能解除合同。如果是船舶的误述促使承租人订立合同,且这种误述破坏或严重妨碍了承租人租用船舶所要达到的目的,则承租人可以解除合同,并请求损害赔偿。

与英美法国家不同,在我国的法律中,没有关于误述的明确规定。2002 年 12 月 26 日最高人民法院通过《关于审理证券市场因虚假陈述引发的民事赔偿案件的若干规定》第 17 条关于“证券市场虚假陈述”,规定是指“信息披露义务人违反证券法律规定,在证券发行或者交易过程中,对重大事件做出违背事实真相的虚假

① Henry Campbell. Black's Law Dictionary. 5th ed. West Publishing Co., 1979:586－589.

记载、误导性陈述,或者在披露信息时发生重大遗漏、不正当披露信息的行为。”[①] 此外,在保险法中,被保险人如就保险标的故意做虚假陈述或肯定地表示知悉而实际并不知悉,从而误导保险人,使其对所保风险或保险费的确定做出错误判断,也构成虚假陈述。这是保险法中“最大诚信原则”应用的结果,因为被保险人负有“告知义务”。

毕竟证券市场以及保险市场上对于陈述的要求及程度不同于租船合同,因此上述有关虚假陈述的规定不能完全适用于租船合同。

根据我国《海商法》的规定,航次租船合同必须以书面形式订立,因此,口头的陈述不具有法律效力。误述的法律后果如何,《海商法》并没有明确规定。只能依据《民法通则》、《合同法》[②]等其他法律的规定进行调整。

对于促成合同达成的误述,我们认为可以从《合同法》第 42 条的规定中找到依据。该规定实际上是关于缔约过失责任的,即在合同订立过程中,缔约人故意或者过失地违反先合同义务,造成对方信赖利益损失时,依法应当承担民事赔偿责任。这里规定了三种缔约过失情形:①假借订立合同,恶意进行磋商;②有故意隐瞒与订立合同有关的重要事实或者提供虚假情况的欺诈行为;③有其他违背诚实信用原则的行为。根据有关学者的理论,其他违背诚实信用原则的行为包括:缔约之际,未尽协助和通知义务;未尽告知义务;未尽照顾保护义务;不正当地使用和泄露商业秘密等。[③] 不论上述哪一种情形,都体现了违反先合同义务者存在过错,即存在故意或过失。这一点与英美法中的欺诈性误述和疏忽性误述相类似,但是不完全一致。

根据我国《合同法》,缔约过失责任产生于合同订立阶段,因为一方当事人的过失,造成另一方当事人受到损害的情形。主要适用于合同订立期间、合同不成立以及合同无效和被撤销的情况。如果合同已经成立,则不适用缔约过失责任,应当是违约责任。[④] 而英美法中促成合同达成的误述,一定导致合同的随后成立。只是误述的内容没有体现在合同中。因此如果事后没有合同存在,则不存在促成合

---

① 其中规定:“虚假记载,是指信息披露义务人在披露信息时,将不存在的事实在信息披露文件中予以记载的行为。误导性陈述,是指虚假陈述行为人在信息披露文件中或者通过媒体,做出使投资人对其投资行为发生错误判断并产生重大影响的陈述。重大遗漏,是指信息披露义务人在信息披露文件中,未将应当记载的事项完全或者部分予以记载。不正当披露,是指信息披露义务人未在适当期限内或者未以法定方式公开披露应当披露的信息。”

② 《中华人民共和国合同法》已于 1999 年 10 月 1 日起施行,《中华人民共和国经济合同法》、《中华人民共和国涉外经济合同法》、《中华人民共和国技术合同法》同时废止。

③ 参见翟云岭,郭洁. 新合同法论. 大连:大连海事大学出版社,2000:78 – 79.

④ 刘文华. 新合同法条文精解与典型案例. 北京:世界图书出版公司,1999:42 – 43.

同达成的误述问题。在这一点上，我国《合同法》关于缔约过失责任的规定包含的范围更宽泛些。但是根据我国法律，对于无过错性误述，因为缺乏过错这一要素，不能依据《合同法》缔约过失的规定追究误述方的责任，即在这一问题上，我国尚存在法律空白。

至于构成合同条款的误述，我国法律没有条件条款、保证条款和中间义务条款之规定，如果误述的内容已经成为合同的一部分，而且因该误述致使合同无法履行或者不能完全履行的话，可以根据我国《合同法》之相关规定，确定该合同是否无效或者被撤销或者追究误述方的违约责任。

三、航次租船合同下陈述的主要内容

参见 1994 年“金康合同”第 1 条，每一个航次租船合同下陈述的内容不尽相同，但大都包括船名、建造年份、船旗、载重吨、货舱舱容①、装卸货设备等，具体分析如下。

（一）船名（name of vessel）

每一艘船舶必须有一个船名，船名使船舶特定化。关于船舶的指定通常有如下几种方式：①指定一艘特定的船舶（special ship）。这种船舶一旦被指定，出租人无权以其他船舶替代，如果原来指定的船舶沉没或者由于某种原因不能履行合同，则承租人有权解除合同。②××船或其替代船，由船舶出租人选择（M/V ××× or substitute at shipowner's option），即所谓的“替代船条款”。由于在签订合同时，船舶出租人还不能预料将来在调配船舶方面可能发生的变化，所以船舶出租人往往采用这种条款。一旦合同中原定的船舶不能履行合同时，船舶出租人可以根据替代船条款，另行指定一艘替代船履行合同。但是他在指定替代船时，必须在船级、船型、位置等方面与原定船舶相符。替代船一经选定，必须立即通知承租人。并且这种替代船一经指定，就不能再做更改，即不能进行二次选择。如果指定的替代船，由于某种原因也不能履行合同的，承租人可以选择解除合同。(3)在××船或×××船或×××中选择一艘。这种方式对船舶出租人来说，更具灵活性，且可以进行多次选择。

（二）船籍（nationality of vessel）

在合同中常指定船籍，或者声明船舶不得悬挂某国国旗。一艘船舶只有在某个国家进行船籍登记，获得该国国籍，才能悬挂该国国旗。一般来说，船舶在公海上航行时不得同时悬挂两个国家的国旗，也不能不悬挂任何国旗，否则会被视为海

---

① 包括包装舱容（bale cubic space）、散货舱容或谷物舱容（grain cubic space）

盗船处理。在战争时期，船籍或船旗关系到船舶是归属于交战国还是中立国的问题。如果是交战双方，可能会面临被扣押、征用、没收、充公等风险。在和平时期，船籍也非常重要，因为船籍涉及发生争议时的法律适用，不同国籍的船舶其保险费费率会存在差异。此外国籍还会涉及船舶在不同国家缴纳港口使费、引航费、税费等费率方面的差异。因为世界上很多国家，包括中国，都明确规定对悬挂某些国家国旗的船舶采用优惠费率。

当前悬挂方便旗（Flag of Convenience：FOC）的船舶大量存在。所谓方便旗船就是在船舶登记开放，或者宽松的国家进行登记，从而取得该国国籍，并悬挂该国国旗的船舶。早期的方便旗船可以追溯到16世纪，主要是为了方便国际贸易交往。现代方便旗船出现在第一次世界大战之前，主要以船东将自己的船舶在其他国家进行登记为标志。“二战”之后，方便旗船增加迅速。船东选择在本国以外的其他国家进行船舶的登记，就是为了逃避本国重税以及军事征用，能够不受政府管制自由制定运价、处置船舶和运用外汇。为了降低营运成本以提高竞争力，悬挂方便旗的船舶主要属于海运较发达的国家和地区，例如美国、希腊、日本、中国香港地区和韩国的船东。通过将船舶转移到外国登记，可以雇佣低工资的外籍船员，可以逃避本国政府对船舶的严格监管，从而降低船舶标准以节省船舶管理费用、人员费用、修理费用等。根据联合国2011年的海运回顾报告，全球十大船舶拥有国家与地区的总船舶数量达到38 847艘。其中位列全球第一的希腊，方便旗船载重吨位占其总数的68.1%。排第二位的日本，拥有3 795艘船舶，其中方便旗船载重吨占其总量的百分比居然高达90.4%。德国和中国台湾地区的方便旗船所占比例亦高达八成以上。中国大陆方便旗船所占比例为57.2%。[①] 可见方便旗船的存在已经对世界船运市场产生了巨大影响。

经国际运输业工人联合会（International Transport Worker Federation：ITF）认定，方便旗国家主要包括：巴拿马、巴哈马、塞浦路斯、直布罗陀、洪都拉斯、黎巴嫩、利比里亚、马绍尔群岛、圣文森特等。由于开放登记的国家对注册的方便旗船很少监管或者存在监管不力等因素，使得方便旗船暴露出许多弊端。例如船舶技术条件相对较差，安全无保障，海难事故频繁发生；船员工资不高，社会福利方面没有保证；船东身份不易确定，海运欺诈时有发生等。尽管如此，方便旗船舶大量存在的事实不容回避。因此如果承租人基于国际贸易需求、航行安全等因素，不希望使用方便旗船或者限制使用某个国家国旗的话，则应当在洽谈航次租船合同时予以特别声明。

---

① 以上数据源自中华人民共和国船员网：http://seafarers.msa.gov.cn/SysInfoPublish/CntListDetail.aspx? ID = f12ab75a - c31c - 4486 - b007 - 79fd2c6c8c3f，2012年2月28日访问。

此外，需要引起注意的是，根据《中华人民共和国香港特别行政区基本法》及有关法律规定，1997 年 7 月 1 日香港回归以后，在香港地区注册登记的船舶，应同时悬挂中华人民共和国国旗和香港特别行政区区旗，用以区别在中国内地登记、悬挂中华人民共和国国旗的船舶。而在 1997 年 7 月 1 日以前在香港注册登记的船舶，同时悬挂英国国旗和香港特别行政区区旗，以区别于在英国登记的英国籍船舶。澳门特别行政区于 1999 年 12 月 20 日回归后，根据有关法律规定，也采取类似的方式以区别在澳门登记的船舶和在中国内地登记以及在葡萄牙登记的船舶。

在英美法国家，有关船籍、船旗的陈述内容被视为中间义务条款。如果出租人对该内容做出误述的话，将根据其误述的程度及后果，承租人有权选择解除合同或者只能索赔损失。

（三）船级（classification of vessel）

船级表明双方在订立合同时船舶应实际达到的技术状况。通常是以加入的某个船级社颁发的船级证书中标明的船级为依据。出租人有关船级内容的陈述，仅限于双方订立合同时的船级情况，并不意味着出租人有应当保证在整个租船合同履行期内维持船级的义务，除非合同中另有约定。因此即使在合同履行期内船级丧失，也不视为出租人违约。英国有些案例表明船级是合同的条件条款，如果违反的话，承租人可解除合同。

在美国，关于船级的说明，构成保证条款，如果出租人违反船级规定，承租人只能提出损害赔偿请求。除非违反船级的情形非常严重已妨碍了合同要达到目的的情况下，承租人可以解除合同。

我们认为船级是通过船级证书表现出来的，而船级证书只不过是船舶技术状况的书面说明，是确定船舶具有该船级技术状况的一个表面证据或者初步证据，不能构成绝对证据。因为船级社验船师也有可能出现失误，致使检验时未能发现船舶存在的缺陷或问题，使得颁发的船级证书不能如实反映船舶的真实技术状况。

（四）船舶吨位（tonnage）

船舶吨位包括登记吨和载重吨。登记吨又包括总登记吨（gross registered tonnage：GRT）和净登记吨（net registered tonnage：NRT）。登记吨通常是按照《1969 年国际吨位丈量公约》的规定进行测量。登记吨涉及港口费用、运河费用等使费的计收。有些运河，如苏伊士运河、巴拿马运河，不依据《1969 年国际吨位丈量公约》测算的船舶吨位证书中的吨位计收运河费，而是采用自己的特殊方法测量吨位，并据此收取费用。载重吨（deadweight tonnage），又称载货能力（deadweight capacity），表明船舶实际装载货物的能力。合同中载明的数字是指实际可装载的最大货物数量，不包括船舶燃料、物料、淡水、备用品、船舶常数（constant）等。船舶常数是指由于船舶经过修理或改装、更换设备以及舱底积存污油水，海藻、贝壳等海洋生物附着于船底等诸多原因,使船舶载重能力下降的数值。船舶常数与船龄有关,1 万载重吨船舶的常数在 120 ~ 180 吨之间。实践中,一般在船舶吨位具体数值之前加上大约(about)一词。这个范围通常解释为 3% ~5%,若实际装载数量不超出这个范围,不视为出租人违约。为了避免双方当事人对于该范围大小解释方面存在误解,有时合同中还具体载明这个百分比例的大小,如约定装载 10 000 吨玉米 ±4%,即实际装载货量在 9 600 ~ 10 400 吨之间都属于符合合同规定。

关于货物载重吨,实践中通常有如下表示方法,例如:(1)5 000 吨;(2)大约 5 000吨;(3)5 000 吨 ±5%,由出租人(或承租人)选择;(4)4 800 ~ 5 200 吨。由于航次租船合同遵循“订约自由”和“有约必守”等合同法基本原则,而不同航次下需要的船舶燃料、物料、船舶常数等不可能是非常精准的数值,因此为了避免出租人“冒违约之大不韪”,实践中应尽可能避免在航次租船合同中订立具体的数值。

尽管实践中航次租船合同会约定载重吨的大致范围,但是在具体装货作业之前,船长往往会综合本船的实际装货能力、航线情况、天气情况及港口吃水限制等诸多因素,在合同约定的载重吨许可范围内,向货主进行“宣载”(declaration),即表明本船能够装运货物总量的最大允许数值。若货主未能提供如上数值的货物,则应当承担相应的亏舱费;反之,如果货主根据船长宣载的最大货物数量提供了货物,但是事实上不能全部装入舱内,则船舶出租人应承担给货主造成的损失,例如短装损失、额外的仓储费、回运费等。

事实上船舶载货能力与承租人提供的货物数量之间具有密切的联系,实践中常常因货物装不下或短装而产生争议。例如 2006 年 12 月 22 日,上海 C 轮船公司(以下简称 C 公司)与宁波 J 物流有限公司(以下简称 J 公司)签订航次租船合同,约定 C 公司所属的“WH”船装运 4 300 吨焦炭从连云港至南通或张家港永泰。[①] 合同约定运费计算方式为“按装港交接数计收运费,若备货不足 4 300 吨按 4 300 吨计收运费,超过按实计”,并特别约定“合同手改部分无效”。C 公司以传真签署航次租船合同同时,以手写方式在“装载量”一栏自行添加“积载因素 1.75 立方米/吨”。合同签订当日,J 公司以传真方式向 C 公司进一步明确运输焦炭的种类为中焦,并依约备货 4 500 吨,而“WH”船实际装运 3 754.2 吨。J 公司按照实际装船数量支付运费。C 公司则主张由于 J 公司安排装货,导致船舶亏舱,J 公司应当根据合同规定的 4 300 吨计算运费,故 C 公司就实际收取的运费数额与上述合同规定应计算运费数额之间的差价向上海海事法院起诉。一审法院判决 C 公司败诉,C 公司不服,再上诉至上海市高级人民法院。二审法院支持了一审判决。理由

① 案件事实内容源自张亮. 满舱不等于满载亏舱损失如何承担——谈航次租船合同中满舱不满载法律责任负担及风险应对. 国际商报,2008-01-21,B03.

是:第一,二者之间签订的航次租船合同真实有效,但是有关积载因素的内容因为是手写的,而合同明确规定手写无效,因此该内容不能约束双方当事人。第二,合同约定如果备货不足,则不足4 300吨的,按照4 300吨计算运费,本案实际情况是J公司已经准备了充分的货源,系由于出租人C公司在明知装货存在亏舱的情况下,未能采取有效措施导致了船舶亏舱,并且也未能举证证明亏舱与J公司有关,因此出租人只能根据实际装货数量计收运费。

货物的积载因数(stowage factor)、船舱的设计、堆装方法、货物的外包装等因素都会决定船舶实际载货数量。一般的散货船的载重吨与散货容积的比例是1吨:(40~50)m^3,这是因为主要散货船装运散货的积载因数是每吨40~50 m^3(积载因数表示每吨货物所占的空间量)。例如小麦的积载因数大约是47 m^3,大豆是44 m^3,玉米是49 m^3,大麦是54 m^3,而化肥会在40~60 m^3之间,铁矿大约在10 m^3左右,棉花的积载因数高达75~80 m^3。这样一艘能装载2万吨小麦的船舶,可能只能装载约1万吨的棉花;如果用来装运2万吨铁矿,则会出现一定的亏舱(broken stowage)。如果针对的货物不是散装,而是需要堆放的货物,如钢材、袋装或捆装的货物,还应考虑船舶的设计因素,如甲板层数、甲板强度、船舱的长度及宽度、船梁、支柱等。出租人通常会在船舶说明条款中提供包装容积(bale capacity)或散装容积(grain capacity)。前者主要针对带有外包装的散杂货,而后者主要针对那些不需要包装的散货(naked bulk cargo)。在英美法国家,有关船舶吨位的条款被认为是中间义务条款。

(五)船舶动态(vessel's position)

船舶动态是指订立合同时船舶所处的位置或状态。因为它直接影响到船舶能否按期抵达预定的装货港,如果船舶不能按期抵达装货港,会导致合同被解除的后果。因此,出租人关于船舶动态的说明应持慎重态度。英国许多判例表明这是一种条件条款,足以看出该条款的重要性。由于出租人在洽谈或签订航次租船合同的过程中,船舶可能正在从事营运,考虑到船舶的流动性特点,所以实践中出租人为了避免不必要的麻烦和面临违约的风险,往往不具体订明船舶现时状态的准确经纬度数值,往往以"ship now trading"、" ship now under repair"、"expected ready to open at××× port at×××date"等较为宽泛的语言进行表述或说明。

(六)船舶预计到港并做好装货准备时间(expected ready to load)

船舶预计到港并做好装货准备的一段时间又称为受载期(laydays),即船舶在合同规定的日期内到达约定的装货港并做好准备的一段日期。如果船舶未能如期抵达装货港,即视为出租人违约。除出租人可免责的原因造成延误外,承租人有权索赔因船舶晚到而给自己造成的损失。合同中一般订有解约条款,即规定船舶未能在某一日期之前到达装货港并做好装货准备,承租人有权解除合同。解约条款规定的这一日期被称为解约日(cancelling date)。解约日通常就是船舶预期抵达港口并做好装货准备日期的最后一天,即受载期的最后一天。如果合同约定受载期的最后一天为解约日的话,实践中常常可以简化为 LAYCAN。例如某租船合同约定受载期为 2 月 5 日至 10 日,并且约定 2 月 10 日为解约日,则可以表述为 LAYCAN:5th - 10th Feb. 。有时合同可以规定受载期过后的若干天为解约日。例如合同约定受载期依然为 2 月 5 日至 10 日,但是约定解约日为 2 月 12 日。在这种情况下,如果在合同规定的船舶预期到达装货港并做好装货准备日期届满日至解约日之间,船舶抵达装货港并做好装货准备的,例如 2 月 11 日船舶抵达装货港,虽然因船舶迟延到达,超出了受载期的最后期限,但是对于出租人的此种此违约行为,承租人只可以请求赔偿因迟延造成的损失,而不能提出解除合同。因为虽然船舶事实上迟延,但是尚没有超过约定的 2 月 12 日解约日。此外,如果合同中未明确规定解约日的具体日期,仅规定了受载期,则实践中通常将受载期的最后一天解释为解约日。

解约日的规定,实质上是合同双方约定解除合同的一种方式。由于航次租船合同关于解约日的规定,实际上是赋予了承租人解约的权利,因此在某些情形下,例如船舶因为前一航次履行迟延影响了本航次的按时履行;船舶在履行前一个或前几个航次中遭遇意外事故,需要进行修理等,即使出租人或船长明知船舶不能在解约日之前到达装货港并做好装货准备,只要承租人不行使解除合同的权利,不率先提出解除合同,则意味着出租人仍应当履行合同,船舶仍应驶往装货港。有时当船舶邻近装货港或实际抵达装货港后,承租人才宣布解除合同,致使船舶白白行驶了一趟。为了减少船期损失,避免被动地等待承租人宣布是否行使解除合同的权利,出租人可以通过在合同中订立一个“质询条款”(interpellation clause),来促使承租人尽快行使解除合同的权利或者尽早将合同是否继续履行的决定告知出租人。“质询条款”的大致含义是:当承租人收到出租人或船长关于船舶不能如期到达装港的通知时,应在通知规定的时间内做出是否解除合同的明确答复;如果承租人未在规定时间予以答复的,则视为承租人放弃解除合同的权利或者根据通知规定,重新约定一个新的解约日。例如 1994 年“金康合同”第 9 条(b)即有如此规定。

“金康合同”第 9 条(b)项规定,尽管经过合理谨慎,如果出租人预计到船舶无法在解约日之前抵达装货港做好装货准备,则应当毫不迟延地将船舶预计抵达装货港的时间,立即通知承租人,并要求承租人答复是否行使解除合同的权利或者不解除合同的话,另行约定一个新的解约日。承租人应当在收到出租人此种通知之日起连续 48 小时内做出声明。如果承租人未在规定时间内行使解约权,则出租人发出通知中提及的船舶预计抵达装港的日期之后的第 7 天视为新的解约日,原合同的相关规定因此予以变更。此外，金康合同还规定，上述出租人根据质询条款发出通知的权利只能行使一次，如果在发出上述通知之后，因种种原因，船舶仍然迟延不能根据质询条款中约定的新的解约日之前抵达装货港的，则承租人依然可以根据本条(a)项规定的内容，行使解除合同的权利。

1976 年“金康合同”第 10 条也涉及质询条款。但是与 1994 年“金康合同”的相关规定有一些不同。1976 年“金康合同”的规定是：“如果船舶无法在合同规定的解约日之前或当日抵达装货港，则承租人有权选择解除合同，该选择权应当予以声明。如经请求，承租人应在船舶预计抵达装货港日期(ETA：estimated time of arrival)之前至少 48 小时内做出是否解除合同的声明。如果船舶是因为遭受海损事故或其他事项而迟延，则出租人应当在尽可能短的时间内通知承租人。如果船舶迟延的日期将预计超过 10 天，则承租人有权行使解约权利，除非双方另行约定新的解约日期。”也就是说，如果承租人、出租人在得知船舶即将迟延之后，另行约定新的解约日期的，则即使船舶迟延的时间可能超过 10 天，仍以双方新约定的解约日期为准。显然与 1994 年“金康合同”相比较，存在如下不同：第一，1976 年“金康合同”中有关承租人做出的声明，没有明确是否为书面，1994 年“金康合同”虽然也未提及“书面”一词，但是从条文中要求出租人向承租人发出通知时采用“Notice，receipt”等用词可以看出，应当是书面通知。第二，承租人做出答复的 48 小时起算时间的规定不同，1976 年“金康合同”规定的起算时间是从船舶预计抵达装货港开始之前至少 48 小时，而 1994 年“金康合同”规定是承租人收到出租人有关船舶迟延的书面通知之日起连续 48 小时之内。此外，1976 年“金康合同”仅规定 48 小时，而 1994 年“金康合同”则明确为连续 48 小时，即使承租人是在非工作日收到该通知，也应在连续 48 小时内做出答复，而无须考虑是否存在节假日等非工作时间的情形。第三，1976 年“金康合同”中有 10 天迟延时间的限制，1994 年“金康合同”没有此限。第四，1976 年“金康合同”没有明确新的解约日，需要双方重新约定，1994 年“金康合同”则明确规定，承租人未在规定时间内答复是否解约的，则出租人发出的新的预计抵达装货港之日起算的第 7 天为新的解约日。相比较而言，1994 年“金康合同”的规定内容更加明确，表述更加清晰，对于出租人也更有利。

我国《海商法》第 97 条也规定：“出租人在约定的受载期限内未能提供船舶的，承租人有权解除合同。但是，出租人将船舶延误情况和船舶预期抵达装货港的日期通知承租人的，承租人应当自收到通知时起 48 小时内，将是否解除合同的决定通知出租人。”显然，我国《海商法》的规定，与“金康合同”的相关规定类似，但是没有 1994 年“金康合同”规定的更加全面和完整，没有明确承租人未在规定时间内行使解约权的法律后果，也没有明确出租人是否可以多次发出船舶迟延的通知等。

如果航次租船合同中存在类似质询条款的内容，则该条款会改变原有合同中有关解约日的规定。实践中一旦获知船舶迟延抵达装货港的信息之后，承租人是否能够立即做出解除合同的决定有很多因素。例如考虑船舶迟延的时间是多久，是否会带来贸易合同之下交付货物迟延的问题，是否能够在市场上找到其他类似的船舶及时承运，市场上替代船舶的运价是否合适，船舶一旦迟延是否会产生额外的仓储费、运输费以及其他费用等。所以当合同中仅仅约定受载期解约日内容的话，一旦知晓原定船舶将要迟延抵达装货港，承租人往往一方面向市场上询价考虑或者正在寻求与新的出租人商讨替代船舶事宜，一方面又担心找不到合适的替代船舶而拖着原定船舶，迟迟不向原定船舶出租人做出是否解约的选择。但是如果合同中订有类似金康合同的质询条款的话，则出租人就可以改变原来只能消极地等待被解除合同的情形，变被动为主动，同时该质询条款也在一定程度上限制了承租人单方面享有的解约权利，即承租人必须在规定期间内做出明确答复是否解约，否则解约权可能丧失或者被迫推迟。

第二节 预备航次

GENCON 1994 Clause 1:"The said Vessel shall, as soon as her prior commitments have been completed, proceed to the loading port(s) or place(s) stated in Box 10 or so near thereto as she may safely get and lie always afloat ..."

一、概念

实践中，在洽谈航次租船合同时，船舶刚好处于合同中规定的装货港并做好准备履行合同的情形甚为罕见。多数情况下，船舶都处于装货港以外的某一地方，并极有可能在履行前一租船合同。这样船舶必须完成前一航次以驶往合同约定的装货港。所谓预备航次(preliminary voyage)是指当租船航次与运输航次不一致时，从装货港前的某一地方驶往装货港的航次。航次租船合同中约定的装货港至卸货港的航次，为运输航次。而预备航次与运输航次的总和构成租船航次。预备航次往往是航次租船合同履行的第一个阶段。作为承租人，希望尽可能获得船舶预计抵达装货港的具体日期，以便安排备货。如果货物已经安排妥当并存储在码头仓库，可能因为船舶晚到而产生额外的堆存费或其他损失。反之，如果船舶提前到达而承租人尚未备好货物，则可能会产生一笔不必要的船舶延滞损失费用或者可能因为承租人未能备妥货物，港口方面不能安排船舶及时靠泊。尤其是比较拥挤的一些港口，如果承租人未能备妥货物，致使原定靠泊计划泡汤，而一旦错失这个靠泊机会，船舶将不得不在锚地进行较长时间的等待靠泊。而作为出租人，则不情愿承诺船舶抵达装货港的确切日期，以避免因为其他不可预见的原因导致船舶迟延到达装货港而产生的违约责任。因此就预备航次而言，出租人和承租人之间总是存在利害冲突。

二、预备航次的履行

预备航次的履行往往与订约时船舶所处的位置存在着密切的联系。根据英国法，如果关于船舶动态的说明存在任何实质性的错误，则承租人有权以违反条件条款为由解除合同。显然承租人倾向于对船舶抵达装货港的日期做出具体明确的规定，而出租人很少会承诺在具体的某一日期抵达装货港。因此根据航次租船合同的具体规定不同，预备航次的履行义务也不完全相同。如果合同规定船舶抵达装货港的具体日期或者开始预备航次的具体日期，则根据英国法，出租人有绝对的义务履行合同。如果未能满足合同规定的日期抵达装货港，则视为出租人违反条件条款，承租人有权解除合同。如果合同没有明确出租人履行预备航次的具体日期，则根据英国普通法，出租人有默示义务以合理地速遣（reasonable dispatch）或适当地谨慎（due diligence）完成预备航次。如果未能以合理的时间完成预备航次的，承租人有权索赔因船舶延误而导致的一切损失，但是不能因此解除合同，除非出租人的违约行为非常严重足以妨碍合同要达到的目的或合同的履行。因为预备航次是航次租船合同不可或缺的一部分，所以在预备航次履行中，如果由于航次租船合同免责条款规定的事由发生，致使船舶迟延到达装货港，给承租人造成损失，出租人可以提出免责的抗辩。但是无论什么原因产生的延误，即使航次租船合同规定的免责事项造成船舶迟延抵达装货港，只要迟延超过了解约日，则承租人仍可根据解约日条款选择解除合同。即承租人解除合同的权利，不因航次租船合同存在损害赔偿免责条款而受到任何影响。所谓免责只是免除出租人因为约定事项造成承租人损失的赔偿责任，并不能因此影响承租人解除合同的权利。因为解约日的规定属于约定解除合同的情形，只要解除合同的条件具备，承租人就可行使该权利，除非另有其他约定。

实践中船舶不能如期抵达装货港受载，往往是因为前一合同履行迟延造成的。出租人不能以此为理由，对抗本航次租船合同的承租人。1994“金康合同”的规定对出租人来说，有较强的保护作用，“As soon as her prior commitments have been completed ...”明确规定“先前的约定（即合同）完成以后”，才有履行本航次的义务。即根据这一条款，即使船舶迟延抵达装货港是由于前一合同履行延误造成的，只要出租人能够证明在履行本次预备航次过程中没有任何延误，已经尽到“最大速遣”（utmost despatch）或者“合理速遣”（reasonable despatch）的，不能视出租人违约，出租人无须就迟延造成承租人的损失承担任何赔偿责任。而 1976 年“金康合同”则没有类似的条款规定。

第三节　装卸条款

参见 1994 年“金康合同”第 5 条，主要内容包括装卸费用的分担、吊货机械的使用及风险划分、装卸工人造成损害的责任承担等方面内容。

一、装卸港口

（一）港口（或泊位）的指定

合同中通常订明特定的某一个装/卸港口，并由承租人指定具体的装/卸货泊位或地点。在缺乏特别协议的情况下，装卸地点应当是指定港口范围内通常的、习惯上的装/卸货地。如果合同指定某一个装/卸港口，则通常只能在该指定的港口进行装卸货作业，一旦原定港口发生变化，可能因此导致合同被解除。当然，如果当事方同意，并在合同中做特别约定，承租人可以在原定装/卸港口发生变化时，另行指定其他的装/卸货港口，并且应当在合同中明确因装卸港口发生变更而产生的费用由谁负担，由此产生的额外时间是否计入装卸时间。例如英国法院在 2007 年审理 Antiparos Ene v. SK Shipping Co. Ltd. And others 案件①中就涉及承租人改港纠纷。

2007 年 3 月 9 日，出租人与承租人签订了一份油船单航次租船合同。承租人原先指定在拉斯拉凡和阿马迪港装货。之后承租人改变了航程指示，要求船舶在拉斯拉凡和拉斯坦努拉港装货。因此出租人也改变了在原装货港添加燃油的计划，最终在拉斯坦努拉港添加燃油，因港口变动而增加的燃油费用为 217 721.52 美元。租约第 4 条（c）款规定，因承租人改变已经指定的装货港或卸货港而产生的任何额外费用均由承租人支付，船舶因此而损失的时间将视为装卸时间。出租人根据该规定提出额外的燃油添加费用索赔，而承租人则提出该条款是赋予了承租人有权变更装/卸港口，而支付额外燃油费等仅仅适用于绕航的情形，不包括本案正常行使变更权的情形。英国高等法院皇座法庭经过审理认为，承租人的抗辩不符合商业合理性，租约第 4 条（c）款也并没有赋予承租人变更港口的权利。因此根据合同规定，法院最终支持了出租人的诉讼请求，即额外增加的燃油费由承租

① The antiparos [2008] 2 Lloyd's Rep. 237.

人负担。

除仅规定指明某一个装/卸港口外，合同中也可以规定两个或两个以上的列明港口，由承租人选择，或者规定某一个地理区域，在该区域范围内由承租人选择一个或几个港口。通常这个区域范围必须在一条连续的海岸线上。如果承租人在订立合同时选择多个卸货港的，而实际卸货地是在其中的一个港口的，则承租人必须在出租人签发提单之前或者船舶抵达第一个选卸港之前若干小时内宣布其最终选择的卸货港，这种行为被称为“宣港”。如果承租人未及时“宣港”，出租人有权在合同规定的任何可选择卸货港之一卸货，并且承租人应当赔偿因为未及时宣港而给出租人造成的损失。

当合同明确规定卸货港是两个或两个以上时，承租人应将拟在第一卸货港卸下的货物情况正确告知给船长；如果承租人未能及时告知哪些货物将要在第一卸货港卸载，则出租人在装货港实际装载货物时，会更多地从航行安全角度，为了保持船舶在适航平衡（seaworthy trim）状态下航行而考虑安排货物的积载。如果船舶在装货港开航之后，承租人才向船长告知需要在第一卸货港卸载货物的情况，而需要在第二卸货港卸载的货物可能被装载在货舱上部，则在第一卸货港可能会产生倒舱、起卸和重装货物的费用。上述费用因为承租人的过失导致的，因此应当由承租人偿付。不论承租人是否已将上述情况告知船长，为使船舶处于适航平衡而花费的时间均计为卸货时间。这种条款通常被称为“适航平衡条款”（seaworthy trim clause）。

（二）港口的安全性

如果装/卸港口或泊位已在合同中明确规定的情况下，除非合同另有约定，否则承租人不保证港口的安全性，港口或泊位是否安全，应当由出租人负责并核实；如果装/卸港口或泊位由承租人选择或待承租人指定，则此种情况下，承租人有保证港口或泊位安全的义务。但是英国法律对此规定不一致。如果合同规定允许承租人在合同指定的两个或两个以上的港口中选择，则港口的安全性由出租人、承租人双方共同保证。例如航次租船合同明确规定装货港为A港或B港中的一个，由承租人选择，则不论承租人将来选择的是A港或者B港，承租人和出租人都应当事先了解上述两个港口的安全情况。若合同规定允许承租人在某一个地域范围内选择一个港口进行装卸的，例如航次租船合同规定“装货港为中国北方港口，由承租人选择其中的一个港口进行装载，并于××时间内通知出租人……”，则不论承租人最终选择的是哪一个北方港口，承租人都负有保证该港口安全的义务。

如果航次租船合同明确了特定装货港或卸货港，并且该港口有两个以上的安全泊位，在租船合同没有明确承租人保证泊位安全的条文规定时，承租人是否有默示保证泊位安全的义务？英国上诉法院在2009年审理Mediterranean Salvage诉

Towage Ltd. v. Seamar Trading & Commerce Inc. “The Reborn”船一案①,给出明确答案。该案事实情况如下:合同约定“The Reborn”船承运水泥从黎巴嫩的谢卡港(Chekka)至阿尔及尔,在抵达装货泊位后,船壳由于接触水下物体而受损。装货港有多于一处可用的泊位,而船舶装货所用的泊位由承租人指定。出租人主张尽管租约中并没有关于装货港或装货泊位安全性的明示担保,但是承租人应当承担在装货港指定安全泊位的绝对义务。因此对船舶造成的损失,承租人应承担赔偿责任。根据合同规定该争议提交伦敦仲裁,仲裁员没有支持出租人,认为承租人并不承担该等义务。出租人不服仲裁裁决,遂向英国高等法院提起诉讼。航次租船合同系在 1994 年“金康合同”基础上做部分修改。合同正面第 10 栏规定“装货港/装货地(第 1 条)1 泊位,谢卡—海水许可吃水 27 英尺”,第 1 条规定:“该船舶应当……抵达第 10 栏所列之装货港或装货地或其能安全抵达并保持漂浮状态的临近该地点的区域……。”同时第 20 条规定:“船东担保并保证,在船舶到达装/卸货港时和/或在其离开装/卸货港之前……该船舶,包括船舶吃水,应当完全遵守该港口的所有任何类型的限制……包括其锚地、泊位、进口航道,并且在订立该租约之前,港口规格与限制已令其充分满意。”高等法院 Aikens 法官认为,若航次租约中指明某一特定装货港口,且在该港口中有数个可用的泊位可由承租人指定该船舶停靠装载,并且在租约中不存在承租人对其指定的港口或泊位“安全性”的明示担保,承租人没有在该装货港指定“安全”泊位的默示义务,从而支持了仲裁庭的意见。出租人不服,向英国上诉法院提起上诉。上诉法院由 Lord Clarke of Stone-cum-Ebony MR, Lord Justice Rix 与 Lord Justice Carnwath 共同受理,他们全体一致判定驳回上诉。基于的理由是:①如果承租人就港口安全性(但不是泊位安全性)承担明示担保,而泊位由承租人指定,那么如果指定的港口必须是安全的,则指定的泊位必须(推定)也是安全的。这是由于安全港口对船舶使用港口而言必须是预计安全的,这必然包括使用装货泊位。在本案中,承租人并不对港口安全性承担明示担保。②承租人承担指定泊位的义务并不必然导致其对泊位的安全性做出担保。③期租合约中经常会推定存在安全担保义务,但其理由并不直接适用于航次租约,尤其是在类似本案的情况下。

显然在租约本身没有约定航次承租人担保泊位的安全性的情况下,根据英国判例,承租人并无要对港口内选择的泊位有默示的安全性担保的义务,当然如果合同中存在明示规定要求承租人需要对选择泊位安全性予以担保的,则恐怕本案的结果会有所不同。因此本案判决结果很大程度上是由其特定事实决定的。

关于安全港口的具体含义及范围,将在“定期租船合同”一章中详述。

---

① [2009] EWCA Civ. 531.

（三）临近条款（near clause）

在“金康合同”中，临近条款的表述为“……或者临近的可以使船舶安全抵达并处于永远漂浮状态的地点……”（... or so near thereto as she may safely get and lie always afloat...）。

该条款包括两方面的含义：第一，当原定港口变得不安全时，承租人应当根据临近条款的规定，指定或重新指定邻近原定港口的某一个港口进行装卸货；第二，如果承租人违反合同规定，不指定或不重新指定一个临近港口时，出租人有权且只能将货物卸于这种邻近地点并视为航次租船合同已经履行。但是当港口的不安全仅仅是因为暂时的或者临时障碍导致的，船舶出租人不能依此条款随意选择一个临近条款进行货物装载或卸载，必须等待该障碍消失或引起障碍的事由消除，当然此种等待应当以合理时间为限。如果根据临近条款将货物在原定港口以外的一个临近地点进行装卸的，一旦运输航次因此而延长，则承租人应支付额外的运费；反之，运输航次因此而缩短的，承租人仍应支付原合同规定数量的运费，不得因为航次缩短使得运输成本降低而进行任何扣减。

对于“邻近”（near）一词的解释，应依据具体情况和行业的知识和经验确定，距离的长短并非是绝对的。例如距离原定装卸港 100 海里之外才有一个可以停靠此种类型船舶的港口，尽管相距 100 海里，仍然属于“临近港口”。“安全”（safely）是指船舶能够安全地驶入、驶出港口并在港口停留期间处于安全状态，不针对货物。“处于永远漂浮状态”（lie always afloat）是指该邻近港口必须有足够的水深，不必考虑潮涨潮落等因素，使船舶能够在任何情况下处于漂浮状态。因此有的合同还规定船舶“在任何潮汐下均能处于永远漂浮的状态”（lie always afloat at any tidal time）以表明船舶绝对不会受到潮汐变化影响，可以安全地驶入、驶出港口。因此在这种情况下，因低潮造成船舶吃水受限而出现安全搁浅（safely grounding）①的状态，该港口属于不安全港口。事实上当出现安全搁浅的情形，不会对船舶构成实际威胁，只需等待数小时潮水，即可使船舶处于漂浮状态。一些海港因为受潮水影响比较大，经常会出现低潮时很多船舶无法处于正常漂浮状态，因此对于这样特殊的港口，就需要在合同中明确规定“安全搁浅的情况下不视为港口不安全”（lie always afloat at any tidal time except safely grounding...），从而解除承租人保证港口安全的义务。

我国《海商法》第 91 条仅规定只有下列两种情况致使船舶不能在合同约定的

---

① 这里所谓的安全搁浅，是指仅仅因为吃水受限的原因，使得船舶航行或移动受到限制。当潮水涨起来达到足够吃水后，船舶能够继续航行或移动，并不会对船舶尤其是船底造成任何损坏。

目的港卸货的,船长有权将货物在目的港邻近的安全港口或者地点卸载:①不可抗力;②其他不能归责于承运人和托运人的原因。可以看出,根据我国法律,除非合同另有约定,否则只有满足上述较为苛刻条件的情况下,出租人或船长才有权将货物在目的港邻近港口或地点卸货。而且上述卸载视为出租人已经履行合同。此外船长做出上述决定时,应及时通知货方,并考虑货方的利益。但我国《海商法》对于此种情况下产生的额外费用如何分担等问题没有做出规定,仍然需要在航次租船合同中予以明确。

二、装卸费用

关于装卸费用及风险如何分担的问题,完全依据航次租船合同条款的具体规定。常见的有关装卸费用的条款如下:

1. liner terms:班轮条款,又称"泊位条款"(berth terms)、"总承兑条款"(gross terms)、"船边交接货物条款"(free alongside ship:FAS)。是指出租人负担货物的装卸费用的条款。

2. free in (F. I):是指出租人不负责装货费。如果出租人仅就装货费不负责,其他费用仍承担的话,可用 F. I. L. O 条款,即 free in, liner out。是 F. I 条款的变形。

3. free out (F. O):是指出租人不负责卸货费。如果出租人仅就卸货费不负责,其他费用仍承担的话,可用 L. I. F. O 条款,即 liner in,free out。是 F. O 条款的变形。

4. free in and out (F. I. O):出租人不负责装货、卸货费。

5. free in and out, stowed and trimmed (F. I. O. S. T):出租人不负责装货、卸货、积载、平舱的费用。如果装运的是大件货,出租人不负担绑扎费用,则在上述规定之后加上"绑扎"(lashed)一词,表明出租人不负责绑扎费;同样,若加上"垫舱"(dunnaged)一词,意味着出租人还不承担垫舱费用。如果出租人对于装卸作业中产生的其他费用,例如加固费(secured)、理货费(tallied)等均不负担,都可以在 F. I. O. S. T 条款之后加上"secured"、"tallied"的词语进行表示。

上述条款中的装卸费用是指合同指定的装货港产生的装货费和指定的卸货港产生的卸货费,不包括合同原定装卸港以外因为其他原因而发生装载、卸载等费用。例如,如果是在避难港产生的或者是因为通行运河需要过驳减载产生的装卸费及其他非原定装卸港产生的装卸费,则仍由出租人负担,除非合同另有约定。

6. gross load and discharge or gross load or gross discharge:出租人负责与装卸或装货或卸货有关的全部费用。与班轮条款不同,后者指出租人除了要负担装卸费以外,还要承担积载、平舱等费用,如同班轮运输下承运人应负担的相关费用一样。

7. scale load and discharge：出租人负责一定限额的装卸费，超出部分由承租人自行负担。

航次租船合同中的装卸费用条款应与货物买卖合同的价格术语相衔接。例如CIF ex ship’s hold（CIF舱底交货）是指买方应在卸货港舱底接受货物，并负担卸货费。如果航次租船合同中订明“liner terms”，则卸货费已计入承租人（卖方）支付的运费中。如果买方已支付了卸货费，出租人应向承租人退还该费；如果出租人支付了卸货费，买方应向卖方补交卸货费。此外，如果买、卖双方互相推诿，还有可能产生谁都不负担费用的情况。所以在这种价格术语下，最好订入“F. O”或“F. I. O”条款，以避免麻烦和不必要的纠纷。

另外，在合同中还需对谁雇用装卸工人并承担装卸风险及责任做出明确规定。例如1994年“金康合同”第5条的规定“货物移入货舱、装载、积载和/或平舱、理货、绑扎和/或加固、移出货舱以及卸载由承租人负责，出租人对上述任何操作作业产生的任何风险、责任和费用均不负责……”不仅表明了有关装卸的相关费用的划分，同时表明了风险及责任的转移。1976年“金康合同”第5条也有装卸费用及风险由承租人负担的类似规定。

1976年“金康合同”第5条的标题是“装/卸费用”（Loading/Discharging Costs），包括（a）和（b）两款供选择。（a）款是总承兑条款（Gross Terms），规定货物应送至装货港船舶吊钩所及范围，装货工作由出租人负责；如果需要岸上人员提供帮助以便进行装货作业，则承租人负责雇用上述人员并负担费用。如果采用升降机（elevator）进行装货，则出租人不负担装货费用，但负担平舱费用。在卸货港出租人将货物卸至吊钩所及范围，则由货方负担提取货物的费用及风险。如果每件或每包装单位货物超过2吨重，则所有的装载、积载和卸载费用由承租人负担并承担因此产生的风险。（b）款是典型的F. I. O. S. T条款。规定承租人或其代理人负责将货物移入货舱、装载、积载和/或平舱、货物移出货舱以及卸载作业，出租人不负担上述任何费用及由此产生的风险和责任。同时如经请求，出租人还应提供绞车（winches）、操纵机器需要的动力以及安排船员担任绞车手（winchmen）；否则承租人应负责从岸上聘请工人担任绞车手或租用装卸机械并支付相关费用。

1994年“金康合同”对这一条做了较大修改。表现为：第一，取消了1976年金康合同中的Gross terms条款；第二，在典型的FIOST条款之上，又明确规定增加了“出租人不负责理货、绑扎、加固等费用”；第三，增加了货物操作机械的规定；第四，增加了“装卸工人造成损害”的内容；第五，该条款名称也由“装/卸费用”（Loading/Discharging Costs）修改为装/卸货（Loading/Discharging）。

1994年金康合同第5条包括（a）、（b）、（c）三款。（a）款是费用/风险（Costs/Risks）。规定承租人负责将货物移入货舱、装载、积载和/或平舱、理货、绑扎和/或加固(secured)以及卸载,出租人不负担上述任何费用、风险及责任。如经请求,承租人还应提供垫舱物料,并在本航次租船合同卸货完毕后,负担清除这些垫舱物料并承担有关费用,卸货时间计算至垫舱物料全部被清除为止。(b)款为货物操作机械(cargo handling gear)的规定。除非船舶没有装卸货设施或双方约定不使用船舶的装卸货设施,否则出租人应允许承租人在整个装/卸货期间免费使用船舶的装卸货设施,并保证上述设施处于良好的工作状态。除非由装卸工人疏忽造成装卸货设施故障,否则因货物操作机械发生故障或起货机、绞车等丧失动力所产生的时间损失不计入装卸时间或滞期时间。如经请求,出租人应当选派船员担任货物操作机械的吊车手(cranemen)/绞车手(winchmen),而不向承租人收取任何费用;如果当地港口法律规定禁止选派船员担任上述角色,而只能选用岸上劳工担任吊车手或绞车手,则雇佣岸上人员的费用由承租人负担。承租人负担雇佣吊车手或绞车手的风险和责任并且与其他装卸工人一样视为承租人的受雇人员,但无论如何应在船长的监督下工作。(c)款为装卸工人造成的损害(Stevedore Damage)。规定承租人应对装卸工人造成的船舶损害承担赔偿责任。该损害发生后船长应在合理的时间内尽可能快地向承租人或其代理以及装卸工人发出损害赔偿的通知,否则承租人不负赔偿责任。船长还应尽力获得装卸工人对损害赔偿承担责任的书面确认。此外承租人还需对上述损害负责修复,对因修复船舶产生的时间损失,由承租人根据滞期费费率向出租人承担赔偿责任。

三、承租人提供货物的义务

(一)货物的种类

关于货物种类的内容,合同中通常有如下方式予以规定。

1. 列明特定货物(special cargo)

当合同中列明某一种特定货物或某几种特定货物时,承租人必须按照合同的规定提供货物。当合同中约定的特定货物因为某种原因,如不可抗力、法律禁止出口等不能提供的,则承租人没有义务再提供其他的货物,合同予以解除。但承租人应赔偿因无法提供货物而给出租人造成的损失,合同规定免责的除外。

2. 规定替代货物(substitute cargo)

为了国际贸易上的便利,承租人常常不在合同中列明特定的货物,而是规定"……货物 A 或其替代货物 B……"。如果承租人选定的货物 A 由于其可免责的原因不能装船,除合同另有明确规定外,只要在合同规定的货物种类范围内还有其他的货物,例如货物 B 可以提供并能够安排装船的,则承租人仍有提供货物的义务,但允许其在合理时间内做出变更安排。

但是在英国法中,有判例表明,如果合同规定"……货物 A 或其替代货物 B

……，由承租人选择(option)”的话，一旦合同约定的货物A无法提供，则承租人可以行使选择权，既可以选择其他的替代货物B，也可以选择不装运任何其他替代货物。即使在客观上可以提供替代货物B的情况下，如果承租人最终的选择是不提供任何货物装运，则并不视为承租人违反供货的义务，因为选择权是合同赋予他的一项特权。

(二)货物的数量

合同中一般都规定，承租人应提供满舱满载货物(full and complete cargo)。满舱(full)是指承租人提供的货物应装满舱容；满载(complete)是指承租人提供的货物数量应达到船舶的货物载重能力。即货物装船后，应使船舶吃水达到最大允许的安全限度。一般来说，如果货物是轻泡货，货物的积载因素较大，货物应达到满舱；相反，如果货物是重货，积载因素较小，货物应达到满载。而同时能够既满足满舱也同时满足满载的货物非常少，但是习惯上仍然规定承租人提供的货物应该满舱满载。具体又有如下规定方法：

1. 满舱满载货物××吨，或多或少由出租人(或承租人)选择(full and complete cargo ×× tons, ±××% at shipowner's option or charterer's option)

由于合同仅仅规定了允许装载货物数量的范围，因此在船舶实际装运货物之前，由船长以书面形式将本船可以装载货物的数量通知货方，即“宣载”(declaration)。船长宣载的货物数量不能超出合同规定的浮动范围。一旦做出宣载，出租人应保证船舶能实际装载船长宣载的货物数量。如果承租人提供的货物未能达到宣载的数量，应当承担相应的亏舱费；同样，如果承租人根据宣载的货物数量如实提供了货物，但是最终导致部分货物无法装载在货舱，则出租人应当赔偿承租人短装损失。

2. 满舱满载货物，不超过××吨，不低于××吨(full and complete cargo, not exceeding ×× tons, not less than ×× tons)

这种方式直接规定了船舶允许装载货物的最高、最低范围。一旦做出如此规定，则出租人应保证船舶实际能装运的货物数量不少于下限，承租人有义务提供的货物数量不超过上限。如果船长进行宣载，则承租人有义务提供的货物数量为上述规定的上限数量与宣载的船舶满舱满载货物数量两者之中的较低者。如果由于承租人的原因造成亏舱，则亏舱费由承租人负责；若由于出租人原因造成货物短装，则出租人应负责赔偿给承租人造成的损失，如退关费、仓储费、回运费等。

(三)承租人提供货物的义务

我国《海商法》对此未做详尽的规定。英美法中，这一义务表现为4个方面：即承租人必须备货的义务；将货物运至装货港船边的义务；按照合同约定提供满舱满载货物的义务；在合同规定时间内装船的义务。其中提供满舱满载货物的义务已在上文讨论过,这里不再重复。

1. 承租人备货的义务

英美法规定承租人有备货的严格责任,而不论其本人是否是货物的生产者、销售者或中间商。所谓的"严格责任",是指某一方当事人造成了另一方某种明显的损害,前者应对此负责,而不考虑其是处于故意或者过失的状态。"严格责任"不同于"绝对责任",绝对责任是一种法定责任,即只要存在法律规定应予以防止的损害而未能防止其发生的情形,导致损害发生的一方当事人便应承担责任。这两个术语都是英国法中的概念。因为航次租船合同双方更为关注的是货物的安全运输,因此通常合同中并没有关于货物应如何备妥的特别规定,因此根据严格责任,作为承租人有义务在船舶抵达装货港之前,至少是在受载期间,有义务备妥货物,即使由于某些原因造成备货不可能,也不能解除承租人的备货义务。显然根据英国法,承租人的备货义务非常严格。但在下列情况下,承租人的备货义务可以免除,而无须承担违约责任:①根据英国法或者合同履行地法,合同的履行构成非法行为;②出租人违反了合同的先决条件,例如在签订航次租船合同时,船舶所处的位置就是先决条件,而出租人错误告知船舶所处的位置或未能如实反映船舶动态;③合同条款明确解除承租人备货责任的;④构成合同受阻(frustration)的情形;⑤出租人不能免责的过错造成的。

合同受阻是英美法中的概念,主要包括如下情形:第一,合同订立后,因为发生一些情形变更,使得合同的履行变得不可能或者合同履行的目的无法实现;第二,因为法律变更使得合同的履行变成非法;第三,产生了严重迟延的情形(serious delay)。一旦构成合同受阻的情形发生,则可以自动地、立即解除合同。合同双方彼此无须承担任何赔偿责任。已经支付的费用需要返还给支付方,未能支付的费用无须再支付。由于因合同受阻导致合同解除的后果与其他合同解除的后果不太一致,因此英国法院也是严格解释"合同受阻"的含义,不轻易使用该原则判定合同解除。我国《合同法》第94条也规定了几种可以解除合同的情形,主要包括①因不可抗力致使合同目的不能实现;②履行期限届满前,一方当事人明确表示或者以行为表明不履行主要债务的;③当事一方迟延履行主要债务,经催告后在合理期限内仍未履行的;④当事一方迟延履行债务或存在其他违约行为致使合同目的不能实现;⑤法律规定的其他情形。通过比较,可以看出我国与英美法国家在这个问题的规定上存在较大差异。

2. 将货物运至装货港船边的义务

承租人有义务将货物运至装货港码头,甚至船边等待装载,因此产生的费用和风险由承租人承担,必要时还应承担一定的过驳费。如果发生了罢工、冰冻等原因,造成承租人在将货物运至码头船边的过程中产生延误,尽管罢工、冰冻条款是航次租船合同约定承租人可以免责的常见条款，但是承租人不能以此免责。因为承租人是否备妥货物以及是否承担陆地风险，将货物运输至码头与航次租船合同下的运输航次无关；但是，如果是在实际装船过程中发生了罢工或冰冻事件而影响装货作业的，因为航次租船合同的运输航次适于接受货物及装货，终于卸货并交付收货人，则承租人可援引航次租船合同免责条款享受免责。此外某些港口的港区内没有存储特定货物的仓库，需要在港区外某一地方存储，而从实际存储处所到实际装货地尚有一段距离。如果航次租船合同明确规定从实际存储处所至装货地的陆地运输属于装货作业的一部分时，尽管是在货物从实际存储处所至约定装货地的陆地运输途中发生了上述罢工或冰冻事件，因此造成的损失承租人仍然可以依据航次租船合同免责条款免除赔偿责任。

3. 在合同规定时间内装船的义务

承租人应该在合同规定的时间内安排装载作业，否则要承担因此产生的滞期费或延滞损失，具体内容参见本章第四节有关装卸时间的内容。

我国《海商法》第 100 条规定："承租人应当提供约定的货物；经出租人同意，可以更换货物。但是更换的货物对出租人不利的，出租人有权拒绝或者解除合同。因未提供约定的货物致使出租人遭受损失的，承租人应当负赔偿责任。"可以看出，我国《海商法》关于承租人提供货物的义务不同于英美法，更加保护了出租人的利益。因为按照《海商法》的现有规定，不论合同是否有关于替代货物的约定，只要经出租人同意，即可更换货物。而根据英国法律，只有合同中明确约定替代货物条款的情形下，承租人才可以选择用替代货物安排装载。而且如果更换的货物对于出租人不利的，出租人可以拒绝或解除合同，完全是考虑了出租人单方的利益。另外什么是"不利"？《海商法》没有明确规定，是指对航行安全构成不利，还是仅对出租人收取运费不利，还是运价太低对出租人收益不利？恐怕很难得出结论。

另外，《海商法》第 100 条第 2 款规定："因未提供约定的货物致使出租人遭受损失的，承租人应当负赔偿责任。"可以看出，承租人提供货物的义务是非常严格的，不以过失为前提，承租人承担无过错责任。这一点不同于第 96 条第 2 款有关出租人提供船舶的义务，即"因出租人过失未提供约定的船舶致使承租人遭受损失的，出租人应当负赔偿责任。"依据该规定，出租人承担过错责任。显然出租人未能提供约定船舶承担过错责任，而承租人未能提供货物则承担严格责任。当然由于我国《海商法》规定对于航次租船合同非强制适用（有关适航义务和不得进行不合理绕航的义务除外），因此航次租船合同的当事人可以约定不同于《海商法》的内容，即可以约定承租人无须承担提供货物的严格义务或者规定出租人承担提供船舶的严格义务等。此外，如果结合《海商法》第90条的规定，[①]我们认为因不可抗力或其他不能归责于承租人和出租人的原因，承租人无法提供货物致使合同不能履行的，出租人、承租人双方均可解除合同并互相不负赔偿责任。即只有不可抗力或不能归责于承租人和出租人的原因致使不能提供合同约定的货物的，承租人可以不负赔偿责任，这是对《海商法》第100条规定的一个例外情形。当然《海商法》第90条的规定并不强制适用于航次租船合同。至于其他情形下出租人是否可以解除合同，则要看合同是否能够得以履行。符合《合同法》第94条规定的，出租人仍可以解除合同。

未提供约定的货物一般表现为：①未提供任何货物；②提供的货物与合同约定不符；③提供货物的数量与合同约定的数量不符。第三种情形，一般不会产生解除合同的问题，通常会产生亏舱费等费用。前两种情形可能会涉及合同的解除及损害赔偿责任。

在英美法系国家，如果当船舶到达装货港之后等待了相当长的时间，承租人仍不提供货物，可以根据租船合同的有关规定，如果已进入滞期，则应由承租人支付滞期费；如果构成延滞损失，承租人应承担相应的赔偿责任，但不可终止合同，除非这种延迟足以构成合同受阻。例如某一希腊船舶所有人将油船租给营业所在休斯敦的承租人，用于一个从ESSIDER到中国大陆装载100 000吨原油的航次。当油船抵达装货港时，出租人无法与承租人取得联系。油船在等待了17天之后，仍然看不到任何可以装货的迹象，于是选择离开装货港。因为承租人在组织货源方面出现问题，所以迟迟无法供货。在船舶离港后，承租人反过头起诉，并声称因为“出租人提前违约”致使合同不能履行。英国法院最终认定，承租人未能及时供货固然违约，但是船舶等待17天的迟延还不算严重到可以构成合同受阻的情形。因此法院判定出租人选择离开装货港系违约行为，不可以通过离开装货港而解除合同，出租人因此遭受损失达700 000美元以上。因此，作为出租人欲摆脱这种尴尬的局面，可以找出承租人是否存在事前违约的事实，或者在合同中明确规定赋予出租人解除合同的权利，例如规定“当船舶抵达装货港之后，因为承租人未能在×××时间内提供货物，出租人有权解除合同”等。否则除了等待，别无他法。

1970年，油船市场急转直下，一家名为JUPITER的百慕大皮包公司，承租了10条超级油船在波斯湾待命，等待市场转好获利。结果市场持续低迷，无人租船，10条船等待了很久没有货可装。承租人面对数百万美元的滞期费无力偿还而失踪，出租人损失惨重。“JUPITER”丑闻发生之后，为了吸取教训，出租人专门在航

① 《海商法》第90条规定：“船舶在装货港开航前，因不可抗力或者其他不能归责于承运人和托运人的原因致使合同不能履行的，双方均可以解除合同，并互相不负赔偿责任……”

次租船合同中,特别是油船航次租船合同中订立防范性条款。这种防范性条款因此被称为“朱比特条款(JUPITER CLAUSE)”。即明确规定如果承租人未能在合同规定的期限内提供货物,出租人有权解除合同。例如 1976 年 INTERTANKVOY 油船航次租船合同第 7 条即有类似的条款。1976 年 INTERTANKVOY 第 7 条内容如下:

“如果是无法归咎于船舶和/或出租人的原因,在下列情况下,出租人有权选择解除本租船合同:

(a)承租人未能根据第 2 条规定的义务发出航次指示或装载指示,并且持续此种状态不少于 10 天;或者

(b)在有效的装卸准备就绪通知书递交后 20 天仍没有开始装载货物。

如果出租人行使了解除合同的权利并且船舶迟延系承租人原因,则承租人应当对租船合同下的损失负责。不论出租人是否行使解除合同的权利,其向承租人可能提出的时间损失索赔或其他索赔权并不因此受到影响。”

(If for reasons not attributable to the vessel and/or owners,

(a) charterers fail in their duty to furnish voyage instructions or loading orders in accordance with clause 2, and such failure has lasted for not less than 10 days, or

(b) loading has not commenced and 20 days have passed after valid notice of readiness has been tendered, owners shall have the option of cancelling this charter party.

If such option is exercised and the delay is attributable to charterers, they shall be liable for loss of charter. Whether or not owners exercise this option no claim they may have on charterers for loss of time or otherwise shall be prejudiced thereby.)

通过订立这样的条款,可以在一定程度上保护出租人的利益。

第四节　装卸时间、滞期费和速遣费

一、装卸时间

(一)装卸时间(Laytime)的含义

有关装卸时间内容的规定是航次租船合同最重要的条款之一,也是实践中最易产生争议的条款。合同中通常会约定一段具体时间允许承租人用来装卸货物。

1976 年国际海事委员会(Comité Maritime International;CMI)开始启动对实践中常用的有关装卸时间条款进行界定的工作,以便减少租船合同方面的纠纷。来自波罗的海国际航运公会(BIMCO)、国际海事委员会(CMI)、英国全国船舶经纪

人和代理人协会联合会（FONASBA）、伦敦英国航运总会（GCBS）几大组织的代表成立一个工作组专门负责这项工作。并于1980年12月联合颁发了《租船合同装卸时间定义》（以下简称“1980年定义”）（Laytime Definitions of Charterparty, 1980）。但是事实证明，1980年定义并没有得到航运实践的普遍支持，并且将该解释规则中的内容并入到租船合同也并非普遍。1990年联合国贸易和发展委员会（United Nations Commission on Trade and Development：UNCTAD）在1990年发布的一份来自于航运业对合同安排方面相关意见的报告，显示航运业对此提出强烈的批判。为了回应这份报告中的批评意见，BIMCO、CMI 、FONASBA及国际干货船船东协会（INTERCARGO），联合于1993年草拟了对1980年定义的修订版本。新版本经BIMCO文件委员会和INTERCARGO于1993年5月被认可，国际海事委员会代表大会、英国全国船舶经纪人和代理人协会联合会年会分别于1993年9月和1993年10月以《航次租船合同装卸时间解释规则》（以下简称“1993年规则”）（Voyage Charterparty Laytime Interpretation Rules 1993：VOYLAYRULES）的新名称先后批准该文件。

显然有关租船合同术语解释的规范化工作均少不了BIMCO的卓越贡献。BIMCO除了制定了大量的租船合同范本之外，还致力于向其会员提供有关航运术语解释方面的指南。BIMCO以英国法为基础，对有关租船合同和装卸时间术语及缩略语进行解释，供其会员参考使用。这些内容被收录到“波罗的海规则”（Baltic Code）中。“波罗的海规则”最早产生于1983年，后经过1988、1996、2000、2002、2003、2007年多次修订。波罗的海规则有关租船合同术语解释的大部分内容与1993年《航次租船合同装卸时间解释规则》的规定相同，但是在如下术语“船舶靠泊即可到达”（reachable on her arrival）、“良好天气工作日”（wheather working day）、“装卸准备就绪通知书”（notice of readiness）、“不论靠泊与否”（whether in berth or not）方面存在差异。

自1993年规则产生以来的二十年间，不论是英国判例法还是商业实践活动都发生了显著的变化。因此有必要对该规则是否在内容方面能够满足上述变化的需要，包括是否能够满足一些新的条款或者附加条款的需要进行回顾，以满足当代贸易安排的需求。因此在原有制定规则的几家国际组织的基础上，又增加了波罗的海交易所（Baltic Exchange），并由这些机构各自派代表进行具体的研究工作。最终产生了2013年租船合同装卸时间定义（Laytime Definitions for Charter Party 2013）（以下简称“2013定义”）。BIMCO文件委员会于2013年5月在法国巴黎通过了该规则，其他几家参与制定该定义的机构随后也纷纷予以认可。

实践中有关装卸时间的术语和条款通常是按照上述规定进行解释的，上述几个文件在航次租船的实务中发挥较大的作用。具体内容详见附录。以下主要针对

“1980 年定义”和“1993 年规则”的内容予以说明，并在最后对“2013 年定义”发生的变化和内容单独予以简要解释。

不论是“1980 年定义”还是“1993 年规则”，都明确规定装卸时间是指合同双方当事人协议的，出租人应保证船舶适于装卸，承租人在运费之外不支付任何费用的一段时间。也就是说，在合同规定的装卸时间内，出租人具有使船舶等待装卸的义务。因为船舶出租人在考虑运价时，已将正常的船舶在港停泊期间的营运费用及在港的港口使费作为成本包括其中。因此，如果承租人按约定时间装卸完毕，使船舶如期开航、如期结束，则除了运费以外，出租人不能再向承租人要求支付任何报酬。“2013 年定义”对装卸时间的界定未做任何修改。

（二）装卸时间的规定方法

根据装运的货物、装卸港口、航线、季节等特点，航次租船合同关于装卸时间的规定也各不相同。有的明确规定可用于装卸的具体天数，有的则不明确具体装卸时间，而是根据港口习惯或者其他情形予以确定。一般来说，合同中有关装卸时间的规定，有如下几种方法。

1. 规定装卸日数

合同中直接规定装卸日数××天，或者通过规定装卸率的方式间接规定装卸时间。不论是直接规定还是间接规定，都可以确定用于装卸的具体时间，即固定装卸时间（fixed laytime）。而有关装卸率的规定，实践中又有如下 3 种方式：

（1）每天××吨（per day ×× t），则

$$装卸时间=\frac{货物数量}{装卸率}$$

（2）每舱口每天××吨（per hatch per day ×× t），则

$$装卸时间=\frac{货物数量}{日装卸率\times舱口数}$$

（3）每工作舱口每天××吨（per working hatch per day ×× t），则

$$装卸时间=\frac{最大货舱的货物数量}{每舱口日装卸率\times该货舱服务的舱口数}$$

根据“1993 年规则”的解释，每对平行的双层舱（each pair of parallel twin hatches）按一个舱口计算，但能够由两个工班（two gangs）同时进行作业的舱口则按两个货舱口计算。

2. 按港口习惯尽快装卸（Customary Quick Despatch—CQD or customary despatch）

根据“1980 年定义”，是指按照港口情况，尽可能快地进行装卸。即航次租船合同明确规定一个非固定的装卸时间（unfixed laytime），装卸时间的确定需要根据港口具体情况、装卸率、货物包装情况、装卸机械的不同选择等有所不同。如果船

舶出租人对某一港口的装卸情况及装卸效率不甚了解的话,使用该术语可能不利,而“1993 年规则”中已无此项。根据英国判例法,在 CQD 条款下,即使考虑各港口情况不同,装卸作业也应在一个合理的时间内(reasonable time)完成。合理时间的确定要依据具体事实不同而有所变化。一般要考虑港口设备、装卸习惯、当时天气等诸多因素。像港口拥挤、装卸工人罢工、港口当局干预、不能归责于出租人和承租人的第三方的行为或过失引起的延误(如铁路公司造成卸货延误、车皮不够等)所产生的时间损失均由出租人承担,除非合同另有约定。

3. 以船舶能够尽快收货或交货的速度(As fast as the vessel can receive and /or deliver)

根据“1980 年定义”,是指船舶处于完全工作状态下,能够最大限度进行装卸货的情况下所计算出的装卸时间。这种规定方法与 CQD 条款不同,该术语只从船舶单方面情况考虑,而不管港口实际装卸效率如何。“1993 年规则” 中已无此项规定。这个条款也无须考虑承租人提供或提取货物的最大限度及能力,只要承租人未能满足船舶进行装卸货并达到最快效率的,时间损失就由承租人负担。

(三)几种装卸日的规定及含义

不论是哪一种规定装卸时间的方法,最终都是为了要明确全部货物装完或卸完的日数。但由于对“日”的不同理解,会使计算出来的装卸时间结果完全不同,最终也会影响速遣时间和滞期时间的计算结果。所以航次租船合同中要以一个具有一定含义的“日”来表示和计算装卸时间。以下关于“日”的几种表述方法,按“1980 年定义”进行解释。

1. 日(day)

所谓“日”是指从午夜至午夜连续 24 小时的时间,即日历日(calendar day)。以这种“日”表示装卸时间时,从装/卸货开始至装/卸货完毕时止所经过的日历日数就是总的装货或卸货时间。在此期间内,不论是实际不可能进行装卸作业的时间(如雨天、罢工或其他情况),也不论是否是星期日或节假日等非工作时间,都应统统全部计算到装卸时间中。

2. 连续日(running days or consecutive days)

连续日是指一天紧接着一天的日数(follow one immediately after the other)。

根据英国法,在 19 世纪中后期,“日”的规定方法较常用,且不同于“连续日”。对于“日”的理解是如果在某一天只进行了部分时间的装卸,则按一天计算装卸时间,不存在按比例计算的问题。而“连续日”存在比例计算的问题,即如果港口正常工作时间是 24 小时,而实际作业为 8 小时,则计算为 1/3 个“连续日”。现在上述两种术语已经不存在区别,认为含义是一样的。即不论是否因为天气等原因不能装卸货还是因为节假日等不能装卸货,装卸时间都照常连续计算,不做任何扣除。

3. 工作日(working days：W. D)

所谓工作日是指没有被租船合同明确地排除于装卸时间之外,并且也不属于节假日的日数或部分时间。即不包括星期日和法定节假日等非工作时间,港口可以进行装卸作业工作的日数。工作日的正常工作时间,依各港具体情况不同而不同。有的港口是8小时工作,有的港口则是16小时工作,还有的港口是24小时工作。依“1980年定义”,所谓节假日是指本可以用来装卸工作,又不属于非工作时间,但根据当地法律或习惯,中止工作的时间。因此如果装卸时间规定的是“工作日”,意味着仅仅计算在工作时间内进行装卸作业所花费的时间,即使在非正常工作时间内实际进行了装卸作业,例如在星期日进行部分装卸工作,所用时间也不计为装卸时间,除非合同另有约定。

实际上世界各国及地区的节假日均有所不同,即使在中国,例如香港地区,每年7月1日香港回归日以及圣诞节都放假,而内地则正常工作。因此如何确定和了解世界各国和地区的节假日对租船合同当事方计算装卸时间至关重要。

例如在中国,2007年12月14日第513号国务院令,发布《国务院关于修改〈全国年节及纪念日放假办法〉的决定》,对《全国年节及纪念日放假办法》的规定进行第二次修订,①比1999年9月18日的第一次修订增加了清明、端午、中秋三天节日,对劳动节由原来的3天缩减为1天。据此中国的节假日包括新年1天(1月1日),春节3天(含农历除夕、正月初一、初二),清明节1天(农历清明当日),劳动节1天(5月1日),端午节1天(农历端午当日),中秋节1天(农历中秋当日),国庆节3天(10月1日、2日、3日),共11天公共节日,每个星期六和星期天为公共假日。2013年12月11日,国务院再次发布《国务院关于修改〈全国年节及纪念日放假办法〉的决定》,对该内容进行第三次修订。将春节假期3天调整为农历正月初一、初二、初三,没有包括除夕。但是总的假日数量没有变化。

对于航次租船合同当事双方而言,可以采取如下方式了解装卸港当地的节假日情况:一是通过当地代理了解相关信息。二是可以参照波罗的海国际航运公会(BIMCO)节假日历表的内容。BIMCO每年都编印一本世界各地港口的节假日历表,很多时候仲裁员是按照这个节假日历表做出判定。三是通过其他合理途径。

但是对于节假日中的星期六应如何看待,是租船实践中容易引起争议的问题。因为在许多地方星期六是算作工作日的,像欧洲一些国家、美国一些地方,尽管星期六是半天工作,也算工作日。而工作日是不存在半天计算的问题,只要习惯上在

① 《全国年节及纪念日放假办法》于1949年12月23日由政务院发布,1999年9月18日朱镕基总理签发的第270号国务院令,对该规定进行第一次修订。

进行工作,或长或短,哪怕是1小时也是一个正常的工作日。鉴于此,为了避免不必要的纠纷,承租人通常会在租船合同中增加一个“星期六条款”(Saturday Clause)。其内容大致包括:(1)不管是否有相反的港口习惯,如果当地在星期六是没有装卸工人工作或者要付加班费才可以工作的话,则星期六不算装卸时间;(2)如果星期六只有部分时间如上所述,则装卸时间只算至正常工作结束之时;(3)如果有6小时或超过6小时能够以正常的条件工作,则整个星期六均算作一天装卸时间,该天数中“日”的含义,根据租船合同中装卸时间“日”的内涵确定。除此之外,承租人还可以在租船合同中订入其他的条款,来解决星期六仅工作半天,该如何计算装卸时间问题。例如合同中可以简单约定“星期六中午(或者1200时)至星期一上午8时(或0800时)均不算作装卸时间”,以转移时间风险。

4. 良好天气工作日(weather working days: W. W. D)

该术语在一些参考书中被称为“晴天工作日”。由于“晴天”一词容易被误导为似乎只有晴天才可以进行装卸货作业,所以,此处作者译为“良好天气工作日”。因为天气良好与否是针对特定货物而言的,不一定非要求是晴天状态。例如,阴天装卸钢材完全是允许的,但对于那些对湿度、温度有特殊要求的货物,恐怕不能进行装卸作业。虽然是晴天,但是如果风力过大,也不能进行粉末状散货的装卸作业。所以天气因素是否会影响到某一特定货物的装卸作业,并不是以晴天阴天为标志,还是要针对该特定货物而言,是否“良好”。以下几个术语的翻译,理由与此相同。

按“1980年定义”,良好天气工作日是指工作日或部分工作日中,不受天气影响,可以进行装货或卸货作业的时间,即除星期日和法定节假日外,因天气不良而不能进行装卸作业的工作时间不能计入装卸时间。所谓天气不良(bad weather),通常是指雨、雪、雾、风等影响装卸作业的情形。但这并非是绝对的,能否最终影响装卸作业,仍然针对特定航次下的特定货物而言。

虽然良好天气工作日中已经包含了星期日和节假日除外的含义,但为了防止争议,使装卸时间的计算更加明确,一般航次租船合同中都习惯地订入“良好天气工作日,星期日和节假日除外”(weather working days, Sunday and Holiday excepted: W. W. D, SHEX)这一用语。在中国,除外时间还应该包括星期六,即“良好天气工作日,星期六、星期日和节假日除外”(W. W. D,SSHEX.)。

关于“除外”(excepted),“1980年定义”解释为对于特定的天数不计为装卸时间,即使在这些日子里进行装货或卸货,也不计为装卸时间。所以“星期日和节假日除外”是指即使在星期日和节假日进行了装卸工作,也不计入装卸时间。有时为了明确这一点,在“星期日和节假日除外”之后,再加上“即使已使用”(even if used:EIU)的用语,表明不论是否实际使用了星期日和节假日进行货物装卸,都不计为装卸时间,用简写字母表示为 S. H. EX. EIU。

有时在“良好天气工作日,星期日和节假日除外”这一用语后面还附加“除非已使用”(unless used:UU)一词。关于“除非已使用”应从如下方面理解:(1)虽然星期日、节假日等非工作时间不计算到装卸时间,但是如果在上述期间实际进行了装卸货工作,则应当将进行装卸作业的时间计为装卸时间。(2)如果在星期日和节假日这种“除外”的日子里进行了装卸工作,也仅将实际进行装卸工作的那部分时间,例如仅在非工作日实际进行了数个小时的装卸作业,则只能将这数个小时计算到装卸时间,而非全部 24 小时都计为装卸时间。本来按“1980 年定义”的解释,“除非已使用”一词已包含了只将“ 除外” 的日子里实际使用的装卸工作的时间计为装卸时间的含义,但是在实际业务中,为了使这种含义得以明确,往往用如下用语表述:“ × × W. W. D,SHEX,UU,but only time actually used to count. ”

根据中国目前的法律规定,星期六也不是工作日,因此,合同中应订明“星期六、星期日和节假日除外”予以强调,即 SSHEX。否则 SHEX 的表述不能必然地排除星期六的时间。

5. 24 小时良好天气工作日(weather working days of 24 hours: WWD of 24 hours)

“1980 年定义”没有对该术语进行解释。根据英国判例法,24 小时良好天气工作日是指不管港口规定的正常工作时间是多少个小时,也不论工作小时数是跨及几个日历日时间,以累计 24 小时为一个良好天气工作日的时间。例如港口的正常工作时间规定为每天 8 小时,则不考虑天气等因素的影响,要把 3 个 8 小时累积,即要跨越 3 个正常日历日,才能构成一个“24 小时良好天气工作日” 。显然,以这种术语表示装卸时间,对出租人比较不利。

“24 小时良好天气工作日”不同于“良好天气工作日”。如果港口正常工作时间为 24 小时,则二者计算出来的结果没有什么不同;但是如果港口正常工作时间不是 24 小时,例如为 8 小时,二者存在较大差别。假设不考虑天气、节假日等影响装卸作业的情形,某港口正常工作时间为 0800 ~ 1600 时,即 8 个小时。假设装卸作业从周一开始,如果在周一的正常工作时间 8 小时之内实际进行了装卸货作业,则视为已经使用了一个“良好天气工作日”,但只是 1/3 个“24 小时良好天气工作日”。只有周一至周三的 3 个正常工作时间全部用来进行装卸货,即将 3 个正常工作 8 小时累加 8 + 8 + 8 = 24,才算构成一个“24 小时良好天气工作日”,显然此种计算方法将跨越 3 个正常日历日。由此可见,港口正常工作时间的不同,将直接影响上述术语的含义及计算结果不同。

6. 连续24小时良好天气工作日(weather working days of 24 consecutive hours)

根据“1980年定义”,解释为除去星期日、节假日、天气不良影响装卸作业的工作日或工作小时后,其余所有时间以真正的连续24小时为一日的表示装卸时间的方法。采用这种表示装卸时间的方法,就可以避免上述“24小时良好天气工作日”可能跨及几个正常工作日的情况。使用这个用语的最大特点是,不需要考虑每个港口正常工作时间是几个小时,均按24小时计算。例如某港口正常工作时间为8小时,从0800~1600时。若在1000~1200时下雨,因为在正常工作时间内下雨,因此应当扣除2个小时;但是若在2000~2200时也下雨,根据本术语,因为下雨影响装卸作业的2个小时也要扣除,所以这一天应计算的装卸时间为24个小时减去4个小时,即20个小时。再将第二天的4个小时累计计算,达到24个小时的,才为一个“连续24小时良好天气工作日”。

该术语与“良好天气工作日”的区别是,当港口正常工作时间不是24小时,例如8小时,则不考虑天气因素,在正常工作时间的8小时内进行装卸作业的,即可计算为“一个良好天气工作日”;只要这一整天未出现不良天气影响装卸作业的,为一个“连续24小时良好天气工作日”。如果正常工作的8小时之内下了4个小时的雨,只有4个小时可以用来进行装卸作业,则使用的4个小时算作1/2个“良好天气工作日”,而按照“连续24小时良好天气工作日”术语计算出来的装卸时间则为20个小时。“连续24小时良好天气工作日”的术语是目前使用较多的表示装卸时间的方法。

根据“1993年规则”,上述良好天气工作日、24小时良好天气工作日和连续24小时良好天气工作日的含义已经统一起来,即除去星期日、节假日、天气不良影响装卸作业的工作日或工作小时后,以真正的连续24小时为一日的表示装卸时间的方法。也就是说,根据“1993年规则”,上述三种用语的含义已经没有区别,全部为“1980年定义”中连续24小时良好天气工作日的含义。

二、装卸时间的起算、止算和除外规定

航次租船合同中,滞期时间与速遣时间是通过实际使用的装卸时间(laytime used)与合同允许可用的装卸时间(laytime allowed)相比较而计算出来的。如果实际使用的装卸时间减去可用的装卸时间,计算出来为正值,则是滞期时间;如果为负值,即为速遣时间。因此,为了计算实际使用的装卸时间,合同中必须对装卸时间何时起算以及何时停止计算做出明确规定。

(一)起算时间

关于装卸时间的起算问题,各国法律规定和港口习惯各不相同,通常是按租船合同的规定进行起算。一般来说,是在船长向承租人或其代理人递交了“装卸准

备就绪通知书”(notice of readiness：NOR 或 N/R)之后的一段时间起算。例如1994 年“金康合同”第 6 条规定:“如果装卸准备就绪通知书是在 1200 时(包括 1200 时)以前递交,则装卸时间从 1300 时起算;如果装卸准备就绪通知书是在 1200 时以后递交,则装卸时间从次一个工作日的上午 0600 时起算。”

1. 装卸准备就绪通知书的含义及递交的意义

装卸准备就绪通知书是指船舶到达装货港或卸货港后,由船长向承租人或其代理人发出的,关于本船已到达装货港或卸货港,在必要的船舱、船机、起货机械和吊货工具等的使用方面,已为装卸工作做好准备的书面通知。

递交装卸准备就绪通知书,一方面是出租人宣布船舶已经对装卸工作准备就绪,可以进行装货或卸货作业;另一方面意味着装卸时间可以按合同规定开始起算。

大多数国家的法律都要求在装货港、卸货港必须递交装卸准备就绪通知书,但是递交的条件各有不同。例如斯堪的纳维亚地区的四个国家以及德国法律规定船舶不论是否准备就绪,只要一到港就可递交装卸准备就绪通知书,但船舶必须在实际装/卸货时准备就绪。在英国,如果合同规定装货港为几个港口时,只须在第一装货港递交装卸准备就绪通知书即可,在其他的几个装货港就不必递交装卸准备就绪通知书了;另外,在卸货港也不必递交装卸准备就绪通知书,除非合同另有明确规定。

“装卸准备就绪通知书”的格式如下所示:

________ port(港口名称), ________,(日期)20 ________(年份)

To Messrs ________________

NOTICE OF READINESS

M. V. “   ”

This is to advise you that the above named vessel arrived at ________(地点) at ________ hrs.(时间)on ________ and the formalities for entering the port were passed at ________ hrs. on ________.

Now she is in all respects ready and fit to load/discharge her cargo.

Notice of Readiness tendered at ______ hrs. on ______(日期)20 ______(年份)

____

The Master of M. V. “   ”

Notice of Readiness accepted at ______ hrs. on ______(日期)20 ______(年份)

____

As Agents

2. 装卸准备就绪通知书被有效接受的条件

装卸准备就绪通知书递交以后,只有被承租人有效接受的,装卸时间才能按照合同约定正常起算。因此,装卸准备就绪通知书必须具备如下条件才可以递交并被接受。

(1)船舶必须抵达合同中指定的港口或泊位,即必须是一艘"到达船"(arrived vessel)

如果航次租船合同是一个"港口合同"(port charter),即租船合同规定船舶必须到达指定的港口时,船舶一经到达该指定港口,不论是否已经靠泊,都应视为船舶已经到达合同要求的地点。一般认为船舶到达港口通常等泊的锚地,即视为到达船,与港口的行政区域关系不是很密切。但是,英国关于到达什么地点才视为到达港口的规定,经历了一个演变过程,其确立的标准对整个航运界影响很大。

在 1904 年"Leonis Steamship Co. v. Rank"一案中,英国法院确定了"商业区域"的标准。即如果租船合同中规定的是列明港口,船舶必须抵达该港口的商业区域才算是到达。但对于商业区域的理解标准没有在该案中明确下来。通常认为是可以装卸货物的地方。但现在港口拥挤的情形时有发生,许多港口规定船舶须在港口区域以外某一通常等泊锚地等待泊位,那么这个等泊锚地算不算港口"商业区域"?英国法院的判决结论并不确定,直至 1973 年"The Johanna Oldendorff"案。① 审理该案件的里德勋爵确定了一个判定是否为商业区域的标准,即一艘船舶被视为到达港口之前,如果它不能马上进入泊位,则它必须到达港内的某一地点,在那里承租人可以立即而有效地控制船舶。显然,根据"里德标准","到达船"须具备如下两个条件:①船舶必须处在港口行政区域范围以内,船舶未处于港口区域范围以内的地点,不能算是"抵达";②在港口区域范围以内,船舶必须处于在承租人立即而有效地控制之下。这个标准对于一些著名的港口而言仍存在问题。因为受港口地理条件和环境的限制,世界上许多港口的通常或强制抛锚区不在港口行政区域范围以内,如格拉斯哥港(Glasgow)、赫尔港(Hull)、不来梅港(Bremen)、安特卫普港(Antwerp)、休斯敦港(Houston)及上海吴淞港等。因此对于这些港口需要增加其他条款,例如"无论靠港与否"等予以改变。目前英国仍遵循"里德标准"。

如果航次租船合同是一个泊位合同(berth charter),则船舶必须到达合同指定

---

① E. L Oldendorff v. Tradax Export (The Johanna Oldendorff) [1974] AC 479.

的泊位或者租船合同规定船舶抵港后由承租人指定的某个泊位时，才算做到达船舶。因此对于泊位合同而言，即使船舶已经实际抵达该泊位所在港口的行政区域范围以内，只要未能实际靠泊，仍然不算“到达船舶”。因此就会涉及等泊期间的时间损失如何负担，由谁负担等相关问题。

理论上区分港口合同还是泊位合同应该说并不是很难的事情，但是航次租船合同订立时，由于具体装卸货泊位尚无法确定，因此合同中常常订有“装卸港为××安全港下的1～2个安全泊位”（例如1－2SBP ××× loading/discharging）。实践中发生过因为合同约定装卸地点不明确，导致无法判断航次租船合同究竟是港口合同还是泊位合同的争议。

英国法院在2009年审理Novologistics SARL公司诉Five Ocean Corporation公司的案件中就涉及这一问题。① 2007年2月5日，“The Merida”船的船东与承租人订立航次租船合同，从天津新港运送钢板至Cadiz及Bilbao港。船舶于3月10日到达装港并递交装卸准备就绪通知书，之后在锚地等待了20天才靠泊。出租人随后在伦敦提起仲裁，要求承租人赔偿超过50万美元的滞期费。该航次租船合同订立的非常奇怪和简单，仅有一个订租确认书（Fixture Note），并且未像常见的订租确认书中那样有个常见的条款，即提及是否采用或参照某个标准租船合同格式。涉及案件的条文主要是合同中的起始条款“新港一个良好的安全承租人泊位，4个装卸工人，Cadiz以及Bilbao的一个良好和安全的泊位”（One good and safe chrts' berth terminal 4 stevedores Xingang to one good and safe berth Cadiz and one good and safe berth Bilbao）以及第2条第1款“船舶应在新港一个良好的安全的港口/良好的安全承租人泊位装货，在Cadiz以及Bilbao一个良好的安全港口/良好的安全承租人泊位卸货”（The vessel to load at one good and safe port/one good and safe charterers' berth Xingang and to discharge at one good and safe port/one good and safe charterers' berth Cadiz and one good and at one good and safe port/one good and safe charterers' berth Bilbao.），第2条第2款规定“装卸港从锚地移动至泊位由出租人负责，但是因此使用的时间计算为装卸时间。”（Shifting from anchorage / warping along the berth at port of load and at ports of discharge to be for owners' account, but all time used to count as laytime...）出租人、承租人的争议焦点也恰恰是根据上述条文，如何认定该租船合同为港口合同还是泊位合同。仲裁庭支持了出租人观点，认为是港口合同，承租人应当支付滞期费。承租人不服裁决，向英国法院提起上诉。最终英国商事法院认定本合同为泊位合同，承租人无须承担抛锚等泊期间的时间损失。理由是：第一，合同起始句的表述已经足够明确装卸地点是泊位而非港口，

① “The Merida”[2009] EWC 3046 (Comm).

而且“承租人泊位”的用词表述,也是表明承租人应当在船舶抵达港口后指定一个泊位进行装卸货。第二,仲裁员单独孤立地根据合同第 2 条第 1 款认定该合同属于港口合同的做法是错误的,因为该条款仅仅是对起始条款的再次强调,并要求承租人保证港口安全和泊位安全。第三,从合同第 2 条第 2 款的表述来看,如果合同被认定是港口合同,则没有订立该条款的必要;只有当合同被认定为泊位合同时,一旦出现等泊情形,才会涉及从锚地移动到泊位这段时间是否计算到装卸时间的问题。而且该内容仅明确移泊涉及的成本及时间分担问题,不应当因此影响对港口合同或者泊位合同的定性。最终,综合合同全部内容和以上理由,英国法院判定这是一个泊位合同。

从该案件的上述讨论及分析中可以看出,订立合同时使用明白无误、表述清楚的语言是减少争议和分歧的关键。

(2)船舶已在各方面做好装/卸货准备(in all respects ready)

所谓在各方面做好装/卸货准备,是指出租人已经配备船员,使船舶机器的各个传动部分、吊杆及其他装货或卸货工具随时处于可供使用的正常状态以及船舶随时处于可装/卸货物的状态等各个方面,都为装/卸货做好了准备。如货舱方面已打扫处理,适于装载货物;已经做到船舱清洁、干燥、无虫、无味;如果要求熏舱或经过卫生检疫或其他检验,已经做好这方面的工作,并已取得相应的合格证书等。除合同另有约定外,出租人应备妥足够的物料、垫舱材料等,并允许承租人使用。若因为货物的特性,需要特别的垫舱材料或积载、绑扎需要的材料等,由承租人自己负责并提供。

由于在租船合同的范本中,关于“各方面做好装/卸货准备”的表述并没有一个明确的统一标准,因而有时承租人就在合同中增加诸如“货舱的状况必须使承租人满意才算是做好装/卸货准备”的条款。为了维护自己的利益,出租人最好不要轻易接受这样的条款。因为承租人的检验人员难免会吹毛求疵,提出一些不合理的要求,尤其是在承租人没有备妥货物的情况下更会如此。而出租人要想证明承租人的要求不合理也是比较困难的事情,因为如果船舶被承租人“认定”为未做好装卸货准备,则船舶抵达合同规定的地点,至承租人最终确认船舶已经做好准备期间损失的时间也不能计为装卸时间,只能由出租人自己负担。

至于船舶是否已办妥检疫、报关等手续,许多国家已不将它们视为递交装卸准备就绪通知书的必备条件,而仅仅属于“例行手续”(idle formality)。特别是合同中订有“不论清关与否、不论是否通过检疫”(whether customs cleared or not, whether in free pratique or not)的术语时,船舶是否清关及通过检疫,并不影响船长递交装卸准备就绪通知书,除非合同明确规定办妥上述这些例行手续是递交装卸准备就绪通知书的先决条件。在中国也存在联检问题。所谓联检,是指口岸单位对出入境行为实施的联合检查。联检部门主要包括边防、海关、卫生检疫部门以及港口监督管理部门(原被称为“港监”,现为海事局)。在1995年以前,从事国际航行的船舶必须在锚地等待海关、边防、卫生检疫、港监的联合检验。而且中国海事仲裁委员会以前曾做出仲裁裁决,表明在中国如果未通过联检,不能递交装卸准备就绪通知书。但1995年3月21日国务院颁发了《国际航行船舶进出中华人民共和国口岸检查办法》(以下简称《口岸检查办法》)。该口岸检查办法顺应国际发展趋势,对于联合检验手续进行简化,对已有的联检制度已经进行了改革。例如规定卫生检疫机关对船舶实施电信检疫,联合检查原则上不再登船进行。如果船舶来自疫区,载有检疫传染病染疫人、疑似检疫传染病染疫人、非意外伤害而死亡且死因不明尸体,未持有卫生证书或者证书过期或者卫生状况不符合要求等,或者船舶来自动植物疫区的,则卫生检疫机关及动植物检疫机关仍然应当在锚地实施检疫。除上述情形之外的其他正常情况下,船舶可靠泊后办理联检手续。因此本书作者认为,我国应当与国际发展趋势一致,不应再将办理上述联检手续作为递交装卸准备就绪通知书的前提,除非合同另有明确约定。

(3)装卸准备就绪通知书已经递交(NOR has been tendered)

除法律、合同另有规定外,装卸准备就绪通知书不能提前递交,只有船舶在各方面做好装/卸货准备的情况下才能递交,而且不能在装卸准备就绪通知书中说明“船舶将于未来的××时间准备妥当”。过去在英国,认为虽然船舶在尚未做好各项准备的前提下提交了装卸准备就绪通知书,而且这种预先递交的通知书是无效的,但可以起到提前打招呼的作用。当船舶实际进入泊位,或者符合合同中规定的先决条件时,装卸时间可以开始起算,无须再递交一份新的装卸准备就绪通知书。这种预交的装卸准备就绪通知书被称为“处于睡眠之中的通知书”(wakening NOR),当各方面条件具备时,满足装卸准备就绪通知书递交条件的,该通知书会自动“醒来”而发生作用。但在1990年英国法院审理“The Mexico I”的案件中,法院否决了上述习惯,认为过早递交的装卸准备就绪通知书完全无效,也不会在以后自动生效,如同出租人没有递交或忘记递交装卸准备就绪通知书一样。英国法院在审理“THE AGAMEMNON(1998)”案中也确认,①装卸时间应该严格按合同规定起算,如果船舶在递交NOR时并未做好卸货准备,则此时递交的NOR是无效的,就如同装卸时间从未起算。2001年1月25日英国王座法院商事法庭在审理“The Happy Day”(快乐日子)一案中②再次确认了上述判决。以下通过对“快乐日子”

① 参见THE AGAMEMNON(1998)1 Lloyd's Rep. 675.

② 本案源于2001年4月11日出版的全英法律报告第659~672页。

案件的详细介绍，希望能够引起中国出租人和承租人对于正确递交NOR问题的重视①。

承租人（GLENCORE GRAIN LTD.）、租用出租人（FLACKER SHIPPING LTD.）公司所有的“Happy Day”轮，在ODESSA港装运23 000吨小麦，驶往COCHIN港。双方选用的是SYNACOMEX租船合同格式。合同第30条规定：“在第一个或唯一的卸货港，船长应在正常工作时间内将有效的N/R递交给收货人/代理人，则装卸时间从次一工作日上午0800时起算，不论靠泊与否，不论靠港与否，不论检疫与否……”此外合同第三条规定“船舶在装货完毕后即直接驶往合同规定的几个列明港口中的1～2个安全泊位（锚地），由承租人选择”。船舶于1998年9月25日1630时抵达COCHIN港之外。由于刚好错过大潮而无法驶入港内，因此船舶只能等。同时船长递交了N/R。9月26日1016时“Happy Day”船得以借助潮水驶入港内，并于1315时靠泊。船舶自9月26日开始卸货直至12月25日卸货完毕。9月25日之后船长再未递交任何NOR。

由于卸货时间过长，出租人提出滞期费索赔，而承租人则提出速遣费索赔。根据合同中的仲裁条款，双方将争议提交英国仲裁。仲裁员做出临时裁决，认定NOR第一次的递交时间，并且认定NOR正确递交后，装卸时间应该按合同规定起算，因此支持了出租人的观点。承租人不服，向英国法院提起上诉，并认为NOR根本就没有有效递交，因此根据合同规定，装卸时间从未起算过。既然装卸时间从来没有起算过，也就不会产生任何滞期费的问题。经英国王座法院于2000年12月20日、21日和2001年1月25日三次审理，英国法院最终判决支持承租人的上诉请求。

本案涉及的争议焦点是该租船合同是港口合同还是泊位合同，在港外等潮水时船长递交的装卸准备就绪通知书是否有效？装卸时间从何时起算？显然根据合同条款及具体事实情况，法院认定本案件中卸货地点为泊位，因此本租船合同为泊位合同。合同中虽然存在“不论靠泊与否”的条款，如果存在船舶因泊位拥挤不能立即靠泊的情形，则可以根据该合同条款，从船舶抵达港口等待泊位时，就有权可以递交NOR并起算装卸时间。但是本案中不存在任何泊位拥挤的情形，仅仅是需要等待几个小时的潮水，才能进港靠泊。既然是泊位合同，因此只有船舶实际抵达卸货泊位时，方可视为“到达船”，从而递交NOR。在抵达泊位之前，即等待潮水期间递交的NOR无效，不能起到装卸时间可以正常起算的作用。由于装卸时间根本未起算，所以尽管实际进行了卸货作业，但整个卸货期间所用的时间均不能计算在

① 参见郭萍.快乐日子一案带给中国船舶所有人的思考.法律评论//大连：大连海事大学出版社，2002：123－129.

装卸时间内。换句话说，在该案件中，等于承租人可以白白使用这段卸货时间，无须支付任何费用。

虽然该判决可能会导致比较偏颇的结果，甚至可能造成对出租人极为不公平的情况发生，但并不是说法院有意支持这种荒谬的做法。恰恰相反，倒是合同当事人自己因为合同条款订立的不够完善而导致的结果，而且法院的判决再一次证实了“合同订约自由”原则以及“严格按照合同条款解释”原则。

正如该案 THOMAS 法官所指出的，出租人可以有两种办法应对此种情形：第一种方法是，如果船长不能确定本船是否已经抵达港口或泊位，即不能确定是否是“到达船”，不能确定本船是否已经具备递交有效 NOR 的各项条件，则最好的办法是递交多份 NOR。即出租人可以要求船长每隔数小时递交一份装卸准备就绪通知书，总会有一份通知书满足条件并生效。虽然这种方法对船东而言比较麻烦、笨拙，但至少可以减少不必要的损失，不至于因为装卸时间从未起算而承担如同“Happy Day”案件一样的时间损失。第二种方法是在合同中明确规定：“虽然预先递交的装卸准备就绪通知书无效，但从船舶各方面做好准备后开始自动生效，无须再递交新的装卸准备就绪通知书。”或规定：“虽然预先递交的 N/R 无效，但装卸时间从实际作业时起算。”这样出租人既不用担心提前递交的 NOR 被视为无效，又不用承担递交多份 NOR 之辛苦。当然最为安全、妥当的方法，还是要求船长应在船舶符合各项合同规定的条件下再递交 NOR。

综上所述，只要满足上述三个基本条件，承租人就可以接受装卸准备就绪通知书，从而使得该通知书发生效力，装卸时间也可以按规定起算。通常承租人接受装卸准备就绪通知书的时间就是通知书递交的时间，但实践中也存在二者不一致的情形。如果发生递交时间和接受时间不一致的，需要提请当事方注意的是，通常航次租船合同规定，装卸时间的起算并不是从船长递交 NOR 开始，而是从承租人接受 NOR 之后的一段时间起算。当然如果存在因为承租人未备好货或其他原因，无故不合理地延迟接受通知书的情形时，因此产生的船期损失或迟延损失，出租人仍然可以向承租人索赔。

递交和接受装卸准备就绪通知书后，经过一段时间才可以起算装卸时间，这个规定的时间就是“通知时间”（notice time）。之所以规定一个“通知时间”，是为了使承租人在收到装卸准备就绪通知书后能有一定的时间为即将进行的装货或卸货工作做好准备。目前国际上对于这段“通知时间”的长短没有统一的规定，完全由当事人在合同中约定。不过“通知时间”规定得越长，越对出租人不利。

在一般情况下，递交装卸准备就绪通知书后，经过规定的通知时间，就可以开始计算装/卸时间。但是，如果船舶已临近装卸港口，但是因港口拥挤不能进港或不能停靠指定的泊位，这时装/卸时间应从什么时候起算，等待泊位期间的损失应当由谁承担等,常常是承租人与出租人发生争议之所在。因此,租船合同中常常订有将等泊损失的时间计入装卸时间的条款,常见的条款有"等泊损失的时间计入装卸时间"、"不论靠泊与否"、"到达即可靠泊"等。

"等待泊位损失的时间计入装卸时间"("time loss in waiting for berth to count as loading/discharging time" or "as laytime"),根据"1980 年定义"的解释,如果未能递交装卸准备就绪通知书的主要原因是因为没有适于船舶装/卸货物的泊位,除非在此之前已将可用装/卸时间用完,否则应从船舶开始等待泊位时起算装/卸时间,并且连续计算直至船舶停止等待。如果船舶到达装/卸货物泊位时尚未进入滞期,则装/卸时间的除外时间,适用于等待时间,除非在等待期间船舶已进入滞期,否则当等待时间终止时,装/卸时间应暂停计算;当船舶实际抵达装/卸泊位时,按照租船合同关于递交装卸准备就绪通知书的要求或租船合同有关通知时间的任何规定,装/卸时间恢复继续计算。(If the main reason why a notice of readiness cannot be given is that there is no loading/discharging berth available to the ship, the laytime will commence to run when the ship starts to wait for a berth and will continue to run, unless previously exhausted, until the ship stops waiting. The laytime exceptions apply to the waiting time as if the ship was at the loading/discharging berth provided the ship is not already on demurrage. When the waiting time ends time ceases to count and restarts when the ship reaches the loading/discharging berth subject to the giving of a notice of readiness if one is required by the charterparty and to any notice time if provided for in the charterparty, unless the ship is by then on demurrage.)

显然根据"1980 年定义"的规定,如果船舶抵达装卸货泊位时,因为泊位拥挤无法靠泊,则无须根据合同规定递交 NOR,从船舶等泊时起,装卸时间就可以开始计算直至停止等待。而装卸时间一旦开始起算,则根据"日"的具体含义,可以扣除装卸时间的除外时间。如果停止等待时,可用装卸时间尚没有用完,则从船舶停止等待时起至实际停靠到泊位的移动时间(shifting time)不能计算到装卸时间中。船舶实际靠泊以后,还需要根据合同规定提交 NOR,并且在 NOR 被承租人接受之后,根据合同的规定,经过一段通知时间以后,接着继续装卸时间的计算。例如金康合同规定,上午递交 NOR,则装卸时间从下午 1300 时起算,那么从上午递交 NOR 至 1300 时之间的时间即为通知时间。但是如果等待泊位期间可用装卸时间已经用完,则直接进入滞期时间,并且滞期时间连续计算,不做任何扣减,直至实际装卸货完毕。

"不论靠泊与否"(whether in berth or not: WIBON),根据"1980 年定义"解释,如果指明的装/卸货的地点是一个泊位,而这个泊位又是船舶不能立即进入的泊位,这时只需船舶到达这个泊位所在的港口,即可递交装卸准备就绪通知书。(If the location named for loading/discharging is a berth and if the berth is not immediately accessible to the ship a notice of readiness can be given when she has arrived at the port in which the berth is situated.）显然根据 WIBON 条款仅仅赋予了船长可以提前递交装卸准备就绪通知书的作用，而无须等到实际靠泊之时再递交。至于装卸时间何时能够起算，还是要看航次租船合同的具体规定，即通常是在递交了装卸准备就绪通知书并经过了通知时间以后，开始起算装卸时间。而装卸时间起算一旦启动，如果发生了因为天气不良等影响装卸作业的除外情形，应根据装卸时间“日”的具体含义予以相应扣除。

根据英国法的解释，上述两种术语只有因港口拥挤而无法靠泊时才产生作用。如果泊位是空出的，但由于非承租人的原因，如恶劣天气、引航员罢工、沉船堵塞航道等，致使船舶需要等泊的话，因此损失的时间仍由出租人承担，不能因为上述两个条款而将等泊损失的时间转嫁到承租人。另外，虽然“等待泊位损失的时间计入装卸时间”和“不论靠泊与否”的术语都表明将等泊的时间计入装卸时间，但二者仍有一些不同之处。表现为：(1)前者不论装卸准备就绪通知书提交与否，只要船舶抵达合同规定泊位所在的港口等待泊位时起，即开始计算装卸时间；而后者必须是船舶抵达合同规定泊位所在的港口时，如果泊位不能立即停靠，则船长就有权提交装卸准备就绪通知书，并经过一段通知时间开始计算装卸时间。(2)前者从等泊结束至靠上泊位的“移动”（shifting）期间要从装卸时间中扣除，除非等泊期间已进入滞期；而后者不需要将上述移动时间从装卸时间中扣除。

实践中，针对港口合同，也有采用“不论靠港与否”（whether in port or not：WIPON）的术语。如前文所述，这主要是针对休斯敦、安特卫普、鹿特丹、格拉斯哥等港口，因为这些港口通常等泊锚地在港口区域范围之外。即当船舶抵达这些港口的等泊锚地，因存在 WIPON 条款，也可递交装卸准备就绪通知书，从而不受前文述及的“里德标准”的约束。

“到达即可靠泊”（“reachable on her arrival” or “always accessible”），根据“1993 年规则”是指承租人保证在船舶到达港口后，立即提供一个可以使用的装货或卸货泊位，而该装货或卸货泊位在没有异常事件发生的情况下，能使船舶安全而不迟延地抵靠。这个术语对出租人比较有利，因为根据英国法的解释，只要船舶抵港后不能靠泊，其等泊的时间损失都由承租人负担，而无须考虑不能靠泊是否是承租人负责的原因造成，也不管是否因港口拥挤，或者是恶劣天气等原因造成。较之前述两个术语，更能保护出租人的利益。但有一种例外，即如果船舶不能靠泊是由于异常事件（abnormal occurrence）造成的，承租人仍不承担等泊损失。但什么是“异常事件”？英国法并没有明确的规定。根据“1980 年定义”的解释，只是没有“在没有异常事件的情况下 ”这一句话，其他规定与“1993 年规则”是一致的。

“1993 年规则”的这一变化是想使该条款更加合理，对于承租人不能控制的异常事件造成等泊的时间损失仍由出租人负担。但因对“异常事件”缺乏明确合理的解释，仍会就此产生不必要的纠纷。

根据“1993 年规则”，“等泊损失的时间计为装货或卸货时间”是指“无装货或卸货泊位而船舶无法在等候的地点递交装卸准备就绪通知书时，船舶损失的时间如同装卸时间已经起算一样计为装卸时间，如果装卸时间已经届满，则计为滞期时间。这种时间一直计算到有了泊位之时为止。当船舶抵达能够递交装卸准备就绪通知书的地点时，装卸时间或滞期时间应在递交该通知书后继续计算，但就装卸时间而言，则在租船合同规定的通知时间届满之时继续计算。”这个含义与“1980 年定义”下的解释存在不同之处，其差异如图 2-1 所示。

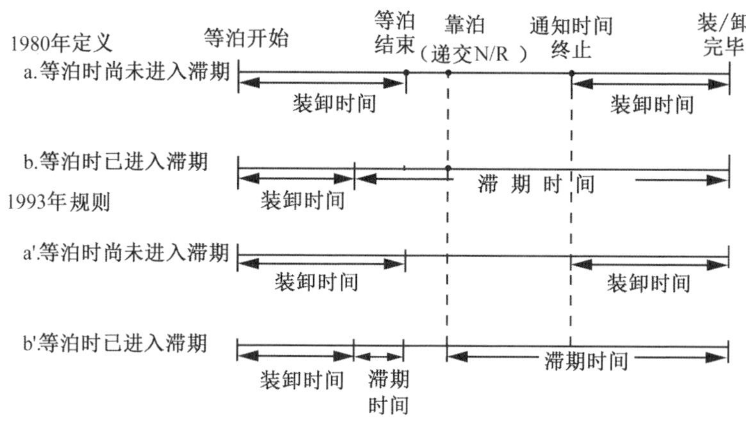

图 2-1 “1980 年定义”与“1993 年规则”之差异（一）

根据“1993 年规则”，“无论靠泊与否”是指“船舶到达后没有装/卸货泊位时，船舶抵达港口或港外任一通常等候的地点即有权递交准备就绪通知书，装卸时间应按租船合同的规定起算。装卸时间或滞期时间一直计算到有了泊位之时止，并于船舶在泊位准备就绪进行装/卸货之时继续计算。”这个含义与“1980 年定义”下的解释也是不同的，其差异如图 2-2 所示。

可见，相同的术语按不同规则解释，其含义存在差异；同样是等泊损失计入装卸时间的术语，它们之间的含义也是不同的。所以租船合同当事方可以根据装运货物的具体情况及不同航线特点，选用不同的术语。但不论选用哪一个术语，最好都能在合同中明确是按哪一个规则予以解释，以避免不必要的纠纷。

如果在装卸准备就绪通知书递交以前，或在“通知时间”内，承租人已经实际开始装/卸工作的，而不将这段提前装/卸的时间计入装卸时间，就可能因装/卸工作在原定的可用装/卸时间之前结束，而使船舶出租人不得不面临支付本来不需要

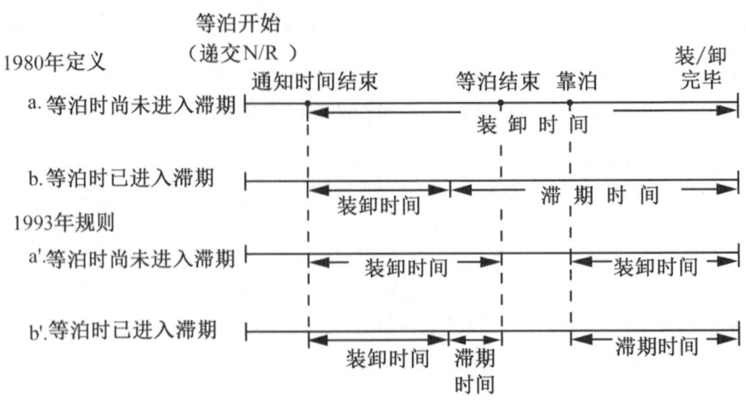

图 2-2 “1980 年定义”与“1993 年规则”之差异(二)

支付的一笔速遣费。显然这对出租人是很不利的,也是不合理的。为了防止这种情况的发生,船舶出租人可以在租船合同关于装/卸时间的起算时间规定中附加“除非提前开始”(unless sooner commenced);或“……不论是否到达泊位,除非已提前工作”(... whether in berth or not unless sooner worked);或“所有已使用时间计入装卸时间”(all time used shall count as laytime)等条款,以约定在合同所规定的装/卸时间起算以前已经开始实际装卸工作时,装/卸时间应从实际装/卸工作开始时起算。①

(二)止算时间

航次租船合同中,一般不规定装卸时间的止算时间,但是各国习惯上都以货物实际装/卸完毕的时间作为装卸时间的止算时间。这里所说的“货物实际装/卸完毕”应理解为装/卸作业已经完全结束,船舶已处于可随时开航的状态。因此即使货物已装上船舶,或已经全部卸离船舶,只要货物的加固、平舱、移走铲车或移走真空吸粮机或抓斗、清扫货舱残余物质或清除舱内材料等工作尚未结束,仍不能算是货物装载或卸载完毕。这些结尾工作所耗用的时间,仍应计入装卸时间。只有这些扫尾工作结束后,装卸时间才算真正结束。

装卸时间止算后,有关船舶的时间损失都由出租人承担,如等潮水、等引航员登船或等拖船、办理船舶出口报关手续等。但是如果因承租人的原因致使船舶未能及时开航的话,产生的延误损失视为延滞损失(damage for detention),由承租人按船舶遭受的实际损失赔偿。

---

① 郭萍. 试比较航次租船合同中有关装卸时间的相关条款. 世界海运,1998(3):31-32.

（三）装卸时间的除外规定

有关装卸时间的计算，除了要考虑前文提及的装卸时间“日”的各种含义，需要在计算时予以适当的扣减换算之外，航次租船合同中还常常规定，在装卸作业过程中，如果因为出租人方面的原因导致装卸作业暂停、中断的，例如装卸机械故障、船员停工等，则应当在计算装卸时间中予以扣除。此外一些非出租人应当负责的事项，也非承租人能够控制的其他原因导致装卸作业无法正常进行，造成船舶迟延的，例如港口发生罢工、暴动、武装冲突、地震、海啸等，合同中也常常约定在计算装卸时间时予以扣除，如果装卸时间已经用完进入滞期状态，则上述除外时间不予以扣除。实践中，很多情况下装卸作业受到影响并非是罢工本身，而可能是因为罢工而产生的后续影响的结果，那么这种影响装卸货作业的情形是否也应当被扣除？

英国法院在 2011 年审理 Carboex SA v. Louis Dreyfus Commodities Suisse Sa（[2011]EWHC 1165）的案件中①，就涉及因为罢工导致港口拥挤，装卸时间是否起算以及罢工后续影响而产生的船舶延误是否应当在装卸时间中予以扣除的问题。根据案情，出租人将四艘船舶以包运合同（Contract of Affreightment：COA）的方式租给承租人，用于在印度尼西亚和西班牙之间的煤炭运输。合同以美洲威尔士煤炭租船合同格式为蓝本（Amwelsh voy. C/P）加以修改而成。合同属于泊位合同，其中第 9 条约定“当发生罢工、停工、暴动等非承租人控制的事件妨碍或延误卸货的，由此造成的时间损失不计入租期，除非船舶的滞期已经发生。”第 40 条约定，在卸货港，如果当船舶递交装卸准备就绪通知书时泊位仍不可以使用，则只要出租人对此不存在过错，装卸时间应当在装卸准备就绪通知书被收到和接受后 12 个小时开始起算，不论靠泊与否，不论清关与否，不论完成检疫与否。当船舶抵达西班牙 Puerto de Rerrol 卸货港时，刚好因为西班牙发生全国性大罢工，导致港口拥挤。等待一段时间后，船舶最终被安排靠泊，但此时罢工已经结束。因罢工影响导致船舶迟延期间的损失如何计算，是否计入装卸时间或者应当在装卸时间中予以扣除等，租船合同双方产生争议。承租人认为船舶卸货迟延的原因是罢工，根据第 9 条的规定，应当予以扣除，因此不存在滞期费问题；而出租人则认为结合第 9 条和第 40 条的规定，只有直接受罢工影响所引起的迟延才可以在装卸时间中扣除，而本案并没有直接受到罢工影响，因此延误期间，均应计算为滞期费。仲裁庭判承租人败诉，承租人不服向英国商事法庭提起上诉，经过审理，法院最终支持了承租人观点并撤销了仲裁裁决。

英国商事法院判决的主要理由就是：①无论靠泊与否条款的作用就是使得装

① 参见刘瑞仪，孙广伟. 船舶期租、程租及建造合同纠纷的一些最近发展. 中国律师 2011 年海商法国际研讨会论文集. //山东滨海正大律师事务所，2011：433－434.

卸时间能够起算，而第9条的除外规定，属于另外一个独立的条款，与装卸时间起算不发生联系。②因为罢工造成港口拥挤导致船舶无法靠泊，根据无论靠泊与否条款，只要船长递交了装卸准备就绪通知书，装卸时间就可以开始起算。装卸时间一旦起算，因港口堵塞导致的时间风险将由承租人承担。③装卸时间开始起算后，如果发生了第9条规定的，非承租人控制的事件妨碍或延误了卸货，则即使是已经结束了的罢工的后续因素影响卸货，仍然属于第9条规定的情形，因此产生迟延的时间应在装卸时间中扣除，不能计算为滞期费。

显然从该案件中，可以很清楚地看到装卸时间的起算与装卸时间的除外时间不发生联系，前者主要针对什么时候可以开始起算装卸时间，而后者针对的是装卸时间起算后，一旦发生了合同约定的事项致使装卸作业受到影响或迟延，是否应当扣除的问题。

三、承租人在规定时间内装/卸货物的义务

通过前文论述，可以看出关于装卸时间的规定方法，主要有两大类：一类是非固定的装卸时间，例如CDQ条款；另一类是固定的装卸时间，如通过规定装卸日或装卸率所确定的固定时间。在非固定的装卸时间（unfixed laytime），因为合同没有明确装/卸日数是几天，所以承租人只要在合理的时间内（reasonable time）完成装卸作业，视为履行了装卸义务。当然，这一义务并不严格，如果这种延误依据当地港口的情况或船舶的情况是合理的，允许有合理的延误。如果合同规定的是固定的装卸时间（fixed laytime），除以下几条可以免责外，承租人对于未在固定时间内完成装/卸货而造成的时间损失承担责任。常见的免责事项包括：①出租人或其受雇人员或代理人的过错造成延误。例如出租人为了添加燃油的方便，暂时中止装/卸货作业；因船员过失船舶搁浅在泊位上等，因此产生的时间损失不能计入装卸时间，应由出租人自己承担。②免责条款。如果合同中明确规定承租人可对某些时间损失不承担责任的话，则应由出租人承担相应的损失。③装/卸变成不合法。根据有关国家的法律或政策，装/卸某种货物的作业变得不合法，则因此产生的时间损失，承租人不需要承担。根据英国法，这将构成“合同受阻”的情形。

四、滞期费和速遣费

（一）含义

1. 滞期费（demurrage）

当承租人未能在租船合同中约定的装卸时间内将货物全部装完或者卸完，延误期间造成出租人的损失，应当承担赔偿责任，该损失通常被称之为滞期费。根据“1980年定义”，滞期费是指装卸时间届满后，对于非出租人原因产生的装卸迟延，

应付给出租人的款项。根据“1993年规则”解释,滞期费是指“因非出租人的责任造成的,就超过装卸时间而产生的船舶迟延,应当支付给出租人的一笔约定金额。滞期期间不适用装卸时间的除外规定。”

显然通过上述规定,可以看出滞期费仅针对非出租人原因而造成船舶迟延的一种损失赔偿,即可能是承租人的原因,也可能是出租人、承租人以外的第三方或者其他原因。总之,如果是出租人或其代理人、受雇人员自身原因导致船舶迟延的,该时间的损失只能由出租人负责。

关于滞期费的法律性质,目前有几种学说:①约定赔偿金说;②赔偿违约金说;③约定违约金说。我国《海商法》既没有关于滞期费概念的界定,也没有关于滞期费性质的任何说明,只是在第98条原则规定滞期费可以由双方约定。

本书作者认为滞期费是一种约定金额的赔偿金(liquidated damage)。所谓约定金额的赔偿金,根据美国著名法律词典《布莱克斯法律词典》(Black's Law Dictionary)的解释,是指合同当事方约定的,当一方当事人违反合同承诺时,应给予对方约定数额的一笔赔偿金。也就是说,当合同一方违约,不管对方是否有实际损失,也不管对方的实际损失数额是否高于或低于约定的滞期费,违约方都必须按合同约定的数额予以赔偿。有学者将liquidated damage翻译为“赔偿性违约金[①]。本书作者认为此种翻译值得商榷。因为违约金是合同双方事先在合同中约定的,一方违反合同时向另一方支付的一定数额的钱款。表面上看,滞期费具有违约金的一般特性,但是根据我国《合同法》第114条的规定,约定违约金低于违约造成的实际损失的,当事人可以请求人民法院或者仲裁机构予以增加;过分高于实际损失的,当事人可以请求法院或仲裁机构予以适当减少。可以看出根据我国法律,违约金具有惩罚性和补偿性双重特点。而滞期费通常不具有惩罚性,只是由违约方支付约定数额的损害赔偿,即双方在订约时应当合理地预计因承租人违约可能会造成出租人的实际损失,并将该数额明确约定在合同中。因此上述赔偿违约金说和约定违约金说都不成立。

1976年“金康合同”第7条关于“滞期费”的规定为:“应按照合同约定的费率按日支付滞期费;不足一日的,按比例计算。经允许的装货港和卸货港两港的滞期时间为10个连续日。”1994年“金康合同”第7条对此做了适当修改,主要内容为:“承租人应按照合同约定的费率、以约定的方式支付装货港和卸货港发生的滞期费;不足一日的,按比例计算。在收到出租人的发票(invoice)之后,滞期费应按日支付。如果滞期费未按上述规定支付,出租人应向承租人发出书面通知要求其在96小时内改正错误补齐款项。如果在规定的时间内承租人仍未支付滞期费并且

① 崔建远.合同责任研究.长春:吉林大学出版社,1992:228.

船舶仍在装货港的情况下，出租人有权在任何时间解除合同并索赔因此引起的损失。”

与1976年“金康合同”的规定相比，可以看出，1994年“金康合同”更加注重保护出租人。如果承租人未能按时支付滞期费的话，可能面临合同被解除的严重后果，这是1994年金康合同增加的内容，所以要特别小心。

2. 速遣费（despatch money）

当承租人在租船合同约定的装卸时间之前将货物全部装/卸完毕，对于提前的时间应由出租人向承租人支付一笔速遣费，以表示鼓励承租人能够缩短船舶在港停留时间的做法。根据“1993年规则”解释，速遣费是指“船舶在装卸时间届满前完成了装货或卸货，由船舶出租人支付的一笔约定金额。”这与“1980年定义”的规定完全一致。

关于滞期费费率，通常都是出租人在考虑本船的燃料费、港口使费、营运成本及其他营运费用和营运损失之后，按每天每载重吨或每天每艘船舶若干元与承租人在合同中商定的，而且滞期费是按船舶滞期的天数与滞期费率的乘积计收，不足一天则按比例计收。根据航运习惯，速遣费费率通常是滞期费费率的一半。实践中对此内容的常见表述为“despatch money rate is half of demurrage rate：DHD”。

如果承租人节省了装卸时间，未必有权可以向出租人索取速遣费，除非合同中有一项表示此种意思的特殊条款，即“支付速遣费条款”。如果合同中未规定速遣费及速遣费率的话，即使事实上承租人节省了装卸时间，出租人也无须支付这笔速遣费；但若合同中未规定滞期费和滞期费率，则因为承租人原因造成的船舶延误损失，即延滞损失，承租人仍需承担赔偿责任。

3. 延滞损失（damage for detention）

延滞损失又称为“滞留损失”、“滞期损失”、“超滞期”等，是指因某些原因致使船舶滞留在港口或使船舶航行时间延长而应由承租人赔偿给出租人的一种非约定性损失（unliquidated loss）。国内学者关于“damage for defeation”的中文翻译并不统一，为了避免歧义，本书作者建议使用“延滞损失”以区别于上文的滞期费。

延滞损失不同于滞期费。后者是一种约定赔偿金，即当承租人未能在合同约定的装卸时间内完成装/卸货作业，不管出租人是否有实际损失，也不管出租人的实际损失额是否高于约定的滞期费，承租人都必须按合同约定的数额予以赔偿。而且滞期费的发生往往与装卸时间紧密相关。即承租人有权依据合同的规定使用装卸时间，当装卸时间届满而实际装卸作业仍未完成时，虽然承租人已经构成违约，但是出租人不能以此为由解除合同，而只能向承租人索赔滞期费，除非承租人的违约行为非常严重，已经构成合同受阻，出租人才可以解除合同。而延滞损失不是当事双方事先约定的，或者不能完全预见到，而是由于承租人的过失，或者是非承租人过失的其他原因,造成船舶延误而产生的损失,因此是非约定性损失,出租人应当按照船舶因为迟延所遭受的实际损失主张赔偿。

延滞损失可以在航次中任何时间、任何地点以任何方式产生。延滞可能是承租人未及时指定卸货港产生的船舶延误,也可能是承租人未及时提供货物产生的。一般来说,它与装卸作业无关。所以延滞损失是一种具有惩罚性质的违约赔偿金,而不是违约金。虽然违约金和赔偿金都是违反合同的当事人应当向对方支付的款项,但二者不同。违约金是当事人在合同中约定的或者由法律直接规定的,一方违反合同时应向对方支付的一定数额的款项。赔偿金是合同一方因为违约造成对方实际损失而应予以赔偿的款项。二者的主要区别在于:①违约金具有担保作用,而赔偿金具有补偿作用。违约金的担保作用主要表现在它可以促使当事人履行合同。如果当事人不履行合同,须支付约定的违约金,从订立合同开始,当事人对这一后果就十分清楚。当然这并不否定违约金的补偿作用,只是二者相比较而言罢了。②违约金是当事人事先约定或法律直接规定的,违约金协议有补偿性;赔偿金是违反合同后确定的,事先无法预知。③支付违约金只需证明存在违反合同约定或法律规定的事实,而不需证明损失的存在;支付赔偿金不仅要证明存在违约事实,而且必须要证明损失的存在和确定的损失额。④根据我国有关法律,违约金的最高数额不能超过合同中约定的或法律规定的限额;而赔偿金则适用损益相当原则,即赔偿数额与因违反合同造成的实际损失相当。

一般来说,由于承租人的过失造成船舶延滞,出租人不能解除合同,只能就因此产生的实际损失请求赔偿。延滞损失索赔的范围应该包括:①因延滞而产生的船舶实际成本支出,如额外消耗的燃油、港口使费等;②因延滞而减少的期得利益。即因船舶延滞而使出租人不能履行与其他承租人签订的下一航次租船合同而损失的利润收入或违约损失。这个期得利益,是依据市场上较高的运费率计算出的运费或下一个或几个航次的毛收入,与因此而节省的费用之间的差额。当然应以合理的预期损失为限,即因船舶延滞而实际受到影响的航次下可能损失的利润收入。尽管实践中在计算延滞损失时,会以滞期费率为基础作为参考,但滞期费率的高低与它无关,并且也不应当受约定的滞期费率的影响。

常见的延滞损失产生的几种情况如下。

(1)合同中有装卸时间的规定,但没有滞期费率的约定。当合同规定的装卸时间届满,而装/卸作业尚未完成时,如果合同中没有约定滞期费率,而且事后双方也未达成协议,则延滞期间的损失只能按实际损失计算。

(2)合同中有装卸时间的规定,也有滞期费率及滞期时间的规定。如果合同中既规定了装卸时间,也同时规定了滞期时间,当滞期时间届满,而装卸作业仍未完成的话,则从滞期时间届满时起开始计算延滞损失,此时滞期费率的约定不发生作用。如1976年“金康合同”第7条明确规定“滞期时间为10个连续日”。当10个连续日过后,装卸作业仍未完成的,则进入延滞损失的计算。不过这样的条款实践中很难保留,常常被修改。所以1994年的“金康合同”格式已将此条删除,同时规定了承租人更为严格的义务,即经过若干个小时的书面通知催缴滞期费后,如承租人仍拒绝支付滞期费,出租人有权解除合同并索赔因此产生的损失。这也是第一次在标准合同格式中明确规定出租人可因滞期费而解约的权利。

(3)在CQD等条款下产生的延滞。CQD条款及“As fast as the vessel can receive/deliver”条款未规定固定的装卸时间,只要承租人在合理的时间内完成装卸作业,不产生任何滞期、速遣的问题。当然如果根据港口或船舶的情况,合理的装卸时间届满以后,或者产生与装卸完全无关的延滞,如承租人不及时安排装卸货,装卸工人与承租人产生纠纷,造成装卸作业时常中断等,则直接进入延滞损失的计算。

北海海事法院2004年审理的“天津中通国际货运代理有限责任公司诉北海中海船务代理有限公司航次租船合同滞期费纠纷”一案涉及对CQD条款的解释以及如何计算滞期费的问题①。原告天津中通国际货运代理有限责任公司(以下简称中通公司)作为出租人,与被告北海中海船务代理有限公司(以下简称中海公司)订立航次租船合同。约定承租船舶为“金华海”轮,装卸港分别为印度尼西亚PANJANG港和中国钦州港。2004年7月7日0830时开始卸货,7月22日0420时卸货完毕,卸货历时16.18天。卸货期间因多次下雨和停电等客观原因,致卸货不能正常进行。出租人中通公司以主张滞期费为由向北海海事法院提起诉讼。经过案件审理,发现出租人和承租人分别出具内容不同的订租确认书。出租人主张经修正的新订租确认书内容,因为卸货时间已经由“根据港口习惯尽快装卸”修改为“卸货时间3天”,而实际卸货长达16天之多,因此承租人应当支付滞期费;承租人则抗辩认为第二份订租确认书无效,并出具第一份订租确认书,条款显示卸货时间为“根据港口习惯尽快装卸”。出租人抗辩提出,其已经将经过修改的第二份订租确认书传真至承租人,而且承租人已经电话同意修改后的内容。但是承租人对此事实予以否认,而出租人也未能提供相关证据证明承租人确认或同意经修正的新的订租确认书内容。故法院认定第一份订租确认书系双方当事人意思自治的体现,已经经双方签字,系有效的航次租船合同。即使当事方事后对该份合同进行修改,也应当采用书面形式。由于对承租人是否已经电话同意修改无任何书面证据,因此法院确认根据第一份订租确认书,有关卸货时间的约定为CQD条款,而非“卸货时间为3天”的约定。鉴于承租人已履行按港口习惯尽快卸货的义务,除下雨、

① 参见北海海事法院(2004)海事初字第87号民事判决书。

停电等港口原因中断卸货外,未有其他过错而中断卸货,因此驳回原告有关滞期费的诉讼请求。

(4)承租人未按时提供货物产生的延滞。实践中,承租人常常因为未备好货,或者未做好有关装卸货物文件的准备工作,或者因为贸易纠纷等原因,致使船舶抵达港口之后,仍无法安排船舶靠泊进行装卸货,因此给船舶造成延误。如果根据合同有关条款,装卸准备就绪通知书已经有效递交并被接受,则装卸时间开始起算。如果装卸时间用完,等待时间尚未结束,那么是否计算滞期费,按前述三种情况予以分析。如果装卸准备就绪通知书不能被有效递交,装卸时间尚未开始起算,则滞期费的计算也无从谈起。因等待而滞留的损失,就应该属于延滞损失。当然作为出租人必须证明这种延滞损失是由于承租人未按时提供货物直接产生的。如果不能举证或无法举证的话,恐怕这种船期损失只能由出租人自己承担,并且不能以此为由解除合同。当然,如果合同中能够约定一个类似于"朱比特条款"的内容,则可以有效地保护船东的利益。"朱比特条款"是油船航次租船合同中常见的条款,就是针对船舶抵达装货港后,承租人不能及时提供并备妥货物需要等待的时间损失如何承担的问题。该条款的大致含义是:当船舶等待若干天后,出租人有权向承租人发出书面通知,要求承租人在收到通知后的若干个小时内答复是否提供货物,否则出租人有权解除合同,无须继续等待。

关于这方面,英美法的判例也不是很稳定,究竟是按滞期费还是按延滞损失赔偿,除了要看合同条款的具体规定,还要看延误产生的原因以及承租人违约的情况等诸多因素确定。

(5)其他几种产生延滞损失的情况。①承租人违反港口吃水保证,致使船舶不得不等高潮,或者在港外停留过泊减载而产生的延误。②承租人故意将船舶作为"浮动仓库",特别是油船运输下,由于运输合同或买卖合同上的困难,或者为了等候价格上扬,要求船东中止航行,等候命令,将船舶作为临时仓库而产生的延误。③承租人未及时发出卸港指令,特别是针对选择港口卸货的情况下,承租人不按合同要求及时选择最终卸货港因此而延误的时间。④船舶被承租人的代理或托运人(收货人)扣押。在世界上有一些国家,如孟加拉、巴基斯坦、中东地区的许多港口,货方倾向于通过扣押或滞留船舶来满足其单方面的,或者根本是不合法的需要。例如托运人在船舶开航前强迫船长为受损货物签发"清洁提单",或者收货人企图从船东那里得到担保以保证赔偿"预期的、可能出现的货损"。因此而滞留的时间与装卸时间完全不相干,只能计算延滞损失,而非滞期费。⑤因托运人错装货物,翻舱倒载、重装重卸而产生的延误,以及承租人未及时开出信用证而产生的延误。⑥因无正本提单拒绝交货所产生的延滞等。[①]

总的来说，延滞损失和滞期费存在很多不同，但是由于二者都涉及船舶迟延期间的损失赔偿问题，如何正确区分也是实践中常常产生争议的地方。例如上海市高级人民法院曾经审理过的一个案件就涉及这个问题。[②] 上海佳禾国际物流有限公司（以下简称佳禾公司）与上海瑞奇橡胶物质利用有限公司（以下简称瑞奇公司）于2002年7月18日签订航次租船合同，约定装运废钢，装货港为韩国仁川港下的一个安全泊位，卸货港为上海港下的一个安全泊位。瑞奇公司作为承租人负责备货和相关港口手续，如果在船舶到达之前货物或单证没有备妥，瑞奇公司应当支付延滞费每天4 000美元。原定受载期为7月23日，允许装船的起讫日期为4天。出租人于7月19日和7月25日两次致函承租人，告知因为天气原因和港口拥挤等原因，船舶预计抵港时间为7月30日，并变更装货港为韩国平泽港。事实上船舶于7月29日抵港，7月31日靠泊，8月1日晚开始装货。佳禾公司以等待泊位时间构成延滞损失为由，向上海海事法院起诉承租人，要求索赔13 000美元。一审法院认定等待时间未超过合同约定的“起讫日期为4天”，因此驳回原告诉讼请求，原告不服，向上海市高级人民法院提起上诉。经过审理，上诉法院做出维持原判的决定。本书作者认为，一审法院和上诉法院的判决是公正合理的，因为该合同明确规定装卸地点为泊位，即航次租船合同为“泊位合同”，意味着船舶停靠泊位之前的等待损失风险应当由出租人承担，除非另有条款约定以转嫁该时间损失。此外，船舶从等待至全部装货完毕期间，即使装卸时间已经开始起算，上述期间也并未超出合同约定的“允许装船的起讫日期为4天”的规定，因此不存在所谓的滞期或延滞损失的问题。而且本书作者认为该案件中虽然提及“延滞损失每天4 000美元”的表述，实际上是“滞期费率”的约定。严格意义上说，并不属于延滞损失的约定。

（二）滞期费的计算

滞期费应按照滞期时间和约定的滞期费率的乘积计算，而滞期时间是通过实际装卸作业使用的时间与合同允许使用的装卸时间相比较得出的。但是一旦发生滞期，在滞期期间的星期日、节假日，乃至天气或其他原因停止装卸工作的时间是否也作为滞期时间计算滞期费，常常是出租人和承租人之间产生争议的问题。为了避免争议，租船合同中常使用一些具有明确含义的用语来表明滞期时间的计算，即“滞期时间连续计算”和“滞期时间非连续计算”。

---

① 郭萍．试论延滞损失的几个法律问题．中国海商法年刊，1997:258－266.

② 案件源自上海市高级人民法院陈雷“一起航次租船合同延滞费纠纷案”，刊载于《国际商报》2006年10月23日第B03版。

1. 滞期时间连续计算(demurrage runs continuously)

滞期时间连续计算又称“一旦滞期,永远滞期”(once on demurrage, always on demurrage),是指进入滞期时间后,即使遇上星期六、星期日、节假日等非工作时间或者因天气不良影响装卸工作的时间,也计入滞期时间中,直至货物实际装/卸完毕。即一旦合同约定的装卸时间用完,而实际装卸作业尚未完成,则从可用装卸时间届满时起,连续计算滞期时间直至装卸作业结束,中间不做任何扣减。

2. 滞期时间非连续计算(demurrage runs uncontinuously)

滞期时间非连续计算又称“按同样的日”(per like day),是指计算滞期期间的“日”的含义与计算装/卸时间的“日”的含义相同。如果计算装/卸时间使用的是良好天气工作日,即不包括星期日、节假日和天气不良等影响装卸工作的时间,则计算滞期时间的“日”中也不包括上述时间,应当予以扣除。也就是说,滞期时间内,星期日、节假日和天气不良等原因停止装卸工作的时间不计算在滞期时间内,滞期时间是断续计算的。

合同中如果没有明确约定采用上述哪一种术语计算滞期时间,则实践中的通常解释是按照“滞期时间连续计算”的方式进行。但是根据“1993 年规则”的规定,“因非出租人的责任造成的,就超过装卸时间而产生的船舶迟延,应当支付给出租人的一笔约定金额。滞期期间不适用装卸时间的除外规定。”可以看出“滞期费”含义本身已表明滞期时间是连续计算的,因此如果合同中载明选用“1993 年规则”的,“滞期费”一词就已经表明滞期时间是连续计算的,无须在合同中再订明“滞期时间连续计算”的术语。但是如果合同双方同意按“滞期时间非连续计算”的话,则必须在合同中订明,否则只能按“一旦滞期,永远滞期”的方式连续计算。

(三)速遣费的计算

速遣费是按速遣时间与约定的速遣费率的乘积计算出的,速遣时间通过合同允许使用的装卸时间与实际使用的装卸时间相比较得出。在计算速遣时间的问题上,出租人和承租人容易发生争议的问题是在节省的装卸时间内是否扣除星期日、节假日及不良天气停止装卸工作的时间。为了防止争议,租船合同也常常采用一些含义明确的用语,表明速遣时间的计算。即“节省全部时间”和“节省全部工作时间”。“1980 年定义”和“1993 年规则”关于这两个术语的解释是一致的。

1. 节省全部时间(all time saved: ATS)

该术语是指从装货或卸货完毕时起,至可用装/卸时间终止时止,包括所有除外时间在内的时间。即包括节假日、星期六、星期日、天气不良等停止工作时间在内的全部节省时间,也就是说速遣时间是连续计算的,不做任何扣除。

2. 节省全部工作时间(all working time saved: WTS)

该术语是指从装货或卸货完毕时起,至可用装/卸时间终止时止的期间中,不包括任何通知时间和装/卸时间的除外时间在内的速遣时间。也就是说，在节省的时间内，星期六、星期日、节假日及天气不良等停止装卸工作的时间，不计入速遣时间，应当予以扣除，速遣时间非连续计算。

当合同中没有明确约定采用哪一种术语来计算速遣时间时，通常实践中解释是按“节省全部工作时间”计算，因为按这种术语计算，比较合理，实践中采用得也比较多。

五、装卸时间的统算

在计算滞期费和速遣费时，可能会出现这样的问题：装货港产生了滞期费（或速遣费），卸货港产生了速遣费（或滞期费），是否可以将两港产生的费用进行抵算？或者将卸货港可用装卸时间调剂过来以弥补装货港产生的滞期？或者将装货港产生的速遣时间调整到卸货港使用，从而减少卸货港发生滞期的情形？

对于这个问题，如果航次租船合同中没有做出特别约定，一般应以装/卸两港单独分别计算为原则。如果合同中有明确规定，才可以将装/卸两港的时间统算。关于装/卸两港装卸时间的统算，主要有如下三种约定的方法。

（一）装卸共用时间（all purposes）

“装卸共用时间”是一种表明装货港和卸货港的装/卸时间可以统算的一种术语。例如航次租船合同规定“装卸共用时间为 13 个连续日”（thirteen running days, all purposes），表明将装货时间和卸货时间看作是一个连续的时间，即可供装货和卸货使用的合计时间为 13 个连续日。

以这种术语表明的装卸时间，只要装/卸两港实际使用的装/卸总时间未超过合同规定的合计时间，即可不算滞期时间。但是，如果在装货港已将装/卸两港合计的可用时间全部用完，即在装货港已进入滞期，按照“一旦滞期，永远滞期”的原则，当船舶抵达卸货港后，立即继续计算滞期时间，为此承租人将丧失享受在卸货港正常提交装卸准备就绪通知书后的“通知时间”的权利。

应该说明的是，只有在装货港已将装/卸两港合用的时间全部用完，船舶已进入滞期时，按“装卸共用时间”计算的结果，才与后述的按“可调剂使用的装卸时间”计算的结果有所不同。如果在装货港尚未将全部可用时间用完，只要在卸货港仍留有可用时间，则按“装卸共用时间”和“可调剂使用的装卸时间”两种术语进行计算的结果没有差异。

2009 年 4 月，浙江省高级人民法院审理的一个案件就涉及装卸共用时间进行统算产生的滞期费纠纷案件。上诉人浙江中兴石油有限公司（以下简称中兴石油公司）为与被上诉人舟山朝阳海运有限公司、忻国良（以下简称朝阳海运公司等）航次租船合同滞期费纠纷一案，不服宁波海事法院（2008）甬海法商初字第 297 号民事判决，提起上诉[1]。大致案情是：2008 年 8 月 10 日，朝阳海运公司等作为出租人，约定由“朝阳平 7”号轮承运承租人（中兴石油公司）3 200 吨石脑油从岚山港至舟山港，受载日期为 2008 年 8 月 10 日正负 1 日，装卸两港停泊时间（从抵装港锚地至装完及卸港锚地至卸完）不得超过 72 小时，发生延滞则滞港费为每天 20 000元人民币。2008 年 8 月 10 日“朝阳平 7”号轮于岚山 2 号锚地抛锚。2008 年 8 月 13 日 0600 时靠码头装货，8 月 14 日 0800 时驶离岚山港。8 月 16 日 0300 时抵达舟山等待卸货。同年 9 月 3 日 1230 时靠和邦化学有限公司 4 号泊位，9 月 4 日 1330 时开始卸油，并于 9 月 5 日 0330 时卸妥。朝阳海运公司等认为船舶在装、卸两港停留的时间共约 21 天，扣除合同约定的两港共用时间 72 小时后，船舶实际滞期 18 天。而承租人则认为因其原因造成的滞期时间仅为 6 天，其余滞期时间系出租人拒绝卸货所致，而且承租人还提出抗辩，认为滞期费约定费率过高，法院应酌情减少。鉴于双方无法达成共识，出租人向宁波海事法院起诉主张 18 天滞期费及相应利息。经一审法院审理，认为不存在因出租人原因导致迟延的情形，既然合同约定装卸共用时间为 72 小时，则超出部分均应认定为滞期时间。至于约定滞期费率是否过高，法院认为该费率系双方当事人根据订约自由原则协商订立的，合同合法有效，并且承租人未能举证证明存在滞期费率不合理过高的证据，因此合同约定费率应当予以支持。至于滞期费利息，一审法院认为滞期费的性质属于违约金，不应当再计算利息，因此未能支持滞期费利息的主张。上诉法院维持原判。

一审、二审法院有关装卸时间以及滞期费计算的判决是合理的，但本书作者认为法院对滞期费属于违约金性质的认定值得商榷。根据前文论述，我们认为滞期费应当属于一种约定赔偿金，而不是完全的违约金。此外关于是否支持滞期费利息损失的主张，我国法律对于利息计算的问题并不明确，最高人民法院除了对民间借贷以及法院执行过程中涉及的利息计算有相关批复之外，均未做任何规定。因此我国海事法院对此问题的观点并不统一。例如宁波海事法院于 2006 年审理浙江亚东经贸有限公司与日照市陆海船务有限责任公司航次租船合同纠纷一案，案情与上文提及的有关“朝阳平 7”号轮案件的事实及争议非常相似，也是涉及实际装卸时间远远超出合同规定的装卸两港允许共用的时间，也是涉及滞期费纠纷。但是法院对滞期费利息问题做出完全相反的判决。在 2006 年审理浙江亚东经贸有限公司的纠纷案件中，一审法院判决中明确规定承租人应在判决生效后 10 日内支付滞期费，并自船舶实际卸货完毕之日至实际付清上述滞期费期间，按照每日万分之二点一支付利息。[2] 同样，该案件于 2006 年被上诉至浙江省高级人民法院，

---

① 案件内容源自中国涉外商事海事审判网：http://www.ccmt.org.cn。

② 参见（2006）甬海法台商初字第 23 号民事判决。

二审法院支持了原审全部判决内容。①

(二)可调剂使用的装卸时间(reversible laytime or reversible)

“1980 年定义”和“1993 年规则”关于可调剂使用的装卸时间的解释是一致的,只是“1980 年定义”中使用“Reversible”一词,而“1993 年规则”使用的则是“Reversible Laytime”。

可调剂使用的装卸时间又称“装卸时间抵算”,是指承租人有权选择将约定的装货时间和卸货时间加在一起计算。如果承租人行使了选择权,结果如同约定一个装卸作业的总时间。它是一种可以用卸货港的可用时间调剂或者抵算发生在装货港的速遣时间或者滞期时间的一种装卸时间统算方法。按照这种约定,承租人可将装货港产生的速遣时间计入卸货港的可用时间中,从而使卸货港的可用时间增加,或将装货港的滞期时间在卸货港的可用时间中扣除,而使得卸货港的可用时间减少,装货港不存在任何滞期或者速遣问题。尽管合同中存在“可调剂使用的装卸时间”的条款,如果承租人不做统算的选择,则如同装卸两港单独计算滞期费/速遣费一样。

在采用这种术语的情况下,仍然应分别为装货港和卸货港单独计算装货时间和卸货时间,并对装/卸两港单独编制装/卸时间表,而且只有在卸货港卸货完毕后才能最终知晓装/卸两港总的滞期时间或速遣时间。也就是说将装货港装货所节省的时间或滞期时间计入卸货港的可用时间,然后再用卸货港实际使用的时间,与经过调整后的卸货港可用时间相比较,从而最终计算出本航次最终发生的滞期时间或速遣时间。所以必须将已在装货港用于装货的时间记录在根据租船合同签发的提单上,使收货人能明确知道还有多少时间可用于卸货作业。如果装货港的实际使用时间不但超出了为装货所规定的可用时间,而且超过了包括为卸货所规定的可用时间在内的装/卸货的全部可用时间,即在装货港已经进入滞期,则当船舶抵达卸货港时,并不是立即继续计算滞期时间,而是在船长递交装卸准备就绪通知书后,经过一段通知时间,才开始继续计算滞期时间。即在这种情况下,承租人仍享有将正常的通知时间排除于装/卸时间之外的权利。这一点与前述“装卸共用时间”术语不同。

(三)装卸时间平均计算(to average laytime or to average)

“1980 年定义”和“1993 年规则”关于“装卸时间平均计算”的解释是一致的,只是“1980 年定义”采用“To average”一词,在“1993 年规则”中则使用“To average laytime”的表述,没有实质性的变化。

---

① 参见(2006)浙民三终字第 159 号民事判决。

装卸时间平均计算又称“装卸时间均算”，是指分别计算装/卸两港的装货时间和卸货时间，然后用一个港口作业中节省的时间抵消另一港口作业中超出的时间，即直接将两港分别产生的滞期时间或者速遣时间进行抵算。它与“可调剂使用的装卸时间”不同，虽然也分别单独编制两港的装货时间计算表和卸货时间计算表，但并不以装货港的节省时间和滞期时间来调整原规定的卸货港的可用时间，而是单独根据卸货港的时间表，计算出卸货港产生的滞期时间或速遣时间，再以装货港节省的时间或滞期时间来抵补卸货港的滞期时间或节省时间。所以，这一术语意在以装货港节省的时间抵补卸货港的滞期时间，或以卸货港节省的时间抵补装货港的滞期时间，从而减少通常须以速遣费费率的加倍费率支付滞期费的情况。

“装卸时间平均计算”与“可调剂使用的装卸时间”的区别主要在于两者在卸货港进入滞期的时间可能不同。按前者计算卸货港的卸货时间时，可用时间不受装货港实际使用装货时间长短的影响。而按后者计算卸货时间时，可用时间的长短取决于装货港实际使用装卸时间的长短；如果装货港实际使用的装货时间过长，就会相应地减少卸货港的可用时间。在这种情况下，按“可调剂使用的装卸时间”计算的卸货时间就会比按“装卸时间平均计算”计算出的卸货时间提前进入滞期，从而使本来可以作为不计为滞期时间的除外时间，也必须连续计算在滞期时间之内。

对此可举例说明如下：

假设租船合同规定装货和卸货的可用时间各为5个良好天气工作日，星期六、星期日、节假日除外，罢工、停工时间也除外，滞期时间连续计算，速遣时间按节省全部工作时间计算，滞期费率为2 000美元/天，速遣费率为1 000美元/天。

装货港和卸货港记载的装卸时间事实记录如表2-1所示。

表2-1 装卸时间事实记录

装货港			卸货港		
1/8	Mon.	全天装货	17/8	Wed.	全天卸货
2/8	Tue.	全天装货	18/8	Thu.	全天卸货
3/8	Wed.	全天装货	19/8	Fri.	罢工
4/8	Thu.	全天装货	20/8	Sat.	停工
5/8	Fri.	全天装货	21/8	Sun.	停工
6/8	Sat.	停工	22/8	Mon.	全天卸货
7/8	Sun.	停工	23/8	Tue.	卸货完毕
8/8	Mon.	全天装货			
9/8	Tue.	装货完毕			

首先是装卸两港单独分别计算。按照合同约定,根据上述事实记录,由于滞期时间连续计算,显然计算出来的结果是装货港滞期 4 天,卸货港速遣 1 天。则本航次之下,计算出滞期费为 8 000 美元,速遣费为 1 000 美元,二者相冲抵,承租人还需向出租人支付 7 000(8 000 – 1 000)美元。

如果按“可调剂使用的装卸时间”计算,因为装货港装货迟延,因此将卸货港的可用时间调剂过来。因周六、周日休息,所以可以调剂过来 2 天,这样装货港既不产生滞期,也不产生速遣。但是经过调剂之后,使得卸货港的可用时间由原来的 5 天,变为仅剩 3 天。所以,船舶抵达卸货港后,只能用实际使用的卸货时间,与可用的 3 天时间进行比较。则船舶从 8 月 23 日开始进入滞期,至实际卸货完毕,总的滞期时间为 1 天。即卸货港滞期 1 天,出租人可从承租人那里收取滞期费2 000 美元。

如果“按装卸时间平均计算”来计算滞期时间或节省时间,因为装货港的滞期时间为 4 天,卸货港节省时间为 1 天,所以直接用卸货港节省的时间抵充装货港产生的滞期时间,即 4 天 – 1 天 =3 天,这样总的滞期时间为 3 天,出租人可以收取滞期费 6 000 美元。

通过这个简单案例,可以看出根据不同术语和约定,单独计算两港装卸时间与装卸时间统算计算出的结果不完全一致;在均采用统算术语的前提下,根据不同的统算条款,计算出的结果也存在差异。

六、“金康合同”关于装卸时间的规定

1976 年“金康合同”和 1994 年“金康合同”关于装卸时间的规定均在第 6 条。1976 年“金康合同”第 6 条共有(a)、(b)、(c)三款,其中(a)、(b)两款供选择使用。

(a)款是装卸两港的装卸时间分别计算。规定货物应在合同规定的时间内,在天气许可的情况下,分别进行装载/卸载,星期日、节假日除外,除非已使用,但只有实际使用的除外时间计入装卸时间。可以看出该款采用的是“良好天气工作日”的术语。

(b)款是装卸时间统算的规定。明确货物应在合同规定的一段时间内,在天气许可的情况下进行全部装货和卸货作业,星期日、节假日除外,除非已使用,但只有实际使用的除外时间计入装卸时间。从条款规定看,1976 年“金康合同”关于装卸时间统算的表述,类似于前文提及的“装卸共用时间”的统算术语。

(c)款是关于装卸时间的起算。明确如果装卸准备就绪通知书在中午(noon)之前递交,则装卸货时间从下午 1 点(1 p. m.)起算;如果装卸准备就绪通知书在中午之后的日常工作时间结束之前递交的,装卸时间从次一个工作日上午 6 点(6

a. m.)起算。在装货港,该通知应递交给合同规定的托运人。如果在装卸时间起算之前已经实际进行了装卸货作业,则实际使用的时间计为装卸时间。同时 1976 年“金康合同”规定,等泊损失的时间计入装卸时间。

1994 年“金康合同”第 6 条也包括(a)、(b)、(c)三款,除了对(c)款做了较大修改之外,对(a)、(b)两款未做较大修正,只是对个别字词及含义不明确之处进行修正。例如原规定“装卸准备就绪通知书在中午之前递交”,改为“装卸准备就绪通知书在 1200 时之前递交,并且包括在 1200 时递交”。“下午 1 点”改为“1300 时”,“早上 6 点”改为“0600 时”。此外,对于在装货港递交装卸准备就绪通知书的,补充规定“若合同未指明托运人名称的,装卸准备就绪通知书应递交给承租人或其代理人”,同时补充“卸货港递交装卸准备就绪通知书的,应递交给合同规定的收货人;未规定收货人名称的,装卸准备就绪通知书应递交给承租人或其代理人”。

1994 年“金康合同”最大的修改之处是将 1976 年合同格式(c)款中“等泊损失时间计为装卸时间”(time lost in waiting for berth to count as loading or discharging time)的术语改为下列内容:如果船舶抵达装/卸港口时,装/卸泊位无法使用(not available),则自船舶抵达时起,船长有权在港口正常工作时间内递交装卸准备就绪通知书,不论船舶是否通过检疫,不论是否通关。如同船舶已靠泊位并在各方面做好装卸货准备一样,装卸时间或滞期时间可以按照约定正常起算,但船长应保证船舶事实上已做好各项准备。从等泊地点移至装/卸泊位的时间不计入装卸时间。如经过检验,发现船舶在实际装/卸货时并未在各方面做好准备,则从检验发现未做好装/卸准备之时起至船舶事后在各方面实际做好装/卸货准备期间的时间损失不计入装卸时间。装卸时间开始起算之前已经使用的时间计入装卸时间。通过比较,可以看出上述规定与“1993 年规则”关于“等泊损失的时间计为装卸时间”的术语解释相类似。因此请读者注意金康合同上述条款内容发生的一些变化。

七、常用的书面计算单证

计算滞期费或者速遣费,关键是要计算出装/卸港实际使用的时间和合同允许使用的装卸时间,然后通过二者的比较,从而得出滞期时间和节省时间。因此需要弄清楚船舶何时入港、何时递交装卸准备就绪通知书、装卸货何时开始以及了解装/卸货期间天气状况如何、是否存在其他影响装卸货的情形等方面的内容。实践中通常是要依据装卸时间事实记录进行滞期费或速遣费的计算。

(一)装卸时间事实记录(laytime statement of fact: SOF)

装卸时间事实记录是用来记录船舶从到达、等待被引领入港的地点时起,到船舶装货或卸货完毕时止的这段时间内,船舶进行各项工作的起止日、时和各种待时的起止日、时的书面记录。

内容主要包括：本船入港的日、时；递交和接受装卸准备就绪通知书的日、时；装/卸过程中因故中断作业及重新进行装/卸作业的起止日、时；星期六、星期日、节假日、天气不良、装卸设备故障、等货等停止工作或待时的起止日、时；装/卸工作完毕的日、时及装/卸货物的数量、船名、船舶舱口数和本港开工舱口数及船长、代理人的签名等。

装卸时间事实记录是计算实际使用装/卸时间和滞期时间、速遣时间的依据，应由出租人和承租人各自委托的代理人在现场按照船舶在港期间的工作和作业过程随时地、不间断地进行记录。当装/卸货物完毕后，船长、承租人或其代理人，或者出租人代理人须对相互的记录进行核对，认为没有异议时，经船长、承租人或他们的代理人签字后，即可据以编制装/卸时间表，以计算实际使用的装/卸时间及滞期/速遣时间。

（二）装卸时间表（time sheet）

装卸时间表又称滞期费/速遣费计算单。它是根据装/卸时间事实记录，具体计算实际使用装卸时间和滞期时间或速遣时间的计算单证。它的内容与装/卸时间事实记录相似。不过它要将装/卸时间事实记录中各项作业或待时的起止日、时，按照租船合同中表示装/卸时间的"日"的含义和关于装/卸时间起算和止算的规定进行折算，算出以日、时、分表示的可用时间和实际使用时间，并将其差额计入"滞期或节省（速遣）时间"栏内，格式实例如表 2-3 所示。

表 2-3　速遣费/滞期费计算单

DESPATCH MONEY/DUMURRAGE CALCULATION SHEET

单位名称　　编号 NO. ____________

Messers　　日期 Date：____________

船名　　装/卸货种及吨数

M. V. DIGNITY Loading/Discharging ______ metric tons of Rice in Bags

	时间 Time	日期 Date	星期 Day
装卸准备就绪通知书递交时间 Notice of Readiness Tendered：	1000	7/9	Mon.
装卸准备就绪通知书接受时间 Notice of Readiness Accepted：	1000	7/9	Mon.
装卸起算时间 Laytime Commenced to Count：	1000	8/9	Tue.
装卸开始时间 Loading/Discharging Commenced：	1600	7/9	Mon.
装卸完毕时间 Loading/Discharging Completed：	1800	20/9	Sun.

货物装卸率

Rate of Loading/Discharging 1000 metric tons Per day

日期 Date	星期 Day of the week	时间 Hours		说明 Descriptions	可用时间 Laytime allowed			实用时间 Laytime used			节省(滞期)时间 Time Saved/Lost		
		From	To		D	H	M	D	H	M	D	H	M
7/9	Mon.				—	—	—	—	—	—			
8/9	Tue.				0	14	0	0	14	0			
9/9	Wed.				1	0	0	1	0	0			
10/9	Thu.	1200	1800	Raining	0	18	0	0	18	0			
11/9	Fri.				1	0	0	1	0	0			
12/9	Sat.				0	18	0	0	18	0			
13/9	Sun.				—	—	—	—	—	—			
14/9	Mon.				0	16	0	0	16	0			
15/9	Tue.				0	6	0	0	6	0			
15/9	Tue.			Demurrage				0	18	0	0	18	0
16/9	Wed.	0000	2400	Raining				1	0	0	1	0	0
17/9	Thu.	0000	1500	Raining				1	0	0	1	0	0
18/9	Fri.							1	0	0	1	0	0
19/9	Sat.							1	0	0	1	0	0
20/9	Sun.		1800	Loading completed				0	18	0	0	18	0
				合计	5	0	0	10	12	0	5	12	0

滞期费率

Rate of Demurrage：USD 6 000. 00 Total

滞期费总金额

Total Amount of Demurrage USD 33 000. 00

For and on behalf of Shipowners

As agents

表 2-3 内有关装卸时间计算实例说明：

1. 根据有关租船合同规定，装卸时间的起算应在递交装卸准备就绪通知书 24 小时后起算。

2. 装卸时间按连续 24 小时良好天气工作日计算，星期六 1800 时至星期一 0800 时不计入装卸时间。

3. 滞期时间连续计算。

4. 表中 D 表示 day（日数），H 表示 hour（小时数），M 表示 minute（分钟数）。

使用装/卸时间表计算速遣或滞期时间时，先将根据装/卸时间事实记录按日计算的实际使用时间与按“日”的含义扣除除外时间的可用时间逐日并列。当逐日填列的实际使用装/卸时间与租船合同规定的可用时间相等时，如果装/卸工作尚未结束，则将以后的装/卸时间并列于“实用时间”和“滞期时间”栏内，一直到装/卸工作结束。这样“滞期时间”栏的累计数就是应计算滞期费的滞期时间。相反，如果在合同规定的可用时间届满前货物已提前装/卸完毕，则尚未用完的可用时间逐日分别列于可用时间和节省（速遣）时间栏内，直至可用时间全部终了。这样，“节省时间”栏内的累计数就是应计算速遣费的速遣时间。

(三)滞期通知(notice of demurrage)

在编制装/卸时间事实记录过程中,船方也应在航海日志上做出相应的记载。为了防止承租人和出租人在装/卸时间,特别是滞期时间的起算时间上发生纠纷,通常在船舶将要进入滞期时间以前,船长应把即将进入滞期的具体时间和将要按照租船合同约定的滞期费率计收滞期费的意图以书面形式通知承租人。这种书面通知就是滞期通知。承租人收到通知后,应在副本上签字,将副本退还给船长或出租人的代理人,以作为日后计收滞期费的证明之一。具体形式可例示如下:

To:(Charterers/ Charerer's agent)

C/O (Owner's Agent)

NOTICE OF DEMURRAGE

Dear Sirs,

This will sever to remind you that M. V "　　　" now discharging general cargo at this port will have reached the end of her stipulated laytime tomorrow at 1000. In accordance with charter party, demurrage will commence at that as stipulated.

Please kindly acknowledge this letter and return the attached copies with your signature.

Yours truly,

____

Master

M. V ________

船长未能及时发出上述滞期通知的,并不影响出租人向承租人索赔滞期费,除非合同规定将是否按时发出滞期通知作为索赔滞期费的前提条件。例如 Waterfront Shipping Company Ltd. v. Trafigura AG(The Sabrewing)案件中,①出租人与承租人约定将无铅汽油从纽约运到温哥华,双方在租约中约定了装卸时间及滞期费的计算,并同时约定如若产生滞期费,出租人应在货物卸离船舶后 90 天内向承租人提出索赔并提交以下文件:(1)由船舶负责人和收货人或承租人的代表签发的记载输油管道压力的以小时计算的输油日志,或者在没有收货人或承租人代表签字时,应提交海事声明;(2)船舶发布或收到的与卸货有关的所有海事声明的复印件;(3)由出租人或卸货方形成的任何其他与卸货有关文件的复印件。此案中船舶滞期时间达 121 个小时 24 分钟。船舶出租人在 90 天内向承租人提出滞期费的索赔并提交了相应的文件,但是文件的表面上并没有明确指出哪一份为输油日志,

① 参见[2008] 1 Lloyd's Rep. 286.

也没有相应的签字。承租人就此提出异议并拒付滞期费。船舶出租人向英国法院提起诉讼。法院认为合同中有关滞期费索赔的时效条款非常重要,应严格遵守。而租约中要求的输油日志是提出滞期费索赔的重要依据,其上的签字可表明日志的准确性及真实性。基于以上判断,法院认为船舶出租人未能够在 90 天内提交有效的滞期费索赔书面文件,因此该滞期费索赔主张不能成立,判决驳回船舶出租人的诉讼请求。因此合同中一旦涉及提交滞期费书面文件及其时限时,出租人务必要小心,应当严格遵守合同约定,否则将因此丧失索赔滞期费的实体权利。

此外,不论是根据 1976 年"金康合同"还是 1994 年"金康合同"第 7 条有关滞期费的规定,都明确一旦出现滞期,承租人应当是按照滞期时间每天支付滞期费(payable day by day)。1994 年"金康合同"还明确规定,如果出租人发现承租人未能根据合同约定按时支付滞期费,并且在向承租人发出索赔滞期费书面通知的 96 个小时内,仍未补正错误的,则出租人有解除合同的权利并保留索赔因此造成相关损失的权利。该规定对于承租人按时支付滞期费赋予了较为严格的责任。

事实上,出租人除了根据以上单证计算滞期费之外,还应收集并整理与滞期费计算有关的其他证明文件或相关证据,便于及时向承租人提出滞期费索赔。否则有可能因为证据不足或贻误时机而丧失索赔滞期费的权利。英国法院于 2010 年审理 AET Inc Ltd 公司诉 Arcadia Petroleum Limited 公司一案①能够给出租人一些启示。

在该案件中,出租人就"The Eagle Valencia"船与承租人签订航次租船合同,以 Shellvoy 5 格式为蓝本做了适当修改。其中合同第 13 条规定"在每一装货港/卸货港,装卸时间从满足下列两种情况之一(以先发生为准)后满 6 小时开始起算,即,(1)当船舶各方面都做好装卸货物的准备并递交装卸准备就绪通知书,或者(2)船舶安全系泊于具体装载或卸载泊位之时。"第 22 条附加条款又规定"如果船东在装卸准备就绪通知书递交后 6 个小时内或在其他情况下装卸时间正式起算之前不能取得防疫通行证和/或海关清关文书的,之前所递交的装卸准备就绪通知书应当被视作无效"。此外还有一条涉及滞期费时效的规定,即滞期费索赔应在卸货完成后 60 日内提出,与索赔相关的所有正确的文件应在卸货完成后 90 日内递交,否则滞期费索赔权归于消灭。

事实情况是船舶在锚地等泊时,船长已经提交了装卸准备就绪通知书,但是防疫通行证是在递交装卸准备就绪通知书 6 小时以后才签发,但此时船舶仍然停留在锚地。在防疫通行证签发当日,船长发过两封邮件重复之前发出的装卸准备就绪通知书内容。出租人在索赔滞期费时,是以最初装卸准备就绪通知书递交有效

① "The Eagle Valencia"[2010] EWCA Civ. 713.

为基础，而承租人却主张该准备就绪通知书无效，因为防疫通行证未能在6小时内取得。一审法院支持了出租人的滞期费请求，理由是只要防疫通行证在船舶靠泊前签发，原装卸准备就绪通知书就是有效的。承租人对此判决不服提起上诉。上诉法院做出与一审法院相反的判决，认为船长递交的装卸准备就绪通知书是无效的，因为未能够在6小时内获得防疫通行证。尽管上诉法院认为船长随后发出的两封邮件可以算是递交装卸准备就绪通知书的表示，但是鉴于装卸准备就绪通知书是索赔滞期费的重要文件之一，船长发出电子邮件同时，并未提供一份有效的书面装卸准备就绪通知书，因此根据合同中有关滞期费时效的规定，出租人已经丧失了滞期费索赔权利。

严格根据合同约定的条款及内容进行合同的解释，是英国法院一直遵循的基本原则，因此有关滞期费计算及索赔的条款规定如何，将在很大程度上影响实质性的索赔权利。但是与英国法律不同，我们认为如果航次租船合同订有滞期费时效条款的，依据中国法律，其效力恐怕难以被认定。因为根据中国法律，诉讼时效只能是法定，不能由当事人自由约定。

八、1993年《航次租船合同装卸时间解释规则》与1980年《租船合同装卸时间定义》之比较

“1993年规则”和“1980年定义”都是关于装卸时间有关术语解释的规则，虽然并不强制约束租船合同的当事方，但对于减少承租人、出租人之间关于装卸时间方面的争议和纠纷发挥了很大的作用。这两种版本，可供当事人选择适用。但是较之“1980年定义”，“1993年规则”的内容已经发生了一些变化。从形式上看，“1993年规则”增加了前言以及术语目录两个部分，使内容更加直观，便于查寻；术语的数量也发生了变化，如“1993年规则”规定的术语为28个，“1980年定义”规定的术语为31个。从内容上看，“1993年规则”删除了“1980年定义”中的“安全港口”、“习惯速遣”以及“尽船舶所能接受或交付的速度装卸”三个术语。对某些术语进行合并，并增加了诸如“除非提前开始”、“船舶通过检疫”和/或“已经通关”以及“罢工”等术语。同时对某些词语的表述更加严谨和明确，也更加符合航运实践做法，例如“1980年定义”关于“日”的规定是24小时，而“1993年规则”界定为“0000时至2400时”。

以下仅就“1993年规则”与“1980年定义”不一致的地方进行简要比较说明。①

① 郭萍. 租约中有关装卸时间解释规则的最新发展及比较. 世界海运，1995(6)：36－37.

(一)新增加术语的简要解释

1. 除非提前开始(unless sooner commenced)

"除非提前开始"是指当装卸时间依据合同的规定还未开始起算,但装卸货作业已经开始,则装卸货实际使用的时间计为装卸时间。它与"除非使用"(unless used)不同,后者是针对装卸时间已经开始起算,若在装卸时间除外的时间内实际进行装卸货作业的话,则实际使用的时间计入装卸时间。

2. 船舶通过检疫和/或已经通关(vessel being in free pratique or having been entered at the custom house)

"船舶通过检疫"和"已经通关"是指完成这些检疫或通关手续不是递交装卸准备就绪通知书的前提条件,但因船舶延误完成上述手续所损失的时间也不计为装卸时间或滞期时间。一般情况下,只有具备下列条件才能递交装卸准备就绪通知书:①当船舶是一艘到达船;②在各方面已做好装卸货准备;③办理完毕通过联检、海关等手续之后。如果合同中有不论"船舶通过检疫和/或已经通关"这样的术语,按"1993 年规则"的解释,变成只要具备①②两个条件即可递交装卸准备就绪通知书,船舶是否通过检疫和通关,已经不再是作为递交装卸准备就绪通知书的前提条件,这也与国际上大多数国家简化入港手续的趋势吻合。并且如果递交装卸准备就绪通知书之后,至实际开始装卸货之前,因船舶未完成上述手续而产生的延误不计入装卸时间或滞期时间。这样的规定对双方来说比较公平,因为很多情况下联检手续或者通关手续能否及时办理完毕,并非船货双方能够完全控制的事情,上述规定可以避免因为等待相关手续的办理而带来压船压港的现象;同时也会避免一些情况下,承租人因为未备好货,有意拖延或妨碍船舶办理联检手续的情况发生。

3. 罢工(strike)

"罢工"是指工人采取的、造成直接妨碍船舶作业全面停工的具有行业性质的一致行动,例如拒绝加班、怠工等类似行动。如果只是局部停工并未造成全面停工的,不视为罢工。罢工不包括罢工结束时因罢工所产生的后果,如港口拥挤,对货物运进、运出所使用的运输工具造成的影响等。一般来说,因罢工造成的时间损失不计入装卸时间。如果合同当事人欲将因罢工所产生的后续影响排除在装卸时间之外,应在合同中明确规定。

(二)两种版本主要术语的不同

1. 港口(port)

——"1980 年定义"规定为"港口是指船舶进行装货或卸货作业的区域,并且包括等待依次进港的通常地点或者按指示等待依次进港或被迫必须等待依次进港的惯常地点,而不管该地点与上述装卸区域距离远近"。

——“1993 年规则”规定为“港口是指船舶进行装货或卸货作业的区域，而不论该区域是在泊位、锚地、浮筒或类似地点(强调之符号为作者所加)。亦包括船舶等待依次进港的通常地点或者按指示等待依次进港或被迫必须等待依次进港的惯常地点，而不管该地点与上述装卸区域距离远近”。从而更加明确装卸货的区域不仅仅限于泊位，即使在锚地、浮筒等类似地点装卸货，该区域仍视为港口区域。这一变化更加贴近航运实践，使“港口”的含义更加明确。

不论是“1980 年定义”，还是“1993 年规则”在港口的界定中，都明确规定“如果未使用港口(port)一词，而仅仅提及某个具体港口的名称，例如装货大连，则有关港口的界定仍然适用于该表述地点。”

2. 净日数(clear day)

——“1980 年定义”是指递交装卸准备就绪通知书之日以及装卸准备就绪通知书届满之日，但不包括通知时间。

——“1993 年规则”指从递交装卸准备就绪通知书之日的次日 0000 时始至约定天数的最后一天的 2400 时止的连续天数。

从中可以看出不同版本的规定完全不同。前者仅仅包括装卸准备就绪通知书递交当天和装卸准备就绪通知书届满当天，即两天时间。而后者则是指一段连续时间，从装卸准备就绪通知书提交之日的第二天 0000 时开始计算，直至合同约定的日期届满当天 2400 时终止。

3. 书面形式(in writing)

——“1980 年定义”指与装卸准备就绪通知书有关的任何可辨认(visibly)的能够用文字表达的形式，包括电报、电传、传真等。

——“1993 年规则”指可辨认(visibly)的用文字显示出来的形式。传播媒介包括电子通信手段，诸如无线电通信和电报、电传通信手段。

随着电子通信技术的不断进步和计算机的广泛应用，采用 EDI 技术体现的电子单证将不断涌现，例如通过电子邮件、聊天工具等进行信息沟通已经成为租船实践中经常使用的方式。因此为适应时代发展需要，故“1993 年规则”做出新的规定。

4. 滞期费(demurrage)

——“1980 年定义”是指不是出租人负责的原因造成装卸时间届满，而装卸作业仍未完成，因此产生延误而应支付给出租人的款项。关于滞期时间一般有两种计算方法，即滞期时间连续计算(又称“一旦滞期，永远滞期”)和滞期时间非连续计算。

——“1993 年规则”指因不是出租人的责任所造成的，超过装卸时间产生的延误而付给出租人的约定金额。滞期不适用装卸时间的除外规定。言外之意，滞期费一词本身就意味着滞期时间是连续计算的,任何装卸时间的除外时间均不做扣除。当然若当事方想改变这一点,例如希望滞期时间非连续计算,则必须在合同中予以特别注明。

5. 节省全部工作时间(save all working time)

——“1980 年定义”指装卸作业在装卸时间届满前完成所节省的时间,扣除装卸时间除外的时间及任何通知时间。

——“1993 年规则”的含义与“1980 年定义”相似,只是仅扣除装卸时间的除外时间,不再扣除任何通知时间。

此外,诸如“良好天气工作日”、“24 小时良好天气工作日”、“连续 24 小时良好天气工作日”、“等泊损失的时间计为装卸时间”、“不论靠泊与否”等术语与“1980 年定义”规定下内容的区别,详见前文论述内容,在此不一一赘述。

九、“2013 年定义”的主要变化

正如前文所言,“1993 年规则”在一些有关租船合同条款及术语方面,特别是“良好天气工作日”的解释方面做出区别于“1980 年定义”的规定,甚至是与“1980 年定义”完全不同的解释。而这也恰恰是实践中一定程度上限制了“1993 年规则”使用的主要因素之一。为了对上述有关装卸时间的解释规则的内容进行调整,并能够反映英国法对现有市场发展动态的阐释,实践中出现了一些针对“1993 年规则”的修正条款,甚至出现了不同于“良好天气工作日”的解释。此外实践中还出现一些新的内容,例如“始终可以进入”(always accessible)、“不论靠港与否”(whether in port or not)等条款,在之前有关租船合同解释规则中没有明确的界定。

一些术语因为与租船合同内容重复或者存在冲突而常常被删除或者认为没有存在的必要,例如“1993 年规则”对“罢工”一词的解释,由于租船合同中通常会在罢工条款中对罢工的定义、范围及其后果做出明确规定,而使得该解释没有意义;“书面形式”一词也被认为没有存在的必要,因为很多租船合同,特别是 BIMCO 制定和推荐的租船合同格式,都会包含有关书面形式的内容和条款。此外,一些租船缩略语在很多情形下并非能够形成普遍接受的含义,而且当事方在对其使用的缩略语以及首字母缩写的术语常常持有两种以上的解释,因此应当在一定程度上避免过多使用缩略语以减少不必要的误会。因此在“2013 年定义”的修订中,仅仅保留了实践中常用的两个缩略语“WIBON”(不论靠泊与否)和“WIPON”(不论靠港与否)。

与“1993 年规则”相比较,“2013 年定义”对于“装卸时间”、“每舱口每天”、“每工作舱口每天”、“连续日”、“节假日”、“除外规定”、“装卸时间平均计算”、“可调剂装卸时间”、“装卸准备就绪通知书”、“速遣费”、“速遣时间根据节省的全部

工作时间计算”、“速遣时间根据节省的全部时间计算”等术语的解释方面，没有做出任何改变。此外新增加了“前言”部分、“日历日”（calendar day）、“约定日”（conventional day）、“连续小时”（running hours）、“不论靠港与否”（whether in port or not）等术语及其解释。对其他术语和条款，则分别做出不同程度的语言或表述方面的修改和调整。

综合上述背景，“2013年定义”的主要变化表现在如下方面：

1. 增加“前言”部分

即明确规定“2013年定义”中提及的任何在租船合同中使用的术语、惯用语、首字母缩写、缩略语等，都仅仅是为了理解有关装卸时间、滞期费等用语的含义，并且“2013年定义”中有关上述术语的解释都应当被明确地并入到租船合同中。同时“2013年定义”明确表明，不论租船合同的类型如何，最终由合同当事方决定是在一定限制范围内适用“2013年定义”，例如仅仅适用该定义有关个别术语的解释和理解，还是通过将“2013年定义”并入租船合同的方式，从而全面适用该定义。

2. “港口”定义适当扩大

港口的界定进行了修改，以便于能够包含比英国法院在1973年审理“The Johanna Oldendorff”案件中所确立的更为广泛的港口区域。因此“港口”一词不再限于港区范围，而扩大到“法定的、财政的或者行政的区域以外的地点”；同时增加了“离岸设施”一词，使得港口不再限于通常进行货物操作的区域。即“港口”是指船舶装货或者卸货的任何地点，包括但不限于泊位、码头、锚地、浮筒以及离岸设施以及船舶为了等待泊位而停留在任何法定的、财政的或者行政的区域以外的地点，而不论该区域的地理位置如何。

3. “泊位”定义相应扩大

为了与港口定义的修改保持一致，对“泊位”原来限定在“港口界限范围之内”的严格规定被突破至包括更为广泛的水域。即“泊位”是指可供船舶装货或者卸货的特定地点，并且包括但不限于任何码头、锚地，离岸设施或者为了上述目的而使用的任何地点。

4. “到达即可靠泊”进行适当修改

多年来这个术语在实践中常常是引起诉讼争议的原因之一，主要针对恶劣天气或者港口拥挤导致船舶无法靠泊产生的迟延如何计算的问题。在1993年解释规则中“在没有异常事件发生的情况下”（in the absence of an abnormal occurrence）的理解常常成为争议焦点，因此在2013年定义中，将该表述予以删除。明确“到达即可靠泊”是指“当船舶抵达船舶可以进入的安全港口时，承租人保证提供可以挂靠的合适的装货或卸货泊位，而不会使船舶遭受任何迟延。”

5. 补充“始终可以进入”术语

“始终可以进入”(always accessible)一词通常被认为与“到达即可靠泊”具有相同的含义,但是由于字面含义仅仅提及船舶进入港口泊位的情形,因此该术语能否涵盖船舶离开港口泊位的问题,原有规则的解释并不清楚,在“2013 年定义”的修订中,除了沿用与“到达即可靠泊”几乎一致的解释之外,又增加了承租人保证船舶安全离开泊位而不会使船舶遭受任何迟延的义务的规定。即“当船舶抵达可以进入的安全港口时,承租人保证提供可以挂靠的合适的装货或卸货泊位,而不会使船舶遭受任何迟延。承租人还应当保证在装货或卸货的任何时间,装货或卸货期间以及完成装货或卸货当时,船舶能够安全地离开泊位并不会遭受任何迟延。”因此在该术语的含义扩大之后,正确的理解应当是“始终可以进出”,而不是字面意义上的“始终可以进入”。

6. 对“日”的解释做出微调

为了区别于“日历日”和“约定日”的含义,本次修订中对“日”的含义进行微调,即“是指连续 24 个小时的期间,一天的任何部分时间段按比例计算”,而“1993 年规则”的解释为从 0000 至 2400 连续 24 个小时的期间。

7. 增加“日历日”的术语

该术语是新增加的内容,是指“从 0000 时至 2400 时包含连续 24 个小时的时间。日历日的任何部分时间段按比例计算。”与读者通常理解的日历日没有任何不同。与“1993 年规则”关于“日”的解释几乎完全一致。

8. 增加“约定日”(conventional day)

该术语是新增加的内容,主要针对装卸时间计算的问题,就是确认这样一个事实,即在一个日历日中的任何一个时间点均可以开始起算装卸时间,自起算之后,包含 24 个小时的一段时间为一个“约定日”。根据 2013 年定义是指“从任何确认的时间点起算,包含连续 24 个小时的时间。约定日的任何部分时间段按比例计算。”也有人称之为“习惯日”。

9. 对“工作日”的表述进行调整

关于工作日的解释,主要是为了与英国判例法有关工作日的解释保持一致,即“根据当地法律或习惯通常进行工作的时间。”而“1993 年规则”则解释为“未被装卸时间明确排除在外的时间”。

10. 增加“连续小时”(running hours/consecutive hours)

该术语是新增加的内容,主要是为了能够反映航运实践的习惯做法,特别是在油船租船合同中,常常采用该术语。即“一个紧接着另一个的小时数”。

11. 修改“良好天气工作日”

在 2013 年定义中,分别对良好天气工作日、24 小时良好天气工作日以及连续

24 小时良好天气工作日进行了修订，因此这些术语区别于 1993 年解释规则做出的相关界定，并对各个术语的界定保持与英国判例一致的解释。对于良好天气工作日而言，仅对正常工作时间内发生的因为恶劣天气原因导致装卸货作业受到影响的时间予以扣除，在正常工作时间以外，即使存在恶劣天气影响装卸货作业，也不在装卸时间中扣除。即“不受天气因素干扰可以进行装/卸货作业的工作日或者工作日的部分时间，或者如果船舶在等待泊位期间，船舶原本可以进行装/卸作业的工作日或者工作日的部分时间。如果发生此种干扰作业的情形（或者假设装卸作业已经开始，将会发生干扰作业的情形），则干扰作业的期间应当从装卸时间中扣除，但仅限于干扰事项会影响或者可能影响装卸作业的期间。”

12. 修改“连续 24 小时良好天气工作日”

该术语针对恶劣天气实际影响装卸作业而言，不论恶劣天气发生在工作日中的正常工作时间还是非正常工作时间，包括在船舶等泊期间，只要发生恶劣天气或者天气不良造成船舶时间损失的，均应当从装卸时间中扣除。

根据 2013 年定义，其含义为：“不受天气因素干扰可以进行装/卸货作业的并且连续计算达到 24 个小时的工作日或者工作日的部分时间，或者如果船舶在等待泊位期间，船舶原本可以进行装/卸作业并连续计算达到 24 个小时的工作日或者工作日的部分时间。如果发生此种干扰作业的情形（或者假设装卸作业已经开始，将会发生干扰作业的情形），则天气因素已经干扰或将要干扰作业的期间应当从装卸时间中扣除。”

13. 修改“24 小时良好天气工作日”

该术语要求工作小时需累计达到 24 个小时的，为一个“24 小时良好天气工作日”。因此如果某港口正常工作时间为 8 个小时，则应当横跨三个日历日，才能满足该术语累计达到 24 个小时的要求。但是如果在正常工作时间内由于恶劣天气干扰装卸作业，则停止作业的期间应当从装卸时间中扣除。

根据 2013 年定义，其含义为“不受天气因素干扰可以进行装/卸货作业累计达到 24 个小时的工作日或者工作日的部分时间，或者如果船舶在等待泊位期间，船舶原本可以进行装/卸作业并累计达到 24 个小时的工作日或者工作日的部分时间。如果发生此种干扰作业的情形（或者假设装卸作业已经开始，将会发生干扰作业的情形），则天气因素实际干扰作业的时间应当从装卸时间中扣除。”

本书作者认为 2013 年定义有关“良好天气工作日”、“24 小时良好天气工作日”以及“连续 24 小时良好天气工作日”的解释与 1993 年规则不完全相同，但是从本质上而言，更接近“1980 年定义”对上述术语的理解。

14. 修改（工作日）“天气允许”

根据 2013 年定义，“天气允许”的解释与“连续 24 小时良好天气工作日”的解释完全一致,详见前文内容。

15. 修改"除非立即起算"

"除非立即起算"(unless sooner commenced)是指在合同规定的装卸时间起算之前,如果已经开始装卸货作业,则装卸时间立即起算的情形。根据2013年定义,是指"如果等待泊位的期间装卸时间尚未届满结束,但是已经实际进行装货或者卸货作业,则装卸时间应当自开始装货/卸货作业时起算。"在2013年定义中,还增加了一个术语"除非立即起算,但是仅计算实际使用的时间"(unless sooner commenced,in which case actual time used to count)。后者是强调在等泊期间,只有那些实际使用的时间应当计算到装卸时间中。

16. 修改"除非使用"(unless used)

根据2013年定义,是指"装卸时间已经开始起算,但是在装卸时间的除外时间内进行了装货或者卸货作业,则那些实际使用的时间应当计入装卸时间。"

17. 调整"等泊损失时间计入装/卸时间"术语的部分表述

与"1993年规则"相比较,"2013年定义"对该术语未做本质上的修改,只是调整了个别语言表述。具体是指"如果没有合适的装货或卸货泊位,并且船舶在等待地点不能递交装卸准备就绪通知书,则因此损失的时间计入装卸时间,如同装卸时间已经起算一样,或者等待泊位期间已经将全部装卸时间用完,则损失时间计入滞期时间。一旦有了合适的泊位,则上述时间停止计算。当船舶抵达能够递交装卸准备就绪通知书的地点时,在此种通知书递交之后,根据租船合同规定的任何通知时间届满之时,装卸时间或者滞期时间恢复继续计算。"

18. 修改"不论靠泊与否"术语(WIBON:whether in berth or not)

该术语主要涉及非天气原因而引起港口拥挤造成迟延的问题,根据"1993年规则",一旦有了合适的泊位,船舶无须再等泊的情况下,装卸时间或者滞期时间停止计算直至船舶抵达泊位时再恢复继续计算。这就意味着出租人不会承担任何因为其他相关因素干扰造成船舶迟延的风险问题,即使这些干扰因素并不是合同下应该负责的原因。而"2013年定义"对此做出部分修改,只是明确了递交装卸准备就绪通知书的条件,至于相关时间损失如何计算,主要根据合同具体规定。即"如果船舶抵达装货或卸货泊位时,指定的泊位无法靠泊,只要船舶抵达了该港口通常等泊的地点,船舶就有权递交装卸准备就绪通知书,装卸时间根据租船合同的规定予以起算。"

19. 增加"不论靠港与否"术语(WIPON:whether in port or not)

该术语是"2013年定义"中新增加的,主要是针对租船合同中指定的地点是港口,船舶无法驶入该港口通常等待地点,而只能在港口之外的一个被确认的等待地点等候时,出租人是否可以递交装卸准备就绪通知书的问题。根据"2013年定义”，该术语是指“如果船舶抵达港口时，指定的装货或卸货泊位无法靠泊并且港口区域范围之内没有合适的通常等待泊位的地点，则船舶有权在抵达该港口区域之外的一个经确认的等待地点时，递交装卸准备就绪通知书，装卸时间根据租船合同的规定予以起算。”

20. 修改“船舶通过检疫”术语（vessel being in free pratique）

在“1993 年规则”中，该术语的表述为“船舶通过检疫和/或通过海关手续”（vessel being in free pratique and /or having been entered at the custom house），并且规定不再将是否通过检疫或者是否办理通关手续作为递交装卸准备通知书的必要条件，但是因为未能及时办理上述手续而造成的时间损失也不能计入装卸时间或者滞期时间。在“2013 年定义”中，考虑到上述解释可能限制租船合同中有关时间起算方面的规定并可能与租船合同条款发生冲突，因此对该术语进行了部分修改。此外由于各个国家有关海关通关手续的规定存在差异，因此在本次修订中，删除了涉及海关通关手续的内容，而仅仅规定了港口卫生检疫方面的内容，即“船舶通过检疫是指船舶满足港口有关卫生方面的要求。”

就通关而言，不同国家、不同港口的报关程序大相径庭，难以界定何时何种状态下构成通关完毕。以印度孟买为例，根据 1962 年《印度海关法》，报关需要满足如下最少两个方面的手续。第一步是“预先报关”，主要是能够让拟装卸货的船舶节省报关时间；第二步是海关人员在报关证书上盖章证明“本船舶的进口报关已被批准”。船东和承租人就完成哪个步骤才算报关经常产生争议，法院也先后有相反判例。因此，“2013 年定义”将通关的规定删去，留由合同当事方自行约定，可以避免产生不必要的争议。

21. 修改“滞期费”规定

在“1993 年规则”中，滞期费被解释为“在装卸时间之外，非由于出租人负责的原因而造成的迟延，应当向出租人支付的约定数额。滞期时间不适用于装卸时间的除外时间”。事实上，滞期时间如何计算，通常租船合同中存在两种主要的规定方式，一种是滞期时间连续计算，另一种是滞期时间非连续计算。前者计算的结果与“1993 年规则”有关滞期费的表述一致，但是如果规定后者，就会出现滞期费的定义与合同约定的滞期时间计算矛盾的问题。为了避免与租船合同的规定发生冲突，“2013 年定义”对该术语的表述进行了部分修改，即“非由于出租人负责的原因，在装卸时间届满后造成船舶迟延的，应当向出租人支付的约定数额。滞期时间不适用于装卸时间的除外时间，除非租船合同对此存在特别约定。”显然，根据该解释内容，如果租船合同未对滞期时间计算做出特别明确约定的，则采用滞期时间连续计算的方式；如果有特别约定的，则从约定。

鉴于上述三个规则有关航次租船合同术语的解释存在差异，因此建议航运实务中,洽谈航次租船合同的业务员在能够订立和洽谈装卸时间条款时,最好明确相关术语的含义,或注明按哪个解释规则予以理解。例如通过将某个年份的解释规则及其全部解释内容并入到租船合同,或者将某个年份中的部分术语和条款及其解释内容并入到租船合同,并且注明一旦上述解释规则内容与租船合同其他条款发生冲突时,哪个效力优先的问题。当然也可以直接将某个年份的解释规则中有关某个条款或术语的解释内容,通过并入到租船合同中或者吸收到租船合同中,从而成为租船合同的条款之一。否则会因合同用语不明确,双方当事人理解不同而发生争议。

第五节 出租人的责任与免责

1994 年“金康合同”第 2 条规定:“出租人对货物灭失或损坏或迟延交付的责任限于造成灭失、损坏或延迟的原因是由于出租人或其经理人本人未尽谨慎处理使船舶各方面适航,并保证适当配备船员、装备船舶和配备供应品,或由于出租人或其经理人本人的行为或不履行职责。

对由于其他任何原因造成的货物灭失、损坏或延迟,即使是由于船长或船员或出租人雇用的其他船上或岸上的人员的疏忽或不履行职责(如无本条规定,出租人应对他们的行为负责),或是由于船舶在装货或开航当时或其他任何时候不适航所造成的,出租人亦概不负责。”

而 1976 年“金康合同”第 2 条关于出租人责任条款除 1994 年“金康合同”的上述内容外,还包括如下两点内容:①出租人对于因货物积载不当或疏忽造成的货物灭失、损坏或迟延负责,除非由承租人、托运人或他们的雇用人员或装卸工人造成的。②因其他货物的渗漏、串味、蒸发或与之接触产生的损坏或者因其他易燃、易爆货物的特性或包装不牢固造成的损坏,不视为积载不正确或积载疏忽造成的,尽管事实上如此。

可以看出,根据“金康合同”的规定,出租人的责任比较低。因为“金康合同”规定,尽管出租人也负有提供适航船舶的义务,但是该义务仅仅限于其本人或经理人,不包括船长、船员或其他雇佣人员。而且出租人使船舶适航的义务并没有包括使货舱以及其他载货处所适于并能安全载运货物的“适货”方面义务。显然出租人的免责事项相当广泛。由于金康合同对出租人责任的规定过于宽容,在合同洽谈过程中,承租人往往会要求全部或部分删改本条款。实践中通常会选择将 1924 年《海牙规则》、1968 年《海牙 - 维斯比规则》或关于承运人责任的相关的国内法的规定,例如美国 1936 年《海上货物运输合同法》(COGSA)等并入到航次租船合同中，从而使出租人在航次租船合同下的责任最低与上述有关提单的国际公约或国内法有关承运人的基本责任一致。因为毕竟出租人及其雇用人员最清楚、最了解从货物装船至卸下的全部工作，如果因管货过失造成的货物灭失或损坏，或因船长、船员未在开航时谨慎处理使船舶适航而造成的货物灭失或损坏，出租人都不负责的话，未免对于承租人不公平。因此实践中常常增加一些附加条款，从而在一定程度上，确保出租人仍需对装卸货负有一定责任，尤其是装卸工人造成货物灭失或损坏的情况。例如可以约定“装卸工人由承租人雇用，但在船长的合理监督之下……”只要出租人能够举出充分证据表明船长已经尽到合理监督的义务，则由于装卸工人造成的货损，责任由承租人承担；否则，如果因为船长未能尽职尽责做好装卸货的监督工作造成货物损失的，出租人仍无法解脱责任。有的合同约定“装卸工人由承租人雇用，但由出租人承担责任”（... stevedors to be employed by the charterers and under the liability of the shipowners）或“装卸工人由承租人雇用，但视为出租人的雇用人员”等类似条款，这些情况下，对装卸工人造成的货物灭失或损害，出租人仍需承担责任。出租人不能以该装卸作业是由承租人雇佣的装卸工人完成为抗辩理由，从而推卸责任。

但是根据我国《海商法》第 94 条规定：“本法第 47 条和第 49 条的规定，适用于航次租船合同的出租人。本章其他有关合同当事人之间的权利、义务的规定，仅在航次租船合同没有约定或者没有不同约定时，适用于航次租船合同的出租人和承租人。”《海商法》第 47 条涉及承运人提供适航船舶的义务，第 49 条是有关承运人不得进行不合理绕航的义务。显然承运人这两项基本义务强制适用于航次租船合同的出租人，而航次租船合同其他权利、义务的规定允许当事人双方协商。即根据我国法律，就上述两项基本义务涉及范围，出租人不得通过合同中约定免除或减轻违反这两项基本义务的责任。这样金康合同关于“出租人对装货或开航时或任何其他情况下产生的不适航不负责……”的规定，与《海商法》第 94 条和第 47 条的内容相抵触，因而是无效条款。而我国《海商法》第 48 条关于管货义务的规定并没有强制适用于航次租船合同，因此出租人仍可在航次租船合同中约定“出租人对违反管货义务产生的货损不负责” 的条款。

第六节　金康合同格式其他条款的解释

一、绕航条款

1994 年“金康合同”第 3 款关于绕航的规定，与 1976 年“金康合同”第 3 条相比未做任何修改。绕航条款(deviation clause)大致含义是:“船舶有权为任何目的以任何顺序挂靠任何港口,有无引航员在船均可航行,可以在任何情况下拖带和/或救助他船,亦可为拯救人命和/或财产而绕航。”因此该条款又被称为“自由条款”(liberty clause)或“自由绕航条款”(liberty to deviate clause)。

“绕航”一般是指在地理位置上,船舶远离其通常的、合理的或习惯上的航线的法律行为。因此绕航必须是一种有意行为,不包括因为天气、水文等原因致使船舶偏离航线的情形。

虽然从字面上看来,绕航条款给了出租人很大的自由权,实际上各国通常对此条款做限制性解释。认为船舶只能挂靠合同规定的港口或者行驶合同规定的航线,如果合同未做规定时,可以根据通常习惯的航线或者在既没有合同规定航线,又没有航运习惯航线的情况下,采用装卸两港之间的最近航海距离的航线。并且船舶行驶在上述航线时,只能以地理顺序挂靠通常的港口。除合理绕航外,不允许擅自偏离航线。而合理绕航的含义,则随各国法律规定的不同有所变化。英国普通法认为,为了救助人命或与处在危险之中的船舶进行联络;避免对船舶或货物产生的危险;因承租人的过错(如擅装危险货)等而产生的必要绕航,属于合理绕航。[①] 而且不得进行不合理绕航,尽速完成航次也是英国普通法下承运人一项基本的默示义务。《海牙规则》第 4 条、《海牙 - 维斯比规则》第 4 条、《汉堡规则》第 6 条及我国《海商法》第 49 条均明确规定,承运人不得进行不合理绕航,只有为了救助海上人命和/或财产;为了航行安全的需要以及其他合理需要的前提下产生的绕航,才视为合理绕航。并且根据上述相关国际海运公约及国内法律规定,承运人对于因合理绕航产生的货物灭失、损坏等免除赔偿责任。如果适用中国法律,根据《海商法》第 94 条的规定,我国《海商法》第 49 条的义务强制适用于航次租船合同的出租人,所以金康合同的绕航规定因与我国《海商法》的强制规定相抵触而无效。实践中,当事方也常常会对金康合同第 2 条进行删改,将有关国际海运公约或者某个国内法中涉及合理绕航的规定吸收进来。

燃油费用是非常重要的船舶营业费用之一,随着全球燃油价格的涨跌起伏,燃油价格的高低常常为船方所关注。有时船舶为了添加燃油的方便以及低价燃油的目的而偏离航线,这种偏离是否属于合理绕航,实践中常常发生争议。因此许多船东互保协会都敦促本协会会员——船舶所有人尽量在合同中增加“协会燃油条款”(P & I Bunker Clause),表明只要船舶是按地理顺序,在一个通常的或合同规定的加油港添加燃油,即使事后船舶出租人因被承租人以“不合理绕航”为由而承担赔偿责任,也可通过此条款,事后向 P & I 追偿。常见的 P & I Bunker Clause 的

① John Wilson. Carriage of Goods by Sea(2nd edition). Pitman Publishing,1993:18 – 20.

内容如下:作为本合同航次的一个组成部分,船舶有自由权利在航次中的任何阶段为了添加燃油的需要挂靠任何港口,而不论该港口是否在本合同指明的装货港或卸货港直达航线和/或习惯航线上;并且可以根据出租人指示添加任何数量的燃油,甚至可以将燃油舱、深舱及其他可以存储燃油的处所全部加满燃油,而无须考虑此添加燃油数量是否为本租船航次所必需。(The vessel shall have the liberty as part of the contract voyage to proceed to any port or ports at which bunker oil as available for the purpose of bunkering at any stage of the voyage whatsoever and whether such ports are or off the direct and/or customary route or routes between any of the ports of loading or discharging named in this charter party and may there take oil bunkers in any quantity in discretion of owners even to the full capacity of fuel tanks and deep tanks and any other compartment is which oil can be carried, whether such amount is or is not required for the chartered voyage.)

根据英美法,由于不合理绕航的法律后果是比较严重的,出租人不但会丧失单位赔偿责任限制(针对货物灭失 、损坏而言)的权利,还会丧失种种免责和抗辩的权利,甚至在美国有判决表明承运人会丧失 1 年诉讼时效的保护,因此出租人不可以因为合同中存在"自由条款"而采取擅自偏离航线的不合理行为。①

我国《海商法》没有明确规定违反不合理绕航的法律后果。但如果认定出租人不合理绕航的行为满足《海商法》第 59 条和第 209 条的规定,则不能援引责任限制。第 59 条规定,如果经证明,货物的灭失、损坏或者迟延交付是由于承运人的故意或者明知可能造成损失而轻率地作为或者不作为造成的,承运人不得援用海商法第 56 条有关承运人对或货物灭失、损坏的单位赔偿责任或者第 57 条有关迟延交付赔偿责任的规定。第 209 条规定,如果经证明,引起赔偿请求的损失是由于责任人的故意或者明知可能造成损失而轻率地作为或者不作为造成的,责任人无权依照海商法第 11 章的规定享受海事赔偿责任限制。因此在上述情况下,出租人将丧失单位责任限制和海事赔偿责任限制的权利保护及抗辩。

二、运费支付条款

1994 年"金康合同"第 4 条"运费支付条款"(payment of freight clause)规定:"(a)运费应按第 13 栏规定的费率,根据装入船舶的货物数量,以现金方式支付。(b)预付运费。如果按照第 13 栏规定方式在装船时支付运费,则不论船舶和/或货物是否灭失,运费均应支付并概不退还。除非应付给出租人的运费已经付清,否则不能要求出租人或其代理人签发或背书载明'运费预付'的提单。(c)到付运

① 郭萍. Deviation 的含义及其法律后果. 大连海事大学学报,1998(2):65－68.

费。如果按照第13栏规定方式在目的港支付运费,则运费应在交付货物时支付。尽管有(a)款规定,如果交付货物时需支付运费或部分运费,则承租人有权选择按交付货物的重量/数量支付运费,但应在货物卸载之前并且通过官方衡重仪、联合吃水检验或理货明确了货物的重量/数量之前行使该选择权。

若经请求,承租人应以现金方式垫付船舶在装货港的正常开支,而按最高兑换率折合并附加2%抵偿保险费和其他费用。”①

该条款较之1976年“金康合同”的条款,有了较大修改。1976年“金康合同”只是规定运费应在货物交付时全额支付,即仅规定了到付运费的情形,而1994年“金康合同”则将此条款分为(a)、(b)、(c)三项,不仅包括预付运费,而且包括到付运费的情况供当事方选择。按常理,运费应该是在目的港交付货物之后予以支付,以便作为出租人从事运输服务而应得到的劳务报酬。换句话说,如果合同没有明确规定运费支付时间的话,出租人只有在付出了运输服务之后,才能在目的港卸货时收取运费。由于种种原因,在到付运费的情况下,例如航程中船、货发生灭失,致使收不到运费的风险完全由出租人承担,因此为转嫁风险,实践中出租人常常为到付运费投保。根据英国的协会运费保险条款(Institute Freight Clause),保险人不但赔偿出租人的运费损失,而且也负责支付因运费产生的共同海损/救助报酬的分摊部分及船方为赚取运费而采取转运等措施产生的费用。

随着国际贸易中大量采用CIF、CFR贸易术语,如果贸易合同的卖方采用航次租船运输方式,则卖方(承租人)往往会在航次租船合同中约定预付运费,并且通常由承租人预付,所以实践中真正采用运费到付的并不是主流。理论上出租人在预收到运费之后,应在提单上注明“运费预付”的字样。如果出租人能够在装货后立即收到运费,既无需对运费投保,也没有风险。与到付运费相比较而言,似乎预付运费对出租人没有什么风险,但是实践中,出租人经常会涉及预付运费无法及时收回,在尚未收到运费时,是否应当签发“运费预付”提单或者面临是否在卸货港交付货物的尴尬处境。例如租船合同规定“运费预付,在签发提单后××个银行工作日内支付”。如果在货物装船完毕之后,应承租人要求,出租人签发了“运费预付”提单,一旦超过运费应付日,但运费尚未及时支付,当船舶抵达卸货港时,出租人往往无权留置收货人的货物(除非收货人是承租人的情况),因为收货人无义务支付运费,特别是无义务支付预付运费;如果出租人将货物交付收货人,又恐将来向承租人索要不成。如果出租人在未收到预付运费之前拒绝签发提单,也不符

---

① 根据我国《合同法》第314条的规定,如果货物在运输过程中因不可抗力灭失的,未收取的运费,承运人不得要求支付;已预付的部分,托运人可以要求返还。该规定不同于金康合同关于预付运费一旦支付概不退还的规定。

合租船合同关于运费支付的规定，因为根据租船合同上述条款，明确规定是出租人签发提单之后的×××日，承租人才有支付预付运费的义务。该规定属于《合同法》中合同义务履行有先后顺序的情形。所以出租人签发提单义务在先，承租人支付运费义务在后。如果出租人不签发提单，则承租人没有支付运费的义务。因此出租人在答应以预付方式支付运费的同时，也应注意了解承租人的信誉，或者在租船合同中明确将签发提单与支付运费的条件统一起来，例如约定“签发提单时应支付运费”等内容，或者能够将航次租船合同中的留置权条款有效地并入提单，从而约束非承租人的提单持有人，包括收货人在内，以免出现上文提及的尴尬局面。

三、留置权条款

留置权条款(lien clause)在有的航次租船合同采用“责任中止条款”(cesser clause)或“责任中止及留置权条款”(cesser clause and lien clause)。不论条款名称如何，其大致内容都是与货物留置权有关。常见的责任中止条款大致规定：出租人有权因运费、亏舱费、滞期费等费用享有对货物的留置权，而承租人支付了装货港产生的亏舱费、滞期费等费用后，其责任中止。承租人仍需对卸货港产生的滞期费、亏舱费等费用承担责任，但仅以出租人不能通过行使留置权获得上述费用为限。1976 年“金康合同”第 8 条关于留置权的规定，大体与上述内容相同。在一些标准的航次租船合同中，这种类似的“责任中止条款”广泛存在。例如 1989 年 Norgrain Form 第 35 条规定“出租人有权因运费、亏舱费、滞期费以及本租船合同下应付的共同海损分摊留置货物。除了装货港应支付的运费、亏舱费和滞期费以外以及除非根据本租船合同明确规定承租人应当支付的任何其他事项，否则当货物已经装运的情况下，承租人基于本租船合同的责任中止。”Baltime 格式第 30、31 条以及 C(ORE)7 格式第 21 条等都有类似的规定。①

在这里“滞期费”一词，不包括延滞损失，二者是不同的损失，具体差别详见本书前文论述。根据英国普通法，出租人有权为收取运费、共同海损分摊及为货物垫付的特别费用对货物行使留置权。如果出租人还想针对其他费用如亏舱费、滞期费、延滞损失等享有留置权，必须在合同中明确约定下来，使之成为约定留置权。

对于装货港产生的滞期费，出租人一般是不能在卸货港留置承租人以外的属于收货人的货物，除非提单中有一个有效的并入条款，使租约中的留置权条款并入到提单中去，从而约束提单持有人。而且在有效并入条款存在的情况下，以法国为代表的大陆法系国家的法律还规定，必须在提单上注明装货港所欠费用，如不注明

---

① 杨良宜. 装卸时间与滞期费. 大连：大连海事大学出版社，2006：641.

的话，即使存在有效的并入条款，出租人仍然不可以因装货港产生的费用而留置非承租人的收货人货物。而以英美为代表的普通法系国家的判例表明，并不强调是否必须在提单上注明装货港所欠费用，只要存在有效的并入条款，出租人即可在卸货港留置货物，而不论该货物是否属于承租人。

武汉海事法院曾经于2003年审理香港新龙国际企业有限公司诉绥芬河龙江商联进出口有限公司航次租船合同纠纷一案。① 香港新龙国际企业有限公司作为出租人(以下简称新龙公司)与承租人绥芬河龙江商联进出口有限公司(以下简称龙江公司)以1976年“金康合同”为蓝本签订航次租船合同。约定由“金海通”船或同类船舶，装运6000~6500立方米原木，从装货港俄罗斯海参崴，至中国太仓港卸货。受载期为2003年7月28日-8月10日。合同约定“无论在装港或卸港，由于租船人在备货或货物文件及支付运费方面造成延误，每天向船东支付滞期费3500美元，不足一天按比例计算”。其中滞期费为中文表述，其英文表述使用的是“DETENTION”一词，而非“DEMURRAGE”。2003年8月3日船舶抵达装货港锚地。由于泊位被其他船舶占用以及因为中国发生非典疫情(SARS)需要进行船舶检查等原因，船舶直至8月5日晚才抵靠泊位开始装货。8月11日凌晨装货完毕。船舶抵达卸货港时，出租人因为装货港产生的亏舱费、滞期费等拒绝交付货物。经协商未果，承租人向武汉海事法院申请海事强制令，强制要求出租人交付货物，并提供了适当担保。9月15日海事法院批准了该申请，并实施海事强制令。9月20日出租人因为滞期费等向法院提起诉讼。案件争议的焦点就是：第一，对于船舶迟延的中英文表述不一，船舶迟延是否构成滞期费；第二，滞期时间何时起算，如何计算滞期时间；第三，亏舱费是否成立。综合事实情况，经过法院审理，认为应以中文表述的“滞期费”为当事人真实意思表示，并且法院经过合理计算，只是确认了出租人部分滞期费请求，而亏舱费的主张因为没有合理的证据支持，不予以支持。

显然在上述装货港产生的滞期费纠纷中，出租人并没有主张行使留置权，而是简单地拒绝交付货物，导致承租人申请海事强制令后，不得不交付货物。由于本案的收货人就是承租人，出租人新龙公司完全可以依据1976年“金康合同”有关留置权的规定，保护自己的利益。当然留置货物的范围应当与其滞期费主张的索赔数额相当。所以即使是出租人能够基于行使留置权为由而拒绝交付货物的，也不能主张扣留全部货物。如果此案中，收货人不是龙江公司，则除非提单中存在并入条款，否则出租人不能擅自以行使航次租船合同留置权条款以对抗非承租人的善意第三方。

---

① 参见(2003)武海法通商字第98号民事判决书。

而对于卸货港产生的滞期费等费用，原则上出租人只能向收货人收取，除非他在无法有效地行使留置权的情况下，出租人才可以向承租人收取，从这个意义说承租人的责任不中止。即承租人责任不中止的前提条件是出租人无法在目的地通过有效行驶留置权来主张权利，如果是出租人可以行使留置权，只是因为怠于行使权利等丧失留置权的，承租人仍然无须为卸货港发生的滞期费等相关费用负责。出租人无法有效行使留置权的情形主要包括，例如根据卸货港当地的法律不能留置该批货物，或者没有适合的仓库而货物又是易腐烂货物或者该货物属于赈灾物质、军用物资等情况下，出租人根本无法有效地行使留置权。这方面英国已经发生多个案例，例如 The Sinoe[（1972）1 Lloyd's Rep. 21]案件中，巴基斯坦政府有紧急法令，不准在吉达港有任何留置收货人货物的行为。在 The Kavo Peiratis 一案中[（1977）2 Lloyd's Rep. 344]，船长被警告，如果在坦桑尼亚卸货港留置货物将面临被抓入监狱的风险。出租人面临留置货物困难的国家往往是一些发展中国家，例如阿尔及利亚、巴西、哥伦比亚、埃及、利比亚、尼日利亚、也门共和国、印度尼西亚、缅甸、智利、古巴、塞浦路斯、印度、洪都拉斯、约旦等①。

但如果不存在上述留置困难的情形，而是由于出租人的疏忽，未能及时在卸货港行使留置权或者忘记行使留置权以保护自己权利的，则根据责任中止条款，承租人有权拒绝出租人要求其支付卸货港产生的上述费用的请求。

1994 年"金康合同"留置权条款，与 1976 年"金康合同"的留置权条款相比较，虽然条文字数做了部分删改，但是涉及的留置物范围以及担保的债权范围更加广泛，也相对更加保护出租人的利益。1994 年"金康合同"第 8 条规定，出租人可因运费、亏舱费、滞期费、损失赔偿（claims for damages）及依本租约应付的任何其他费用，包括追偿上述任何费用而支出的成本，对货物及所有转租运费（sub-freight）行使留置权。但是，应当注意的是，这里的"转租运费"一词不包括转租租金（sub-hire），英国已有相关的判例说明这一点。② 此外，由于 1994 年"金康合同"已经将承租人责任中止的内容删除，仅保留有关留置权的规定，意味着在任何情况下，承租人都需要对留置权条款中约定的支付款项负责，不存在责任中止的问题。这一变化更有利于出租人。

四、共同海损和新杰森条款

共同海损条款（general average clause）是关于共同海损发生后，应在什么地方、选用什么规则进行理算的条款。新杰森条款（New Jason clause）主要涉及如果

---

① 杨良宜. 装卸时间与滞期费. 大连：大连海事大学出版社，2006：651 – 652.

② 郭萍. 试论船舶租用合同中留置权条款的有关问题. 中国海商法年刊，1996：311 – 319.

造成共同海损的特殊牺牲或费用,是因为船方或其雇员的过错导致的,货主是否还有义务参与共同海损分担的内容。1976 年“金康合同”第 11 条关于共同海损的规定比较简单,仅规定共同海损按 1974 年“约克・安特卫普规则”理算,即使是出租人的受雇人员的疏忽或过错造成的,货主仍应分摊共同海损。而 1994 年“金康合同”做了较大修改和补充。

1994 年“金康合同”第 12 条包括两款,第一款规定:“除非第二栏另外约定理算地点,否则共同海损应按照 1994 年‘约克・安特卫普规则’或其随后发布的修订规则在伦敦进行理算。即使海损事故是由于出租人的雇用人员的疏忽或不履行职责产生的,货物利益方仍需参加共同海损分摊。”

第二款规定:“如果按照美国法律和习惯进行共同海损理算,则下列条款应该适用:在航次开始之前或者航次开始之后,无论任何原因导致的意外事故、危险、损失或灾难,无论是否存在疏忽,是否因为疏忽而引起的,如果根据法律、合同或者其他规定,承运人对此都不负责任,则货物、托运人、收货人或货物所有人应与承运人一同分摊可能构成或可能发生的具有共同海损性质的牺牲、损失或费用,并支付所发生的救助报酬和与货物有关的特殊费用。[①] 如果救助船舶为出租人所有或经营,则其救助报酬仍应全额支付,犹如该救助船系他人所有一样。承运人或其代理人认为足以支付货物的预计共同海损分摊款项及其救助报酬和特殊费用的保证金,如经请求,应由货物、托运人、收货人或货物所有人在货物交付之前付给出租人。”

显然,1994 年“金康合同”第 12 条第 2 款的规定是典型的“新杰森条款”,是对共同海损条款内容的延伸,即明确只有那些出租人可以免责的原因导致的共同海损牺牲及费用等,承租人及其他货主才有义务参加共同海损分摊。同时该条款明确了姊妹船互救下产生的救助报酬或其他费用是否应该参加共同海损分摊的问题。

租船合同中,一般都规定选用“约克・安特卫普规则”(York-Antwerp Rules: YAR)作为共同海损理算的规则。该规则自 1877 年正式以该名称存在以来,先后于 1890 年、1924 年、1950 年、1974 年、1990 年、1994 年和 2004 年先后进行几次修

---

① 请注意,与货物有关的特殊费用,英文表述为“special charges incurred in respect of the cargo”。不同于 1989 年国际救助公约或我国《海商法》规定的特别补偿(special compensation)。因为特别补偿是指救助人针对构成海洋环境污染损害存在危险的船舶或船上货物进行救助,可以从被救船舶所有人处获得高于救助费用的补偿金额,根据救助人防止或减少环境污染损害效果不同,该特别补偿可以提高到救助费用的 30% ~100%。所以能够获得特别补偿的救助行为既可以针对货物,也可以针对船舶实施,而且特别补偿不进行共同海损分摊,由被救船舶所有人或其保险人负担。

正。2004 年修正的约克·安特卫普规则较之之前的约克·安特卫普规则发生了较大变化,以下简单说明变化之处,以引起航次租船合同双方的注意①。

2004 年“约克·安特卫普规则”修改主要表现在:

第一,在规则六中将大部分救助报酬排除在共同海损之外。2004 年规则六规定:“救助报酬包括所生利息和相关法律费用,应由付款方自行承担而不得认入共同海损,除非与救助有关的一方支付应由另一方承担的全部或部分救助报酬。”即除非出租人代承租人垫付救助报酬,否则将由救助人直接向救助行为的受益方收取救助报酬,不再涉及共同海损分摊。

第二,船舶在避难港停留期间的船员工资和给养不得认入共同海损。2004 年规则十一规定:“……由于意外事故、牺牲或其他特殊情况,船舶驶入或停留在任何港口或地点,如果是为了共同安全的需要,或是为了船舶因牺牲或意外事故所造成的损坏得以修理,且此项修理是安全完成航程所必需的,则在此港口或地点额外停留期间,直至该船舶完成或应完成续航准备工作之时所消耗的燃料和物料,应作为共同海损……”显然这里仅仅保留了避难港停留期间发生的燃料、物料可以作为共同海损的情形,在避难港停留期间产生的船员工资、给养等不能作为共同海损。

第三,临时修理费计入共同海损时,应当扣减船方因此节省的费用。根据 2004 年规则十四:“如果为了完成航程而对意外损坏进行临时修理,则无须考虑对于其他方有无节省,此项修理费认作共同海损,但数额应以因此节省的如不在该港进行临时修理本应支付并计入共同海损的费用为限……”此项扣减仅仅以因为意外事故进行临时性修理为限,不包括因为共同海损措施或为了共同安全所进行的临时修理,因为这些临时修理费用都是共同海损措施或结果导致的,本来就属于共同海损。

第四,共同海损费用不再计算手续费(详见 2004 年 YAR 规则二十)。

第五,采用浮动利率计算利息,不再是原来规定的固定利率,并由国际海事委员会(CMI)每年决定下一年度适用的利率(详见 2004 年 YAR 规则二十一)。

第六,增加了索赔共同海损分摊请求权的时效是 1 年,自共同海损理算书做出之日起算,最长不得超过共同海损航程结束之日起 6 年(详见 2004 年 YAR 规则二十三)。

中国国际贸易促进委员会于 1975 年 1 月 1 日实施《中国国际贸易促进委员会共同海损理算暂行规则》(简称“北京理算规则”),可供当事方选用。“北京理算规则”较之“约克·安特卫普规则”,条文数量少,只有 8 条规定,内容简洁明了,用

① 叶伟鹰.评 2004 年约克 – 安特卫普规则.中国海商法协会通讯,2005(6):7 – 13.

词简练、通俗易懂，但内容不如后者详尽、丰富。因此租船实务中，合同当事方往往选择约克·安特卫普规则作为共同海损理算的首选。

五、佣金条款

当租船经纪人介入租船合同的洽谈和签约时，根据佣金条款(brokerage/commission clause)出租人应当向租船经纪人支付佣金(commission or brokerage)。

通常航次租船合同都规定佣金按已赚取运费(freight earned)的若干百分比支付。如合同中规定"……按已收运费的百分之××支付佣金"(a brokerage commission on the ××% freight earned due to...)。这里表明两层含义：第一，租船经纪人有权向出租人收取一定的佣金作为报酬；第二，出租人支付佣金的义务限于他收到运费，如果出租人未收到运费(freight unearned)，则无支付佣金的义务。

由于租船经纪人并不是租船合同的当事人，虽然合同中规定出租人有支付佣金的义务，但如果出租人拒付或者少付，租船经纪人是很难根据租船合同向出租人索取的。这种情况下，租船经纪人可以委托承租人根据租船合同要求出租人履约，还可以径直以侵权为由起诉出租人。但是在英国，这种情形已经有所转变，英国于1999年颁布了《第三人权益合同法案》"The Contracts (Rights of Third Parties) Act"，该法案是对英国传统商法中"合同相对性"原则的突破，自1999年5月1日起实施。因此尽管租船经纪人并非租船合同一方，但是根据该法案，租船经纪人可以针对未付的佣金，依据租船合同向法院起诉佣金应付方，通常为出租人。当然如果合同中订有仲裁条款，根据英国法律，租船经纪人还可以依据该仲裁条款，通过仲裁方式索要未付的佣金。

原则上佣金应在收取运费之后支付。但是根据合同中的特别约定，也可能规定在签订租船合同或装货完毕后支付；也可能约定，不论合同履行与否，也不论船舶灭失与否，均须支付佣金。如1994年"金康合同"第15条规定："未履行合同时，为补偿租船经纪人所花费的费用和所做的工作，对合同不履行承担责任的一方须向经纪人支付根据估算运费总额计算出来的佣金总额的三分之一。"(in case of non-execution 1/3 of the brokerage on the estimated amount of freight to be paid by the party responsible for such non-execution to the Broker as indemnity for the latter's expences and work.)

佣金通常都是按照运费的一定百分比计算，但是根据租船合同的特殊约定，也可能按运费、亏舱费及滞期费总额的一定百分比计算，如1994年"金康合同"即如此规定。

六、代理人条款

代理人条款(agency clause)主要是约定由出租人委托船舶代理人,还是承租人委托船舶代理人,代办船舶在港的一切业务的内容。

在指定船舶代理人的问题上,出租人和承租人为了维护各自的利益,都争取自己取得指定代理人的权利。如1994年"金康合同"第14条与1976年"金康合同"第13条一样,均规定:"在任何情况下,由出租人指定自己在装货港和卸货港的代理人。"(In every case the Owners shall appoint their own Agent both at the port of loading and the port of discharging.)但是在某些情况下,出租人可能对某个装货港或卸货港的情况不是很了解;或者一些大的国际贸易商常在装货港或卸货港有自己的分支机构或自己指定的代理人,特别是在租船市场竞争激烈时,合同中也会规定由承租人安排装/卸港的代理人。

七、罢工条款

像战争、罢工、冰冻等原因造成货物灭失或损坏的,根据有关提单的国际海运公约,承运人常常是可以免责的。但这些国际海运公约不适用于租船合同,因此在签订租船合同时,通常会将战争、罢工、冰冻等条款之下各方的权利义务详列于合同中。

罢工条款(general strike clause)是出租人为了在港口爆发罢工或停工(lock out)时,免于对罢工或停工所造成的后果承担责任,而在航次租船合同中列明的条款。其基本内容包括:罢工期间装卸时间和滞期费的计算办法;解除合同选择权的归属问题和因罢工、停工而使装货或卸货受阻时,对已装或未卸的部分货物的处理等。如果上述问题规定得不明确,往往会发生争议。

与1976年"金康合同"罢工条款相比,1994年"金康合同"的罢工条款,几乎没有太大变化,只是将条文具体拆分成三款,并且对个别词语进行了调整,使内容更加明确。1994年"金康合同"第16条分为(a)、(b)、(c)三款,其内容为:

(a)当船舶从最后港口准备起航,或驶往装货港的途中,或已抵港时,如果因罢工或停工而阻碍或影响全部或部分货物实际装船作业,船长或出租人可以请求承租人做出声明,即同意计算装卸时间如同没有发生罢工或停工的情况。如果承租人在24小时内未以书面形式(必要时以电报)对此做出声明,出租人有权选择解除合同。如果部分货物已装船,出租人必须载运这些货物开航(运费仅按装船数量支付),出租人有权为自己的利益在途中补充装运其他货物。

(b)当船舶抵达卸货港时或已到达卸货港后,或卸货港外时,如果由于罢工或停工而影响或阻碍实际卸货作业,并且在48小时内未能解决时,承租人可以选择让船舶等待直到罢工或停工结束;并在规定的卸货时间结束后至罢工或停工结束之前的期间内,承租人支付滞期费的一半以作为补偿。罢工或停工结束之后直至卸货作业完毕期间,承租人应当支付全额滞期费;或者承租人也可以选择指示船舶前往没有罢工或停工风险,能安全卸货的一个安全港口。这种指令应在船长或出租人就罢工或停工影响卸货作业而向承租人发出通知后 48 小时内做出。在这种变更后的港口交付货物时,应适用本租船合同及提单上的一切条件,而船舶则应和在原目的港卸货一样收取同样的运费。但到达替代港口的距离超过 100 海里时,在替代港口交付货物的运费,应按比例增加。

(c)除上述约定外,不论是承租人或是出租人,都无需对由于罢工或停工而阻碍或影响货物实际装/卸作业的结果承担责任。

八、战争条款

订立这种条款的目的是明确规定一旦发生战争时,如何处理合同当事人之间的关系。如果合同规定得比较简单,战争一旦发生,就很容易产生争议。

"金康合同"中的战争条款(war clause)最早是于 1922 年制定的,几十年来,战争的概念已有了变化。于是在 1976 年修订的"金康合同"中,对原有的战争条款做了修订,采用"1950 年航次租船合同战争条款"(Voywar 1950)。该条款全称是"1950 年波罗的海国际航运公会和英国航运公会航次租船合同战争条款"(The Baltic & International Maritime Conference and the Chamber of Shipping of the UK War Risks Clauses Voyage Charter 1950)。这是 BIMCO 向其会员公司推荐使用的战争条款。它不但较为详尽地列明了战争可能发生的种种情况,对"战争风险"做了新的解释,而且列明了在不同情况下出租人的权利。1994 年修订的"金康合同"又对该条款做了新的修订,采用"1993 年航次租船合同战争条款"(Voywar 1993),对"船舶所有人"和"战争风险"做出了新的解释,此外还对出租人的权利做了新的补充。

1994 年"金康合同"第 17 条规定(Voywar 1993)如下。

(1)本条下列术语的含义:

(a)"出租人"应该包括船舶所有人、光船承租人、二船东、船舶管理人或负责船舶管理的其他经营者、船长;

(b)"战争风险"包括经船长或出租人合理判断,将对船舶、载运的货物、船员及船上其他人员构成危险或将要形成危险或已经成为危险的,由任何人、团体、恐怖分子或政治团体或任何国家的政府发动的任何战争(真实的或潜在的)、战争行为、内战、敌对行为、革命、叛乱、民变、类似战争的行为、布设地雷(不论是实际的还是经报道的)、海盗行为、恐怖行为、敌对行为或恶意破坏、封锁(无论针对所有船舶还是针对个别国家的船舶，或是针对特定的货物或船员或者任何其他事项）。

(2)如果在船舶开始装货前的任何时间，经船长和/或出租人的合理判断，履行全部或部分运输合同会使船舶、货物、船员或船上其他人员面临或可能会面临战争风险，那么出租人可以通知承租人解除本运输合同，或者如果运输合同中约定的装货港或卸货港在承租人指定的某一港口范围之内或者是承租人指定的一个或多个港口，并且上述港口使船舶、货物、船员或船上其他人员面临或可能会面临战争风险的，或者出租人可以选择拒绝履行使船舶、货物、船员或船上其他人员面临或可能会面临战争风险的这部分运输，则出租人应首先要求承租人在合同约定的装卸港范围内另行指定任何安全港口，并且只有承租人未能在收到船东有关上述要求的通知之后48小时内另外指定安全港的情况下，船东才能解除合同。

(3)如果经船长和/或出租人的合理判断，在装货开始之后，或在卸货完成之前航次的任何阶段，船舶、货物（或部分货物）、船员或船上其他人员（或者任何其中的一人或多人）面临或可能面临战争风险，则不应要求出租人为任何航次继续装货作业，或者不应要求出租人为任何港口或地点签发提单，或者不应要求出租人进行或继续进行任何航次或航次的任何部分，或者不应要求出租人通过任何运河或水道，或者前往或停留在任何港口或地点。如果出现上述情况，出租人应发出通知，要求承租人指定一个安全港口卸下全部或部分货物，如果承租人在收到上述通知后48小时之内没有指定安全港，出租人可以自行选择在包括装货港在内的任何安全港卸货，并视为履行了合同。出租人有权向承租人请求因此种卸货所花费的额外费用；如果卸货是在装货港以外的其他港口进行，出租人有权像已将货物运至原卸货港那样，请求全部运费；如果到替代港的距离超过了100海里，应按照到替代港的额外航程与到原卸货港的通常航线或习惯航线的比例加收运费。出租人就这些费用与运费享有货物留置权。

(4)如果在装货开始后的航次的任何阶段，经船长和/或出租人的合理判断，完成本合同运输航次的通常航线或习惯航线（包括任何运河与水道）上的任何部分，使船舶、货物、船员或船上其他人员面临或可能会面临战争风险，并且存在另一个航程较长的到卸货港的航线，则出租人应当通知承租人采用此条航线。在这种情况下的航程如果超过原航线航程100海里以上，应按照变更航程与原通常及习惯航线上航程的比例加收运费。

(5)船舶有下列自由：

(a)遵守船旗国政府发布的，或根据适用的法律，出租人应当服从的某个政府或任何其他政府发布的，或运用其权力强制要求应服从其命令或指示的任何团体或组织发布的，有关离港、到港、航线、护航、挂靠港、停泊、目的港、卸货、交货或任何其他事项的命令、指示、推荐建议或意见；

(b)根据战争风险保险条款,有权发出上述同样指示的任何战争风险保险人发布的命令、指令或建议;

(c)服从联合国安理会的任何决议、欧共体的任何指示、其他任何有权颁布类似指令的国际组织的有效命令以及根据适用的法律,遵守该国内法有关实施上述命令或者指示的规定,并服从该项实施措施负责部门所发出的任何命令和指示;

(d)转变航向并在其他港口卸下任何全部或部分货物,该卸载会造成船舶因为违禁品而面临被征用的风险和责任;

(e)当有理由相信全部或部分船员或船上其他人员会遭受拘留、监禁或其他制裁,有权转变航向并在任何港口停靠以更换上述人员。

(f)根据本条款,如果货物没有被装载或卸载,可以为了出租人自身的利益装载其他货物,并承载上述货物驶往任何其他港口,无论是否要逆向航行或继续前进或按照与通常的或者习惯的航线相反的方向航行。

(6)为遵守本条第(2)至第(5)项的任何规定而进行的任何作为或不作为,不应被视为绕航,而应被视为对合同的适当履行。

九、冰冻条款

订立冰冻条款(general ice clause)的目的是明确发生冰冻时,如何处理出租人、承租人之间的关系。关于该条款,1994 年“金康合同”未对 1976 年“金康合同”做较大修改,仅对个别词语进行了调整。1976 年“金康合同”在第 17 条对冰冻问题做出规定。

1994 年“金康合同”第 18 条做出如下规定。

- 在装货港

(a)当船舶准备从上一个港口起航驶往装货港时,或者在驶往装货港航程中的任何时候,或者到达装港时,因发生冰冻而不能接近装货地点时,或者在船舶抵港后发生霜冻,船长因担心结冰而行使不载货离开的权利时,本合同应无效。①

(b)如果在装货过程中船长担心船舶被冻结,而认为立即开航更有利时,他有载运已装船的货物驶离该港的自由,并可为船舶出租人的利益驶至其他任何港口揽载货物驶至包括原卸货港在内的任何其他港口。根据本合同,已装船的任何部分货物,在并不因此增加承租人额外费用的前提下,应由船舶出租人转运至目的

① 英文表述为 null and void,直译是无效的意思,但是笔者认为应当意译为“解除合同”更为合适。因为根据我国《合同法》的规定,合同无效和合同的解除并不相同,而本条款的意思应当是解除合同。本条款以下凡是涉及这个词语表述的,笔者为了尊重原文,仍然使用“无效”一词。

港,但出租人可以收取运费。运费按交付的货物数量结付(如系包运运费,则按比例支付),其他条件按本合同规定。

(c)在多个装货港且其中一个或几个港口因冰冻而被关闭时,船长或船舶出租人可有权选择在一个通航港口(open port)装载部分货物,并按(b)项规定为船舶出租人的利益在其他港口装运货物直至满载,或在承租人不同意在通航港口装满货物时宣布合同无效。

- 在卸货港

(a)如果因冰冻使船舶不能驶入卸货港时,承租人有权选择支付滞期费的前提下令船舶等待,直至航行恢复,或指示船舶驶往能够安全卸货并且没有因冰冻而有被延滞风险的临近安全港口。此项指示必须在船长或船舶出租人向承租人发出关于船舶不能进入目的港的通知后48小时内发出。

(b)如果卸货期间船长担心船舶被海冰冻结,而认为驶离该港更有利时,船长有权决定船舶连同尚未卸下的货物驶往能安全卸货的邻近港口。

(c)所有的提单条款均适用于在这些港口交付的货物,且应像在原定目的港卸货一样,船舶出租人有权收取同等数量的运费;如果到替代港口的距离超过100海里,则出租人应对在替代港口交付的货物按比例加收运费。

十、法律与仲裁条款

法律与仲裁条款(law and arbitration clause)订立的目的是一旦出租人、承租人之间就租船合同发生争议,应该适用什么法律、采取什么途径予以解决。

航次租船合同中通常都订有仲裁条款,合同当事方大多数都是选择采用仲裁的方式解决争议,而不是采用诉讼的方式。因为仲裁与诉讼相比较,有许多优点:第一,仲裁员多半是由具有专业知识的专家、学者担任,较之法官更能比较好地了解案情;第二,仲裁员可以由当事人选定,而法官是不能随意选择的,相比较而言,仲裁方式更具有人情味;第三,仲裁所花费的时间较少,而且对于案情不是很复杂的案子,可以采用书面仲裁,而非当面开庭的方式,或采用临时仲裁的方式;第四,仲裁裁决易于在其他国家得到承认和执行,这也是与诉讼差别最显著的一点。截止到2012年2月底,目前世界上有146个国家参加、批准了《1958年承认及执行外国仲裁裁决公约》(以下简称《1958年纽约公约》)。① 所以只要是有关航次租船合同纠纷的仲裁裁决符合该公约的有效仲裁裁决的条件,都可以在该公约的任何一个缔约国内得到承认和执行。由于航次租船合同涉外性较强,出租人、承租人、装/卸港口常常在不同的国家,采用仲裁解决争议的好处不言自明。

① 参见联合国官方网站 http://www.un.org,2012年3月9日2100时访问。

但是1976年的"金康合同",恰恰没有仲裁条款,往往需要当事双方以附加条款的方式补充进去。可是在很多情况下,由于附加条款内容订立的不好或者条款用语产生歧义,使得航次租船合同中的仲裁条款不能成为有效的仲裁协议,因此最终的争议不能通过仲裁解决,或因争议解决条款本身产生新的异议。所以,有鉴于此,1994年的"金康合同"在第19条中明确订有仲裁条款,该条款的大致含义包括:

(a)本合同应适用英国法并按英国法解释。本租船合同下产生的任何争议,应按照1950年和1979年《仲裁法》或其随后修改的法律或现时生效的法律在伦敦提交仲裁。除非当事人双方指定独任仲裁员,否则每一当事方都应指定一名仲裁员,并且已经指定的两名仲裁员再共同指定第三位仲裁员,则三位仲裁员组成的仲裁庭或两位仲裁员组成的仲裁庭做出的裁决是终局的。一方当事人在收到另一方当事人已经指定仲裁员的书面通知后,应在14日内指定己方的仲裁员,否则已经被指定的仲裁员将作为独任仲裁员裁决此案,该裁决是终局的 。

如果当事人双方争议的标的额不超过第25栏规定的数额,则应按照伦敦海事仲裁委员会的小额仲裁程序进行仲裁。

(b)本合同应按《美国法令》第9章和《美国海事法》的规定予以调整和解释,本合同下产生的任何争议应提交纽约仲裁,仲裁庭由三人组成。每一当事方各自指定一名仲裁员,再由这两名仲裁员指定第三位仲裁员,三位仲裁员一致做出的裁决或多数仲裁员(如两个)的裁决和意见是终局的。可依据本协议,请求法院执行裁决。仲裁程序遵照海事仲裁员协会规则。

如果当事人双方争议的标的额不超过第25栏规定的数额,则应按照美国海事仲裁员协会小额仲裁程序进行仲裁。

(c)本合同下产生的任何争议应按第25栏记载的地点提交仲裁,并按照该地的仲裁程序进行。第25栏记载的仲裁地的法律约束本合同。

(d)如果第一部分第25栏未记载任何事项,则适用本款下第(a)项内容。

以上(a)、(b)、(c)项供当事人双方选择适用,并应在第25栏中载明。

提请读者注意的是,根据"金康合同"仲裁条款,虽然可以由当事方在英国伦敦仲裁、美国纽约仲裁以及其他地点仲裁的三个选项中确定一个,但是如果合同中未明确选择哪一个选项的,根据"金康合同"仲裁条款d项,视为默认选择了伦敦仲裁。实践中一些中国的出租人或承租人在签订航次租船合同时,往往忽视争议解决条款,在洽租中只是关注船舶、航线、装卸港、费率、装卸时间等重要条款,对于其他内容,往往以"其他一切条件、条款依据"金康合同"或××标准合同"简而概之。等一旦发生争议,甚至是完全不具有任何涉外因素的争议时,才发现根据金康合同需要到伦敦仲裁,适用英国法律。而囿于对英国法律和仲裁程序的不了解,一些数额不大的索赔往往采取不了了之的无奈方式解决，平白无辜地损失很多金钱。

英国现行《仲裁法》是1996年修订的，根据英国《1996年仲裁法》，如果当事人认为仲裁庭存在严重不当行为、适用法律错误等，可以不服从仲裁裁决，向英国法院提起诉讼。但是目前英国法院一般不倾向于轻易做出修改或驳回仲裁裁决，除非裁决存在明显错误。例如英国法院在2010年审理Buyuk Camlica Shipping Trading and Industry Co Inc 诉 Progress Bulk Carriers Ltd 案件中，①再次明确上述原则。

《中华人民共和国仲裁法》(以下简称《仲裁法》)已于1995年9月1日生效。由于我国《仲裁法》对于仲裁机构受理的案件类型并没有做太多的限制，因此，目前三种类型的仲裁机构可以受理海事海商案件。一个是中国国际经济和贸易仲裁委员会(China International Economic and Trade Arbitration Commission：CIETAC)，又称为“中国国际商会仲裁院”，实践中简称为“贸仲”，主要受理国际的或涉外的争议案件，涉及香港特别行政区、澳门特别行政区或台湾地区的争议案件以及其他国内争议案件。其总部设在北京，在深圳、上海和重庆分别设有深圳分委员会、上海分委员会和西南分委员会。第二个是中国海事仲裁委员会(China Maritime Arbitration Commission：CMAC)，实践中简称为“海仲”，是专门解决海事、海商、物流争议以及其他契约性或非契约性争议的仲裁机构，总部设在北京，在上海、天津、重庆设有分会。随着业务发展的需要，还在一些沿海港口城市设定办事处。第三个是设在全国各地的地方仲裁委员会。根据《仲裁法》第10条的规定，目前主要在直辖市和省、自治区人民政府所在地的市设立，也可以根据需要在其他设区的市设立，但是上述当地仲裁委员会的设立均不按行政区划层层设立。受案范围包括平等主体的公民、法人和其他组织之间发生的合同纠纷和其他财产权益纠纷。所以中国的当事方，可以选择将有关案件提交中国海事仲裁委员会仲裁，也可选择提交给中国国际经济和贸易仲裁委员会或各地的仲裁委员会仲裁解决。

只有有效的仲裁协议方可有效排除诉讼管辖并能够在外国法院予以承认和执行。根据《仲裁法》第16条的规定，有效的仲裁协议应当包括：(1)请求仲裁的意思表示；(2)仲裁事项；(3)选定的仲裁委员会。金康合同中常常约定的“伦敦仲裁”、“纽约仲裁”等，尽管未明确仲裁机构，但是根据英美仲裁法律，该仲裁协议均为有效协议。但是如果当事方选择“北京仲裁，适用中国法”，则根据我国《仲裁

① “The Hilal 1”［2010］EWHC 442 (Comm)。该案件涉及以“The Hilal 1”船签订的两份独立期租合同，均是按照经修订的NYPE (1946)格式签订，条款基本相同。仲裁庭做出两份裁决，但是只出具了一份裁决理由，该理由涵盖了两份租约下涉及的争议。英国法院认定虽然裁决存在一些不当之处，但是不影响案件的实质审理，不存在明显错误，因此维持仲裁裁决决定。

法》的规定,因为仲裁机构不明确,该仲裁协议为无效协议,除非双方当事人能够对此予以补充或细化具体仲裁机构名称。鉴于此,中国海事仲裁委员会制定示范仲裁条款如下,供当事方选择。即“凡因本合同引起的或与本合同有关的任何争议,均应提交中国海事仲裁委员会,按照申请仲裁时该会现行有效的仲裁规则进行仲裁。仲裁裁决是终局的,对双方均有约束力。”“Any disputes arising out of or in connection with this contract shall be submitted to China Maritime Arbitration Commission for arbitration in Beijing in accordance with the existing arbitration rules of the commission. The arbitration award shall be final and binding upon the parties.”

第三章
定期租船合同

【**本章要点**】本章主要依据NYPE、Baltime等标准定期租船合同格式条款，针对交船、还船、合法最后航次、非法最后航次、停租、租金支付与撤船等基本概念及定期租船合同其他主要条款进行解释和说明。

本章将以1946年NYPE合同格式和1974年BALTIME合同格式为例介绍定期租船合同的主要内容，并对1946年NYPE合同格式与1993年NYPE合同格式条款的主要区别予以分析。

第一节　定期租船合同的陈述

在定期租船合同下，有关船名、船籍、船舶吨位、船舶所处的位置等与船舶说明有关的事项，都与航次租船合同的相关内容类似或相同，在此不再赘述。只有船速与燃料消耗两项，是定期租船合同区别于航次租船合同的重要陈述内容。定期租船合同下，之所以对船速和燃油消耗问题做出特别陈述，是由于承租人根据定期租船合同，有义务按租期长短支付租金，所以船舶速度的快慢会直接影响租期内承租人享有充分使用船舶的权利以及使用船舶所要达到的经济效益。此外燃油费是由定期租船的承租人负担，所以租期内燃油耗量的高低会直接关系到承租人的营运成本及其经济效益。因此这两项内容也是承租人确定是否租用该船舶应考虑的最为重要的内容之一,往往会在定期租船合同的陈述内容中加以明确规定。一旦合同中对于船速及燃油消耗量做出约定,出租人就有义务提供符合合同规定船速及燃油消耗量的船舶。如果交付船舶的船速低于合同约定数值或者船舶实际耗油超过合同允许范围,承租人就可以向船舶出租人提出船速索赔和燃油消耗量索赔。

一、期租合同中有关船速及燃油消耗量的条款

1946 年 NYPE 格式规定:"……满载、良好天气下,能够达到船速大约 × × 节,消耗大约 × × 吨最佳等级的威尔士煤/最佳等级燃油/最佳等级柴油……"(... which are of the capacity of about... tons of fuel, and capable of steaming, fully laden, under good weather conditions about... ...knots on a consumption of about... tons of best Welsh coal best grade fuel oil best grade Diesel oil...)

1974 年 BALTIME 格式规定:"……满载、良好天气下,能够达到船速大约 × × 节,消耗大约 × × 吨最佳等级的威尔士煤,或者大约 × × 吨最佳等级燃油……"(... Which contain about…tons, and fully loaded capable of steaming about... knots in good weather and smooth water on a consumption of about... tons best Welsh coal, or about... tons oil-fuel...)

通过比较可以发现,虽然用语表述上存在差异,但是上述规定的含义大致相同。以下针对上述标准条款中的共性内容进行分析和说明。

(一)能够达到(Capable of ...)

"能够达到"一词表明船舶应在什么时候达到合同规定的船速。主要依据定期租船合同的具体条款予以确定。如果定期租船合同没有明确规定的,美国判例认为只要船舶在交付船舶时达到合同规定的船速即可,而不必在整个租期内都保持这一船速,除非合同中另有明确规定。而且这样的一个条款被视为保证条款。①英国的判例不太稳定,有的判决认为合同订立之时,船速就应当满足定期租船合同的规定,并且出租人有在整个租期内维持该船速的义务;②有的判决认为只要出租

---

① Michael Wilford, Terence Loghlin, John D. Kimball. Time Charters (third edition). Lloyd's of London Press Ltd., 1989:82-83.

② Lorentzen v. White Shipping (1943) 74 LlL. Rep. 161. 在该案件中,双方针对"Adderstone 船签订 7~9 个月的定期租船合同。并且约定,在满载、良好天气情况下,船速应当达到大约 10 节,消耗最佳等级燃油大约 13 吨。租约履行了一个月后,出租人将船舶卖给第三人。因为船速未能达到合同约定数值,并且耗油远远超出合同约定数值,承租人随后向第三人买方提出船速及燃油索赔。双方争议的焦点就是船舶应该在何时达到合同约定的船速及燃油消耗数值。

人在交船时满足合同有关船速的规定即可。[①] 目前更多的英国人趋向于后者,即与美国的判例是一致的看法。[②]

如果在订立期租合同之后、交船之前的一段时间内,船舶因发生了意外事故或合同免责条款约定的事项致使船速不能在交付时满足合同约定的,船舶出租人没有义务提供合同规定船速的船舶,也没有义务满足合同有关燃油消耗的规定。也就是说,即使船舶出租人提供的船舶在船速及燃油消耗量方面与合同规定不符,因为可以援引免责事项,因此出租人无需对因此造成的损失承担赔偿责任。但是如果因船速降低而未能在合同约定的解约日之前抵达交船港口的话,不因此影响承租人选择解除合同的权利。

另外,除非合同另有明确约定,否则船舶出租人没有义务在整个租期内保证船舶维持合同规定的船速和燃油消耗量,因为船速的高低以及消耗燃油数量多少,与船舶行驶的水域,当时的天气、季节、风、流等诸多因素有关。

(二)满载(fully laden/fully loaded)

"满载"指定期租船合同规定的船速和燃油消耗量是在船舶满载情况下应达到的数值。但实践中租期内的很多运输航次并非都能做到满载,常常会发生空载、半载以及处于压载航次等。由于上述标准合同仅明确了满载情况下的船速及燃油消耗,因此实践中常常对非满载情况下船速及燃油消耗应该达到的数值产生争议。因为上述争议涉及较多的航海经验和专业技术知识,较常见的做法是请某一资深仲裁员,根据双方提供的各种资料和事实记录,推算出船舶在不同营运状态下的船速和燃油消耗量。如果船舶实际速度达不到这个数值或消耗过多的燃油,即可由承租人提出船速或燃油消耗索赔,除非船速降低或燃油消耗过多是出租人可免责的原因造成的。为避免争议,一些合同干脆直接列明船舶在不同状态下的船速及燃油消耗量的具体数值,例如 SINOTIME 1980 及 FONASBATIME 格式就规定了船舶在满载、空载以及在港三种情况下船舶的速度及耗油量。

(三)良好天气(good weather conditions)

对于什么样的天气才算是良好天气,目前并没有一个统一的判定标准。通常

---

① Apollonius [1978] 1 Lloyd's Rep. 53. 该案件涉及以 Baltime 格式为蓝本的航次期租。有关船速和燃油消耗的条款几乎与该格式下的标准条款一致,并约定船速应为 14.5 节,燃油消耗大约 38 吨。但是实际履行航次中发现平均船速仅为 10.61 节。承租人提出船速和燃油索赔,而出租人坚持认为其有义务提供满足合同要求船速和燃油消耗的船舶,只要在订立合同时达到上述要求即可。审理此案的 Mocatta 法官认为出租人应在交付船舶时保证船速和燃油消耗满足合同约定。

② Michael Wilford, Terence Loghlin, John D. Kimball. Time Charters (third edition). Lloyd's of London Press Ltd., 1989:72-73.

应当考虑船舶的大小、航行的季节、行驶的水域等相关因素。一般认为风力不超过蒲福风级(Beaufort Scale)4 级(风速最高不超过 16 节),浪不超过道格拉斯浪级(Douglas Scale)3 级(浪高不超过 3 ~5 英尺),即为良好天气。例如,对于惯常在湖面上行走的小船,风速超过 2 级就不属于良好天气,而对于越洋航行的大型油船(Very Large Crude Carrier:VLCC 船)来说,抵御6 级风是毫不困难的,因此即使是6 ~7 级风力,对这样一艘大型船舶而言,仍然算是良好天气。为了避免争议,很多期租合同尽可能明确约定判定良好天气的标准,如 1993 年 NYPE 格式就允许合同双方规定风力不得超过蒲福风级 × ×级为良好天气。

航运实践中,一些向船舶提供有关航线天气服务的专业公司,例如日本天气信息公司(Weathernews Inc.)、美国天气应用技术公司(Applied Weather Technology, Inc. :AWT)、加拿大海洋有限公司(Oceans Ltd.)等会向船舶所有人、船舶经营人在全球范围内,提供有关船舶安全航次履行的天气报告及其分析(Voyage Performance Report)。在这些有关天气情况的报告分析中,通常会根据某个具体航次履行的起始港、目的港、预计航线等内容,预测船舶在该航次履行中将会遇到的天气情况、水文情况、航行情况,提供一些风力、风向、流向等数据以及因上述内容可能对船速、耗油的影响等分析内容,并向船舶所有人、经营人等提供可以采取的安全航行的建议和措施。

本书作者认为这些专业服务公司提供的有关天气报告的内容可以作为判定是否为良好天气的参考,但是不能作为认定天气是否良好的绝对证据。毕竟船舶在海上航行遭遇的天气情况多变,实际情况与预测情况尚有差距。

(四)大约(about)

“大约”是指船速及燃油消耗量存在一个上下浮动的范围。这个范围是事实问题,而不是法律问题。对于“大约”一词的解释,一般都认为允许有个浮动范围,但这个浮动范围究竟是多少,没有统一的标准。就船速而言,在英国有两种观点,一种观点认为是上下浮动允许差额为半节,如果合同规定为 15.5 节,则 15 节至 16 节之间都是允许的;另一种观点认为允许的范围为 ±5%,如果船速规定为 15.5 节的话,则在 14.725 节至 16.275 节之间都是符合合同规定的。从例子可以看出,根据上述两种观点计算出的最低、最高允许船速数值的差别还是比较明显的。英国上诉院的某些法官认为不应按上述任何一种标准确定,而应从船舶的构造、船型大小、船舶吃水及货物平舱等诸多因素综合考虑①。在美国通常认为“大约”一词表示允许船舶的实际速度低于合同规定的船速半节。但这也不是绝对的,法官仍

① Michael Wilford, Terence Loghlin, John D. Kimball. Time Charters (third edition). Lloyd's of London Press Ltd., 1989:73.

要根据每个具体案件的事实情况以及当事人双方在合同中明确表达的意向等因素确定。美国法院在“The Seamaid”案件中，针对这艘具有 20 年船龄的老船，虽然合同规定的船速应当为 10 kn，但是法院经过综合考虑，认为实际船速为 9 kn，即低于合同规定的船速 1 kn，相差幅度达到 10% 仍是合理的。而在“the Chris”案件中，合同规定的船速也是 10 kn，但是法院认为能够允许的幅度范围仅为 0.33 kn，即在正负 3.3% 的幅度范围才是合理的。①

所以，实践中很少有在合同中具体写明船速或燃油消耗量为某一准确值，都要加上“大约”字样。如果双方对船速有争议，可以通过指定一些具有丰富的航海经验的船长、轮机长作为仲裁员来处理。通常他们会查阅航海日志，会援引有关的卫星导航资料或指派专业验船师来检查船速及耗油情况，最终得出结论。目前在欧洲、亚洲及美国等地已有提供这种服务的机构。

（五）其他原因

除上述分析外，诸如风向、流速等影响船速的因素也应考虑在内。此外还应考虑的因素是船污底（bottom fouling）。所谓船污底，是针对船底长期浸没在海洋中，特别是水温较高的海域，致使船底粘附着大量甲壳类、藻类等生物。船污底对船速及耗油影响很大。若积污严重的话，可能会影响船速减少达 5 ~ 6 节之多。如果因听从承租人的指示，在热带水域停留太久，如在中东等地装卸货，致使船污底加厚，影响船速，承租人是不能索赔的。一般来说，污底对船速的影响不是突变的，而是一点一点积累起来的，只要将污底清除掉，船速又可基本恢复原有的程度。因此通常出租人会通过定期安排船舶入船坞进行污底清除，来解决可能影响船速及过分耗油的问题。定期租船合同通常订有“入坞条款”（Dry docking clause），例如 1946 年 NYPE 格式第 21 条订有“……如果船舶在热带水域从事营运，则承租人及船长认为必要时，应至少每 6 个月安排船舶入干坞，清除污底，刷油漆…… ”1993 年 NYPE 格式第 19 条也明确规定“出租人认为在适当的时间和地点，经过与承租人协商，安排船舶入干坞，清洗船底、涂漆或者为了维持船级所必需的船舶修理……”所以如果合同中有类似的入干坞条款，在计算和判定船速问题上，应当予以考虑。如果定期租船合同中没有类似的入干坞条款，则在计算实际船速时，应该考虑因污底而使速度自然降低的因素。

还有一个影响船速的因素，即燃油品质问题。由于科学技术水平的提高，石油提炼技术也日渐提高，原油经提炼留待船舶使用的燃油，其可燃成分低，加上本身又存在大量硫黄、泥浆、水分等杂质，燃油质量也大大降低。如果添加的燃油品质

① Michael Wilford, Terence Loghlin, John D. Kimball. Time Charters (third edition). Lloyd's of London Press Ltd., 1989:84 - 85.

不佳,不但会影响船速降低或增大燃油消耗量,而且严重的会造成船机损害。在挪威等地已有船级社做专门的燃油质量检测,甚至发现在一些地方所添加的燃油竟有1%以上的含水量。所以如果船舶出租人仅在合同中约定燃油的浓度,而没有质量、成分的具体约定,即使承租人提供并安排添加的燃油内含有大量杂质,造成船舶机器受损,也很难追究承租人的赔偿责任。因此最好的方式就是在定期租船合同中明确约定船舶所需要添加燃油的种类、浓度、成分等。例如像BIMCO等大的船东组织,已经向其会员公司提出建议,即在租船合同中增加一条燃油质量条款(bunker quality clause),要求承租人保证所提供的燃油符合租约的质量要求,否则将承担相应的责任。

定期租船合同中常见的燃油质量条款包括如下内容:

(1)根据本合同,承租人应提供符合船舶主机和辅机燃烧质量的燃料油并满足经双方协商一致的本合同项下的特别约定条款。

(2)交船时,出租人应在承租人控制的地点交付并提交燃料油交付单以及船上留存的燃油样品。

(3)在合同履行期间,承租人保证在交付船舶燃料时向船舶发出燃料油交付单,在添加燃料油时,应在船舶上留存加油样本并在双方适任代表共同参与的情况下对样本进行铅封。

(4)船舶应在交付日后保留燃料样品90天或者在此之前就燃料是否符合合同规定,双方产生了争议,则样本应当留存至争议产生前的必要期间。就留存样本产生的争议通过(……)或双方协商约定的另一燃料分析师进行检验解决。该检验师有关留存样本是否符合合同规定的结论为最终证据。

(5)对于使用不适当或不符合合同要求的燃料油对船舶主机和辅机造成的损害,出租人保留向承租人索赔的权利。另外,如果燃料不符合合同要求或者证明不适合船舶主机和辅机使用,出租人对因此引起的船速下降和/或燃料油耗油增加、船期损失以及任何因此产生的后果不负赔偿责任。

二、船速及燃油消耗索赔计算[①]

(一)船速索赔

所谓船速是船舶相对于海水的速度,即船舶在静水中单位时间内所通过的距离。而航速是船舶相对于海底的速度,基本上反映了船舶在海上航行时的实际速度。当船舶实际速度达不到合同中规定的数值时,承租人即可提出索赔请求。船

① 李海. 论定期租船合同中的船速索赔//海商法论文集. 北京:学术书刊出版社,1989:29-41.

速索赔金额 = 因船速降低而损失的时间 × 每天的租金率。因船速降低而损失的全部时间为租期内每一航次下产生的时间损失的函数和。

事实上，在计算船速索赔时，不能直接用航速与合同规定的船舶速度数值进行比较，因为航速并不是船舶“真实船速”的反映，还必须考虑天气、风浪、流向、流速、污底等诸多因素，从而推导出船舶的实际船速。再用该船速与期租合同中规定的数值比较，以确定出租人是否违约，是否应承担赔偿责任。以下分几种情况分别介绍船速计算问题。

1. 当整个航次都处于良好天气时（whole voyage in good weather）：

$$V_A = \frac{D}{T}$$

式中：D—— 航程；

T—— 航次所花时间。

船舶都要定期进船坞清除污底，出坞时间越长，船速降低得越厉害，因此为了计算真实的船速，还要考虑船污底修正 $\Delta V_{污}$。失速比与船舶出坞月数成一定的函数关系。失速比 $= \frac{\Delta V_{污}}{V_A} \times 100\%$。一般出坞月数越长，失速比例越大。因此，经过船污底修正后的船速为：$V = V_A + \Delta V_{污}$。（失速比可以在船舶资料中查取，因此，$\Delta V_{污}$ 是可知的。）

船舶在海上航行，通常还要考虑水流的速度和方向，即 $\boldsymbol{V}_{航} = \boldsymbol{V}_{船} + \boldsymbol{V}_{流}$。

根据航海日记或海图以及相关的仪器，可以测算出海流的流向及流速。

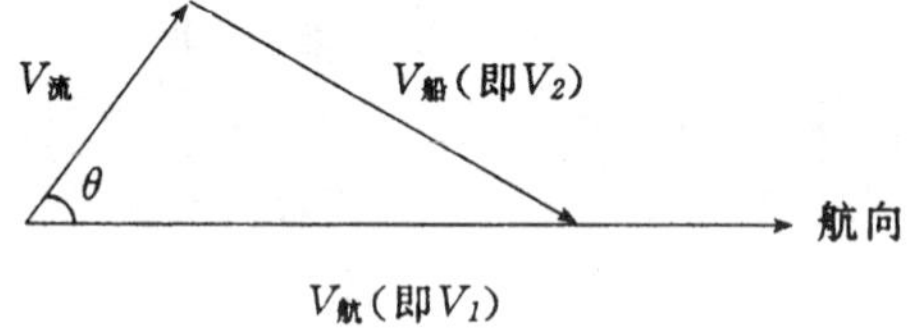

经过水流速度的修正之后：

$$V_2 = \sqrt{V_1^2 + V_{流}^2 - 2V_1 \cdot V_{流} \cdot \cos\theta}$$

或者当 θ 角非常小的情况下，可简化为 $V_2 = V_1 - V_{流} \cdot \cos\theta$。

最后计算本航次下产生的时间损失：

$$\Delta T = \frac{D}{V_2} - \frac{D}{V_c}$$

式中：V_2—— 经过计算得出的船舶实际速度；

V_c—— 租约中规定的船速。

2. 当航次部分处于良好天气时（only part voyage in good weather）

如果航次部分处于良好天气，部分处于不良天气时，因受风、浪、流、涌、雾 、雨等多种因素的影响,无法计算出恶劣天气下船舶的真实速度,因此仅计算出处于良好天气时的 V_2,即经过上述二次修正的速度,此时计算损失的时间 $\Delta T = \frac{D}{V_2} - \frac{D}{V_1}$,其中 D 是指包括好、坏天气的总航程。

3. 当整个航次都处于恶劣天气时(whole voyage in bad weather)

当整个航次都处于恶劣天气的情况下,因为无法测算出船舶的真实速度,因此用该船舶履行该航次前后两个航次的船速平均计算,即:

$$V_2 = \frac{V_{2前} + V_{2后}}{2}$$

然后计算损失的时间:

$$\Delta T = \frac{D}{V_2} - \frac{D}{V_c}$$

式中:D 为总航程。如果针对这一航次而言,没有前一航次,或没有后一航次,则用同类船舶的情况计算出的结果作为参考。

由于船速的计算非常复杂,以上仅是给出一种粗算的方法。另外在计算时间损失时,还须注意如下几个问题:(1)承租人命令的停航(stoppage)、减速(reducement)或合理的停航或减速,或承租人提供的燃料质量低劣所引起的时间损失不能计入,即承租人不可就此提出索赔。(2)船舶在港内、航道、狭水道或内陆水域不能按正常速度航行的航程,在计算平均速度时,应从总航程中扣除。(3)因船舶没有尽到合理速遣或没有维持船舶处于适航状态而使船速降低,由此产生的时间损失,承租人可以提出索赔。

事实上,以上仅就船速的计算进行简单估算。如果航次中遇到恶劣天气,船速将大大降低,保证船舶安全将成为首要问题,不能因为要满足合同中关于船速规定的要求,而置安全于不顾。而且由于不同的船舶主机马力、船型不同,风向、风力的不同以及海流的浪高、波长等的不同,导致船舶的失速也会相差很大。因此要想准确计算出一定天气和海况下,造成某一船舶失速的量是比较困难的,甚至是不可能的。从这个意义上说,船速索赔涉及的法律问题并不十分复杂,相反,涉及的技术问题倒是比较棘手的。

(二)燃油消耗索赔

燃油消耗索赔数额为额外消耗的燃油数量与每吨燃油价格之乘积,即额外消耗的燃油量(F)× 每吨燃油价格。额外消耗的燃油数量为每一航次下消耗的燃油数量的函数和。也采用与船速类似的方法计算。

1. 当整个航次处于良好天气时:

$$F = F_{实} - F_{合}$$

式中：$F_{实}$——实际使用的燃油数量；

$F_{合}$——合同允许使用的燃油数量；

F——额外消耗的燃油数量。

2. 当部分航次处于良好天气时：

$$F_{实} = 良好天气时单位航程耗油量 \times 总的航程$$

然后计算：

$$F = F_{实} - F_{合}$$

3. 当全部航次处于恶劣天气时：

$$F_{实} = \frac{前一航次单位航程耗油量 + 后一航次单位航程耗油量}{2} \times 总的航程$$

然后计算：

$$F = F_{实} - F_{合}$$

如果针对这一航次而言，没有前一航次，或没有后一航次，则用同类船舶耗油情况计算出来的结果作为参考的依据。此外对于燃油价格问题，最好在合同中明确约定下来，因为每一加油港燃油价格不同；不同时期燃油价格也会发生变动，甚至差别较大。

（三）冲抵（set off）

当船速低于合同规定的速度时，会产生船速索赔；同时因为船速的降低，也会减少耗油，从而使消耗的燃油低于合同规定的数值。那么作为船舶出租人是否可以用船速降低产生的船速索赔去冲抵因此节省的燃油费用呢？对此英美法的观点不太一致。

美国大多数观点认为不允许抵消，认为二者是完全独立的保证，不能互相抵消。但少数的仲裁案子表明允许抵消，如“The Panamas Venus”一案（在 1984 年于纽约仲裁）。英国也存在两派意见，多数人认为允许冲抵，理由是依“恢复原状”原则，通过抵消，可以使承租人处于合同得以实际履行的状况。不能一方面承租人因减少燃油消耗而获益，另一方面又向船舶出租人提出减速索赔。而提出不允许抵消的理由如下：（1）根据船速及燃油消耗的函数关系，当船速下降到一定程度，节省下的燃油费用远大于因此产生的船速索赔，如果允许冲抵的话，则出租人不但不必赔偿损失，反而因违约（船速下降）而受益。（2）当船速低于合同规定的速度时，承租人因此承受时间损失，从而影响其经济收益；而对于出租人而言，租金照收，并没有任何损害。综上，如果允许抵消，将会产生不合理的现象，所以不允许抵消。

我们认为两者不能抵消，因为船速降低而产生的索赔及因此节省的燃油费用完全是两个不同的概念，不能混为一谈。作为出租人有义务保证按合同的规定，提供满足要求的船舶。如果船速减低而违约的话，就应承担违约赔偿责任。至于因为出租人违约而给承租人可能带来的好处(即节省燃油费),与出租人无关,更不能以此作为抵消的理由,除非定期租船合同明确订明允许进行二者抵消。

第二节 出租人或承租人提供的事项

一、出租人提供的事项

1974 年 BALTIME 格式第 3 条规定:“出租人应提供并支付所有供应品、船员工资、船舶保险费、甲板及机舱物料,并使船壳和机器在整个租期内处于充分有效状态。出租人在每一货舱提供一名文车手,如果需要更多的文车手或者装卸工人拒绝或不被允许与船员一起工作,则承租人应当提供码头文车手并支付相关费用。”(The Owners to provide and pay for all provisions and wages, for insurance of the Vessel, for all deck and engineroom stores and maintain her in a thoroughly efficient state in hull and machinery during service. The Owners to provide one winchman per hatch. If further winchman are required, or if the stevedores refuse or are not permitted to work with the Crew, the Charterers to provide and pay qualified shore winchman.)

1946 年 NYPE 格式第 1 条规定:“出租人提供并支付所有供应品、船员工资及领事费①和遣返费用,应当支付船舶保险费以及所有舱室、甲板需要的物品及其他必需品,包括锅炉用水;并保持船级以及使船壳、机器和设备在整个租期内处于充分有效状态。”(That the Owners shall provide and pay for all provisions, wages and consular shipping and discharging fees of the Crew; shall pay for the insurance of the vessel, also for all the cabin, deck, engine room and other necessary stores, including boiler water and maintain her class and keep the vessel in a thoroughly efficient state in hull, machinery and equipment for and during the service.)

虽然上述两个条款内容各异,但相同点包括:由出租人负责船上的供应品、船员工资、船舶保险费、甲板、机舱所需物料……并使船机、船壳和设备处于充分有效状态等。

在该条款中,“Wages”(船员工资)是指因船员付出劳务而合法得到的所有报酬。一般包括在航工资和保障性薪金。前者一般包括根据职位确定的岗位工资、劳务费、航行津贴等。后者一般包括社会保险费、劳动保护费、福利费等。船舶所

---

① 领事费主要是指在租期内,因为更换或遣返船员而需要在使领馆办理签证等相关手续所产生的费用。

有人如果接受国际运输工人联盟（International Transport Workers Federation:ITF）的条件[1],就必须按照其蓝卡(blue card)的要求雇用船员,提高船员待遇并付较高的工资。如果违反 ITF 规定的话,会受到 ITF 的联合抵制,特别是到工人运动比较兴盛的欧洲,更要小心为妙。例如"The Manhattan Prince"[1985]Lloyd's Rep. 140 一案,该船到奥斯陆卸货,该港的 ITF 组织以船舶出租人违反 ITF 条款为由拒绝卸货,造成船舶延误。在延误期间,承租人停付租金,从而引发争议。最终法院判决承租人仍需照付租金,并不得以此为由提出损害赔偿,因为并没有证据表明船舶出租人遵守 ITF 的蓝卡规定是一种航运习惯。尽管船舶出租人胜诉,即有权要求承租人在被 ITF 杯葛的迟延期间继续支付租金,但仍产生许多不必要的麻烦。

期租下,"船舶保险费"也是由出租人支付,如同为其自己的利益安排航行和营运一样。出租人除了要投保一般的船壳险外,如有要求,还应投保战争险或者必要的船舶责任险。有时定期合同会以明确条款或附加条款的方式要求部分保险费由承租人支付,或者承租人应按出租人实际支付的特别保费给予出租人以补偿。例如,承租人指定船舶去往一个比较危险或者不安全的地区,根据保险人要求,需支付额外的加保费,如果上述区域已经被期租合同明确排除在外的,则这笔费用应当由承租人承担。

"……维持船机、船壳和设备在整个租期内处于充分有效状态……"实际上是出租人维持船舶适航义务的体现,又被称之为"维持条款"或者"维持适航条款"(Maintenance Clause)。维持条款是指出租人在整个租期内,有尽合理谨慎维持船级并使船舶处于满足期租承租人使用船舶需要的适航状态的义务,该义务是对交船时最初适航保证义务的补充。只要出租人尽到合理谨慎提供并维持船舶处于这种状态即可,不是绝对义务。当然,如果在租期内船舶机器、设备等出现故障,使得船舶没有或无法处于充分有效状态,出租人应在合理时间内采取合理措施予以补救。英国普通法认为这一条款属于中间义务条款,除非承租人能证明他的利益已严重受到了损害,否则一旦出租人违反提供适航船舶的义务,承租人不能解除合同,只能提出相应的损害赔偿。此外,美国普通法认为,维持条款不仅明示保证在交船时船舶处于适航状态,而且出租人有义务在整个租期内保证船舶处于该适航状态。

出租人保证在整个租期内有维持船舶处于适航的义务,并非是指船舶必须在

---

① 国际运输工人联盟于 1896 年成立,总部设在英国伦敦。其成立多年来一直对方便旗船进行抵制、杯葛甚至刁难。主要措施有:1. 迫使方便旗船所有人与该组织签订协议,提高方便旗船船员的工资和福利待遇等;2. 对未结盟签约的方便旗船所有人进行抵制,使其在有该组织分支机构的港口不能装卸货物。因此,该国际组织在保护海员权益方面做出了巨大贡献。

整个租期内全天候的、不间断的、持续处于适航状态。一般认为所谓维持适航的保证义务是针对定期租船合同下每一具体运输航次开始时或开始之前，出租人谨慎处理使船舶处于这种适航状态即可；或当合同另有规定时，出租人应尽适当的谨慎保证在约定的时间段，使船舶处于适航状态。

如何判定船舶是否维持了适航状态，属于事实问题，要根据定期租船合同下的具体运输航次、运输航线、预计装运的货物等因素确定。不能说拥有了某个船级社签发的船级证书就表明出租人尽适当谨慎提供了适航船舶，船级证书不过是一个表明船舶具有了良好的工作状态的初步证据而已。不适航的举证义务由承租人负担。

船舶适航一般包括广义适航和狭义适航两种情形。狭义适航是指船舶本身在船体、船壳、设备等方面应当能够满足预计航次货物安全运输的条件。从上述有关维持条款的表述看，似乎仅仅提及狭义适航。但是根据英美法关于维持条款的判例，该维持适航的条款往往被解释为广义适航，即除了包括狭义适航之外，还包括妥善地配备船员、装备船舶以及提供供应品，并使船舱以及其他通常载货处所适于并能安全地收受、载运和保管货物。

我国《海商法》并未明确提及维持适航条款，但是根据第 133 条的规定："船舶在租期内不符合约定的适航状态或者其他状态，出租人应当采取可能采取的合理措施，使之尽快恢复……"实际上间接规定了出租人维持船舶适航的义务。这里没有解释"适航"的具体含义。考虑到《海商法》第四章第 47 条有关承运人提供适航船舶义务中，适航的界定是广义的，根据合理的逻辑关系和法律解释的一般原则，可以认定这里有关定期租船合同维持适航义务中的适航也是广义的。

当租期较长，为了保持船舶处于充分有效状态，根据船旗国或航行区域限制内某一国家的法律或者国际公约的规定，可能对船舶或其设备提出新的要求时，需要进行更新、更换或改造，则该更新、更换新设备或改造费用及风险应该由谁负担？尤其是为了满足这种法律上的新的要求和变化，需大量花费金钱或主要设备需要改进的时候，如何解决这个问题，应依据具体情况确定。根据英美法的做法，主要有两种方式予以解决。第一，当双方当事人都没有事先预计或考虑到这种法律上的新要求而带来的风险，并且继续履行合同所产生的费用，将变得商业上不可行，这时可以遵循"合同受阻"的有关原则处理。事实上，英美法院在解释"合同受阻"原则时，往往比较严格。如果因为法律上的变化，致使更新或改造费用增加，使得原有的盈利空间变小，或者将使得一方当事人从盈利变得亏损，那么这种仅仅会产生经济损失的情形，尚不足以构成合同受阻。一旦构成合同受阻，合同双方当事人均可以提出解除合同，出租人与承租人之间不再有任何合同关系；对于已经支付的费用，支付方可以要求对方返还，但是应当扣除已经产生的或者实际发生的合理支出。第二，不属于合同受阻的情形时，双方当事人应当考虑：(1)这种法律上的要求是否属于基础设备的改进；(2)这种法律上的要求是否是通常租约中正常的并需要出租人维修保养的项目。满足这两项的，则出租人有义务负责更新并负担风险，否则由承租人承担。因此为了避免争议，当定期租船的租期时间较长时，最好能够在合同中订明有关改造或更新设备费用及风险如何负担的条款，以分清双方的责任。我国《海商法》对这个问题没有明确规定。

二、承租人提供的事项

1946 年 NYPE 格式第 2 条规定："承租人应当提供并支付所有燃油费(除非另有约定)、港口费用、引航费、代理费、手续费、领事费(与船员有关的除外)以及上述提及费用以外的其他任何通常费用；但是如果船舶进港系因为船舶负责的原因，则因此产生的费用应当由出租人负担。由于船员生病的原因而产生的熏蒸费用由出租人负担；由于载运货物或租期内船舶挂靠港口的原因而发生的熏蒸费用由承租人负担。在租期开始后连续 6 个月或以上的，产生的任何其他熏蒸费用均由承租人负担……"(That the Charterers shall provide and pay for all the fuel except as otherwise agreed, Port Charges, Pilotages, Agencies, Commissions, Consular Charges (except those pertaining to the Crew) and all other usual expenses except those before stated, but when the vessel puts into a port for causes for which vessel is responsible, then all such charges incurred shall be paid by the Owners. Fumigations ordered because of illness of the crew to be for Owners account. Fumigations ordered because of cargoes carried or ports visited while vessel is employed under this charter to be for Charteres account. All other fumigations to be for Charterers account after vessel has been on charter for a continuous period of six months or more...)

1974 年 BALTIME 格式在第 4 条规定：承租人提供并支付所有的煤炭费(包括厨房用煤炭)、燃油费、锅炉用水费、港口费用、引航费(不论强制引航与否)、运河操舵工人费用、驳船费、灯塔费、拖轮协助费、领事费(与船长、驾驶员及一般船员有关的除外)、运河费、码头费以及其他应付的费用，包括外国政府或国家征收的任何税费，以及在交船港和还船港产生的任何码头费、港口费及船舶吨税(交船前或还船后因为载运的货物而产生的费用除外)，代理费、手续费，还包括与装货、平舱、积载(包括垫舱物料和防移板，除非这些材料已在船上)、卸载、称重、理货方面有关的安排及费用，以及交付货物时货舱检验费、向履行职责的官员及人员提供的膳食，以及其他任何情况下(包括迟延期间)产生的费用，检疫的费用(包括熏蒸费和消毒费)……

装卸货作业中实际使用的一切绳索、吊索及特殊滑行装置；任何特殊装卸机械

包括根据港口习惯为了停泊需要而使用的特殊绳索、大钢索和链条，由承租人负担（本内容英文条款详见附录）。

通过以上标准合同格式条款的规定可以看出，虽然承租人负担的事项及费用表述不一，但是通常情况下，承租人应提供并支付所有的燃油费、港口费用、引航费、代理费、手续费、领事费以及其他相关费用。

1. 一般规定

承租人提供上述事项并支付费用的义务是一项绝对义务，承租人仅仅是尽适当谨慎来履行此义务是不够的。例如在英国 Anastassia 诉 Ugleexport 的案件中，①法官怀特勋爵（Lord Wright）指出，承租人有合同下的义务去提供相应的帮助，即提供破冰船，不论是自行提供还是通过他人提供。承租人不能仅仅以自身不控制这些破冰船作为拒绝承担义务的抗辩理由，也不能以其无法让拥有破冰船的人提供破冰船为由进行抗辩。因为承租人提供这些事项的义务是绝对的，并应当承担该义务所带来的风险。当然在一些情况下，承租人是否能够提供上述事项的义务有待于出租人是否能够向承租人提供正确信息的基础上。如果因为出租人提供信息不准确导致承租人未能根据合同约定提供相关事项并负担费用的，出租人不能向承租人索赔。详见下文有关燃油方面的内容。

2. 港口费用

港口费用（port charges）是指船舶在离开港口之前，因船舶所发生的全部费用。而且必须是租期内承租人应当负责支付的相关费用。例如在交船前船舶产生的灯塔费（lights），尽管根据 Baltime 格式条款，似乎灯塔费应当由承租人负担，但是因为该笔费用系交船前产生的，由于租期自交船后才开始起算，因此交船前产生的灯塔费与承租人无关。至于港口费用到底包括哪些内容，NYPE 1946 格式未做进一步说明，而 Baltime 格式则明确包括交船港及还船港发生的所有码头费、港口费、船舶吨税等。如果当事方选择使用 NYPE 格式的，笔者建议最好能够在合同中对港口费用包括哪些内容予以明确，以避免不必要的纠纷。

3. 引航费

引航费（pilotages）是指引航员提供了船舶进出港、移泊等服务应该收取的费用。根据当地法规或为了确保船舶安全，必须进行引航时，承租人应支付该费用。尽管引航员是承租人指定并支付费用，但他并不视为承租人的雇用人员。特别是当定期租船合同中明确提及“出租人应当对船舶航行负责”的表述时（the owners for remian responsible for the navigation of the vessel...），对于因引航员的疏忽造成

① Anastassia v. Ugleexport (1934) 49 LlL. Rep. 1，源自 Michael Wilford, Terence Loghlin, John D. Kimball. Time Charters (third edition). Lloyd's of London Press Ltd., 1989:171.

船舶损害或产生的责任，一般仍由出租人自己承担。例如，我国《海商法》第39条明确规定："船长管理船舶和驾驶船舶的责任，不因引航员引领船舶而解除。"即表明不论引航员由谁指定，引航费由谁负担，因引航员过失，致使被引领船舶造成第三方财物及人员损失的，均由出租人承担。

4. 代理费

代理费（agencies）是指船舶在港期间，因受委托，船舶代理人代为办理船舶在港口作业及相关事宜的服务后，应当收取的劳务报酬。根据本条款规定内容，承租人有义务选择一个胜任的船舶代理人，至少是该特定港口或地区胜任的代理行或人员，并支付相关的代理费用。至于承租人选择的船舶代理如果不适任，例如由于疏忽产生的损害及责任，承租人是否负责，要看代理工作的种类及范围而定。如果承租人指定代理并支付费用的话，应视为代理船舶在港的一切正常业务，如办理进出港手续、加油加水、联系装卸公司、办理联检手续等，但是不包括与船员或者船舶本身有关的代理业务，例如安排船员登陆旅游、观光；安排船舶进行维修、检测等。有些业务是船长应当自己做的，也没有授权给代理，而船长却误以为该项业务应由承租人委托的代理进行，则此时承租人无需对代理的这种不履行负责。因此确定某项船舶代理费究竟由出租人负担还是承租人负担，关键要看船舶代理提供的服务针对的对象是船舶还是货物。如果是前者，则应当由船舶出租人负担；如果是后者，则应当由承租人负担。定期租船合同下，出租人和承租人各自指定船舶代理的情况非常普遍，甚至常常委托某一港口的同一家船舶代理公司。因此，作为船舶代理人而言，也应明确委托人及授权委托范围，不能因为针对同一艘船舶提供服务而混淆业务关系。

但世界上有些地方，如南非港明确规定代理费由承租人、出租人双方按其委托代理的工作量分摊，则此种情况下应当根据当地法律确定代理费的负担问题。

5. 燃油费

提供燃油并支付费用，是定期承租人一项基本义务。在实践中也是最容易产生争议的地方，该内容主要表现在如下两个方面：

（1）燃油数量。表明承租人有责任提供符合合同规定的正确数量的燃油。尽管承租人在期租合同下有提供燃油并支付费用的义务，但不解除出租人为了使船舶适航而提供燃油的义务。即出租人或船员应当将船舶以前及现在燃油消耗量的情况以及为保证船舶安全地完成承租人指示的下一个或几个航次，船舶所需燃油数量情况通知承租人。如果承租人完全合理地相信出租人提供的上述信息是真实的，即使事后发现有误，承租人对因未提供适当数量燃油产生的损失不负责任。例如"The Patapsco"船从利物浦驶往River Plate港并返回，由于轮机人员计算错误，在回航的最初阶段燃油不够，船舶不得不绕航去加油，因此产生了额外的费用。出

租人以“承租人负有提供燃油并支付费用责任”为由,要求承租人支付燃油费,而承租人拒不履行。最终法院判决,承租人在期租合同下有提供燃油并支付燃油费的义务,但不解除出租人最初保证船舶适航的义务。因此由于船员计算错误而产生的额外燃油费或为添加燃油产生的其他费用,承租人没有义务负担。

(2)燃油的品质。承租人有义务注意他所提供的燃油品质符合期租合同下船舶的机器型号。但该义务仅限于通常情况下船舶所需要的一般类型的燃油。除非出租人预先通知承租人注意,否则承租人没有义务提供满足任何船舶机器所需的不同寻常类型的燃油。为避免纠纷,实践中通常在合同中明确船舶所需燃料的种类、等级、含水量等,此时承租人有义务遵守这一规定。否则承租人必须就不符合要求的燃油对船舶产生的损害及因此产生的时间损失等负责。

随着各国对环境保护日益重视,一些国家已经开始关注船舶因为使用燃油而造成大气污染及碳排放过多的问题,并开始对船用燃油提出更高要求,这些法律及政策方面的变化,也会给定期租船合同双方产生影响。例如欧盟于 2005 年 7 月 6 日发布指令[2005/33/EC],要求在欧盟所有地区港口靠泊或利用其内河水道的所有船舶只能使用硫含量最高为 0.1% 的燃料。该法令于 2010 年 1 月 1 日生效。并自同日起,欧盟成员国禁止销售硫含量高于 0.1% 的船用轻柴油。为了给予船东更多的时间适应及遵守该指令,欧盟委员会将执行该法令的日期宽限到 2010 年 9 月 1 日之前。目前,只有低硫船用轻柴油(Low-Sulfur Marine Gas Oil:LSMGO)符合规定限额。如果不遵守上述法令,根据各国规定不同,将对入港船舶予以不同数额的罚款。根据法令,如下情况可以例外:(1)船舶在欧盟地区港口停留不超过 2 个小时;(2)船舶不使用低硫船用轻柴油,而使用经过批准的“废气净化系统或任何有可核查性和可执行性的其他减排技术”;(3)为保证船舶的安全或救助海上人命需要使用通常船用燃料油;(4)在满足若干条件情况下,因船舶或其设备受到损坏而必须使用通常船用燃料。除了欧盟颁布法令之外,美国加利福尼亚州颁布州法令,要求对距加州岸线 24 海里内水域的船舶不得使用硫含量超过 0.1% 的燃油规定,该规定于 2012 年 1 月 1 日实施。

由于上述法律政策的变化,会带来很多法律问题:

(1)面临合同条款制定或修改。因为对于一些订立的较长期的租船合同而言,原合同中尚未涉及这些问题,而根据期租合同承租人有提供燃油的义务,那么尽管成本增加,承租人也不得不支付低硫燃料油费用。因此理想的方式,是能够在租船合同中明确因为添加低硫燃油额外支付的成本如何分担问题。

(2)更换燃油可能产生时间损失问题。由于欧盟法令不要求船舶在抵达上述区域的途中也使用低硫燃油,因此考虑到低硫燃油的高成本,相信很多船舶将会在船上同时使用标准船用燃油和低硫燃油。那么在进出欧盟港口时还需要进行机器

设备的调整，以更换燃油。因此产生的迟延及时间损失，应该如何分担需要在合同中予以明确。

（3）由于目前世界上并非所有港口都能提供低硫燃油，为了满足欧盟法令，船舶可能涉及只能去一些特定港口添加低硫燃油，而非航线上的习惯加油港，那么因此是否面临构成不合理绕航等风险，也需要在合同中明确。

（4）可能涉及对现有船舶供油管路和设备的调整以及新造船船舶设计图纸的调整和修正等，这些可能会给出租人及建造人增加成本。

此外，期租合同通常都对交、还船时，船上剩余的燃油的数量做出明确规定，并由接受船舶的一方按当时当地的市场价格或者合同约定的其他方式，支付船上剩有燃油的价款。详见本章第三节之相关内容。

第三节　租期、交船与还船

一、租期

租期（period of hire）是定期租船合同中比较重要的条款之一，因为它不仅涉及承租人使用船舶的期限，还涉及租金支付的问题。因此合同中常常订有租期条款。1946 年 NYPE 格式在前言部分、1993 年 NYPE 格式第 1 条有关租期的规定比较简单，表述基本相同，约定“……自交船开始，租期大约为 × × × 日历月……”；而 Baltime 格式第 1 条对于租期条款的规定，相对比较详尽，主要明确了租期起算的时间，即“出租人将船舶租给承租人使用，租期为 × × × 日历月，自船舶在上午 9 点至下午 6 点之间，或者如果是星期六，则在上午 9 点至下午 2 点之间，在约定的地点将船舶交付给承租人并在其控制之下时租期开始起算……（交船时间不能是星期日或法定假日，除非承租人实际接管船舶。）”

定期租船合同中有许多关于租期的规定，总结一下，大致可归纳为如下几种：

（1）× × 月（年），例如 12 个月、2 年等。

（2）大约 × × 月（年），例如大约 12 个日历月（about 12 calendar months）、大约 2 年等。

（3）× × 月（年），或多或少 × × 天由承租人（或出租人）选择，例如租期为 6 个月，前后有 10 天的宽限期，由承租人选择（6 months, 10 days more or less in the charterers’ option）。

（4）不超过 × × 月（年），不低于 × × 月（年），例如不超过 18 个月，不少于 12 个月（not more than 18 months, not less than 12 months）；或者最多 18 个月，最少 12

个月(18 Months maximum,12 months minimum)。

(5)××月到××月的必要时间以便完成租期下的所有航次,例如 the period necessary to perform voyages such as 12 to 18 months.

以上所表示的月份(或年份),一般是指日历月(或日历年)。对于上述几种规定,虽然从字面上看规定得比较清楚,但实践中仍常常为此发生争议,因为通常情况下,考虑到航行中的风险以及可能受到前一个或几个航次履行情况的影响,承租人很难做到刚好在合同约定的租期届满的最后一天在还船港交还船舶,实践中出现提前或迟延还船的情形经常发生。上述有关租期的不同约定条款,是否意味着承租人必须在租期届满日还船,如何应对实践中无法准时还船的困惑,英美法院对此有不同的解释:

(1)对于第一种方法,尽管租期条款表述的是准确的时间,但是英国法院在解释该条款时,考虑到定期租船的实践做法,通常摒弃"严格解释合同原则",认为应默示包括一个合理的宽限期(implied reasonable margin),即承租人在该默示的合理宽限期限内交还船舶即可,而不是必须在规定日期(specified period)还船。例如在 Gray v. Christie 案件中,双方约定租用"The Blytheville"船舶的期限为 3 个月,从 1880 年 6 月 26 日开始起算租期。当承租人指示最后航次时,预计会超过租期届满日后的第 4 天还船,即 9 月 30 日还船,但实际上是 10 月 13 日还船。马修法官(Mathew J.)认为,根据合同条款,存在默示宽限期,而本案中的延迟还船,并未超过宽限期,①所以出租人无权就超出租期的期限向承租人按照较高的市场租金率索赔差价。同时法官还指出,默示宽限期的长短根据租船合同条款、船舶状况等诸多因素,根据实际情况予以确定。

(2)对于第二种方法,因为已经有"大约"一词,所以英国法院认为属于明示规定了一个宽限期(expressed margin)。但这个明示宽限期究竟是多长,仍要依据每一个具体案件,由法院或仲裁员来确定,可能是几天、几个星期,甚至可能是一个月。美国法院对此持相同的观点,并且在 The Rygia [161 F. 106 (2d Cir. 1908)]、Prebensens Damps. A/S v. Munson S. S. Line [258 F. 227 (2d Cir. 1919)]、Britain S. S. Co. v. Munson S. S. Line [31 F. 2d 530 (2d Cir. 1929)]等相关案件中,②都确认合同中如果存在"about"一词,意味着定期租船合同的租期可以存在一个明示的宽限期。

---

① Gray v. Christie(1889) 5 T. L. R. 577, 源自 Michael Wilford, Terence Loghlin, John D. Kimball. Time Charters (third edition). Lloyd's of London Press Ltd., 1989:92.

② Michael Wilford, Terence Loghlin, John D. Kimball. Time Charters (third edition). Lloyd's of London Press Ltd., 1989:99-101.

(3)第三种方法既然已经明确规定了宽限期,所以英国法院不再默示认为包括任何宽限期,只要在承租人选择的上下幅度范围内还船都不视为违约。例如在 The Dione 案件中,①双方选用 Baltime 格式,租期约定为 6 个月,或多或少 20 天由承租人选择。根据案件事实情况,6 个月租期届满日期应为 1970 年 9 月 8 日,根据约定的宽限期,船舶最迟应当于 9 月 28 日还船,而事实上船舶在 10 月 7 日还船。英国上诉院认定,既然合同已经明确约定了 20 天的宽限期,因此 9 月 28 日为最终还船日,不再允许存在任何默示宽限期,因此判定承租人迟延还船构成违约,并应当承担赔偿责任。

(4)第四种方法因同时规定了租期的上、下限,这本身就是一个明示宽限期的约定方式,因此英国、美国的法院均认为,此种情况下,不再允许承租人有任何延误,即使超出租期最后期限一天还船,也是违约行为。例如在 The Mareva A. S. 案件中,双方约定以 NYPE 格式租用 The Mareva A. S. 船,②租期为 5 个月,或多或少 20 天由承租人选择。合同履行后,承租人选择延长租期,达成补充协议约定“在 5 个月加 20 天的完整期限届满后,延长租期最低 2 个月,最多 3 个月”(charterers are to keep the vessel on time charter for a further period of 2 months minimum, 3 months maximum, in direct continuation from the end of the full period of 5months and 20 days)。Kerr 法官认为,既然合同约定延长租期的期限最多不超过 3 个月,因此不允许再有任何宽限期,承租人应当在 3 个月内还船。该观点在英国法院审理 The Johnny 案件中([1977] 2 Lloyd's Rep. 1)得以确认。美国法院和仲裁机构分别在审理 Tweedie Trading Co. v. Sangstand [180 F. 691 (2d Cir. 1910)]、The Romandie, S. M. A. No. 1092 (Arb. At N. Y. 1977)、The Scaldia, S. M. A. No. 905 (Arb. At N. Y. 1975)等案件中,也采用同样的观点。

(5)第五种方法虽然也是规定了一个期限范围,但是英国法院通常认为允许在默示宽限期内还船,即承租人即使在合同规定的最高期限还船,只要在默示宽限期内,仍然不承担迟延还船的赔偿责任。当然这种默示的宽限期应当根据案件具体情况确定。例如英国法院在审理 the Democritos 案件中,③双方约定使用 NYPE 格式,租期为 4 ~6 个月(duration about 4 to 6 months)。英国上诉法院认为允许在租期 6 个月届满后,给予默示宽限期,并且该宽限期最长不超过 5 天。即使该合同

---

① The Dione [1975] 1 Lloyd's Rep. 115, 源自 Michael Wilford, Terence Loghlin, John D. Kimball. Time Charters (third edition). Lloyd's of London Press Ltd., 1989:93.

② The Mareva A. S. [1977] 1 Lloyd's Rep. 368, 源自 Michael Wilford, Terence Loghlin, John D. Kimball. Time Charters (third edition). Lloyd's of London Press Ltd., 1989:92.

③ The Democritos [1976] 2 Lloyd's Rep. 149.

中没有“about”一词的表述,法院也会允许一个默示的宽限期。

除上述几种有关租期条款的约定方式外,由于受国际经济和贸易的影响,航运市场跌宕起伏,双方当事人在对未来市场难以做出充分评估的情况下,往往不太轻易约定较长时间的定期租船合同,因此近年来,实践中还有一种表示租期的方式,即所谓的“X plus X”方法,例如租期为“3 个月 +3 个月”,是指承租人、出租人双方签订的期租合同为 3 个月,但在这 3 个月届满时,由合同规定的一方选择是否续约下一个租期(仍然为 3 个月),在续约期间,原合同条款基本不变或根据双方约定,仅对个别条款做出变更。这种约定方式对出租人、承租人双方均有约束力。如果合同规定由承租人选择是否续约,则第一次 3 个月租期届满时,出租人不得擅自将船舶出租给其他第三人,须等候承租人选择是否续约,只有承租人答复不再续约的情况下,双方租船合同关系终止,出租人可以选择其他第三方洽谈合同;如果承租人答复续约,则租期再次延长 3 个月,原合同约定条款继续生效。同样如果合同规定由出租人选择是否续约,则承租人在未得到出租人否定的答复之前,仍受原合同的约束,不得擅自解除合同。如果采用这种约定方式,本书作者建议不论合同约定由哪一方做出选择,合同中最好能够约定该选择方做出选择答复的明确期限,以避免可能受市场波动而产生纠纷。

我国《海商法》只是在第 130 条规定,租船期间为期租合同的主要内容,对其如何解释未做规定。

二、交船

BALTIME 格式第 1 条“交船条款”(delivery of vessel clause)规定:“出租人将船舶出租给承租人使用,租期为 × × × 日历月,自船舶在上午 9 点至下午 6 点之间,或者如果是星期六,则在上午 9 点至下午 2 点之间,在约定的地点将船舶交付给承租人并在其控制之下时租期开始起算……(交船时间不能是星期日或法定假日,除非承租人实际接管船舶),交船地点为承租人指定的一个合适的能够使船舶安全停留并永远漂浮的泊位,船舶应当在各方面做好准备以适合普通货物运输……(The Owners let, and the Charterers hire the Vessel for a period of... calendar months from the time (not a Sunday or a legal Holiday unless taken over) the Vessel is delivered and placed at the disposal of the Charterers between 9 a. m. and 6 p. m., or between 9 a. m. and 2 p. m. if on Saturday, at... in such available berth where she can safely lie always afloat, as the Charterers may direct, she being in every way fitted for ordinary cargo service.)”

1946 年 NYPE 格式在前言部分则规定:“船舶应在 × × ×(地点)根据承租人的指示,在一安全码头或安全泊位或安全地点(上述地点应能够保证船舶安全停留并在任何潮汐情况下处于永远漂浮状态，除非本合同第六条另有规定）交付给承租人。”

如果上述码头、泊位或地点无法停靠，因此产生的等待时间根据第5条的规定予以计算。交船时，船舶货舱应清洁并适于接受货物，并且船舶应当紧密、牢固、结实并在各方面适于货物运输，有压载水，绞车和锅炉应当具备充分状态，或者如果未能配备锅炉，则应当有足够的动力以便操作绞车（包括提供足够数量的适任驾驶员、普通船员、轮机人员和消防人员），以便于装运……货物。1993年NYPE格式第2条有类似的规定。

从上述标准条款内容可以看出，在交船条款中，通常会明确交船的时间、地点、船舶状态及交船前的通知等主要事项。

（一）交船的日期

交船日期的规定通常有几种方式：①特定日期；②从××日至××日；③不早于××日或不晚于××日。由于船舶调配并不是出租人自己能够完全控制的，如果合同仅订明交船日期为××日期，即采用第一种方式的话，未免对出租人的约束太大。为保险起见，出租人常常在特定日期之前加上“大约”一词。实践中采用第二种约定的方式更为常见。而且如果规定船舶在一段期间内抵达交船地点的话，则这段交船期限通常都与解约日有着密切的联系，即如果出租人未按照合同约定的日期到达交船港交付船舶，只要超过了解约日，承租人就可以解除合同，并可就船舶晚到而给承租人造成的损失，向出租人索赔，除非是出租人因合同规定的免责事项造成延迟到达。多数情况下，交船日期的最后一天为解约日。定期租船合同有关交船期限和解约日的规定，非常类似航次租船合同中的受载期与解约日的规定（Laycan）。需要注意的是，交船日期条款中规定的解约日，也是赋予承租人有选择解除合同的绝对权利，一般不受任何其他因素的影响，除非定期租船合同中存在类似于航次租船合同中的“质询条款”，可以在该条款约定的范围内一定程度限制承租人解除合同的权利。有关质询条款的含义，详见前文内容。

为了更好地做好交接船舶的准备，通常合同中明确规定，出租人应在预计交船日期之前的若干天内向承租人递交预计交船的书面通知（estimated notice of readiness for delivery of vessel）和确切交船的书面通知（exact notice of readiness for delivery of vessel）。即使出租人无法在合同规定的日期之前抵达交船港做好交船的相关准备，通常合同中也会规定出租人应当向承租人发出书面通知。

例如1993年NYPE格式第16条“交船/解约”条款明确规定，如经承租人请求，租期不得早于×× 时间起算。如果船舶未在××时间当时或之前做好交船准备，并在最长不超过××小时的时间内仍未做好准备的，承租人有权选择解除合同。如出租人经过谨慎处理，仍无法使船舶在解约日之前做好交船准备，但对于船舶将要做好准备的合理日期能够估算，出租人可以在船舶预计驶往交船港之前的7天内，要求承租人做出是否解除合同的答复。如果承租人选择不解除合同，或者没有在两天内或解约日之前做出答复（二者以较早的时间为准），则出租人预计做好交船准备之日后的第七天视为新的解约日。

根据我国《海商法》第131条的规定，出租人应按照合同约定的时间交付船舶。如果未按规定交付船舶，不管合同中是否存在解约条款，承租人都有权选择解除合同。但如果出租人将船舶延误情况和船舶预期抵达交船港的日期通知承租人的，承租人应当在接到通知时起48小时内，将是否解除合同的决定通知出租人。但是如果承租人未在规定时间内做出答复时会产生什么样的法律后果，《海商法》对此没有规定。事实上，《海商法》第131条的规定，是将常用的"质询条款"的部分内容吸收进来。此外《海商法》还规定出租人应赔偿承租人因出租人过失延误提供船舶而给承租人造成的损失。由于《海商法》对于上述"通知"没有任何形式要件上的要求，理论上既可以是口头通知，也可以采用书面方式通知，如电传、传真、电子邮件等。如果承租人按照通知上的要求予以答复，并选择不解除合同的话，实际上这种通知是对合同内容的变更。根据《海商法》第128条规定，定期租船合同应当书面订立，鉴于本内容的重要性，因此本书作者认为实践中最好采用书面形式的通知方式。

如果承租人未在合同规定日期前指定交船港，是否会影响其解除合同的权利？英国上诉法院在2009年审理Mansel Oil Ltd & Another 诉 Troon Storage Tankers SA案件①中就涉及这一问题。承租人与出租人就租用"The Ailsa Craig"船签订了2年的期租合同，采用Shelltime 4格式。合同约定，出租人应当在WAF - Ghana/Nigeria范围内的某一港口交船（港口由承租人选择），船舶交付不得早于2007年9月25日，若船舶不能在2007年11月15日之前备妥交付且处于承租人处置之下，承租人有权选择解除合同。并且合同明确规定出租人应当在预计交船日期之前的30天/25天/15天发出书面交船通知，其后应当在确定交船日期的10天/7天/5天/3天/2天/1天发出明确交船通知。但是直至2007年11月16日，该船仍然处于干船坞修理中，因此承租人根据合同规定，选择解除合同。但是出租人抗辩认为承租人在解除合同之前，也一直没有明确具体交船港，也未向出租人发出指定交船港的通知，因此承租人不能解除合同。双方因此产生向英国法院起诉。经过审理，英国法院认为，根据合同规定，承租人有在合同约定期限前指定交船港的义务，但是该义务并不是承租人选择解除合同的前提条件（precedent condition）。而且结合本案事实情况，承租人是否指定交船港已经没有实际意义了，因为船舶仍在船坞修

① [2009] EWCA Civ. 425.

理中,即使承租人指定了交船港,船舶无论如何也不可能在解约日之前抵达。因此最终判定承租人有权选择解除合同。

(二)租期的起算

租期的起算与交付船舶有着密不可分的关系。通常租期的起算是以船舶交付为前提,但是究竟从何时起算,要看合同的具体规定。如 BALTIME 格式规定,租期从船舶交付时并处于承租人处置(或控制)之下时起算。但是这种条款因为规定得不明确,反而易产生争议。例如,如何判断船舶是否处于承租人的控制之下?是以实际交付为标准,还是以通知了承租人或其代理人的时间为标准?而像 1946 年 NYPE 格式第 5 条中的相关规定就非常明确,可以避免类似的问题,即"如果交船准备就绪通知书在下午 4 点以前递交给承租人或其代理人,则租期从次一工作日上午 7 点起算;但如经承租人请求,承租人有权立即使用该船舶,则使用船舶的时间计入租期。"(Time to count from 7 a. m. on the working day following that on which written notice of readiness has been given to Charterers or their Agents before 4 p. m. , but if required by Charterers, they to have the privilege of using vessel at once, such time used to count as hire.)

我国《海商法》对此没有规定,主要由合同双方约定并综合考虑合同的内容确定租期起算时间。

(三)交船地点

交付船舶的地点究竟是在港口、泊位,还是某一个特别的地点,主要根据合同条款来确定。如 BALTIME 格式规定是某港内一个能安全停泊并永远处于漂浮状态的泊位(in such available berth where she can safely lie always afloat. . .)。如果承租人未提供上述泊位的话,则等泊时间由承租人负担。由于 BALTIME 格式强调该交船泊位应当使船舶处于永远漂浮状态,因此即使是属于使船舶可以安全搁浅(safely grounding)的泊位,仍然不视为安全泊位,除非合同另有约定。而 1946 年 NYPE 格式则规定:"交船地点是在承租人控制之下并由其指定的某一码头、泊位或地点(该码头、泊位或地点应使船舶在任何潮汐下安全停泊并永远处于漂浮状态,除非另有第 6 条的规定)……"其第 6 条的内容大致是:如果根据当地习惯,某一种类型的船舶能在这种停泊地点安全搁浅,则该停泊地点仍满足"安全停靠并永远漂浮"(safely lie always afloat)的条件,即不能将这样的停泊地点视为不安全泊位。因此对于那些受港口潮汐影响较大的港口而言,NYPE 格式的规定相对更为合理并符合实际情况。

除了有关交船港口或泊位外,通常在期租实践中,交船地点订得较具体,如某地最后一个引航站、某地灯塔等。因此要求拟订合同的人必须具备丰富的地理知识,否则可能会产生不必要的费用和麻烦。合同中约定交船地点明确是在港内的一个安全泊位或列名泊位的，如果是强制引航，或者非强制引航，但是考虑到船舶及航行安全，出租人认为有引航的必要，则船舶出租人须自付费用聘用引航员引航。此外出租人还须熟悉港口情况，如进出港航道是否很长、是否拥挤、有没有罢工存在等。为避免港口拥挤而可能造成的时间损失，出租人可争取在泊位前加上"可靠泊的"(reachable)一词，从而将等泊时间转嫁给承租人。若合同规定以"到达引航站"(on arrival pilot station— APS)或"引航员登船"(on taking inward pilot—TIP)等条件作为交船地点的，对出租人较有利。因为引航站一般都设置在外港，船舶只需抵达于此，无须入港即算履约，从而规避因港口拥挤等可能给自己带来的风险。我国《海商法》对此未做规定。

(四)交船的条件

交付的船舶应具备什么样的条件，是否符合合同规定，是否需要检验，是承租人尤为关注的问题，也是期租合同的主要条款之一。

1. 交船时的最初适航(initial seaworthy)

1946年NYPE格式规定，交付的船舶应该是"紧密、坚固、结实，并在各方面适于运输"(being tight, staunch, strong and in every way fitted for the service)。1993年NYPE格式除了沿用了1946年格式用语之外，还强调"交船时船舱应当清洁并适于接受货物，要有压载水，并且应提供充分的动力以便于货物操作设备的使用。"BALTIME格式的规定是"在各方面适于普通货物运输"(being in every way fitted for the ordinary cargo service)。

显然在交付船舶时，出租人提供适航船舶的义务是明示的。根据英美法的解释，即使合同中没有明确关于交船时船舶状态的规定，出租人也有默示义务(implied obligation)提供一艘适航船舶。虽然上述有关适航船舶的表述，比较集中在船舶本身要牢固、紧密等，事实上船舶适航的含义不像条款字面含义所言，即不仅仅限于船舶本身的适航，还应包括出租人提供正确的海图、相关的船舶证书，配备的船员不论在质量上还是数量上都满足船舶需要，货舱及有关装卸设备应适于货物运输等，因此应该是广义上的适航含义。① 如果交付的船舶不符合合同规定的适航条件，承租人有权拒绝接受该交付的船舶，并可以索赔因此而遭受的损失。一般来说，这种情况下，不允许承租人以交付船舶不符为由解除合同，除非出租人违约的程度足以严重到妨碍合同要达到的目的。交船时船舶适航的条款往往被认定为"中间义务条款"，可见英美法是限制承租人解除合同的权利。

有时为了防止双方对交付船舶的状况存在不同意见而发生争议，合同中常常

---

① 参见我国《海商法》第47条的规定以及《海牙规则》、《海牙－维斯比规则》等国际公约之相关规定。

规定对交付的船舶进行检验。一般来说，交船时的船舶检验费及所花时间，由承租人负担；相反，还船时的船舶检验费及所花时间由出租人负担。船舶验船师对交付的船舶或交还的船舶进行检验，并对船舶的状况出具相应的证书或文件。例如1993 年 NYPE 格式第 3 条专门规定“起租/退租船舶检验”条款（on-off hire survey）。这里提及的起租/退租船舶检验就是针对交船和还船时的船舶检验而言的。明确规定“在交船前和还船前，除非另有约定，合同每一方当事人应当各自指定验船师并各自负担验船师费用。验船师应当不迟于第一个装货港/最后一个卸货港，联合对船舶进行交船/还船船舶检验，以便确定船上剩余燃油的数量及船舶状况。每次检验之后，应当出具由两名验船师签名的一份共同验船报告，如果验船师对于报告结论持不同意见，不影响其就不能达成一致意见的事项单独出具报告。如果一方当事人指定的验船师未能参加船舶检验并签署验船报告，则该方当事人应当受另一方当事人指定验船师出具的检验报告的约束。交船时验船所花费的时间由承租人承担，还船时检验花费的时间由出租人承担。”

通过比较上述有关船舶适航的标准条款用语，可以看出，BALTIME 格式更强调了船舶应当适于“普通货物运输”（ordinary cargo service）。所以作为出租人，有义务使提供的船舶适合于一般的普通货物运输即可，不必强求该船舶应当满足任何一种货物的特殊要求。这样一旦合同允许承运某种特定货物，而为了更好地承运此货物需要特别设施，即使出租人不能提供这些特殊设施，也不视为出租人违反适航义务。但从 1946 年 NYPE 格式的规定看，并不明确。一般认为在 1946 年 NYPE 格式下，如果合同规定允许承运某些特别货物或允许承租人选择特殊贸易或货物的话，则出租人有义务提供符合上述货物运输所需的特别设备，因为合同条款的表述为“满足货物运输”（fitted for cargo service），否则视为违反适航义务。当这种设备花费较大，出租人又不肯自掏腰包承担时，就比较容易产生纠纷。所以，1993 年 NYPE 格式已经注意到了这个问题，进行了修改，增加“ordinary cargo”一词，以使该条款更加明确表明仅适于普通货物运输。

我国《海商法》第 132 条对交船时船舶应具备的条件做出明确规定，即在交付船舶时，出租人应当谨慎处理，使船舶适航，并且交付的船舶应适于约定的用途。但是该规定并未解释适航的具体含义。这一点不同于我国《海商法》第 47 条有关承运人提供适航船舶义务的规定，因为第 47 条不仅对承运人使船舶适航的时间、程度做出规定，而且明确了船舶适航的含义。《海牙规则》、《海牙 - 维斯比规则》有关承运人提供适航船舶的义务与我国《海商法》第 47 条的规定类似。根据我国《海商法》，定期租船合同被规定在第六章“船舶租用合同”，那么第四章第 47 条有关船舶适航的规定是否可以一定适用于第六章，不无疑问。

虽然我国《海商法》没有对适航的具体含义予以明确，但是借鉴英美法国家对船舶适航的规定,以及考虑到《海商法》第47条有关承运人提供适航船舶的内容,笔者认为定期租船合同下出租人使交付的船舶适航的义务表现在如下方面:

(1)适航的程度。我国《海商法》明确规定为"谨慎处理",是指出租人在考虑到或已知的或能够合理预见到交付船舶时,包括货物特性在内的所有风险、情况下所采取的合理措施。因此该项义务不是绝对义务。

(2)适航的含义。这里的适航义务应该是广义的,即不仅包括船舶本身、船舶机器、设备等处于适航状态,还包括船员的配备、船舶的装备及供应品等的配备,货舱及其他载货处所适于合同约定的用途等。因此如果合同规定允许装运某类货物,而该货物对运输设备和条件有特殊要求的话,则出租人有义务满足该特殊要求,否则就违反了适航义务。

(3)适航的时间。上述适航义务仅限于交付船舶当时。如果船舶交付后,在租期内因某种原因,船舶不具备上述适航条件,只要出租人能够在合理时间内采取合理措施弥补,则不视为出租人违反适航义务。

因为通常定期租船合同下,船舶的日常维修、保养工作仍由出租人负责,所以一旦发现船舶不适航,出租人仍有义务在租期内的合理时间尽快修复,使船舶处于正常工作状态。

此外,我国《海商法》还规定,如果出租人违反第132条规定的适航义务,承租人有权解除合同,并有权要求赔偿因此遭受的损失。请读者注意,这一规定与英美法下出租人违反适航义务的法律后果的规定略有不同。我国《海商法》没有考虑出租人违反适航义务的程度问题,不论违反的程度多么轻微,只要违反适航义务,承租人就有权选择解除合同。而英美法规定,使船舶适航的义务条款属于中间义务条款,即只有出租人违反适航的义务足以妨碍合同将要达到的目的,即违反程度严重时,承租人才有解除合同的权利。假设出租人因某种原因未及时更换最新版的海图,显然这违反了适航义务。结果由于航运市场租金率下跌,根据中国法律,承租人刚好有借口就此选择解除合同,从而在航运市场上另觅租金率低的船舶,这对于出租人来说未必公平。因为尽快更新海图只不过需要数小时或几天时间,而长达1年或2年的期租合同就因为旧版海图而被解除,某种意义上说,并不利于正常交易秩序的维持。因此,笔者认为我国《海商法》关于违反交船船舶适航义务的法律后果的规定,应当综合考虑该违约行为对合同履行的影响程度等,最终确定是否足以构成解除合同的条件。

除上述内容外,对于出租人交付的船舶条件,有时定期租船同还会做出特别约定。如果出租人系根据承租人要求以及满足船舶使用的需要,对船舶进行部分改造或修理的,应当由承租人支付相应的费用。例如湖北省高级人民法院2009年审理了"武汉利通船务有限公司与江西省瑞昌江海运输有限公司船舶租赁合同纠纷上诉案”涉及这个问题。[①] 2007 年 1 月 22 日，江西省瑞昌江海运输有限公司（以下简称瑞昌公司）与武汉利通船务有限公司（以下简称利通船务）签订船舶租赁合同，约定由利通船务租用瑞昌公司“皖霍邱货 0696”号船舶作为定位船，租期为 5 个月，自 2007 年 2 月 1 日至 7 月 31 日，租金为每月 6 万元整。合同约定出租人瑞昌公司除保留原有一个 2.5 吨锚以外，必须按定位船标准增加三个 2 吨的锚；同时合同有关“违约责任”的条款还约定，如出租人按承租人要求进行改造后，承租人因故不租用的话，必须承担出租人瑞昌公司投入的费用 30 000 元。为履行该船舶租赁合同，瑞昌公司为该船购置 2 吨船锚 3 只、转环组 3 套，花费共计 48 600 元。事后因承租人违约，双方产生争议，出租人就其实际改造费用向武汉海事法院提起诉讼。一审判决后，利通船务不服，向湖北省高级人民法院上诉，经过调解，最终利通船务同意一次性支付瑞昌公司人民币 20 000 元了结此案。

显然在该案件中，出租人完全是为了满足承租人租期内使用船舶的特殊需要而增加部分设备并产生费用，上述费用如何分担，应当在合同中明确约定。如果出租人未能在交船时满足该特殊要求的，承租人完全可以以船舶不符合合同约定选择解除合同；但是一旦出租人根据合同特殊规定满足了交船条件的，则承租人应当履行定期租船合同。虽然该案件未涉及这个问题，事实上合同还应当对租期届满还船之后上述特殊设备的归属以及为清除或拆除该设备而产生的时间是否计入租期，因此产生的清除费用如何负担等内容做出明确约定，否则会产生不必要的争议。

2. 交船时的燃油问题

期租合同通常都对交船时船上剩有的燃油数量做出明确规定。1946 年 NYPE 格式第 3 条规定了交、还船时船上应剩有燃油数量的最高限和最低限，并规定由接受船舶一方按当时当地的市场价格向另一方给予补偿。1993 年 NYPE 格式第 9 条也明确规定交、还船时，船舶剩余的燃油、柴油等数量，并根据双方约定的价格计算燃料油。BALTIME 格式第 5 条也规定了由接受船舶的一方按当时当地的市场价格支付剩余燃油的价款，但仅对还船时船上剩有燃油数量的范围做出规定。

期租合同之所以做出如此规定，是基于如下方面的考虑：①由于期租合同下燃油费是由承租人支付并提供的，所以如果交船时船上剩余的燃油量过少，会使承租人不得不支付一定费用及付出精力来添加燃油，以保证适航的需要，也可能会因交船港或其附近港口没有合适型号的燃油提供，致使承租人在安排营运上带来麻烦。②如果交船时船上剩余的燃油量过多，一方面会使船舶载重能力下降，从而影响承租人安排货载；另一方面，如果交付船舶当地燃油价格很高，出租人恐怕会在交船

① 案件内容参见湖北省高级人民法院〔2009〕鄂民四终字第 89 号民事调解书。

港之前某一燃油价格较低廉的港口加满油,从而增加承租人的额外经济负担。同样的道理适用还船时。因此合同常常同时规定剩余燃油的上、下限范围。

关于交、还船燃油价格如何确定的问题,除了常见的按当时当地的市场价格计算之外,还有如下 3 种方式供选择:①按合同双方约定的价格计算。但如果是一个较长期限的期租合同的话 ,恐怕会因通货膨胀的因素,使双方在合同中约定的价格与实际价格相差甚远,因而这种方式比较适合于短期的期租合同。②按地理位置最近的主要加油港的价格计算。但最近的主要加油港的含义很难界定,某些情况下会带来识别上的困难。③按最后几次船舶实际加油的发票价格平均计算。这种方法比较合理,特别是当前世界燃油价格波动频繁的时期,尤为重要。但计算起来比较麻烦、烦琐,也需要出租人注意保管和整理近期加油的发票和相关证据。出租人、承租人双方可以根据实际情况选择其中一种方法计算燃油价格,并最好在合同中订明。

三、还船

还船(re-delivery of vessel)与交船一样,通常合同中都对还船的日期、地点、条件等方面加以明确规定。例如 1946 年 NYPE 格式第 4 条规定:“ ……船舶应当在 × × 地点(除非合同另有约定)交还给出租人,还船时船舶应处于良好状态,自然磨损除外……承租人应向出租人在不少于 × × × 天内发出在可能的某一个港口预计还船的通知……”1993 年 NYPE 第 10 条的规定比较类似,只是明确了交还船的时间应根据格林尼治时间确定(Greenwich mean time:GMT)。而 BALTIME 第 7 条则明确:“船舶应在租期届满时交还给出租人,还船时的船舶应处于与当初交付给承租人一样的良好状态(自然磨损除外),并且应当根据承租人的选择,在某一个非冰冻的港口内的某一个地点还船,还船时间应在上午 9 点至下午 6 点之间进行;如果是周六,则在上午 9 点至下午 2 点之间进行,但是无论如何,还船日不能是星期日或法定假日。承租人应当在还船日之前不少于 10 天,向出租人发出预计在还船港交还船舶的通知……”

(一)还船日期及还船时间

尽管合同中都有关于租期的规定,确定还船日期并非难事,但是实践中很少有船舶最后航次的结束日恰好与租期届满之日相吻合,常常出现延迟还船或提前还船。但是无论提前还船还是延迟还船,为了便于出租人做好还船准备,通常合同都规定承租人有向出租人发出还船通知的义务。

定期租船合同中常见的有关还船通知规定如下:承租人在预计还船前不少于 30 天/20 天/15 天/10 天/7 天向出租人发出书面还船通知,以确定大致还船日期及预计还船地点,并在确定具体还船日期和还船地点的情形下,在还船前 5 天/3

天/2 天/1 天向出租人发出明确还船通知，以便于出租人做好接受船舶以及还船后的船舶继续营运安排等工作（... Charterers are to give Owners not less than 30 days followed by 20/15/10/7 days notice of approximate redelivery date and intended port thereafter 5/3/2/1 days definite notice of redelivery date and port...）那么，这种还船通知究竟起到什么作用？承租人发出某个还船通知后，如果船舶实际情况发生变化，能否对还船日期和地点做出变更？这些问题常常是期租实践中经常遇到的，这里通过对英国法院在 2009 年审理的“The Zenovia”一案①的介绍回答上述问题。

“The Zenovia”一案涉及的定期租船合同是以 NYPE 格式为蓝本，其中涉及 3 个转租定期租船合同，每一份转租合同的主要条款几乎没有变化，属于背对背合同（back to back contract），合同约定还船最后期限为 2007 年 11 月 22 日，还船地点为 ADEN/Japan 区域范围内某个安全港口引航员最后离船地。合同中订有如上文提及的有关还船通知的常见条款。2007 年 10 月 5 日，承租人发出预计还船通知，告知出租人船舶预计在中国某个港口在 11 月 6 日还船。基于船舶营运安排方面的便利，承租人于 10 月 15 日再次发出一份预计还船通知，声称船舶将于前一还船通知中提及的还船地点还船，但是预计还船日期变更为 11 月 20 日。而出租人在收到承租人发来的第一份预计还船通知后，已经与其他承租人签订航次期租租船合同，约定船舶受载期为 11 月 1 ~ 11 日。因此出租人不接受承租人第二次发出的预计还船通知，坚持要求承租人应在 11 月 6 日前还船。双方因此产生争议，根据仲裁条款提交仲裁，仲裁庭支持了出租人的观点。承租人不服，向英国商事法院提起上诉，英国法院驳回仲裁裁决，支持了承租人的观点。英国法院认为：第一，本案件中承租人第一次发出的预计还船通知，并不具有承诺还船的绝对效力，即不构成“禁止反言的承诺”（promissory estoppel），言外之意，承租人可以根据船舶营运的实际情况进行调整。第二，根据本案件中的通常还船通知条款的内容，允许承租人分别在预计还船之前至少 30 天、20 天、10 天等发出预计还船通知，即表明合同赋予承租人可以在后续发出的预计还船通知中，对还船日期和还船地点进行适当调整。因此本案中，英国法院支持了承租人的观点，只要承租人在期租合同约定的还船日期之前交还船舶即可。

显然根据“The Zenovia”一案，承租人发出的预还船通知（approximate notice）并不具有绝对的约束力。但是对于确定还船通知（definite notice）的效力如何，是否能够变更，该案没有涉及。我们认为既然在确定还船通知中已经明确了具体的还船日期和地点，则承租人应当承诺上述内容，不允许再做任何调整。

---

① IMT Shipping and Chartering GmbH v. Chansung Shipping Company Limited [2009] EWHC 739 (Comm).

除了还船日期的确定外,如何确定还船时间,也应当在合同中明确约定,否则也会产生争议。因为出租人、承租人常常身处不同国家或地区,而且其营业所所在地与还船地并不一致,由于时差问题,就会涉及交还船舶的时间究竟以出租人所在地,还是承租人所在地,抑或是交还船所在地确定的问题。1993 年 NYPE 第 10 条明确规定还船时间根据格林尼治时间确定就比较有效地避免争议发生。

1. 延迟还船(redelivery after the expiration of hire)

延迟还船,又称超期还船(over-lap)。根据最后一个航次是合法履行,还是非法履行,其法律后果不同。

(1)合法的最后航次(legitimate last voyage)

根据英国法律,如果承租人在指定最后一个航次时,考虑到租期以及明示或默示的宽限期,能够合理地预计到船舶可在租期届满之前完成的航次,是合法的最后航次。在美国,如果船舶履行最后航次,将超出租期,则超期部分称为 overlap;如果船舶不履行最后航次,将提前还船,则提前的部分称为 underlap。如果 overlap 不超过 underlap,则该航次为合法的最后航次,反之,则为非法的最后航次(illegitimate last voyage)。

如果是合法的最后航次,则对于承租人所做出的航行指示,船长有义务听从。尽管合法的最后航次在指定时,已经进行了合理的预计和估算,但是如果船舶不是由于合同双方负责的原因被延迟,即使租期届满,承租人仍然有权超期使用船舶并完成该航次,租金按合同约定的费率支付,直至航次实际终止,而不管此时航运市场的租金率是上升还是下降。如果是承租人违约造成延迟还船,则对于延迟期间,承租人应以合同租金率与市场租金率之中的较高者,补偿出租人的损失。上述观点在英国法院审理 The London Explorer 案件中得以确认。该案件采用 NYPE 格式,约定租期为 12 个月,或多或少 15 天由承租人选择。承租人在做出合法最后航次的指示后,由于发生了不可预见的罢工事件,导致船舶在租期届满后才得以交还给出租人。超期期间刚好租船市场下跌,因此承租人提出应当根据较低的市场租金率支付超期期间的租金。里德勋爵(Lords Reid)驳回了承租人的抗辩,明确指出"……定期租船合同继续有效直至合法的最后航次终了,除非迟延是因为一方当事人负责的原因导致",因此判定承租人应当根据合同约定费率支付租金。该判决在丹宁勋爵审理的 The Dione([1975] 1 Lloyd's Rep. 115)案件中再次得以确认。① 但英国上议院在 1995 年审理"The Gregos"案中,②由于另外一条船舶搁

---

① Michael Wilford, Terence Loghlin, John D. Kimball. Time Charters (third edition). Lloyd's of London Press Ltd., 1989:88-89.

② Torvald Klaveness A/S v. Arni Maritime Corpn (The Gregos) [1995] 1 Lloyd's Rep. 1.

浅在航道上，致使 the Gregos 船的航行受到阻碍，在履行完最后航次之后，实际还船日期超出租期届满日 8 天。本案先后经过海事仲裁、高等法院、上诉法院及上议院多次审理。最终上议院 Mustill 法官判决，综合本案事实情况，承租人在指定最后航次时，尽到了合理谨慎的义务，因此最后航次是合法的。但是即使在合法的最后航次下，如果事实上还船延迟，承租人仍然违反了按期还船的合同义务，因此超出租期的延迟期间，承租人应支付合同租金率与市场租金率之中的较高者，而不考虑该延迟是否是双方都不负责的原因造成的。显然上议院的判决最终支持了出租人的诉请。此外，在该案件审理中，英国法院还确认了承租人的这项义务被认为是中间义务，视承租人违反的程度，决定出租人是否能够解除合同。根据英国先行法律规定，即使是合法的最后航次，超期期间，承租人应当根据合同租金率与市场租金率中的较高者支付租金。但是租期范围内的期间，只要按合同租金率支付即可。

（2）非法的最后航次（illegitimate last voyage）

当承租人指定最后一个航次时，不是经过合理估算，而是故意或明知履行该航次会导致延迟还船，而仍然履行该航次的，则为非法的最后航次。

对于承租人发出非法最后航次的指示，船长有权拒绝，并请求承租人重新指定一个合法的最后航次。如果承租人不重新指定的话，则出租人有权视合同已经终止，并请求损害赔偿。如果船长听从了承租人关于非法最后航次的指示，而出租人本人并不知晓，则事后出租人仍有权拒绝继续履行该航次，并请求违约赔偿，即出租人有权要求承租人支付租金直至还船。并且当航运市场的租金率上升时，就超期部分，应当按较高的市场租金率支付。如果是航运市场租金率下跌，则出租人有权主张超期期间按照合同约定租金率支付租金。如果承租人发出非法最后航次的指示，而出租人对于事实情况完全了解并且知晓履行非法最后航次指示的结果，如果该非法最后航次得以履行，则出租人丧失拒绝履行合同的权利，但不影响因非法最后航次给自己造成损失而向承租人索赔的权利。

根据英美法，尽管对于最后航次的履行，不论是合法的最后航次，还是非法的最后航次，都允许出租人就租期届满后的超期期间按照市场租金率及合同租金率中较高的费率支付租金。事实上如何确定市场租金率在出租人、承租人之间并非容易达成共识，而且即使是根据较高的市场租金率支付超期期间的租金，出租人仍然承受很多经济损失。例如，一个两年的期租合同，完成一个航次后应在英国还船，租期剩下的日子不多，但承租人仍坚持再多跑一个航次去印度，然后再返回英国还船，结果导致非法的最后航次。虽然承租人违约已经履行了非法的最后航次，理应赔偿出租人的损失，问题是该损失（即依据市场租金率计算出来的租金与原合同租金之间的差价）该如何计算。原来合同中规定的租金率是 5 000 美元/日，但实际还船当时的市场价格却有几个：①从英国到印度的航次期租（TCT），租金率高达 15 000 美元/日;②英国—印度—英国的往返航次,租金率为 11 500 美元/日;③两年的期租合同,租金率为 8 000 美元/日。出租人愿意按第一种标准计算,承租人则认为应当以第三种为准,双方争执不下,诉至法院解决。最后法院判决是根据第三种方法,即按租期为两年的市场租金率计算,理由是"对等原则"(like-to-like)。即原来的租金率是根据一个两年期租合同条件订立,所以所谓的市场租金率也只能采取对等条件为标准。[①] 这样,虽然表面上看,出租人就较高的市场租金率与合同租金率之间的差价获得了赔偿,但如果原期租合同能够按时结束并交还船舶,出租人完全可以选择以 TCT 租船方式将船舶再租赁出去。实际上仍然平白地损失了每日高至 7 000(15 000 - 8 000)美元的金额。所以尽管在该案中,承租人是按照一个两年的期租合同较高的市场租金率计算出来的数额承担赔偿责任,仍然不能抵销出租人真正的损失。

此外,除市场租金率与合同租金率的差价损失之外,出租人是否可就承租人迟延还船遭受的其他利润损失向承租人索赔?英国仲裁庭及法院在"The Achilleas"案件中对此曾经先后做出完全不同的判决,英国贵族院在 2008 年做出最终判决。[②] 以下对该案进行详细分析。

出租人 Mercator Shipping Inc. 公司于 2003 年将"The Achilleas"船期租给承租人 Transfield Shipping Inc. 公司,合同采用 NYPE 格式并做了适当修改,租期为 5 ~7 个月,租金率为 16 750 美元/天,最终还船日期不晚于 2004 年 5 月 2 日。自 2004 年 4 月 8 日起,承租人在预计还船日之前 20 天、15 天、10 天分别向出租人发出预计还船书面通知,明确还船日期为 4 月 30 日 ~5 月 2 日,在日本 Oita 港还船。基于上述还船通知,出租人与另一承租人 Cargill 公司签订了 4 ~6 个月的期租合同,受载期为 4 月 28 日 ~5 月 8 日。承租人 Transfield Shipping Inc. 公司期租"The Achilleas"后,根据合同规定,又将该船舶转租出去,由于转租合同无法在规定还船日期完成航次,因此承租人 Transfield Shipping Inc. 公司于 4 月 24 日、4 月 26 日分别向出租人 Mercator Shipping Inc. 公司发出通知,告知船舶还船日期将延至 5 月 6 ~7 日,后再次调整为 5 月 8 日或 9 日。出租人在 5 月 5 日意识到因船舶无法按期交还将影响其与 Cargill 租船合同的受载期限,因此与 Cargill 商议将受载期最后期限延至 5 月 11 日。由于受市场租金率大幅降低的影响,Cargill 提出受载期延迟的条件就是将租约原定租金率从每天 39 500 美元降至 31 500 美元,出租人同意这一变更。船舶最终于 5 月 11 日还船,并同时交付给 Cargill 使用。

因为迟延还船,导致出租人 Mercator Shipping Inc. 公司与 Cargill 公司期租合同

① 杨良宜. 期租合约. 大连:大连海事大学出版社,1997:58 - 60.

② The Achilleas [2008] 2 Lloyd's Rep. 275.

租金率下调产生利润损失，因此出租人根据合同租金率差价以及租期长短，索赔1 364 584.37美元，而承租人Transfield Shipping Inc.公司则认为其有义务支付的损失为超期期间市场租金率与合同租金率之间的差价，只赔偿158 301.17美元。鉴于双方索赔数额差距甚大，双方根据仲裁条款，提交英国仲裁。仲裁庭支持了出租人的观点，承租人Transfield Shipping Inc.公司不服，遂向英国法院提起诉讼，英国上诉法院再次支持了仲裁庭的裁决。承租人不服，再次向英国贵族院（House of Lords）上诉，最终英国贵族院做出了与仲裁庭和上诉法院不同的判决，支持了承租人上诉理由。并认为承租人作为违约方，应当就其违约行为给出租人造成的损失承担责任，但是该赔偿责任应以违约方能够预见到的合理损失为限。而本案中出租人与Cargill订约中出现租金率下调的利润损失属于承租人Transfield Shipping Inc.公司完全无法预测和估量的损失（Such a risk would be completely unquantifiable），因此违反英国法有关违约损失计算的"合理的可预见的"原则，出租人的请求不能获得支持。

这个案件的审判和处理可谓一波三折，虽然最终英国贵族院判定对于延期还船损失，仍以延迟期间市场租金率与合同约定租金率的差价计算承租人违约赔偿责任，但是这个案件涉及的一些问题引人深思：第一，本案中出租人Mercator Shipping Inc.公司与Cargill的期租合同期限仅为4～6个月，双方关于租金率的约定也基本反映了当时市场行情。假设这份期租合同中，双方约定一个远远高出市场租金率的不合理租金率，并且假设期租合同的期限不是短短的4～6个月，而是长达数年，那么根据仲裁庭和英国上诉法院的观点，支持出租人利润损失的话，可能出租人的索赔数额就不是本案中涉及的100多万美元，而将是一个天文数字。这可能会诱发航运市场上出现恶意订约，肆意抬高合同租金率的情形，对于迟延还船的期租承租人而言，将是十分危险的事情。好在贵族院最终判决没有支持仲裁庭和上诉法院的观点，减少了产生这种情形的法律风险和道德风险。对于承租人而言不可谓不算是幸事。第二，对于出租人而言，尽管法院最终判定承租人要承担违约责任，但是仅仅因为数日的还船迟延，仍然导致出租人因此而丧失100多万美元的利润损失无法弥补。本案没有涉及也没有讨论这种情形，即假设出租人能够明确将其与下一承租人Cargill的合同因为船舶迟延将遭受利润损失的情况及时告知承租人Transfield Shipping Inc.公司，并提请其注意及督促承租人应当按约定及时还船的话，是否会因为出租人遭受的损失变成"可预见及可测算的"而使得贵族院的判决因此发生变化。第三，可以肯定的是，在英国，"The Achilleas"案件仅仅是比较特殊的案例，其关于遥远损失的判决结果以及采用责任推定的标准（assumption of responsibility）并没有彻底改变英国法院关于违约损害赔偿的传统做法。英国法院在 2009 年审理“Amer Energy”案件[①]以及 2010 年审理“The Sylvia”案件[②]中，都没有遵循“The Achilleas”案件的观点，相反，都明确如果因为出租人违约造成船舶迟延，导致船舶未能够在受载期范围内按时抵达装货港，承租人因为船舶迟延而丧失转租租船合同可能带来的利润损失以及其他损失是可以预见的，也应该是在出租人合理预期范围内，最终都认定出租人有赔偿承租人上述利润损失的责任。

我国《海商法》第 143 条规定：“经合理计算，完成最后航次的日期约为合同约定的还船日期，但可能超过合同约定的还船日期的，承租人有权超期用船以完成该航次。超期期间，承租人应当按照合同约定的租金率支付租金；市场的租金率高于合同约定的租金率的，承租人应当按照市场租金率支付租金。”

虽然上述规定没有明确什么是合法的最后航次，什么是非法的最后航次，但其规定与英美法中的“合法最后航次”的含义相似，但略有不同，从内容表述看，更接近于美国法的规定。因为英国法强调必须是“合理预计”到船舶将在租期届满前完成最后航次，事后由于双方当事人无法控制的原因，导致船舶迟延还船。则这种超期是允许的，对于迟延期间的法律救济就是赔偿较高的市场租金率与合同约定租金率之间的差价。如果在实际指定最后一个航次的时候，承租人就已经合理预计到不能在租期届满前完成航次的，则该航次即为非法最后航次。因此英国法对于合法最后航次的解释是比较严格的。而我国法律及美国法允许承租人在合理预计最后航次时，考虑合理的超期。即承租人在指定最后航次时，经过合理的估算，即使知晓该航次履行完毕的时间将要超出租期届满日，只要这种超期是合理的，则承租人仍然可以指定该最后航次。相比较而言，我国法律和美国法律关于合法最后航次的含义界定比较宽松。

对于合法的最后航次，我国《海商法》仅规定了允许出租人索赔超期期间的租金率差价，没有提及是否还可以索赔其他损失，更没有对类似于“The Achilleas”案件中涉及的利润损失是否可以赔偿的问题。此外，我国《海商法》对于非法的最后航次的法律后果也没有做出明确规定，因此需要合同当事方尽量在合同中予以

---

① 参见 ASM Shipping Ltd. of India v. TTMI Ltd. of England [2009] 1 Lloyds Rep. 293，在该案件中，法官明确指出英国法院并没有因为“The Achilleas”案件而改变传统的损害赔偿判定标准。

② Sylvia Shipping Co Limited v. Progress Bulk Carriers Limited [2010] EWHC 542 (Comm)。在该案件中，出租人以 NYPE 格式将船舶期租给承租人，然后承租人又以航次租船转租。因为船舶迟延抵达装货港，导致承租人原定转租航次租船合同被取消，承租人另订一个新的转租航次租船合同，但是新的转租航次租船合同下的运费率远低于原定航次租船合同，因此承租人向出租人索赔两个转租航次租船合同差价。

订明。

通过比较,可以看出我国《海商法》关于还船的规定与 BALTIME 格式第 7 条一致。此外,需要注意的是,1946 年 NYPE 格式第 13 条规定:“只要承租人在规定期限内向出租人提交了书面通知,即可选择延长租期,且不止一次地延长……”这样的条款对出租人不利。因为一旦当还船时航运市场的租金率上升,则承租人会选择延长租期从而减少成本支出,使出租人处于被动地步;如果航运市场的租金率下降,则承租人会毫不犹豫地选择还船,以便另租一艘租金率较低的船舶。所以建议出租人不要轻易接受这样的条款;即使使用 NYPE 格式,也应对此进行适当的修改,例如限制承租人选择延长租期的次数或者限定其在规定时间内做出选择等。

2. 提前还船(early redelivery)

当实际还船日期早于合同规定的应还船日期时,会构成提前还船。根据英国法,对于提前还船,出租人有两种选择:①拒绝接受还船,并请求承租人支付租金直至租期届满。②接受还船,并索赔因提前还船所遭受的损失。但是英国法院自 1978 年审理“The Odenfeld”案件以来,[①]倾向认为,如果经过与承租人协商,已经很明显看出没有任何余地让承租人改变提前还船的主意,则出租人应当做出接受还船的选择。而对于第一种选择进行严格的限制,即只有考虑到其他因素,诸如还船时船舶损害严重时,出租人有权选择拒绝接受船舶。而美国法院认为出租人应当接受提前还船,并有权提出损害赔偿。这样,如果出租人接受了提前还船,一方面有义务采取合理措施安排船舶尽快投入营运,以便减少损失;另一方面出租人可对承租人提前还船而产生的净营运损失向承租人提出赔偿请求。所谓净营运损失为实际还船日至租期届满日期间,出租人因为提前还船而承受的租金损失,扣减提前还船后船舶再次投入营运而在上述期间可能获得收益。[②]

实践中承租人是否选择延迟还船还是提前还船,很大程度上受还船当时市场租金率的影响。如果航运市场租金率存在上涨趋势,则承租人往往选择延迟还船,以降低用船成本;如果航运市场租金率下跌,则承租人常常会提前还船,以减少损失。2008 年下半年,随着全球金融危机的爆发,航运市场也出现急转直下的态势。波罗的海干散货指数(BDI)从 2007 年 10 月 29 日创出 11 033 点的历史最高纪录,到 2008 年底跌至 663 点。受此影响,定期租船市场出现一些期租承租人提前还船

---

① The Odenfeld [1978] 2 Lloyd's Rep. 357.

② Michael Wilford, Terence Loghlin, John D. Kimball. Time Charters (third edition). Lloyd's of London Press Ltd., 1989:94 - 95,103.

而引发争议的案例,“The Kildare”就是其中典型之一,①以下对该案进行详细分析。

出租人 ZODIAC MARITIME AGENCIES LTD(以下简称 ZODIAC)与承租人 FORTESCUE METALS GROUP LTD 公司(以下简称 FMG)于 2007 年 12 月 5 日签订了长达 5 年的,约定由“The Kildare”船完成从澳大利亚运至中国之间装运铁矿砂的连续航次租船合同。在履行第 6 个航次的装货之前,承租人通知出租人,由于航运市场下滑,承租人将不能履行其在合同中原定的运费承诺,并声称由于其不可控制的情况,除暂时中止或延迟履行合同外别无选择。鉴于承租人未能提供货物及承租人邮件中的表述内容,出租人于 2009 年 1 月 9 日接受承租人提前还船并终止合同履行。根据原合同约定内容,承租人提前 4 年半还船。为此出租人向英国商事法院起诉,索赔 749 137.50 美元滞期费以及高达 1.05 亿美元的损失赔偿。而承租人则认为出租人索赔数额不合理,承租人提前还船系受金融危机影响的无奈之举,并非其本意导致。由于本案涉及的诉讼标的额巨大,并且系受到金融危机的影响,因此该案件的审理及判决结果也引起航运界的极大重视。

主审法官 David Steel 根据承租人的行为和意思表示,认定承租人提前还船的事实并确认承租人的违约行为。但是对于如何计算出租人因此遭受的损失则成为本案争议的焦点。根据英国先例,出租人有权就提前还船的租期剩余期间,向承租人索赔当时市场租金率与合同中约定租金率的差价。由于本案件中,承租人提前 4.5年还船,因此应当在市场上确定一个租期为 4.5 年的租船合同的租金率,与本案件合同约定的租金率进行比较。但是在本案合同被解除之时,因为受金融危机影响,当时航运市场上几乎没有较为长期的租船合同,更不用说像本案长达 4.5 年期限的租船合同及其市场租金率。能够确认当时市场上最长的租船合同只有 3 ~ 3.5 年。据此 David Steel 法官认为并不存在一个适当的租船市场(available market),因此,也无法确定其市场租金率,基于租约剩余期限的合同租金率与市场租金率之间差额的计算方法不能适用本案。此外,考虑到出租人在与另外一个承租人此前订立的长期租船合同中,出租人尝试着协商用“The Kildare”代替原来指定的船舶履行了几个航次,法官认为出租人在该替代航次中的收入应当予以考虑并应在计算出租人损失时予以扣除。尽管没有一个可适用的市场费率,但是 David Steel 法官在综合了三位航运专家证人的意见基础上,经过审慎的计算,虽然支持了出租人的观点,但是没有支持出租人的全部索赔数额,并提出承租人应当向出租人支付的赔偿数额在 0.8 亿 ~0.85 亿美元之间。

① ZODIAC MARITIME AGENCIES LTD V. FORTESCUE METALS GROUP LTD, [2010] EWHC 903 (COMM).

尽管在该案件中，David Steel 法官没有支持出租人的全部诉请，但是判定承租人仍然承担巨大数额的赔偿责任。因此承租人对于一个较为长期的租船合同是否要毁约提前还船，还是应当持审慎的态度。

我国《海商法》未对提前还船的情形及其法律后果做出规定。

（二）还船地点

与交付船舶相似，还船地点一般规定为某一特定港口、泊位或地点，例如“引航员离船地点”（drop off pilot：DOP），或者规定某一范围内的某一港口或地点由承租人选择，例如远东区域的某个港口还船，或者中国某北方港口还船。为便于调配船舶的方便，特别是租期时间较长的情况下，实践中采用后者的比较常见。

BALTIME 格式第 7 条规定：“在 × ×（地域范围内），①由承租人选择一个非冰冻的港口还船，还船应在上午 9 点至下午 6 点之间进行，如果是星期六，则在下午 2 点以前交付，但不允许在星期日或任何法定假日内还船……”通常解释这个“范围”两端的港口要在同一连续的海岸线上，否则无法确定。如果合同中未明确约定还船地点或者范围的，则通常解释为合同中关于航区限制内任何一个地点，由承租人选择作为还船地点。

通常合同都规定，还船前承租人应提交一份还船通知（notice of redelivery），以便出租人做好交接准备并安排还船后的营运工作。BALTIME 格式规定“应在还船前 10 天将具体还船的港口及大约时间通知出租人”，但是该格式本身未要求还船通知必须是书面的。为了避免纠纷，我们建议最好采用书面通知的形式。1946 年 NYPE 格式第 4 条以及 1993 年 NYPE 格式第 10 条均规定：“应在还船前 × × 日将可能的还船港口（probable port）及预计还船日期，通知出租人……”实践中往往将“probable port”删掉，修改为诸如明确的、具体的还船港或要求做出进一步明确的通知。

（三）还船条件（conditions of redelivery）

交还船舶的条件通常包括两层含义：一个是要求所还船舶应处于交船时同样的良好状态，自然磨损除外（in like good order and condition, ordinary wear and tear excepted, as on delivery...）；另一个是还船时船上所剩燃油量的规定，详见交船时燃油量规定的部分内容。

交还的船舶是否处于交船时同样良好状态，要对所还船舶进行检验之后才能确认。通过比较交、还船的检验报告，可以得出结论——船舶是否处于同样的良好

---

① 通常该地域范围留出空白，由双方当事人选择填写。NYPE 关于还船地点的规定基本类似。

状态。通常还船时的船舶检验费由出租人承担。具体内容参见前文有关交船时船舶检验的规定。例如在“The Jaramar”案件中,双方采用1946年NYPE格式。交船时双方进行了联合检验,并提及所有载货处所处于干净、清洁状态(all cargo compartments were swept clean...)还船进行检验时,发现货舱并未清扫干净。因此出租人提出拒绝接受还船直至货舱清洁干净。就清洁费用以及清洁期间的时间损失如何负担的问题,双方提交仲裁解决。仲裁庭认为出租人有权要求交还的船舶处于与交船时同样良好状态的船舶,因此有权主张租金直至船舶被打扫干净,而且清扫费应当由承租人负担。①

确定还船状况时,要考虑船舶自然磨损的因素。因为即使是出租人自己安排营运,船舶航行一段时间后船体也会出现一些正常的磨损,只要在正常允许范围之内,出租人都应当接受还船。但如何确定磨损是否在正常范围,或者磨损达到什么程度也算是允许范围,需要综合考虑每一艘船舶的实际情况、合同允许装运的货物情况、允许使用的装卸机械以及合同规定的航行区域等因素确定。例如,船壳上出现一些轻微的凹痕(dents)、波浪形起伏(wavings)及弯曲(bents)通常都被认为属于自然磨损范围之内。如果合同中订明“适用于抓斗装卸货”(suitable for grab loading/ discharging)或“船舶用于装运圆木或废铁”(to use for log or scrap iron),则该船的自然损耗量应适当地放宽。相反,若船舶只准许装运散粮等清洁货物,或者只允许使用传送带等装卸方式,即使还船时发现船身有明显的凹痕,也不能被认定在自然磨损范围内。

如果扣除了自然磨损的因素之外,还船时发现船舶遭受损害,对此出租人无权拒绝接受,除非这种损害严重到致使船舶不适航且不能立即投入营运。一旦出租人接受还船,则定期租船合同终止,承租人没有继续支付租金的义务。但出租人可向承租人提出损害赔偿,包括船舶修理费及因此产生的净营运损失。例如英国法院在1922年审理Wye Shipping v. Compagnie de Fer Paris-Orleans案件中,②双方约定期租“The Wye Crag”船,合同约定还船时船舶应当处于与交船时同样的良好状态。由于承租人负责的原因导致船底受损,出租人因此拒绝接受还船并要求承租人对船舶进行合理修复。McCardie法官判决认为,一旦进行适当的还船(good redelivery),则支付租金的义务相应终止而无须考虑还船时的船舶状态。如果船舶状态不良,不影响当事方通过主张损害赔偿予以解决。如果是船员过失造成船舶损害的,则承租人对此种损害无须承担责任。

---

① The Jaramar, 1969 AMC354 (Arb. At N. Y. 1969),源自Michael Wilford, Terence Coghlin, John D. Kimball. Time Charters (third edition). Lloyd's of London Press Ltd., 1989:191.

② Wye Shipping v. Compagnie de Fer Paris-Orleans (1922) 10 L1L. Rep. 85.

此外，如果因为承租人使用船舶、装运的货物或者航行区域的原因需要对交付的船舶进行熏蒸(fumigation)，则熏蒸费用以及从熏蒸开始至实际还船期间的租金，仍由承租人支付。

我国《海商法》第142条也对此做出明确规定，但其第2款的内容似乎与英美法的规定略有不同。《海商法》第142条第2款规定："船舶未能保持与交船时相同的良好状态的，承租人应当负责修复或者给予赔偿。"意味着不论船舶遭受损害程度如何，出租人都有权选择要么接受船舶，同时要求承租人赔偿；要么拒绝接受，等承租人修复完毕后再接受还船。相比较而言，出租人掌握主动权和选择权。而英美法规定只有遭受严重损害使船舶处于不适航状态并且影响到出租人立即使用船舶时，出租人才可拒绝接受还船。另外，根据我国《海商法》，如果是要求承租人修复船舶，那么修复期间，出租人是否仍有权要求承租人支付租金，出租人因延迟还船而遭受的损失，如因延迟还船无法履行下一个或几个运输合同的违约损失，是否可向承租人索赔等，法律规定得并不明确，需要在合同中订明。

第四节　租金支付及撤船

一、租金与租金率

支付租金(hire)是定期租船合同下承租人的基本义务之一，以作为其从出租人租用整艘船舶及其舱室的对价。通常定期租船合同中都会约定租金率，然后根据合同约定的支付方式、时间及地点等要求，由承租人向出租人或其指定的受益人按时、定期、足额地支付每一期租金款项。

有关租金率(hire rate)的约定，1946年NYPE格式第4条规定："承租人应按××××夏季干舷时的船舶总载重量，包括燃料和物料，自船舶按前述规定交付之日起，以每吨每日历月××××美元的费率，就船舶的使用，向出租人支付租金；对于不足一个月的任何部分时间，应以同一费率支付租金。租金应持续付至船舶在××××(地点)交还给出租人之时，除非双方另有协议；还船时船舶应处于与交船时同样的良好状态，正常磨损除外(除非船舶已灭失)。"

与1946年NYPE格式第4条相比较，1993年NYPE格式变动不是太大。一是租金率的约定方面，增加了可以按每日支付费率的约定；二是将日历月的规定，改为30天，从而避免每个日历月因周期时间不统一可能带来的支付问题，例如有的月份为30天，有的月份为31天，甚至有的月份只有28天。1993年NYPE第10条规定如下："承租人对该船舶的租用，应按每日××××美元，或者按××××夏季干舷时的船舶总载重量,包括燃料和物料,以每吨××××美元的费率,每30天向出租人支付租金,租金自船舶按前述规定交付之日起算,对于不足一个月中的任何部分时间,以同一费率支付。租金应持续付至船舶在××××(地点)交还给出租人之时,除非双方另有协议;还船时船舶应处于与交船时同样的良好状态,正常磨损除外(除非船舶已灭失)。”

BALTIME 格式第6条第1款规定:“承租人应当自根据第1条规定的(租期)起始日期开始,至还船之日止,每30天支付租金××××。”显然,BALTIME 格式并没有像 NYPE 格式那样明确约定租金率。

总之,尽管上述格式有关租金及租金率的约定各不相同,但存在一个共同点:即承租人在租期开始之日至还船之时,有持续支付租金的义务。

二、租金支付

租金支付(payment of hire)条款也是定期租船合同的重要条款之一,通常要对租金率,租金支付的方式、时间、地点、币种等在合同中予以明确。如果承租人未能按照合同约定的方式支付租金,可能导致合同提前终止的结果。

1946 年 NYPE 格式第5条规定:“租金应在纽约以美元现金的方式,提前半个月预付,对于最后半个月或不足半个月的部分时间及可能延长的时间,如经出租人请求,租金应按时每天支付,除非承租人提供银行担保或银行存款单;如果承租人未能按时和定期地支付租金或提供银行担保,或违反本合同,则出租人有权撤船,并且不影响其可能向承租人提出的索赔请求……”

1993 年 NYPE 格式第11条涉及租金支付条款,较之1946年 NYPE 格式做了较大修改,分别在四款中规定了租金支付(payment)、未按时支付租金的通知时间(grace period)、最后一期租金支付(last hire payment)以及现金预付(cash advances)等问题。其中有关租金支付的(a)款规定:“上述租金在应付日以××××货币,或以美元支付给出租人或其指定的在××××的受益人,提前15天预付。对于最后一个月或不足一个月的部分时间,应按照估计日期支付租金数额;如果预估日期少于实际租用时间的,如经出租人要求,不足额期间的租金应按时每天支付。如承租人未能按时定期支付租金,或对本租船合同有任何根本违反,出租人有权将船舶从承租人营运中撤回,而不影响其(出租人)可能拥有的向承租人索赔的任何权利。”

BALTIME 格式第6条第2款规定:“租金应在××××地点,每30天支付一次,以现金方式预付,不得做任何扣减。如果不履行上述支付义务,出租人有权撤船,无须提交任何抗议(protest),也不受任何法院或任何其他规定的干涉,并且不影响出租人根据本合同可以向承租人提出的任何索赔主张。”

上述规定虽然不尽相同,但大都提及以“现金方式”、“预付”、“不得做任何扣减”等,以下将具体分析。

(一) 现金(cash)

现金即现钞,但是从各国解释看,更倾向于从商务实践的发展角度做广义理解。即不单纯包括现钞,还包括与现金方式相类似的其他支付方式。但这种支付方式必须满足如下两个条件:①一旦支付,不能撤回或收回(being irrevocable);②能够使出租人无条件地立即使用租金(unconditional and immediate use of the hire)。像银行转账单(inter bank transfers)、银行汇票(bankers drafts)、银行支付单(payment slips)等都可视为现金方式支付。在电子商务迅速发展的21世纪,银行电子汇票(electronic bank's draft)也可以被视为以现金方式支付。

由于现代化通信技术的发展和应用,银行之间通过电报、电传、传真等方式发出指令通知付款是较常见的事情。如果承租人是以类似现钞的上述方式支付租金,其支付时间如何确定?从英美法解释看,支付时间确定的一般原则是以出租人的银行收到这些付款指示并确认向出租人账户承兑(credit owner's account)时作为承租人支付租金的时间,而不是以承租人的银行或者某个中间银行发出上述支付指示时间为准。[①] 因为这些支付指示往往通过银行之间的SWIFT系统发送,而且仅仅是银行间进行业务交流的指令而已(instruction to payment),并非本质上的支付(payment)。例如“The Effy”[1972]1 Lloyd's Rep. 15 一案,承租人指示某以色列银行支付租金,并要求款项务必在星期日抵达出租人的银行。以色列银行同样指示了纽约银行,纽约银行按照当地习惯,直至下星期一才将款项拨至出租人银行,并在星期二早上发一个电报给出租人表明确认收到这笔款项。当事双方针对本次租金支付时间产生争议。最后法院判定,星期二才是出租人实际收到租金的日期。

当然也存在一些例外情形,例如如果承租人的支付系采用不可撤销的支付指令(irrevocable payment order)完成的,则只要出租人银行收到该支付指令,或者至少在出租人银行收到该支付指令并进行了真伪认证后,即视为承租人支付租金。[②]

(二)不做扣减(without discount)

“不做扣减”是指承租人应按照合同约定的数额,足额支付每一期租金,不允许滥用权利,随意以任何理由做出任何扣减。但是,“不做扣减”并不意味着承租人不可以做任何扣减,如果根据法律或合同的规定,允许承租人在支付租金时对部

① Terence Coghlin etc. Time Charters (6th edition) 2008, LLP, para. 16.38.

② 参见“The Brimnes”[1974] 2 Lloyd's Rep. 241.

分款项进行扣减的，则承租人可在支付下一期租金时一并扣除。

由于各国法律通常不对定期租船合同加以限制，所以在租金支付问题上，承租人是否可以扣减，主要依据合同约定。如果根据合同可以在支付的租金中扣减相应款项的，则哪些事项以及可以扣减的金额都必须在合同中明确规定。NYPE 格式及 BALTIME 格式规定的可允许扣减的事项就不尽相同，例如 1946 年 NYPE 格式第 5 条就船长向承租人预借的有关船舶日常支出费用的款项、第 15 条因船舶机器或设备的缺陷或故障导致航程中船速下降而引起的任何额外消耗的燃油费或其他相关费用、第 20 条规定停租期间为了烹饪、冷却水或者在约定数量范围内为使用锅炉等需要消耗的燃油以及替代费用等，都允许承租人在支付下一期租金时予以扣减。1993 年 NYPE 格式仅在第 11 条第 4 款、第 17 条规定允许扣减的事项。①

根据 BALTIME 格式第 11 条的规定，如果发生了停租事项，预付的租金应作相应的扣减。第 14 条规定："如经要求，承租人或其代理人应在任何港口向船长垫付船舶的日常开支所必需的款项，年息仅为 6%，此项垫款从租金中扣除。"同时第 16 条也规定："一旦船舶灭失或失踪，租金从船舶灭失之日起停付。如灭失的日期不能确定，则从船舶最后一次报告之日起到预计的抵达目的地之日止，支付半数租金。任何预付的租金应作相应的扣减。"

参照上述标准定期租船合同格式，对于常见的可允许进行扣减的事项进行如下分析。

1．预先存在的停租（previous off-hire）

所谓预先存在的停租，指在合同约定支付某一期租金日之前，已经出现了合同约定的停租事项。由于定期租船合同规定每一期租金的支付都是预付，对于上述本应当停租的费用，已经随同上一期租金预先支付给出租人，因此，承租人可在支付本期租金时就停租期间的租金予以扣减，以图 3-1 所示举例说明。

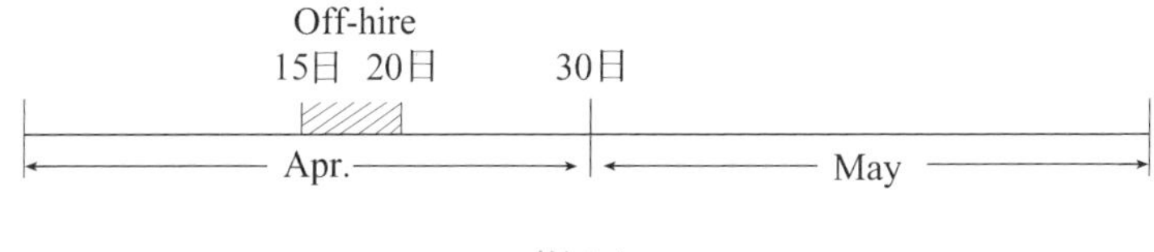

图 3-1

① 1993 年 NYPE 格式第 11 条第 4 款规定："经出租人要求，承租人应当以现金方式垫付船舶在任何港口的日常支出费用，并收取 2.5% 的佣金，该垫款应从租金中扣除。但是，承租人对该垫款的使用不负责任。"第 17 条规定："……由于船体、船机或设备的任何部分的缺陷或故障而使船速下降，因此导致船舶航行时间损失，任何因此额外消耗的燃料费用和经证实的全部额外费用，可以从租金中扣减。"

例如，合同规定在4月30日支付下一个月的租金，但在4月15日至20日曾经发生过停租的事项（图中阴影部分），而这部分租金已在3月31日支付4月份租金时预付了。所以，对于这样的停租事由，允许在预付5月份的租金时进行相应的扣减。

此外，合同约定的停租事项范围是否宽泛，与承租人是否能够扣减租金关系非常密切。例如NYPE通常规定可以停租的事项，比BALTIME规定的停租事项范围宽泛，因此NYPE之下，承租人因为预先存在的停租事项，可以扣减租金的情形就会比较多。当然不能否认，BALTIME第16条规定，发生船舶灭失或失踪时，也允许承租人就预付的租金进行扣减，该内容是NYPE格式所不具备的。

2. 承租人支付的有关船舶日常支出的预垫款（advances）

预垫款，通常指应船长或出租人的请求，承租人为出租人预垫的本应当由出租人自己承担的有关船舶日常支出的一些营运费用。由于在港口发生的船舶日常支出费用常常是以现金方式支付，当承租人提供预垫款时，也会产生相应的手续费，例如NYPE格式明确规定手续费为预垫款项的2.5%。因此往往合同中约定在承租人垫付的费用数额之外，出租人需再另行支付2.5%的手续费给承租人。例如承租人以现金方式垫付船舶日常支出款项5 000美元，则出租人应返还承租人的款项总计为5 125美元，并且承租人有权在支付下一期租金时，扣减包括手续费在内的全部预垫款5 125美元。但是BALTIME格式则规定出租人应当向承租人支付预垫款项的利息，即预垫款项总额的6%/年。显然这一费率规定相对过高，不甚合理。所以合同中最好能够明确承租人支付预垫款项后是否有手续费或者利息问题，如果有，则费率或利率也应当一并予以明确。

3. 船速及燃油索赔

这里提及的船速及燃油索赔，仅仅限于因船体、船机、设备出现缺陷、损坏或故障而造成船速下降，因此额外消耗的燃油或产生的其他相关费用。并不能包括其他原因产生的任何船速索赔及燃料消耗量索赔。因此如果承租人希望就因船速降低或额外消耗燃油产生的所有索赔在租金中扣减的，必须在合同中予以明确规定。

4. 停租期间船上生活用燃油等

定期租船合同下，承租人有义务支付全部燃油费。但如果合同中明确规定满足一定条件下的燃油费用由出租人支付的，例如1946年NYPE格式第20条规定，停租期间为了烹饪、冷却水或者在约定数量范围内为使用锅炉等需要消耗的燃油以及替代费用等由出租人负担，则承租人在提供了全部燃油之后，有权再在下次预付租金中扣除应由出租人负担的部分。

根据英美法，当合同没有明确约定可以进行租金扣减的事项时，承租人可以依照法律的规定，遵循公平原则（equitable principle），对其遭受的损失在支付的租金中进行相应扣减。即允许承租人在租金中扣减因出租人违约造成承租人无法全部或部分使用船舶而产生的损失。须引起注意的是,这里的扣减事项必须是由于出租人违约,且该违约行为剥夺了承租人使用船舶的情况。如果不是出租人负责的原因造成妨害承租人使用船舶,或者虽然出租人违约但未妨害承租人正常使用船舶,则租金均不能扣减。因此基于该原则,通常认为像船速索赔及船舶短装(short lift)给承租人造成的损失,是可以从预付的租金中扣减下来的。

不论是基于合同条款的明确规定还是根据上述公平原则,如果承租人有权对租金进行扣减的,也应本着诚实信用的原则(on bona fide),只能在一个合理数额内进行扣减,而不能擅自滥用扣减租金的权利。当然如果经证明事实上承租人多扣除了一些金额,除非出租人能证明承租人违反了该诚实信用原则,否则也不能以此为由撤船。

在我国,《海商法》第140条规定"承租人应当按照合同约定支付租金",因此,如果合同中对租金支付的时间、地点、方式以及租金扣减等做出约定的话,则按合同规定履行。如果合同双方未有明确约定的,由于我国《海商法》对此未作任何规定,笔者认为该租金仍然不能随意扣减。因为支付租金是承租人的一项基本义务,扣减租金则是定期租船合同赋予承租人在一定条件下享有的一项权利。一旦发生争议,二者是不同的诉因,不能混淆。

(三)应付租金日处于停租期间时的租金支付

如上所述,承租人有权对于预先存在的停租事项,在支付下一期租金时作相应的扣减。但是如果应付租金的日期(due date)恰好处于停租期间,承租人应如何支付租金?实践中有两种方法供选择,第一种方法是依然选择在应付日支付本期足额租金,然后在支付下一期租金时,扣减本期应付日之后至停租事项结束之时的租金;第二种方法是选择应付日当天暂不支付租金,等待停租事项的持续发展直至停租事项结束,再支付自停租事项结束之日至下期应付租金日期前计算的租金。以下通过图3-2所示举例说明。

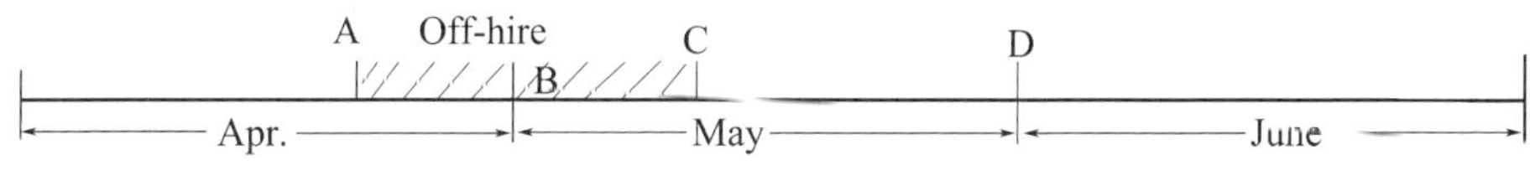

图3-2

B、D点为应付租金日,A→C段出现停租。

(1)承租人仍然按照合同规定的应付日期,预付每月租金,但可以扣除前一期已预付的停租期间的租金。根据此种方式,承租人应在B点支付5月份足额租金,然后可以扣减已经预付的A→B停租期间的租金。在D点支付6月份租金时,扣减B→C停租期间的租金。

（2）承租人在船舶恢复营运之时（vessel was again at the service of the charter）立即重新支付租金。根据这种方式，承租人可不在B点支付租金，等待并当停租事项结束之后，在C点立即支付C→D期间的租金，而不是整个5月份的租金，并且根据合同规定，由于在3月份已经预付的包含了A→B期间在内的4月份租金，所以承租人还可以在C点支付租金时扣减A→B期间的预付租金。

相比较而言，第二种方法可能对承租人比较有利，因为涉及预付租金的利息损失问题。笔者认为，如果合同中没有对此种情形做出约定，承租人应当根据第一种方式支付租金，因为承租人按照合同约定的应付租金日期支付租金是承租人最基本义务，即使应付日发生在停租期间，承租人也应当一如既往地按时支付本期租金，然后再根据合同的规定，对预先存在的停租做出相应的扣减。因此如果承租人希望采用第二种方式支付租金的，最好在合同中明确。

（四）预付（in advance）

所谓"预付"是指租金应在支付日之前或当天支付，不得晚于支付日（on or before but not after than the due date）支付的行为。租金支付日应当是银行工作日，除非另有明示规定，否则承租人只要在支付日午夜之前支付租金即可满足"预付"的含义。如果支付日恰好是非银行工作日时，则承租人至少应在前一银行工作日当天或之前支付，才能满足"预付"的要求。所以对于承租人而言，在应付日当天或之前预付租金是一项绝对义务。

对于每期租金支付的方式上，1946年NYPE格式规定为每日历月支付，并提前半月（semi-monthly）预付，1993年NYPE格式则修改为每30天支付，并提前15天预付。BALTIME格式则规定为每30天支付，每期租金支付只需预付即可，对于提前预付的时间没有像NYPE格式那样加以严格限定。由于根据NYPE格式，每期租金支付都需要提前半月或15天预付，操作起来比较不方便，而且对于每期租金支付而言，承租人稍有疏忽，就可能会错过支付日，从而给出租人以借口撤船并提前终止合同，给承租人带来诸多不便。所以实践中当事人常常将NYPE规定的租金支付方式改为"提前支付"（pay in advance），不再限定提前预付的具体天数。

按照每日历月支付与按照每30天支付，本质上并无太大不同，只是支付的次数上会有些差异。例如针对一年租期的合同而言，按1946年NYPE格式只需支付12次（即按照日历月支付的情形）；按BALTIME格式，除了要以每30天为计算单位支付12次之外（总计360天），还需对剩余的5天或6天再支付一次租金，即总共需支付租金13次。

对于最后半个月或一个月租金应如何支付的问题，NYPE格式与BALTIME格式的规定也略有不同。根据BALTIME格式，如果合同中没有明确条款表示相反意见的话，则对于最后半个月或一个月的租金应全额支付，尽管当时的情况已经很明

确表明船舶会在这半个月或一个月届满之前还船。对于多付的租金,应在还船后,由出租人退还给承租人。而根据1946年NYPE格式的规定,如果承租人能够合理预计将提前还船,则承租人可以预付预估还船之前的那段时间的租金额,而不需要支付合同约定还船日之前那段时间的全额租金。如果预计到将延迟还船,则承租人应全额支付租金直至原定租期届满,并对超期部分是按时每天支付租金(day by day payment);如果市场租金率高于合同约定的租金率,则承租人应在超期期间内按照较高的市场租金率支付租金。1993年NYPE格式第11条第3款则专门针对这一问题做出明确规定,即在最后一期租金和/或倒数第二期租金应付之时,船舶在驶往还船港的航程中,承租人应当根据出租人和承租人可能同意的为完成该航程所估计的必要时间支付租金。该完成航程的预估时间少于船舶实际被租用的时间时,差额部分的租金应按时每天支付。还船后尚有余额的,由出租人退还承租人;不足的部分,应当由承租人补足。

三、撤船

如果承租人不按时支付租金,即承租人未能在支付日(due date)当天或之前足额支付租金的,出租人有权依据撤船条款将船舶撤回,从而提前终止合同。撤船(withdrawal of vessel)是定期租船合同中船舶出租人的一项权利。虽然从严格的学术意义来说,并不存在明确的"撤船权"这一概念,特别是我国《海商法》下连"撤船"的表述都没有出现过,相关的表述为"解除合同的权利"。例如,《海商法》第140条明确规定:"承租人应当按照合同约定支付租金。承租人未按照合同约定支付租金的,出租人有权解除合同,并有权要求赔偿因此遭受的损失。"但是长期以来,租船实践中,人们习惯地把由撤船行为而导致合同解除的这一权利称之为"撤船权"。

撤船权的本质是出租人依据合同约定的条件行使解除合同的权利,即约定解约权,而该合同解除的外在形式是通过出租人撤回船舶来实现的,所以"撤船是表","解除权是里"。所以撤船权是出租人享有的合同约定的权利,也是出租人通过撤船,将其损失减低的一种方式,从而保障其利益得以实现。本书遵循航运实践做法,以下仍然统一使用"撤船"一词进行讨论。

(一)撤船的条件

1. 标准合同格式规定的撤船条件

NYPE格式和BALTIME格式关于撤船的条件略有不同。

1946年NYPE格式第5条规定"承租人未能按时、定期地支付租金……或未提供银行担保或存在任何违反本租船合同的行为,出租人有权将船舶从承租人营运中撤回,不影响出租人向承租人索赔的任何权利"(... fail to punctual and regular

payment of hire, or bank guarantee, or on any breach of this charter party, the owners shall be at liberty to withdraw the vessel from the service of the charters...)。

1993 年 NYPE 格式第 11 条第 1 款也规定："……承租人未能按时、定期支付租金，或对本租船合同有任何根本违反(Failing to punctual and regular payment of hire, or on any fundermental breach whatsoever of this charter party)，出租人有权将船舶从承租人营运中撤回，不影响出租人可能拥有的向承租人索赔的任何权利。"与 1946 年 NYPE 格式相比较，1993 年 NYPE 格式内容变化不多，但是有个比较明显的变化，就是 1993 年格式中针对违约引起撤船的条件，严格限制在根本违约的情形下；而 1946 年的格式中并没有严格限制，即只要存在承租人违约行为，出租人即可行使撤船的权利，从而赋予了出租人较为广泛的撤船权。

而 BALTIME 格式第 6 条第 3 款则规定："如果存在支付上的不履行，出租人有权将船舶从承租人营运中撤回，不需要提出任何抗议，也不受任何法院的干预或影响，撤船无须履行任何手续，并且不影响出租人可能拥有的向承租人索赔的任何权利……(In default of payment the Owners to have the right of withdrawing the Vessel from the service of the Charterers, without noting any protest and without interference by any court or any other formality whatsoever and prejudice to any claim the Owners may otherwise have on the Charterers under the charter...)"

英国曾经有判例认为，所谓"支付上的不履行"(default of payment)是指在租金支付方面存在任何与合同约定情形不符合的违约行为且这种不履行仍在持续(in default of payment and so long as default continues)，①如果承租人在出租人尚未决定撤船之前，已经将晚付的租金付出或提交给出租人，则出租人丧失撤船权。现在英国判例解释，"不履行"一词表示未能在应付日当天按时支付租金的行为，而且没有任何借口，不考虑是否存在故意不履约的情形或是因为疏忽导致违约行为发生。② 所以 BALTIME 格式中的用词与 NYPE 格式中的表述虽然不同，但是本质上没有什么差异。从各国解释看，承租人不论其是否有过失，只要未在应付日支付租金或者晚于应付日支付租金，出租人都可以行使撤船的权利，即承租人按时定期支付租金是一项绝对的义务。一旦撤船则意味着租船合同的终止。

事实上，如果承租人在规定的应付日支付了部分租金，但是与应付数额之间存在较大差距，而余额未再支付或者未能在应付日当天支付的，仍然不影响出租人行

---

① 参见 Empresa Cubana de Fletes v. Lagonosi Shipping Co. (The Georgis C) [1971] 1 Q. B. 488.

② SIR BERNARD EDER etc. Scrutton on Charterparties and Bills of Lading (22edition). Sweet & Maxwell, 2011: 353.

使撤船权。这一观点已经在英国“The Agios Giorgis”[1976] 2 Lloyd's Rep. 192 以及“The Mihalios Xilas”[1976] 2 Lloyd's Rep. 697 的案件中得以认可。

2. 反技巧性条款

承租人按时支付租金的严格义务在近几十年的航运实践中有所减弱。原因有三个方面:一是当航运市场不太景气时,如果出租人因为租金晚付几天而轻易撤船,出租人仍无法或很难再将船舶以较高的租金率或原租金率出租出去,会产生租金率变化带来的损失;二是造成租金晚付的许多情况并非是承租人本身的过错,可能是由于银行、通信等其他方面的原因造成的;三是有些情况下,晚付几天租金,并未给出租人带来什么重大的真正损失,而一旦撤船,承租人将丧失合同利益,甚至面临货主的索赔,损失较大。

为了避免出租人滥用撤船权而给承租人带来不应有的损失,英国在 1977 年“The Laconia”(Lloyd's Rep 315)一案中曾提出一种理论,即免除承租人因撤船、合同丧失而带来的负担(equitable relief from forfeiture)。根据这种理论,认为如果不撤船,给出租人造成损失较小,相反如果撤船,则承租人将丧失一个有价值的租约,并遭受巨大的损失(heavy loss),此时出租人不应该撤船。但后来没有任何案例来支持这种观点。多数法官认为这个原则不适用于撤船,因为它是土地租赁方面的一个原则。期租合同不同于光船租赁合同,前者使承租人能够通过对船员发出营运指示而使用船舶,其目的仍然是利用出租人提供货物运输的服务,因此不易轻易赋予出租人这项权利。

英国法院倾向于认为可在期租合同中加入“反技巧性条款”来限制出租人的撤船权。如果合同中没有类似条款的话,则承租人或其代理人就应谨慎保证按照合同约定的时间和方式正确支付租金。在美国,如果租金晚付是由于银行的过错造成,则应区分是出租人的银行,还是承租人的银行或中间银行。如果是前者的话,出租人不可以借口撤船;如果是后者的话,出租人也不能立即撤船,应给予承租人机会去弥补过错;如果超过了某一合理期限承租人仍未支付租金的,则出租人有权立即撤船。这里有两个条件必须满足:一是这种延迟付款必须不是承租人本人造成的,而是银行的过错所为,承租人负有举证义务;二是承租人一经发觉,立即采取措施予以弥补。满足这两个条件的情况下,出租人不可以一发现租金晚付就立即撤船。当然在美国也可以通过增加相应的条款限制出租人的撤船权利。

反技巧性条款(anti-technicality clause),又称“抵御市场波动条款”,其通常含义大致为:“当承租人没有按时、定期地支付租金时,出租人应书面通知承租人可以在××银行工作日内改正其过错。如果承租人未在上述通知规定的日期内支付租金的,出租人有权撤船。”(when there is any failure to make punctual and regular payment of hire, the Charterers shall be given by the Owners ×× banks working days

written notice to rectify any failure...)尽管1946年NYPE BALTIME格式中没有这种条款,但实践中,合同当事方往往订入这一条款,像1993年NYPE格式已经在第11条中将上述内容包含其中。虽然说撤船权是出租人的一项权利,但当航运市场不太景气的情况下,出租人往往不会轻易撤船;而当租船市场行情上升时,出租人为获取更大利益,比较容易行使撤船权。如果合同中有了反技巧性条款,可以在某种程度上抵御因为市场波动而带来的风险。

从这个意义上说,反技巧性条款可在一定程度上减少或规避市场波动可能带来的风险。事实上,只要合同中有这样的明示条款,不管是否考虑市场因素,都可以对出租人撤船权进行一定的限制。

3.撤船通知的发出及送达

承租人是否违反合同约定按时定期支付租金,应当由出租人举证。如果出租人决定撤船,应当向承租人发出书面的撤船通知(notice of withdrawal)。撤船通知的发出时间必须晚于定期租船合同约定的租金应付日,如果在租金应付日之前发出撤船通知,该撤船通知是无效的。租金应付日的截止时间是以银行工作时间结束为结点还是以应付日当天午夜为结点最好在合同中明确。如果未能明确的话,实践中容易产生争议。对此,英国法院认为应当以应付日当天午夜为结点,在"The Afovos"一案中①,法官认为应付日结束的时间应当是截止到该日的2400时,即出租人如果要行使撤船权必须耐心等到支付日完全经过后的第二天才可以,之前所发的撤船通知不但不能有效行使撤船权,还会被认为是一种毁约行为,给出租人带来非常不利的后果。在"The Pamela"一案中,②,虽然法官认为在午夜前一点点发出的撤船通知并非无效,对于撤船通知发出的时间限制较之"The Afovos"一案有所放宽,但是仍然强调了以午夜为应付日结束时间。

我国《海商法》未对该问题做出详尽规定。有学者认为迟延履行是债务人在履行期限届满后仍未履行债务。履行期限如果以某月某日(有时包括某时)方式确定,该确定的日期即为履行期限,逾期不履行债务即为迟延履行。该日期的最后工作时间(通常指下班时间)的到来为履行期限的届满。③ 显然我国学者的观点与上述英国法院的做法不太一致。笔者建议最好还是能够在定期租船合同中明确应付日结束的时间到底是银行工作时间结束还是午夜2400时,以避免不必要的争议。

此外,考虑到租船实践中出租人、承租人可能身处不同国家或地域,因为时差

---

① 参见 The Afovos(1982) 1 Lloyd's Rep. 562.

② 参见 The Pamela(1995) 1 Lloyd's Rep. 249.

③ 江平.中华人民共和国合同法精解.北京:中国政法大学出版社,1999:79.

问题,也会导致双方对于应付日结束时间的认定不一致,因此最好在合同中能够明确以哪个时间为准,例如银行所在地的当地时间或者规定依据格林尼治时间确定应付日结束时间。

该撤船通知应当送达给承租人,如果出租人只是将撤船指示下达给船长而未能将撤船通知送达给承租人的话是不够的。自承租人收到撤船通知时起,撤船开始产生效力,即船长有权依据出租人指示航行,而无须再听从承租人营运安排,定期租船合同因撤船被提前解除。

通常来说,撤船通知的形式并没有明确限定一定是书面形式,但是鉴于我国《海商法》规定定期租船合同应采用书面形式,本书作者认为起到解除定期租船合同效力的撤船通知也应当采用书面形式。航运实践中,撤船通知通常采用信函、传真、电传或电子邮件等,且都已经被司法实践所确认。关于电子邮件形式发出撤船通知的法律效力问题,因为电子邮件系统的原因,其发送与到达时间有时候可能不一致,所以曾经对电子邮件发出撤船通知的问题产生过争议。英国法院在 The Pamela 一案中给出明确答案,①即出租人发送撤船通知的,应保证该撤船通知能够送达,且若在承租人上班时间内通过电子邮件发送撤船通知视为撤船通知已送达。

4. 撤船效力与时机把握

出租人做出的撤船决定应当具有终局性(final),不能只是假借撤船通知起到威胁或恐吓承租人的目的。因为一旦出租人做出撤船决定,意味着出租人选择提前终止定期租船合同。所以在出租人发出的撤船通知中,应当明确表明出租人因承租人未按时支付租金而终止合同的意图,不能使用一些模棱两可的语言,令人无法确定出租人是否要终止合同。另外,出租人做出撤船决定并明确指示给承租人的情况下,并不因为航次已经开始而受到影响,例如船舶已经装货或驶往卸货港。但是,如何掌握撤船时机,对出租人而言非常重要,因为出租人将面临一些风险以及相关损失或费用自行负担等问题。例如,当出租人做出撤船决定时,如果船舶已装载货物开航,当船长接到撤船命令后,则不得不返回原装货港将货物卸下或驶往其他港口卸下;有时候迫于货方的压力,出租人无法选择返回原装货港或其他港口卸下,不得不自付费用将载运货物运至目的港。出租人采取上述任一措施而额外产生的风险和损失是否可以从承租人那里得到赔偿还是一个未知数。如果出租人拒绝返回原装货港或者拒绝驶往原定卸货港,而是采取自行处置货物,而且提单已经签发的,则还会面临来自承租人以外的善意第三人(货方),特别是提单持有人主张提取货物的压力或者出租人拒绝交付货物时,面临被提单持有人扣押船舶的危险等。所以出租人最好是把握时机,在船舶空载时撤船。

---

① The Pamela(1995) 1 Lloyd's Rep. 249.

如果撤船时，船舶上还载有货物，出租人如何把握时机撤船并同时处理好与善意提单持有人或收货人交付货物义务之间的矛盾，显得尤为重要。以下区分几种情形予以分析：

(1)当船舶上载有货物，但尚未签发提单

这种情况对出租人还比较有利，因为如果提单尚未签发出去，出租人不必负担提单项下的义务。此时，出租人可以选择将货物卸下，将船舶撤回。当然出租人应妥善保管货物，否则因保管货物不当未尽到合理谨慎的义务保管货物造成的损失，出租人应承担赔偿责任。当然出租人也可以谋求与该票货物的真正托运人达成新的运输合同意向，并根据新的运输合同规定，负责该票货物的海上运输。

(2)提单已签署，但尚未签发给承租人(或托运人)

由于提单尚未签发给承租人(或托运人)，因此出租人一旦决定撤船，应当实际控制该提单，以确保其不被签发出去。如果是授权船舶代理公司代为签发提单的，则应当立即通知船舶代理，撤销船舶代理人代表出租人签发提单的授权，并将此情况通知承租人。这样可以避免提单被签发出去从而导致出租人不得不负担提单项下义务的情况。之后，如同第一种情形下提单尚未签发的处理方法一样，出租人可以谋求与托运人另行订立运输合同，或者选择将货物卸下船舶。

(3)当船舶上载有货物，且已经签发出租人提单

这里提及的出租人提单是指该提单的格式选用出租人公司的固定提单格式，并且提单“承运人”一栏，载明出租人名称或者其船舶代理人名称。如果是船舶代理人名称的话，应当在提单中载明“船舶代理人系受×××出租人委托签发提单”的意图。若提单已经签发出去，特别是提单已经流转到承租人以外的善意提单持有人手中，则出租人必须承担提单项下的义务，而无法以定期租船合同承租人未支付租金为由对抗提单法律关系下的交付货物的义务。如果出租人签发的是“到付运费”提单，则出租人作为承运人将货物运至目的港后，可以向收货人主张收取运费；如果不能收回运费，出租人可以行使留置权，留置货物。收取的运费金额超出承租人欠付租金数额的部分，应当退还给承租人。如果出租人签发了“预付运费”提单，情况比较复杂。因为根据提单法律关系，作为承运人的出租人有将货物运至目的港并且交付货物的义务，但不能向收货人主张收取运费，更不能以此为由留置货物。除非根据有效的提单并入条款，出租人可能在满足一定条件下享有货物留置权。有关提单并入条款及其效力问题，详见后文介绍。因此如果出租人无法有效行使留置权的情形下，出租人很可能要自己承担该航次下的航行费用及成本。事后再根据定期租船合同的规定，向承租人索赔。

(4)当船舶上载有货物，且签发了承租人提单

所谓承租人提单，是指提单采用承租人公司的固定提单格式，并且“承运人”

一栏,载有承租人名称;或者虽然在“承运人”一栏中载有出租人名称,但提单明确载明系出租人代表承租人签发提单。此种情形下,根据提单法律关系,作为承运人的承租人与托运人之间具有海上货物运输合同关系,仅从提单所证明的海上货物运输合同角度,承租人负有将货物运至目的港并交付的义务,船舶出租人与托运人或收货人之间并没有直接的海上货物运输合同关系。但是由于1978年《汉堡规则》以及我国《海商法》都明确了实际承运人制度,因此在提单适用我国《海商法》或《汉堡规则》的情况下,作为实际承运人的出租人,也要担负承运人的相关义务和责任,①难以逃脱履行海上运输并交付货物的义务及责任。因此船舶出租人还可能需要自行负担该航次成本及相关费用,将货物安全运抵目的地。之后其再根据其与承租人之间的定期租船合同约定,向承租人索赔。

(二)撤船的法律后果

撤船权是出租人根据法律或合同条款而享有的单方解除合同的权利,因此如果承租人未按合同约定支付租金的话,出租人就有权解除合同(除非合同订有限制解除合同的条款)。一经出租人有效撤船,定期租船合同归于终止。但是出租人对于定期租船合同下签发提单的持有人而言,其货运义务恐怕仍然存在。因此虽然出租人对承租人发出有效撤船通知,但基于各种因素的考虑,即使是发出了有效撤船通知,出租人仍会选择暂时继续履行合同,以完成该载货航次,之后再彻底收回船舶,从而彻底终止定期租船合同。

根据英国法,如果经承租人请求(on request of Charterer),出租人选择暂时继续履行合同的话,由于出租人已经发出有效撤船通知,只是暂时无法收回船舶,需要将已经装船的货物运至目的地,则该航次下的运输合同视为一个新的合同,出租人应履行该新合同,直至航次终了。此时出租人有权向承租人索赔因为履行该运输航次而额外产生的费用及损失,而不管承租人发出的请求是明示的还是默示的(expressed or implied)。如果市场租金率高于合同租金率的,承租人应按较高的市场租金率支付该航次下的租金。如果出租人不是基于承租人的请求,而是基于其他一些因素的考虑选择继续履行合同的,则承租人无义务赔偿出租人为履行该航次产生的损失及费用,因定期租船合同已经因为出租人发出有效撤船通知而被解除,但不影响出租人向承租人主张未按时支付租金的违约责任。上述观点在1981年英国法院审理“The Tropwind”(No. 2)案中得到Robert Goff法官的认同。在1982年上诉院审理该案件时,一审法院的观点被推翻。上诉法院认为撤船是行使一种“选择”权来解除合同(option to cancel)。既然是一种选择权,对于出租人而

① 杨大明. 论期租合同下的租金支付与撤船. 大连:大连海事大学学报(社会科学版),2003(03).

言，要么选择解除合同，要么选择继续履行合同并索赔因此造成的损失。既然出租人已经选择解除合同，则在有效撤船之后，不存在赔偿损失的问题。但在后来的英国判例中，许多法官倾向于要视具体情况而定。如果是一般情况下，承租人纯粹是在支付租金的时间上存在延误，本身没有疏忽或过错，则出租人不能向承租人索赔因此遭受的损失；如果承租人晚付租金的行为明显构成"毁约行为"（repudiation），例如承租人明确表示将不再支付租金，则承租人应当赔偿出租人撤船后遭受的损失。至于撤船前未付的租金或其他应付款项，承租人仍有义务支付，不受撤船的影响。

此外，如果合同中明确规定租金支付条款是条件条款或重要条款的话（condition clause or essence terms），即使违反的程度比较轻微，尚不足以构成英国法规定的"毁约行为"，则根据英国判例，承租人仍需对撤船后出租人遭受的损失，向出租人做出赔偿。

在美国则普遍认为，只要承租人晚付租金，不论是否存在故意或过失，都构成"毁约行为"。出租人不仅有充分的理由提出终止合同，还可以就因此产生的损失向承租人索赔，除非合同中存在"抵御市场波动条款"或其他类似条款的限制。

我国《海商法》第 140 条规定："承租人应当按照合同约定支付租金。承租人未按照合同约定支付租金的，出租人有权解除合同，并有权要求赔偿因此遭受的损失。"虽然条文中并没有体现出来撤船的字样，但其含义与上文分析的撤船是一致的，而且《海商法》明确了出租人因撤船而产生损失的索赔权限。

（三）撤船权的放弃（waiver of the right of withdrawal）

出租人的撤船决定应在合理时间内做出，否则将被视为放弃撤船权利。下面几种情况可能会构成出租人撤船权的放弃，即弃权。

1. 接受承租人迟延支付的租金

如果出租人在做出撤船决定之前，接受了承租人迟延支付的租金，则出租人不能再针对此次迟延支付租金的行为行使撤船权。当然迟延支付的租金到达出租人银行不等于出租人已经接受该迟延支付的租金，即出租人是否已经接受了承租人迟延支付的租金，是一个事实问题，需要认定。这里需要注意的是，出租人银行的行为不一定代表出租人本人的行为。例如当出租人银行收到承租人晚付的银行汇票或支付单之后，立即将钱款转至出租人的银行账户上，但出租人已明确表示拒绝接受的，尽管事实上钱款已到出租人账户，但不能视为出租人已经接受该迟延支付的租金。即仍不能构成弃权，出租人仍可撤船。例如英国法院在 1977 年审理"The Laconia"一案中，按照租船合同的规定，租金应该是某个周日支付，事实上直至下个星期一 1500 时，银行支付单才到达出租人银行，出租人银行按照以往程序准备拨款至出租人账户上，同时通知了出租人这一情况。而出租人表示拒绝接受该迟延支付的租金，并在同一天（星期一）1855时向承租人发出撤船通知。英国法院认为出租人的这种撤船行为有效，因为作为出租人的银行，无权接受或拒绝承租人迟延支付的租金，只能听从委托人（出租人）的指示。并且当出租人银行得到出租人撤船指示的情况下，也应在合理的时间内告知承租人。

因此当承租人迟延支付租金，而且通过出租人的语言或行为，明确表示接受该迟付租金的，则出租人不能再以该期租金未按时支付为由行使撤船权。但是如果此后承租人仍未能按时支付各期租金的，出租人行使撤船的权利不受本次弃权行为影响。

2. 接受了承租人及时支付但不足额的租金

如果出租人接受了承租人及时支付的不足额租金的话，并不意味着放弃了撤船的权利。出租人应当给承租人一个合理期限补足余额或说明短付的理由，如果承租人在规定时间内补足余额或者短付理由合理的，则出租人不能行使撤船权；如果规定期限届满，承租人仍未采取任何措施补足余额或者短付的理由不合理或者完全不存在，则出租人仍然有权撤船。

3. 未及时行使撤船权

出租人应在合理时间内发出撤船通知，如果出现不合理的延误，即未在合理时间内发出有效撤船通知的，视为出租人放弃解除合同的权利。但什么是合理时间，恐怕属于事实问题，应当具体案件具体分析，加以合理判断。通常认为这个合理时间应当包括出租人请求银行查询并落实是否收到承租人支付租金款项的查询时间。由于出租人行使撤船权，将导致定期租船合同提前解除的后果以及考虑到撤船时船舶上是否载有货物，是否涉及出租人、承租人以外的第三方等因素，因此出租人通常会向其法律顾问或者相关的专家咨询有关撤船时机及相关事宜。所以通常情况下，该合理时间还应包括出租人为了决定撤船而做出考虑的时间或法律咨询的时间。例如某定期租船合同中由于承租人公司具体业务人员安排方面的变化，致使新调整安排租金支付的工作人员忘记本应在星期四支付租金的汇款事宜。星期五出租人给银行打电话查询，未有租金支付的任何消息，便要求出租人银行继续查询并保持联系。直至下星期一中午，出租人从银行再次得到消息，确认承租人确实未在规定时间内汇出此笔租金款项，于是出租人在周一下午立即发出撤船通知。这样从星期四租金应付日至下星期一中午期间，出租人与银行为了查询和确认租金是否支付的时间视为合理时间。

前已述及，如果货物已装载于船舱内，出租人在考虑是否撤船时，还需考虑其对提单持有人或善意收货人在提单法律关系下的运输义务。因此为慎重和保险起见，出租人常常会向专业律师或有关专家进行咨询，以更好地把握撤船时机。

2004 年英国审理“The Jotunheim”一案[①]，就是一起涉及撤船权放弃的典型纠纷。该案租船双方在履行合同的过程中，第一期租金是在出租人再三催促下，承租人才迟延支付。第二期租金应付日届满时，承租人仍未按时支付，并且声称船舶自交船时就存在缺陷，如果出租人不进行修理，承租人将不会支付租金。因此双方经过协议，承租人应在出租人承担部分维修费之后支付租金，可第二期租金宽限期届满后承租人仍没有支付租金，于是出租人代理发出电子邮件并声称出租人已经撤回船舶。双方争议的焦点是出租人认为自己有权撤船，但是承租人认为出租人撤船权的行使已经超过了合理期限，应视为其放弃了撤船权。英国法官经过审理，对出租人和承租人的主张做出如下判决：因承租人违反了租船合同的相关规定迟付租金，出租人有权撤船。所以租船合同已经被终止，承租人不能得到救济，船舶将无偿归还给出租人。应当说这一判决是合理的，因为出租人在承租人不按时支付租金后没有明确表示放弃撤船权，而是不断催促承租人支付租金，甚至经过协商给予承租人一定的宽限期，目的就是给承租人一个改正错误的机会，并非放弃行使撤船权。而承租人在规定宽限期限届满后，仍未履行承诺，因此出租人决定撤船是其无法继续纵容承租人既可以使用船舶又可以晚付租金行为的必然结果。所以承租人认为出租人未在合理时间内行使撤船权并且视为出租人放弃撤船权的观点不能成立，也没有得到法院的认可。

4. 出租人确认继续履行合同

如果承租人未按时支付租金，但是出租人通过言辞或行为致使承租人相信定期租船合同将继续履行的，则表明出租人放弃撤船的权利。

实践中有这样几种情况很难确定是否构成出租人弃权。

第一种情况是，如果承租人连续几个月未支付租金（例如 3 个月），则第四个租金支付日届满，承租人仍未支付租金的情况下，出租人是否可以行使撤船权？例如出租人和承租人曾有过长期的友好合作伙伴关系，由于种种原因，现承租人资金周转出现困难，因此承租人连续数月未支付租金，而出租人碍于情面以及考虑到以往的合作关系，催促了几次之后也不了了之。当又一个新的租金支付日届满时，承租人仍未支付任何租金时，根据英国的判例，出租人针对本次未按时支付租金的违约行为，仍可行使撤船权利。因英国法院认为出租人每次撤船权的行使，是针对每一次按时支付租金的行为而言。以前几次支付租金的情形下，出租人未做出撤船的表示，视为其放弃该次撤船的权利，但是并不能因此影响此后的撤船权利。并且出租人撤船后，有权就承租人欠付的租金予以索赔。

第二种情况是，如果承租人连续几个月晚付租金，那么在新一期租金应付日届

---

① The Jotunheim [2005] 1 Lloyd's Rep. 181.

满时，承租人仍未按时支付租金的，出租人是否可以撤船？根据英国判例，如果有证据和事实情况表明，承租人连续迟延支付租金的行为已经在事实上改变了原有定期租船合同约定的应付日支付时间，那么承租人实际连续迟延支付的时间视为定期租船合同租金支付时间的变更，而且出租人在过去的几个月中也未对此提出异议。在面临新的一期租金支付时，出租人在原合同约定的租金支付日未收到租金时，不能再行使撤船的权利。但承租人未在变更后的支付时间当天或之前支付租金的，出租人对此违约行为，仍有撤船的权利。当然上述默示变更合同的行为，需要有相关的事实及证据加以证实。如果承租人连续几个月迟延支付租金时，迟延的时间并不相同，例如原合同约定的应付为每月 1 日，承租人有时在 4 日支付，有时在 7 日支付，有时在 5 日支付，并不能形成一定规律表明将原定应付日默示变更为几日的，则不足以构成合同应付日的变更。尽管原合同约定的应付日期为 1 日，但如果承租人在过往的几个月份中，都选择在 5 日支付，则可以视为将应付日期从 1 日变更为 5 日。

上述几种情形，在中国应如何解决，尚缺乏明确的法律和司法解释。由于我国《海商法》关于定期租船合同的形式为书面，因此合同内容的变更和调整，也需要采用书面形式。因此笔者认为在上述第二种情形下的默示变更合同行为在中国法律制度下没有依据，未采用书面形式变更租金应付日的，不能构成合同内容的变更。

综上所述，出租人行使撤船权的结果，将导致定期租船合同提前被解除，对出租人、承租人、甚至善意的第三方收货人的影响都比较重大。因此当承租人未按时支付租金时，出租人应审慎行使撤船权，不能滥用该权利。例如不能通过暂时的、临时的撤船，或者以撤销承租人签发提单权利或要求船长不签发预付运费提单等方式，通过向承租人施加压力以便获得较高的租金率。一旦出租人滥用撤船权，将视为出租人毁约，承租人可因此解除合同并主张相应的赔偿请求。

第五节　停　租

所谓停租（off hire），是指在租期内，因合同约定的原因或事项而妨碍对本船的使用时，承租人可以在停止使用船舶期间，中断继续支付租金的一种行为。

BALTIME 格式第 11 条规定：“发生船舶入干坞或为了维持船舶的有效性而采取的其他合理措施，人员或物料的不足、机器损坏、船壳损坏或其他事故，防止或阻碍了船舶的工作并持续/连续 24 小时以上时，则在船舶无法从事营运并因此而损失的时间内停付租金。”第 12 条规定：“如在租期内发现有必要清洗锅炉，则承租人应给予出租人必要的时间进行清洗。如果清洗工作将超过48小时,则租金停付直至清洗完毕恢复营运为止。”

1946年NYPE格式第15条规定:“发生人员或物料不足,火灾,船壳、机器或设备的损害或故障,搁浅,对船货产生的海损事故而引起的延误,为检查或油漆船底而入干坞,或任何其他阻止船舶处于充分的工作状态下,在因此而造成时间损失期间,租金停付……”

1993年NYPE第17条规定,发生高级船员或普通船员的人员不足和/或不履行职责和/或罢工,或者出现物料不足,火灾,船壳、机器或设备的故障或损坏,搁浅,因船舶被扣押引起的迟延(除非是由于承租人、承租人受雇人员、代理人或应负责的分合同人的原因导致船舶被扣押),或者对船舶或货物的海损事故引起的迟延,为了检查船底或船底涂漆的目的入干坞,或者其他任何类似的原因,妨碍船舶处于充分工作状态的,对于因此损失的期间,租金及加班费(如果有的话)应停止支付。如果基于货损事故或第22条允许绕航以外的其他原因,未有承租人命令或指示下,船舶在航行中偏离或返回计划航线的,则租金自此种偏离或返航之时起暂停支付直至船舶返回到距离目的地相同或相等距离并且恢复了计划航线之时。船舶在停租期间使用的燃油应当由出租人负担。一旦因为天气原因使得船舶不得不进港或抛锚,驶入吃水较浅的港口或进入有沙洲的河流或港口,船舶因此产生的延误以及因此种延误产生的费用由承租人负担。在航行中一旦因为船壳、机器或设备部分缺陷或损坏导致船速降低,因此损失的时间、额外消耗的燃油以及因此产生的任何额外费用应在租金中予以扣减。

尽管上述标准定期租船合同格式规定的停租条款内容不尽相同,特别是1993年NYPE格式,在内容上做了一些调整,但大部分停租条款的规定比较相似,以下将针对共同约定的停租事项进行分析。

一、常见的停租事项或原因

(一)人员不足或不履行职责(deficiency and/or default of men)

“人员”一词包括在船上工作的船长(master)、高级船员(officer)及其他普通船员(crew)。1993年NYPE格式没有使用“人员”一词,而直接采用“高级船员或普通船员”(officers or crew)的表述。“不足”(deficiency)的含义包括两个方面:一方面是指在船舶上实际从事船员工作的人数不足;另一方面是指在船工作船员的推定数量不足。

船员人数必须满足有关船舶安全配额最低标准,如某艘船舶的核定船员人数为30人,而船上实际从事船员工作的人数仅为20人,就构成实际船上工作人员数量的不足。但是只有这种人员数量上的实际不足致使船舶不能处于充分有效的工作状态的情况下，才可以停租；否则仅仅是实际工作人员数量上的不足还不一定构成停租事项，还需考虑该缺少人员的职务及其对船舶工作的影响等诸多因素。例如某船舶核定安全配额标准人数为26人，船上实际工作船员人数为25人，缺少1名水手。那么这种情况下，只要未影响船舶正常营运及操作，承租人仍然不能停租。如果缺少的是船长或当班驾驶员或轮机人员，例如大副或二管轮，尽管仅实际缺少一人，承租人也可以以人员数量不足为由进行停租。

推定数量不足是指船上有完全胜任的足够数量的船员，也满足船舶安全配额的核定人数要求，只是由于一些其他原因，造成船舶不能或无法处于正常的工作状态。例如，由于发生传染病，数名船员染病不能正常工作；或者船员有不良生活习惯，如酗酒过度而影响工作；或者是政治方面的原因等。如1981年"The Alcazar"案中，船舶从美国的佛罗里达港驶往潘萨科拉港(Pensacola)，船上有8名波兰籍的高级船员。而当时根据美国、苏联之间的军事协议，Pensacola属于军事防御地区，禁止波兰人入港。于是该船不得不在Pensacola港外锚地抛锚，临时更换船员入港。卸货后又在锚地再次更换船员，等待8名波兰籍船员登船，因此造成时间损失。法院判决承租人可以以"人员不足"为由停付租金。在该案件中，就是典型的因为政治因素导致"人员推定数量上的不足"。

因此不论是船员实际数量不足，还是推定数量不足，都属于客观原因或者非属于出租人、承租人能够控制的其他原因所导致的。

如果船员有能力工作，只是心存对船舶所有人或承租人的不满或私愤，主观上不愿意或拒绝工作的情况并因此妨碍船舶正常营运的，不属于上文讨论的"人员不足"的范畴，而应当属于不履行职责(default)。因此NYPE1993格式注意到"人员不足"在含义表述方面存在的局限性，把船员主观上不情愿工作或拒绝工作的情形，通过"不履行职责"一词涵盖其中，因此根据NYPE1993条款，承租人也可针对此种情形停租。

(二)造成船壳、机器或设备的故障或损坏

通常认为不论是由于船壳、机器或设备的潜在缺陷造成的，还是由于其他原因造成的船舶故障或损坏，承租人都可以以此为由停租。"其他原因"通常是指船舶发生碰撞、搁浅等海损事故。只有上述原因实际造成承租人时间损失时，才可停租。例如某船在航行途中主机发生故障，故请拖船拖往目的港靠泊卸货。从出事地点至抵达卸货港期间，承租人可以停租，但抵达港口后至卸货完毕期间不能停租。因为通常卸货期间也无须开动主机，此时主机是否处于良好状态与卸货无关，承租人并没有时间损失。

（三）造成船舶或货物的海损事故而产生的延误（detention by average accidents to ship or cargo）

这一内容是 NYPE 格式中的规定。是指因发生海损事故而需在港口额外停留或者维修或者出现其他滞留情况时，可以进行停租。建议在合同中将“or cargo”字样删掉，因为如果发生的某一次海损事故仅仅影响到货物，而不影响船舶营运时，损失的时间应由承租人自行负担，不能以此为由停租，从而将风险转嫁给出租人。另外，一般人认为，如果海损事故的发生是由于承租人的过错造成的，即使有滞留情况发生，也不能停租。

（四）入干坞（dry docking）

船舶在营运中通常要定期入干坞进行船底检查、油漆检查或进行适当的维修保养，这也是为了保证船舶安全，满足船级证书要求而必须做的事项。特别是在航行中怀疑曾与不明物体擦伤或接触过，更是如此。由于这是正常的营运风险，即使是出租人安排营运也需定期安排船舶入干坞，所以通常定期租船合同都规定允许船舶因为入干坞停租。但如果是由于承租人违约的原因致使船舶入干坞的，例如承租人违反合同擅装危险货物导致船舶受损的，一般不可停租，除非合同另有约定。

上述几项停租事项，依 BALTIME 格式第 11 条的规定，只有连续超过 24 小时的情况下才可以停租。如果停租事项是断断续续地发生，每一次发生的时间均达不到 24 小时，即使累计时间达到 24 小时也不可以停租。BALTIME 格式的规定可能容易产生争议的地方就是，计算停租时间的起算点问题，是否要扣除 24 小时。例如由于船舶机器发生故障迟延了 36 个小时，根据 BALTIME 格式可以停租，那么停租时间的起算是从发生故障之时还是在扣除了 24 小时之后才可以起算？根据 BALTIME 格式有关停租条款的表述“no hire to be paid in respect of any time lost thereby during the period in which the Vessel is unable to perform the service immediately required.”由于该条款强调了“船舶不能处于充分有效状态而因此损失的时间内”都可以停租，因此笔者认为应当从机器故障发生之时开始起算。即 BALTIME 格式之下停租条件与停租时间起算是不同的概念，停租条件必须满足两方面内容：第一，是发生了列明的停租事项或事件并因此损失了时间；第二，停租事项或事件必须持续 24 小时以上。而停租时间的起算则从发生了停租事项或事件之时开始。

而 1946 年和 1993 年 NYPE 格式则没有 24 小时的限制。相比较而言，NYPE 格式下由于没有 24 小时的时间限制，因此只要存在停租事项，承租人即可停止支付租金，相对来说，对承租人比较有利。

(五)阻止或妨碍船舶处于充分工作状态下的任何其他原因(any other causes preventing the full working of the vessel)

1. 同类解释原则

(1)如何理解“任何其他原因”(any other cause)? 根据英美法的判例,在解释“任何其他原因”时,并不像该术语表面意思那样,可以针对除上述停租事项以外的任何原因进行停租,而是严格适用“同类解释原则 ”(ejusdem generis),即只能是与合同中明确规定的或者列明的具体停租事项相类似的其他原因才可以停租。但是如果在其后加上“无论如何”(whatsoever),则可以使其含义变宽,解释上会宽泛一些,但仍然不能宽泛到足以将无论任何什么原因均包括进去。例如1978年“The Apollo”案中,①因发现有2名船员患有斑疹伤寒(typhus),所以在船舶抵达Lower Buchanan港时等候了近30个小时以便通过卫生检疫。合同中就有“any other whatsoever causes preventing the full working of the vessel...”的条款规定,所以法院判决承租人可对该时间损失进行停租。1983年“The Mastro Giorgis”案件中,②收货人因为货物在航次中遭受损害,因此请求意大利法院扣押船舶导致船舶迟延损失。也是因为合同中有类似的条款,而被法院判定承租人可以停租。而同样是相同的条款,在1987年“The Roachbank”案中,③英国法院却做出不同的判决。因该船载有越南难民被拒绝进入港口,造成9天的港外延误。法院判决虽然合同中使用了“whatsoever”一词,也无法得出结论认为承租人可以在延误期间停租,因此判定承租人有支付租金的义务。

由此可以看出,“whatsoever”一词的加入,在某种意义上确实起到了扩大停租范围的作用,但究竟扩大范围如何,哪些内容可以因此被包括进来,目前尚缺乏明确的法律解释。所以,如果承租人想要扩大停租范围,仅仅在合同中增加“whatsoever”一词是不够的,最好的办法仍然是以明确的词语,将需要扩大或增加的停租事项明确体现在合同条款中。

此外,作为承租人,不仅要证明停租条款中列明的事项发生,还要证明这些事项的发生已经造成自己不能有效地使用该轮,即证明存在时间损失以及停租事项导致时间损失的因果关系。

(2)如何理解“阻止船舶处于充分的工作状态”(preventing the full working of the vessel)? “阻止船舶处于充分的工作状态”不同于“完全阻止船舶处于充分的

① Sidemar S. p. A. v. Apollo Corporation “The Apollo” [1978] 1 Lloyd's Rep. 200.

② Belcore Maritime Corporation v. Fratelli Moretti Cereali S. p. A. [1983] 2 Lloyd's Rep. 66.

③ C. A. Venezolana de Navegacion v. Bank Line “The Roachbank” [1988] 2 Lloyd's Rep. 337. (Court of Appeal)

工作状态”（fully preventing the working of the vessel）。前者是指只要船舶机器或设备部分发生故障，使得船舶不能处于充分有效的工作状态，就可对此停租，不需要船舶处于完全不能工作的状态之下。例如，某船有5个舱、5个吊机，如果5个吊机都能正常运转，则船舶处于完全的工作状态下；如果其中一个吊机发生故障，即属于“阻止船舶处于充分的工作状态”，如果导致时间损失，就已经足以停租。而“完全阻止船舶处于充分的工作状态”是指船舶完全不能处于充分的工作状态，例如5个吊机全部不能正常运转。就停租事项而言，只要达到前者的情形，即船舶不能处于完全充分的工作状态即可。

2. 地震、海啸、核辐射等造成船舶迟延期间能否停租

2011年3月11日，日本东北地区发生9级地震，地震引发最强烈的海啸以及火灾。同时地震还引起距离震中最近的福岛第一核电站放射性核物质泄漏的事故。由于地震和海啸的破坏，日本很多港口因为受损严重而关闭。另外一些受损较小的港口也由于等待损失评估而暂时关闭。而没有受到地震和海啸直接影响的南部一些港口，例如东京湾、横滨等，由于担心核辐射会影响船员健康以及考虑到辐射可能对船舶和货物的威胁，一些大的航运公司纷纷下令禁止船舶挂靠东京和横滨港，而且中国、美国等一些国家明确规定凡是途经日本东北部港口附近海域进行航行的船舶，即使航线距离受损核电站超过80英里，船舶入港时需要隔离进行强制核辐射监测。

如果港口或航道因为地震、海啸或核辐射而关闭或遭到损坏，那么不可避免的就是在履行租约的过程中出现延误。另外，即便港口依旧可以运行，但由于港口设备或航道交通系统的损坏，都可能对租约的履行造成影响从而出现延误。此外，因为进行核辐射监测也会造成船舶延误。

由于目前的标准合同格式中的停租条款，几乎没有涉及可以因为地震等原因进行停租的规定，那么对于因地震、海啸、核辐射等原因导致船舶延误，承租人无法使用期间是否可以根据“任何其他原因”（any other cause）的兜底条款进行停租呢？

根据上文有关停租条款的探讨，可以看出，英国法院对于“任何其他原因”的解释是非常严格的，因此与期租合同通常列明条款毫不相关的原因所导致的延误，例如港口关闭、核辐射监测等，就很难构成停租事项。但是，如果该条款中存在“无论如何”（whatever）的表述，则很可能使得承租人可以依赖港口关闭的原因而要求停租。当然最好的方式，还是能够在定期租船合同中明确列明因为地震、海啸等自然灾害或不可抗力导致船舶迟延，允许承租人停租。

3. 船舶被海盗劫持期间，能否构成停租事项？

近年来因为索马里海盗的猖獗行为，海上航行安全越来越引起人们的重视。尽管多个国家的海军联手护航，国际海事组织通过发布相关的指南和通告等方式，

提醒过往商船尽量保障航行安全,但是商用船舶被海盗劫持的事件时有发生。根据国际海事局海盗活动报告中心对2006~2010年的统计数字可以看出,全球海盗活动呈现上升趋势,被海盗攻击的次数,从2006年的239次,上升为2010年的445次;仅2010年被索马里海盗袭击的船舶数量达到219艘,占全球近50%,被索马里海盗劫持的船舶49艘,占全球被劫持船舶总数的92%。① 在2011年,据国际海事局(IMB)统计显示,共发生439次海盗袭击案件,其中275起案件发生在索马里海域的东岸以及非洲大陆的西部海域的基尼海湾(gulf of Guinea)。2011年被劫持作为人质的海员总数为555人,较之2010年的645人有所降低,但是2011年被劫持人质滞留的时间却增加了50%(平均为8个月)。其中149人被海盗滞留长达1年,35人被海盗杀害。虽然从近几年的数据显示,被海盗袭击的次数有下降趋势,但是国际航运公会(ICS)则认为现实依然不容乐观,甚至从某种意义上可以认为是呈上升趋势。因为遭受海盗袭击的地域已经不限于索马里海域,而是向非洲西海岸以及印度洋海域扩展。目前孟加拉国、印度尼西亚、马六甲海峡、马来西亚、中国南海、越南、尼日利亚、贝林、厄瓜多尔、阿曼、塞舌尔、马达加斯加等区域均已成为海盗袭击高危地区②。海盗行为不仅带来航行安全,也给租船实务带来很多困惑。船舶被海盗劫持之后,承租人无法按合同约定对船舶进行掌控和调度,那么被海盗劫持致使承租人无法使用船舶的期间,能否依据NYPE合同构成停租的理由呢? 英国法院在2011年对"The Saldanha"一案的判决给出了答案。③

大致案情及争议焦点是,Saldanha船舶以NYPE93格式出租47~50个月。在2009年2月22日,船舶被索马里海盗劫持。海盗强迫船长将船舶开往索马里海域并停留,直到4月25日才释放船舶。5月2日船舶返回到被劫持地点续航。承租人认为根据NYPE第15条的规定,船舶在此期间处于停租状态。因此拒绝支付2月22日至5月2日期间的租金。而出租人则认为根据合同条款,尚不足以构成停租的事项,因此双方就海盗劫持期间是否构成停租事项产生争议,遂向英国法院起诉。承租人认为,根据NYPE第15条的规定,海盗劫持事件可以被认为满足该条款规定的停租事项中的至少下列一项:①detention by average accidents to ship or cargo;②default and/or deficiency of men;③any other cause preventing the full working of the vessel。

经过审理,英国高等法院Gross大法官认为承租人的三项理由均不存在,并

① 朱文奇,李颖.打击索马里海盗:既是责任也是挑战.中国海商法年刊,2011(2):12.

② 参见Andrew TAYLOR "Piracy Today" CMI 2012 Beijing Paper Collection, the 40th Conference of CMI held in Beijing 14-19 Oct. 2012:237.

③ 参见The Saldanha [2011] 1 Lloyd's Rep. 187.

指出:

(1)船舶被海盗劫持不能构成对船舶或货物的海损事故引起的迟延(detention by average accidents to ship or cargo)。因为根据1977年"The Mareva AS"案件①确定的先例原则,所谓对船舶造成的海损事故(average accidents to ship)是指船舶本身遭受了损害,而本案中,船舶没有受到任何损坏,不符合这项停租事项。其次,"Accident"一词表明事件的参与者没有主观意图,事件的发生属于意外情况。而有计划地故意以暴力方式进行的海盗袭击很难被认为是一个"意外事件"(Accident)。再次,"Average"这个词的含义在海上保险里面是"除全损之外的损失",也就是damage的意思。这个含义也应当适用于本案,不能有例外情形。

(2)关于"人员不足和/或不履行"(default and/or deficiency of men)的理由也不成立。尽管承租人认为本案中船长和船员事前没有采取反海盗措施以及在海盗袭击中没有奋力抵抗,这些应当可以被视为船员过错和不足。但是Gross大法官认为,首先,deficiency of men主要是指数量上的人员不足(numerical insufficiency),而在本案中,这个情况不存在;其次,从这个条款起草的背景和意图看,default of men应该特指船长、船员罢工或者拒绝履行义务的情况②。这里default一词必须做限缩解释。船长和船员在海盗的胁迫下不能履行其义务的情况不能被视为拒绝履行。

(3)能否根据"any other cause"理由停租的问题,根据前文英国法院有关该术语的严格解释原则,综合考虑以前的判例以及整个条款和租船合同的语境,Gross大法官认为NYPE第15条的Any other cause并不包括任何使船舶无法工作的全部的外来因素(entirely extraneous cause)。而本案中,海盗劫持船舶就是一个完全的外来因素,故不在any other cause的涵盖范围之内。综合上述事实情况,Gross大法官做出了支持船东——出租人的判决,认为海盗劫持事件不符合租船合同中允许停租的任何一个事项,因此承租人有义务在船舶被海盗劫持期间,仍然继续支持租金。

显然,从该案件中可以得到一个启示,就是根据现有NYPE条款,尽管船舶因海盗劫持,致使承租人无法使用船舶,但是也不能以此为由进行停租,必须严格遵守合同约定,除非合同双方对NYPE合同的停租条款进行适当修改。例如首先在NYPE停租条款中,明确将船舶被海盗劫持列入停租事项之一,"Seizure/Arrest/Requisition/Detention by piracy,..."其次,为了避免上述表述可能存在挂一漏万或者不准确的情况,在停租兜底条款中,使用"any other whatsoever causes to prevent

① 参见The Mareva AS [1977] 1 Lloyd's Rep. 368.

② 参见Royal Greek Government v. Minister of Transport (1949) 82 Ll L Rep. 196.

full working of ..."以避免英国法院对"any other cause"的严格解释。

海盗行为的日益猖獗,也引起国际社会对船舶安全及航行安全的关注。目前应对海盗袭击和劫持的措施主要包括军舰护航、提高商船自身防御海盗的能力和其他应对措施等。为了进一步增强商船通航安全,近年来一些船舶所有人、船舶经营人开始考虑在一些特定高风险区域雇佣私人武装保安。目前全球已经有超过200家公司可以提供这种私人武装保安服务。国际海事组织海上安全委员会也于2011年9月16日以MSC.1/Circ.1405号决议通过"关于在高风险区域在船上使用签约的私人保安人员问题而向船舶所有人、船舶经营人及船长发出的经修正的临时指南"(REVISED INTERIM GUIDANCE TO SHIPOWNERS, SHIP OPERATORS, AND SHIPMASTERS ON THE USE OF PRIVATELY CONTRACTED ARMED SECURITY PERSONNEL ON BOARD SHIPS IN THE HIGH RISK AREA),明确指出雇佣私人武装保安只能作为应对海盗袭击的一种方式之一,由船舶所有人在对相关风险做出评估后,可以自行决定考虑是否通过签约方式雇佣私人保安人员(Privately contracted armed security personnel :PCASP),随船航行通过一些特定高风险海域。鉴于实践中这些合同条款和内容千差万别,波罗的海国际航运公会(BIMCO)于2012年3月28日发布有关雇佣私人武装保安人员的标准合同格式——葛德康(GUARDCON),推荐给会员使用。该合同格式的全称为"关于在船舶上雇佣保安人员的标准合同"(Standard Contract for the Employment of Security Guards on Vessels)。合同包括两个部分及6个附件。第一部分主要是留有双方当事人填空,第二部分为合同的主要条款,分为8节、30个条款。内容涉及保安人员及保安设备等基本概念的界定、保安措施、船舶所有人与保安公司双方的权利与义务、船长的责任、保险及税费负担、对第三方的责任及相互赔偿等。附件A为保安设备、附件B为使用武力的规则、附件C为发出指示时的通知、附件D涉及单方面弃权、附件E为费率表、附件F为标准操作程序。一旦雇佣私人武装保安成为航运实践的一种常态做法的话,那么针对雇佣保安人员的费用,保安人员登船、离船产生的时间损失以及因为私人武装保安人员造成第三方责任等问题,应当在租船合同中予以明确。①

关于私人武装保安所引发的各种问题,社会各界观点不一。英国在2011年10月30日正式宣布商船可以拥有私人武装保安;塞浦路斯在2012年6月也颁布一项打击海盗的新法案,明确承认商船雇佣私人武装保安的合法性。国际海运保险联盟对此也持积极态度。但是不能否认,商船拥有私人武装保安仍然存在很多障碍。最明显的法律障碍就是船旗国法律、船舶所有人所在国家的法律、船舶挂靠

---

① 以上内容源自BIMCO官方网站,2012年4月4日0940时访问。

港口的法律是否允许商船合法拥有武器并获得许可。而目前很多国家对此规定得并不明确。例如英国法律明确规定，仅在对船上人命构成严重和紧迫威胁时，才允许使用杀伤性武器。因此英国法律规定对于杀伤性武器使用必须是合理的，并且控制在一定范围之内。此外对于海盗人员身份的认定也存在一些法律问题。例如在2012年2月15日，在“ENRICA LEXIE”船上的两名意大利籍的私人保安就将两名印度渔民误认为是海盗而将其射死。最后意大利以向印度渔民家属支付了19.2万美元的赔偿，以免除死者家属以谋杀罪向私人武装保安提起法律诉讼。如果涉案当事人不能就此案达成赔偿协议，很难预料将会产生什么样的结果。

尽管围绕着私人武装保安的合法性问题尚存在很多法律障碍，据IMO初步统计，目前仍然有多达25%的船舶愿意在通过亚丁湾时雇佣私人武装保安，因为事实上拥有私人武装保安的商船的安全性大大增加，几乎再没有发生在配备了私人保安后再被海盗袭击或劫持的案件。但是私人武装保安只能是目前针对海盗袭击的一种补充手段。从长远角度看，在打击和应对海盗方面，仍然有很多法律、政治等问题亟待解决。①

综上所述，笔者认为，承租人行使停租的权利，必须满足如下三个条件：一是由合同中列明的原因（即停租事项）引起；二是停租事项阻止或妨碍了船舶处于完全工作状态；三是停租事项实际造成承租人的时间损失。

二、什么时候恢复支付租金

当停租事由发生后，承租人根据合同约定可以停止支付租金，但应该从何时开始恢复支付租金呢？目前存在两种不同观点：即净时间损失原则和期间停租原则。

（一）“净时间损失”原则（net loss of time）

“净时间损失”原则又称“纯时间损失”原则，是指仅对因此造成的净时间损失期间停租。如果船舶、设备等已恢复正常工作状态，已经没有时间损失的话，则不能继续停止支付租金，租金应立即恢复支付。例如，图3-3所示某船沿着计划航线行驶，在A点发生故障，不得不转至B港修理。在这里AC = DC，即船舶返至D点时，才如同未发生事故，仍在A点一样。这样从A点至B点再至D点期间，都有净时间损失，都可停租，即直至D点时承租人才有义务恢复支付租金。

（二）“期间停租”原则（period off-hire）

“期间停租”原则，是指只要停租事项影响船舶的因素不存在，即一旦船舶恢

---

① 以上内容参见 Andrew TAYLOR “Piracy Today” CMI 2012 Beijing Paper Collection, the 40th Conference of CMI held in Beijing 14 – 19 Oct. 2012:237.

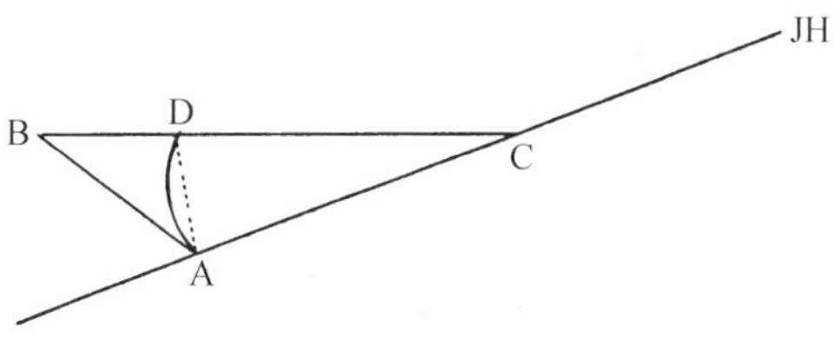

图 3-3

复充分有效的工作状态，承租人就应当恢复支付租金。结合上述例子，即从 B 港修理完毕时，船舶已经处于充分有效的工作状态，即使未能回到 D 点，承租人也应当立即开始支付租金。持这种观点的人还认为，如果根据“净时间损失”理论，从 D 点恢复租金支付，将会使 D 点的确定及租金支付的计算变得更加复杂，因为在海洋上很难确定 DC 距离刚好与 AC 距离一致，也就是说 D 点难以确定，实践中不容易操作。

BALTIME 格式规定得很明确，采用的是“期间停租”原则，对出租人较有利。

1946 年 NYPE 格式对此规定得不明确，根据英美法的解释，一般认为是采用“净时间损失”原则。所以，为避免针对 1946 年 NYPE 格式可能发生的纠纷，最好做出明确的合同规定。而从 1993 年 NYPE 格式第 17 条的规定内容，特别是约定“如果基于货损事故或第 22 条允许绕航以外的其他原因，未有承租人命令或指示下，船舶在航行中偏离或返回计划航线的，则租金自此种偏离或返航之时起暂停支付直至船舶返回到距离目的地相同或相等距离并且恢复了计划航线之时”。可以很明显地看出采用“净时间损失”原则。但是对于 NYPE 的上述表述如何正确理解，实践中也曾经发生过争议。英国法院在 2009 年审理 TS Lines Ltd v. Delphis NV 以及 Delphis NV 诉 Ulrike F Kai Freese GmbH & Co KG 案件中，①涉案船舶“The TS Singapore”是航行亚洲港口之间的一艘集装箱班轮。在涉案航次时，该船适用的是 NYPE1993 格式的定期租船合同。该船在日本分别停靠了名古屋、东京和横滨之后，计划下一个目的港是上海，之后停靠宁波、厦门和香港。船舶在横滨完成装卸货后拟于 9 月 6 日起航，但是为了避免预报来临的台风，船长决定在横滨港外锚地停泊。9 月 7 日晨曦，船舶发生走锚撞上了防波堤，导致船舶受损并在横滨港停留至 9 月 22 日，船东于 9 月 12 日宣布共同海损。根据船级社要求，船舶离开日本港口后应驶往香港（而不是目的港上海），卸完所有货物后驶往广州进行修理。租船合同中附加条款第 81 条约定：“除非停租是由于承租人的雇佣人造成的，否则船舶如连续停租超过 20 天……承租人有权在船舶卸清货物后交还船

① ［2009］EWHC B4（Comm）.

舶。”据此，承租人认为自9月7日起船舶开始连续停租，于9月28日解除了合同。出租人认为虽然承租人有权停租，但是船舶从横滨驶往香港和上海的路线是一致的，有一段航程属于共同航程，应当在停租期间予以扣除，只有当船舶偏离这段共同航程后船舶才应当继续停租。停租期间应当扣除共同航程时间，而且出租人认为承租人无权解除合同。上述争议提交给仲裁庭后，仲裁庭裁决认为船舶在驶往香港的航程中，前期的路线与承租人想要船舶去往目的地上海的路线一致。船舶在该段共同航程履行了承租人要求的服务，满足了承租人的目的，判定承租人在这段时间内不应停租。承租人不服仲裁裁决并上诉至英国高等法院。英国法院认为本案争议的焦点在于船舶从横滨港开出是遵从什么指令、谁的指令。显然本案中，船舶系根据船级社的要求前往香港卸货后进行修理，而不是根据承租人指示前往上海卸载和装载货物，因此不符合期租合同为承租人提供服务的标准。因此尽管存在共同航程，但是承租人依然有权停租，并进而根据合同约定做出解除合同的选择。因此一旦发生停租事项，尽管事后因为某种因素的存在，致使承租人未有实际时间损失，只要船舶未能执行承租人指示并在其控制之下，承租人依然有权停止支付租金。

2013年11月英国上诉法院在审理 Minerva Navigation Inc v. Oceana Shipping AG（“The Athena”船）案件中，就如何理解净时间损失问题再次引发争论。① 该案件采用1946年 NYPE 格式，其中第15条有关停租的规定做了部分修改，具体规定如下“由于……船长过错或妨碍船舶处于充分有效状态的任何其他原因导致时间损失的，则在因此损失的时间内停止支付租金……”该案件涉及的“The Athena”船载运小麦运往叙利亚，在到达 Tartous 港口时，因为货物受到污染而被拒收。鉴于叙利亚法律规定禁止货物转出口，除非该货物运往其来源国，因此出租人指示船舶驶往叙利亚港外的国际水域等候进一步航行指示。随后承租人指示船舶驶往利比亚班加西港口锚地并等待进一步指示。然而船长根据出租人的指示仍然在利比亚外的国际水域停留并等待。随后承租人向船长发出邮件表明如果船舶不遵守指令前往班加西港口的将视为船舶处于停租状态直至船舶离开现漂浮地驶往班加西。船舶继续停留在上述国际水域长达近11天，最终前往班加西卸货。事实上因为卸货港口变更，承租人对于已经签发的提单也相应进行修改，大约耗费了2周时间。承租人根据租船合同仲裁条款在伦敦提起仲裁，要求对船舶在国际水域漂浮期间停止支付租金。仲裁员认为承租人发出的航行指示是有效的，应当得到执行。自船舶拒绝执行承租人指示之时，在整个漂浮期间造成的时间损失，应当停租。出租人不服仲裁裁决，向英国高等法院提起诉讼，并提出承租人仅仅证明了在漂流期间

---

① ［2013］EWCA Civ. 1723.

无法立刻使用船舶,但是并没有证明因此造成了任何迟延或时间损失,应当撤销仲裁裁决。Walker 法官支持了出租人的观点。承租人向英国上诉法院提起诉讼。上诉法院推翻了高等法院的判决,最终支持了承租人的观点。认为停租条款针对的是船舶无法处于充分有效状态的情况下发生作用,判定船舶是否处于充分有效状态是指在承租人发出指示时船舶是否能够提供即刻有效的服务。但是显然船舶仍然停留在国际水域而没有前往承租人指示的地点。无须考虑船舶是否因为其他原因造成同样的时间损失。也就是说,即使船舶听从承租人指示前往利比亚港口,也需要在锚地等待直至提单变更完毕。但是英国上诉法院认为等待提单变更的时间与本案并不相关。关键问题是承租人发出指示时,船舶是否可以即刻提供服务。如果不能并因此造成时间损失的,就可以停租。这是英国法院关于净时间损失的最新判决。

三、停租期间承租人履行合同的义务及权利

尽管在停租期间承租人有不支付租金的权利,但在此期间,除非合同另有明确规定,否则承租人仍有履行合同规定的其他义务,如提供并支付燃油费、负责安排货运、支付港口使费等。例如 1946 年 NYPE 格式第 20 条以及 1993 年 NYPE 格式第 17 条均明确规定,解除承租人在停租期间支付燃油费的义务,但 NYPE 的规定仅仅限于承租人支付燃油费用的义务因为停租事项的发生而免除,并不能以此解除承租人合同项下的其他义务。而 BALTIME 格式对此没有做出明确规定,因此根据 BALTIME 格式,承租人在定期租船合同下的义务依然存在,即使是处于停租期间。

另外,停租条款的存在也不影响承租人根据租船合同的规定享有的各项权利,特别是不能因为停租条款的存在而剥夺承租人向出租人提出索赔的权利。如果承租人能够证明引起停租的事由或事件是由于出租人违约或者归咎于出租人不能援引免责事项造成的,仍可就预先支付的这段时间的租金、提供的燃油或其他利益损失向出租人索赔,即停租并不影响承租人的索赔权。英国法院 Kerr 法官早在 1975 年审理"The Democritos"案件中就明确了承租人的上述权利,认为:"尽管在实践中很少发生,但是如果由于出租人违约导致停租事项发生的,承租人有权向出租人索赔。索赔的范围不仅限于租金或停租期间支付的租金,而且包括因此遭受的其他损失。"①例如如果因为出租人违反交船时船舶适航义务或者违反租期内维持船舶处于适航状态的义务,致使船舶吊货机械发生故障产生严重迟延,承租人因此无法履行一个可以获得很高收益的航次(profitable voyage),则承租人不仅可以索赔停

① The Democritos [1975] 1 Lloyd's Rep. 401.

租期间的租金损失,还可以索赔盈利损失(profit of loss)。当然出租人可以以该盈利损失为遥远损失作为抗辩的理由。如果英国法院认定该盈利损失构成遥远损失的,则出租人无须承担赔偿责任。①

如果停租事项是由于承租人违约行为导致的,出租人也可以向承租人索赔因为停租而丧失的租金损失以及因此违约而带来的其他损失。例如一艘名为"The Dodecanese"的船舶被期租出去,采用的是 Baltime 格式,约定船舶只能用于"在合法航行区域范围内运输合法货物"。承租人不顾埃及当局的禁令,使用该船舶为在埃及的英国军队运送枪支弹药。该船舶被列入当地主管部门的黑名单,随后因为发生机器故障,船舶在修理期间被埃及主管当局滞留,使得本需要 4 天修理的时间,被延长滞留了 30 天之久。承租人根据停租条款对全部 30 天的时间予以停租。事后出租人向法院起诉,要求赔偿 26 天的租金损失。理由是因为承租人违反合同约定"装运合法货物"的义务,因此应当承担赔偿责任。法院支持了出租人的诉请。②

四、停租保险

很多情况下出租人会针对停租期间的风险,投保停租保险(off-hire insurance)。但保险公司根据保单所承担的停租风险与出租人根据租船合同所承担的停租风险不尽相同。保险合同承保的停租风险主要是根据如下两个条款:灾难条款(peril clause)和殷琪玛利条款(Inchmaree clause)。前者针对船舶在发生了海难、搁浅、碰撞等海上常见风险,后者主要针对船舶在装卸货时发生的意外事故、船上或其他处所发生爆炸等风险,主要针对的是一些陆地风险。因此出租人针对停租事项中基于船壳、机器、故障损害,海难事故等原因造成的风险,可以从停租保险中获得一定赔偿,而像停租事项中常见的"人员不足"等,就不能从停租保险中获得补偿。

另外,停租期间是否应从定期租船合同的租期中扣除的问题尚没有一致的结论。例如定期租船合同约定的租期为 2 年,原约定还船日期为 2012 年 10 月 15 日。而在租期内实际发生的停租时间为 30 天。承租人是否可以因此在原约定还船日期的基础上顺延 30 天,即 11 月 15 日还船呢?本书作者认为,除非定期租船合同对此做出明确规定,否则租船合同的租期正常计算,即不得因停租事项的发生而使还船期限自动相应顺延。因此承租人仍然需要在原定 10 月 15 日还船,否则将构成迟延还船并因此承担相应的赔偿责任。

---

① The H. R. Macmillan [1973] 1 Lloyd's Rep. 27.

② Leolga v. Glynn [1953] 2 Lloyd's Rep. 47.

第六节　责任、义务及免责

定期租船合同下出租人与承租人的责任、义务及免责，与航次租船合同下的规定相比较，存在一些不同。我国《海商法》第六章有关定期租船合同的规定，为非强制适用条款，因此定期租船合同下的出租人、承租人可以自由协商约定彼此的权利、义务、责任及免责事项。而英美法国家几乎也不对定期租船合同下当事人的权利义务做强制性规定。由于实践中定期租船合同当事方往往选择一些标准的租船合同格式作为订立合同的基础，因此以下结合这些标准的定期租船合同条款，对合同双方的责任、义务及免责事项予以详细讨论。

一、出租人的责任及义务

(一)提供适航船舶的义务

定期租船合同下，出租人有义务和责任提供一艘满足合同约定用途并且适航的船舶。但在不同阶段，出租人提供适航船舶义务的标准和范围并不完全一致。

1. 交船时的最初适航(initial seaworthiness)

NYPE 1946 格式的前言部分 NYPE 1993 格式的第 2 条、BALTIME 格式第 1 条，都明确规定出租人应保证交船时，船舶在各方面适于货物运输。虽然一些标准合同条款，例如 NYPE 格式更加强调了交付的船舶应当是“紧密、坚固、结实”，但事实上，不论是根据英美法，还是根据我国《海商法》有关规定，交付船舶的适航都不限于船体、船壳、设备本身适航，还包括适当地配备船员、装备船舶、提供供应品等，而且货舱及其他载货处所应当适于约定货物安全运输的需要。即交付船舶应该满足广义适航的含义。

但是不论是 NYPE 格式，还是 BALTIME 格式都未对出租人交付船舶适航的程度做出明确规定。根据英美普通法，当合同没有明确规定，也没有其他附加条款或首要条款对此予以规定时，出租人应承担绝对适航的义务，该义务的严格程度要比 1924 年《海牙规则》或 1968 年《海牙 – 维斯比规则》规定的适航义务严格得多。因此，在实践中，合同当事人常常会在定期租船合同中订立附加条款或首要条款，将《海牙规则》或《海牙 – 维斯比规则》或某一国家的国内法，例如美国 1936 年海上货物运输合同法(COGSA)中关于承运人提供适航船舶的规定并入到期租合同下，从而使出租人提供绝对适航船舶的义务，降低为“谨慎处理使船舶适航”的程度。

我国《海商法》第 132 条明确规定，出租人应当谨慎处理，使交付的船舶适航。因此这里关于使船舶适航义务的程度，与我国《海商法》第 47 条有关承运人使船舶适航的规定一致，即要求所有人作为具有法律规定的或者通常要求的知识，并谨慎行事的船舶出租人，采取在约定的航线和期间安全运输约定货物所合理要求的措施就可以了，不要求具有使船舶绝对适航的义务。①

有关适航含义的具体内容详见本章第三节关于交船条件的论述。

2. 维持船舶适航(maintenance seaworthiness)的义务

NYPE46 格式第 1 条规定："……出租人应维持船级，并在整个租期内，出租人在船壳、机器和设备方面使船舶处于充分有效状态……(maintain her class and keep the vessel in a thoroughly efficient state in hull, machinery and equipment for and during the service)"

NYPE 1993 格式的规定与 NYPE 1946 格式比较类似，只是增加了有关船员配备的内容，第 6 条规定："……出租人应维持船级，并且应当在整个租期内使船壳、机器和设备处于充分有效状态，并且应当配备充足、适任的高级船员和一般船员……(... shall maintain the Vessel's class and keep her in a thoroughly efficient state in hull, machinery and equipment for and during the service, and have a full complement of officers and crews.)"

BALTIME 格式的规定比较简单，第 3 条规定，出租人应当使船舶在整个租期内，在船壳和设备方面处于充分有效状态……

根据上述标准合同格式有关维持船舶适航义务的条款规定，可以看出出租人在整个租期内，有维持船舶处于适航状态的义务。这一义务贯穿整个租期期间，而不受任何影响。但是根据英美法的解释，如果定期租船合同通过首要条款或者并入条款的方式，将《海牙规则》、《海牙－维斯比规则》或者美国 1936 年 COGSA 并入进来，则出租人维持船舶适航义务的时间会因此而改变。由于上述国际公约或国内法有关承运人使船舶适航的义务限定为"开航前、开航当时"，因此上述国际公约或国内法有效并入到期租合同中的，则出租人维持船舶适航义务的时间也就不必强调为"整个租期内"。只要出租人保证在租期内的每一运输航次开航前、开航当时，使船舶处于适航状态，即满足合同约定的维持适航义务。

至于维持船舶适航义务的程度问题，根据英美法普遍解释认为，维持船舶适航的程度为"尽到合理的谨慎、小心"，也不要求是绝对适航。即使是在整个租期内，船舶在每一个航次开航后，船舶没有处于适航状态，只要出租人在合理时间内采取合理措施予以修复，就不算违反维持船舶适航的法定义务。但须注意，定期租船合同下出租人租期内维持船舶适航义务的含义与《海牙规则》、《海牙－维斯比规则》下承运人使船舶适航义务的含义略有不同。根据《海牙规则》、《海牙－维斯比规

① 司玉琢. 海商法. 3 版. 北京：法律出版社，2012：102.

则》的规定,承运人不仅要保证船体、船壳、机器设备本身适于货物安全运输的需要,而且要配备适职的船员、装备船舶、提供安全运输需要的相应供应品,并保证货舱适货。但是在定期租船合同下,承租人有义务提供船舶航行所需的燃料油。因此为使租期内船舶处于适航状态,承租人应按照合同约定的数量及品质提供足够的燃料油,但每个航次所需燃油数量的准确性由出租人保证,燃油质量、等级等由承租人保证。即出租人负有向承租人提供每个航次下,船舶实际需要消耗燃料油的真实情况,而提供足够数量和等级的燃油保证运输航次完成,并使船舶处于适航状态的义务由承租人负担。当燃油数量足够,而因燃油质量问题造成船舶不适航的,承租人承担相应的责任。即从租期内维持船舶适航的广义角度,就提供燃料油而言,是出租人和承租人共同完成使船舶适航的义务。

我国《海商法》并没有明确规定定期租船合同下出租人维持船舶适航的义务,而是从船舶未能维持适航状态的补救措施及停租的角度规定了出租人的义务。《海商法》第 133 条规定:"船舶在租期内不符合约定的适航状态或者其他状态,出租人应当采取可能采取的合理措施,使之尽快恢复。"根据该规定可以推论出,出租人在租期内也有使船舶处于约定的适航状态的义务。当然该适航的含义是否与第 47 条有关承运人使船舶适航的含义一致,尚不明确。但是有一点可以肯定,就是第 133 条涉及的维持船舶适航的义务应当与合同约定的事项一致。综合有关定期租船合同标准格式的常见条款,该适航内容应当是偏广义的,即不仅仅限于船体、船壳、机器设备本身,还应当包括妥善地配备船员、装备船舶、提供供应品,并且货舱、冷藏舱等相关存储货物的场所应当满足期租下约定货物安全运输的需要。至于我国《海商法》第 133 条有关维持船舶适航义务的程度,从"出租人应当采取可能采取的合理措施,使之尽快恢复"的表述看,应当也限于"谨慎处理"(due diligence),而不是绝对适航的含义。

此外,出租人维持船舶适航的义务可能会因为新的国际公约生效或国内法进行修改而有所变化。英国法院在 2008 年审理 Golden Fleece Maritime Inc. and Another 诉 ST Shipping & Transport Inc. 一案中,①就涉及新的公约变化影响到提供适航船舶义务的纠纷。原告将"Elli"船和"Firxos"船两艘单壳船期租给被告装运合法的原油和石油制品。在期租合同履行期内,《1973 年国际防止船舶造成污染公约》的 1978 年议定书生效(MARPOL 73/78 公约)。根据新的公约规定,运输货物油的船舶必须是双壳船。出租人未能在接到船级社通知后及时进行船体结构改造。承租人认为出租人违约,违反了提供适航船舶的义务。出租人则以当初提供船舶是适航的,现有公约规定不包括本案涉及船舶为由予以抗辩,认为上述两艘船

① 参见 The "ELLI" and The "Firxos" [2008] 1 Lloyd's Rep. 262.

舶可以享有豁免权，无须进行船舶结构改造。双方就出租人是否违约发生争议，并向英国法院提起诉讼。法院最终判定出租人违约，因为出租人有义务使船舶满足新的国际公约对船舶状态的要求。具体理由包括：第一，根据期租合同条款，无论任何情况下，出租人都应当尽到谨慎处理使船舶装运合法货物的义务。只有船舶遵守了 MARPOL 73/78 公约的规定，才能符合该条件。适航一词不仅包括法律意义上的适航，也包括物理上的实际适航。第二，在接到船级社要求及时进行结构改造的通知后，出租人未尽谨慎处理采取相应措施，因此构成违约。

考虑到国际社会对船舶通航安全以及保护海洋环境的要求越来越高，对于船舶、船员等安全航行及防污染的设备、标准及要求也越来越严格。而为了满足国际公约或国内法的上述相关变化，需要投入不菲的成本和财力。因此建议出租人在满足提供适航船舶义务的前提下，最好能够对上述改造、添置设备或投入财力的情况在定期租船合同中做出明确约定，以避免产生纠纷。例如约定由哪一方负责，或者约定各自分摊的比例和份额，特别是较为长期的定期租船合同下，订立该条款实属必要。

（二）不得进行不合理绕航和尽快速遣的义务（no unreasonable deviation and reasonable dispatch）

NYPE 1946 格式第 8 条规定："船长应当以最快速度完成航次……（The Captain shall prosecute his voyages with the utmost despatch...）"

NYPE 1993 格式第 8 条有关"航次履行"的规定为："船长应当以适当的速度完成所有航次，并应当与船员一起提供习惯上的帮助……（The Master shall perform the voyages with due despatch...）"

BALTIME 格式第 9 条明确规定："船长应当以最快速度完成租期内的所有航次并提供习惯上的帮助（The Master to prosecute all voyages with the utmost despatch and to render customary assistance with the Vessel's Crew.）"

虽然上述标准合同条款的表述不同，有的使用"最快速度"完成航次，有的使用以"合理速度"完成航次，但是都强调出租人在整个租期内，应当尽快速遣并尽快航行完成每一个航次，不得进行任何不合理的迟延或者进行不合理的绕航。只要合同中未明确规定完成航次的具体时间或者进行必要的时间限制，则出租人的这一义务并不是十分严格。只要出租人根据当时的实际情况尽快履行航次的，就视为履约。即出租人应不得中断地，尽当时可能情况及安全允许的情况下，尽快完成航次。如果船舶进入不合理的避难港或进行不合理的停留；或拒绝驶往承租人指示的合理港口；或错误地拒绝装卸货，致使未能及时完成航次的，都属于未尽到合理速遣的义务。

根据英美法，出租人有默示义务不得进行不合理的绕航。所谓绕航是指船舶偏离规定航线的行为。规定的航线是指合同中明确约定的航线;合同未约定的,按航运习惯航线确定;没有航运习惯或惯例航线的,依起运地至目的地两者之间最近的地理航线确定。某些情况下,虽然船舶发生了绕航,但是根据有关法律或合同的规定,出租人无需对绕航产生的货损承担赔偿责任,即该绕航为合理绕航。根据英美普通法,下列情形通常被认定为合理绕航:①为了救助人命或者与危难中的船舶进行通信联络。但是,如果单纯为了救助财产,未必能够构成合理绕航。②为了避免对船舶或货物造成危险(to avoid danger to the ship or cargo)。③因为承租人过错而必须进行的绕航。例如,在出租人不知情的情况下,承租人擅自装运危险货物,为了卸载危险货物而偏离航线的行为构成合理绕航。①

《海牙规则》、《海牙-维斯比规则》、《汉堡规则》则分别在公约中对于合理绕航做出规定,通常规定"为了救助或企图救助人命,为了救助或企图救助海上财产,以及其他合理情形"都属于合理绕航的范畴。由于上述规则本身未对什么情形下的绕航构成"其他合理情形"做出明确规定,根据英美法判例,对于"其他合理情形"的解释非常严格,因此承运人几乎很难通过援引"其他合理情形"进行合理绕行的抗辩。

值得注意的是,2008年《鹿特丹规则》第17条有关合理绕航的规定,除了保留了传统海运公约有关"救助或企图救助海上人命"的情形外,对于海上财产的救助限于"救助或企图救助海上财产的合理措施"。即不合理地救助海上财产的,也会构成不合理绕航。这一点比《海牙规则》、《海牙-维斯比规则》、《汉堡规则》的规定都要严格。

我国《海商法》未对期租出租人的这一义务做出明确规定。但是我国《海商法》第49条有关合理绕航的规定体现在第四章中,这一内容是否必然适用于第六章的定期租船合同尚存在疑问。根据我国《海商法》第49条规定,合理绕航是指为了救助或企图救助海上人命、财产或其他合理理由下产生的绕航,除此之外均属于不合理绕航。该规定与《海牙规则》、《海牙-维斯比规则》及《汉堡规则》关于合理绕航的规定类似。

由于BALTIME格式以及NYPE格式关于出租人尽快完成航次的条文规定都比较简单,如何理解什么是"最快速度"或者"合理速度",哪些绕航属于合理绕航等都不明确。通常实践中需要增加附加条款或者首要条款。如将《海牙规则》、《海牙-维斯比规则》或《汉堡规则》中关于合理绕航的规定并入进来,从而使之范围更加明确。

---

① John F Wilson, Carriage of Goods by Sea (7th edition), PEARSON Longman, 2010:17-19.

（三）出租人应提供的事项

（略）参见本章第二节内容。

二、承租人的责任及义务

承租人的责任及义务主要表现为如下方面。

（一）承租人应提供的事项

（略）参见本章第二节的内容。

（二）承租人保证港口（或泊位）的安全性

在航次租船合同中，有时由承租人指定港口并保证港口的安全性（参见第二章第三节内容）。而期租合同中，承租人有义务在整个租期内保证所指定港口或泊位的安全性。

NYPE 1946 格式的前言部分规定："承租人保证在合法的航行区域范围内指定的安全港口之间从事运输，交船或者还船的港口或地点应当是使船舶安全停留，在任何潮汐情况下都能够永远漂浮的地方……（in such lawful trades, between safe port and/or ports in ...; in such dock or wharf or place where she may safely lie, always afloat, at all times of tide...）"

NYPE 1993 格式第 5 条有关航行区域限制的规定为："船舶应当在如下×××区域内的安全港口和安全地点之间从事合法运输……"（The Vessel shall be employed in such lawful trades between safe ports and safe places within...）

BALTIME 格式第 2 条规定："船舶应当仅限于在如下×××区域内的安全港口或地点之间运送合法货物，从事合法运输；安全港口或地点应当使船舶安全停留并永远漂浮……"（The Vessel to be employed in lawful trades for the carriage of lawful merchandise only between good and safe ports or places where she can safely lie always afloat within the following limits...）

根据以上标准合同条款规定，可以看出期租合同往往明确船舶可以航行的地域范围，或者限制船舶前往某些地点，并且要求挂靠的港口或地点应当是安全的。根据英美普通法，即使期租合同对此未做出明确规定，承租人也有默示义务保证港口的安全性。在实践中，当事人通常会在合同中做出明确规定。

根据租船实务做法，常常规定在整个租期内，在船舶具体履行某个航次之前的若干时间内，由承租人向出租人或船长发出航行指示，明确该航次下具体的装卸港口。因此这些装卸港口的安全性都由承租人保证。甚至航行中为了添加燃油的需要，船舶挂靠的某个加油港的安全性也是由承租人保证。即使合同双方在规定的航行区域范围时，具体指明了一些可能在租期内挂靠的特定港口，这些特定港口的安全性也由承租人保证。例如英国法院在审理STX Pan Ocean Co. Ltd. v. Ugland Bulk Trandport案件中就明确,即使是期租合同下指定的装卸港口,承租人也有安全港口保证的义务。① 并不因为这些指定的装卸港口名称已经被出租人预知,并且有机会了解有关这些港口的安全性情况而将港口的安全保证义务转移给出租人。

1. 安全港口(或泊位)的含义

上述标准合同条款仅仅提及承租人应当保证指定的港口或泊位是安全的,并没有解释安全港口(或泊位)的具体含义。我国《海商法》第134条也仅仅提及"承租人应当保证船舶在约定航区内的安全港口或者地点之间从事约定的海上运输",并且在第134条第2款对于承租人违反上述义务的法律后果做出规定,即出租人可以解除合同并因此要求赔偿遭受的损失。但是我国《海商法》也没有规定安全港口的具体含义。

那么,什么样的港口(或泊位)才是安全的呢?这是一个事实问题,与每一艘船舶及被停靠港口当时的特定情况有关。根据1980年《租船合同装卸时间定义》第2条的规定,所谓安全港口是指在一段特定时间内,一艘特定的船舶在没有异常事件发生的情况下,能够安全地抵达、进入、停留并离开,而不会遇到任何运用良好船艺也无法避免的危险的港口(means a port which, during the relevant period of time, the ship can reach, enter, remain at and depart from without, in the absence of some abnormal occurrence, being exposed to danger which cannot be avoided by good navigation and seamanship)。其第4条有关安全泊位的界定,除了在上述有关安全港口的界定中,将"港口"一词换作"泊位"之外,具体解释上并无不同。以下有关港口安全方面的解释,除特别说明外,均适用于泊位安全。为避免赘述,以下内容在表述时仅使用港口一词。

上述有关安全港口的解释,不仅得到了租船实践的普遍认可,在英国的判例中也予以承认。英国法院早在1958年审理leeds shipping v. Societe Francaise Bunge案件中,②Sellers大法官对于安全港口的诠释,几乎与1980年《租船合同装卸时间定义》的界定一致。因此对于一艘船舶而言,如果能够安全地、顺利地抵达、进入、使用并离开某个特定港口,不会遇到用良好船艺也无法避免或克服的危险,该港口就属于安全港口。否则,船舶因为种种原因无法或者不能安全地抵达、进入、使用和离开港口的,该港口即为不安全港。例如,船舶进出港口时受港桥的限制而不得不切除船上的某一部件;船舶需要过驳、减载才能进出港口(除非合同有约定或是

---

① 参见The"Livanita"[2008]1 Lloyd's Rep. 86.

② The Eastern City[1958] 2 Lloyd's Rep. 127.

根据港口习惯需要过驳减载);船舶进出港口会受到敌对势力的捕获或袭击;或者港口的系泊设施或者助航设施存在缺陷,会妨碍船舶安全等情形,都属于港口不安全的表现形式。

2. 安全港口的范围及判定标准

港口的安全性应当体现在两个方面:(1)自然或地理条件上的安全(natural or geographic safety);(2)政治意义上的安全(political safety)。

所谓自然或地理条件上的安全是指在水道、锚地、助航设施、系泊设备、气象、水文、地质等自然地理条件方面,甚至是当地天气情况下,能保证一艘特定的船舶安全地抵达、进入、停留和离开港口。

港口是否安全具有相对性和特定性,针对特定船舶不同,安全性的要求也不同。例如某港口船舶吃水 12 米,对于载重吨为十几万吨以下的任何类型的船舶进出没有任何问题,因此都算是安全港口。但是对于载重吨三十几万吨及以上的超大型油船(VLCC)而言,因受吃水限制而无法正常在航道行驶以顺利进出港口,则该港口对于该 VLCC 船舶而言,就构成不安全港口。例如英国法院在 1932 年审理 Brostrom v. Dreyfus 案件中就提出港口是否安全系针对特定船舶而言。该案件中,"The Sagoland"船舶被指示前往伦敦德里郡(Londonderry)港口卸货。该船舶系当时驶往伦敦德里郡港口的最大吨位的一艘船舶。由于受当地自然条件——侧狭风的限制,如果没有拖轮辅助,船舶将无法驶入港口卸货。而伦敦德里郡港口无法提供此种拖轮服务,故出租人不得不从邻近的克莱德(Clyde)港口租用拖轮协助船舶进港。事后出租人就租用拖轮的费用向承租人索赔。Roche 法官认为对于 Sagoland 轮而言,伦敦德里郡港口属于不安全港口,因此承租人应当为其违约行为承担赔偿责任。同时 Roche 法官指出,不是说要对于 100 艘船舶中的 99 艘船舶或者较大比例的船舶而言,无法进入才算是不安全港口。相反只要对于 Sagoland 轮而言,伦敦德里郡港口是无法安全进入的,就足以认定伦敦德里郡港口构成不安全港口。①

甚至根据英国判例,如果承租人未能向船长提供有关天气预报或当地部门发布的危险通告,也会因港口不安全造成的船舶损失承担赔偿责任。"The Dagma"轮以波尔的姆格式被期租,从加拿大驶往意大利。装货港为加拿大 Cape Chat 港口,系靠近圣劳伦斯水道的一个小港。船舶装货的泊位因受条件限制只能抵御较小等级的风力,如果天气状况不良,船舶应当立即驶往较开阔水域以避免受损。装货期间,承租人既没有安排将当地气象情况转告给船长,也没有提醒船长通过无线

① Michael Wilford, Terence Coghlin, John D. Kimball, Time Charter (3rd edition) LLP, 1989:138 - 139.

电注意收听天气预报。结果由于天气状况突然恶化,该船舶系泊缆绳断裂,船舶撞击码头后搁浅。Mocatta 法官认定承租人违反安全港口义务,应对出租人损失承担赔偿责任。①

政治意义上的安全是指船舶在驶进、驶出以及停留港口期间,不会遭受战争、内乱、暴动、捕获、扣押等风险,船员也不会因政治因素被禁止出、入港口。即不属于自然或地理条件,多半系人为因素造成船舶无法安全驶入、停留、使用、离开港口的事件或原因,均归结于政治上的不安全。这里需要注意的是,政治上的港口不安全是针对船舶在驶入、驶出和使用港口期间,已经预知船舶将会因战争、内乱等爆发遭受损失,或者预知会受到捕获、扣押、袭击等,不包括之前没有任何信号或征兆显示船舶将遭受政治方面的不安全。如果承租人指定港口时,甚至是船舶已经抵达港口、停留并使用期间,遭受战争、内乱等事件的干扰而使安全受到威胁的,则可能构成下文论述的"异常事件"。

尽管承租人有义务保证港口的安全性,并不能要求港口每时每刻都是安全的,如果单纯是临时性的危险,如进港前为等潮水或者等强风暴过去,致使船舶迟延进港、迟延离港等,而没有产生其他灭失或损害的,则此种延误是合理的,该港口不能视为不安全港口。但是港口临时性的不安全因素可能是确定港口是否安全的重要评定指标,尤其是这种临时性的不安全并不被船舶及其船长所知的情况下。例如灯塔、浮标等港口助航设施因为缺陷而临时发生故障,而船长对此毫不知情,那么此种情况下很大程度上将构成港口不安全。对此 Mustill 大法官在审理"The Mary Lou"案件中有清楚的表述。② 如上文所述,天气状况也是导致港口不安全的因素之一,即使这种天气的影响比较短暂。例如由于不可预知的风暴致使船舶深陷港口之内无法移动并因此遭受损害,即使该风暴持续时间不长,该港口也会被认为不安全港口。即港口的不安全性与危险发生的时间长短没有必然联系。港口内短暂发生的危险并不一定导致港口不安全,但是如果船舶及船上人员对此短暂发生的危险不知情,或者船舶因此遭受损失的,即使是短暂发生的危险,也足以构成港口不安全。

所谓"异常事件"是指不属于港口特性的,并且不由承租人控制的非正常事件,也不要求是该港有史以来发生的不同寻常的事件。确定某个事件是否构成异常事件属于事实问题。根据英国判例法的解释,异常事件既可能是一场突如其来的风暴(exceptional storm),也可能是其他船舶在驾驶、操纵上的过错,搁浅在主航道上,致使别的船舶无法正常驶入或驶出,或者船舶在港口停留期间,被其他船舶

---

① The Dagma[1968] 2 Lloyd's Rep. 563.

② The Mary Lou [1981] 2 Lloyd's Rep. 272.

碰撞;或者因为当地游击队行动突然切断供电电缆,导致港口照明系统无法正常工作等。异常事件的发生,也会使港口变得不安全,但是此种不安全,既不属于自然、地理条件方面的不安全,也不属于政治方面的不安全,因此承租人无需对异常事件导致的港口不安全性及其后果负责。例如,“The Evia”船于1980年7月1日抵达沙特阿拉伯,8月20日挂靠巴士拉(Basrah)港的某一泊位卸货,9月22日卸货完毕准备离港。结果在9月22日当天,伊朗、伊拉克之间爆发战争,当时有许多船舶因港口封锁被围困其中无法离开,这种战争的爆发,就构成“异常事件”。虽然在承租人当初指定港口时,已经有迹象表明两国关系十分紧张,但并没有将要发生战争的任何迹象,正是战争的原因才使得港口变得不安全。因此产生的损害,只能由出租人自己承担。①

用良好船艺(good navigation and seamanship)能够避免的港口风险或危险,不能被视为港口不安全。因为大多数航道、河道、港口、泊位都会面临来自潮水、水流、沙洲、海浪等的威胁,如果通过良好船艺,借助灯塔、信号灯、浮筒等助航设施可以避免的,即使危险存在,仍属于安全港口。当然,若超出通常所需的技艺仍无法避免危险的,构成不安全港口。但是英国判例并没有解释何为“良好船艺”,我国法律也未对此进行解释。事实上良好船艺并不是一个法律概念,而是航运实践中的习惯称谓。通常是指船长、船员在船舶及相关设备的操纵、使用和管理中所应当具备的知识和技能。如果港口内的一些危险可以通过良好船艺予以避免和克服的,则该港口仍然属于安全港口。英国法院在1977年审理“The Polyglory”一案中,根据事实情况,认定港口危险已经超出良好船艺的范畴。大致案情如下:The Polyglory系一艘空载油船,在离开泊位时,已经打入压载水。虽然离泊时风力逐渐增强,但是该港口实施强制引航的引航员仍然发出离开泊位的指示。由于船舶并未处于载货状态,载重较轻,所以在操作中经历了很多困难,致使船锚将水下输油管路断裂造成损害。船东因港口不安全为由,向承租人提出索赔。最终法院根据事实情况认定,本案造成的离泊危险只有相当高水平的船艺才可能避免,已经超出了合理范围,并非良好船艺能够避免的,因此认定为不安全港口。②

2011年3月11日日本东北部发生9级地震,地震引发海啸和火灾,同时导致距离震中最近的福岛第一核电站发生核物质泄漏的事故。该自然灾害导致部分港口被关闭,因港内存在核辐射风险而遭到一些航运公司下令禁止挂靠及航行等,因此产生诸多航运法律问题。那么港口因地震、海啸等被关闭,是否构成不安全港

---

① The Evia (No.2) [1982] 2 Lloyd's Rep.307.

② Terence Coghlin, Andrew W Baker, Julian Kenny, John D. Kimball, Time Charter (6rd edition) LLP, 2008, Para. 10.47.

口？根据前文论述，我们认为，是否构成不安全港口，要依据租船合同条款及具体事实情况加以认定。如果港口仅仅是临时被关闭，即需要船舶在港口外锚泊等候港口重新开放，那么这一事实显然不足以构成不安全港。但是如果港口关闭的时间较长，或者即使港口开放，但是部分泊位或港口设施依然无法正常使用，则可能构成不安全港口，甚至被关闭的时间过长，可能构成英美法中的“合同受阻”情形。

如果港口可以正常使用，只是存在核辐射风险，是否构成不安全港口？如前文所述，安全港口意味着船舶能够安全地进入、使用、离开港口，包括在港口停留期间，不会使船舶遭受任何损害。当然该港口安全也应当包括不对船员造成伤害。如果一个港口因为存在核辐射而使得船员面临被辐射的危险，那么这个港口就会构成不安全港。核辐射的风险会随着地理距离的延展而减少。如果船员仅仅是处于担心或忧虑进港可能会受到核辐射，那么根据具体事实情况，证明这种担心完全是不合理的，或者辐射范围在正常允许范围之内，则这样的港口很难被认定为不安全港口。例如，如果船员或出租人仅仅是因为福岛核电站依旧有泄漏危险而认为东京或大阪存在核辐射的危险并拒绝船舶靠泊，目前尚没有任何判例支持这种理由。因此基于辐射危险为由而做出拒绝靠泊日本港口的决定必须是合理、审慎并且客观。

3. 承租人保证港口安全的时间

什么时候承租人应保证港口的安全性？是在指定港口时，还是在船舶实际抵达港口之时？关于这个问题，英国自“The Evia”案以后，普遍采用“可望安全”原则(prospectively safe theory)，要求承租人在选定港口时须恪尽职责。根据该原则，承租人保证港口安全的时间方面包含两层意义：

第一，首要义务(primary obligation)。要求承租人在指定港口(或泊位)当时，该港口(或泊位)可望或者预计是安全的，即不要求承租人指定港口当时，港口事实上必须是安全的，但船舶将来某一时间抵达、停留或离开该港时，应该处于安全状态。例如承租人在3月1日指定船舶将于3月15日挂靠某A港口装货，尽管在3月1日该港口因为另一艘船舶搁浅在主航道上而临时封闭了港口进出口通道进行相关救助工作。但是预计在3月10日左右，搁浅船舶的清理工作将全部结束。预计不会影响船舶于3月15日抵达该装货港。因此，即使承租人指定当时港口并非出于安全状态，但是因为港口是“可望安全的”，尚不构成承租人违反安全港口的责任。

第二，继发义务(secondary obligation)。当承租人指定某一安全港后，由于不同寻常的事件发生，致使该港变得不安全时，承租人有义务取消这一指示，并且双方愿意继续履行合同时，承租人有义务重新指示一个可望安全的港口。同样，当船舶已到达指定港口或者船舶已在该港口停留并进行装卸作业，由于意外事件使港口变得不安全，并且船舶可以通过离开港口而避免危险时，承租人仍有继发义务重新指示一个港口。如上文举例，因为种种原因，港口对搁浅船舶的救助清理工作将从原预计3月10日结束，延长至3月17日结束。显然当船舶根据承租人指示于3月15日抵达装货港时，船舶事实上处于不安全状态，因此根据继发义务，承租人有义务另行指定B港作为装货港，并及时向出租人发出将原定装货港A港改至B港的指示。如果船舶能够安全地驶入、停留并驶出B港，则承租人仍然履行了保证港口安全的义务。

承租人的继发义务并不是持续存在的，如果像“The Evia”案，因战争爆发，致使船舶已无法通过安全地离开港口来避免危险，所以承租人不再有另行指定其他港口的继发义务。

当然，如果承租人指定港口时不知道港口是不安全的，则承租人至少在首要义务阶段，仍有必须保证港口在事实上是可望安全的义务，不以承租人是否事实上知道港口安全为前提。即承租人在选定港口时有恪尽职责（due diligence）的义务。如果承租人违反上述指定安全港义务，需对此违约承担赔偿责任。

在“The Evia”船案件发生之前（注：Evia船采用的是BALTIME期租格式），英国关于安全港口的解释，航次租船合同下与定期租船合同下完全相同。但Evia案发生之后，情况有所变化。针对航次租船合同而言，承租人是否具有继发义务，英国法律尚未做出明确规定。

如果承租人指定了一个可望不安全的港口会产生什么样的法律后果？

首先，这是承租人的违约行为。因为船长、船员没有绝对的义务验证承租人指示的港口是否安全。一旦船长在不知晓港口不安全的前提下接受了承租人的这种指示，并因为港口的不安全导致船舶损害，出租人可以向承租人提出损害赔偿；因不安全港而额外支付的费用，也可向承租人索赔。

其次，在港口被指定当时，出租人、船长并不知其不安全，如果事后知晓港口不安全，有权拒绝驶往该港；或在船舶已经进入港口后，迅速离开该港。船长为避免或减少可能对船舶造成的损失而采取的任何合理措施所发生的费用，如拖船费、减载费等，均可向承租人索赔。一旦船长或出租人做出拒绝听从承租人指示的决定，应在合理时间内通知承租人，否则因此造成的损害不能向承租人索赔。例如，某船在前一航次靠泊卸货时，由于海浪的作用，船舶与岸上设施不断接触，使船壳局部产生变形。但出租人并未做出任何反对的表示。本航次承租人仍指示前往该港卸货，出租人也未拒绝。直至卸货完毕，出租人才就船舶损害向承租人提出索赔。由于出租人未及时做出拒绝前往该港的表示，已经视为放弃了索赔的权利，默认该港为安全港口。

最后，如果承租人指示某一不安全港口，被出租人明确拒绝之后，承租人仍坚持指示船舶驶往该港口进行装卸货作业,则出租人(船舶所有人)可以采取撤船的行动,从而终止合同。

虽然承租人指定的港口是不安全的,但在船舶航行和操作过程中船长、船员也存在过失,这时船舶遭受的损害应由谁负责?根据因果关系原则,这种情况下要看造成损害的主要原因(effective cause)是什么,如果船舶损害是由船员的疏忽造成的,则承租人无须对此负责。反之,如果因港口不安全因素导致船舶受损,则承租人应当负赔偿责任。如果经证明船舶损害是由于港口不安全和船员过失的共同因素导致,而且无法衡量和比较任何一方的过错比例的情况下,由双方按各自百分之五十的比例承担。①

由于一些港口的自然特性,使得港口内的船舶通行受潮汐影响较大,对于一定吨位的船舶而言,如果处于低潮期,可能会使船舶处于安全搁浅(safe grounding)的状态,而无法任意移动或航行,那么在定期租船合同下,这样的港口仍应被视为安全港口,除非合同中明确排除安全搁浅的情形,例如合同中规定"... where she may safely get and lie, always afloat at any time of tide..."即合同明确要求只有在任何潮汐下都能使船舶处于安全停留、永远漂浮状态的港口才是安全港口的话,则船舶安全搁浅因不符合使船舶处于永远漂浮的特性,而被视为不安全港。

三、免责事项

(一)BALTIME 格式的规定

BALTIME 格式第 13 条规定:"出租人对交付船舶时的延误或租期内产生的延误及船上货物产生的灭失或损害负责,仅限于这种延误或损失是由于出租人或其管理人在使船舶适航并使船舶适合于航次时未谨慎处理或任何个人行为或不为或不履行造成的。在任何情况下出租人不对因其雇用人员的过失或不履行而产生的任何延误或损害负责。出租人不负责因罢工、关厂、停工或劳动力受限制(包括船长、高级船员或普通船员)所产生的灭失或损害负责,不论上述事件是全面产生还是局部区域产生。承租人应负责赔偿因下列原因对船舶或出租人产生的灭失或损害:承租人或其雇用人员因违反合同规定擅装货物造成的或在提供燃油或装货、卸货、积载方面的不当或疏忽或者任何其他的不当行为或疏忽行为。"

BALTIME 格式未在标题中使用"免责事项"的表述,从条文本身的规定看,似乎都是在强调出租人对哪些损失或迟延承担责任。实际上该条款规定出租人应负

① 上述内容在美国一些判例中得以确认,例如 United States v. Reliable Transfer Co. Inc. 421 U.S. 397 (1975)等相关案例,源自 Terence Coghlin, Andrew W Baker, Julian Kenny, John D. Kimball, Time Charter (6rd edition) LLP, 2008, Para. 10.174 ~ 10.176.

责的事项并不是很多,即使出租人负责,也仅限于出租人或其管理人本人的行为或不为造成的损害或迟延。言外之意,除此之外的所有损失或迟延,出租人都予以免责。即使是船员或其他雇用人员在任何情况下的过失或疏忽产生的任何灭失或损害或延误,出租人都可以免责。因此出租人免责的事项实际上是非常宽泛的。

而且该免责事项条款对其他条款的影响也非常明显。如 BALTIME 格式第 9 条有关"尽快速遣"义务的规定,只要出租人或其管理人没有本人的不为或未尽到谨慎处理尽快航行的,即使因船员原因产生延误,出租人也无须负责;再如根据 BALTIME 第 1 条有关出租人在交付船舶时,应当使船舶适航的义务。由于第 1 条没有限定出租人提供交船最初适航义务的程度,一般解释为绝对适航。但是结合本条免责事项,由于出租人仅对其本人或管理人的行为负责,事实上已经将交船时出租人提供绝对适航义务的程度降低为出租人尽到"谨慎处理"使船舶适航即可。

另外,这里的"罢工"、"关厂"、"停工"、"劳动力受限制"虽然都与劳工不工作有关联,但是各自含义仍然存在不同。丹宁勋爵在 1975 年审理"The New Horizon"案件①中,将"罢工"(strike)界定为,工人为了提高工资或改善工作条件或者为了发泄心中的不满或提出抗议或者为了支持或同情其他工人罢工而采取拒绝工作的行为。罢工行为不同于停工行为。即使罢工行为仅仅针对某些船舶,甚至某个特定船舶,而非针对所有船舶,也可以构成罢工。例如一艘装运煤炭的船舶准备卸货,为了支持煤炭工人的罢工行为,港口装卸工人拒绝为该船舶进行卸货作业,尽管其他船舶没有因此受到任何影响,针对这艘特定船舶而言,也构成罢工。② "关厂"(lock-out)是指劳工愿意工作,但由于某种原因或者为了达到满意结果,资方停止向工人提供工作或者不让工人工作的行为。与罢工行为刚好是相反的情形。③ "停工"(stoppage)是指劳工不工作的原因并非是劳工对资方不满而拒绝上班工作,也非资方不让工人上班,而是由于其他原因导致工人不愿意上班,完全停止工作的情形。例如,某船从疫区驶来,装卸工人由于害怕传染上疾病而拒绝工作,即属于"停工"。

"劳动力受限制"(restraint of labour)是不包括在罢工、关厂、停工情形之外,由于某种原因无法提供充分劳动力完成船舶装卸等工作的情形,而且只是劳动效率比较低下,尚没有达到完全停止工作的状态。如果因找不到劳工而使相关工作完全停止的,则构成"停工"。例如船舶挂靠某个国家港口进行装卸作业时,恰逢该国传统佳节,大部分装卸工人回家度假,因无法找到充足的劳力而使装卸工作进展

① The New Horizon [1975] 2 Lloyd's Rep. 314.

② The Laga [1966] 1 Lloyd's Rep. 582.

③ 参见 Black' Law Dictionary. 5th edition, ST PAUL MINN West Publishing Co. 1979:848.

缓慢,就属于典型的“劳动力受到限制”。

(二)NYPE 格式

1946 年 NYPE 格式第 16 条第 1 款规定:“因天灾,敌对行为,火灾,君主、统治者及人民的限制以及所有因海上、河流、机器、锅炉及航行中的所有危险和事故,及任何航海错误而产生的灭失或损害,双方互相免责……”

1946 年 NYPE 格式并没有专门规定免责条款,而是与其他内容混杂在第 16 条中。1993 年 NYPE 格式第 21 条专门规定了免责条款,但是就其涉及的内容和范围而言,与 1946 年 NYPE 格式并无不同。

通常英美法院对该条款做严格解释,认为 NYPE 格式中的上述免责事项不包括因为人为疏忽或过失(negligence)导致的情形。而且上述限定免责事项,不仅适用于出租人,也可以被承租人援引进行抗辩。当然该免责事项的范围可以根据租船合同中是否订有首要条款以及首要条款中涉及的国际公约或国内法规定的不同而有所变化。

“天灾”(act of God)是指因纯自然界的现象造成的后果,例如海上强风暴、雷电、霜冻或者突如其来的飓风等。根据英国法院早在 1876 年 Cockburn 大法官审理“Nugent v. Smith”一案中,就明确规定,作为一个谨慎和富有经验的承运人,已经采取了当时情况下可以采取的一切合理和现实的措施保护货物安全,但是仍然无法抵御来自自然界的风险,即可援引“天灾”进行免责抗辩。①

“敌对行为”(enemies)是指与船旗国、承租人公司登记国或出租人公司登记国或承租人、出租人所属国家公然为敌的敌对行为。有的使用“公敌行为”予以表述(act of public enimies)。

“君主、统治者及人民的限制”是指一个国家或政府采取的强制干扰措施妨碍或影响租船合同履行的情形,例如增设贸易壁垒、根据海关或检疫规定采取相应措施、为了保护享有国家特权的货物而采取的措施或者其他因为政治因素而采取的措施等。如果政府采取了强制干扰措施,尚没有实际影响到租船合同的履行,但是如果没有其他替代方案,这些措施势必一定会影响租船合同的情形,也可以援引“君主、统治者及人民的限制”予以免责抗辩。但是无论如何,该免责事项不包括如下方面的内容:①非构成国家统治力或具有统治执行力的其他机构或组织的行为,例如反政府武装或游击队所采取的措施。②一般司法程序下的扣押或滞留,例如船舶因为一般的债权纠纷,被其他债权人申请法院扣押船舶以提供担保的情形,就属于一般司法程序下的扣押,不能归结于本条的免责事项。③在订立定期租船

① Michael Wilford, Terence Loghlin, John D. Kimball. Time Charters (third edition). Lloyd's of London Press Ltd., 1989:349.

合同之时，一国政府部门采取的限制措施，而且订约双方对此都非常清楚，例如双方订约时，均知道国家对有关来自疫区港口的船舶要进行熏蒸，禁止在夜间进行装卸作业等限令，则租船合同双方不能再以此为由提出免责抗辩。例如1990年在纽约仲裁的"The N'tchengue"船纠纷案件中，由于尼日利亚石油和能源部长发布命令禁止在尼日利亚港口装运原油，因此承租人以"统治者的限制"为由抗辩其无法继续履行租船合同，最后仲裁员裁定承租人的理由不成立，因为在尼日利亚这项法令颁布时，租船合同双方都已经知晓此事。[①] ④由于疏忽或过失引起限制行为。

"海上、河流的危险和事故"(dangers and accidents of the seas, rivers)是指通过合理谨慎也不能避免的海上/河流上发生的特殊风险或者与船舶航行有关的特殊风险，不允许有人为的疏忽因素。例如船舶因为与冰山撞击、触礁或者与另外一艘有过失的航行船舶发生碰撞而导致海水涌入船舶，都可以被认为是"海上、河流的危险和事故"。甚至是因为在海上或河流上航行的特殊风险而采取一些合理和必要的措施导致的损害也属于免责范围，例如船舶遭遇风暴，为了避免海水进入而关闭了通风设施，因此造成的货物损害，船东也可以根据"海上危险和事故"予以免责抗辩。但是对于一些海上常见的风险或事故，例如火灾、雨、雷电等，因为它们不属于海上(of the sea)特有的风险，而是经常在海上(on the sea)发生的风险，也不能归于"海上、河流的危险和事故"的免责事项。

"航海错误"(errors of navigation)，不包括航海疏忽或者航海过失。据英美法解释，"error"是客观状态下的一种错误行为，"negligence"是主观状态下的过失行为。一般来说，船员在驾驶船舶和管理船舶方面都会多多少少含有主观因素，所以像船舶碰撞、触礁、搁浅等常见海上事故，都属于航海过失，不构成"航海错误"，因此出租人很难通过这一条款免责。

"双方互相免责"(always mutually excepted)是指上述免责事项不仅适用于出租人，也适用于承租人。这一点与BALTIME格式不同。因为BLATIME格式区分出租人、承租人，分别规定了他们各自应当负责的事项，而没有直接规定免责事项范围。

1946年NYPE格式的第24条以及1993年NYPE格式的第31条，都是首要条

---

① Terence Coghlin, Andrew W Baker, Julian Kenny, John D. Kimball, Time Charter (6th edition) LLP, 2008: para. 27.66.

款,目的是将美国1936年COGSA① 关于承运人权利、义务的规定并入租船合同,从而适用于出租人。因此根据首要条款的规定,出租人可以援引1936年COGSA下承运人有权援引的17项免责事项,从而在一定程度上扩大了NYPE格式下出租人免责事项的范围。

我国《海商法》未对定期租船合同下的免责问题做出规定,因此当事双方可以自由协商订立免责条款的内容及其范围。

第七节 使用与赔偿条款

使用与赔偿条款(employment and indemnity clause)是期租合同中较常见的主要条款之一,主要明确定期租船合同下承租人在使用船舶方面的权限以及违反规定使用船舶应承担的赔偿责任。

BALTIME格式第9条规定:"船长应尽快完成航次并提供一切习惯性帮助。船长应视为承租人雇用的代理人,听从承租人的指示或其他安排。因船长、船员或代理人签发提单或其他文件或听从这方面的指令或者船舶的文件不规范或者因超载而给出租人产生的责任及一切后果,承租人应予以赔偿……"

1946年NYPE格式第8条规定:"船长应尽快速遣完成航次并提供习惯性的帮助。船长(尽管由出租人雇用)应视为承租人的雇用人员和代理人,听从承租人的一切命令和指示。承租人在船长的监督之下负责装载、积载和平舱作业,并负担相应的费用,船长有权按照大副收据或理货单的内容对所递呈的提单进行签发……"

1993年NYPE格式第8条有关"航次履行"的规定中,明确"船长应尽快速遣完成期租下各个航次并与其他全体船员一起向承租人提供一切习惯性帮助。船长(尽管由出租人雇用)应当掌握熟练的英语并应视为承租人的雇用人员和代理人,听从承租人的一切命令和指示。承租人应在船长的监督之下,负责货物操作的所有事项,包括但不限于装载、积载、平舱、绑扎、加固、垫舱、松绑、卸载和理货作业,并负担相应的风险和费用。如果承租人对于船长或高级船员不满意,应当向出租人提交有关具体投诉的合理理由。出租人收到投诉后,应当进行调查,并且在必要

---

① 美国现行的是《1936年海上货物运输法案》(COGSA),该法案关于承运人、托运人的规定与1924年海牙规则类似,因为美国目前仍然是1924年"海牙规则"的成员国。20世纪90年代,美国准备对该法案进行修改,并于1999年提出修改草案,即1999年COGSA(draft),但至今未被批准通过。

的情况下,更换船员。"通过比较可以看出,NYPE 格式没有"赔偿"(indemnity)部分的内容。从某种意义上说,这种条款内容安排对承租人比较有利。为了避免不必要的争议,建议出租人在选用 NYPE 格式时,能够在该条款内容规定的基础上,补充增加有关"赔偿"方面的内容。

一、如何理解"使用"的范围

期租合同下,船长是由出租人雇用并任命的,但依据使用与赔偿条款,船长视为承租人的雇用人员或代理人,有义务听从承租人的命令和指示。事实上,船长听从承租人命令和指示,仅限于船舶营运及货运安排方面。如果承租人的指示或命令涉及船舶航行安全、船舶适航以及船舶本身的管理方面,船长有权拒绝。例如承租人指示船舶前往某港口,超出了合同规定的航行区域,而且对船舶及货物会造成危险,则船长有权拒绝执行该指示。当然如果是船长或船员擅自拒绝承租人的合理指示,承租人有权要求出租人更换船长、船员。所以,承租人做出的命令或指示应该是合理的,不应包括如下方面的内容:(1)涉及船舶安全航行及船舶管理方面。(2)与租船合同履行无必然联系的,例如由于通常定期租船合同约定,由出租人按照还船港当地的市场价格支付还船时船上剩余燃油,因此承租人要求船长在还船前加满廉价燃油,以便赚取燃油差价,即属于此类情形。(3)给出租人带来无端风险的其他任何不合理的命令,例如,要求船长倒签提单,要求船长无正本提单放货,擅自装运甲板货或者明知货物外表状况不良却要求船长签发清洁提单等。

二、习惯性的帮助

根据"使用与赔偿条款",通常船长、船员应向承租人提供习惯性的帮助(customary assistance),如同船舶在承租人支配之下。但如何理解"习惯性的帮助",恐怕是一个事实问题。要综合考虑船旗国的有关法律规定、船员的雇用合同、船舶所从事的航线、装运的货物等诸多因素。实践中常发生争议的是装清洁货物(如谷物)之前及煤炭、矿石等不清洁货物之后的压载航次,船舶需要清洗货舱,与清洁工作相关的事务是否属于船员习惯上应当提供的帮助范围之内。通常认为那些易被扫落的、轻软的杂质,应由船员进行清扫,否则船员无义务提供习惯性的帮助。如果由于货载安全等需要,承租人在习惯性帮助的范围之外,硬性要求船员进行扫舱或从事相关清洁工作的话,承租人应当另行支付相应的劳务费或者加班费。

另外,根据本条款对船舶的使用(employment),除上述规定外,并不是毫无限制,还要考虑到与其他一些条款的衔接,例如考虑到航行区域的限制、合法货物的限制以及合同特别约定的其他条款限制等(详见本章第八节)。

三、如何理解"赔偿"的范围

如果船长因为听从承租人的指示,使船舶遭受的灭失、损害或因此产生的责任,包括出租人为此支付的合理辩护费、诉讼费等法律费用,出租人有权向承租人索赔,但出租人有义务采取一切合理措施并努力减少损失。当然并非所有因听从承租人指示而产生的费用或损失,出租人都可以根据本条款向承租人索赔。一些航行中通常会发生的费用或损失(ordinary expenses and navigational risks),例如船舶遭遇恶劣天气而额外产生的费用或因为压载航次而产生的费用等,出租人就不能向承租人索赔。出租人提出索赔时,还需举证证明船舶遭受的损失或因此承担的责任与听从承租人指示之间具有因果联系,若船舶受损或者承担责任的直接原因与听从承租人的指示无关,而是由于船长、船员的过失引起的,则不能向承租人索赔。如果船长经承租人请求签发了提单,结果使出租人针对提单持有人承担了超出期租合同范围的责任,出租人可以就超出的部分向承租人索赔,并且这种赔偿不以承租人是否存在过错为前提。即不论承租人有过错与否,出租人均可根据"使用与赔偿"条款向承租人提出索赔,除非合同中有明确的词语将此排除在外。

一般定期租船合同中都会像 BALTIME 格式一样存在一个明示的赔偿条款(express indemnity clause);但是像 NYPE 格式就没有明示赔偿条款。英国判例认为,即使合同中没有明确约定明示的赔偿条款,承租人也存在默示的赔偿义务(implied indemnity obligation),即因听从承租人的指示而产生的船舶损害或引起的责任,出租人可向承租人索赔。但是因为听从承租人指示而导致的船舶对第三方的责任问题,如果经证明,船长听从承租人指示的行为明显是错误的或明显是具有侵权性质的(unless the act of the master is complying with the charterer's orders or directions is manifestly wrongful or "manifestly tortious"),则出租人无权就此责任向承租人索赔。英国法院在 1984 年审理 The Sagona 一案中就明确了这一点,在随后的案件中对上述原则也再次予以确认。① The Sagona 船采用的是 Beepee TIME 2 定期租船合同,合同中明确规定如果因签发提单而产生的责任,出租人有向承租人索赔的明示条款。承租人指示船长将货物交给名为 Mabanaft 公司的收货人,船长在未坚持收货人出具正本提单的前提下,仅凭据收货人出具的担保函完成货物交付。经证明 Mabanaft 公司未向银行付款赎单,事实上并不是该票货物的真正所有权人,因此银行向法院提出扣押船舶。出租人在赔付银行之后,根据定期租船合同的"使用与赔偿"条款,就其向银行的赔偿责任及遭受的损失,向承租人索赔。英国

---

① 参见 The Sagona [1984] Lloyd's Rep. 194,以及 The Nogar Marin [1988] Lloyd's Rep. 412. 的判决。

法院经过审理，认为由于当时航运实践中针对油类货物进行无单放货是非常普遍的情形，因此本案中船长履行承租人指示并不具有“明显的错误或违法行为”，因此出租人仍然有权依据明示的赔偿条款向承租人索赔。

四、“船长监督”与货物操作相关的作业活动

NYPE 格式通常规定由承租人负责装卸货、平舱、积载、加固等工作，BALTIME 格式没有在“使用与赔偿”条款中对此做出规定，而是在第 4 条中明确承租人应当“安排并支付如下作业活动：装货、平舱、积载、卸载、称重、理货……”一般而言，承租人只针对货运航次下的每个装货港、卸货港的上述工作负责，不包括船舶在中途避难港或者非运输航次约定停靠的其他临时港口发生的装卸、平舱、积载、加固等作业活动，若要求承租人也应当对运输航次以外的中途避难港或其他临时港口发生的上述工作负责，就必须在合同中明确订明“……在整个租期内，承租人负责装、卸、平舱……”等类似的词语。如果因装卸工人在从事上述作业活动中的疏忽造成船舶损害，一般由期租承租人负责。

尽管定期租船合同下承租人负责安排装卸、平舱、积载等作业活动并支付相关费用，但是承租人仅对于作为一个适任的装卸工人在其合理审慎从事上述相关作业活动范围的行为或不为负责。如果装卸等作业活动已经超出了上述标准，尤其是一些作业活动可能影响到船舶安全及航行安全问题，则装卸工人上述作业活动应当在船长、船员的监督之下进行，而无须考虑合同中是否订有上述活动应当在“船长监督之下”的条款。例如装卸工人的积载作业可能会影响到船舶的稳性，甚至会危及开航后的航行安全问题，而这些专业知识并非装卸工人所能掌握，因此船长应当及时干预或制止该积载作业活动。毕竟在定期租船合同下，出租人负有使船舶适航的义务。

尽管像 NYPE 格式那样，在定期租船合同中订明“装卸工人的工作是在船长的监督之下（under the supervision of the master）”，但是并不意味着可以将承租人对有关装载、平舱、积载、卸载等工作的任何责任都转嫁到船长身上。因为船长的监督并不意味着妨碍承租人根据定期租船合同规定所承担的基本义务，如同船舶建造合同常常是在建筑师的监督之下进行，但是不能因此解除建造商对所建造船舶质量的保障义务。当然如果承租人能够证明，船长对上述作业进行了实质监督工作，例如积载不当，并且灭失或损害恰恰是由于监督不力导致的，则出租人可能要对上述货物作业活动造成的后果承担责任。

如果承租人想要解脱责任，可以在“在船长监督之下”的表述之后，加上“及负责”的字样（and be responsible for）。根据英国的判例，“在船长监督之下并负责”的表述视为承租人将有关装载、平舱、积载、卸载等作业活动的责任反转至出租人

负责的表面证据①。当然如果经证明承租人干涉了(intervene)上述作业活动并造成相关的灭失或损害,则仍然要对灭失或损害承担责任。此外,承租人在任命和使用装卸工人进行相关作业活动时,应当选用适任的、合格的装卸工人,如果因为装卸工人不适职造成损失,承租人无法通过"船长监督之下并负责"的表述而转嫁赔偿责任。

1946 年 NYPE 格式中有关船长监督所涉及的责任规定得很模糊,如果同时考虑到该格式第 24 条关于首要条款的规定,则出租人有责任适当而小心地进行货物的装载、积载等工作。但很多情况下,还是要看船长具体监督干预的程度如何来确定出租人是否承担责任。

出租人对货物灭失、损害的赔偿责任,常常通过船东互保协会(P&I Club)承保。实践中,一些定期租船承租人对货物灭失损害的赔偿责任也通过船东互保协会承保。鉴于此,20 世纪 80 年代初,国际互保协会组织拟订了一个协会的内部协议(Inter-club agreement 1984)。针对 1946 年 NYPE 格式,承租人、出租人之间就货损赔偿责任如何承担,分配如下:

(1)如果是由于船舶不适航和/或驾驶和管理船舶的过失引起的货损,则百分之百由出租人负责承担;

(2)如果是由于装载、卸载、操作、积载、绑扎不善或不当造成的货损,全部由承租人负担;

(3)如果产生短卸或溢卸,则双方各承担一半,除非另有证明完全是由于某一方的原因造成的,则另一方可以免责。

此外如果出租人答应"在船长的监督之下并负责"条款,除因船舶不适航造成的货损外,对于上述(2)(3)项产生的货损,则双方各负责一半。

(4)其他任何货损包括迟延交付,由双方各自负责一半,除非有足够充分的证据表明该货损或迟延交付系其中任何一方,包括该当事方的受雇人员、分合同当事人的行为导致,则由过错方承担百分之百的责任。

不适航造成的货损,出租人应承担全部赔偿责任,即使是由于装卸工人的积载不当而影响船舶的适航性,出租人也不能推卸责任。例如装卸工人把机器装在甲板上,由于捆绑不牢固,当船舶在海上航行期间遭遇恶劣天气时,因船舶的摆动,致使舱面上的机器经受不住大幅度的晃动而落入海中。其货损应由出租人负责,因为装卸工人是不可能预见到船舶会遇上如此恶劣天气,造成如此厉害的摆动,而船长或船员应该能预见到,却仅让装卸工人马虎绑扎是不够的。

---

① Terence Coghlin, Andrew W Baker, Julian Kenny, John D. Kimball, Time Charter (6th edition) LLP, 2008: para. 20. 24.

目前协会内部协议条款最新版本是1996年条款，其内容比之前的版本作了一些调整和补充，适用范围也不局限于1946年NYPE格式，还扩大到适用于1993年NYPE、1981年ASBATIME以及上述格式最新修订版本的租船合同格式。例如1993年NYPE格式第27条“货物索赔”中明确规定，出租人与承租人有关货物索赔的问题应当依据1984年协会内部协议条款或其随后最新修订或更正的版本处理。

1993年NYPE格式在第35条中对装卸工人造成损害如何承担责任的问题做出专门规定。其大致内容为：当装卸工人造成船舶损害时，船长应在发现此种损害后48小时以内尽快向承租人或其代理人发出书面通知。不管合同是否另有相反约定，承租人应负责赔偿此种船舶损失。书面通知中应详细列明损害的情况并请承租人指定一名验船师对该损害程度进行评估。(a)如果上述损害影响到船舶的适航和/或船员安全和/或船舶进行商业活动的能力，承租人应立即安排船舶修理并负担修理费，修理期间租金照常计算，如有必要，修船完毕后还需通过船级社检验。(b)不属于前款(a)规定的任何其他损害，由承租人选择在还船之前或之后予以修复，但不得影响出租人正常营运工作。如果因承租人负责的原因进行的船舶修理，修理使用的时间和花费超出出租人正常营运工作范围的，则超出的时间及费用由承租人负担。

第八节　定期租船合同中的其他主要条款

一、航行区域限制条款

1946年NYPE格式关于“航行区域限制条款”(trading limits clause)规定：“……允许船舶在下列地区的安全港口之间从事合法运输：英属北美洲、和/或美国、和/或西印度岛、和/或中美洲、和/或加勒比海、和/或墨西哥湾、和/或墨西哥、和/或南美洲……和/或欧洲、和/或非洲、和/或亚洲、和/或澳大利亚、和/或塔斯马尼亚、和/或新西兰，但不包括马格德林河、哈德逊河、10月31日至次年5月15日期间的圣劳伦斯河，以及所有不安全港口，也不包括不当季节时的白海、黑海和波罗的海……”

1993年NYPE格式第5条有关航行区域限制条款规定：“船舶应在承租人指示的如下范围内……(需要填空)的安全港口和安全地点之间从事合法贸易运输……但是不包括……(需要填空)。”

BALTIME格式第2条规定：“本船只能在第17栏规定的地域内，在其能始终安全浮泊的良好的和安全的港口或地点之间从事合法贸易运输,承运合法货物……”

由于期租合同下,船舶的货运安排由承租人负责,因此理论上承租人可以指示船舶在全球航线范围内的任何水域航行,挂靠任何安全港口或地点。与航次租船合同不同,航次租船合同下,承租人与出租人往往事先约定装卸港口,甚至运输航线,因此相比较而言,承租人在定期租船合同下对船舶的使用权限要宽泛得多。但是为了保障船舶安全,限制承租人对船舶的使用权限,定期租船合同中往往订有“航行区域限制”条款,从而限制船舶航行的范围。从上述有关标准合同格式的规定看,均使用了“合法贸易运输”(lawful trades)的表述。事实上合法贸易运输不仅从船舶航行的地理区域进行限制,还包括在上述水域内运输承载的货物必须是合法的。有关合法货物的讨论详见后文。

实践中关于合法贸易运输或航行区域限制的方式,要么规定只允许船舶在约定的××范围内航行,要么规定船舶不得在××水域内营运,例如限制船舶驶往海盗经常出没的区域或者可能引起战争或武装冲突的区域等,从而在一定程度上限制了承租人自由支配船舶的权利。

关于定期租船合同航行区域条款,有如下几个方面须引起特别注意。

(1)注意与船东互保协会的航区保证条款(Institute Warranty Limits:IWL)的衔接问题。IWL条款常常规定船东保证不前往该条款规定范围以外的区域,例如波罗的海、美国五大湖区等。如果船舶要去往这些水域,船舶所有人要支付一大笔附加保费(additional premium)。所以,如果期租合同没有订明将上述区域排除在外的话,也应订明因此产生的附加保费由承租人支付,否则只能出租人自己承担。

(2)战争区域、类似战争区域、双方有敌对行为地区或类似的危险地区的范围确定问题。因为船舶要驶往这些区域,需在投保基本船壳险基础之上,加保战争险并支付附加保费,且价格不菲,同时还要支付船员前往上述区域的危险津贴费(bonus)。因此出租人为了更好地保护其利益,最好订一个范围比较广泛的战争条款,并限制承租人在战争条款涉及的地域范围内使用船舶。如果承租人执意要前往被排除在外的战争区域,则应当在定期租船合同中订明由谁负责投保、保费如何负担等事项。此外考虑到船舶及航行安全问题,出租人还可将冰冻区、政治敏感区(如以色列)等排除至合法贸易运输区域范围之外。

(3)考虑到船舶可能会挂靠ITF地区,尤其是悬挂方便旗的船舶。ITF是国际运输工人联合会(International Transport Workers Federation)组织的简称,该联合会向包括海员在内的从事海上运输,以及从事公路、铁路、航空、内水运输的工人提供应有的帮助。[1] 在过去的50年中，ITF一直对方便旗船舶进行抵制，主要措施包括：第一，迫使方便旗船舶所有人与ITF签订协议，以提高方便旗船船员的工资、福利待遇。目前ITF代表方便旗船上工作的海员制订了ITF标准集体协议（ITF Standard Collective Agreement），该协议针对所有方便旗船舶，而不考虑这些方便旗船的国籍以及在船上工作的船员国籍。对于接受该协议的方便旗船东签发ITF蓝卡（Blue Certificate），表明该船舶接受ITF规定的最低船员工资和工作条件标准内容。目前已经有大约四分之一的方便旗船舶已经接受了该蓝卡证书。第二，对未与ITF签约的方便旗船舶进行抵制或杯葛，使其在有ITF分支机构的港口不能装卸货物。ITF在全球范围内的港口设置了130余名检验人员，对挂靠港口的方便旗船进行监督检查，落实这些船舶是否根据ITF规定的标准给付船员工资或提供相应的工作条件和环境。必要时对违反规定的船舶采取措施进行抵制。

由于国际运输工人联合会几乎在全球每个区域都设置了检查制度，目前尚无明确的地域划分哪些属于ITF地区，所以定期租船合同当事方，在使用方便旗船舶时，最好能够在条款中规定，哪些港口或区域属于ITF地区，是否允许承租人挂靠上述区域，因此受到ITF检查官检查所耽搁的时间或因为不符合规定而被抵制所造成的损失如何分担，等等。

如果承租人在定期租船合同履行过程中，认为原来规定的航行区域限制条款过于限制自己在调配船舶方面的权限，则可以通过与出租人约定变更合同的方式，扩大或变更航行区域范围。这种合同变更，既可以是针对尚未履行完毕的租期范围内航行区域的约定变更，也可以针对某个特定航次约定变更。只要双方通过书面协议确认了变更内容，则承租人应当根据变更后的航行区域范围安排并使用船舶，出租人也不得再以承租人指示的港口超出原合同规定的航行区域为借口予以拒绝或抗辩。但承租人应按要求支付额外的保险费，并保证对另行指定的区域内的港口的安全性负责。

承租人根据定期租船合同的“使用与赔偿”条款，享有在合同规定的航行区域限制范围内使用船舶的权利。在原定的航行区域范围并未经过定期租船合同双方约定变更的情况下，如果承租人命令船长驶往航行区域以外的港口安排营运活动，则船长有权拒绝执行该命令，并要求承租人另行发出指示，同时有权拒绝签发注明卸港在航行区域以外的提单。此外，如果承租人坚持船舶驶往航行区域以外的某

---

① ITF总部设在伦敦，自1896年开始为了保护海员利益，向全球范围内的不论来自哪个国家的海员提供相关帮助。主要目的是为了提高海员的工作条件及保障船员享有应有的最低标准的工资和福利待遇。目前ITF与国际劳工组织（ILO）、国际海事组织（IMO）等国际组织在维护运输工人权益方面保持良好的合作关系。

一地方时,出租人可以在提出抗议的前提下,拒绝继续履行合同并提出损害赔偿。当然,如果出租人明确知晓承租人指示的区域超出航行区域限制范围,而且出租人仍然执行该指示的,视为出租人已经放弃拒绝履行合同的权利。需要注意的是,出租人放弃拒绝履行合同的权利,并不等于丧失向承租人索赔其违反航行区域限制保证的权利。根据英国判例,如果出租人执行了承租人要求船舶驶往航行区域限制以外水域的指示,则就该履行航次而言,出租人可以向承租人索赔合同租金率与市场租金率之间的差额(如果市场租金率升高),而无须考虑该差额是否已经超出出租人因为履行该航次所额外产生的费用。①

与航行区域限制有关的另一个实践中经常会产生争议的问题是,如果根据承租人指示,船舶前往某热带水域进行装卸货或者停留一段时间,则船舶就会产生严重的污底,不但影响船舶速度,也会影响船舶载货量。因此常常需要进行检查、清理。因此产生的费用、风险等由谁负责,清除污底期间承租人是否有支付租金的义务等,出租人和承租人之间经常会存在不同意见。英国判例法对此并不统一。例如在1993年审理的“The Island Archon”案件中,因上述原因产生的污底清除费等,出租人不能依据“使用与赔偿”条款向承租人索赔,因为只要是在合法的航行区域限制内从事营运,只要承租人发出的航行指示是合同允许的合理范围,则出租人应当承担相应的风险。在2005年审理“The Kitsa”案件中再次确认上述原则。而在2002年审理的“The Pamphilos”中,法官认为如果船舶因停留在热带水域而产生的船污底,应当属于“自然损耗”范围,因此产生的清除费应当由出租人负担。除非出租人能够证明严重污底的产生是由于听从承租人指示而出现的异乎寻常的事件。

有鉴于此,BIMCO专门针对定期租船合同,于2013年推出“船壳污底条款”(Hull fouling clause)。其大致内容就是明确如果在某个水域停留时间达到合同双方约定的期限(例如15天),并且需要进行船底检查的,则检查费用和时间损失由承租人负担。如果检查认为需要进行船底清除工作的,则因此产生的费用、时间损失等由承租人承担,并且在经与出租人协商的前提下,该清除工作应当满足船壳油漆生产商的指南要求,在船长监督下进行。如果经检查发现不允许进行清除工作或者不可能从事清除工作,或者承租人推迟清除工作的,则出租人不保证船舶是否适于履行期租合同,直至清除工作完成。清除工作应当在还船之前完成,如果承租人无法在还船前完成清除工作的,则承租人应当向出租人支付合同中约定的一揽子费用,并由后者完成清除工作。因此建议合同双方可以在借鉴BIMCO上述条款

---

① Michael Wilford, Terence Loghlin, John D. Kimball. Time Charters (3rd edition). Lloyd's of London Press Ltd., 1989:106.

的基础上，能够明确清除污底的时间、费用、风险等相关问题。

我国《海商法》第134条对此也有规定，要求承租人保证船舶在约定航区内从事运输，否则承担相应的法律后果。即出租人有权解除合同，并有权要求赔偿因此遭受的损失。

二、合法货物条款

BALTIME格式第2条关于“合法货物条款”（lawful merchandise clause）规定：“……承运合法货物。船舶不得装运活牲畜及有害、易燃或危险货物（如酸性物质、炸药、电石、硅铁、石脑油、汽油、焦油，或其任何制品）。”

1946年NYPE格式规定：“……用于装运包括石油或其产品在内的，以适当方式包装的合法货物，但不包括（船舶不得用于装运活动物，但承运人可以在甲板上装运少量活动物并承担其风险，所有必要的设备和其他必需品由承租人负责）……”

1993年NYPE格式第4条的标题为“危险货物/除外货物”，主要是从约定排除哪些货物的角度，说明承租人应当运载合法货物。条款规定：“（a）船舶应当从事合法货物运输，但是不包括具有任何危险、有害、易燃或腐蚀性质的货物，上述货物特性是根据船舶登记国、装运港所在国家、卸货港口所在国家以及船舶在通航水域所途经国家或港口的相关规定或主管当局的建议所确定的。在不影响前述规定的前提下，还可以额外补充排除如下特定货物：活动物、武器、弹药、爆炸物、核材料和放射性材料……（b）如果经双方同意装运例如国际海事组织（IMO）关于海运危险货物规则中列明的货物，则该货物数量限于×××吨，并且承租人应当向船长提供其合理掌握的满足IMO相关规定的有关包装、标签、装载和积载方面的任何证明，否则船长有权拒绝装运该货物，或者已经装载的，船长有权决定卸载该货物，因此产生的风险和费用由承租人承担。”

相比较而言，BALTIME格式比1946年NYPE格式规定得详尽一些，对出租人比较有利。鉴于1946年NYPE格式规定得过于简单，因此1993年NYPE格式非常详尽地列明哪些货物不属于合法货物，应当在排除运载的名单之内。

所谓合法货物，是指依据装卸港当地法律、船旗国法律以及期租合同适用的法律，均允许装载、运输的货物。根据一些国家的法律，甚至装运军用品、军需品也属于合法货物。此外，出租人如果不希望承租人装运某种货物或者希望限制承租人装运货物的范围，必须在合同中订明，而不能仅仅使用“合法货物”之类的表述，否则很容易产生纠纷。虽然装运货物本身看起来并不是一件大事，有时候却关系到船舶的生死存亡。例如，合同中没有明确除外规定，结果承租人装运了化学品货物，因无法清除残余物而造成对船舶腐蚀等损坏；此外因装运危险品，承租人还要付给船员一笔奖金或额外津贴;船员因装卸货物过程中接触危险货物而受到人身伤害等。再例如,一艘新船因为装运废钢铁会刮掉油漆,使船舱出现擦痕,甚至使船舶结构受损。尤其是报废汽车压成的大块废铁,可能因含有残余的汽油会引发火灾。另外许多船舶不喜欢装盐,尤其是新船。因为装盐之前,需要在船舱内加上一层防腐的石灰(lime wash),但若之后再装运其他的清洁货物,例如大米、小麦等,还要把这一层石灰刮掉,因此可能造成船体损害。装运硫黄,也非常危险,主要表现为容易发生爆炸、遇水变成硫酸会严重腐蚀铁板等。煤炭看似无任何危险,但低质煤炭容易自燃,从而引发火灾。再如秘鲁鱼粉的运输条件非常苛刻,通常要求含水量在12% ~18%之间,否则容易自燃或者造成货物品质受损。矿砂由于含水量过大,如果积载不当,或者运输过程中不能很好地控制和操纵,容易在运输过程中形成自由液面,导致船舶倾覆,甚至沉没。例如近年来连续发生的几起从菲律宾和印度尼西亚进行镍矿运输的安全事故,已经为镍矿安全运输敲起警钟。2010 年 10 月 27 日巴拿马籍杂货船“建富星”号装载约 4.3 万吨镍矿,从印度尼西亚驶往中国山东,途中航行经过台湾海域,由于船体严重倾斜,船长宣布弃船并发出求救信号,不久在台湾屏东海域倾覆沉没。2010 年 11 月 9 日巴拿马籍大型货船“NASCO DIAMOND”(“南远钻石号”)载运 5.7 万吨镍矿,从印度尼西亚港口出发驶往中国连云港途中,在遭遇风浪的天气下沉船。2010 年 12 月 3 日巴拿马籍货船“宏伟”号从印度尼西亚载运 4 万余吨镍矿驶往中国岚山港于途中沉没。2013 年 8 月 14 日满载 5.7 万吨镍矿的香港籍货船“夏长”号在珠江口的万山群岛附近沉没。① 上述船舶事故均不同程度地造成人员伤亡或失踪,产生了重大的财产损失。显然镍矿属于典型的固体散装货物,一般不需要包装,但是货物本身以及在陆地操作过程造成含水量达到一定程度时,会在海上运输过程中产生易流态化从而导致安全事故发生。从印度和巴西运输的铁矿粉以及从巴西运输的铝矾土等货物都存在易流态化的现象。因此,在运输上述货物时,船员应当予以足够的重视并严格根据有关国际公约规定的规程和操作要求进行货物的装卸及积载工作。所以出租人切莫对该条款掉以轻心。

此外,作为定期租船合同的出租人和承租人还需要密切关注有些国家或国际组织在一定期限内针对某个国家采取的经济制裁的措施。例如欧盟在 2007 年对伊朗核项目有关的一定数量的货物实施禁运制裁,2010 年增加对石油和天然气等货物的限制,2012 年与美国联手又增加制裁范围,包括与石油和天然气有关的设备、石油产品,甚至为上述货物提供船舶和运输服务。美国对伊朗的制裁措施则有

① 以上有关事故信息来自全球铁合金网官方网站于 2013 年 8 月 16 日发布的信息:http://www.qqthj.com.

过之而无不及，相对而言更加严厉和全面。由于上述制裁措施或指令可能是在定期租船履行过程中发生的，并非定期租船合同订立时双方能够遇见的，因此最好能够在合同条款中明确不承运受制裁的商品或者明确一旦承运了受制裁商品而产生的责任及风险分担。

如果承租人指示船长装运合法货物范围以外的货物，即除外货物，船长有权拒绝装运。英国以前的做法是，只要出租人发现装有这种除外的货物，不管船长是否同意装运，均有权解除合同。但目前趋向于只有承租人违约严重到触及了合同的根基(reach the root of contract)时，才允许出租人解除合同，即英国法院倾向于将"合法货物"条款认为是一种中间义务条款，而非条件条款。因此只有承租人擅自装运合同除外的货物，且后果非常严重的，才赋予出租人解除合同的权利①。但是如果承租人指示装运这种除外货物，出租人在不知情或者知情但提出了抗议(under protest)的情况下，指示船长听从命令，出租人仍有权向承租人索赔因装运此种货物而遭受的损失。

1946 年 NYPE 格式没有像 BALTIME 格式那样明确地将危险货物排除在外，通常需要由双方当事人协议补充。但根据英国普通法的规定，即使合同没有明确是否允许装运危险货，承租人也有默示义务不装运危险货(dangerous cargo)。在美国，货主应对装运货物的危险性向出租人提出建议，且承租人(当他是货物的所有人时)或托运人有默示义务保证装运的货物对于运输而言是合理的、安全的，除非出租人知道或应该知道这种危险性时，才无这一默示义务。此外根据美国近年的判例，承租人并没有绝对义务保证货物是安全的，只有承租人实际知晓或应当知晓货物的危险性时，承租人才有义务对因该危险货物造成的灭失或损害承担赔偿责任。②

对于什么样的货物属于危险货，目前并没有统一的法律界定。尽管国际海事组织发布了《海运危险货物规则》(IMDG)，对于其中列明的具有危险性质的货物属于危险货没有争议，但是对于那些没有列入 IMDG 名单的货物如何确定其危险性常常会引起争议。

在定期租船合同中，危险货物的界定范围一般比较宽泛，除了根据货物本身的种类、性质等确定会危及船舶及同船载运的其他货物以外，即使是货物包装会危及船舶及其他货物的，也会被认为是"危险货物"。甚至那些不会危及船舶本身，只

---

① Terence Coghlin, Andrew W. Baker, Julian Kenny, John D. Kimball, Time Charter (6th edition) LLP, 2008: para. 9.2 ~ 9.4.

② Terence Coghlin, Andrew W. Baker, Julian Kenny, John D. Kimball, Time Charter (6th edition) LLP, 2008: para. 9.54 ~ 9.56.

是会危及同船其他载运货物安全的货物,也被认定为危险货。因此为了避免在危险货界定方面的困难和争议,最好由双方在定期租船合同中明确危险货物的界定及范围。

我国《海商法》第135条规定,承租人保证运输合法货物,用于活动物或危险货物的,应当事先征得出租人的同意。承租人违反上述规定义务造成损害的,应当向出租人承担赔偿责任。但是我国《海商法》对于什么是合法货物和危险货物,法条本身未做明确解释。

三、转租条款

1946年NYPE格式在前言部分关于“转租条款”(sub-let clause)明确规定:“……承租人有权在本租船合同的整个租期或部分租期内将船舶转租,但承租人仍负有履行本租船合同的责任……”

1993年NYPE格式第18条规定:“除非另有约定,承租人有权在本租船合同的整个租期或部分租期内将船舶转租,但承租人仍负有履行本租船合同的责任。”

BALTIME格式第20条规定:“承租人有权转租船舶,但应给予船舶出租人适当的通知。并且原承租人始终对本租船合同的适当履行向船舶出租人负责。”

期租合同中大多规定承租人有权转租船舶,而且对于该权利几乎没有任何条件限制,也不必在转租之前征得出租人的书面同意。NYPE格式对于承租人转租权没有任何限制,BALTIME格式在强调承租人行使转租船舶权利之后,明确了承租人有告知出租人的义务,即在选择转租时应当向出租人发出一个适当的书面通知。

在承租人转租船舶的情况下,其与原出租人之间订立的租船合同被称为“原合同”或者“主合同”(head C/P),承租人与转租承租人之间订立的租船合同被称为“转租合同”(sub C/P)。只要在主合同涵盖的租期范围内,承租人有权选择以定期租船或航次租船方式将船舶转租,因此会获得转租租金或转租运费的收益。根据合同相对性原则,即使承租人将船舶转租,转租合同对原合同中的出租人不发生任何合同效力,即转租承租人(sub-charterer)不能依据原合同或转租合同向原出租人索赔;反之,原出租人也不能依据原合同或转租合同向转租承租人主张权利。原出租人承担的义务、享有的权利以原期租合同为主,即不能因为转租的存在,而使原出租人增加义务或减少权利。由于原出租人与转租承租人之间没有直接的租船合同关系,因此也不能基于租船合同赋予权利或强加义务给一个非合同当事人。当然如果在发生转租的情况下,原出租人签发了提单,且原出租人和转租承租人均为提单的当事方时,二者之间即存在提单证明的运输合同关系或者提单法律关系,二者之间的权利义务规定,可以依据提单确定。

鉴于发生转租时，出租人、承租人与转租承租人之间的关系如何确定是一个比较复杂的问题，通过图 3-4 进行简要分析。出租人 A 与承租人 B 之间存在主定期租船合同，然后承租人 B 再以出租人的身份，与转租承租人 C 订立转租航次租船合同或转租定期租船合同，需要说明的是，该转租租船合同是针对主租船合同而言。对于承租人 B 和转租承租人 C 来说，他们之间仅存在航次租船合同或定期租船合同，分别以出租人和承租人身份出现。C 只是针对出租人而言，属于转租承租人，对应作为出租人的 B 而言，C 就是承租人。根据定期租船合同，承租人 B 应当向出租人 A 支付定期租金，承租人 B 有权根据其与转租承租人 C 之间的租船合同，收取运费或租金。该运费或租金对于出租人 A 而言，属于转租运费或转租租金，即通过转租而获得的收入，具体关系详见图 3-4 所示。

出租人 A —— 主租船合同（上）/ 租金（下） —— 承租人 B（转租出租人）—— 转租租船合同（航次或定期）（上）/ 转租运费或转租租金（合称转租收入）（下） —— 转租承租人 C

图 3-4

我国《海商法》第 137 条规定：“承租人可以将租用的船舶转租，但是应当将转租的情况及时通知出租人。租用的船舶转租后，原租船合同约定的权利和义务不受影响。”可以看出我国《海商法》关于转租的规定与 BALTIME 格式几乎一致。即在明确承租人转租权的前提下，增加了将转租情况通知出租人的义务，但是并没有规定承租人违反通知义务的法律后果。提请读者注意的是，《海商法》关于转租的规定不同于《合同法》之相关规定。根据《合同法》第 224 条，承租人经出租人同意，可以将租赁物转租给第三人。承租人转租的，承租人与出租人之间的租赁合同继续有效，第三人对租赁物造成损失的，承租人应当赔偿损失。承租人未经出租人同意转租的，出租人可以解除合同。显然根据我国《合同法》，承租人只有在得到出租人同意的前提下，才可以享有转租租赁物的权利，《合同法》强调是以出租人同意为条件，至于是书面同意还是口头同意，在所不问；而《海商法》未对承租人的转租权利加以任何限制，也没有规定获得该权利的任何必要条件，仅仅强调的是转租后“通知”出租人的义务。同时《合同法》对于承租人违反规定擅自将租赁物转租之后的法律后果予以明确，即出租人可以选择终止合同。根据《合同法》第 123 条：“其他法律对合同另有规定的，依照其规定。”考虑到《海商法》第六章有关船舶租用合同的规定中，没有像第四章那样排除了沿海货物运输合同，因此对于符合《海商法》第 3 条规定的海船签订的定期租船合同，不论航行区域涉及国际航线，还是沿海航线，其定期租船合同内容及转租问题，都应适用《海商法》，而非《合同法》。

四、留置权条款

1946 年 NYPE 格式第 18 条关于“留置权条款”(lien clause)规定:“因本租船合同下应付的所有费用(any amounts due),包括共同海损分摊,出租人享有留置所有货物和转租运费(sub-freights)的权利;承租人有权针对其预付的并且未赚取的所有费用以及额外支付的租金或应当立即返还给承租人的额外保证金(deposit)留置船舶。不允许也不能赋予承租人或其代理人享有的任何留置权或其他担保物权(encumbrance)具有优先于出租人对其船舶的权利和利益。”

1993 年 NYPE 格式第 23 条规定:“因本租船合同下应付的所有费用,包括共同海损分摊,出租人享有留置所有的货物和转租运费和/或转租租金(sub-hire)的权利;承租人有权针对其预付的并且未赚取的所有费用以及额外支付的租金或应当立即返还给承租人的额外保证金留置船舶。”

BALTIME 格式第 18 条规定:“出租人有权就本租船合同下的任何索赔(all claims)留置属于定期租船合同承租人的货物和转租运费;承租人有权对其预付的并且未赚取的所有费用留置船舶。”

从上述有关留置权的规定可以看出,定期租船合同下的留置权条款与提单或者航次租船合同下的留置权条款不同,因为前者是分别针对出租人和承租人双方规定了留置权,而后两者通常仅仅针对承运人或出租人规定留置权。

就上述定期租船合同标准格式条款内容而言,也存在区别,表现在:第一,NYPE 格式下出租人享有的留置权所担保的债权,仅限于期租合同下承租人应当支付的费用,而 BALTIME 格式下出租人可以针对租船合同产生的向承租人索赔的任何事项行使留置权,范围相对更加宽泛。第二,NYPE 格式之下,出租人留置的标的是货物及转租运费,1993 年 NYPE 格式还增加了转租租金。至于货物是否属于承租人并不重要。而 BALTIME 格式下,出租人只能留置属于承租人的货物和转租运费,对于非属于承租人的货物以及转租租金,仍然不能留置。第三,有关承租人对船舶的留置权,NYPE 格式规定该留置权担保的债权范围比 BALTIME 格式下的相关内容宽泛,后者仅限于承租人预付的并且未赚取的所有费用,而前者还包括承租人额外支付的租金和承租人应当收取的保证金。

请读者注意,上述定期租船合同中有关留置权的规定,与英美法以及我国法律规定的留置权,不论在内涵上还是在权利行使方面均存在一些差异。

1. 英国法律规定

根据英国法律,留置权包括三种,即普通法下的留置权(common law lien)、衡平法下的留置权(quitable lien)及法定留置权(statutory lien)。所谓普通法下的留置权,是指根据普通法默示的一种占有留置权,即债权人占有留置物直至其债权得以清偿。而衡平法下的留置权则是根据双方约定或由法院根据衡平原则默示或明示赋予的,针对某一特定债务而由债权人享有的拥有某一全部或部分主张的权利。法定留置权是指在某特定条件下,仅仅是因为执行法律而产生的留置权,有些类似于对物诉讼。①

根据英国普通法,船东对于未付的运费可以留置货物;船东对于货方应支付的共同海损分摊费用可以留置货物;救助人可以针对救助报酬留置船舶及货物;仓库保管人可以对未付的费用,留置岸上的货物等。除上述有限的普通法下的留置权,很多情形是通过衡平法下的留置权得以实现。后者可以基于当事方约定产生,又被称为合同留置权(contractual lien),往往约定不以出租人占有标的物为前提,而且具有明显的强制性。即该强制性不仅对当事人有效,而且可以及于所有第三人,除非第三人根据普通法在不知晓留置权的情况下,已经对该财产利益支付价金。此外强制性还体现在衡平法下的留置权可以通过对留置标的物的代位物主张权利,不论该标的物是否已经变成银行存款或其他替代财产。

像 NYPE、BALTIME 等定期租船标准合同格式中规定的留置权,就属于典型的合同留置权。因此根据合同相对性原则,出租人留置的货物,应当属于承租人。因此对于承租人以外的第三方,包括收货人、提单持有人而言,如果没有有效的并入条款将定期租船合同的留置权并入到提单中,则出租人无权因为行使留置权而拒绝向收货人交付货物。如果船长或出租人并不知晓货物所有权归属情况,也不了解承租人签发的提单条款内容,因为承租人欠付费用的缘故,出租人错误留置了收货人的货物,则对因此产生的灭失、损害,在赔付收货人之后,出租人可以依据定期租船合同的"使用与赔偿"条款向承租人追偿;否则船长或出租人明确知晓货物所有权归属承租人以外的第三方,并在清楚了解租约下签发提单的具体内容的情况下,错误留置第三方货物的,出租人不能依据"使用与赔偿"条款向承租人追偿。当然如果通过提单并入条款,将定期租船合同的留置权条款有效并入到提单中,则不论货物所有权是否归属承租人,出租人都有权针对合同中约定的未付款项行使货物留置权。②

与留置货物不同,由于出租人无法"占有"转租运费或转租租金,显然根据英国法,期租合同出租人留置转租运费或转租租金的权利,就是一种衡平法下的留置权。转租运费留置权的实现是指出租人有权在转租承租人向承租人支付转租运费

---

① 参见郭萍. 试论船舶租用合同中留置权条款的有关问题——兼谈对我国《海商法》第141 条的看法. 中国海商法年刊,1996:311 - 319.

② Terence Coghlin, Andrew W Baker, Julian Kenny, John D. Kimball, Time Charter (6th edition) LLP, 2008: para. 3.1 ~ 3.11.

之前，通过发出索赔通知(notice of claim)，对转租运费予以截留(intercept)。该权利在1979年英国法院审理“The Nanfri”一案中予以确立。[①] 此外英国法院在1990年审理“The Cebu”案中，明确认定“转租运费”(sub-freight)一词不包含“转租租金”(sub-hire)。[②] 因此出租人仅在合同中约定可以留置转租运费的，仍无法因此留置转租租金。有鉴于此，1993年NYPE格式作了部分修改，特别明确出租人可以对转租运费和/或转租租金均享有留置权。虽然期租合同中明确出租人可以“留置”(lien on)转租运费和转租租金，但是由于转租运费或转租租金系转租承租人向承租人支付的费用，显然不可能处于出租人的“占有”和“控制”之下，因此出租人对于转租运费/转租租金的“留置权”已经远远不同于传统的“占有留置”的含义了。

根据英国法律规定，如果出租人确认转租承租人尚未向承租人支付转租运费或转租租金，则出租人可以向法院申请令状(writ)，并通过法院将令状送达转租承租人，要求其将转租运费或转租租金直接支付给出租人，以实现出租人“留置”的目的。如果转租承租人对于法院下达的令状置若罔闻，不予理睬，依然坚持向承租人支付运费或租金的，则根据令状要求，该转租承租人依然有义务向出租人再次支付该转租运费或租金。当然如果出租人向法院申请令状之前，转租承租人已经向承租人支付运费或租金的，则出租人无法行使对上述费用的“留置权”或“截留权”。

关于承租人有权留置船舶的问题，鉴于定期租船合同下船长、船员依然由出租人配备，因此承租人事实上是无法通过占有船舶，来实现这种“留置”船舶的权利，也就不可能构成“占有留置权”。承租人为了实现留置船舶的目的，无外乎是在租期届满时通过迟延还船，以阻碍出租人对船舶的完全控制权利。当然迟延还船对承租人而言带来的另一个的风险就是在迟延还船期间，承租人仍有支付租金的义务。比较可行的做法，就是承租人为了实现留置船舶的目的，可以通过向法院申请“禁令”的方式，限制将船舶回归到出租人的掌控之下。

2. 美国法律规定

根据美国法律，出租人对货物及运费的留置权，属于船舶优先权(maritime lien)的一种，只能通过向美国联邦法院提起对物诉讼实现，仍然属于占有留置。如果因为承租人欠付租金，根据合同相对性原则，出租人只能留置属于承租人的货物，而不能留置第三人的货物。但是对于承租人欠付的租金，出租人可以在定期租

---

① The Nanfri [1979] 1 Lloyd's Rep. 201;210.

② 参见郭萍. 试论船舶租用合同中留置权条款的有关问题——兼谈对我国《海商法》第141条的看法. 中国海商法年刊，1996;316.

船合同中约定留置转租运费或转租租金,该权利可以对抗承租人以外的第三人。

至于基于合同约定留置转租运费或转租租金的,由于出租人无法占有标的物,因此出租人只要直接向有义务支付转租运费或租金的人主张其权利并发出通知即可,前提条件是该转租承租人收到通知时,尚未将转租运费或租金支付给承租人。该通知有阻止转租承租人将转租运费或租金支付给承租人的作用,如果转租承租人在得知该通知的前提下,仍然将转租运费或租金支付给承租人的,根据美国法律,出租人仍然有权向该转租承租人主张支付转租运费或租金的权利,即转租承租人不得不面临可能支付两次运费或租金的风险。①

与英国法律的规定不同,根据美国一般海商法(General Maritime Law),认为承租人留置船舶的权利也属于一种船舶优先权,并且通过对物诉讼的程序实现。

根据美国《船舶优先权法案》以及一般海商法的规定,能够产生船舶优先权的海事请求权包括如下方面:海员工资请求;救助报酬;根据一般海商法产生的侵权索赔;共同海损分摊请求;具有优先性的船舶抵押权(preferred ship mortgage);向船舶提供供应品、修理以及其他必需品产生的请求;拖航费、码头费、引航费以及装卸费;造成船载货物的灭失或损害;承运人提起的未付运费的请求;违反租船合同产生的请求。

显然同其他的船舶优先权一样,承租人留置船舶的权利,具有一定的优先顺位,但是在美国法律规定的全部船舶优先权范围中,排序比较靠后。根据美国1920年《船舶抵押权法案》,所谓具有优先性的船舶抵押权是指在已经抵押的船舶上再设置的担保物权。如果在具有优先性的船舶抵押权进行登记之前,定期租船合同已经订立,则因为违反期租合同约定而产生的承租人留置权,享有比优先性船舶抵押权更为优先的顺位受偿,即使该期租合同的违约行为事实上是发生在抵押权登记时间之后。如果定期租船合同的订立时间晚于具有优先性的船舶抵押权登记的时间,则具有优先性的船舶抵押权享有比承租人留置权更为优先的顺位受偿。②

3. 我国法律规定

我国《海商法》第141条借鉴了BALTIME格式,规定承租人未向出租人支付租金或者合同约定的其他款项的,出租人对船上属于承租人的货物和财产以及转租船舶的收入(earning from sub-charter)有留置权。我国《海商法》赋予出租人只

① Terence Coghlin, Andrew W. Baker,Julian Kenny,John D. Kimball, Time Charter (6th edition) LLP,2008:para. 30. 103 ~ 30. 110.

② Terence Coghlin, Andrew W. Baker,Julian Kenny,John D. Kimball, Time Charter (6rd edition) LLP,2008:para. 30. 112.

能留置属于承租人的货物或财产，使留置权实现的可能性大大减少。因为实践中，货物属于期租承租人的情形比较少，而且让出租人确定船上货物或财产是否属于承租人也是比较困难的事情。由于《海商法》仅规定留置"船上的货物"，所以如果货物已经被卸至岸上仓库，尚未交付收货人的情形下，即使出租人知晓该货物属于承租人，也无法行使留置权。显然这一规定不仅比 BALTIME 格式规定的范围窄，比 NYPE 格式的规定更加狭窄，会给出租人行使货物留置权带来很多障碍。

根据我国《民法通则》、《物权法》、《担保法》等民事法律规定，留置权必须满足如下条件：①债权人占有一定的动产，不动产和权利不能成为留置权的标的。②占有人需享有债权，即有被担保的债权存在。③占有的动产与债权之间具有牵连关系。④债权已届清偿期。实践中转租船舶的收入往往是由转租承租人或托运人支付给承租人，然后承租人在扣除其可赚取的差价之后，再根据原定期租船合同约定的租金数额支付给出租人。因此在承租人向出租人支付租金或相关应付款项之前，出租人无法，也不可能"占有"转租船舶收入，这就与传统民事法律规定的占有留置理论发生冲突。

那么《海商法》规定出租人可以留置转租船舶收入的权利究竟是一种什么性质的权利，目前国内学者观点不一，主要包括：留置权说、代位权说、债权转让说、权利质权说、准留置权说等。[①] 由于对转租船舶收入的"lien"，缺乏一般留置权"占有"的要件，所以"留置权说"不能成立。代位权是指当债务人怠于行使其到期债权，对债权人造成损害的，债权人可以向法院请求以自己的名义代为行使债务人的债权。显然在"留置船舶转租收入"中并不具备债务人——承租人怠于行使其到期债权——转租船舶收入的问题，因此不具备"代位权说"的条件。债权转让说认为"留置船舶转租收入"实际上是表示承租人将其对转租船舶收入的权利转让给出租人。但是出租人向承租人收取到期应付的租金，属于主权利。当主权利无法实现时，只能通过从权利——留置船舶转租收入达到目的。但是从出租人对其从权利的行使中，看不出承租人有将其到期债权主动转让给出租人的任何意图，而被动的成分显而易见。因此该学说恐难以成立。此外，有学者从大陆法系基本理论出发，认为通过书面合同约定，以债务人对第三人的可转让权利担保债权人主债权的，属于担保物权之一种——权利质权。该理论有一定的道理，但是根据我国《担保法》第 75 条关于权利质押的规定，我国法律目前只承认汇票、支票、本票、提单等类似票据的权利凭证的质押问题，并没有扩大解释包括转租船舶收入在内的其他一般债权的出质问题。显然该学说难以回避现实法律规定的挑战。

---

① 参见朱作贤，白文妍. "lien on sub-freight"是留置权还是质权//法律评论. 大连：大连海事大学出版社，2003：331 - 340.

综合以上学说,我们支持“准留置权说”。因为准留置权的概念在一些大陆法系国家和地区的民商法典中早已存在,如《德国民法典》第 704 条,《德国商法典》第 410 条和第 440 条,《日本商法典》第 562 条和第 589 条等。尽管这些国家的法律名称不尽相同,但都明确为了维护债权人的利益,可以由法律直接规定债权人享有一种特殊权利。这种债的发生与该留置标的物之间可以没有直接牵连关系,并且因为与一般留置权的规定要件不符,所以被称之为“准留置权”或者“特别留置权”。[①] 尽管我国《海商法》关于定期租船合同的规定为非强制性规定,但是第 141 条毕竟明确出租人可以留置转租船舶收入,因此仍然符合留置权“法定”的要件。我们认为该特殊留置权的实现,可以通过海事请求保全或申请海事强制令的途径实现。

至于定期租船合同中规定的承租人留置船舶的权利,在我国法律之下也恐难实现。因为目前我国《海商法》有关船舶一章的规定明确了两种与船舶“留置”(lien)有关的担保物权,即船舶优先权(maritime lien)和赋予造船人、修船人享有的船舶留置权(possessory lien)。[②] 显然上述两种法定担保物权中,虽然都有“lien”一词的表述,但是都不是定期租船合同下承租人留置船舶的占有留置之含义。而且我国《海商法》在定期租船合同的法条规定中并没有赋予承租人可以留置船舶的权利。虽然根据《物权法》第 232 条规定:“法律规定或者当事人约定不得留置的动产,不得留置。”但是《物权法》只是赋予了当事人可以约定不得留置标的物的问题,并没有因此就赋予当事人可以自行约定留置物的权利。因此根据我国留置权法定的一般要求,即使标准定期租船合同格式均赋予了承租人可以留置船舶的权利,该约定留置条款在中国法律制度下也是无法实现的。更何况船舶属于比较特殊的动产,船舶本身价值往往比较巨大,如果要赋予承租人可以留置船舶的权利的话,也应以法律明确规定为宜。

五、救助报酬条款

1946 年 NYPE 格式第 19 条关于“救助报酬条款”(salvage clause)规定:“所有无主物和救助报酬,在扣除船舶出租人和承租人所花费用及船员应得份额后,由船舶出租人和承租人平均分享……”

---

① 郭萍. 试论船舶租用合同中留置权条款的有关问题——兼谈对我国《海商法》第 141 条的看法. 中国海商法年刊,1996:317.

② 根据我国《海商法》第 161 条的规定,如果被拖物为船舶,在被拖方未按照约定支付拖航费和其他合理费用的承拖方可以留置被拖带的船舶。此外,根据我国《海商法》第 188 条第 3 款的规定,获救船舶未提供满意担保的,未经救助人同意的,不得将获救的船舶移走。

1993 年 NYPE 格式第 24 条的规定与 1946 年格式的规定一致,没有作任何更改 。

BALTIME 格式第 19 条规定:“对其他船舶的救助和救援而获得的所有报酬,由船舶出租人和承租人平均分享,但是应当首先扣除船长和船员应得的份额,为救助所损失的时间内根据租船合同应支付的包括租金在内的所有法定的费用和其他费用,以及损害修理费和所消耗的燃煤费或燃油费。船舶出租人为担保救助报酬及确定报酬数额而采取的一切措施对承租人具有约束力。”

不论是根据国际公约还是根据各国法律规定,都明确了一艘船舶在没有法定义务或合同约定义务的前提下,自愿地成功救助海上遇难的他船及财产时,有权获得救助报酬。由于期租合同下,出租人、承租人之间的营运风险分配发生了变化,因此期租合同履行过程中,如果船舶从事海难救助,一方面会使出租人面临危险或损失,例如船舶或船载货物因此会受到损害或遭受迟延;另一方面,承租人的货运安排会受到影响,例如无法按时交付货物,或者无法完好无损地交付货物,而承租人依然要根据租船合同支付租金等等,因此出租人和承租人双方或多或少地因船舶从事海难救助而承受风险。因此,在船舶进行救助并获得救助报酬之后,在扣除双方为此花费的合理费用及相关损失,以及扣除船员应得的数额基础上,再由出租人、承租人双方平均分配,也是合情合理的。从条文的规定看,BALTIME 格式比 NYPE 格式规定得更为详尽,也更为合理。

我国《海商法》第 139 条规定:“在合同期间,船舶进行海难救助的,承租人有权获得扣除救助费用、损失赔偿、船员应得部分以及其他费用后的救助款项的一半。”这里须引起注意的是,我国《海商法》规定的是“救助款项”的一半,而不是上述标准合同中规定的“救助报酬”的一半。依我国《海商法》第 172 条第(三)项的规定:“‘救助款项’是指依照本章规定,被救助方应当向救助方支付的任何救助报酬、酬金或者补偿。”这里的补偿指的是特别补偿(special compensation)。根据我国《海商法》第 182 条的规定,对构成环境污染损害危险的船舶或者船上货物进行的救助,救助方依照法律规定获得的救助报酬,少于其依照海商法规定可以得到的特别补偿的,救助方有权依照本条规定,从被救船舶所有人处获得相当于救助费用的特别补偿。如果取得防止或者减少环境污染损害效果的,被救船舶所有人向救助方支付的特别补偿可以另行增加,增加的数额可以达到救助费用的百分之三十。受理争议的法院或者仲裁机构认为适当,并且考虑到被救船舶及财产的价值、救助方在环境保护方面的技能和努力、取得成效、危险的性质、救助方因此花费的时间及费用等诸多因素,可以判决或者裁决进一步增加特别补偿数额至不超过救助费用的百分之一百。显然特别补偿是为了鼓励救助人保护海洋环境所设置的一项特别制度。

依据我国《海商法》的规定，被救助船的船舶所有人支付的特别补偿，也可在扣除相关费用之后，由定期租船合同下的出租人、承租人平均分享。事实上，特别补偿的概念是在《1989 年国际救助公约》中首次出现的，我国是该公约成员国，所以我国《海商法》的相应规定也是依据该公约制定的。但是我们注意到在《1989 年国际救助公约》之后进行修订的 1993 年 NYPE 格式仍然沿用“救助报酬”一词，而不是“救助款项”。本书作者认为，由于期租合同下，出租人、承租人双方负担的营运风险不同于航次租船合同等海上货物运输合同的营运风险。而发生海难救助时，虽然可能是基于承租人发出的指示，但实际从事救助作业的仍然是出租人雇用的船长、船员。而救助公约以及我国《海商法》提及的救助款项包含酬金和特别补偿两项费用不同于救助报酬。酬金主要针对救助人在实施财产救助同时又救助人命的，比其单纯救助财产会增加获得部分酬劳的数额；特别补偿则是针对鼓励救助人能够积极采取有效措施以防止、减轻海洋环境污染威胁，因此特别补偿制度的设立更多情况下是对救助人没有取得救助报酬或者救助报酬低于其实际救助费用支出的前提下，给予救助人的一种补偿性质的费用。因此这两种形式的支付款，应该付给实际救助人，即定期租船合同下的出租人，由出租人、承租人对此进行平均分配并不合适，也有悖于酬金、特别补偿等制度设立的初衷。因此，笔者建议能够对我国《海商法》第 139 条“救助款项”的含义进行进一步的明确和解释，即应当仅仅限于救助报酬，而不应当包括酬金和特别补偿。

六、佣金条款

期租合同很多情况下是通过租船经纪人（chartering broker）订立的，所以定期租船合同中也常常规定佣金条款，明确经纪人应得到的报酬。

1946 年 NYPE 格式第 27 条关于“佣金条款”（commission/brokerage clause）规定：“根据本租船合同以及根据本租船合同的继续期间或延展期间所获取并支付的租金，本船及船舶出租人应支付租金的 2.5% 作为佣金。”第 28 条规定：“依本租船合同获取并支付的租金的 2.5%，应向________支付回扣佣金。”

1993 年 NYPE 格式对此未做实质性修改，佣金及回扣佣金条款分别体现在第 43 条和第 44 条，条文表述几乎与 1946 年格式一致，只是对于佣金的比例，未做直接规定，而是留有空白，供双方当事人协商选择。

其中“获取并支付”（on hire earned and paid）的用语，表明出租人只有在获取全部租金的情况下，才有支付佣金的义务。如果由于某种原因，例如定期租船合同提前终止，在提前终止还船至租期届满日期间，如果承租人未向出租人支付租金，依据 NYPE 格式的规定，出租人也无义务向租船经纪人支付佣金，而无须考虑经纪人是否为此实际发生费用，或者遭受相关实际损失。例如英国法院在审理 French

v. Lesston Shipping 案件中,就明确了这一点。[①] 在该案中"The Clematis"船被定期出租 18 个月,约定出租人在获取租金的基础上,将租金的 2% 作为佣金费支付给租船经纪人。在合同履行了 4 个月的时候,经过出租人与承租人双方协议,船舶被卖给了承租人并终止了定期租船合同的继续履行。租船经纪人就剩余的 14 个月的佣金费提起了诉讼。法院最后判决认定出租人没有义务支付剩余月份的佣金,因为出租人支付佣金的前提条件是已经收到并获取了承租人支付的租金。如果租船经纪人想要保护自己的利益,避免因为租船合同提前终止而带来的佣金损失,只能通过在定期租船合同中订明例如"出租人在任何情况下也不能通过协议终止租船合同",或者"出租人在任何情况下均需支付佣金"等条款。由于该案件仅仅涉及出租人和承租人经协商终止合同情形,如果系出租人违约原因,例如未能提供适航船舶导致承租人提前解除合同的,租船经纪人是否还有权主张提前终止合同而损失的佣金费,英国法院的态度并不明朗,但是有一点很明确,就是英国法院认为定期租船合同下的经纪人不同于买卖合同下的经纪人。航运实践中,大多数船舶买卖合同也是通过经纪人完成的。但是根据英国判例,即使船舶买卖合同因一方当事人违约而终止,当事人也有默示义务不能妨碍经纪人获得佣金的权利。[②]

BALTIME 格式第 25 条规定:"出租人根据本租船合同,在获取租金的基础上,向× ×支付××佣金。但在任何情况下,佣金不得少于补偿经纪人的实际开支和其工作的合理报酬。若由于任何当事一方违约导致全部租金未支付的,则对此负责的一方应赔偿经纪人的佣金损失。若当事双方协议解除本租船合同,则船舶出租人应赔偿经纪人的佣金损失。但在此种情况下,佣金不超过按一年的租金计算的经纪人费用。"

相比较而言,BALTIME 格式的规定对经纪人的保护更多一些,内容比较详尽。在英国颁布《1999 年合同(第三人权益)法案》之前,作为租船经纪人,如果出租人擅自不支付佣金,经纪人是不能直接以出租人违约为由去向出租人索赔的。因为租船经纪人不是期租合同的当事人。根据英美法,经纪人在未收到佣金时,可以委托承租人代为向出租人索赔并主张权利。如果承租人拒绝,则经纪人可以将承租人、出租人列为共同被告提起侵权之诉。

但是根据英国《1999 年合同(第三人权益)法案》的相关规定,租船经纪人享有更加简单的保护自己权益的机制。该法案第一条明确赋予了非合同一方当事人

---

① French v. Lesston Shipping (1921)8 Ll. L. Rep 110(C. A.), (1922) 10 Ll. L. Rep. 448 (H. L.).

② Terence Coghlin, Andrew W Baker, Julian Kenny, John D. Kimball, Time Charter (6th edition) LLP, 2008; para. 36. 12.

依据合同起诉的权益,前提条件是该合同中订有有利于该当事人权益的条文规定。显然大多数定期租船合同条款均订有佣金条款,因此尽管租船经纪人并非定期租船合同的当事一方,但是仍然可以根据英国《1999 年合同(第三人权益)法案》的规定,就未付的佣金提起合同诉讼。当然一旦租船经纪人提起合同诉讼,根据该法案第 3 条,出租人享有援引定期租船合同中的一切权利及抗辩事由,如同该诉讼是承租人提起的一样。此外,如果定期租船合同中订有仲裁条款,根据英国《1999 年合同(第三人权益)法案》第 8 条的规定,该仲裁条款也将约束租船经纪人,除非定期租船合同中的仲裁条款明确约定“仅限于出租人和承租人之间的争议”(between shipowner and charterer)或“租船合同当事人之间的争议”(the parties to the charter party)。

由于我国目前尚没有类似英国《1999 年合同(第三人权益)法案》的相关规定,因此一旦诉讼在我国海事法院进行,租船经纪人索赔佣金费只能以侵权为由。此外鉴于我国《仲裁法》有关仲裁协议效力的规定比较严格,即使定期租船合同中的仲裁条款约定“因本租船合同产生的或与本租船合同有关的任何争议应当提交×××机构仲裁,适用中国法×××”(Any disputes arising from or in contacting with this charter party...),租船经纪人也不能依据租船合同的仲裁条款向出租人主张佣金费赔偿。

在美国,经纪人索取佣金的请求通常不属于海事、海商案件,而且不会产生船舶优先权(maritime lien)的问题。由于租船经纪人并非定期租船合同的当事人,因此租船经纪人也无法依据定期租船合同向出租人提起诉讼索赔佣金。甚至根据美国仲裁案件,承租人也不能根据定期租船合同代表租船经纪人向出租人索赔佣金,因为佣金索赔纠纷不属于定期租船合同下出租人和承租人之间的租船合同纠纷①。同样,经纪人能否成功地向出租人主张佣金索赔,主要看定期租船合同中的佣金条款的具体用语和表述。根据美国法律,如果合同中约定“承租人支付租金后,出租人应当根据××% 支付佣金费”(... commissions are payable on the payment of hire monthly at ××%...),如果承租人违反规定未能依照合同规定实际支付租金的,即使出租人未支付佣金费,经纪人也不能索赔。甚至当承租人未支付租金的情形下,出租人通过法院等采取措施要求承租人设立了基金或提供了担保,美国法院也认为该基金或担保不能等同于承租人已经实际支付了租金,因此经纪人仍然不能向出租人主张佣金费。如果合同规定“佣金费的支付前提是经纪人已经为租船合同的订立和履行提供了服务”(... commissions are payable upon its exe-

① 参见 The Caribbean Trader SMA 41 (Arb. At N. Y. 1964) 以及 Jugotanker-Turisthotel v. Mt. Ve Balik Kurumu, SMA 1133 (Arb. At N. Y. 1977).

cution...),则只要经纪人举证证明其已经做出的努力和事项,即使出租人尚未收到承租人支付的租金或者在承租人欠付租金的前提下,出租人仍有根据约定支付佣金费的义务。

作为租船经纪人,为了更好地保护自己的利益,最好像 BALTIME 格式那样,在合同中以明确的具体的词语表明自己所能享有的权利。

七、仲裁条款

期租合同大多数都订有仲裁条款(arbitration clause),实践中有关期租的争议约 80% 以上是通过仲裁的方式解决的。一方面因为仲裁与诉讼相比较,费用相对较低,程序相对简单,可以迅速结案;另一方面,仲裁员基本都是专业人士或者了解相关专业领域的专家,而且当事人可以根据约定的仲裁程序规则对仲裁庭及其组成人员进行选择,使得仲裁比较具有人情味。还有一个比较重要的因素就是,由于多数国家都是 1958 年《纽约公约》①的成员国,根据有效的仲裁协议做出的裁决更易于在其他国家执行,也符合租船业务的涉外性和国际性的特点。

1946 年 NYPE 格式第 17 条规定:"若出租人与承租人之间发生争议,争议事宜应提交纽约三名仲裁员仲裁,其中当事方各指定一名仲裁员,由当事方已经指定的两名仲裁员指定第三名仲裁员。他们或其中两人所做的裁决是终局的。为执行裁决,按本协议当事方可申请法院做出裁定。仲裁员应为商业人士。"

1993 年 NYPE 格式第 45 条"仲裁条款"较之 1946 年 NYPE 格式做了部分修改,除了在(a)款规定纽约仲裁之外,增加了一个有关伦敦仲裁的(b)款选项,同时在(a)(b)款中均增加一个小额简易仲裁程序规定。但是 NYPE 1993 年格式未规定当事方选择(a)(b)任一款项时,如何确定在哪里仲裁或是否可以进行仲裁的问题。这一点与 1994 年"金康合同"仲裁条款的规定不同。因此在选用 1993 年 NYPE 格式时需要注意这个问题。

BALTIME 格式第 23 条规定:"本租船合同引起的任何争议应在伦敦(或第 24 栏约定的其他地点)提交仲裁。船舶所有人指定一名仲裁员,另一名仲裁员由承租人指定。如该两名仲裁员不能达成一致意见,则以由其指定的裁判长的决定为准。仲裁员或者裁判长的裁决是终局的,对双方均有约束力。"

提请读者注意的是,裁判长(umpire)不同于首席仲裁员(chairman),前者是指

---

① 1958 年《纽约公约》的全称是 1958 年《承认与执行外国仲裁裁决公约》。于 1958 年 6 月 10 日在纽约召开的联合国国际商事仲裁会议上通过,因而得名,已于 1959 年 6 月生效,1987 年 4 月 22 日对中国生效。根据联合国国际贸易法委员会(UNCITRAL)官方网站公布的信息资料,截止到 2013 年 3 月底,1958 年《纽约公约》共有 148 个成员国。http://www.uncitral.org.

已指定的两名仲裁员不能就提交争议的问题达成一致意见时，由这两名仲裁员指定第三个仲裁员作为裁判长，独任仲裁，并最终以裁判长的意见作为裁决的唯一依据；而首席仲裁员是指在已指定两名仲裁员的前提下，再由这两名仲裁员推举第三个仲裁员，共同组成仲裁庭，对提交的争议进行裁决，裁决是根据仲裁庭多数意见做出的；第三位仲裁员被称为首席仲裁员。

根据各国仲裁法及各国仲裁机构制定的仲裁规则，关于仲裁庭的组成、人员构成以及如何指定仲裁员等方面的规定各不相同。但对于仲裁条款或仲裁协议，多数国家的仲裁法规定，只要明确了请求仲裁的意思表示、仲裁事项和仲裁地点，仲裁庭即可受理仲裁案件。《中华人民共和国仲裁法》（以下简称《仲裁法》）自 1995 年 9 月 1 日起开始施行，根据《仲裁法》第 16 条的规定，仲裁条款除了要明确上述事项外，还要写明选定的仲裁委员会机构名称。同时第 18 条规定，仲裁协议对仲裁委员会机构名称没有约定或者约定不明确的，当事人可以补充协议；达不成补充协议的，该仲裁协议仍然被认定为无效。这一点不同于航运惯例，如租船合同中常常订有“在伦敦仲裁”或者“在纽约仲裁”的规定，依英国或美国仲裁法，该仲裁条款被认定为有效；而“在北京仲裁”的条款在我国就可能被认定为无效规定，因为目前在北京可以受理海事海商的仲裁机构包括三家，分别是中国海事仲裁委员会、中国国际经济贸易仲裁委员会（2000 年 1 月 1 日同时启用中国国际商会仲裁院）、北京仲裁委员会。由于“在北京仲裁”的表述无法明确当事人意愿选择的具体仲裁机构名称，在不能达成补充协议的前提下，根据我国《仲裁法》属于无效条款。据不完全统计，目前有关租船合同的争议，大约 70% 在伦敦进行仲裁，其余的案件在纽约、巴黎、东京、香港、新加坡、北京等地进行仲裁。鉴于我国《仲裁法》对于仲裁协议效力规定的比较严格，也导致实践中一些定期租船合同下订立的仲裁条款依我国《仲裁法》被认定无效而无法进行仲裁的情形发生，从而影响我国仲裁机构的受案率。因此最高人民法院在 2006 年 8 月以法释〔2006〕7 号文颁布了“最高人民法院关于适用《中华人民共和国仲裁法》若干问题的解释”（以下简称“仲裁法司法解释”），对有关选定仲裁机构的严格限制似有所缓解。例如根据“仲裁法司法解释”第 3 条的规定，仲裁协议约定的仲裁机构名称虽然不准确，但能够据此确定具体的仲裁机构的，应当认定选定了仲裁机构。如果当事人约定选择了适用的仲裁规则，并不当然视为选择了仲裁机构。但是如果根据该仲裁规则能够确定具体仲裁机构名称的，则该仲裁协议仍属有效。[①] 根据“仲裁法司法解释”第 6 条的规定，如果仲裁协议仅约定由某地的仲裁机构仲裁而没有明确该仲裁机构名称，例如“在沈阳仲裁”，并且该地仅有一个商事仲裁机构可以受理海事海商案件的，例如

① 参见“《仲裁法》司法解释”第 4 条的规定。

沈阳仲裁委员会,则该仲裁协议依然有效。如果该地有两个以上仲裁机构的,当事人可以协议选择其中的一个仲裁机构申请仲裁;当事人不能就仲裁机构选择达成一致意见的,仲裁协议无效。

所以为了保险起见,如果定期租船合同当事双方愿意选择在中国进行仲裁的话,最好能够在仲裁条款中明确所选择的仲裁机构名称。为了满足我国《仲裁法》有关仲裁协议效力的规定,中国海事仲裁委员会曾推荐使用如下示范仲裁条款,供当事方选择适用:"因本合同产生的或与本合同有关的任何争议,应当根据中国海事仲裁委员会现实生效的仲裁规则,提交给该仲裁委员会在北京仲裁解决。仲裁裁决具有终局性并对合同双方具有约束力。"(Any dispute arising out of or in connection with this contract shall be submitted to China Maritime Arbitration Commission for arbitration in Beijing in accordance with the existing arbitration rules of the Commission. The arbitration award shall be final and binding upon the parties.)

八、首要条款

首要条款(paramount clause)最初适用于提单,通过将《海牙规则》等有关的国际公约或国内法的部分内容并入到提单,从而调整并约束提单的当事方,并在一定程度上扩大上述国际公约或国内法的适用范围。在定期租船合同中,如1946年NYPE格式第24条、1993年NYPE格式第31条(a)款也订有类似的首要条款,常见的是将《海牙规则》、美国《哈特法》或者英国或美国的《海上货物运输法》并入到租船合同或者租船合同下签发的提单,从而使出租人、承租人之间的权利、义务因首要条款而有所改变。例如1946年NYPE第24条明确规定,合同双方当事人一致同意,就有关定期租船合同下涉及的一切条款、条件以及免责事项,应当根据1893年美国《哈特法》的相关规定。同时还进一步规定,定期租船合同下签发的提单应当符合美国1936年《海上货物运输法》(COGSA)的各项规定,并且不能依此认定承运人放弃其在COGSA法案之下的任何权利或豁免,也不能认定承运人根据该COGSA法案增加任何责任或义务。如果租船合同下签发的提单条款与COGSA法案的规定存在冲突,则在冲突范围内,COGSA法案的规定优先适用。1993年NYPE格式第31条删除了1946年格式中有关租船合同适用《哈特法》的规定,仅仅规定租船合同下签发的提单应当依据美国1936年COGSA、《海牙规则》、《海牙-维斯比规则》或强制适用的类似的其他国内立法。如果合同中仅写明"paramount clause"而未写明具体并入的法规或公约名称的,依据英美法解释,被并入到合同中的是《海牙规则》。

首要条款对租船合同起多大的作用以及影响如何,要依赖于被并入的法规内容及首要条款本身的规定综合考虑,一般认为租船合同下出租人的责任及免责事项将会受到影响。

1946 年 NYPE 格式第 24 条同时并入美国 1893 年《哈特法》和 1936 年美国《海上货物运输法》(COGSA)。1983 年《哈特法》是 1924 年《海牙规则》制定的蓝本,而 1924 年《海牙规则》通过后,美国在加入该规则的同时,根据《海牙规则》的规定,制定了本国的《海上货物运输法案(COGSA)》,因此 1936 年 COGSA 与《哈特法》的大部分内容相同或类似,但二者仍有一些不同之处,主要区别在于:(1)1936 年COGSA 的适用范围是自货物装上船始至货物卸离船舶为止的这段时间;而《哈特法》除了上述适用范围之外,还适用于“装前卸后”的时间,即从承运人接收货物时起,直至交付货物为止。(2)《哈特法》适用于美国港口之间的水上运输以及美国港口至外国港口之间的水上运输,而 1936 年 COGSA 强制适用于进出美国港口的国际海上货物运输合同,即 COGSA 的条款适用于“对外贸易下,驶往或驶离美国港口的货物运输合同下的提单或者证明合同的其他类似权利凭证。”

以 1946 年 NYPE 格式的首要条款为例,说明首要条款对定期租船合同相关条款的影响,具体内容如下:

(1)使出租人交船时最初的绝对适航义务,降至尽谨慎处理使船舶适航。因为根据首要条款援引的法律规定,承运人应该谨慎处理使船舶适航。当一般条款与首要条款的规定发生冲突时,首要条款的效力要大于一般条款,所以出租人交船时使船舶适航的绝对义务,在程度上有所降低,只要尽到谨慎处理使船舶适航即可。

(2)明确了出租人维持船舶适航义务的时间。NYPE 格式中没有明示或默示要求出租人必须在租期内每一航次开始时保证船舶适航,只具有保证最初交船适航义务及租期内维持船舶处于适航状态的义务。由于首要条款援引的法律规定,明确承运人只需要在开航前、开航当时谨慎处理使船舶适航,就算是满足法律规定的适航义务,无须就开航后的整个航程期间保证船舶适航状态,因此在定期租船合同并入首要条款后,作为出租人只需保证在租期内履行的每一个航次的开航前和开航当时,谨慎处理维持船舶处于适航状态,就算满足维持适航义务。

(3)被并入的法律主要调整承租人、出租人之间的权利、义务发生效力,尤其是那些除外责任的适用,但并不影响租船合同中已经明确规定的双方责任的划分。例如 NYPE 格式下承租人要对装货、积载、卸货等作业负责,在并入首要条款后,并不能因为首要条款中提及的某个国际公约或国内法,明确了承运人有装货、积载、卸货的义务,因此承租人就将上述相关义务转移给出租人。被并入的法律只不过是提供了判断某项义务或责任履行的标准,即根据首要条款的相关规定,衡量承租人在履行装货、积载、卸货等作业义务时是否符合法律的要求,是否有降低标准之嫌。但不能因为首要条款的存在,从而将承租人在定期租船合同下应当履行的义务转由出租人承担并负责。

(4)当并入条款及其援引的国际公约或国内法规定的内容与定期租船合同其他条款发生冲突时,并入的首要条款要优先适用。例如 NYPE 有关交船时船舶适航的条文规定,似乎仅仅强调了船舶本身应当“紧密、坚固、强壮”并满足约定的普通货物的运输需要。而且没有明确出租人提供适航船舶的程度,则根据英美普通法的一般解释,出租人有绝对义务提供适航船舶。由于首要条款援引的《海牙规则》或者美国 1936 年 COGSA 都明确了适航的含义是广义的,并不仅仅限于船舶、船体、机器、设备本身要满足约定货物运输的需要,还包括适当地配备船员、装备船舶、提供供应品,并确保货舱及其他载货处所适于货物收受及安全运输等,而且谨慎处理使船舶适航即可,因此 NYPE 的约定条款在适航的含义及程度方面与首要条款的规定不同,根据首要条款优先适用原则,在综合解释 NYPE 条款之下,出租人在交船时有谨慎处理提供广义适航船舶的义务。同样出租人租期内维持船舶适航义务下,适航的含义也是广义的,而非 NYPE 条款字面之意。

九、常见的附加条款

除前述条款外,针对不同的航线,装运的不同货物等,承租人、出租人还可以在标准的合同格式条款之外,增加一些附加条款(rider clause)来解决具体问题。

实践中常见的附加条款有 BIMCO 船舶安全管理规则条款(BIMCO ISM CODE CLAUSE)、BIMCO 期租合同战争险条款(CONWARTIME 1993)、波尔的姆战争条款(Baltime War Clause)、期租合同有关偷渡问题的条款(Stowaways clause for time charters)、针对美国 1990 年油污法规定的 OPA 1990 条款、针对 2001 年美国“9·11”恐怖袭击事件的美国安保条款(US Security Clause)、千年虫条款(Year 2000 conformity)、装卸工人造成损害条款(Stevedore Damage)等等。其中有些条款是特定时代的产物,如针对 2000 年计算机问题的“千年虫条款”,美国针对恐怖袭击事件的安保条款;有的针对特殊航线及特别法律规定,如“OPA 1990 clause”;有的则既适用于期租合同,又适用于航次租船合同,如战争条款、装卸工人造成损害条款、ISM CODE 条款等。① 以下本书仅就 ISM CODE 条款、US Security 条款以及 OPA 1990 条款做一介绍。

1. 国际安全管理规则条款(ISM CODE)

国际安全管理规则(ISM CODE)在 1994 年 6 月召开的国际海事组织缔约国大会上,以公约修正案的形式被引入《国际海上人命安全公约》(SOLAS 公约),从而

---

① 有关常用附加条款,详见郭萍. 租船缩略语与常用条款. 大连:大连海事大学出版社,2010.

成为强制性规则。该规则要求从事国际航行的客船、载客高速船、500 总吨及以上的油船、化学品船、液化气体船、散货船和载货高速船，应不迟于 1998 年 7 月 1 日满足规则要求；500 总吨及以上的其他货船和移动或近海钻井装置应不迟于 2002 年 7 月 1 日满足规则要求。届时船公司和船舶将分别取得“符合证明”（Document of Compliance：DOC）和“安全管理证书”（Safety Management Certificate：SMC）。未取得上述证书的公司和船舶则不能从事国际航运业务。公司的符合证书是指一个公司的安全管理体系文件、岸上管理机关的运作都符合国际安全管理规则的规定。由船旗国政府主管机关颁发，有效期为五年，每年进行一次审核，称之为“年审”。如年审通过，审核机关将在“公司符合证明”正本上签证，同意该公司的“公司符合证明”有效保持。而船舶的安全管理证书针对船舶已经运行了安全管理体系，并且运行情况正常，经政府主管机关审核通过，获得的证书。该证书有效期为五年，应随船携带以备船旗国和港口国监督检查。政府主管机关每两年半进行一次“期间审核”，第五年将进行换证审核。船舶如果发生重大事故，政府主管机关还要进行“附加审核”。

针对这种情况，BIMCO 推荐在航次租船合同中和定期租船合同中使用 BIMCO ISM CODE 条款，其内容如下：

从与船舶有关的《国际安全管理规则》生效之日起以及本租船合同履行期间，船舶出租人应当确保船舶和“公司”（ISM 规则定义的）都遵守 ISM 规则的要求。如经请求，船舶出租人应当向承租人提供有关的符合证明（DOC）和安全管理证书（SMC）的复印件一份。

除本租船合同另有规定外，船舶出租人一方或“公司”未遵守 ISM 规则而造成的灭失、损坏、费用或迟延，应当由船舶出租人负担。

[From the date of coming into force of the International Safety Management (ISM) Code in relation to the vessel thereafter during the currency of this charterparty. The Owners shall procure that both the vessel and the “company” (as defined by ISM Code) shall comply with the requirement of the ISM Code. Upon request the Owners shall provide a copy of the relevant Document of Compliance (DOC) and Safety Management Certificate (SMC) to the Charterers.

Except as otherwise provided in this Charter Party, loss, damages, expenses or delay caused by failure on the part of the Owners or “the company” to comply with the ISM Code shall be for the Owner's account.]

2. 美国安保条款

自 2001 年美国发生“9 · 11”恐怖袭击案件以后，美国对挂靠港口的船舶采取了一些强制性的安全检查措施，因此导致船舶产生额外的费用和迟延。上述费用和风险如何在租船合同当事人之间分配，需要特别约定，本条款就是在这样的背景下产生的。美国安保条款，又称之为美国保安条款，针对航次租船合同和定期租船合同有所不同。① 就适用于定期租船合同的美国安保条款，主要内容如下：

“如果船舶要停靠在美国，包括任何美国领土，就有关安全规则及措施方面而言，应当适用下列条款：

尽管本租船合同另有其他规定，根据美国有关主管当局的要求，因安全规则及措施引起的或者与安全规则及措施有关的所有费用或支出，包括但不限于因安全保障、提供服务、拖轮护航、港口保安费或港口保安税以及安全检查所产生的任何费用或支出，均应当由承租人承担，除非这些费用与支出仅仅是由船舶出租人的疏忽造成的。”(If the Vessel calls in the United States, including any U. S. territory, the following provisions shall apply with respect to any applicable security regulations or measures:

Notwithstanding anything else contained in this Charter Party all costs or expenses arising out of or related to security regulations or measures required by any U. S. authority including, but not limited to, security guards, launch services, tug escorts, port security fees or taxes and inspections, shall be for the Charterers' account, unless such costs or expenses result solely from the Owners' negligence.)

3. 1990 年美国油污法案条款

1989 年 3 月 24 日，美国埃克森石油公司的“埃克森·瓦尔兹”号(EXXON VALDEZ)油船在美国阿拉斯加威廉王子海湾搁浅，造成了当时美国历史上最大的一次溢油污染事故。该事故直接催生了美国国会于 1990 年通过的《油污法》(Oil Pollution Act：OPA)。根据该《油污法》，油船出租人的油污责任限额提高，极易丧失责任限制的权利，对赔偿责任的抗辩极为困难，油污损害赔偿的范围广泛，船舶须持有能够承担污染损害赔偿责任的相应的财务担保或能力证明。由于美国政府至今为止都没有参加《1969 年国际油污损害民事责任公约》(CLC)及 1992 年修订的议定书(又称 1992 年 CLC)以及与 CLC 公约配套的《1971 年设立国际油污损害赔偿基金的国际公约》及其 1992 年议定书，而且美国《油污法》有关赔偿责任限额的规定甚至高于 CLC 的规定，针对去往美国航线的油船往往订有本条款，条款主要内容如下：

“出租人应当保证船舶持有根据 1990 年油污法规定的有效财务保证证书，并

---

① 针对航次租船合同的美国安保条款，侧重于航次租船合同中与费用负担和装卸时间计算等有关的核心问题。主要涉及向主管当局提交报告、办理海关手续、费用负担、装卸准备就绪通知书提交等方面分别规定费用及时间损失如何在出租人和承租人之间分担等。

且保证自1994年12月27日之后，船舶在美国水域营运期间，该证书的有效性。如果出租人违反上述保证致使承租人因此直接遭受的任何损失、费用，出租人有赔偿的义务。”（Owners warrant that the vessel has a valid certificates of financial responsibility on board as required under the Oil Pollution Act of 1990 and is valid after 27th December，1994 for the entire time the vessel is operating in US waters. Owners undertake to indemnify charterers for any loss，damage，expense incurred directly therefrom Owner's breach of this warranty.）

第九节　1993年NYPE格式与1946年NYPE格式的比较

1946年NYPE格式是一个人们较为熟知的标准定期租船合同，但是随着航运实践的发展，1946年NYPE格式的许多条款已经不能适应现代航运实务的需要，并由此产生了许多诉讼和仲裁案件。基于这种背景，并考虑到NYPE的重要性，1992年美国船舶经纪人与代理人协会（ASBA）下的文件委员会，连同波罗的海国际航运公会（BIMCO）及英国国家船舶经纪人与代理人协会联合会，准备着手对1946年NYPE格式及ASBATIME格式进行修改。为满足航运实践的需要及发展，并期望能制定出一个充分有效、能在未来一段时间内长期供运输当事方使用，并有所帮助的格式，由上述三大组织派代表组成一个联合工作小组，经过大量的努力及细致的讨论和准备工作，终于在1993年产生了修改后的NYPE格式，代码名称为1993年NYPE。该格式已被ASBA总部批准，被FONASBA文件委员会采纳。而BIMCO的文件委员会则在1993年5月于新加坡召开会议，决定采用修改后的格式，代替1946年NYPE格式及ASBATIME格式，并作为推荐格式供船舶出租人采用。

一、1993年NYPE格式与1946年NYPE格式相比较所具有的特点

（一）条理清楚，用词相对准确，更便于阅读及查用

1993年NYPE格式每一条款均授予一个标题，并以明显的字体出现，独占一行，令使用者阅读起来更加清楚，查找起来也更加方便。而1946年NYPE格式，从头至尾通篇下来只有顺序号，没有标题，层次感较差，看起来很杂乱。例如，1946年NYPE格式规定“船舶应在各方面适于运输”，对此实务中往往发生纠纷，即如何理解“各方面”以及“运输”到底包括哪些含义和外延；而1993年NYPE格式则

明确规定“船舶在各方面适于普通货物运输”,因此更加强调船舶仅适合一般的普通件杂货运输即可,除非合同对于特定货物运输有特别约定,那么相应的对船舶的各个方面的要求也会特定化,提出更高或者更为复杂的要求。再例如,关于交、还船时间及租期终止的时间,1946 年 NYPE 格式没有明确规定,由于实践中出租人和承租人往往身处不同的国家或地区,究竟是按交还船当地的时间还是当事人所在国家的时间,还是应该根据某个统一标准的时间确定,英美法院的解释也不完全一致,因此常常产生纠纷;特别当航运市场波动较大,可能严重影响或涉及某方利益的时候,时间的确定就变得至关重要。而 1993 年 NYPE 格式则明确规定按格林尼治标准时间(GMT)计算。由于用词表述准确、清晰,可以有效避免或减少 1946 年 NYPE 格式中因大量模糊词语而产生的诸多争议。

(二)比较合理地平衡了船、货双方的利益

为了保障出租人利益,期租合同常常规定,当承租人不按时并全额支付租金时,出租人可以行使撤船的权利。同时为了防止出租人因为市场波动的因素,而滥用这个撤船权利,实践中出租人、承租人往往愿意在合同中增加一个附加条款,即“反技巧性条款”(Anti-technicallity clause)。由于当事双方在约定该附加条款时,特别是非英语国家的当事人受英文语言等限制,或者语意表述不清楚,或者表述不够周全、准确,对于该附加条款如何理解,实践中又产生了一些歧义和争议。而 1993 年 NYPE 格式则在第 11 条中明确将该附加条款的常见内容增加进去,并对支付租金的暂缓期限、最后一期租金支付及现金预付等问题做了详细规定,从而对出租人擅自行使撤船权利予以一定的限制。此外,其还增加了一项“如果承租人根本违约,出租人也可撤船”的规定。较之 1946 年 NYPE 格式中出租人仅能基于承租人违反支付租金义务情形下撤船的范围,1993 年 NYPE 格式下出租人行使撤船权利的理由和依据有所扩大。1993 年 NYPE 在撤船问题上,通过限制出租人行使撤船的条件以及适当扩大行使撤船权的理由和依据两个方面,平衡出租人、承租人之间的利益。

再例如 1993 年 NYPE 格式第 8 条关于“航次的履行”,要求船长只要尽到“合理速遣(due despatch)”的谨慎义务完成各航次即可,而不需要达到 1946 年 NYPE 格式下的“最大限度速遣(utmost despatch)”的义务标准。用词上更加注意与条文本身含义的契合,也更为符合航运实践操作和满足航行安全的需要。该条款还规定,出租人配备的船长须“掌握英语”技能,这也是 1946 年 NYPE 格式所没有的。也就是说,根据 1993 年 NYPE 格式,如果船长在工作中不能使用熟练的英语,一方面,承租人可以根据 1993 格式第 8 条第 2 款的规定,要求出租人更换船长,另一方面出租人提供的船舶将可能被视为不适航船舶,而承担违约责任。通过这些条款内容的变化,1993 年 NYPE 格式一定程度上缓冲了船、货双方的冲突,平衡了双方的利益，因此也显得比较公平。

（三）吸收常见附加条款内容，使合同范本更加完善并具有广泛应用性

1993 年 NYPE 格式，将租船实践中常见的附加条款吸收到合同中，便于租船合同当事方选择使用。例如关于货物索赔问题，1946 年 NYPE 格式规定得不明确，实践中租船合同当事方常常会在 NYPE 格式基础上附加一个"Inter-Club Agreement"条款。但这样一个附加条款在实践中也常被删减或修改，使其含义变得不很明确，所以 1993 年 NYPE 格式第 27 条就明确规定"参见经 1984 年修订的或者其后任何最新修订版本的 1970 年纽约土产交易所的内部协议"，即"The Inter-club New York Produce Exchange Agreement"，从而可以根据货损发生原因的不同，确定应当由出租人或者承租人承担货损的赔偿责任。此外，1993 年 NYPE 格式还在第 11 条吸收了"反技巧性条款"（Anti-technicality Clause）、第 25 条及第 31 条提及并采纳了新杰森条款（New Jason Clause）等。

（四）为适合航运实践的发展，增加新的内容或条款

1946 年 NYPE 格式只有 28 个条款，其中一些内容已经不适合于现代航运实践的需要，暴露出许多缺点，而 1993 年 NYPE 格式对此予以补充，一共是 45 个条款。

如在 1946 年 NYPE 格式中关于航次履行的规定，最大的缺点是没有关于承租人对卸货负责的内容。而 1993 年 NYPE 格式第 8 条则补充进去，规定为："承租人应完成所有有关货物的操作，包括但不仅仅限于装运、积载、平舱、卸货、理货等。"此外 1993 年 NYPE 格式还增加了反毒品条款（drug clause）、偷渡者条款（stowaways clause）、走私条款（smuggling clause）、装卸工人造成损害条款（stevedore damage clause）、清洗货舱条款（cleaning of holds clause）、纳税条款（taxes clause）等。通过这些条款，明确划分出租人、承租人双方的权利、义务，从而减少相关的争议。

二、1993 年 NYPE 格式发生变化的主要条款介绍

与 1946 年 NYPE 格式相比较，在内容和条款上，1993 年 NYPE 格式发生了如下主要变化。

（一）修订、变更的条款

1. 有关租期、交船等方面的规定

1946 年 NYPE 格式关于租期、交船、航行区域、合法货物、船舶说明等项内容，全部在前言部分进行规定，内容比较多，缺乏条理性。而 1993 年 NYPE 格式则分别在前言部分、第 1 条、第 2 条和第 5 条对船舶说明事项、租期、交船、航行区域限制等内容做出规定，并在第 2 条"交船条款"中，增加了有关发出交船通知的规定。

其第5条关于航行区域的规定,没有像1946年NYPE格式那样列明地域名称,而是留出空白处由双方约定,因此更具灵活性。

2. 危险货物和除外货物

1946年NYPE格式没有明确规定除外货物,只是规定允许装运汽油或其产品,不允许装运活牲畜。但是1993年NYPE格式第4条明确规定了危险货物、易燃物质、易爆物质、活牲畜、军火、核材料、放射性物质和材料等货物排除在外。

3. 有关航次履行的规定

1946年NYPE格式第8条规定,承租人在船长的监督之下,负责货物的装载、积载、平舱作业并负担相应的费用。1993年NYPE格式第8条除了1946年NYPE格式的规定外,还增加了承租人的责任。即在船长的监督下,承租人不仅要负责货物的整个操作作业,包括但不限于装载、积载、平舱、绑扎、加固、垫舱、解绑、卸载和理货作业,还要负担因进行上述作业而产生的全部费用和风险。显然根据1993年NYPE格式的规定,承租人负责的作业环节及其范围更加宽泛。此外,1993年NYPE格式还将1946年NYPE格式中第9条"关于更换不适职船员"的条款,并入本条款,使之成为本条第2款内容。

4. 燃油条款

1993年NYPE格式关于燃油的规定在第9条,除了吸收1946年NYPE格式中第3条"关于交、还船舶,船上剩余燃油数量问题"的规定外,还在第2款明确了承租人有义务保证提供符合合同约定品质的燃油并明确因违反该规定提供不符合合同约定品质燃油造成船舶、设备损失等,出租人有权向承租人索赔。同时,如果因为承租人违反约定提供不符合规定的燃油因此造成船速降低或额外消耗燃油数量的,因此造成的时间损失或其他后果,出租人均无须负责。1993年NYPE格式增加的有关燃油内容的条款具有很强的实践意义,因为定期租船实务中由于承租人添加燃油品质不良或者不符合合同约定而产生的纠纷时有发生。航运实务中,在添加燃油之后,往往会从添加燃油的舱室中抽取样本,并封存留在船舶上一段时期。因此船长、船员应当注意保存好该份燃油样本并保持铅封完好,因为这份样本对于将来证明何种燃油添加到燃油舱,其成分构成等是否满足合同约定的品质及等级要求等,具有非常重要的证明作用。

5. 租金率/还船区域及还船通知

1993年NYPE格式第10条是由1946年NYPE格式第4条、第5条和第13条与租金支付及还船有关的规定合并、整理而成,主要内容涉及租金率、还船区域及还船通知等,使相关内容的排列更加整齐,语言上更加简洁、精练,并对1946年NYPE格式第4条关于租金每半个月支付一次的方式,改为每30天支付。此外,该格式还对交、还船的时间明确规定为"世界标准时"(GMT),从而减少了实践中因为双方当事人对交、还船时间理解上的不同而产生的争议。

6. 租金支付

1993 年 NYPE 格式关于租金支付的规定，较之 1946 年 NYPE 格式第 5 条发生了很大变化，分别对“租金支付”、“通知时间”(Grace period)、“最后一期租金支付”、“现金预付”等问题在 4 个款项中做出明确规定。其中“通知时间”的规定是将实践中常见的“反技巧性条款”以明文方式规定下来。

7. 交船和合同解除

1946 年 NYPE 格式第 14 条对于交船应递交的准备就绪通知书、租期起算和合同解除等做出明确规定。1993 年 NYPE 格式第 10 条在此基础上，规定出租人经过谨慎处理仍无法使船舶在解约日之前抵达交船港并做好准备的，允许约定一个新的解约日，从而限制承租人立即解除合同的权利。即将实践中常见的“质询条款”的内容明确规定在合同中。①

8. 停租

1946 年 NYPE 格式第 15 条列出了引起船舶停租的常见事项，1993 年 NYPE 格式第 17 条规定的事项更加详尽，内容更加宽泛。除了 1946 年 NYPE 格式规定的各项停租内容外，还包括：(1)船舶被扣押产生的延误(但因承租人、其雇用人员、代理人或分合同人应负责的原因导致船舶被扣押的除外)；(2)对船舶或货物产生的海损事故引起的延误(但由于货物潜在缺陷、品质或瑕疵引起的除外)；(3)因违反承租人命令或指示，产生船舶绕航或返航的。此外还对于停租期间燃油费用如何负担的问题做出明确规定。

9. 全损、免责和自由绕航条款

1946 年 NYPE 格式第 16 条规定了船舶全损、免责及自由绕航的问题，而 1993 年 NYPE 格式则分别将上述内容规定在第 20 条、第 21 条和第 22 条，内容上未做太多改动。

10. 留置权条款

1946 年 NYPE 格式第 18 条和 1993 年 NYPE 格式第 23 条均规定出租人可根据租船合同应得的任何款项，对货物和转租运费行使留置权，但后者又增加了“转租租金”一项，即出租人可对转租租金行使留置权。根据不同国家的法律，有关留置权的理解以及含义存在一些差异，具体参见本书前文有关留置权条款的阐述。

11. 冰冻条款

1946 年 NYPE 格式第 25 条规定，不得要求船舶驶入任何面临冰冻风险的港口或者驶入因为冰冻原因，灯光或者灯船已经被撤回或将要被撤回的任何港口，或

① 质询条款的相关内容参见航次租船合同受载期的规定。

者由于冰冻的因素,使得船舶无法根据通常航线安全地驶入某个港口或者无法根据通常航线在完成装卸作业后驶出港口的风险。1993 年 NYPE 格式在此基础上,进行了个别术语的调整,并增加了有关破冰船使用的问题。即条文明确规定:“不得要求船舶驶入任何面临冰冻风险的港口或者区域或者在上述港口或区域停留,也不得要求船舶驶入因为冰冻原因,灯光或者灯船已经被撤回或将要被撤回的任何港口或区域或在上述港口或区域停留,还不能要求船舶面临由于冰冻因素无法根据通常航线安全地驶入某个港口或区域或在该港口或区域停留,或者无法根据通常航线在完成装卸作业后驶出港口的风险。根据出租人事先同意,在考虑型号大小、结构和抗冰等级等因素的前提下,合理地要求安排使用破冰船。”

12. 共同海损条款

1946 年 NYPE 格式第 19 条规定,共同海损在承运人选择的某一美国港口或地点理算,适用 1924 年《约克·安特卫普规则》,并对共同海损协议书、保证书、共同海损担保及新杰森条款等分别做出具体规定。1993 年 NYPE 格式第 25 条则相对简单得多,仅规定共同海损理算地点由当事人协议选择,适用经 1990 年修订的或其后最新修订版本的 1974 年《约克·安特卫普规则》。同时明确规定定期租船合同下收取的租金不参加共同海损分摊。

目前有关《约克·安特卫普规则》的修订版本,主要有 1924 年、1950 年、1974 年、1990 年、1994 年和 2004 年。1990 年修正案主要针对《1989 年国际救助公约》。因为该救助公约不但在救助报酬的确定因素中考虑了救助人为防止或减少环境污损所做出的努力,而且首次提出特别补偿的概念,而这些内容在 1974 年的《约克·安特卫普规则》中未曾涉及,因此在 1990 年修正案中明确规定考虑了环境因素的救助报酬仍然可以作为共同海损费用参加分摊,但是特别补偿不能参加共同海损分摊。1994 年《约克·安特卫普规则》主要是增加了一个首要规则,以弥补数字规则的不足,即明确要求数字规则中涉及的共同海损牺牲和费用也必须是合理做出或支付的。此外对于确定拖带或顶推作业中的船舶是否处于同一航程划定了界线。最后对如何处理环境损害或清除污染物的费用问题做出明确规定。2004 年《约克·安特卫普规则》在原有规定的基础上,做出较大修改,主要变化之处表现为:(1)规则 6 将大部分救助报酬排除在共同海损之外;(2)规则 11 明确规定船舶在避难港停留期间的船员工资和给养不得被认为是共同海损;(3)规则 14 将临时修理费用确认为共同海损,但应减除船方因此被节省的费用;(4)规则 20 规定,对共同海损费用不再给予手续费补偿;(5)规则 21 规定,对共同海损费用采取浮动年利率计算利息。该利率由国际海事委员会确定并发布(CMI 每年召开会议对年利率问题进行讨论并确认）；(6) 规则 23 增加了共同海损分摊请求权的时效规定。[①] 总体而言，2004 年《约克·安特卫普规则》对船方不太有利，也导致航运实践中真正选择使用 2004 年规则的较少。鉴于 2004 年规则改革不太成功的现实，近年来一些国际组织又在酝酿修改《约克·安特卫普规则》。

根据 1993 年 NYPE 格式的规定，从其语言表述看似乎选择的是 1990 年修正案，但是因为增加了一句“其后最新修订版本”，所以如果不对 NYPE 格式本条的表述做任何修订的话，事实上租船合同当事人选择的是目前最新版本的 2004 年《约克·安特卫普规则》。如果出租人不希望使用 2004 年《约克·安特卫普规则》进行共同海损理算，在采用 1993 年 NYPE 格式时一定注意要对本条条文表述做适当修改，即应当明确只适用 1990 年《约克·安特卫普规则》修正案，删除“其后最新修订版本”的表述。

13. 提单条款

1946 年 NYPE 格式第 8 条仅规定了船长应当根据大副收据或者理货单的内容签发提单的义务，而 1993 年 NYPE 格式第 30 条，结合航运实践的发展需要，增加了有关签发运单的规定，即船长有签发提单或运单的义务。同时 1993 年 NYPE 格式还规定，经出租人事先书面授权，承租人可以代表船长签发提单或运单。对于这个变化，出租人和承租人应当引起足够的重视。对于承租人而言，为了更好地安排定期租船合同项下一些货物营运及操作便利，常常希望能够自己签发提单，或者是有权选择提单的格式和内容，例如签发印有承租人公司抬头的提单，或者是出租人公司格式提单或者无固定格式的无抬头提单。但是提请读者注意的是，根据 1993 年 NYPE 格式第 30 条的规定，承租人只能在征得出租人事先书面同意的前提下，才可以代表船长签发提单（或运单），仅仅征得船长的书面同意是不够的。根据我国《海商法》第 72 条的规定，在承运人接收货物或将货物装船后，应托运人的要求，承运人应当签发提单，而且经承运人授权的人也可以签发提单。载货船舶的船长签发提单的，视为代表承运人签发提单。因此在司法实践和航运实践中，谁签发提单是识别承运人的重要考量因素。如果承租人根据 1993 年 NYPE 格式第 30 条的规定签发提单，因为是经过出租人授权的，因此可以初步认定出租人是承运人。而且定期租船合同中，承租人常常会在合同中增加一个“承运人识别条款”或者“光租条款”，从而隐藏自己签发提单或者可能被认定为承运人的事实，而将出租人推向或者被认定为承运人的法律地位。因此对于出租人而言，如果不希望面临被擅自认定为承运人的局面，应当对承租人的签发提单权加以限制或者免除。

此外 1993 年 NYPE 格式还增加了“Indemnity”（赔偿）条款的内容，从而弥补

---

① 司玉琢. 海商法. 3 版. 北京：法律出版社，2012：339 – 345.

了 1946 年 NYPE 格式第 8 条的不足。即签发的任何提单或运单不得影响租船合同的规定,如果经请求船长签发提单或运单,或者承租人签发提单或运单,上述单证的规定与租船合同存在不同之处从而使出租人额外产生的责任,承租人有赔偿的义务。

此外 1993 年格式还对载运舱面货情形下的提单予以规定,明确该提单中应当载有如下条款:“货装舱面,但是由承租人、托运人和收货人承担相应的风险、费用和责任,对因此造成的货物灭失、损坏或迟延,船舶及出租人不承担任何责任。”

14. 仲裁条款

1946 年 NYPE 格式第 17 条和 1993 年 NYPE 格式第 45 条,均规定出租人、承租人之间的争议应提交仲裁解决。前者仅规定在纽约仲裁,未约定适用的法律;后者规定(a)在美国纽约仲裁,适用美国法或者(b)在英国伦敦仲裁,适用英国法,由当事方协议选择。同时对两种仲裁情形下仲裁庭组成程序以及小额仲裁程序及使用的规则等做出规定。因此相比较而言,1993 年 NYPE 格式更加明确、具体,对于争议双方而言,因有非单一性仲裁地的选择权而更具灵活性。但是 1993 年格式也存在不足之处,就是如果出租人、承租人未在合同中明确约定选用上述(a)或者(b)哪个地点提起仲裁的,该如何确定仲裁条款的效力?是否视为未对仲裁协议达成一致而只能通过诉讼方式解决争议?还是视为已经选择了仲裁方式解决争议,但是需要进一步明确仲裁地点和适用的法律?1993 年 NYPE 格式本身没有答案,恐怕只能依据租船合同适用的准据法确定该条款的效力问题。

(二)增加的条款

1. 起租、退租时的船舶检验

1993 年 NYPE 格式第 3 条规定对交、还船时船舶的状况进行检验,以便确定船舶是否满足合同规定的条件。该格式规定对于船舶的实际物理状态、船上剩有燃油的数量等内容进行检验。而且对检验人员的指定、验船报告的效力以及因检验船舶所产生的时间损失如何在出租人和承租人之间予以分配等方面做出明确规定。

2. 可利用的舱室或空间

1993 年 NYPE 格式第 13 条规定有两款内容:第 1 款规定除船长、船员、设备、配件、船用家具、供应品、物料以及燃油等合理使用或占据的充分空间,承租人有权使用船舶的货舱、舱面及其他(可以合理并安全积载和承运货物的)一切空间,包括经承租人同意,随船押运货物的人员住所。第 2 款是关于甲板货的规定。即在运输舱面货的情形下,由于装运舱面货给船舶造成的(如果货物不装在舱面本不会发生的)任何灭失和/或损坏和/或产生的任何性质的责任,承租人应给予出租人以赔偿。1946 年 NYPE 格式仅在前言部分关于“合法货物”的规定中,提及承租人原则上不能装运活动物，但是承租人有权在舱面上装运少量活动物，因此产生的风险由承租人负担，因舱面货运输所需的填充物以及其他必需品由承租人负担。相比较而言，1993 年 NYPE 格式似乎给了承租人更为广泛的权利，可以自行决定将货物装载在舱面。1924 年《海牙规则》以及 1968 年《海牙 – 维斯比规则》都明确将舱面货排除在公约适用范围之外，由当事人自行约定。而《汉堡规则》第 9 条首次在国际海运公约中对何种货物可以装载在舱面做出明确规定。我国《海商法》第 53 条参照《汉堡规则》也对此做出规定，明确只有在承运人与托运人达成协议或者符合航运惯例或者符合有关法律、行政法规规定的前提下，才可以将货物装载在舱面。虽然上述国际公约以及国内法的规定并不强制适用于租船合同，但是毕竟租船合同下通常会签发提单，并且该租船合同提单可能会转让到承租人以外的第三人手中，所以除非通过租船合同下签发提单中的并入条款并且在该提单中明确载明“货装舱面”的字样，否则出租人可能无法依据租船合同中的条款对抗该善意第三人。因此从规避风险的角度，建议出租人在使用 1993 年 NYPE 格式时，参照相关国际公约或国内法的规定，对承租人确定何种货物可以载运在舱面的权利予以一定的限制。此外，根据本条规定，并非货物装载在舱面而造成出租人损失的，出租人必然可以根据本条向承租人索赔。因为出租人还应当举证证明船舶遭受的损失是因为货物装载在舱面的特性而产生的，即如果货物不装载在舱面，船舶不可能遭受损失。如果货物虽然事实上被装载在舱面，但是船舶遭受的损失与装载的舱面货没有任何关系，则承租人对船舶损失或出租人损失仍然无须承担赔偿责任。

一旦承租人根据本条规定，将货物装载在舱面上的话，则根据 1993 年 NYPE 格式第 30 条“提单条款”(c)项的明确规定，签发的提单上还应订明：“舱面货由承租人、托运人和收货人承担风险，船舶和出租人对此种装载造成的任何灭失、损坏、费用或延迟不负责任。”

3. 美国贸易—毒品条款

1993 年 NYPE 格式在第 31 条“保护性条款”的(d)项中增加此项内容。主要是依据美国 1986 年《反毒品滥用法》及其后修正案的内容，明确如果承租人装载毒品或类似物品的，如何承担赔偿责任及风险问题。条文规定如下：

“根据美国 1986 年《反毒品滥用法》及其后修正案的内容，承租人应当以最高程度的谨慎和小心确保未在船舶上装运或隐藏未经声明的麻醉药品和大麻。不遵守本条规定的，构成承租人违反保证义务。相应的承租人应当有义务使出租人、船长、船员免受伤害并且保持这种状态，对因此产生的或者向上述人员单独提出的索赔或者连带责任索赔，承租人应当承担赔偿责任。此外，由于承租人违反本条规定而造成的时间损失或产生的一切费用，包括罚款，应当由承租人承担，并且承租人仍然有支付租金的义务。

如果因为承租人违反本条规定导致船舶被扣押，则承租人应当采取一切合理措施并负担费用确保船舶在合理时间内被释放，并且承担释放船舶提供担保的费用。

如果在船舶上或者船上人员处发现未经声明的麻醉药品和大麻，则因此造成的时间损失由出租人承担，由此产生的一切费用，包括罚款，也应当由出租人支付。”

4. 战争条款

1993 年 NYPE 格式在第 31 条中增加了(e)款，即战争条款，对于因爆发战争或类似战争行为或敌对行为等情况下，出租人、承租人如何分担风险、责任等做出明确规定。条文规定如下：

“(i)不得装运任何战争违禁品。未经出租人同意(征求出租人意见时，出租人应在合理时间内予以答复)，不论宣战与否，如果任何港口或区域涉及战争、类似战争行为，或者敌对行为、国内冲突、叛乱或海盗行为，并且可能合理地预计到船舶、货物或船员将要受到捕获、扣留或扣押，或交战力量一方的敌对行为(这里力量方一词是指任何法律上或事实上的主管当局或者任何拥有海上、陆上或空中军事能力的对外声称的政府组织)，则不能要求船舶驶入上述港口或区域。

(ii)如果征得了出租人的同意，承租人应当支付额外的保费以投保船壳战争险，其保险金额应当与船舶普通船壳险下的保险金额等值，但是不得超过________。此外，出租人还可以针对例如租金损失、运费支出、船舶全损、船舶受阻以及被包围等附加风险购买战争险，因此产生的保费由承租人承担。如果此种保险在商业上不可行或者不能满足某个国家的政策要求，则不能要求船舶驶进任何港口或区域或在上述港口或区域停留。

(iii)在本租船合同签订日期之后或者在本租船合同租期时间内，发生上述第一项述及的情形时，在驶往任何港口或区域的航次中，由于本条述及的战争、类似战争行为或敌对行为产生的有关船长、船员额外工资和合理产生的保险费用，应当由承租人承担。

(iv)承租人应当向高级船员和普通船员支付由于船舶航行区域或承载货物而产生的任何战争津贴。”

5. 战争解约条款

1993 年 NYPE 格式第 32 条对于因合同规定的两个或两个以上列明国家之间发生战争，承租人或出租人是否可以解除合同以及如何承担损失的问题做出明确规定。条文规定如下：

“一旦在下列两个或多个国家之间________爆发战争(不论宣战与否)，出租人或承租人都可以选择解除本合同。一旦解除合同，承租人应当根据本合同第 10 条的规定将船舶交还给出租人；如果货物已经装船，则应该在货物卸至目的地之后还船，或者因为本条限制无法抵达或驶入卸货港，则应当在出租人指示的一个临近的开阔水域的一个安全港口还船；或者船上没有装载货物，则在船舶所在港口还船；或者如果船舶在海上航行，则可以在出租人指示的一个临近的开阔水域的一个安全港口还船。在上述任何情形下，都应当根据第 11 条的规定继续支付租金直至还船，除非本租船合同其他条款另有约定。”

6. 征用船舶条款

1993 年 NYPE 格式第 34 条对于租期内船舶被船旗国征用情况下，出租人、承租人如何分担损失以及是否可解除合同等问题做出规定，具体内容如下：

如果在本租船合同租期内船舶被船旗国政府征用，在征用期间，船舶视为处于停租状态，出租人有权获得上述政府有关此种船舶征用所支付的任何租金。被上述政府征用船舶的期间应构成本租船合同租期的一部分。如果征用船舶期限超过________月，任何一方当事人均有权选择解除本租船合同并不再向对方提出赔偿请求。

7. 货物索赔条款

1993 年 NYPE 格式第 27 条规定，出租人、承租人之间关于货物的索赔请求，应依据经 1984 年 5 月修正的 1970 年 2 月保赔协会内部纽约土产交易所协议或其随后修正案予以解决，从而避免双方可能因货损索赔风险和费用如何分担产生的争议。

8. 其他增设条款

其他增加的条款还包括：

(1)装卸工人造成损害条款

1993 年 NYPE 格式第 35 条就装卸工人造成损害的后果做出明确规定，具体条文如下：

“不管是否存在相反规定，承租人应当对装卸工人造成的任何船舶损坏承担责任，并且一旦发现船舶损坏，船长应当根据实际情况尽快将损坏情况书面通知承租人和/或其代理人，但是最晚不得迟于 48 小时。此种通知中应当详细列明损坏情况并且邀请承租人指定验船师以评估此种损坏的程度。

(a)一旦上述任何船舶损坏影响到船舶的适航和/或船员安全和/或影响船舶航行能力，承租人应当立即安排对此种损坏进行修复并支付相关费用，同时船舶仍处于租期之下直至此种修复完毕，并且如经请求，还应当通过船级社检验。

(b)没有在上述(a)项中提及的船舶损坏，应当由承租人选择在还船前予以修复或者还船后与出租人进行相关工作的同时进行修复。在此种情形下，承租人无须向出租人支付租金和/或支付修复费用,除非并且仅在修复所需要的时间和/或产生的费用是承租人负责的原因导致而且超出了出租人完成必要工作所花费的时间和/或费用。”

(2)货舱清洁条款

1993 年 NYPE 格式第 36 条规定对承租人应负责航次间货舱清洗及还船时清洗货舱工作并负担相关费用问题做出规定,具体条文如下:

“承租人应当提供并支付在两个航次之间和/或货物之间需要额外产生的货舱清扫和/或清洗和/或清洁的费用,此种工作可以由船员完成,并且根据当地法律规定,以每舱________费率予以支付。

与上述任何作业有关的活动,如果港口当局或者任何其他当局不接受船舶货舱的条件或者不通过货舱检验,则出租人对此不负赔偿责任。承租人有权选择在未清洁/未清扫货舱的情况下还船,但是应当就将来产生的清洁费用,一揽子支付________元。”

(3)税费条款

1993 年 NYPE 格式第 37 条就承租人应支付与营运安排、货物、运费、转租运费、租金等有关的税费的缴纳问题做出规定,具体条文如下:

“针对船舶使用或出租人听从承租人指示所产生的任何当地政府、国家征收的任何税、费,包括有关货物和/或运费和/或转租运费和/或租金的任何税、费,(船旗国或出租人所在国征收的税负除外)应当由承租人承担,不管此种征税发生在本租船合同期间或者之后。”

(4)承租人颜色条款

1993 年 NYPE 格式第 38 条明确规定,承租人有权悬挂其本公司旗帜并将船舶重新油漆成其公司的颜色。在租船合同终止前,承租人应当将船舶重新油漆并恢复至出租人公司的颜色。因为承租人原因需要改变油漆颜色而进行的涂刷、维护并重新涂刷作业所产生的任何费用和时间,由承租人负担。

(5)停航保险费退还条款

1993 年 NYPE 格式第 39 条规定,如果船舶停航时间超过 30 天,出租人从其保险人处获得保险费退还的情况下,承租人有权就船舶在停航期间实际支付的全部或部分租金数额,从退还的保险费中获得相应的份额。

(6)文件条款

1993 年 NYPE 格式第 40 条对于出租人在定期租船合同下应当提供的相关船舶文件和证书义务做出明确规定,具体条文如下:

“出租人应当提供船舶在约定航行区域限制范围之内可能需要的有关船舶文书,包括但不限于由船东互保协会出具的有关油污责任的财务担保证书,有效国际吨位证书，苏伊士运河和巴拿马运输吨位证书，有效登记证书以及有关船舶装卸设施负荷和/或功能方面的证书。”

（7）偷渡条款

在航运实践中常常会在船上发现偷渡人员，特别是在一些特定航线上。一旦发现偷渡人员，船旗国或者港口国有关主管当局通常要对该事件采取调查、罚款、扣押等措施，因此产生的时间损失以及有关责任赔偿等如何在定期租船合同当事人之间进行分配或承担，常常成为出租人、承租人双方产生争议的焦点问题，因此1993年NYPE格式第41条针对这一实务问题做出明确规定，具体条文如下：

“（a）（i）承租人保证采取合理谨慎措施防止偷渡人员通过藏匿在承租人装运的货物和/或集装箱中，进而登上船舶。

（ii）尽管承租人采取了合理谨慎措施，但是偷渡人员还是通过藏匿在承租人装运的货物和/或集装箱的方式登上船舶，则构成违反本合同的情形，因此产生的后果由承租人承担并且承租人有义务使出租人免受损害，对于任何可能以及已经向出租人提起的任何损害赔偿请求，承租人应当给予出租人以赔偿。此外，承租人应当承担因此造成的时间损失，负担因此产生的任何费用，包括罚金，船舶仍然处于租期内（即租金照常支付）。

（iii）如果船舶因为承租人违反上述（a）款（ii）项规定导致被扣押，承租人应当采取一切合理措施在合理时间内提供担保，确保船舶得以释放，为确保船舶释放而产生的保证金由承租人支付。

（b）尽管出租人采取了合理谨慎措施，偷渡人员通过采取藏匿在承租人装运的货物和/或集装箱以外的其他方式登上船舶，出租人应当承担因此造成的时间损失，负担因此产生的任何费用，包括罚金，船舶不视为处于租期内（即可以停租）。”

（8）走私条款

1993年NYPE格式第42条规定，如果船长、高级船员和/或普通船员走私，对因此产生的罚款、税负或征收的关税由出租人负担，对因此造成的时间损失期间，承租人可以停租。

第十节　2000年FONASBA定期租船合同解释规则

航次租船合同中，为了明确或澄清有关装卸时间、滞期费、速遣费等相关术语及条款的含义，一些国际组织先后颁布有关装卸时间的定义。[①] 同样，在定期租船

① 详见本书前文论述。

合同下,针对船速及燃油消耗索赔、租金支付及撤船、停租等事项,也是出租人和承租人经常产生争议的焦点问题。但是以英国、美国为代表的普通法系,与以法国、德国、意大利等为代表的大陆法系国家的法院,针对标准定期租船合同中常见条款的理解和解释存在很多差异,也在一定程度上削弱了那些标准合同格式试图实现标准化和统一化的目标。为此,英国船舶经纪人与代理人协会联合会(FONASA-BA)于2000年颁布了有关定期租船合同解释规则(Time Charter Interpretation Code 2000)(以下简称"2000年期租解释规则")。

正如该规则在目标中明确声明的,"2000年期租解释规则"并不试图实现航次租船合同装卸时间定义所要达到的目标,也无意于创设新的租船合同条款,只是想通过本解释规则能够对现有定期租船合同的条款做出解释,以有助于合同双方在合同没有做出规定或者没有做出明确规定时,能够尽快解决争议。因为解释规则毕竟不同于定义,定期租船实务中,没有人认为有必要对什么是船速,什么是燃油消耗进行界定。但是在船速索赔、燃油消耗索赔中,需要澄清一些内容,这也恰恰是本解释规则的主要目标,就是避免定期租船实务中不必要的争议或有助于争议的解决。因此在该解释规则第一部分"放弃声明"(disclaimer)中,就明确规定如果本解释规则的内容与相关租船合同条款发生冲突,则租船合同条款的效力优先。"2000年期租解释规则"主要针对船速与燃油消耗、撤船与租金支付、停租、绕航、合法最后航次等方面的内容进行解释说明。以下针对该解释规则条文,予以分析。

一、船速与燃油消耗

"2000年期租解释规则"明确规定,本条下列内容适用于未包括履行条款的任何干散货船舶的定期租赁以及从事干散货运输的承运人。

除非下列情形发生,否则定期租船下的船速与燃油消耗(speed and consumption)保证适用于整个租期,而不需考虑船舶是否处于满载、半载或压载状态,并且适用于租期内船舶在海上从一个引航站至另一个引航站期间:(1)风力超过蒲福风级4级及以上并且持续6个小时的期间;(2)基于安全因素,或者承租人指示处于经济航速,或者船舶处于受限水域,或者救助他船等情形下降低船速的期间;(3)从一个引航站驶往另一个引航站并且完全处于海上航行少于24小时的期间;(4)基于承租人指示或者根据定期租船合同明确免责事项所造成时间损失的期间;(5)由于遵守承租人航行区域指示致使船壳污底造成船速降低的期间。

如果合同中对船舶压载状态下的船速、燃油消耗问题做出明确特别规定的,则在考虑船速降低或经济航速时,应当充分考虑上述特别规定并予以计算。

在上述除外情形下,船舶航行的里程数除以合同中保证的船速,得出的航行时间与船舶实际航行的时间相比较,如果前者高于后者,则多出的部分应当构成停租时间。如果在船速和燃油消耗的规定之前有“大约”一词，意味着实际船速可以低于合同约定的船速0.5节，燃油消耗不超过5%。就燃油消耗而言，在上述除外时间内，用该时间与合同中保证消耗的日燃油数量的乘积，与实际消耗的燃油数量相比较，如果前者高于后者，则就超出的部分，出租人应当赔偿承租人的燃油消耗损失。计算的依据就是船舶在期租内前一港口添加燃油的价格，或者交船时的燃油价格(任何一个如果是可行的话)，与超出的燃油数量的乘积。该赔偿数额可以从租金中扣减。因船速降低而立即产生的损失后果可以与因此节省的燃油费用相冲抵。

船速与燃油消耗的考量应当在每12月的月末进行，或者在双方当事人认为适宜的较早的时间内进行。如果在考量期间，发现船速低于合同中保证的速度，则因此产生的损失可以在租金中扣减(损失的计算为该损失的时间与租金率的乘积)。如果在上述考量期间，发现燃油消耗量超出合同中保证的数值，则额外产生的燃油费用由出租人负担。上述内容不影响合同一方当事人向另一方提出的任何其他索赔。

这里需要注意的是，根据“2000年期租解释规则”的规定，因为船速降低或燃油消耗而给承租人造成的损失，是允许承租人在支付给出租人的租金中抵扣的。由于实践中对船速降低或者燃油消耗本身是否是出租人应负责的原因，还是其他原因本身就是容易产生争议的焦点问题，也不会是短时间内可以迅速解决的事情，因此在此基础之上，是否可以就上述数额在租金中抵扣以及抵扣的数额是否合理等就更是无法在短期内解释清楚的问题。因此为了避免不必要的争议，建议合同当事方能够在合同中明确约定不能针对上述事项在租金中扣减，或者仅能对合同双方无异议的船速降低或燃油消耗损失允许在租金中扣减。

二、租金迟延支付/未支付时的撤船

关于租金迟延支付/未支付时的撤船(withdrawal for late/non payment of hire)的问题，除非租船合同另有明确特别规定，否则承租人无权出于公正角度在支付给出租人的租金中扣除本应支付给承租人的相关费用，且应当根据合同规定按时、足额地支付租金。当然，这里的规定并不影响承租人根据租船合同规定，允许从支付的租金中进行冲抵的权利。冲抵时应当遵循诚实信用原则，仅就租期内剥夺承租人全部或部分对船舶使用而直接产生的损失范围内进行合理抵扣。除非另有约定，如果由于承租人或其银行的疏忽、过失或过错的原因造成出租人未能在应付日收到租金的，出租人享有永久撤船的权利。在出租人行使撤船权之前，应当向承租人发出预通知，告知承租人未在应付日支付租金的情况，并要求承租人在收到通知之日起两个银行工作日内改正错误。如果承租人未在规定时间内改正错误的，视为未及时支付租金。如果租金按时支付但是不足额的，应当允许出租人在合理时间内确认被扣减的数额是否合理。如果经确认发现对被扣减的数额存在疑问，则有争议的数额视为承租人托管并且根据租船合同仲裁条款就此争议问题立即提起仲裁。此时，出租人无权行使撤船权。

除上述规定外，出租人可以行使撤船的决定，并且不影响其向承租人提出的任何其他索赔的权利。

三、停租

关于停租(off-hire)的问题，根据租船合同条款承租人停止支付租金期间，允许承租人就每一停租事项发生连续3个小时以上的任何时间损失提出索赔。除租船合同中明确规定的停租事项之外，在租期内因为合法的港口政府部门的干预，剥夺承租人自由使用船舶期间或者违反承租人意愿被限制离开该港口的期间，因此所造成的时间损失，承租人也可以提出索赔。

四、绕航

关于绕航(deviation)的问题，因为绕航而停租的期间，从造成承租人时间损失、船舶绕航或返回的时间开始，直至船舶回到造成承租人时间损失、船舶绕航或返回的地点，并且船舶恢复了能够提供租船服务的充分有效状态时止。

五、最后航次的合法性

关于最后航次的合法性(legitimacy of the last voyage)的问题，如果定期租船合同没有关于涉及还船和最后航次指示的特别条款规定的，适用下列规定：承租人保证在租期内安排船舶营运，以确保船舶能够在合同允许的还船区域交还船舶。一旦承租人对最后航次做出安排，应当立即将可能交还船舶的日程安排通知出租人。出租人应当在收到后两个工作日内告知承租人是否同意承租人预计还船的时间安排。如果出租人不同意承租人的时间安排并且认为船舶将会在合同允许的最长期限日超期还船的，则出租人应当允许承租人完成该最后航次，该航次履行期间根据合同约定的租金率支付租金，但是不影响出租人就超期部分遭受的额外租金损失向承租人索赔的权利。如果超期期间市场租金率高于合同约定的租金率，则超期期间的租金根据市场租金率计算。

提请读者注意的是，“2000年期租解释规则”的上述规定并不具有强制性适用的效力，也不影响租船合同对上述内容另有其他不同的规定。合同当事方可以将“2000年期租解释规则”的内容并入到或者吸收到定期租船合同条款中，以使得相关条文的含义更加明确，从而避免不必要的误解和争议。

第四章 光船租赁合同

【**本章要点**】本章以 BARECON 合同格式为例，探讨光船租赁合同与光船租赁权、光船租赁合同与光船租购合同以及船舶融资租赁合同的关系、光船租赁登记及其效力等内容，并就光船租赁合同主要条款，例如有关交还船时的船舶检验、船舶检查、船舶保险及风险分担、船舶抵押、船舶维修与保养等主要条款予以说明。

第一节　光船租赁合同的主要内容

虽然光船租赁合同在内容上，与定期租船合同有一些相同或相似之处，例如涉及租期、租金、交船、还船等规定，而且我国《海商法》第 153 条明确规定，定期租船合同中有关航行区域限制条款、合法货物条款、还船条款以及合法最后航次条款等规定适用于光船租赁合同，但是光船租赁合同仍然具有自己的特性和一些特殊条款内容。以下以 2001 年贝尔康（BARECON）合同格式为例，简要说明光船租赁合同的主要内容。

一、光船租赁合同的基本概述

（一）光船租赁合同的定义和性质

根据我国《海商法》第 144 条的规定：“光船租赁合同，是指船舶出租人向承租人提供不配备船员的船舶，在约定的期间内由承租人占有、使用和营运，并向出租人支付租金的合同。”

光船租赁合同的主要内容包括：出租人和承租人的名称、船名、船籍、吨位、容积、航区、用途、租船期间、交船和还船的时间和地点以及条件、船舶检验、船舶的保养维修、租金及其支付、船舶保险、合同解除的时间和条件等。①

光船租赁情况下，船舶的占有、使用、收益权都转移给承租人，只是船舶所有权之下的处分权和收取租金等部分收益权尚保留在出租人手中。根据我国《合同法》第212条的规定：“租赁合同是出租人将租赁物交付承租人使用、收益，承租人支付租金的合同。”显然光船租赁合同符合《合同法》有关租赁合同的规定，所以光船租赁合同是一个完全的财产租赁合同。

但是由于船舶的流动性以及特殊的法律属性，我国《海商法》在第六章“船舶租用合同”的第三节“光船租赁合同”，专门对光船租赁合同内容及其主要条款做出规定。有些条款规定明显区别于我国《合同法》有关租赁合同的一般规定。需要注意的是，根据《海商法》第127条的规定，《海商法》有关光船租赁合同的规定并非强制适用，仅在光船租赁合同没有约定或者没有不同约定时适用。因此光船租赁合同当事方订立较为详尽、明确的合同条款非常重要。

根据我国《海商法》第128条的规定，光船租赁合同应当采用书面形式订立。与航次租船合同、定期租船合同类似，实践中光船租赁合同当事方通常会选择在某个标准合同格式基础之上具体协商、洽谈光船租赁合同条款及内容。

（二）光船租赁合同的特点

判断一份租船合同是否构成光船租赁合同，主要看合同条款内容及其约定。核心内容就是看出租人是否将船舶的完全占有权和控制权利转让给承租人。

1. 出租人负责提供满足合同约定条件的船舶，并且是不配备船长、船员的“空船”

由于光船租赁合同之下，出租人不负责配备船长、船员，而由承租人负责，因此船长、船员不能视为出租人的受雇人员，这也是光船租赁合同与定期租船合同的主要区别。因为船长、船员的疏忽或过失导致任何第三方的损失，应当由承租人承担。但是出租人最好能够通过船舶登记等公示方式，让第三方知晓光船租赁合同的存在，否则仍然有可能面对善意第三方的索赔。例如因船员过失引起船舶碰撞造成财产损失或人身伤亡的情况下，受害方可能通过采取扣押船舶，或者在英美法国家通过对物诉讼的方式向法院起诉肇事船舶。如果没有进行光船租赁登记的，则根据合同相对性原则，出租人不能仅仅以光船租赁合同的存在抗辩索赔人的赔

① 参见《海商法》第145条规定。

偿请求。在船舶被扣押或者面临诉讼索赔时，出租人只能根据光船租赁合同的规定，要求承租人出面提供担保释放船舶或承租人直接承担赔偿责任。如果承租人违反光船租赁合同规定义务，例如光租承租人濒临破产没有足够资金或者逃避责任的，则出租人仍然要面对受害人的索赔，并在赔付受害人之后，尽可能根据光船租赁合同的相关规定，向承租人追偿。例如我国最高人民法院于2008年颁布实施的《最高人民法院关于审理船舶碰撞纠纷案件若干问题的规定》第4条就明确规定，船舶碰撞产生的赔偿责任由船舶所有人承担，碰撞船舶在光船租赁期间并经依法登记，由光船承租人承担。因此从某种意义上说，如果未进行光船租赁登记的，光船出租人仍然存在一定的法律风险。

2. 承租人通过配备船长、船员占有租赁船舶，并享有使用和经营船舶的权利

当出租人在合同约定的时间、地点合理谨慎的提供一艘符合合同约定的适航船舶，并交付给承租人，则自租期起始，出租人就“放弃”了对船舶的占有和控制。在光船租赁期间，船长、船员应当听从承租人发出的指示和安排，并且承租人通过配备人员享有对船舶的占有权，并成为租赁船舶的“事实船东”（de facto owners）。此外，通常情况下，承租人还可以选择变更船名，使用承租人自己公司的船旗或烟筒标志。甚至在满足一些国家法律规定的前提下，承租人可以临时变更船舶国籍。因此在光船租赁期间，出租人对于船舶的经营和使用方面几乎没有任何实质性的权利和义务，承租人享有充分的占有和控制船舶的权利。

3. 出租人与承租人之间的法律关系属于典型的债权债务关系，但是承租人因此享有的光船租赁权在某些方面享有物权属性

基于承租人配备船长、船员，从而占有和控制船舶，这是承租人享有的光船承租权的表现。相对应的，承租人还需要履行相关义务。例如光船租赁合同中通常约定由承租人负责投保船舶险，并且应当尽到船舶的日常维护和修理的义务，并按时支付租金。如果承租人违反上述义务，出租人可以通过行使派人登轮对船舶进行检查的权利以及撤船权来保护自己的权益。这些权益是基于出租人的光船出租权产生的。因此出租人的光船出租权和承租人的光船承租权等债权、债务关系，主要依据光船租赁合同具体条款予以确定。

但是承租人基于光船租赁合同，除了在承租人与出租人之间的内部法律关系之下享有光船承租权以外，在承租人、出租人之外的外部法律关系下，承租人还享有具有物权性质的光船租赁权。有关光船租赁权性质的探讨详见下文。

4. 光船租赁合同通常可以满足承租人融资的需要

由于光船租赁合同之下，承租人自己配备人员并享有占有、控制船舶的充分权利，除了不享有船舶所有权以外，并不影响承租人对船舶营运调度方面的安排，俨然“船东”一样。因此可以通过光船租赁方式，解决承租人没有建造或购买船舶资

金或者资金面临短缺的窘境,从而达到融资的目的。此外具有明显融资目的和功能的船舶融资租赁中,也常常采用光船租赁方式。这种具有明显融资功能的光船租赁合同的租期往往比一般光船租赁合同的租期长。即作为提供资金一方的出租人往往是银行或其他金融机构,为了解决承租人资金不足的困境,根据承租人的特定要求建造或者购买船舶,建造费用或者购船费用由出租人承担。之后出租人将船舶以光船租赁的方式出租给承租人,并由承租人享有充分的占有和控制权,出租人仍然享有船舶所有权。出租人在承租人定期支付的租金或其他收入中,冲抵自己的资金投入。一旦承租人违反约定未能按时支付租金或者存在合同约定其他违约事项,则出租人可以通过行使撤船权等方式保护自己的权益。

(三)有关光船租赁权及其性质的探讨

我国法律中并没有明确规定光船租赁权,只是在 1995 年 1 月 1 日实施的《船舶登记条例》中首次提及这一表述,但是未做任何解释和界定。光船租赁权的称谓,目前更多地体现在学术讨论中。我们认为所谓光船租赁权,是指承租人基于光船租赁合同的约定,在光船租赁期间享有的占有、使用船舶,并获得一定收益的权利。

关于光船租赁权的性质,我国学者观点不一,主要包括两种学说:债权物权化说[①]和物权说。在物权说中,有的学者支持自物权说,[②]但是比较多的学者提出光船租赁权应当归属于船舶用益物权。[③] 笔者赞同光船租赁权属于物权,并且属于船舶用益物权的观点。

之所以认为光船租赁权属于物权,主要是虑及如下因素:

第一,我国《海商法》第 151 条规定,未经承租人事先书面同意,出租人不得在光船租赁期间对船舶设定抵押权。事实上,虽然出租人将船舶光船租赁出去,并在光船租赁期间丧失了对船舶的占有和控制权,但是并没有因此丧失船舶所有权,因此作为船舶所有权人,完全可以享有在船舶上设定抵押的自由。但是海商法为了维护光船承租人的利益,对出租人在船舶上设定抵押的权利进行了一定的限制,即承租人享有的光船租赁权在一定程度上限制或对抗了出租人享有在船舶上设定抵

---

① 朱作贤. 光船租赁权与物权公示原则——兼论对我国 <船舶登记条例> 第 6 条的理解. 海商法协会获奖论文,2011;刘得宽. 民法诸问题与新展望. 北京:中国政法大学出版社,2002.

② 杨荣波,杜力夫. 论光船租赁权的物权性质. 世界海运,2004(4).

③ 李海. 船舶物权之研究. 北京:法律出版社,2002;伏虹瑾. 论光船租赁权的用益物权性质. 经济与社会发展,2008(8);陈华彬. 物权法原理. 北京:国家行政学院出版社,1998;房绍坤. 论用益物权制度的发展趋势. 河南省政法管理干部学院学报,2003(3).

押的权利。

第二,我国《海商法》第 149 条第 2 款规定,因船舶所有权争议或者出租人所负债务致使船舶被扣押的,出租人应当保证承租人的利益不受影响。而我国《合同法》第 229 条更加明确规定,租赁物在租赁期间发生所有权变动的,不影响租赁合同的效力,即采用"买卖不破租赁"原则。这些法律规定隐含了承租人光船租赁权的物权性质。

第三,我国《船舶登记条例》第 6 条明确规定:"船舶抵押权、光船租赁权的设定、转移和消灭,应当向船舶登记机关登记;未经登记的,不得对抗第三人。"而该有关光船租赁权登记及其效力的法律规定,与我国《海商法》第 9 条有关船舶所有权登记以及第 13 条有关船舶抵押权登记的规定用语几乎一致。

船舶抵押权是非常典型的船舶担保物权,也是船舶物权的一种表现形式,《船舶登记条例》将光船租赁权与船舶抵押权并列规定,至少表明他们都属于船舶物权范畴,如果光船租赁权不是物权的话,那么《船舶登记条例》这种立法上的安排就毫无意义。

此外由于债权不需要登记,只有物权需要采用登记的公示方式,我国《物权法》第 24 条规定,船舶、航空器和机动车等物权的设立、变更、转让和消灭,未经登记,不得对抗善意第三人。上述法律规定也从另一侧面显示,承租人享有的光船租赁权具有物权性质。

当然笔者也注意到一些学者的反对意见,其中一个理由就是根据物权法定原则,具有物权属性的权利只能在国家法律层面上予以明确规定,我国《物权法》第 8 条也规定"其他相关法律对物权另有特别规定的,依照其规定",这里仅提及"其他法律",并不包括其他行政法规或规章。《海商法》和《合同法》都未规定光船租赁权的物权属性,而《船舶登记条例》不过是规范船舶登记管理方面的行政法规,不属于"法律"的范畴,因此其规定的效力问题尚存在质疑。但是这种立法上的空白不等于抹杀光船租赁权的属性,更不能因此阻碍光船租赁实践活动的开展和进行。因此为了更好地满足航运实践发展的需要,笔者希望将来修改我国《海商法》时,能够对光船租赁权的物权属性予以明确。

根据英国法律,光船租赁合同属于财产租赁合同,因此应当受有关租赁合同的一般法律规定调整。除了传统的普通法规定以外,英国议会还颁布了 1982 年《货物供应及服务法案》(The Supply of Goods and Services Act),可以规范光船租赁合同。该法案在 1994 年进行修订,并改名为《货物买卖和供应法案》(The Sale and Supply of Goods Act 1994)。如果租船合同没有明确相反规定的,上述法案默示要求光船租赁合同中应当满足如下内容:①出租人享有转移船舶占有的权利,承租人享有独自使用和经营船舶的权利。②合同中应当对船舶规范做出具体详尽规定,以使船舶特定化。③出租人提供的船舶应当符合合同约定。即出租人应当根据其与承租人约定的内容,即使是一些特殊要求,出租人提供的船舶也应该满足这些合同约定或者满足这些特殊要求。④船舶应当满足合同约定用途。⑤应当对违约及其后果做出规定。① 如果光船租赁合同当事方一方的营业所在地在英国,还应当适用英国《1977 年不公平合同条款法案》(The Unfair Contract Terms Act 1977)。此外,《1943 年(合同受阻)改革法案》(The Law Reform (Frustrated Contracts) Act 1943)也适用于光船租赁合同。

(四)光船租赁合同与光船租购合同、船舶融资租赁合同的联系

1. 光船租购合同

光船租购合同,又称船舶租购合同(bareboat charter with hire purchase),是融合了光船租赁合同与船舶买卖合同于一体的特殊合同类型。由于光船租赁合同标准格式条款中,通常会包括一部分有关买卖船舶或者转移船舶所有权的条款和内容,一旦当事方选择这部分条款及内容,就构成光船租购合同。所以光船租购合同也往往被认为是在光船租赁合同基础上衍生的一种特殊合同形式。我国《海商法》并没有明确提及光船租购合同,只是在第 154 条规定,订有租购条款的光船租赁合同,承租人按照合同约定向出租人付清租购费时,船舶所有权即归于承租人。因此该条文规定并不是有关光船租购合同内涵的界定,不过是简单规定了该合同中应当包含的事项和内容而已。

学者们普遍认为,光船租购合同是指船舶出租人向承租人提供不配备船员的船舶,在约定期间内由承租人占有、使用和营运船舶,并在约定期间届满时将船舶所有权转移给承租人,而由承租人支付租购费的合同。②

2. 船舶融资租赁合同

我国法律中并没有关于船舶融资租赁合同的界定。1999 年《合同法》第 237 条首次规定融资租赁合同,即出租人根据承租人对出卖人、租赁物的选择,向出卖人购买租赁物,提供给承租人使用,承租人支付租金的合同。因此,融资租赁合同集融资与融物为一体,系包含买卖合同与租赁合同,涉及三方当事人——出卖人、出租人(买受人)、承租人的综合性交易合同。结合《合同法》的相关规定,可以将船舶融资租赁合同界定为:出租人根据承租人对船舶卖方或建造方、租赁船舶的选择,向船舶卖方或建造方购买船舶,提供给承租人使用,并由承租人支付租金的合同。

航运实践中船舶融资租赁的含义并不仅仅如上文提及的狭义含义,通常将与

---

① 参见 Mark Davis, Bareboat Charters (2nd edition). LLP, 2005:13 - 17.

② 司玉琢. 海商法. 3 版. 北京:法律出版社, 2012:256.

船舶有关的具有融资性质的租赁活动，都称之为广义上的船舶融资租赁。因此，光船租赁、定期租船都可以在一定程度上达到融资的目的。

虽然狭义的船舶融资租赁合同之下，出租人通常以光船租赁的方式将船舶租赁给承租人，似乎与光船租赁合同并无异同，但是，二种合同仍然存在一些不同，而在广义的船舶融资租赁合同之下，其与光船租赁合同之间的差异就更加明显。例如，光船租赁合同之下，仅涉及出租人、承租人之间的法律关系，系“一个合同，两方当事人”；而船舶融资租赁合同包括船舶买卖和船舶租赁两个合同，涉及三方当事人。光船租赁合同之下，一般不对出租人、承租人主体资质做特别规定，而根据2008 年交通部《关于规范国内船舶融资租赁管理的通知》，从事船舶融资租赁活动的出租人应依法取得国家有关主管机关批准的经营资质。光船租赁之下，出租人作为船舶所有人，享有充分的权利决定购买或建造一艘船舶并成为其所有权人，而船舶融资租赁合同则由承租人决定船舶及其设备的具体要求并选择造船厂或船舶卖方。光船租赁合同之下，出租人在规定时间内承租船舶瑕疵担保责任，在承租人违约或未按时支付租金时，享有撤船权。而船舶融资租赁合同下，出租人无上述责任和权利。

二、光船租赁合同的主要条款

（一）交船（delivery）①

2001 年“贝尔康格式”明确规定交船条款不适用于第三部分有关新造船舶的光船租赁下的船舶交付。出租人应在交船前和交船当时，谨慎处理使船舶适航，并且船体、船机和设备等各方面适合于约定的用途。出租人应当第 13 栏中载明的港口或地点在承租人指示的安全泊位将船舶交于承租人，承租人应当接受船舶。

交付的船舶应当根据第 5 栏中载明的船旗国法律以及第 5 栏中载明的船级社要求，适当的配备证书。交付的船舶应当满足周期性船舶检验并进行了最新的检验，并且保证航行证书和船级证书至少在第 12 栏中规定的期限内处于有效状态。

当船舶交付给承租人并由承租人接管时，视为出租人已经完全履行了第 3 条有关出租人的一切合同义务，此后承租人不得再就出租人关于船舶的状况、做出的陈述或任何明示的或默示的保证向出租人提出任何索赔事项。但是出租人应对交船后 12 个月内明显发现的那些属于船舶、机器或附属设备的潜在缺陷进行修理或更换并支付费用，除非第 32 栏中另有明确约定。

在光船租赁合同下，通常需要对交付船舶的时间、地点以及交付船舶的条件进

① 详见“贝尔康格式”第 3 条、第 4 条、第 5 条。

行约定。显然根据“贝尔康格式”的规定，交付的船舶条件需要满足如下要求：(1)船舶适航；(2)船体、船机及设备方面要满足约定用途；(3)要适当配备证书和文件。这里规定的船舶适航从适航时间、适航标准等方面做出限定。适航的时间是船舶交付前和交付当时，但是并没有强调出租人有义务保证船舶在交付后也处于适航状态，对于交付时存在的潜在缺陷，如果在交付后12月内发现的，出租人有修理的义务。适航的标准只是要求出租人尽到“谨慎处理”，而没有要求出租人提供绝对适航的义务。

交付时船舶是否处于适航状态，以及是否满足约定用途，实践中常常会安排船级社验船师进行检验。由于还船时也会涉及船舶检验问题，因此2001年“贝尔康格式”将交、还船的检验单独列了一个条款进行规定，具体内容详见下文。

关于交付船舶的时间，“贝尔康格式”第4条规定，未经承租人同意，船舶不得在第14栏约定的期限之前交付，并且出租人应当尽适当谨慎在不晚于第15栏规定的日期交付船舶。除非合同另有约定，出租人应当在预计交付船舶之日起不少于30个连续日内发出交船的预通知，在预计交付船舶之日起不少于14个连续日内发出交船的明确通知。出租人应当将船舶动态的变化尽可能及时地通知承租人。

通常合同还规定了出租人未能在约定日期及时交付船舶会导致合同被解除，即解约日的规定。如果未能在第15栏规定的解约日交付船舶的，承租人有权在约定的解约日之后的连续36小时之内向出租人发出解约的通知，否则本租船合同完全有效并产生合同效力。如果船舶迟延抵达交船港并超过解约日期的，则出租人一旦可以合理确认船舶预计抵达日期的情况下，可向承租人发出通知询问是否选择解除合同，并且承租人应当在收到出租人通知之后的连续168个小时之内或者在解约日之后的连续36个小时之内做出选择。如果承租人未能行使解约权，则在出租人发出通知中提及的船舶预计抵达日期之后的第7天构成第5条规定的解约日。[①] 第5条规定的解约日不影响承租人根据本条规定向出租人提出任何索赔的权利。其实这一规定，类似于航次租船合同中常见的“质询条款”。

此外交船时，双方当事人还应将船上的各种设备、备用品、器具和船上用于消耗的物料，列出清单。通常还会约定承租人/出租人按照交船/还船当时当地的市场价格，购买交船/还船时船上所剩有的燃油、润滑油、淡水、食品、油漆、缆索和其他用于消耗的物料等。[②]

我国《海商法》第146条也对交付船舶做出明确规定，即出租人应当在合同约

---

① 参见2001年“贝尔康格式”第5条。

② 参见2001年“贝尔康格式”第9条。

定的港口或者地点，按照合同约定的时间，向承租人交付船舶以及船舶证书。交船时，出租人应当做到谨慎处理，使船舶适航。交付的船舶应当适于合同约定的用途。如果出租人违反前述义务，承租人有权解除合同，并有权要求赔偿因此遭受的损失。显然我国《海商法》的规定与“贝尔康格式”的相关规定类似。

（二）航行区域限制[①]

与定期租船合同类似，由于光船租赁合同之下，船舶的占有、控制和营运的权利非常充分的转移至承租人，因此为了保护出租人的权益，避免船舶遭受其他不合理的风险，光船租赁合同也规定了航行区域限制条款。

2001 年“贝尔康格式”第 6 条明确规定，船舶应当在第 20 栏规定的航行区域限制范围内运载适当的合法货物，从事合法贸易。承租人保证在未获得保险人同意的情况下，承诺不会违反保险合同规定的条款内容（包括明示或默示的保证条款）使用或安排船舶，或者在征得保险人同意的情况下，在额外支付保费的情况下，根据保险人的要求或者其他条件使用或安排船舶。承租人承诺不会安排船舶从事任何挂靠港所在国家法律禁止的任何贸易或交易，或者承诺不装运任何违法、违禁货物或者使船舶遭受非难、损毁、扣押或没收的风险。

尽管本合同另有其他约定，当事方同意不在本租船合同期间内装载或者承运核燃料或者放射性物质或废料。为了任何工业、商业、农业、医疗或者科学研究的目的使用或者将要使用放射性同位素，并且已经得到出租人事先同意装运的，则不受上述除外条款的限制。

原 1989 年“贝尔康格式”在“航行区域限制”条款中还有一个规定，即“承租人应当不断地向出租人、船舶抵押权人提供有关船舶预计从事营运情况的义务”，在 2001 年“贝尔康格式”中，被调整至第 10 条（c）款项中。

还有一个需要指出的是，在 1989 年“贝尔康格式”中，有关航行区域限制的表述是“trading limits”，而在 2001 年的格式中，则调整为“trading restrictions”。虽然表面上看并无实质区别，但是前者更多的是强调航行区域的界限和范围，而后者则强调航行区域的限制和约束。因此仅从用语表述变化来看，后者的要求相对更加严格。

如果承租人指示船舶驶往航行区域限制以外的区域，出租人有权向承租人的此种违约行为提出损害赔偿请求，即针对航行区域以外的航次履行而言，出租人可以基于市场租金率与合同租金率之间的差额部分计算损害赔偿。这一点早在 1921 年英国法院审理 In Rederi Sverre Hansen v. Van Ommeren 案件中[②]就予以确

① 详见 2001 年“贝尔康格式”第 6 条。

② （1921）6 Lloyd's Rep 193.

认。此外,如果因为承租人违反航行区域限制的合同义务,导致船舶灭失或损坏的,只要出租人能够举证证明,灭失或损坏完全是由于承租人违约造成的,即如果承租人不违反航行区域限制义务,也不会因此造成船舶灭失或损坏,则出租人有权向承租人提出实际损失赔偿,当然承租人可以抗辩,通过举证证明即使承租人没有违反航行区域限制义务,船舶也一定会遭受此种灭失或损坏,从而免除赔偿责任。

如果承租人违反本条规定的义务,根据2001年“贝尔康格式”第28条(a)(ii)项的规定,出租人还享有撤船并终止合同的权利,而1989年“贝尔康格式”并未对此撤船权做出明确规定。

(三)交、还船时的船舶检验(surveys on delivery and redelivery)[①]

通常合同规定交、还船时出租人和承租人各自指定一名验船师,以确认船舶状况是否符合书面约定的内容。由出租人支付交船时的检验费并承担因此损失的时间,而承租人支付还船时的检验费并承担因此损失的时间。在损失的时间内,承租人应当根据每天租金率支付租金,不足一天的,按照比例支付租金。2001年“贝尔康格式”删除了1989年格式有关本条中涉及入坞费、出坞费用分担的内容。主要是BIMCO文件委员会考虑到在交、还船安排船舶入干坞并不是实践通常做法,因此在2001年格式中有意删除了入坞的内容。当然,并不排除实践中,当事方可能会安排船舶在交付和交还时入干坞,因此需要合同当事方对此作补充约定,否则很容易因为费用及时间问题产生争议。

(四)船舶检查(inspection)[②]

在光船租赁的任何期间,出租人有权在向承租人发出合理通知之后,随时检查船舶的状况或对船舶进行检验,或指定一个经适当授权的验船师代表自己对船舶进行检验:

(a)对船舶状况进行确认并确定承租人是否对船舶进行适当的维修和保养。因此产生的检查费用或者检验费用由出租人负担,除非发现为了满足约定的船舶状况,船舶需要进行修理或维护,则检验费或检查费由承租人负担。

(b)如果承租人违反第10条(g)款规定未安排船舶入干坞的,则应该入干坞进行检查。因船舶入坞检查或检验所产生的任何费用由承租人负担。

(c)基于任何其他商业理由认为有必要进行检查的(此种检查不应当对船舶商业营运造成不适当的干扰),因此产生的检查和检验费用由出租人负担。

因上述检查、检验或修理而花费的任何时间由承租人承担,并构成租期的一部

① 详见2001年“贝尔康格式”第7条。

② 详见2001年“贝尔康格式”第8条。

分。经请求，承租人应当允许出租人检查船舶的各种日志，并且在发生任何意外或者其他事故或者造成船舶损坏时，经出租人要求，承租人应当提供相关的一切信息。

显然本条有关船舶检查的规定独立于第7条有关交、还船时的船舶检验条款，对于光船租赁合同出租人而言，这项规定至关重要，因为光船租赁期间船舶处于承租人完全的占有和控制之下，为了保护出租人的利益，规定出租人有权利在租期内的任何时间对船舶进行检查完全是情理之中的事情。与1989年格式不同，本条对于出租人检查船舶的理由和事项，限定为上述(a)(b)(c)三个方面，并且要求出租人应当在向承租人发出合理的通知之后进行上述项目的检查。但是本条没有对出租人行使检查权的期限或时间做任何限定。同时由于船舶在装卸港口停留时间较短的原因，出租人还可能会安排一个船东代表随船航行一段时间以便于行使本条规定的检查权利。因此合同当事方需要对此做出规定并明确船东代表在船上居住的条件以及费用承担等问题。有的合同还会对船东代表因此遭受人身伤害或发生意外的风险分担问题进行额外约定。

本条款对于因为检查或检验而产生的任何费用和支出应当由谁负担，做出了明确规定。需要注意的是，只要任何费用或者支出是由于上述检查或检验而直接导致的费用及支出，例如检查费用、验船师的差旅费用及住宿费用、因检查而产生的港口费用、燃油费用等等，都包含其中。

此外本条有关出租人检查各种日志的权利是绝对的，不需要附加任何理由和条件，只要出租人提出检查的要求，即应当予以实施，即使该日志的检查与船舶发生的意外、事故或者损坏没有任何关联，出租人也享有此项检查日志的权利。条款本身没有对船舶日志一语做任何限定。航海实践中，船舶日志通常包括航海日志、轮机日志、无线电日志等。但是本条款没有明确规定出租人有权检查的船舶日志是记录完整的原始日志还是上述日志的复印件。如果出租人希望检查的是载有原始记录的日志，最好能够在合同中明确下来。否则考虑到载有原始记录的日志通常保存在船舶上，承租人有可能虑及此种检查会影响到船舶正常航行或营运安排，而仅仅提供船舶日志的复印件而非载有原始记录的日志原件供出租人检查。

（五）船舶的维护和营运(maintenance and operation)①

2001年"贝尔康格式"关于船舶维护和营运的条款，较之1989年格式做了很大程度调整，通过7个分款进行规定，涉及内容分别是维护、修理和营运；人员配备、供应食物、提供物料、添加燃油；预计安排营运情况的告知、计划入干坞和主要

① 详见2001年"贝尔康格式"第10条。

修理事项;船旗及标志;船舶结构变化;使用船舶用具、设备及属具;定期入坞/船底部分的清洁和涂漆。以下分别进行阐述。

1. 维护、修理、新船级、财务担保(maintenance, repairs, new class, financial security)

2001 年“贝尔康格式”第 10 条(a)款包括三项规定,即

(i)维护及修理

船舶在租期内,完全由承租人占有,并为承租人自己的目的对船舶进行完全控制和绝对支配。承租人还应保持船舶、船机、锅炉、属具和备件处于良好状态,并根据良好的商业维护船舶的习惯做法,保持船舶、船机、锅炉、属具和备件处于充分营运状态,除非第 14 条第 1 款另有规定。承租人还在任何期间内,根据第 10 栏中约定的船级社要求保持船级并承担相关费用,并保证各种所要求的船舶证书在整个租期内处于有效状态。

在 1989 年“贝尔康格式”中,曾经规定“如果船舶在使用中发生损坏,承租人应立即采取措施,在合理时间内进行必要的修理,否则出租人可以将船舶从承租人手中撤回,且不妨碍其向承租人索赔的权利。”2001 年格式删除了上述规定,取而代之的是要求承租人根据良好的商业维护船舶的通常做法,尽到船舶维护的义务。事实上根据 2001 年格式的规定,也要求承租人应当在合理的时间内对船舶进行修理。这一点与 1989 年格式的规定是一致的。但是如何理解“合理”一词,实际上是个事实问题。根据不同案件的具体情况有所不同,例如要考虑修理的性质、复杂性以及修理费用,对船舶安全和营运的不利影响,船舶动态,设备的可用性,下一计划挂靠港口的时间和地点,下一次入坞的时间,等等。

如果承租人违反本项规定,并且在出租人以书面形式提出要求之后,未能根据实践中存在的可能性尽快改正错误,出租人有权将船舶从承租人处撤回,并且根据第 28 条(a)款第 iii 项的要求向承租人发出书面通知之后立刻终止本租船合同。值得注意的是,第 28 条(a)款第 iii 项规定的撤船权要比 1989 年贝尔康合同的相关规定宽泛,因为后者仅限于未能修理船舶情况下的撤船,而 2001 年格式则规定只要承租人违反维护和/或修理的义务,就可以撤船。

值得注意的是,本条有关维护和修理的规定不包括在交付后 12 个月内出现明显的潜在缺陷的问题,因为后者根据第 3 条 c 款的规定予以调整,除非合同另有约定。

(ii)新船级和其他安全要求

根据新的船级要求或者强制性法律的规定,为了保持船舶营运的持续性,需要对船舶进行更新、结构上的改变或者增加新的设备,所产生的费用超过第 23 栏规定的百分比,或者第 23 栏未进行记载,则在超过第 29 栏规定的船舶保险价值的

5%以上的，租金率应当相应的调整，并且应当根据租期尚未履行完毕的余下时间，在出租人和承租人之间对上述费用进行合理的分配。如果当事方未对该分配问题做出规定，因此产生的争议应当根据第30条的规定予以解决。

(iii)财务担保

如果为了合法的进入、停留或离开本租船合同规定的任何国家或自治区域内的任何港口、地点、领海水域或毗连区水域，任何国家政府，包括联邦政府、州政府或自治区政府或者任何部门或机构要求对第三方责任提供财务担保的，则承租人应当毫不迟延地提供此财务担保或承担责任。不论上述政府或部门或机构的要求是否合法，本条规定的义务都适用。

为满足此种要求而必须提供的保证金或其他安排应当由承租人负责并单方承担费用。因为承租人违反上述规定或者未能履行义务所造成的任何后果造成出租人损失的（包括时间损失），承租人应当赔偿。

2. 船舶营运(operation of the vessel)

2001年"贝尔康格式"第10条(b)款规定，在租期内承租人应当配备船员、提供伙食、安排航行、安排经营、提供供应品、燃油等并支付上述活动安排产生的花费，如经请求，还要安排船舶的修理并支付修理费。同时承租人应当负责支付租期内因为船舶使用和经营活动而产生的无论任何种类、任何性质的任何费用和支出，包括船旗国征收的年费以及任何国外自治区政府和/或国外的某个州政府征收的税费。船上的船长、驾驶员和普通船员在任何情况下都视为承租人的受雇人员，即使是在由出租人任命的情况下。承租人应当遵守船旗国或者其他准据法有关船员方面的生效法律规定。

3. 预计营运安排(intended employment)

2001年"贝尔康格式"第10条(c)款规定，如经合理请求，承租人应当不断地将预计安排船舶营运的情况、入干坞的计划安排以及对船舶进行较大修理的情况告知出租人以及船舶的抵押权人。

4. 船旗和船名(flag and name of vessel)

2001年"贝尔康格式"第10条(d)款规定，租期内，承租人有权将光租船舶涂刷成与本公司其他船舶一样的颜色，在船上安装和显示本公司烟筒标志，悬挂本公司旗帜。在征得出租人同意并且出租人应在合理时间内答复是否同意的前提下，承租人还有权变更船舶的国旗和名称。如经出租人请求，有关油漆涂刷和再次涂刷、安装和再次安装，登记和再次登记的费用以及因此产生的时间损失，由承租人负担。

该规定与1989年"贝尔康格式"相比较，主要增加了有关国旗和船舶名称变更的规定，以及有关登记的费用和时间由谁负担的问题。

5. 船舶结构变化(structural changes)

2001 年"贝尔康格式"第 10 条(e)款规定,在不影响第 10 条(a)(ii)规定的前提下,未首先得到出租人许可的前提下,承租人不应当改变船舶结构或对机器、锅炉、船舶属具或船舶任何一个部分进行改变。如果征得出租人同意,进行了上述改变,则经出租人要求,承租人应当在本租船合同终止前将船舶恢复到原有状况。

显然如果征得出租人同意,承租人在对船舶或相关设备、属具或船舶的任何部位进行变更改造时,如果出租人在终止合同前提出恢复原状,则因此产生的费用应当由承租人负担,因此花费的时间应当计算在租期时间内。

同时本款明确了与第 10 条第 1 款第(ii)项之间的关系,即如果是因为新的船级需要或者为了海事安全的需要而做出的船舶结构或设备的改变,无须征得出租人的事先同意,由此产生的费用和时间,根据第 10 条第 1 款(ii)项规定的内容处理。

6. 使用船舶用具、设备及属具(use of outfit, equipment and appliances)

承租人有权使用船舶交付时,船舶上的一切用具、设备和属具,并且在还船时将同样良好状态的(正常磨损除外)上述设备及物品返还给出租人或者提供功能完全相同的设备或物品。在整个租期内,如果上述设备的零件受损或磨损已经不适宜继续使用的,承租人应当予以更换。承租人应确保上述受损或磨损的设备零件的修理或更换,(不论是工艺还是材质)都不能减损船舶的价值。承租人有权增加额外的设备,因此产生的费用和风险自己承担,但是在租期届满时,经出租人请求,承租人应当予以拆除。在交船时包含在租金范围内的一切设备,包括无线电通信设备均由承租人负责保管并维护;如果存在与上述设备相关的任何租赁合同,则由承租人代替出租人履行该合同项下的义务和责任;出租人因设备租赁合同而产生的任何费用,包括为了满足无线电通信方面的法律规定而增加的任何新设备的费用,承租人应当给予赔偿。

7. 定期入坞/船底部分的清洁和涂漆(periodical drydocking/cleaning and painting of underwater parts)

承租人应当在交船后,认为必要的时候,但是至少在第 19 栏目中约定的期限内,或者第 19 栏目未约定内容时,应在每 60 个日历月,或者船级社或者船旗国规定的任何其他期限内,定期安排船舶入干坞并进行水体以下部位的清洁和油漆涂刷工作。

本条款可能容易产生争议的一个问题就是如何理解"认为必要的时候"。笔者认为判断什么时候安排船舶入干坞,除了考虑船级社或者船旗国的法律规定外,还应当考虑"贝尔康格式"第 10 条有关承租人义务的一般规定。如果承租人违反本条规定,未能按照上述内容,安排船舶入干坞并进行相关的清洁和涂漆工作,而出租人自行安排了此项工作,则因此产生的实际合理费用,出租人可以向承租人索赔。但是出租人应当举证证明上述实际花费是基于承租人违约而发生的合理支出。

1989年“贝尔康格式”有关维护和营运的条款内容也比较丰富，其中也涉及船舶使用中发生损坏、船级变更、油污责任、船旗及船舶颜色变更、船上设备的改造等相关内容，大体内容如下：

“如果船舶在使用中发生损坏，承租人应立即采取措施，在合理时间内进行必要的修理，否则出租人可以将船舶从承租人手中撤回，且不妨碍其向承租人索赔的权利。

由于光船租赁的时间往往比较长，在租期内，可能由于新的船级要求或强制法规的新规定，需要对船舶的结构设备进行改造或更新，以便船舶能继续营运。对此合同中通常规定，如改造或更新的费用超过一定数额（如船舶保险价值的5%），由双方当事人指定仲裁员，确定各自应承担的份额。

合同中通常还规定，承租人应按有关国家的政府或当局的要求，设立并维持承担污染损害赔偿责任的财务保证，以便使船舶能合法地进出和停靠任何港口和地点、航行于他国领海以及其他有关国家管辖的水域。否则承租人应赔偿因其违约而使出租人遭受的损失，包括时间损失。如是油船光船租赁，合同中通常要求承租人在接船时，应满足并符合某一有关油污责任的民间协定（如TOVALOP）或任何类似的强制性的协议规定，并在租期内保持这种状态。

在租期内，承租人负责配备船员、供应伙食，负责船舶的航行与管理，提供燃料，修理船舶并承担与船舶的使用和经营有关的各种税、费。即使由于某种原因，船长、船员是由出租人指定的，也视为承租人的雇用人员。承租人应遵守船舶登记国及其本国关于雇用船员的一切强制性法律规定。

在租期内，承租人不得擅自变更船名和船舶悬挂的旗帜，但承租人可将船舶油漆成本公司选择的颜色，展示其本公司的烟囱标记，并悬挂其本公司旗帜。但因此产生的费用，由承租人承担，花费的时间计入租期。

承租人在未征得出租人同意之前，不得对船舶、机器、锅炉、属具或备件进行结构性改造。如果已征得出租人同意并进行改造，则应出租人请求，承租人应在本合同终止前将船舶恢复至交船时的原有状态。

承租人可以使用交船时船上的一切设备与用品，但除自然损耗之外，不得造成设备与用品损坏。当船上设备或用品发生损坏或不能再供使用时，承租人应负责修理或更换，且不得因此降低船舶的价值。承租人应在交船后至少每18个月将船舶入干坞进行清洗和油漆船底，除非合同另有约定。”

我国《海商法》对于承租人本条义务的规定比较简单，第147条明确规定，在光船租赁期间，承租人负责船舶的保养、维修。但是其本质与“贝尔康格式”并无区别。

(六)租金(hire)[1]

2001年"贝尔康格式"第11条有关租金支付的条款也是光船租船合同中最为重要的条款之一,基本上确认并遵循了光船租船的通常习惯做法。与1989年"贝尔康格式"相比较(共6款),2001年格式(共7款)在条款内容方面做了很多调整,个别语言表述方面也有变化。由于光船租船合同之下,承租人占有船舶并对船舶的经营活动负责,因此除非合同中有关于停租条款的明示约定,否则自船舶交付时起,至交还船舶时止,承租人应当在整个租期内有支付租金的义务。为了强调这一点,2001年格式的(b)款明确规定"租金应当在整个租期内连续支付"。支付的币种以及支付方式,根据合同第1部分第25栏目的约定;支付地点、受益人以及其他有关银行账户等相关信息则规定在第26栏目中。

1. 租金支付时间的重要性

2001年格式第11条(a)款明确规定:"承租人应当根据本租船合同条款的规定按时向出租人支付应付的租金,有关租金支付时间的规定非常重要。"上述有关租金支付时间的约定,在英国法律之下倾向于被认定为"条件条款",如果承租人未能够在支付租金的约定时间履行义务,则出租人可以终止合同并且就承租人此种根本违约行为,有权向承租人索赔因为合同利益丧失造成的损害。

由于本款规定强调了"应当根据本租船合同条款的规定",因此即使承租人按时支付了租金,如果该租金支付不足额,违反了合同约定的数额,则出租人仍然可以终止合同并行使撤船权。

此外违反本条规定产生的法律后果,还需要结合第28条(a)款i项有关"反技巧性条款"的规定。根据后者的规定,当承租人未能在规定期限内支付租金的,并且承租人在收到出租人向其发出的有关改正支付方面错误的书面通知之后,仍未履行租金支付义务的,则由于承租人或其银行的疏漏、疏忽、过错或遗漏导致的租金未支付的,出租人有权终止合同并行使撤船权。即第28条的规定,一定程度上限制了出租人立刻行使撤船权并终止合同的权利。

2. 第一个月、随后各期以及最后一个月租金的支付

2001年格式第11条(b)款明确规定:"承租人应当根据第22栏目中约定的数额,以每30个连续日方式预付每一期租金,不得有任何迟延。第一期租金应在将船舶交付给承租人之时支付。租金应在整个租期内连续支付。"

与1989年格式相比较,条文内容并没有实质性改变,只是对于1989年格式中表述不够明确的"每日历月"调整为"每30个连续日",并且在其他语言表述方面

---

① 详见2001年"贝尔康格式"第11条。

做出调整。

在第一个月租金之后支付的各期租金,2001 年格式强调的是每 30 个连续日预付。因此如果租金应付日刚好是银行非工作日的,则"预付"意味着承租人应当在应付日之前立即支付租金,而非在应付日之后的银行工作日支付。

对于最后一期租金支付问题,2001 年格式是在第 11 条(d)款中专门做出规定,即如果最后一期租金的支付不足 30 个连续日,则承租人有权根据船舶交还之前剩余的日期和时间按比例计算并预付租金。

根据英国法律有关租金支付的判例,如果合同对最后一期租金的支付有明确约定的,应当从其约定;如果没有明确约定的,则根据租金支付"每日历月或每 30 天"以及"租金应当持续支付直至还船之日"的规定,即使承租人能够预计到船舶将在最后一个月或 30 天届满前还船,承租人仍然需要预付整个一个月或 30 天的租金。然后再在还船之后,根据提前还船的日期,承租人与出租人之间再进行结算以退还承租人多支付的部分天数的租金。但是显然 2001 年格式对最后一期租金的支付做出了特别约定,因此只要承租人基于诚信原则(bona fide basis)能够预计到船舶在合同约定的还船日之前剩余的租期时间,则承租人只需支付该预计天数的租金即可。但是仍然需要满足提前 30 天支付的条件。

3. 租金支付的要求

2001 年格式第 11 条(c)款规定,租金应当以第 25 栏目中约定的币种和方式,以及第 26 栏目中约定的地点,以现金方式支付并不得做任何扣减。

有关"现金"方式的理解,以及"不做任何扣减"的理解,详见本书前文有关定期租船合同中相关解释内容,这里不再赘述。

2001 年格式对上述 4 款内容,分别做出了规定,而类似内容体现在 1989 年格式 a 款中,即 1989 年格式(a)款明确规定:"自船舶交付给承租人之日起,承租人应按合同约定每月支付租金,直至船舶还给出租人之日止。除第一个月和最后一个月的租金外,承租人应按合同规定的方式、时间、地点和费率,无折扣地预付每一期租金。对于第一个月和最后一个月的租金,不足整月的情况下,租金应相应地按比例地按日支付。"

这里需要注意的是,2001 年格式第 11 条并没有明确在条文中限制承租人行使冲抵权的问题。即如果合同中明确规定就某些费用或出租人应当承担的赔偿责任,承租人有权在支付租金时对上述费用或赔偿数额予以冲抵扣减的,则承租人有权在进行冲抵后支付剩余的租金数额。即使第 11 条第 3 款提及租金支付"不得作任何扣减",也不会因此影响承租人冲抵的权利。但是目前英国尚没有公开报道的判例涉及光租承租人的租金冲抵问题,而在定期租船合同下承租人的冲抵权并没有统一的定论,即何种费用或损害赔偿请求允许在租金中冲抵或扣减存在争议。

但是一般而言,如果出租人违反了合同约定,致使承租人全部或部分丧失了对船舶的占有使用的,则承租人有权从支付的租金中扣减因出租人上述违约行为而造成的损害赔偿数额。

4. 船舶灭失或失踪

2001 年格式第 11 条(e)款明确规定,如果船舶灭失或失踪,则租金应当自船舶灭失或最后一次得知船舶信息之日起停止支付。在最后一次得到船舶信息或船舶登记在劳埃德失踪名单之日(二者以较早者为准)起的第 10 天视为船舶灭失或失踪的日期。任何预付的租金应相应扣减。与 1989 年格式第 10 条(c)款的规定相比较,[①]条文变化不大,只是增加了如何确定船舶灭失或失踪日期的规定。

此外一旦发生船舶灭失或失踪的情况,则承租人除了可以中止支付租金以外,根据 2001 年格式第 28 条(c)款的规定,如果构成全损或推定全损,则租船合同自动终止。

5. 迟延支付租金的利息问题

2001 年格式第 11 条(f)款和(g)款规定了迟延交付租金的利息计算和支付问题。

(f)款明确规定:"如果迟延支付租金,则出租人有权根据第 24 栏目约定的年利率要求承租人支付利息。如果第 24 栏目未做约定,则根据租金应付日当天,英国银行协会(BBA)所发布的,基于第 25 栏目约定的币种,根据伦敦银行间同业拆放利率(LIBOR)[②]确定的三个月的费率外加上 2%,计算迟延支付租金的利息。"

(g)款则规定:"根据前款应付的利息,应当在出租人出具确认应付金额的发票之日起 7 个连续日内支付;或者未出具发票的,应当在下一次租金支付日起 7 个连续日内支付。"

1989 年格式对此规定比较简单,仅仅约定"对于任何迟付的租金,出租人有权按照约定的利率收取该应付租金的年利息。"(1974 年格式直接规定 10% 的利率)。显然,随着经济的发展以及航运市场波动起伏,这种约定固定年利率计算利息的方式未必合理,而且 1989 年格式未对利息如何起算和支付问题做出明确规定,因此 2001 年格式对此做出修订,更加满足租船实践的发展需要,也赋予了合同当事方更多权限约定利息的利率确定及支付问题。但是如果承租人仍然未能按时

---

① 即如果船舶灭失或失踪,则租金应自船舶灭失或最后一次得知船舶情况之日起停付。任何预付的租金应相应扣减。

② 伦敦银行间同业拆放利率,又称伦敦银行间同业拆借利率,由英国银行家协会每天在格林尼治时间 11 点 45 分发布,该利率主要是根据 16 家国际银行的平均报价确定出来的,也是目前国际上广泛认可的有关银行短期利率的风向标。

支付上述利息，出租人是否有权选择因此撤船或者终止合同，2001 年格式对此未做明确规定。建议合同当事方能够在合同中予以明确。

在 1989 年格式中，第 10 条(e)款还规定了租金支付与撤船的关系，即“租金在应付日之后连续 7 日内仍未按时、足额支付，则出租人在无须提出任何抗议及不受任何法院的干预或不需履行任何手续的情况下，有权将船舶撤回，并且不影响出租人基于本租船合同可能向承租人提出的任何索赔请求。”由于 2001 年格式统一在第 28 条规定合同终止和解除问题，因此在 2001 年格式第 11 条有关租金支付的规定中，删除了合同终止及撤船的规定。

我国《海商法》参照 1989 年“贝尔康格式”的相关内容，在第 152 条明确规定：“承租人应当按照合同约定支付租金。承租人未按照合同约定的时间支付租金连续超过 7 日的，出租人有权解除合同，并有权要求赔偿因此遭受的损失。

船舶发生灭失或者失踪的，租金应当自船舶灭失或者得知其最后消息之日起停止支付，预付租金应当按比例退还。”

可见我国《海商法》对于承租人未按时支付租金的法律后果，光船租赁合同的规定不同于定期租船合同的规定。《海商法》第 140 条规定，只要承租人未按时支付租金，期租出租人就可以解除合同。而光船租赁下出租人解除合同的权利，必须满足如下两个条件方可行使：第一，承租人未按合同规定时间支付租金；第二，延迟支付租金的时间自应付日起连续达到 7 日的，即 7 天中即使存在非银行工作日的情形，也不做任何扣除。由此可以看出，光船租赁合同下出租人解除合同的权利受到了一定的时间限制。

(七)船舶抵押(mortgage)

2001 年“贝尔康格式”第 12 条规定了(a)(b)两款，其中这两款是可选择的，并且仅在合同双方对第 28 栏目进行约定的情况下适用。(a)款规定，出租人保证其不会在船舶上产生任何抵押权并且保证在未征得承租人事先同意的前提下(征求意见时，承租人不得存在任何不合理的迟延)在船舶上产生任何抵押权。(b)款规定根据融资文件，本租船合同下光租的船舶可以通过设定抵押进行融资。承租人承诺提供此种信息和文件，以使出租人能够满足根据融资文件中列明的有关船舶使用、保险、经营、修理以及维护方面的任何指示或建议；或者使出租人能够根据融资文件的需要，满足抵押权人在整个租期内不断发出的任何指示。承租人确认其已经熟知融资文件中的相关条款、条件和内容，并且同意以抵押权人要求的任何方式，以书面形式确认这一点。除非合同双方对第 28 栏做出约定，否则出租人保证不会在船舶上设定抵押权，并且不同意对第 28 栏中的约定进行任何修改或者在未征得承租人事先同意的情况下(征求意见时，承租人不得存在任何不合理的迟延)，设定任何抵押。

本条内容与第28栏目的约定内容密切相关，实际上是提供了两种选择，要么根据(a)款，出租人原则上保证不在船舶上设定任何抵押，除非能得到承租人事先同意；要么根据(b)款，出租人可以为了融资需要设定抵押。如果约定选择(b)款的，还应当在第28栏中注明融资文件的日期，以及抵押权人的名称和营业所所在地。根据(a)款规定，可能容易产生争议的地方就是，当出租人征求承租人意见是否可以在船舶上设定抵押时，如何判定承租人是否在合理时间内做出明确答复。恐怕只能根据具体实施情况予以判断。根据(b)款规定，承租人有义务提供相关信息和文件，以便于出租人满足抵押合同的约定。但是就抵押合同而言，出租人不能以承租人违约造成其违反抵押合同为由，向抵押权人提出抗辩。对抵押权人而言，如果出租人违反抵押合同，抵押权人可以根据抵押合同条款，直接向出租人提出违约之诉；或者向被抵押船舶提起对物诉讼。还可以根据英国1999年合同(第三人权益)法案的规定，向承租人提出索赔请求，而1989年“贝尔康格式”只有2001年格式(a)款中的内容，没有(b)款的规定。

我国《海商法》参照1989年“贝尔康格式”，对此规定得也比较简单。第151条规定，未经承租人事先书面同意，出租人不得在光船租赁期间对船舶设定抵押权。如果出租人违反上述规定，致使承租人遭受损失的，应当负赔偿责任。①

(八)船舶保险与修理(insurance and repairs)

该条款通常都约定由谁负责投保，投保哪些险别以及如何负担保险费用等问题。

2001年“贝尔康格式”第13条和第14条对有关船舶保险的相关内容做出规定，这两条由合同当事方选择其一。第13条和第14条的本质区别就是前者规定由承租人负责投保和安排船舶保险问题，而后者是由出租人负责。

第13条有6款规定，具体如下：

(a)在光船租赁期间，承租人应当为船舶投保船壳及设备险、战争险以及船东互保协会(P&I)险别(以及任何针对船舶营运而要求的强制保险，包括根据第10条(a)款第3项规定应当获得出租人书面同意的任何财务担保，出租人不得对此进行任何不合理的迟延)并支付相关费用。为了保护出租人、承租人以及任何抵押权人(如有的话)的利益，此种保险应当由承租人安排；为了保护其指定的任何经理人的利益，承租人有权为该利益投保。保险单应当涵盖出租人、承租人各自的保险利益。在不影响融资文件规定的前提下，以及征得出租人和保险人同意的情况下，承租人应当负责保险合同下涉及的一切修理问题，并承诺与该修理有关的一

① 这一规定不同于《中华人民共和国担保法》第48条规定，即：“抵押人将已出租的财产抵押的，应当书面告知承租人，原租赁合同继续有效。”参见“贝尔康格式”第10条。

切费用，包括保险费用、支出和责任，与保险人协商争议解决并获得赔偿。

承租人应当对本保险不承保的以及在本保险合同任何可能存在的免赔额范围以下涉及的与修理有关的任何费用和支出予以解决并进行相关的修理。

根据第 13 条(a)款进行的修理以及第 3 条(c)款涉及的潜在缺陷的修理而使用的时间，包括任何绕航，应当由承租人负责。

(b)如果上述保险条款允许当事人设定额外保险，则额外保险的承保范围应当限制在当事方在第 30 栏和第 31 栏中各自约定的数额范围之内。在此种情况下，出租人或承租人应当立即向对方提供与额外保险有关的具体事项，包括承保单副本或者保险单副本以及保险人书面同意此种额外保险的副本（获得保险人同意是非常必要的）。

(c)经出租人要求，承租人应当提供信息以及尽快完成所需要的各种文件以使得出租人能够符合融资文件中涉及的保险规定。

(d)在不影响融资文件相关规定的前提下，如果根据第 13 条(a)款的规定，船舶构成实际全损、推定全损、承诺全损或约定全损的，针对上述损失支付的保险赔付应当支付给出租人，由出租人根据其与承租人之间的各自利益进行分配。如果在发生任何事件可能影响到船舶将构成本条规定的全损状态，则承租人承诺应当通知出租人及所有的抵押权人。

(e)经承租人请求，出租人应当立即提供承租人所要求的各项文件，以使承租人将船舶委付给保险人并宣布推定全损。

(f)就第 13 条(a)款涉及的船壳及设备险以及战争险投保范围确定问题，应当在第 29 栏目中约定船舶的价值。

本条规定明确承租人负责投保船壳及设备险、战争险以及船东互保协会险别。特别是“船壳及设备险”的表述，不同于 1989 年格式中的“海上保险”一词，仅仅限定在船壳险方面，而不包括租金损失险等其他类型的海上保险。此外有关强制保险，包括出租人书面认可的其他财务担保的规定，也是 2001 年格式中新增加的内容。因为根据 1992 年《国际油污损害民事责任公约》(CLC 公约)以及 1992 年《设立国际油污损害赔偿基金国际公约》、2001 年《国际燃油污染损害民事责任公约》，为了更好地保护油污受害方的利益，上述公约分别针对载运 2 000 吨以上散装持久性烃类矿物油的海船、1 000 总吨以上的海船实行强制保险制度。上述公约均已经生效，因此承租人有义务投保上述强制保险。

此外，考虑到船舶保险对于出租人降低风险至关重要，因此 2001 年格式明确规定，根据第 28 条的规定，如果承租人违反本条规定或者不符合本条规定的义务，则出租人可以通过撤船终止光船租赁合同。2001 年格式对出租人享有的撤船权利再次予以强调，即只要承租人存在违反合同约定的情形，出租人即可向承租人发出书面撤船通知,从而终止合同。而在1989年格式中,也有一条有关撤船的规定,即承租人未能在应付日期的连续7日内支付租金或改正错误的,出租人才可以行使撤船权。当然,考虑到航运实践的复杂情况,2001年格式第28条也赋予当事方以一定的选择权,即允许当事方在合同中约定,只有承租人在收到出租人书面通知之日起若干日内未采取措施改正错误的,出租人才可以行使撤船权。即2001年格式赋予合同当事方选择权,既可以强化撤船的绝对权利,也可以通过一定条件限制撤船权的行使。

根据本条(d)款的规定,船舶因为发生全损而从保险人处获得的保险赔付,原则上应该支付给出租人,除非存在特别约定,在签订光船租购合同的情形下,也应当如此。例如如果合同中未对保险赔付做出特别约定,针对一个60个月租期的光船租购合同而言,即使是在第59个月发生了船舶全损,尽管承租人此时已经支付了大部分购船款项,但是保险赔付仍然应当支付给出租人。因此如果在此种情形下,承租人希望能够获得船舶全损时的保险赔付,需要在光船租购合同中做特别约定。

实际全损和推定全损是海上保险法中的特有概念。《1906年英国保险法》也有专门的规定,如果保险标的遭受毁坏或损坏已经丧失了被保险财产的属性或者被保险人完全无法避免丧失了对保险标的的拥有,则构成实际全损。推定全损是针对保险标的遭受部分损坏,没有达到实际全损的状态,但是在满足以下条件的,可以推定为处于全损状态:因为保险风险,致使被保险人丧失对保险标的的占有;被保险人不太可能将保险标的恢复原状;恢复原状的费用超出被恢复原状后的财产价值;基于保险风险遭受的损害,其修理费超出经修复后财产的价值。但是英国法律并没有明确规定约定全损(agreed total loss)或承诺全损(compromised total loss)。这两个概念暗示着当实际全损或推定全损尚不明确或者尚未对此达成一致意见的情况下,在保险人和被保险人之间约定的一种损失形态。[①]

第14条共有12款,具体内容如下:

(a)在光船租赁合同期间内,出租人应当根据本合同随附的保险单格式投保船壳、设备险和战争险,并支付相关费用。就本保险承保的船壳、设备或属具的灭失或损坏;或者为了解除船舶或出租人在本保险承保范围内的索赔事项或者承担的责任,出租人和/或保险人无权向承租人行使索赔权或行使代位求偿权。保险单应当承保出租人和承租人在光船租赁合同下的各项利益。

(b)在光船租赁合同期间内,承租人应当以出租人书面同意的某种形式(出租人不得进行任何不合理的迟延)投保船东互保协会风险(以及与船舶营运有关的任何强制风险,包括根据第10条(a)款第3项获得的财务担保)并支付相关费用。

① 参见 Mark Davis, Bareboat Charters(2nd edition),LLP,2005:Para. 14. 9:79.

(c)一旦承租人的行为或疏忽违反了本保险合同的规定,则承租人应当赔偿出租人一切损失,并且就此种保险合同本应当涵盖的,(第三方)向出租人提起的任何索赔和请求,赔偿出租人。

(d)在征得出租人或出租人的保险人同意的情况下,承租人应当负责保险合同下的一切修理问题,并且承租人应当支付与该修理相关的费用及支出,以及承担根据第14条(a)款规定的保险范围内涉及的一切保险费用、支出和责任。承租人有权根据保险合同,要求出租人的保险人偿还因上述修理所支出的费用。

(e)在本保险未承保范围和/或未超出本保险合同免赔额范围内的任何一切修理事项,承租人应当负责并完成修理工作,并且支付因此项修理产生的费用和支出。

(f)根据第14条(d)款、第14条(e)款以及上述第3条涉及的潜在缺陷的修理工作而使用的任何时间,包括任何为此偏离航线的时间,由承租人负担,并且计入租期时间内。

因船舶使用和营运而产生的意外事故需要对船舶进行修理的,出租人不负责此种修理期间发生的任何费用。

(g)如果根据上述保险条款允许进行额外保险的,则额外保险的保费应当限定在第30栏、第31栏中约定的各方当事人负担的范围之内。此种情况下,出租人或承租人应当立即向对方提供涉及额外保险的任何事项,包括任何投保单或保单的复印件以及保险人认为额外保险是必要的并且同意投保额外保险的书面同意文件。

(h)根据第14条(a)款的保险规定,一旦船舶发生实际全损、推定全损、承诺全损或约定全损,针对该损失支付的任何保险赔偿应当根据租船合同双方的各自利益支付给出租人(出租人应当在出租人和承租人之间予以分配)和承租人。

(i)根据第14条(a)款一旦根据出租人安排的保险事项,船舶发生实际全损、推定全损、承诺全损或约定全损的,本租船合同应当在发生此种损失之时终止。

(j)经出租人请求,承租人应当根据需要及时完成相关文件以使得出租人向保险人委付船舶并提出推定全损的赔偿请求。

(k)为确定第14条(a)款规定的船壳、设备险以及战争险的保险范围,船舶价值根据第29栏中约定的数额确定。

(l)尽管存在第10条(a)款的规定,但根据第14条,双方约定出租人应当维持船舶船级直至第10栏中载明的与船级社约定的日期,并且出租人应当保持所有必要的证书在上述期间内处于有效状态。

第14条是与第13条并行的可供选择的条款,主要针对租期较为短暂的光船租赁合同,特别适合于在夏季从事季节性巡航的船舶或租用渡船的情形。第14条特别约定由出租人负责投保船壳、设备险以及战争险。该条款仅限于双方明确约定,并且在第29栏中予以载明的情形下适用。如果选择适用第14条,则第13条规定的内容应当予以删除。

根据第 14 条(a)款的规定,出租人负责投保船壳及设备险以及战争风险,并支付相应的保费,因此如果船舶在光船租赁期间因为投保范围内的风险造成船壳及设备灭失或损坏的,即使是因为光租承租人的原因造成上述损失,出租人和/或保险人都不能向承租人主张索赔权或代位求偿权。实际上该条款的规定,在某种意义上是免除了承租人造成被保险标的损失的责任问题。但是根据英国法院在 1980 年审理的 Photo Pruduction Ltd. v. Securicor Transport Ltd. 案件中确立的原则,如果当事一方欲免除其过失造成的损失赔偿责任,应当在合同中使用非常明确的词语才能达到目的。目前第 14 条(a)款在免除承租人责任的表述中,并没有明确提及是否包括承租人过失造成的损失赔偿责任问题,因此如果是光租承租人雇佣的船长、船员等在驾驶船舶时的过失造成船舶灭失或损坏的,承租人能否根据第 14 条(a)款现有的规定免除赔偿责任令人怀疑。因此如果承租人意欲免除其本人或者其受雇人、代理人过失造成的保险范围内的赔偿责任的,必须用非常明确的词语(clear words)加以表述。

尽管第 14 条(a)款规定由出租人负责投保船壳及设备险,但是向船东互保协会投保的责任保险以及其他强制保险,仍然由承租人负责。如果承租人违反该合同义务,出租人是否能够行使撤船权是存在异议的。因为根据第 28 条(a)款的规定,出租人行使撤船权的表述中提及的是"承租人违反第 13 条(a)款"的规定,并未提及承租人违反第 14 条的情形,因此如果承租人违反第 14 条(b)款规定,未能投保船舶责任保险的话,恐怕出租人无法因此行使撤船权从而终止合同。

此外,根据本条规定,即使是出租人投保船壳及设备险以及战争风险,征得出租人或出租人保险人同意的前提下,一旦船舶遭受保险风险,仍然由承租人负责修理并支付所有修理费用,不过承租人有权从保险人处获得修理费的补偿。至于保险风险范围以外的风险造成船舶损坏的修理以及在保险合同免赔额范围内的船舶修理,仍然由承租人负责,并支付相关费用。因上述修理使用的时间以及为进行船舶修理而偏离航线的时间,计入租期时间,并且承租人仍然根据合同约定支付租金,尽管在上述期间内无法有效使用船舶。

我国《海商法》参考了 1989 年"贝尔康格式"第 12 条的规定,相对比较简单。第 148 条明确规定:"在光船租赁期间,承租人应当按照合同约定的船舶价值,以出租人同意的保险方式为船舶进行保险,并负担保险费用。"显然,根据我国《海商法》的内容,仅明确了承租人负责投保的一种方式,未对出租人投保做出规定。同样,我国法律没有明确保险的种类是否仅限于船壳及设备险,还是也包括船东互保协会承保的风险。如果承租人未根据第 148 条的规定履行投保义务的法律后果也没有明确规定。至于船舶发生全损或推定全损之后,谁有权向保险人主张保险赔偿，以及保险赔偿金如何在出租人、承租人之间分配，保险风险下的修理由谁负责等相关内容，我国《海商法》均未做出明确规定。因此建议光船租赁合同当事方应当参照“贝尔康格式”的相关规定，在合同中做出明确约定。

（九）还船（re-delivery）

2001年“贝尔康格式”在第15条对交还船舶在时间、地点和船舶状态方面做出明确规定，1989年合同格式是在第13条做出规定。在1989年格式内容的基础上，2001年格式做了部分修订，增加了船舶在最后航次因为不可预见的原因还船以及船舶航行及船级证书有效的最短期限等相关内容。

2001年“贝尔康格式”第15条规定：“承租人应在租期届满时，在第16栏规定的安全并没有冰冻的港口或地点，在出租人指示的一个合适的安全泊位，将船舶交还给出租人。承租人应在还船日之前不少于30个连续日内，将预计还船日期、还船港口的范围或者还船港口或地点情况发出预通知给出租人。在还船日不少于14个连续日内，将预计还船日期、还船港口或地点发出准确通知给出租人。在发出通知之后，如果船舶动态发生变化，承租人应立即通知出租人。

如果经合理预计，最后航次（包括其之前的任何压载航次）无法在租期届满时完成并交还船舶的，则承租人保证不进行此航次。尽管有上述规定，如果承租人未能在租期届满时交还船舶，承租人应当根据第22栏中约定的租金率加10%，或者市场租金率，二者以较高者为限，支付超期期间的每一天租金。超期期间，本租船合同的任何其他条款、条件和规定均适用。

在不影响第10条规定的前提下，将船舶交还给出租人时，船舶应处于交船时相同的或同样的结构、状态、条件和船级，但不影响船级的自然损耗除外。

还船时，应当保证船舶定期进行检验的安排正常进行，并且保证航行证书、船级证书至少在第17栏约定的月份内保持有效。”

承租人应当在租期届满时，在合同约定的港口或地点还船。与1989年格式相比较，2001年格式除了强调还船地点是安全港口或泊位之外，还要求该还船地点应当是非冰冻的。一旦船舶未在合同约定的地点交还给出租人的，出租人有权向承租人索赔损失。由于英国法未对光船租赁合同下这一问题做出明确规定，因此有学者认为，应当遵循英国法有关定期租船合同下类似问题的解释原则予以处理。①

如果承租人在租期届满前提前还船，则出租人有权就承租人提前还船的违约行为造成的损失提出索赔，并由出租人初步举证证明，在提前还船期间，市场租金

① 参见 Mark Davis, Bareboat Charters(2nd edition), LLP, 2005, Para. 15.2:86.

率与合同约定租金率之间的差额作为计算损失的依据。提醒读者注意的是，这里仅仅强调出租人完成初步举证责任即可。解释这一原则的典型案例就是英国法院在1994年审理的"The Griparion（No.2）"案件①。该案件中合同当事方于1990年4月签订了包括光船租赁合同在内的一系列协议，约定光租期间为38个月。1992年8月，承租人拒绝支付租金并告知出租人，由于船舱不适航的状态并且会危及船员人身安全，合同已经受阻，因此提出终止合同。1992年9月出租人接受还船并就提前还船损失提出高达260万美元的索赔。承租人确认了提前还船的事实，但是就出租人索赔的损失数额提出质疑。事实上如果船舶不立即进行实质修理，将无法投入营运使用，而修理费包括修理期间的时间损失，总计100万美元。由于1992年9月还船时，刚好处于市场低迷状态，无论船舶修理与否都不会影响当时的市场租金率。因此，出租人选择不修理船舶，直接提出市场租金率与合同约定租金率之间的差额向承租人索赔。而承租人抗辩提出不存在一艘处于不适航状态的船舶的市场租金率，而且出租人的索赔数额应当扣除修理费。Rix法官最终认定，根据当时的市场状况，出租人作为一个谨慎的船东，采取不修理船舶并且不支付修理费的措施是合理的，出租人已经完成了初步举证证明损失的义务，承租人应当举证证明船东的行为在当时是不合理的，或者举证证明9月份之后的市场租金率。由于承租人无法完成这些内容的举证，因此，法院最终支持了出租人索赔260万美元的诉请。

就迟延还船而言，2001年"贝尔康格式"的规定与1989年格式的规定略有差异。根据1989年格式第14条，在首先确认承租人应当在租期届满时将船舶交还给出租人的基本义务之外，还明确规定，如果承租人在指定最后一个航次时能够合理地预计到船舶将在租期届满之前还船，即使最后航次的履行终了的时间实际超出租期届满日，承租人也有权超期完成该航次。并且该条款没有对超期期间租金是根据合同租金率支付还是较高的市场租金率支付问题做出明确规定。而2001年格式则更加强调承租人应当在租期届满前还船的义务。如果经合理预计，最后航次（包括其之前的任何压载航次）无法在租期届满时完成并交还船舶的，则承租人保证不进行此航次。同时对超期期间的损失计算方式做出明确规定。根据英国法律，承租人在光船租赁合同下按期还船的义务属于中间义务条款，只要承租人未能按时还船，出租人就享有索赔权。至于2001年格式中规定的出租人可以索赔合同约定租金率的10%的内容，未必都能得到认可，关键是受理争议的法院或者仲裁机构如何认定该约定的性质。至于出租人能否基于迟延还船而解除合同，主要看迟延的程度是否严重到可以解除合同。我们认为这种合同解除权实际上对出租

① 参见Mark Davis, Bareboat Charters（2nd edition），LLP 2005，Para. 15.2:88.

人而言，意义不大，因为即使不解除合同，船舶因为交还也会事实上达到光船租赁合同终止的效果。

还船时，船舶应处于交船时相同的状态、结构和船级，但不影响船级的自然损耗除外。还船时，如果船舶未能处于良好状态，对出租人而言可能面临选择：是接受受损船舶，然后向承租人索赔，还是要求承租人修复受损船舶直至船舶状态完好再予以接受。英国丹宁勋爵早在 1975 年审理的“Attica Sea Carriers Coporation v. Ferrostaal Poseidon Bulk Reederei GmbH”（参见 1976 1 Lloyd’s Rep. 250）上诉案件中，就明确指出，除非光船租赁合同当事方在合同中明确约定承租人交还船舶时，船舶应当处于良好状态的条款属于条件条款，否则承租人有权将受损的船舶交还给出租人，但是应当对船舶损害承担赔偿责任。显然目前 2001 年格式中有关还船内容的约定尚不足以构成“明确约定的条件条款”，因此如果出租人不希望交还的船舶受损，应当在光船租赁合同中对此做出明确约定，并约定该条款构成条件条款；否则只能接受受损船舶并向承租人索赔。索赔的依据就是因为船舶受损而使船舶价值减损的部分，通常就是合理的船舶修理费。

因此为确定还船时船舶的状态和结构，出租人和承租人通常各自指定验船师，对船舶进行检验，其费用和因此造成的时间损失，一般由承租人承担。与交船时一样，还船时出租人和承租人需对船舶的各种设备、备用品、器具和船上所有用于消耗的物料，列出清单。出租人应按还船时当地的市场价格，购买船上所剩的燃料、润滑油、淡水、食品及用于消耗的物料。

（十）船舶无债务担保（non-lien）

2001 年“贝尔康格式”第 16 条有关船舶无债务担保的条款内容，与 1989 年“贝尔康合同”第 15 条的规定相比较，未做任何修改。只是内容上进行了部分调整，即将后者有关赔偿条款的规定，调整至 2001 年格式的第 17 条。

2001 年“贝尔康格式”第 16 条规定，承租人不得因为其本人或其代理人的原因，在船舶上产生或者允许在船舶上持续产生优先于船舶出租人所有权及其权益的任何留置权或担保物权。承租人进一步同意在船舶显著位置张贴并在整个租期内持续张贴有下列内容的通知：“本船舶系________（船舶出租人名称）的财产。根据租船合同，船舶租赁给________（承租人名称），根据租船合同的规定，承租人、船长均无任何权利、权力或授权使船舶遭受或继续遭受任何由担保物权保证清偿的债务影响。”

在英国法之下，“Lien”的表述具有非常宽泛的含义，不同于大陆法系以及我国法律中具有限定含义的“留置权”，因此这里笔者没有将本条款直接翻译为“无留置权条款”，而是采用广义含义，翻译为“无担保物权”。因为根据英国法，lien 的种类，一般区分为 common law lien（普通法留置权），equitable lien（衡平法留置权），

statutory lien(制定法留置权)。[①] 根据布莱克法律词典的解释，common law lien 是指根据法律的规定，赋予债权人滞留处于其占有之下的属于债务人的财产，直至债务人支付并偿清债务。因此这种留置权与大陆法系规定的占有留置权类似。而衡平法留置权不是根据法律创设的，而是根据当事方书面订立的合同，明确赋予一方当事人针对某项债务或义务的履行而针对一些特定财产的全部或者部分所设定的权利，或者衡平法院考虑到当事方之间的关系及交易情况所默示并赋予当事方的一种权利。而制定法留置权是指仅仅根据制定法所产生的针对一些特定情形或特定条件所产生的一种权利，不包括根据合同或依赖合同所产生的任何留置权。此外，广义上讲，lien 的表述还包括海商法中特有的一个概念，即船舶优先权(maritime lien)。船舶优先权在不同国家的法律中内涵和外延有所不同。根据我国《海商法》第 21 条的规定，是指海事请求人根据第 22 条的规定，向船舶所有人、光租承租人、船舶经营人提出海事请求，对产生该海事请求的船舶具有优先受偿的权利。第 22 条规定的海事请求包括如下 5 种：(1)船长、船员和在船上工作的其他在编人员根据劳动法律、行政法规或者劳动合同所产生的工资、其他劳动报酬、船员遣返费用和社会保险费用的给付请求；(2)在船舶营运中发生的人身伤亡的赔偿请求；(3)船舶吨税、引航费、港务费和其他港口规费的缴付请求；(4)海难救助的救助款项的给付请求；(5)船舶在营运中因侵权行为产生的财产赔偿请求。

因此本条款明确限定承租人或其代理人不得在船舶上设定任何包括占有留置权、船舶优先权等在内的任何一种担保物权，否则应当根据 2001 年格式第 17 条的规定承担赔偿责任。

(十一)赔偿(Indemnity)

2001 年“贝尔康格式”第 17 条专门规定了赔偿条款，系将 1989 年格式中第 14 条“无担保物权”条款中有关赔偿的规定与该格式第 20 条“提单条款”中的相关内容进行合并而专门设立的一个条款。

第 17 条包括两款内容：(a)因承租人安排船舶营运或者与船舶营运有关而造成出租人的任何灭失、损坏或费用，以及租期内因任何事件产生的无论任何性质的担保物权，给予出租人以赔偿。如果船舶因承租人安排船舶营运而造成的任何索赔事项或担保物权被扣押或滞留的，承租人应当自行承担费用，采取一切合理措施，包括提供保证金，以确保船舶在合理时间内被释放。

在不影响上述一般规定的情况下，承租人同意因船长、高级船员或代理人签发提单或其他单证而给出租人造成的任何后果或产生的任何责任，给予出租人以赔偿。

① 参见 Henry Campbell Black , Black Law Dictionary (5th edition) West Publishing Co. 1979:832.

(b)如果船舶因向出租人提出的索赔事项而被扣押或滞留,出租人应当自行承担费用采取一切合理措施,包括提供保证金,以确保船舶在合理时间内被释放。

在此种情况下,出租人应对此种船舶扣押或滞留而直接导致承租人的任何灭失、损坏或费用(包括租期内已经支付的租金)给予承租人以赔偿。

与1989年"贝尔康格式"第15条规定相比较,本条款的范围更为广泛,也相对更加公平,从承租人、出租人两方面的赔偿责任予以规定。(a)款的规定与1989年"贝尔康格式"第15条的规定基本类似,也基本反映了光船租赁实务的特点,因为在整个光船租赁期间,船舶处于承租人的控制、占有和营运安排之下,所以因为光船租赁期间在船舶上设置的担保物权以及因船舶营运而造成出租人任何灭失、损坏和费用,承租人应当赔偿出租人也是情理之中的事情。需要注意的是,本条款的表述非常宽泛,只要是承租人在光船租赁期间因为船舶营运而造成出租人的任何灭失、损坏或费用,不论承租人对此是否存在过失,承租人均应承担赔偿责任。而在1974年"贝尔康格式"中,仅仅强调了因为承租人在安排船舶营运中的过失造成的灭失、损坏才承担责任。因此,2001年"贝尔康格式"下,承租人的赔偿责任范围更加宽泛。同时明确了光船租赁期间,因为提单或其他运输单证签发而给出租人造成任何后果及责任承担等,承租人也需承担赔偿责任。(b)款则是为了呼应(a)款的规定,明确规定光船租赁期间,因为向出租人提起的相关索赔事项而导致船舶被扣押或滞留,因此直接造成承租人任何灭失、损坏的,出租人也应当承担赔偿责任。这里提及的出租人赔偿责任,仅限于给承租人直接造成的灭失、损坏,不包括因船舶扣押或滞留而造成的承租人的间接损失。因此可以推定承租人应当举证证明其遭受的损失与船舶扣押或滞留之间存在直接因果关系。否则出租人仍然无须承担赔偿责任。

我国《海商法》第149条明确规定:"在光船租赁期间,因承租人对船舶占有、使用和营运的原因使出租人的利益受到影响或者遭受损失的,承租人应当负责消除影响或者赔偿损失。"其第二款还规定:"因船舶所有权争议或者出租人所负的债务致使船舶被扣押的,出租人应当保证承租人的利益不受影响;致使承租人遭受损失的,出租人应当负赔偿责任。"

上述我国法律规定与贝尔康合同之相关内容本质上是类似的,只是不如贝尔康合同条款规定得详尽。

(十二)留置权(lien)

与其他租船合同类似,2001年"贝尔康格式"第18条也规定了留置权条款。即出租人有权对属于或应当给予承租人或任何转租承租人的一切货物、转租租金和转租运费或者本租船合同下任何提单运费行使留置权,承租人有权对已经预付并尚未赚取的任何钱款对船舶行使留置权。与1989年"贝尔康格式"第16条相比较，基本内容类似，只是在用语表述方面有些变化，使得2001年格式的规定范围更加宽泛。主要变化之处在于：(1)增加了对"转租租金"的留置权。因为根据英国法，转租租金(sub-hire)不同于转租运费(sub-freight)，①如1989年格式仅规定对转租运费享有留置权的，则出租人即使知道承租人存在转租租金，也无法针对该转租租金行使留置权。因为此种留置权属于英国法律允许的基于合同约定而创设的留置权。只有在合同用语表述非常清晰的情况下，出租人才可以行使该权利。为了避免可能存在的遗漏，2001年格式增加了对"转租租金"行使留置权的规定。(2)增加了"转租承租人"(sub-charterer)一词。即不论是属于承租人的货物、转租运费/转租租金，还是属于转租承租人的货物、转租运费/转租租金，出租人都可以行使留置权。这样的规定，更有利于保护出租人的利益，因为转租承租人通常与出租人之间并不存在直接的租船合同关系(除非是提单法律关系)，因此出租人也无法通过与转租承租人订立合同创设留置权。(3)增加了"应付给"承租人或转租承租人的表述(due to the charterer or sub-charterer)。即不论是属于承租人/转租承租人的货物、转租运费/转租租金，还是应当交给承租人/转租承租人的货物、应支付给承租人/转租承租人的转租运费/转租租金，出租人都可以行使留置权。显然这里的"留置权"并不像1989年"贝尔康格式"那样，限定在承租人/转租承租人享有所有权的货物、转租运费/转租租金，只要该货物、转租运费/转租租金是应当交给或支付给承租人/转租承租人的，出租人也可以予以留置。

尽管2001年"贝尔康格式"第18条的规定只有寥寥几行，但是明确规定了如下三种类型的留置权：出租人针对属于或应给予承租人或转租承租人的货物、转租运费和转租租金享有留置权；出租人针对任何提单运费享有留置权；承租人针对任何预付尚未赚取的款项享有留置船舶的权利。以下逐一分析。

1. 出租人留置属于或者应给予承租人或转租承租人的货物

由于光船租赁期间，船舶完全处于承租人的控制、占有和营运安排之下，实践中出租人几乎无法占有属于或应给予承租人或转租承租人的货物，也就无法实现占有留置权。因此英国法律给予这种基于合同约定创设的留置权以衡平法救济。为了实现留置权，出租人应当向承租人发出通知，要求承租人支付债务；如果承租人不予以配合，则出租人可以向法院提出申请，请求法院司法拍卖属于承租人的货物，并在拍卖货物的价款中确保出租人因留置权担保的债权可以清偿。如果出租人通过一些途径获知某第三方要购买属于承租人的货物，则出租人还可以向该可能的购买人发出通知，告知将要针对该货物行使留置权。如果该第三方对出租人

---

① 参见郭萍. 试论船舶租用合同中留置权条款的有关问题. 中国海商法年刊，1996，pp. 311～319.

发出的通知置若罔闻，则出租人可以向该购买人从承租人处购买的货物行使留置权。①

2. 出租人留置属于或者应给予承租人或转租承租人的转租运费和转租租金

根据本条规定，出租人不能留置光船租赁合同之下应收取的所有转租运费/转租租金，而只能留置属于承租人（或转租承租人）或者应支付给承租人（或转租承租人）的转租运费/转租租金。事实上此种留置权也不同于传统上的占有留置权，因为出租人根本无法“占有”转租运费或转租租金。根据英国法律，此种留置权的实现方式是在转租承租人尚未向承租人支付转租运费或转租租金之前，出租人应向该转租承租人发出书面通知，并告知出租人将对转租运费或转租租金行使留置权。如果该转租承租人在收到出租人通知之前，已经将转租运费或转租租金实际支付给承租人的，则出租人不能行使对转租运费或转租租金的留置权。

3. 出租人留置提单运费

在光船租赁合同下，也可能会签发海运提单，并由托运人或提单持有人向承租人支付提单项下的运费。由于该运费未必能够包含在上文提及的“转租运费”中，因此“贝尔康格式”赋予出租人对此项约定留置权。与上文提及的转租运费或转租租金一样，出租人也无法“占有提单运费”，无法实现传统意义上的占有留置权，而只能通过向有权收取提单运费的承租人的代理人发出通知的方式，通过“截留方式”实现留置权。

4. 承租人针对预付尚未赚取的款项留置船舶

承租人享有的此项权利也属于合同约定的留置权。但是与出租人留置权不同，承租人留置船舶的权利，属于占有留置。即当承租人预付部分款项给出租人，并且该款项是出租人不应当赚取的，则承租人有权要求出租人返还上述款项，否则承租人可以在租期届满时滞留船舶以实现该权利。显然该留置船舶的权利不同于我国《海商法》第 25 条规定的针对船舶修理费、建造费而产生的船舶留置权。

在前述几种留置权中，特别是针对转租运费、转租租金或提单运费享有的留置权，都不属于占有留置，都需要出租人以向承租人或第三方发出通知的方式实现留置权。因此如果存在多个留置权时，会涉及这些留置权之间的受偿顺序问题。根据英国法院在 1823 年审理 Dearle v. Hall 案件中确立的原则，以债权人发出上述通知的先后时间顺序作为受偿顺序，而无须考虑留置权担保的债权创设的时间。如果债权人未发出上述通知的，则以留置权担保的债权产生的先后顺序作为受偿顺序。②

---

① 参见 Mark Davis, Bareboat Charters(2nd edition), LLP, 2005, para. 18.2:102.

② 参见 Mark Davis, Bareboat Charters(2nd edition), LLP, 2005, para. 18.7, p. 104.

我国《海商法》未对光船租赁合同下的留置权做任何规定，根据《海商法》第153条的规定，定期租船合同中的第134条、第135条第1款、第142条以及第143条适用于光船租赁合同。但是定期租船合同中有关留置权条款的第141条并未包括其中。而根据中国民事法律规定，留置权属于法定担保物权，因此在《海商法》未对光船租赁合同下的留置权做出规定的前提下，即使合同当事方在光船租赁合同条款中对留置权做出约定，恐怕也很难实现。即使确认光船租赁合同约定留置权条款的效力，根据中国法律，该权利也很难实现。因为贝尔康合同中有关留置权的规定，除了承租人留置船舶的规定外，均不属于占有留置，这种规定本身也与我国法律中强调留置权应当具有占有留置的法律属性相冲突。

（十三）救助、残骸清除与共同海损（salvage, wreck removal and General Average）

2001年"贝尔康格式"第19条、第20条和第21条分别就救助、残骸清除和共同海损问题进行规定。

第19条规定，因船舶实施救助和拖带而产生的任何救助报酬和拖带费用由承租人享有，并且因此受到损害而产生的船舶修理费也由承租人承担。该条款与1989年格式的第17条完全一致。根据英国法院于1921年在审理Elliott Steam Tug Company Limited v. Commissioners for Executing Office of Lord High Admiral of United Kingdom案件中确立的原则，①在光船租赁合同之下，因使用船舶提供救助或拖带服务而应获得的救助报酬或拖带费用，应当支付给光船承租人，而非船舶出租人。这一点不同于航次租船合同和定期租船合同，因为在后一情况下，救助报酬或拖带费通常应当支付给出租人。

第20条规定，当船舶成为残骸或对航行构成障碍物，则出租人对船舶成为残骸或碍航物而实际支付的以及应当支付的任何款项，承租人应当给予出租人赔偿。本条款与1989年格式第18条的规定一致。本条款虽然明确了承租人的赔偿责任，但是由于条款表述的原因，容易产生争议的一个问题就是出租人何时有向承租人索赔的权利？是出租人已经确立了应当对残骸清除等负有责任的时候还是出租人实际已经支付了残骸清除等费用的时候？英国贵族院在审理The Padre Island（No. 2）案件中，②给出了确定上述答案的一般标准。法官明确指出承租人承担赔偿责任需满足三个前提条件：（1）船舶已经成为残骸或碍航物；（2）出租人对船舶成为残骸或碍航物因此造成的损失应当承担责任；（3）出租人已经支付了上述损失赔偿数额。因此只有出租人因船舶成为残骸或碍航物并实际支付了相关费用之

① 参见[1921] 1 AC 137。

② [1990]2 Lloyd's Rep. 191.

后，才可以依据本条款向承租人主张赔偿。但是对于出租人而言，可能存在一个潜在的风险，就是如果承租人未依照本合同规定承担赔偿责任的，出租人不能通过扣押承租人的其他姊妹船的方式作为担保。因为英国法院在2000年审理Aluflet SA v. Vinave Empresa De Navegacao Maritima Lda (The Faial)案件中，①合同采用贝尔康1989年格式。当船舶在光船租赁期间成为残骸之后，根据港口当局的要求，出租人支付了残骸清除费用。之后出租人根据1981年《最高法院法案》(The Supreme Court Act 1981)第21条的规定，向法院申请扣押承租人的姊妹船Faial以担保未受偿的残骸清除费用。但是受理案件的Rix法官拒绝接受出租人的扣押申请，认为根据英国法院确定光船租赁合同下承租人承担赔偿责任的上述三个前提条件，当出租人实际支付了清除残骸的费用之后并提出扣押承租人姊妹船申请时，因为构成残骸的光租船舶已经灭失，相应地光船租赁合同已经终止，该船舶的承租人已经不符合《最高法院法案》中规定的承租人的概念，因此出租人不能通过扣押承租人的其他姊妹船来担保承租人的赔偿责任。

2001年"贝尔康格式"第21条规定，出租人不参加共同海损分摊。与1989年格式第19条相比较，更加明确、简洁。后者规定一旦发生共同海损，应当根据1974年《约克·安特卫普规则》或其后修订的生效规则予以理算，并明确光船租赁合同下的租金不参与共同海损分摊。共同海损是海商法中特有的一项制度，但是就共同海损及其分摊问题，目前尚没有一个国际公约予以调整。航运实践中，合同当事方通常在运输合同、租船合同或提单中约定适用某个年代版本的《约克·安特卫普规则》进行理算。有鉴于此，2001年"贝尔康格式"的起草者们认为没有必要再在合同中约定理算规则，因此删掉了1989年约定理算规则的条款内容。在2001年格式中，更加明确出租人不参加任何共同海损分摊，不论是其应当收取的光租租金还是其他应收款项。

我国《海商法》对光船租赁合同下的海难救助、残骸清除及共同海损问题未做规定。

（十四）合同的转让、转租及船舶买卖(Assignment, sub-charter and sale)②

本条规定了两款内容，即(a)在未征得出租人书面同意的情况下（在征求意见时，出租人不得进行不合理的迟延），承租人既不能转让本光船租赁合同，也不能再以光船租赁的形式将船舶转租；即使征得出租人同意进行转让或光租转租的，也应当以出租人同意的条款和条件进行。(b)在本光船租赁合同期间，出租人不得出售船舶，除非获得承租人事先书面同意（在征求意见时，承租人不得进行不合理

① [2000]1 Lloyd's Rep. 473.

② 2001年"贝尔康格式"第22条，1989年格式第20条。

的迟延),即使征得承租人同意出售船舶的,也不得违反买方确认的本租船合同的受让内容。

合同的转让,通常情况下既包括合同项下的权益转让,也包括合同项下的义务及责任转让。在合同未做任何相反规定的情况下,一般并不限制合同一方当事人将合同项下的权益转让给合同之外的第三方。但是如果一方当事人将合同项下的义务和责任转让给合同之外的第三方时,不但应当征得合同另一方当事人的同意,还应当征得受让的第三方的同意。2001 年"贝尔康格式"第 22 条提及的"合同转让"一词,并没有清楚地表述转让的是合同项下的权利还是义务、责任。根据英国法院在审理 Linden Gardens Trust Ltd. v. Lenesta Sludge Disposals Ltd. 案件中确定的原则,①"合同转让"一词仅仅表示转让的是合同项下的权益,而非合同项下的义务和责任。因此对第 22 条的理解,也应当限于合同项下的权益转让。

"贝尔康格式"对仅限于权益让与的合同转让以及以光租形式进行转租,都要求以事先征得出租人书面同意为前提,显然对承租人而言,是设定了较高的条件限制的。这主要是由于光船租赁合同的特性决定的。因为光船租赁合同下,除船舶处分权以外,其占有权、营运权、收益权及雇用船长、船员的用人权都转移给承租人,出租人对船舶的实际控制是很有限的,所以出租人在选择光租承租人时,往往比较慎重,要综合考虑承租人是否具有相应的经营能力,是否具有良好的信誉及雄厚的实力等。而承租人若在未征得出租人书面同意之前,擅自转让合同或将船舶以光船租赁形式转租,可能因转租承租人的经营不善及信誉不良而损害出租人的利益,所以出租人必须要对合同受让人以及转租承租人的情况进行适当了解之后,才可以同意转让合同或光租转租船舶。当然出租人也不能以此为由,提出任何不合理的理由限制承租人转让合同或光租转租船舶。

以上有关转租的限制仅适用于光船转租的情况。如果承租人只是以定期租船或航次租船的方式转租,光船租赁合同对此并未进行任何限制,因此可以认为光租承租人不必事先征得出租人书面同意,只要转租后通知一下出租人即可。

关于光船租赁期间,出租人出售船舶的问题,在 1989 年格式中并没有做出规定。因此为了满足实践需要,2001 年格式对此做出明确规定,即在事先征得承租人同意的前提下,出租人可以出售船舶,并且新的买受人应当同意并确认本光船租赁合同下的条款和内容。

我国《海商法》第 150 条也对此做出相应规定,即:"在光船租赁期间,未经出租人书面同意,承租人不得转让合同的权利和义务或者以光船租赁的方式将船舶进行转租。"与 2001 年"贝尔康格式"不同的是,我国《海商法》明确了合同的转让

① [1993]3 All ER 417 (HL).

是指“合同权利和义务”的转让，但是随之产生的疑问就是：第一，承租人能否单独转让合同项下的义务，而非将合同项下的权利和义务一并转让；第二，如果出租人书面同意承租人仅仅转让合同项下的义务，是否还应征得受让该义务的第三方的书面同意。对此《海商法》未做出详尽规定。根据我国《合同法》第80条、84条和第88条的规定，合同项下的权利、义务既可以单独转让，也可以一并转让。但是他们各自转让的条件有所不同。第80条规定，债权人转让权利的，应当通知债务人。未经通知，该转让对债务人不发生效力。虽然《合同法》使用的是“通知”一词，区别于《海商法》“征得承租人同意”的表述，但因为《合同法》明确规定“未经通知，该转让对债务人不发生效力。因此实际效果上与“征得同意”存在异曲同工之妙。而根据第84条的规定，合同义务的全部或部分转移给第三人的，应当经债权人同意。当事人一方经对方同意，可以将自己在合同中的权利和义务一并转让给第三人。[①] 根据《合同法》上述规定，可以合理地认为我国《海商法》第150条的规定，既可以是全部或部分权利或义务的单独的转让，也可以是权利和义务的一并转让。而且义务的全部或部分的转让，只需征得债权人（或另一方当事人）同意即可，无须征得受让的第三方的同意。

此外，我国《海商法》未对光船租赁期间船舶出售问题做出规定。根据我国《合同法》第十三章“租赁合同”第229条的规定，租赁物在租赁期间发生所有权变动的，不影响租赁合同的效力。即租赁物的新的买受人要受期限未届满的财产租赁合同的限制和约束，直至财产租赁合同期限届满，买受人才能充分地享有财产所有权，这是“买卖不破租赁”原则的体现。显然《合同法》更加强调了对租赁合同承租人权益的保护，但是没有对所有权变动的条件做任何限定，更未规定出租人转让租赁物所有权时须征得承租人同意。该规定要比2001年“贝尔康格式”的第22条的规定宽松。所以如果光船租赁合同当事方未对此做出规定，并适用中国法律的前提下，由于《海商法》对此未做出规定，根据《合同法》第124条的规定：“本法分则或其他法律没有明文规定的合同，适用本法总则的规定，并可以参照本法分则或者其他法律最相类似的规定。”出租人无须考虑征得承租人书面同意即可转让船舶所有权。

（十五）运输合同（contract of carriage）

2001年“贝尔康格式”第23条是在1989年格式第19条“提单条款”的基础上，又增加了以海运单、电子提单、旅客客票等内容而修改的条款，包括（a）、（b）两款供当事方选择使用。（a）款针对货物运输，（b）款针对旅客运输。具体规定如下：

---

① 参见《合同法》第88条的规定。

(a) 承租人应确保在本租船合同期间,签发的一切证明货物运输条款和条件的运输单证中应当包含一个首要条款,以能够将强制适用于货物运输的有关承运人责任的立法并入其中,如果不存在此强制立法,则应当将《海牙－维斯比规则》并入其中。该运输单证中还应当包括新杰森条款、双方互有责任碰撞条款。

(b)承租人应确保在本租船合同期间,签发的一切有关旅客及其行李运输的客票中应当包含一个首要条款,以能够将强制适用于旅客及其行李运输的有关承运人责任的立法并入其中,如果不存在此强制立法,则应当将1974年有关海上旅客及其行李运输的雅典公约及其任何议定书并入其中。

如果在光船租赁合同下签发包括提单、海运单、电子提单等证明海上货物运输合同的运输单证,则运输单证之下应当承担责任的是光租承租人,而不是出租人。而调整海上货物运输合同的国际海运公约,已经生效的有《海牙规则》、《海牙－维斯比规则》和《汉堡规则》,尚未生效的是《鹿特丹规则》。这些生效的海运公约对于各自适用范围内的提单或运输合同具有强制约束力。因此,在光船租赁合同下签发的提单等运输单证中,包含一项首要条款也是符合航运实践通常做法的。此外有关共同海损分摊的新杰森条款以及涉及两船均有过失发生碰撞造成财产或人身伤亡赔偿的双方互有责任碰撞条款也是海运提单中常见的条款,因此,2001年"贝尔康格式"第23条规定上述条款应当包含在光船租赁合同下签发的提单中也符合航运习惯。

除了用于货物运输以外,考虑到光船租赁的船舶还可能用于旅客运输,因此(b)款涉及的签发有关旅客客票的规定是2001年格式中新增加的内容。

不论是承租人签发提单等货物运输单证还是签发旅客客票,因此造成出租人任何损失的,出租人均可以依据2001年"贝尔康格式"第17条的规定,向承租人索赔。

(十六)银行担保(bank guarantee)

2001年"贝尔康格式"第24条是可选择条款之一,仅在合同双方对合同第一部分第27栏目内容进行约定时适用。第24条规定在交船之前,承租人保证根据第27栏目规定的数额和地点,提供一份一流银行出具的担保函或保证金,以保证其充分履行本租船合同项下的义务。该内容与1989年格式第22条相比较,基本没有变化,只是个别表述发生变化。

由于光船租赁合同的风险性,如果承租人公司没有较为雄厚的实力,作为签订光船租赁合同的前提条件,航运实践中出租人通常都会要求承租人提供一些财务担保以保证承租人能够充分履行光船租赁合同项下的各项义务。如果根据合同约定,承租人提供该项担保构成合同条件条款的,则承租人一旦未能够在交船前提供一流银行出具的担保函或保证金,则出租人有权解除合同并提出损害赔偿。

担保函可以由承租人的母公司提供,也可以由一流银行提供。担保函本质上属于光船租赁合同的附属协议,因此担保函中担保人保证履行的被担保人(承租人)的义务,应当与作为主合同的光船租赁合同中承租人的义务一致,至少不能超出光船租赁合同中规定的承租人的义务范围。在未征得担保人同意的情形下,主合同内容进行部分变更的,则变更的内容可能对担保人而言是不发生效力的,担保人也没有义务对变更的内容予以承诺。至于何谓“一流银行”,光船租赁合同本身并未明确界定。一般认为比较知名的或者规模较大的,并且具有较高信誉和足够财力的银行都可以被视为一流银行。为避免不必要的争议,建议光船租赁合同当事方能够明确该内涵。

所谓保证金,又被称为“履约保证金”(performance bond),是指当承租人违反光船租赁合同义务时,保证人向作为债权人的出租人无条件地支付的一笔款项。与银行出具的担保函略有不同的是,如果银行出具的是保证金,则如同信用证一样,银行承担第一性责任。即不论承租人是否事实上违约或者债权人可能存在违约行为,只要经出租人请求,作为保证人的银行就应当支付该保证金。

鉴于担保函与保证金之间仍然存在一些差异,建议当事方在选择使用“贝尔康格式”时,能够在本条中明确规定需要银行出具的到底是担保函还是保证金,以避免不必要的争议。

(十七)征用/取得(requisition/acquisition)

2001 年“贝尔康格式”第 25 条分两款针对船舶征用租赁和船舶强制征用分别进行规定,内容与 1989 年格式基本没有变化,具体规定如下:

(a)一旦租期内因任何政府部门或其他主管当局征用船舶并安排船舶租赁(以下简称征用租赁),不论征用租赁发生在租期内任何时间,不论其征用时间的长短,也不论其征用期限是否有限制,以及不论征用租赁是否可以或将要在余下的租期时间内继续发生效力,都不得视为本租船合同受阻或终止,承租人有义务继续根据本租船合同规定的方式支付租金直至如下期限中的较短者届满:在余下的租期时间内出租人收到征用船舶租金或赔偿金后,应支付给承租人;根据相关条款规定,本租船合同应该终止的时间,或者船舶被征用并用于租赁的时间。

(b)一旦出租人因为任何强制性征用船舶而丧失船舶所有权或者因任何政府部门或其他主管当局征用船舶(以下简称强制征用),无须考虑该强制征用发生在租期内任何时间,本租船合同在此种强制征用发生时视为终止。在此种情形下,租金应视为已经赚取并应支付直至发生强制征用之时。

该条款与 1989 年格式第 23 条相比较,除个别表述外,主要内容基本没有变化。其主要规定了两种情形,即船舶被征用并处于租赁状态和被强制征用。这些情形基本发生在战争时期或者一国出现紧急事件的情况下。

1. 船舶征用租赁(requisition for hire)

当船舶被某政府部门或主管当局征用租赁,对光船承租人而言并没有其他选择,只能将船舶租赁给该政府部门或主管当局。而且船舶被征用租赁期间,尽管承租人并不能如愿掌控船舶,但是仍然有义务在整个租期内全额并按时支付租金,而且船舶被征用租赁不能被视为构成合同受阻或终止合同的理由。如果征用船舶的租金或赔偿金与光船租赁合同下的租金相差无几,(a)款的规定尚可以理解;如果相差较大,则被征用租赁的期限越长,对承租人越不公平。因为在船舶被征用租赁的情况下,承租人依然有义务支付船舶的维修保养费以及保险费等,而占有使用船舶的权限还受到征用租赁的限制。因此建议光船租赁合同双方可以约定对本条款进行适当修改,例如约定承租人支付的租金数额以其收到征用租金或赔偿金额为限,而不是根据光船租赁合同约定的租金率确定;或者可以约定当船舶被征用租赁的期限超过双方约定的期限的,可以赋予承租人行使选择权是否解除合同。

2. 船舶被强制征用(compulsory acquisition for title)

本条(b)款明确规定当船舶被某政府部门或主管当局强制征用而使得出租人丧失所有权时,租船合同自船舶被强制征用之时终止。但是在被强制征用之前,承租人仍然有支付租金的义务。

我国《海商法》对船舶征用租赁及强制征用问题未做出规定。

(十八)合同终止(termination)

2001年"贝尔康格式"第28条专门对合同终止问题做出规定,是将1989年格式的第9条(维护和营运)、第10条(租金)、第12条(保险和修理)等条款中有关合同终止的相关规定进行整合后,新增加的条款之一。该条共包括5款内容,具体如下:

"(a)承租人违约

如果发生如下事项,向承租人发出书面通知后,出租人有权将船舶从承租人手中撤回并且本租船合同立即终止:

(i)承租人未能根据第11条的规定支付租金。但是如果由于承租人或其银行的疏忽、过失、过错或粗心而导致租金未能按时支付的,出租人应向承租人发出书面通知,要求其在第34栏目中约定的××银行日之内改正错误,如果承租人在出租人通知中规定的日期内改正错误并支付租金的,视为定期按时支付了租金。如果承租人未在出租人发出通知规定的日期内改正错误的,则出租人有权将船舶从承租人手中撤回并且终止合同而无须再向承租人发出通知。

(ii)承租人未能满足:①第6条(航行限制)条款规定;②第13条(a)款(保险和修理)的规定,则出租人有权选择向承租人发出书面通知要求承租人在限定的期限内改正错误,如果承租人未能遵守通知要求,并不影响出租人根据本条款行使撤船权并终止合同。

(iii)根据第10条(a)(i)项的要求,出租人以书面形式要求承租人尽可能快地做出安排并且不得因此影响船舶保险范围,但是承租人未能满足上述要求的除外。

(b)出租人违约

出租人的任何行为或不为违反了本租船合同项下的义务并剥夺了承租人对船舶的使用的,在承租人向出租人发出书面通知之后,上述违约行为持续达到14个连续日,则在承租人向出租人发出书面通知之后,承租人有权立即终止合同。

(c)船舶灭失

当船舶构成全损或被声明构成推定全损、承诺全损(compromised total loss)或约定全损(arranged total loss)的,本租船合同终止。根据本款规定,船舶不能被视为全损,除非船舶已经实际构成全损或者已经与保险人就船舶的推定全损、承诺全损或约定全损达成协议,或者虽未与保险人达成协议,但相关主管机构已经判定船舶构成推定全损。

(d) 当法院判决或裁决合同当事一方停业整顿、公司解散、清算或破产的(不包括公司重组或公司合并),或者已经认命接受者,或者中止支付、停止营业活动或与债权人订立任何特别和解协议的,另一当事方有权在向对方发出书面通知之后立即终止本合同。

(e)本租船合同的终止并不影响在合同终止之前双方当事人根据合同享有的任何权利,也不影响任何一方可能提出的任何索赔请求。”

从上述规定可以看出,这里提及的“合同终止”,实际上应当是“合同解除”。因为根据我国《合同法》第91条的规定,合同终止包括如下情形:债务已经按照约定履行、合同解除、债务相互抵消、债务人依法提存标的物、债权人免除债务、债权债务同归一人、法律规定或当事方约定的其他情形。而2001年“贝尔康格式”第28条主要规定了出租人或承租人违约、船舶灭失、一方当事人破产等情形下的合同终止,基本属于合同解除的范围之内。为了尊重英文表述,这里仍使用“合同终止”一词。

第28条规定了三种有关承租人违约,出租人可以终止合同的情形,但是其具体条件略有不同,应当值得出租人注意。

当承租人违反第11条有关租金支付的规定时,出租人即享有终止合同的权利,除非未按时支付租金是因为承租人或其银行的疏忽、过失等引起的。在后一情形下,根据实践中常见的“抵御市场波动条款”的规定,出租人应当向承租人发出书面通知要求其在规定时间内改正错误,若承租人未在规定时间内按时支付足额租金的,出租人仍然可以行使终止合同的权利。

而如果承租人违反的是第6条(航区限制)以及第13条(a)款(保险和修理)

的规定,出租人不能立即行使合同解除权,而应当首先向承租人发出书面通知。即发出书面通知是解除合同的前提条件。当然第 28 条也赋予了出租人一项选择权,可以选择是否给承租人提供一个改正错误的机会。但是如果承租人未在规定时间内改正错误的,并不影响出租人撤船并终止合同的权利。

如果承租人违反的是第 10 条(a)(i)项有关船舶维护和营运方面的规定,与前述几种终止合同不同的是,当出租人发现承租人存在违约行为时,应当首先向承租人发出书面通知并要求其改正错误。没有明确规定改正错误的规定时间,如果承租人未能根据实践情况尽可能快地采取措施的,出租人就可以行使终止合同的权利。

(十九)重新占有船舶(repossession)

该条款是 2001 年"贝尔康格式"新增加的条款之一。主要目的就是根据第 28 条的规定,租船合同被终止或者出现其他困境的情况下,如何澄清和加强出租人的法律地位。因为光船租赁合同之下,出租人并不占有船舶,因此当合同被终止时,出租人往往处于劣势,而且很难重新占有船舶,特别是当船舶行驶在公海的情况下。因此有必要对合同终止情况下,如何确保出租人重新占有船舶,以及因此产生的船员额外工资或遣返费用负担等问题予以明确,这就是 2001 年"贝尔康格式"第 29 条所要解决的问题。

第 29 条规定如下:"当根据第 28 条适用的条款规定终止本租船合同时,出租人有权在船舶现在所处的港口或下一挂靠港或者对出租人方便的港口或地点从承租人处重新占有船舶,而不受承租人、法院或当地机构的妨碍或干涉。在根据本条规定出租人实际重新占有船舶之前,承租人仅作为出租人的无偿受托人占有船舶。在本租船合同终止后,出租人应当尽可能合理并快速地安排经授权的一位代表登轮。自出租人的授权代表登船时起,船舶视为处于出租人的重新占有之下。与承租人的船长、高级船员和普通船员的工资、离船费用、遣返费用结算有关的安排和费用都由承租人自行负责。"

当根据第 28 条的规定,光船租赁合同被终止的情况下,承租人无权再占有和经营船舶,因此出租人有权将船舶撤回并重新占有船舶。而且此种重新占有船舶无须依赖于法院或当地主管当局的任何命令或裁定。如果在合同被终止后,由于种种原因,例如船舶正在公海上或者在距离遥远的港口或者出租人不方便立即接管船舶等,使得出租人无法立即重新占有船舶,而船舶仍处于承租人占有之下,则根据第 29 条的规定,此时承租人视为出租人的无偿受托人占有船舶。受托(bailment)是英国法下的一个概念,意味着在出租人实际重新占有船舶之前,承租人有义务尽到合理谨慎照管船舶并确保船舶处于安全状态的责任,因此产生的任何费用由承租人自行承担。此外,如果在承租人作为受托人占有船舶期间,因为违反谨慎照管船舶的义务而造成船舶灭失或损坏的，承租人应当承担赔偿责任。

尽管根据第29条的规定，船长、船员工资、遣返费用等由承租人负担，但是在实践操作中，出租人可能会涉及预垫船员工资等费用的问题。因为当租船合同根据第28条规定被终止时，船长、船员为了索要欠付的工资及遣返费用等，往往会采取扣押船舶和/或拒绝离船的方式，直至索赔请求得到满足。因此对于出租人重新占有船舶的权利而言，面临现实困难的问题，也没有更好的实际解决方式。特别是承租人濒临破产的情况下，出租人不得不首先解决船员上述索赔纠纷并预垫相关费用，然后再根据本租船合同规定，就其实际支付的费用向承租人追偿。

2001年“贝尔康格式”除上述主要条款外，还包括争议解决条款(dispute resolution)(第30条)、通知条款(notices)(第31条)。值得注意的是，在争议解决条款中，除了像其他标准租船合同在条文中允许选择伦敦仲裁、纽约仲裁或当事方商定的其他地点仲裁之外(当事人未明确选择哪个地点提起仲裁的，默认选择伦敦仲裁方式解决争议①)，2001年“贝尔康格式”还增加了可以通过调解的方式解决争议，并对调解的具体程序作详细规定的内容。第31条有关通知的规定中，明确了本租船合同中涉及发出的通知均应当采用书面形式，包括电传、电报、信函、电子邮件等。

除前文提及我国《海商法》有关光船租赁合同的条文规定外，鉴于定期租船合同与光船租赁合同的部分内容相似，为了避免条文的简单重复，我国《海商法》第153条规定，该法关于定期租船合同的部分内容适用于光船租赁合同。它们分别是第134条关于承租人保证船舶在约定航区内安全港口之间运输约定货物；第135条第1款关于承租人保证运输约定的合法货物(提请读者注意的是，这里仅涉及第135条第1款内容适用于光船租赁合同，不包括该条文第2款有关活动物、危险货物运输以及第3款有关违反上述义务后的法律后果的相关内容)；第142条关于还船时船舶的状态以及第143条关于最后航次的规定。

第二节　光船租购合同

一、光船租购合同的概念与性质

光船租购合同(bareboat charter with hire purchase)，又称船舶租购合同，是光船租赁合同的一种特殊形式，指出租人向承租人提供一艘不配备船员的船舶，在约

① 参见2001年“贝尔康格式”第30条第(a)～(c)条款内容。

定的期间内由承租人占有、使用和营运,并在约定期间届满时将船舶所有权转移给承租人,而由承租人支付租购费的合同。

光船租购合同产生的原因主要是,试图购买船舶的人基于资金限制或融资限制,很难或无法一次性出具巨额资金,为了解决资金困难,通过与船舶所有人订立这种合同。承租人在获得船舶所有权之前便享有占有和使用船舶的权利,并将巨额购买船舶的价款,分成若干小份,随同每一期租金同时支付,从而在租期届满时获得船舶所有权。采用这种方式,既没有影响承租人对船舶控制和使用的权利,又可以很大程度上缓解资金压力,实际上这是现代船舶融资的一种方式。对船舶所有人而言,通过这种办法出卖船舶,也可以减少一定风险。例如,在租期届满之前,出租人仍享有对船舶的所有权,一旦承租人不按时支付每一期租金和每一期购船价款,船舶所有人就有权将船舶撤回,从而保证其得到出卖船舶的全部价款。实际上,这种合同所要达到的最终目的是船舶买卖,只不过采用了光船租赁的方式。因此光船租购合同具有光船租赁合同和船舶买卖合同的双重属性。船舶出租人又是出卖人,承租人同时又是船舶买受人。

二、光船租购合同的特别规定

光船租购合同通常是在光船租赁合同基础上,设立租购条款而达成的。因此光船租购合同的大部分内容与光船租赁合同相同或相似,但仍订有关于船舶买卖的一些特别规定。有关船舶购买的特别规定,也仅仅在当事方选择适用并且在第一部分第42栏目中予以填写时才发生作用。1989年“贝尔康格式”专门对租购内容进行规定,2001年格式是在第四部分(Part Ⅳ)中予以规定的,内容与1989年格式的规定几乎一致,只是为了避免不必要的误解,删除了1989年格式中有关最后一期租金迟延交付的部分内容。

有关船舶买卖的特别规定主要涉及购买价款及登记费用的负担、卖据和所有权注销登记、卖方风险的转移、船员遣返等方面。以2001年“贝尔康格式”为例,第四部分涉及的具体内容如下:

(一)船舶所有权与风险的转移

租期届满时,如果承租人履行了本租船合同第一、第二部分规定(如有适用,还包括第三部分)的全部合同义务,则在其支付最后一期租金并付清全部购买船舶价款后,船舶连同属于船上的一切财产的所有权,立即转移至承租人。

鉴于光船租赁合同届满之时船舶买卖合同发生效力,因此为了明确起见,“贝尔康格式”明确规定本部分此后的条文内容中,出租人以卖方表示,承租人以买方表示(下文也采用卖方、买方的同样表述)。并且“贝尔康格式”明确规定,在本光船租赁合同届满时,卖方(出租人)应交付船舶同时买方(承租人)应当接受船舶。

事实上由于在整个光船租赁期间，船舶处于承租人（买方）的占有控制之下，因此在传统船舶买卖中，买卖双方需要对交接船舶进行检查的内容，在光船租购合同下就没有必要再规定。特别是出租人（卖方）是基于融资需要而非关注船舶经营状况的情况下，恐怕光租承租人比出租人更熟悉和了解船舶的实际情况。因此光船租购合同中没有关于交接船舶状况予以检查的条文规定。此外，虽然"贝尔康格式"规定了卖方应当交付船舶，以及买方应当接受船舶的义务，但事实上这种规定不过是法律或合同上的规定，而非事实上的要求，因为船舶在光船租赁合同届满时就已经处于承租人占有之下。上述有关船舶交接的规定，无外乎是涉及所有权和风险转移的时间而已。

因此从光船租购合同的规定可以看出，船舶所有权从卖方转移至买方要具备三个条件：光船租赁合同届满、承租人已经履行了光船租赁合同下的义务、承租人支付了最后一期租金。如果承租人没有按时支付最后一期租金，是否会影响船舶所有权转移。在1989年"贝尔康格式"中曾经有条文规定，即如果最后一期租金支付迟延但是没有超过7个连续日或者由于承租人无法控制的其他原因导致支付迟延，出租人不能行使撤船权。这个规定与该格式第10条有关撤船权的行使只能在租金支付迟延超过7个连续日的规定存在冲突，为了避免误解，2001年格式删除了上述规定。至于最后一期租金支付迟延的问题，根据2001年格式第28条"合同终止"的相关规定予以解决。即如果承租人迟延支付最后一期租金满足第28条撤船的条件，出租人可以行使撤船权，但是不会因此妨碍船舶所有权在租期届满时转移至承租人。

对此，我国《海商法》第154条明确规定："订有租购条款的光船租赁合同，承租人按照合同约定向出租人付清租购费时，船舶所有权即归于承租人。"在船舶租期届满交付给承租人之前，船舶连同属于船舶的一切财产的风险和费用，由出租人承担。但是一经进行船舶买卖交接，这种风险便转移至承租人。一旦船舶完成交接，卖方对于船舶可能存在的故障或任何方面的瑕疵不负责任。

（二）卖方（出租人）的保证

除由于买方的行为或不为产生的债务或经约定已经产生的尚未偿清的船舶抵押权外，卖方应保证在船舶买卖交接时船舶没有依附由船舶优先权或其他担保物权保证清偿的任何债务。如果在船舶交接之前已经提起针对船舶的索赔事项，如经证明卖方需对该索赔负责，则卖方保证就该索赔造成买方的任何后果承担赔偿责任。根据买方船旗国规定，有关船舶购买和登记而产生的任何税负、公证费、领事费以及其他税费等由买方负担。与卖方注销登记有关的任何税负、领事费和其他税费由卖方负担。

除了买方（承租人）的行为或不为产生的债务以外，上述有关卖方保证船舶没有依附任何担保物权或债务的内容与“贝尔康格式”第二部分的第 16 条(无担保物权条款)、第 17 条(赔偿条款)的规定有些重复。但是光租租购合同仍然再次强调了卖方(出租人)的这一保证义务。值得注意的是,由于根据第二部分第 24 条的规定,为了保证承租人履行光船租赁合同项下的义务,可能会要求承租人提供银行担保或保证金。而光船租购合同仅规定出租人有上述保证义务,但是没有规定应该采取哪些措施确保出租人履行上述保证义务或者违反上述保证义务的后果。因此即使再次规定卖方的保证义务,对于买方(承租人)而言也可能是毫无价值的,特别是卖方为单船公司的情况下,光船租赁的船舶可能是卖方的唯一财产,即使由于卖方原因致使依附于船舶的债务造成买方损失的,买方也无法从卖方获得赔偿。

(三)船舶文书

在买方支付最后一期租金时,卖方应当向买方提供一份经过适当证明的船舶合法卖据(bill of sale),包括列明登记债务的一份证书。在船舶买卖交接时,卖方应向买方提供船舶已经注销登记的证明,并且卖方应当将其持有的(有关船壳、机器、锚、锚链等)船级证书和各种其他船舶文件和图表等交给买方。

(四)其他事项

买卖合同之下交接的船舶,应包括船上的无线电设施和航海仪器,买方无须对此额外支付购买价款,除非上述设施和仪器是卖方租赁的(而卖方所有)。

如果船长、船员及其他人员由卖方指定(appointed),则买方应负责上述人员返回至本光船租赁合同第 3 条规定的港口的遣返费或返回任何其他地点的相应差旅费。

三、适用于新建造船舶的光船租赁合同

(一)概述

在 1989 年“贝尔康格式”中就专门针对新建造船舶增加了一个部分——适用于新建造船舶的光船租赁合同(provisions to apply for newbuilding vessels only)。2001 年格式在 1989 年格式基础上做了部分修改,该内容规定在第三部分(Part Ⅲ),明确该内容仅在当事方选择并在第一部分的相关栏目中进行填写时适用。

该内容实际上是航运实践有关新建造船舶的现实反映。根据第三部分的条文规定,出租人与造船厂签订船舶建造合同,但是建造的船舶应当满足或符合承租人的具体要求。这种方式在融资租赁中被广泛使用,特别是出租人(船舶所有人)是银行或其他金融机构的情形下。船舶所有人(出租人)根据船舶建造合同规定,从造船厂接受船舶,同时该船舶所有人根据光船租赁合同向承租人交付船舶。而承

租人有权决定建造船舶的具体条件和状况，在船舶建造过程中，如果涉及船舶方面的修改，应当征得承租人同意。如果承租人不同意该修改和变化，造船厂不能做出任何变更。同样承租人有权在造船合同规定的范围之内，对船舶的建造过程进行监督。承租人出具对建造合同的书面确认，意味着承租人应当对建造的船舶，包括相关的证书和文件予以认可，不能再提出异议。而且一旦船舶所有人将建造完毕的船舶交付给承租人，承租人不得就船舶存在的任何问题向出租人（船舶所有人）提出索赔。

从上述内容可以看出，关于新建造船舶的光船租赁合同，实际上符合我国《合同法》有关融资租赁合同的界定，已经超出了《海商法》规定的单纯光船租赁合同范围。《合同法》第 237 条明确规定，融资租赁合同是出租人根据承租人对出卖人、租赁物的选择，向出卖人购买租赁物，提供给承租人使用，承租人支付租金的合同。显然根据融资租赁合同的界定，该合同融合如下两个合同关系及三方当事人关系，即出租人（买受人）与出卖人之间的买卖合同，加上出租人与承租人之间的租赁合同。由于承租人对于出卖人以及租赁物享有选择权，因此买卖合同与租赁合同之间具有非常密切的关联。

（二）条款主要内容

第三部分包括 5 款内容，涉及船舶建造合同与本租船合同之间的关系，船舶交付的时间与地点、船舶的保证内容、船名的确定以及还船时的船舶检验等。具体内容如下：

1. 详细说明及建造合同（specification and building contract）

（a）应当根据出租人与建造方之间签订的，包含建造详细说明和方案的随附于本租船合同之下的建造合同（以下简称造船合同）内容建造船舶。经双方签署的上述造船合同、详细说明及方案应当得到承租人的批准。

（b）未经承租人同意，不得变更经承租人批准的造船合同、详细说明及方案。

（c）在建造船舶过程中，承租人有权派代表前往船厂检查是否根据本条（a）款中述及的经批准的详细说明和方案建造船舶。

（d）应根据造船合同及其相关规定内容建造船舶。在不影响第 2 条（c）（ii）项内容的前提下，在根据造船合同的规定船舶建造完毕，建造方交付船舶之日，承租人有义务接受出租人交付的船舶。承租人保证一经接受船舶，承租人不得就船舶情况或船舶具体内容或存在的任何缺陷向出租人提出索赔。然而，如果在建造方交付船舶之日起 12 个月内发现船舶需要修理、更换部件或存在缺陷，出租人应努力促使建造方修理、更换或对缺陷采取救济措施或向建造方索赔为完成修理、更换或缺陷救济而产生的任何费用。但是出租人对承租人的责任仅限于出租人能够根据建造合同中的保证条款（该条款复印件应提供给承租人）从建造方获得有效赔付的范围之内。承租人有义务接受出租人根据本条款获得的合理赔付,并且承租人不得就出租人索赔回来的数额,与实际发生的修理费、更换费或为弥补缺陷而采取措施的费用或因此造成的时间损失之间的差额,再向出租人提出索赔。因实际缺陷或瑕疵而产生的任何约定性赔偿金,应当由第 41 栏目(a)中约定的一方当事人负担,如果未在该栏目中填写任何内容,则由双方当事人平均负担。根据本条款向建造方提出索赔而产生的任何费用(包括向建造方承担的任何责任),应当由第 41 栏目(b)中约定的一方当事人负担,如果未在该栏目中填写任何内容,则由双方当事人平均负担。

2. 交付船舶的时间和地点(time and place of delivery)

(a)根据造船合同和详细说明的相关规定,一旦船舶完成接受测试,包括货物设备的测试并达到承租人满意状态,当已经做好交船准备并且船舶证书齐全时,在造船厂内或经出租人、承租人、建造方同意的一个安全的并易于接受的其他码头或地点,出租人应当将一艘漂浮状态的船舶交给承租人,承租人应当接管该船舶。根据造船合同,建造方已经预估做好将船舶交付给出租人的日期,但是就本租船合同提及的交付日期而言,船舶交付日期是指已经完成船舶各项测试并由建造方实际交付船舶的日期,而不论建造合同规定的测试日期是在实际交付日期之前或之后。在根据第 1 条(d)项规定接受船舶之时或之后,承租人无权拒绝接受船舶交付,承租人无权就有关船舶适航的任何条件、陈述或保证(不论明示或默示的)或有关迟延交付船舶向出租人提出任何索赔。

(b)如果由于出租人违反造船合同以外的其他原因,致使建造方有权不向出租人交付船舶的,则出租人将建造方不交付船舶的上述情况以书面形式通知承租人后,免除向承租人交付船舶的义务,一旦承租人收到该通知,则本租船合同效力终止。

(c)如果存在根据造船合同出租人有权拒绝接受船舶的理由,则在行使拒绝权之前,出租人应当与承租人协商如下内容:

(i)如果承租人不希望接受船舶交付,则应当在收到出租人书面通知之日起连续 7 日内书面通知出租人,出租人一旦收到承租人通知,则本租船合同终止;或者

(ii)如果承租人希望接受船舶交付,则应当在收到出租人书面通知之日起连续 7 日内书面通知出租人并要求出租人就接受交付船舶和/或迟延行使拒绝权方面的条件与建造方协商,出租人一旦收到承租人书面通知就应当立即与建造方协商,并且/或从建造方处接受船舶交付并将船舶交给承租人;

(iii)在任何情况下,承租人都无权拒绝接受船舶除非出租人可以拒绝建造方交付的船舶;

(iv)如果本租船合同根据本条(b)或(c)项规定被终止,则出租人对此后因本

租船合同或其终止之下或因此产生的任何索赔，不向承租人承担任何赔偿责任。

(d)因造船合同下的迟延交付船舶而产生的任何约定性赔偿金以及索赔该赔偿金而产生的任何费用，应当由第41栏目(c)中约定的一方当事人负担，如果未在该栏目中填写任何内容，则由双方当事人平均负担。

3. 保证工作(guarantee works)

如果没有其他约定，出租人授权承租人根据造船合同条款约定的形式安排保证工作并且在该保证工作发生效力期间承租人有支付租金的义务。如果出租人提出请求，承租人应就保证工作的履行情况告知出租人。

4. 船名

船舶名称应当由出租人和承租人双方协商确定，船舶涂刷的颜色、烟囱显示的标记根据承租人要求进行，船舶悬挂承租人所主张的国家旗帜。

5. 还船检验(survey on re-delivery)

出租人和承租人应当在交还船舶时指定验船师以便于对船舶状况进行检验并由验船师出具书面检验报告。在不影响第15条规定的前提下，承租人应当承担所有的验船费用或任何其他费用，包括出入坞费用(如经请求)以及因此产生的修理费。承租人还应当承担出、入坞期间以及修理期间的时间损失，该时间损失根据每天租金率确定，不足一天的按比例计算。

由于在新建造船舶之下的光船租赁合同的出租人要受造船合同和租赁合同的双重约束，因此需要在本条款中能够明确上述两个合同之间的关系，尤其是明确和协调出租人的相关权利、义务和责任至关重要。尽管出租人出面与建造方签订造船合同，但是有关船舶的具体规范及内容是根据承租人的要求进行的，因此本条款明确规定未经承租人同意，建造方不得随意对船舶进行变更或调整。同样，因为船舶是根据承租人具体需求订造，因此承租人不能拒绝接受船舶交付，除非是出租人基于造船合同能够合理拒绝的情形。

标准的造船合同通常都规定，一旦船舶交付，即使需要进行船舶修理、更换部件或存在瑕疵需要救济，买受人都不能退还船舶或者向建造方提出索赔，而是由建造方负责对船舶进行修理或者部件、设备等更换。如果造船合同中订有建造方有关船舶质量保证的条款，买受人还可以根据该条款就船舶修理或瑕疵而产生的任何费用向建造方索赔。因此本条款明确规定，一方面，承租人不得以船舶需要修理、更换或存在瑕疵为由向出租人提出任何索赔；另一方面明确了出租人可以以造船合同中的建造方质量保证条款为限对承租人承担有限责任，而不论承租人就修理、更换或瑕疵的补救而实际花费更高的费用。

此外，造船合同中通常会规定在船舶交付后完成相关事项的测试。而本条款中明确规定出租人向承租人交付船舶的日期是船舶建造完毕之后，并且已经完成合同规定的所有测试事项并且建造方实际向出租人交付船舶时。因此可能会存在这样一种情形,即造船厂根据造船合同的规定已经向出租人实际交付船舶,并且尚在各种测试中。虽然根据造船合同,船舶已经实际交付给出租人,但是尚未满足依据本光船租赁合同,出租人可以向承租人交付船舶的条件。直至各项测试工作完成之后,出租人才可以根据光船租赁合同的规定,向承租人交付船舶。在上述两个交付期间的时间损失,由出租人承担。因此只有向承租人实际交付船舶之后,才会涉及到承租人根据合同规定支付租金的问题。出租人(船舶所有人)需要注意上述两个合同之间存在的差异问题,为了避免不必要的误解和损失,最好在造船合同中明确将完成各项测试工作作为船厂向船舶所有人交付船舶的前提条件。

第三节 光船租赁登记

一、概述

随着 20 世纪 70 年代光船租赁实践活动的开展,光船租赁登记开始引起人们的关注。因为光船租赁登记在提供船舶融资、鼓励合资企业、促进发展中国家航运企业发展等方面具有重要的作用。因此,在 20 世纪 70 年代中后期开始,人们普遍开始接受光船租赁登记。1986 年 2 月 7 日,在日内瓦召开的联合国船舶登记条件会议上通过了《联合国船舶登记条件公约》,首次在国际公约层面上对光船租赁做出专门明确规定。尽管该公约至今也未生效,但是至少反映出国际航运界对于光船租赁应当登记的普遍认识。

根据《联合国船舶登记条件公约》第 12 条第 1 款的规定,公约缔约国应当准许本国的承租人以光船租赁的形式租进船舶,并在租赁期内进行登记并享有悬挂其国旗的权利。同时该条第 5 款规定,光船租进船舶的登记国需确保原船旗国已被告知光船租赁的船舶登记已经注销。因此,在光船租赁实践中,船舶存在两套并行的登记制度越来越普遍。一方面是出租人在其国家进行的船舶登记因为光船租赁合同的存在而暂时中止,另一方面光租承租人则在承租人所在国家进行光船租赁登记。一旦光船租赁合同终止或届满,则出租人进行的最初船舶登记将恢复原有效力。出租人之所以仅仅是中止原有的船舶登记,是为了能够享受船旗国所赋予的一些优待,例如税费减免、降低船员成本等等。对上述现象尤为关注的是通过船舶作为抵押担保的融资机构,因为抵押权以及其他留置权等都是根据船舶登记国法律予以确定。例如我国《海商法》第 270 条明确规定,船舶所有权的取得、转让和消灭,适用船旗国法律。船舶抵押权也是适用船旗国法律。如果船舶在光船租赁以前或者光船租赁期间，设立船舶抵押权的，适用原船舶登记国的法律。① 尽管《海商法》并没有明确规定光船租赁需要登记，但是“适用原船舶登记国”的表述暗含了除原船舶登记以外，还可能存在其他船舶登记的意思。显然我国《海商法》也是认可光船租赁合同下可能存在两套并行船舶登记的事实。

当船舶挂靠某个国家的港口时，基于拖欠港口供应商相关费用的情形，供应商可能向船舶提出索赔。此时港口国法院受理案件后，可能会依据该港口国的法律确定该索赔与船舶抵押权人主张索赔之间的顺位问题，而不会考虑船舶国籍以及船旗国的法律。为了保全其债权的实现，作为抵押权人希望在光船租赁期间，当原船舶登记处于中止状态时，能够在光船租赁登记国登记其抵押权或者能够对光船租赁之下抵押权人的利益以适当的方式予以明确。因此通常情况下，抵押权人最好能够在船舶登记国进行抵押权登记，从而能够让其他任何第三方知晓船舶所有权的情况以及登记的其他相关权利。

二、“贝尔康格式”有关光船租赁登记的相关规定

“贝尔康格式”在 1989 年格式中就增加了有关光船租赁登记内容，但是仅在当事方选择时适用，并需要在第一部分的相关栏目中填写并予以明确。2001 年格式对此未作任何修订，具体内容体现在第五部分。其共包括三款内容，分别是定义条款、抵押条款、因违约造成租船合同终止等。

第一条 定义条款主要明确了“光船租赁登记”（bareboat charter registry）和“原船舶登记”（underlying registry）的含义，前者是指在光船租赁合同期间船舶悬挂国旗所在国进行的并且将承租人登记为光船租赁承租人的登记行为。后者是指在一国将出租人登记为船舶所有人并且对船舶的管辖和控制权利将在光船租赁登记终止时予以恢复的登记行为。

第二条是有关抵押的条款，明确规定本租船合同下租赁的船舶可以通过抵押方式进行融资并且一旦进行抵押，第二部分第 11 条(b)款有关抵押的规定将予以适用。

第三条规定，如果本租船合同下租赁的船舶根据第 44 栏目约定内容进行光船租赁登记，并且如果出租人未能根据第 28 栏目中的约定支付适当的抵押款项，如经抵押权人请求，承租人应指示出租人在第 45 栏目中显示的原船舶登记部门进行船舶再登记。由于出租人违反支付抵押款项的义务，造成船舶被第 44 栏目中显示的光船租赁登记部门注销登记的，承租人有权终止本合同并且不影响其根据本租船合同向出租人提出的任何索赔权利。

---

① 参见我国《海商法》第 271 条第 1、2 款规定。

三、英国法有关光船租赁登记的规定

在英国,调整船舶登记的立法包括《1995 年商船航运法》以及《1993 年商船航运(船舶登记)条例》(后者在 1994 年、1998 年进行较小范围的修改和补充)。当一艘船舶根据光船租赁合同条款被光租给英国承租人时,承租人可以根据《1995 年商船航运法》第 17 条以及《1993 年商船航运(船舶登记)条例》第 73 ~ 87 条的规定进行船舶登记并在船舶上悬挂英国国旗。至于能否将悬挂英国国旗的船舶光船租赁给外国承租人,则没有相关规定。

光船承租人在英国进行船舶登记的条件要求与英国籍船舶所有权登记的条件一致,即都要求承租人应当是英国公民、英国公司,或者是在欧洲经济区成员国(EEA state)注册的公司。如果上述公司的主营业所不在英国,则应当指定一名代表以便于接受相关文件。

光船租赁期间终止的时间为下列时间的较早者:(1)租船合同期限届满和(2)光船租赁登记证书中记载的登记日期之日起 5 年(除非进行了延期登记)。进行船舶登记之后,光租的船舶在整个登记期间有权悬挂英国国旗并且应当遵守英国的一切商船航运立法,但是不包括私法。根据英国《1995 年商船航运法》的规定,有关船舶适用的私法,例如涉及船舶所有权、抵押权排序等方面,仍然适用船舶原登记国的法律。在英国进行光船租赁登记,应当向位于卡迪夫(cardiff)的航运及海员登记总局(General Registry of Shipping and Seamen)提交登记申请。申请书中应当包括如下内容:(1)有资质登记为英国船舶的声明;(2)光船租赁合同复印件,并且应当载明船舶名称、承租人与出租人名称、租期等内容;(3)在其他国家进行最初登记的证书;(4)承租人法人公司证明(如果承租人在英国注册公司登记)或者承租人在其他地区进行公司注册的证明文件。[①] 如果在进行光船租赁登记之后,存在影响船舶为英国籍的任何变化,承租人应当尽快以书面形式通知登记部门。否则根据英国法,未能及时通知的,可能构成犯罪行为。

一旦在英国进行光船租赁登记,则英国登记部门应当将该情况通知该船舶原登记部门,并且英国船舶登记程序在下列情形下终止:(1)登记证书期限届满;或(2)存在《商船航运(船舶登记)条例》第 87 条涵盖的任何情形。该条例第 87 条规定下列情形会导致光船租赁登记程序终止:(1)承租人提出申请;(2)船舶不再拥有登记为英国船舶的资质;(3)船舶全损或毁损;(4)登记部门根据有关商船航运立法的规定,基于船舶安全、船员(和旅客)安全以及油污风险的角度,认为不适合保持船舶登记状况的。如果一艘船舶符合在英国进行光船租赁登记的资质,并且

① 参见 Mark Davis, Bareboat Charters(2nd edition),LLP,2005:204,para. 34.6.

已经进行了船舶检验，提交了相关的证书，则除非存在上述第 87 条规定的情形，否则登记部门很难拒绝进行船舶登记。

2001 年“贝尔康格式”明确规定，如果出租人违反支付抵押款项的义务，则经抵押权人请求，承租人应当指示出租人在原船舶登记部门重新进行登记，同时赋予承租人可以行使注销光船租赁登记的权利。之所以这样规定，是因为受到“合同相对性原则”的限制。因为抵押权人与出租人（抵押人）之间并不存在光船租赁合同关系，因此抵押权人只能请求承租人代表他向出租人（抵押人）主张权利。实际上“贝尔康格式”的这个条款对于抵押权人的保护是非常有限的，因此抵押权人为了保障抵押权的实现，还应当通过其他更加有效的措施，例如担保函等，而不是仅仅依靠光船租赁合同的一个简单条款规定。

四、中国法有关光船租赁登记的规定

我国《海商法》虽然在第六章对光船租赁合同做出明确规定，但是并没有规定光船租赁登记问题。而在有关船舶登记的相关法规、规章中规定了光船租赁的登记问题。根据《海上交通安全法》的规定，原交通部于 1986 年 10 月 15 日发布的《中华人民共和国海船登记规则》第四章首次规定租赁登记问题。其第 21 条规定，具有中国国籍的船舶，如果光船出租给外国航商时，由船舶所有人提出申请。申请书应载明租期、租金、起租时间或其他特约，并呈验主管上级批准光船出租的文件和租赁合同的正、副本。并到船籍港船舶登记机关办理登记，中止中国国籍。原国籍证书由船舶登记机关封存，另出具证明书。船舶即停止悬挂中国国旗航行。登记完毕，文件副本留登记机关存查。登记完毕后，登记机关发给租赁证明书。租赁原因消灭的，原登记人应持书面申请并附原租赁登记证明书及有关证明文件，申请办理租赁注销登记。但是，该登记规则仅对中国籍船舶光租给国外承租人的登记情况做出规定，没有对中国籍承租人从国外光船租赁进来一艘船舶的登记问题以及中国企业之间光船租赁登记问题做出规定。

国务院于 1994 年 6 月 2 日颁布《中华人民共和国船舶登记条例》（以下简称《船舶登记条例》），自 1995 年 1 月 1 日起施行。该条例没有直接规定光船租赁登记问题，而是针对光船租赁权的登记问题予以明确。其第 6 条规定，光船租赁权的设定、转移和消灭，应当向船舶登记机关登记；未经登记的，不得对抗第三人。其条文表述，与我国《海商法》关于船舶所有权和船舶抵押权登记的规定几乎一致。《船舶登记条例》第五章专门对光船租赁登记做出规定，包括光船租赁登记适用的条件以及具体文件方面的要求。第 25 条明确规定，中国籍船舶以光船条件出租给中国企业的、中国企业以光船条件租进外国籍船舶的、中国籍船舶以光船条件出租给境外的、光船租赁合同的承租人和出租人都应到船舶登记机关办理登记。

如果出租人将船舶光船租赁给中国籍承租人，则出租人和承租人应当在船舶起租前，持船舶所有权登记证书、船舶国籍证书和光船租赁合同正本、副本，到船籍港船舶登记机关申请办理光船租赁登记。如经审查符合规定的，船籍港船舶登记机关应当将船舶租赁情况分别载入船舶所有权登记证书和船舶登记簿，并向出租人、承租人核发光船租赁登记证明书各一份。① 如果中国籍船舶以光船条件出租境外的，出租人应当持相关文件，到船籍港船舶登记机关申请办理光船租赁登记。如经审查符合规定的，船籍港船舶登记机关应当依法中止或者注销船舶的中国国籍，并发给光船租赁登记证明书一式二份。② 如果是中国籍企业以光船条件从境外租进船舶，则承租人应当首先根据条例规定确定船籍港，并在船舶起租前持下列文件，到船舶登记机关申请办理光船租赁登记：(1)光船租赁合同正本、副本；(2)法定的船舶检验机构签发的有效船舶技术证书；(3)原船籍港船舶登记机关出具的中止或者注销船舶国籍证明书，或者将于重新登记时立即中止或者注销船舶国籍的证明书。如经审查符合规定的，船舶登记机关应当发给光船租赁登记证明书，并依法发给临时船舶国籍证书，在船舶登记簿上载明原登记国。③ 以光船租赁条件从境外租进的船舶，临时船舶国籍证书的期限可以根据租期确定，但是最长不得超过 2 年。光船租赁合同期限超过 2 年的，承租人应当在证书有效期内，到船籍港船舶登记机关申请换发临时船舶国籍证书。根据中国海事局以“海船舶[2004]522 号”文件发布的“关于发布《 < 中华人民共和国船舶登记条例 > 实施若干问题说明》的通知”的规定，如果租赁合同的期限超过 2 年，则应当在初次颁发的证书 2 年期限届满后，按新合同订立对待，比照初次的办法办理新的临时船舶国籍证书。此外，如果需要延长光船租赁期限的，出租人、承租人应当在光船租赁合同期满前 15 日，持光船租赁登记证明书和续租合同正本、副本，到船舶登记机关申请办理续租登记。

《船舶登记条例》是船舶登记机关依法代表国家加强对船舶监督管理，以及保护船舶登记各方合法权益的规范性法律文件，尽管一些学者对于该条例规定光船租赁登记的法律效力提出质疑，认为应当由《海商法》等法律，而非行政法规规定光船租赁船舶登记的法律效力，但是毋庸置疑，该条例对于规范和解决光船租赁实践中的具体问题，发挥了积极的作用。

此外，农业部于 1996 年 1 月 22 日以农渔发[1996]2 号文发布的《中华人民共和国渔业船舶登记办法》，经过 1997 年和 2004 年两次修正，自 2004 年 7 月 1 日起

① 参见《船舶登记条例》第 26 条的规定。

② 参见《船舶登记条例》第 27 条的规定。

③ 参见《船舶登记条例》第 28 条的规定。

施行。该登记办法第五章明确规定光船租赁登记，而没有采用《船舶登记条例》中规定的光船租赁权登记的表述。不过《渔业船舶登记办法》有关光船租赁登记的相关条文规定与《船舶登记条例》中的相关规定并无本质区别。

此外，原交通部于 2006 年 7 月 5 日发布的《老旧运输船舶管理规定》（经过 2009 年 11 月 30 日修正）也涉及光船租赁登记问题。该规定第 12 条第（三）项明确规定，以光船租赁条件租赁外国籍船舶取得船舶检验证书后，应依法向海事管理机构申请光船租赁登记，取得光船租赁登记证明书及临时船舶国籍证书。

中国海事局以“海船舶[2004]522 号”文件在 2004 年 10 月 28 日发布《 <中华人民共和国船舶登记条例> 实施若干问题说明》，对《船舶登记条例》的相关内容做了进一步细化规定。例如明确规定，如果光船租赁合同的期限超过 2 年，则应当在初次颁发的证书 2 年期限届满后，按新合同订立对待，比照初次的办法办理新的临时船舶国籍证书。当船舶以光船条件出租给中国自然人，而非中国企业时，光船租赁登记比照出租给中国企业的相关规定执行。对于中国籍船舶在中国境内光租的，如果船舶未取得国籍证书而直接光租的，船舶登记机关在核发国籍证书时，应当将船舶承租人认定为船舶经营人，证书有效期与光租合同终止的日期相一致，光租租期超过五年的，国籍证书的有效期为五年。光船租赁期间届满到期的船舶，如继续光船租赁的，应重新办理光船租赁登记；如不再光船租赁的，应办理变更登记，将船舶经营人由光船承租人变更为实际经营人或使用人。不按规定办理变更的船舶，船舶登记机关将按照有关规定进行处罚。对于船舶以光船条件出租境外的，船籍港登记机关在办理光船租赁登记时，应中止或注销其国籍，封存或注销原发船舶国籍证书，并核发光船租赁登记证明书。必要时还需核发临时船舶国籍证书，该临时证书有效期以船舶可以抵达预定登记港办理交接所需时间为限。对光船租赁合同期满，出租人、承租人申请办理续租登记的，应当视为新的租赁合同订立，注销原光船租赁登记后重新办理光船租赁登记，并按初次登记标准，收取登记费用。

第五章
租船合同下签发的提单

【本章要点】本章主要涉及租船合同下签发提单的含义、特点及作用，以及与租船合同之间的关系问题，重点介绍提单并入条款的作用和效力，尤其是租船合同仲裁条款并入提单的法律后果以及租船合同下承运人识别等实践问题。

提单是一种重要的贸易单证，具有较高的流通性，而运输又是实现贸易的手段和工具，所以提单也是运输中常见的单证。在班轮运输下，应托运人请求，在承运人收到货物或者将货物装船之后应当签发提单，提单不仅是承运人收到货物的收据，而且是海上货物运输合同的证明及其内容的体现。因此承运人、托运人双方的权利、义务的确定完全依据提单，除非提单条款违反强制适用于提单的国际海运公约或国内法的规定。也正是基于提单的流通性以及在国际贸易、国际航运中的重要作用，为了保护善意提单持有人的利益以及促进国际贸易的顺利进行，《海牙规则》、《海牙－维斯比规则》、《汉堡规则》等对提单以及国际海上货物运输合同做出明确规定，体现出对“订约自由”原则的一定限制和约束。同样在租船合同下，基于货运安排，托运人或货方也会要求签发提单，这种提单不同于班轮运输下签发的海运提单，涉及的关系方较为复杂。

第一节　租船合同下签发提单的概念与性质

根据租船合同约定的条件，货物装船后，作为货物的收据以及在目的港凭以提取货物的证明，承租人可以要求船长签发提单。但是这种提单有别于班轮运输下的海运提单，所以一般称为租船合同下签发的提单（bill of lading under charter party），或称租船合同提单或租约提单。

租船合同下签发的提单与一般海运提单比较，有其共性和特性。作为共性，它的作用与一般提单相同。当货物装船后，提单上记载事项作为出租人（或承运人）收到货物的证明。特别是当提单背书转让以后，出租人（或承运人）与收货人（或提单持有人）之间权利、义务的确定，尤其是该收货人、提单持有人系承租人以外的其他第三方时，应以租船合同下签发的提单内容为依据。其特性主要有：

（1）当租船合同下签发的提单在承租人手中时，提单不再起海上货物运输合同证明的作用，承租人与出租人之间完全受租船合同约束，此时，提单只具有出租人收到货物或货物已装船收据的作用。同样，在目的港交付货物时，需要收货人出示该租船合同提单。如果提单背书转让至承租人以外的善意的第三人手中，则提单不仅是承运人收到符合提单记载事项的货物收据，而且是出租人与该提单持有人之间具有海上货物运输合同关系及内容的证明。

（2）如前文所述，目前尚没有直接调整租船合同的强制适用的国际公约，各国国内法通常也不对租船合同的内容做任何强制性规定，而是遵循"订约自由"，由出租人、承租人经过协商，确定不同的合同内容以及权利义务规定。因此在订立租船合同中，出租人在租船合同下的义务和责任，可能要远远低于其作为承运人在海运提单项下的义务和责任。出租人为了维护自己的利益，不希望因为在租船合同下签发提单而承担超越租船合同规定的义务和责任，因而租船合同下签发的提单上往往注有"一切按租船合同"或者"不得影响租船合同内容"等字样。实践中往往采用在租船合同下签发的提单中订有"并入条款"（incorporation clause）的方式，将租船合同之相关内容并入提单，从而约束提单持有人。因此载有并入条款及其内容，也是租船合同下签发的提单区别于一般海运提单的特殊之处。

（3）为符合租船合同的要求，尤其是载有并入条款的情形下，租船提单往往采用短式提单或特殊格式的提单，即提单背面仅有少数几条规定，而不像一般的海运提单背面载有大量的条文规定。

租船合同下签发的提单，在形式上与一般的海运提单类似。以航次租船合同下签发的提单，常见的"CONGENBILL"格式为例，该格式是与金康合同配套使用的提单格式，其正面记载"与租船合同一起使用"（To be used with charter party）的字样。其他正面记载事项和形式，诸如托运人、收货人、通知方、船名、装港、卸港、货物的详细说明等事项，都与一般海运提单一致或类似。但是租船合同下签发的提单的背面条款不像一般海运提单那样载有许多条款，而是记载少数几条。常见的条款有：并入条款、首要条款、共同海损条款、新杰森条款、双方互有责任碰撞条款等。

租船合同下签发的提单,关系方非常复杂。除了租船合同下的出租人、承租人之外,当提单转让给承租人以外的第三人时,会存在提单持有人;当承租人本身不是货主时,会存在托运人或收货人。因此当租船合同下签发提单时,会存在出租人与承租人之间的租船合同关系,以及签发提单下的提单法律关系。那么提单与租船合同之间是什么关系,签发的提单是否可以改变租船合同中的相关权利与义务;如果提单规定与租船合同规定不一致,承租人持有提单时,其权利义务依据提单确定还是依据租船合同;如果租船提单自承租人背书转让至承租人、出租人以外的善意第三方,该第三方是受提单条款的约束还是租船合同的约束;当承租人签发自己的提单,或船长签发的不是出租人的提单或者代表承租人签发提单时,会存在如何确定承运人的问题等。为了防止可能发生的种种争议,出租人一方面在租船合同中约定,船长只能在不违反租船合同规定的条件下签发提单;另一方面,出租人希望租船合同的条款能约束承租人以外的提单持有人,所以常常在提单上订明"并入条款",如提单上常订明"运费和其他条件全部根据租船合同(freight and all other conditions as per charter party)"、"一切条件、条款全部根据租船合同(all the terms and conditions as per charter party)"等条款。

尽管租船合同或提单有上述规定,但在实际业务中,根据不同情况,采用不同的处理方法:

(1)如果出租人签发提单给承租人,而承租人本身就是提单持有人,解决出租人和承租人之间争议的唯一依据是租船合同,而不是租船提单,因为该提单只起到出租人收到货物或货物已装船的收据作用。

(2)如果出租人签发提单给承租人,承租人又将提单背书转让给第三人,则受让提单的第三人与出租人(即承运人)之间的争议只能依据提单条款予以解决。因受"合同相对性原则"的约束,第三人不受租船合同的直接约束。但是如果提单中载有将租船合同的全部或部分内容并入到提单的并入条款的,究竟哪些租船合同内容可以有效地并入到提单,有赖于各国法律对并入条款效力的认定。下文将详细予以讨论说明。但是如果承运人(出租人)根据提单规定,承担的责任超出出租人根据租船合同规定的责任时,出租人可以在赔付提单持有人之后,再依据租船合同的相关规定,就差额部分向承租人追偿。对此,我国《海商法》第95条明确规定:"对按照航次租船合同运输的货物签发的提单,提单持有人不是承租人的,承运人与该提单持有人之间的权利、义务关系适用提单的约定。但是,提单中载明适用航次租船合同条款的,适用该航次租船合同的条款。"

显然根据我国《海商法》,明确了在航次租船合同下签发提单时,当提单持有人是承租人以外的第三人的,该提单持有人与承运人之间的权利、义务根据提单条款确定,明确了他们之间存在提单证明的海上货物运输合同关系。

此外,1924 年《海牙规则》第 1 条(b)项有关“运输合同”的界定中,明确规定仅适用于由提单或者与海上货物运输有关的任何类似的权利凭证所包含的运输合同。而对在租船合同下或依据租船合同所签发的上述任何提单或任何类似的权利凭证,则自此种提单或类似的凭证调整承运人与单证持有人之间的关系时起,亦包括在内。[①] 虽然《海牙规则》没有明确排除租船合同的适用,但是可以明确一点,就是如果租船合同下签发提单,在承运人和提单持有人之间,仍然要受《海牙规则》的约束。1968 年《海牙 - 维斯比规则》对此未做任何修订。

1978 年《汉堡规则》第 2 条第 3 款明确规定,该规则不适用于租船合同,但租船合同下签发提单时,当提单从承租人背书转让至其他善意第三人时起,在承运人与非承租人的提单持有人之间,《汉堡规则》发生效力。此时提单持有人可以根据公约的规定,承担义务和享受权利。

2008 年《鹿特丹规则》也继承了《汉堡规则》关于这个问题的基本原则,但是在文字表述方面存在很多不同。第 6 条明确规定公约不适用于班轮运输中的租船合同以及使用船舶或其中任何舱位的其他合同。同时明确规定公约不适用于非班轮运输中的运输合同,例如租船运输下大量使用的租船合同。但是如果在当事人之间不存在使用船舶或其中任何舱位的租船合同并且已经签发运输单证或电子运输记录的,则公约依然适用。同时该公约第 7 条进一步规定:“虽有第 6 条的规定,如果收货人、控制方或持有人不是被排除在本公约适用范围之外的租船合同或其他运输合同的原始当事人,本公约依然在承运人与此等当事人之间适用。但是如果当事人是根据第 6 条被排除在外的运输合同的原始当事人,本公约在此等原始当事人之间不适用。”显然根据《鹿特丹规则》,针对租船合同下签发的提单而言,在非承租人的提单持有人与出租人(承运人)之间,因为并不存在任何租船合同,该提单持有人也非租船合同的原始当事一方,所以对于该提单持有人与承运人之间的权利义务的确定,仍然适用《鹿特丹规则》。

(3)如果出租人签发的不是自己公司抬头的提单,而是承租人的提单,并且这种提单也转让给第三人时,虽然从表面上看,通过提单抬头可以初步认定承租人为提单法律关系下的承运人,而出租人与提单受让人之间没有直接运输合同关系,但是如果是航次租船合同,由于货物运输实际上是由出租人安排并完成的,所以根据有关国际公约或者国内法,出租人还是可以作为实际承运人,仍需对货损承担赔偿责任。不过出租人在提单项下承担的责任,如果高于其在航次租船合同下应负的责任,出租人可以根据租船合同的相关规定,向承租人追偿,从而最终确保其责任

① 胡正良.国际海事条约汇编(第六卷).大连:大连海运学院出版社,1994:1.

的承担仍以租船合同规定为限。

(4)如果承租人以承运人的身份承运货物,例如定期租船合同下,货物的装载、积载、卸载等作用由承租人负责安排并完成,但应承租人的要求,船长签发的是载有出租人公司抬头的提单,则解决出租人与非承租人的提单持有人之间争议的仍以提单为限,但出租人有向承租人追偿其超出租船合同责任的权利。此时要根据适用的国际公约或国内法,确定出租人、承租人在提单法律关系下究竟是承运人还是实际承运人。如果承租人签发自己公司抬头的提单,或者是光船租赁合同下的承租人,则承租人为该提单项下的承运人。

第二节 租船合同提单的并入条款

从前文讨论中可以看出,目前有关调整提单的国际公约都不适用于租船合同,但是当租船合同下签发的提单经背书转让给承租人以外的第三人时,上述公约强制适用于租船合同下的提单。事实上有关提单的已经生效的国际公约,如《海牙规则》、《海牙－维斯比规则》和《汉堡规则》,都对提单项下承运人权利、义务等方面做出强制规定,未生效的《鹿特丹规则》也明确了对相关运输单证及其运输合同的强制适用问题。而多数国家的海商立法大多规定不强制适用于租船合同,即使如我国《海商法》有关航次租船合同,明确规定了有关承运人适航的义务和不得进行不合理绕航的义务强制适用于航次租船合同的出租人,但是类似的强制性约束的条款数量很少。租船合同的订立基本上遵循"订约自由"的原则。这样基于租船合同,出租人承担的责任可能要远远小于基于租船合同提单所承担的责任。因此当出租人签发的提单,经承租人转让后,由于出租人和提单受让人之间的争议,应该依提单条款解决,而且要受强制适用的国际公约或国内法的约束,使得出租人可能承担高于租船合同的责任。作为出租人不希望看到这种情况发生。虽然出租人在赔付了提单持有人之后,可以依据租船合同向承租人追偿,但是一方面会给出租人造成不必要的麻烦,另一方面可能会因承租人信誉不佳、资金缺乏、濒于破产,而使追偿变得不可行或者无法实现。因此出租人希望其在租船合同下承担的责任能够与提单条款下承担的责任尽可能一致,这样不论出租人基于租船合同下签发的提单还是基于租船合同,承担的义务和责任都是相同的或者类似的。为了达到这一目的,在租船实践中,就出现了将租船合同的相关内容并入到提单的条款,即并入条款(incorporation clause)。

一、确定并入条款效力的一般原则

并入条款的目的是要把租船合同中的相关内容并入到提单中去，使之约束非承租人的提单持有人。但是由于有关提单的国际公约和国内法通常对提单项下当事方的权利、义务做出许多强制规定，所以有些租船合同的内容就不能并入到提单中去，或者说这些内容因与国际公约或国内法的强制性规定相抵触，对提单持有人来说不发挥效力。因此，只有有效的并入条款才能约束提单持有人。我国《海商法》第95条关于并入条款的效力问题，未做出明确规定，借鉴国际上通行的做法，确定并入条款效力有如下原则：

（一）并入条款本身的规定是否广泛得足以将租船合同的内容并入提单

如果并入条款本身的范围非常广泛、非常笼统（in general words），例如“租船合同中一切条款、条件及免责均并入提单”（All the terms, conditions and exceptions of charter party dated... shall be incorporated into the B/L...），根据英国法律，并不是租船合同中的任何一个条款都可以并入到提单中，只有那些与货物运输有关的一切内容，如装载、运输、卸载、运费支付等内容可并入到提单中。虽然该并入条款也提及免责条款，但租船合同中的免责事项只有在不违背强制适用于有关提单的国际公约或国内法的前提下，可以并入到提单中。

如果并入条款采用的是具体用语（in special words），即使该用语所表达的意思与货物运输无关，只要该用语意思明确、清晰，仍可将租船合同中的具体事项有效地并入提单中。例如，并入条款规定“租船合同中的免责条款并入到提单中”（all the exceptions of charter party shall be incorporated into B/L）。所以尽管免责条款与货物运输无关，也可将租船合同中规定的免责事项并入到提单。如果并入条款用语表述不明确或者令人产生疑问，则不能将租船合同中的相关条文并入到提单中。

（二）被并入到提单中的租船合同内容是否与提单内容一致，是否适合于（make sense）提单

如果被并入的租船合同内容与提单上下文内容相吻合，则租船合同的相关规定可以有效并入提单，约束提单持有人；如果被并入的租船合同内容与提单上下文内容不相吻合，而且不适合于提单，则租船合同相关内容不可以有效并入提单，也不能约束提单持有人。像租船合同中与提单运输任务有关的条款，诸如泊位数目、装卸速度、滞期费率、速遣费率、装卸准备就绪通知书的递交、留置权、货损货差的免责、运费支付等条款，通常认为是适合于提单的，可被有效并入提单中，甚至有关装载、运输、卸载等操作业务的程度方面的规定，也是可以被并入到提单中。而诸如“装卸工人损害”、“偷渡条款”、“仲裁条款”等因不适合于提单，因此不能通过

一个广泛的并入条款被并入到提单中去。

(三)并入条款不得与提单的明示条款规定或强制适用于有关提单的国际公约或国内法的规定相抵触

并入条款本身及被并入的内容,不能与提单的明示规定或强制适用于提单的国际公约或国内法的规定相违背,否则并入条款无效。这主要是为了保护善意的提单受让人的利益。例如,租船合同明确规定出租人对其本人的过失或其雇员的过失造成的货损免责。提单中的并入条款明确规定"租船合同的一切条款,包括免责条款并入到提单。"假设该提单适用"海牙规则",由于公约明确规定承运人及其雇员应对管货过失造成的损失负责。所以被并入到提单的免责条款因与《海牙规则》的规定相冲突而无效,即不能有效地并入到提单中,进而约束非承租人的提单持有人。

二、如何确定哪个租船合同被并入到提单

租船合同下签发的提单,背面条款较少,而且规定得比较简单。在租船合同进行转租的情况下,就会存在如何认定并入条款所要并入的是哪一个租船合同的问题。如果并入条款中已经明确并入的是写有规定日期的租船合同,则该合同的内容可以并入到提单中去。如果并入条款本身未明确要并入的租船合同的日期,即没有明确并入的是哪一个租船合同,根据英国判例,则通常解释能够并入提单的是货物运输所依据的租船合同(charter party under which goods are carried)。所以,如果被并入的合同是航次租船合同,则问题不大。但是如果被并入的合同是定期租船合同,则英国法院的观点并不明确,因为定期租船合同的很多条款并不针对货物运输。例如有关未付的期租租金,能否根据并入条款要求提单持有人支付,英国法院一般不会认可。①

但是如果存在两个或以上的租船合同,例如在出租人和承租人之间存在一个租船合同,同时在承租人与转租承租人之间又存在一个租船合同,该如何确定哪个租船合同被并入提单?英国法院普遍认为这种情形下能够被并入到提单的是出租人与承租人之间的主合同。因为签发提单的出租人是该主合同的一方当事人。当然这个原则也不是一成不变的,英国法院会根据事实情况,考虑到并入提单的意图等综合因素,也可能确认被并入到提单的是转租租船合同。例如事实表明承租人签发了提单,并且代表船长在提单上签署。

如果并入条款并入的租船合同,事后被认定无效或已经被解除,则上述合同的

① Sir Bernard Eder etc. ,Scrutton on Charterparties and Bills of lading(22 ed.) Sweet & Maxwell, 2011:97,para. 6 – 16.

内容是否仍可有效并入提单？多数学者认为并入条款的目的是为了分清合同双方的权利、义务，尽管被并入的特定的租船合同无效，但只要并入条款符合前述3个原则，则并入条款仍然有效，即租船合同的内容仍可被并入到提单中。

如果一份租船合同在双方签署之后，在签发租船合同提单之前进行了修订，则提单中的并入条款提及的租船合同，应当是指经修正的合同事项，除非并入条款本身明确并入的是修订前的租船合同内容。实践中一些采用印刷格式的租船合同提单，其并入条款在提及某租船合同时，往往采用"××日期签署的租船合同"（the charter party dated ××）的形式，如果当事方忽略添加租船合同日期的，并不意味着并入条款无效。至于并入条款究竟并入的是哪一个租船合同，则根据上述确定的原则予以判定。

因此在签发租船合同提单时，为了让承租人以外的第三方能够了解租船合同的内容以及可能因并入条款受某些租船合同内容约束的情况，如果国际贸易采用信用证结汇，则最好能够在信用证中明确随附一份租船合同副本或复印件。但是根据国际商会（ICC）订立的《跟单信用证统一惯例》（UCP 500）第25条的规定以及UCP 600第23条的规定，银行在审核信用证及相关单证时，即使随附一份租船合同副本，银行也无义务审核该租船合同内容。

三、常见的并入条款及分析

（一）"运费及其他条件依据租船合同的规定"（Freight and all other conditions as per C/P）

该并入条款是实践中非常常见的一个条款，而且是涉及范围最窄的条款。尽管如此，根据英国判例，该并入条款可以将租船合同中的如下内容并入到提单：（1）租船合同中有关运费的计费单位、币种，支付的时间、地点和方式以及费率等项内容都可以并入到提单中。（2）该并入条款不仅可将租船合同中关于运费的规定并入提单中，那些应当由收货人完成的事项，特别是与货物卸载与接受有关的内容也可并入到提单中。（3）卸货港有关滞期费的内容、与装货港/卸货港滞期费相关的留置权、有关亏舱费相关的留置权，也可以并入到提单。（4）租船合同中的免责条款不能被并入到提单中，除非该并入条款明确规定（Freight and all other exception clauses as per C/P...）。此外责任中止条款、定期租船合同下使用与赔偿条款及代理条款，甚至租船合同规定提单记载事项是运到目的地货物的绝对证据的内容都不能并入到提单中。

至于收货人是否因该并入条款的规定，有义务支付装货港产生的滞期费问题，英国法院的态度并不是非常明确。原则上收货人没有这个义务，因为装货港产生的滞期费与卸货和接受货物没有直接关系。①

(二)“一切条款、条件及免责事项依据租船合同”(All the terms, conditions, exceptions as per C/P)

类似的表述还有“一切条件和免责依据租船合同”(all conditions and exceptions)、“一切条款和免责依据租船合同”(all the terms, provisions and exceptions)等等。“一切条款、条件及免责事项依据租船合同”的并入条款也是实践中普遍使用并且范围最为广泛的条款。一般来说,只要用语表述中明确提及“免责条款”(exceptions clause)或者“疏忽条款”(negligence clause),则足以将租船合同中的免责条款并入到提单。因此除了争议解决条款、管辖条款以外,几乎租船合同中的所有条款都可以并入到提单中。但免责条款的并入,需满足如下条件:①租船合同中的免责事项不违背提单中的明示条款;②不违背当事人的意图;③不违背强制适用提单的国际公约或法规。例如《海牙－维斯比规则》确定了承运人最低限度的两大基本义务,即开航前和开航当时使船舶适航的义务和合理而谨慎地管货的义务,以及最大限度的免责事项(17 项),因此当提单受《海牙－维斯比规则》强制适用时,租船合同中有关免责的规定,如果超出 17 项免责事项范围的,超出部分不能有效地并入提单中。同样如果租船合同有关承运人基本义务的规定或程度低于公约相关规定的,也不能并入到提单中。除此之外,租船合同中规定的有关出租人、承租人的权利、义务及责任,由于用词广泛的并入条款的存在,而转移给收货人、提单持有人等承担。

(三)租船合同中的仲裁条款、管辖权条款并入提单的问题

1. 租船合同仲裁条款并入问题

租船合同中的仲裁条款是否能有效并入提单中,目前尚无定论,分歧较大。一般认为,如果并入条款采用的是广泛而笼统的语言,如“租船合同中一切条款、条件都并入提单”,则租船合同中的仲裁条款是不能被有效并入提单的。因为仲裁条款是当事方选择解决争议的一个条款,具有独立性,不能被包括在一般的条款或条件中。但是如果并入条款本身采用了最为宽泛的用语,即没有明确提及仲裁条款并入问题,但是租船合同中的仲裁条款本身明确规定“与本租船合同有关的或者因本租船合同引起的争议,包括租船合同下签发的提单所引起的争议,提交×××仲裁解决”,则英国一些法院认为,这种情况下仍然可以认定租船合同中的仲裁条款能够被并入提单。如果并入条款本身明确规定租船合同中的仲裁条款并入提单,例如“租船合同中的仲裁条款并入本提单”或者“租船合同中一切条款、条件,

① Sir Bernard Eder etc. ,Scrutton on Charterparties and Bills of lading(22 ed.) Sweet & Maxwell, 2011:99,para. 6－020～6－021.

包括仲裁条款，并入本提单”，则只要该租船合同仲裁条款符合前述关于并入条款的 3 个原则，多数学者认为，这种情况下，仲裁条款可以有效并入提单，但至于有关仲裁的具体事宜，可由提单的当事双方协商确定。

但是有学者对上述原则提出质疑，认为提交仲裁的前提是存在有效的仲裁协议，而在下列情形下，在承运人与提单持有人之间并不存在有效的仲裁协议。第一种情形就是，如果租船合同中的仲裁条款仅仅表明出租人、承租人自愿将因租船合同产生的争议提交仲裁，然后并入条款本身使用非常清晰明确的语言表示可以将租船合同中的仲裁条款并入到提单，当提单转让至承租人以外的第三人时，意味着强迫提单受让人必须将争议提交仲裁解决，而不能提起诉讼，这将有违于提交仲裁应基于双方自愿的原则。第二种情形是，并入条款本身未明确规定将仲裁条款并入提单中，而仅仅采用非常宽泛的并入条款，例如“租船合同一切条款、条件并入提单”，但租船合同中的仲裁条款明确规定适用于与提单有关的或者因提单而产生的争议解决，例如“All disputes arising from or relating to this C/P as well as B/L issued hereunder shall be referred to arbitration in ××”由于非承租人的提单持有人并非租船合同当事一方，因此仅仅在租船合同中约定因提单而产生的争议提交仲裁，而并入条款本身并没有明确规定租船合同仲裁条款并入到提单的，即使提单的受让人了解租船合同的内容，该提单持有人也不受此仲裁条款的约束，仍然可以就提单项下的争议提起诉讼。

如果并入条款本身用语已经非常明确清晰地表明将租船合同中的仲裁条款并入到提单，并且租船合同中的仲裁条款也明确表明“本租船合同下产生的一切争议，包括租船合同下签发的提单所产生的一切争议，均应提交××仲裁解决。”则根据英国判例，租船合同中的仲裁条款可以有效地并入到提单并约束提单持有人。

因此在英国，判定一个租船合同中的仲裁条款能否有效并入提单的基本要素就是，并入条款本身的表述是否足以将仲裁条款并入提单。

关于提单并入条款的效力认定方面，我国法律并没有明确规定，只是《海商法》第 95 条规定，对按照航次租船合同运输的货物签发的提单，提单持有人不是承租人的，承运人与该提单持有人之间的权利、义务关系适用提单的约定。但是提单中载明适用航次租船合同条款的，适用该航次租船合同的条款。仅从条文规定本身可以看出，我国法律未对并入条款的效力问题进行任何限定，哪些租船合同内容能够并入到提单，有赖于该并入条款本身的表述是宽泛用语还是狭窄用语。如果采用非常宽泛的用语，例如“租船合同一切条款、条件并入本提单”，则意味着租船合同的任何一项内容，不论是否与收货、卸载货物等有关，不加区分地均可并入到提单中。基于此，中国多数海事法院对于并入条款的效力解释方面采取比较宽松的态度。但仍有一些海事法院，从提单持有人/收货人是否知晓租船合同中的仲裁条款，是否看到租船合同文本等角度，坚持认为即使存在一项提单并入条款明确将仲裁内容并入提单，仍然否定该并入条款的效力。

至于有效并入提单后的仲裁条款，是否能够约束非承租人的提单持有人的问题上，中国的海事法院往往采取比较谨慎和严格限制的态度。但是在对于被并入到提单后的仲裁条款效力问题的判决结果方面并不统一，存在不同的观点。持肯定说的人认为该仲裁条款可以约束承运人和提单持有人。因为并入提单的仲裁条款就形式而言与其他的提单条款并没有什么不同，所以仲裁条款的当事人就是承运人和提单持有人（不仅仅包括托运人）。持否定说的人认为仲裁条款的当事人只能是承运人和托运人，而托运人以外的提单持有人没有参与订立运输合同，缺乏仲裁协议要求的“意思表示一致”的要件，因此不受仲裁条款的约束。除非在提单转让时，同时随附了租船合同的内容，并且提单受让人对租船合同中的仲裁条款是“知晓”的；或者提单受让人在接受提单之时或之后，表示接受租船合同中的仲裁条款的，该提单受让人才是仲裁条款的当事人。①

【案例一】 原告厦门中禾实业有限公司与被告尼森凯文有限公司就海上货物运输纠纷，向厦门海事法院提起诉讼。② 原告根据1号、2号提单起诉，被告则以1号、2号提单均有效并入了航次租船合同仲裁条款，而租船合同仲裁条款约定争议在伦敦仲裁，适用英国法，因此向厦门海事法院提起管辖权异议。双方争议的焦点就是提单中的并入条款是否有效？仲裁条款是否能够并入到提单从而约束提单持有人？经法院审理认定，并入条款为用语较为宽泛的条款，约定“正面注明日期的租船合同的一切条件、条款、权利和除外事项，包括法律适用条款和仲裁条款，均并入本提单”。提单正面注明该租船合同为2006年11月28日签订的合同，另外提单正面载有“与租船合同同时使用”和“运输条件见背面”的字样。经法院调查了解，航次租船合同均未有双方当事人签署，而且是电子邮件的打印件，提单中提及的租船合同并未随提单一并流转，原告在受让该提单之前并不知晓租船合同的内容。最终法院认定本案双方当事人均不是涉案航次租船合同的当事人，而且原告受让提单之前并不知晓该租船合同的内容，不能单纯从提单受让行为推导出其有将争议提交仲裁解决的用意，因此不存在一个有效的仲裁协议，故驳回被告管辖权异议，并根据最密切联系原则，认定厦门海事法院享有本案管辖权。

显然在该案件中，尽管并入条款本身已经非常明确地表明，租船合同中的相关条款，包括仲裁条款应当并入提单，但是法院不仅否认了该并入条款的效力，而且

---

① 黄伟青. 并入提单的仲裁条款若干法律问题探讨. 中国海商法年刊，2000：58－70.

② 参见（2007）厦海法商初字第241号判决，许俊强. 海事纠纷中主管异议的审理程序. 人民司法，2009（14）：46－49.

否认了租船合同中仲裁条款对提单持有人的效力。

【案例二】 最高人民法院《关于上诉人利比里亚·利比里亚力量船务公司与被上诉人中国·重庆新涪食品有限公司海上货物运输合同纠纷管辖权异议一案的请示的复函》（[2006] 民四他字第26号）。

案情事实如下：重庆新涪食品有限公司与中新农贸私人有限公司签订一份货物买卖合同，约定进口58 527吨散装巴西大豆（后改为40 000吨）。该货物由力量船务公司所属船舶承运。装货港为巴西波塔达马迪拉港（Pontal Da Ma-deira），卸货港为南京。抵达卸货港后，新涪食品公司发现存在大量货损，申请武汉海事法院进行海事证据保全并向承运人——力量船务公司提起诉讼。承运人提出管辖权异议，并提出签发的提单为租船合同提单。提单背面明确约定“本提单正面注明日期的租约条款、条件、权利和除外，包括法律适用和仲裁条款，均并入本提单”。

一审法院认为根据中国《海商法》的规定，租船合同中的仲裁条款可以根据上述并入条款有效地并入提单。但是鉴于当事方对于租船合同的举证存在瑕疵，无法证明该航次租船合同的真实性，因此最终判决认定驳回承运人管辖权异议，认定武汉海事法院享有管辖权。承运人不服一审判决，故向湖北省高级人民法院提出上诉。

二审法院认为，租约中的仲裁条款最初是由船东与承租人共同协商并签订的，在租约提单持有人就是承租人的情况下，无论并入条款是否有效并入租约的仲裁条款，均不影响提单持有人受仲裁条款的约束，因为双方原本就是该仲裁条款的签订人。但租约提单持有人不是承租人，而是收货人或其他提单受让人，在不知晓的情况下，强行用租约中仲裁条款约束提单持有人无法律依据；反言之，提单持有人在不知晓的情况下未明示接受租约中仲裁条款时，则该仲裁条款对本案被上诉人新涪食品公司没有约束力。同时二审法院提出，原审法院处理结果的实质为确认所涉仲裁条款无效。依照《关于人民法院处理与涉外仲裁及外国仲裁事项有关问题的通知》第一款关于“凡起诉到人民法院的涉外、涉港澳和涉台经济、海事海商纠纷案件，如果当事人在合同中订有仲裁条款或者事后达成仲裁协议，人民法院认为仲裁条款或者仲裁协议无效、失效或者内容不明确无法执行的，在决定受理一方当事人起诉之前，必须报请本辖区所属高级人民法院进行审查；如果高级人民法院同意受理，应将其审查意见报最高人民法院”的规定，认为一审法院对案件处理不当，应当就该案件处理意见报请最高人民法院审批。

最高人民法院批复中认为，该仲裁条款是在提单背面记载，而未明确记载于提单正面，不应视为有效并入本案提单。因此，租约中的仲裁条款对本案提单持有人重庆新涪食品有限公司不具有约束力，并且同意二审法院的观点，认为一审法院未就提单并入的仲裁条款效力问题报上级法院审查的做法不当。

从该案件上述事实情况可以看出，一审海事法院及二审法院均认可了提单并入条款的效力，只是就该仲裁条款能否约束提单持有人持否定态度。而最高人民法院的批复中则直接否定了并入条款的效力，进而否认该仲裁条款对提单持有人的效力。

截至目前，最高人民法院关于租船合同中的仲裁条款基于什么条件或标准可以通过并入条款并入到提单的问题，态度并不是很明朗。但是从最高人民法院有关案件的批复中，例如"最高人民法院关于原告中国平安财产保险股份有限公司大连分公司与被告中远航运股份有限公司、广州远洋运输公司海上货物运输合同保险代位求偿案所涉仲裁条款是否有效的请示的复函"①、"最高人民法院关于杭州龙达差别化聚酯有限公司诉永吉海运有限公司、舟山市永吉船务有限公司海上货物运输合同仲裁条款效力问题的请示的复函"②、"最高人民法院关于原告太平洋财产保险股份有限公司上海分公司诉被告太阳海运有限公司、远洋货船有限公司、联合王国保赔协会海上货物运输合同纠纷管辖权异议案请示的复函"③、"最高人民法院关于中国中化集团公司诉海里公司海上货物运输合同货损赔偿纠纷所涉仲裁条款效力问题的请示的复函"和"最高人民法院关于北京中钢天铁钢铁贸易有限公司、唐山百工实业发展有限公司诉中远航运股份有限公司海上货物运输合同纠纷所涉仲裁条款效力问题的请示的复函"，④分别就下列原因提出：①如果提单正面并未明确记载将该租约中的仲裁条款并入提单；②如果租约提单并入条款本身没有明确是否可以将仲裁条款并入到提单；③提单正面虽然载明租船合同仲裁条款并入本提单，但并没有明确记载被并入提单的租船合同当事人名称及订立日期等，都不能有效地将租船合同仲裁条款并入到提单，进而提单持有人也不受该租船合同仲裁条款的约束。

2. 租船合同管辖权条款并入提单问题

与租船合同仲裁条款并入提单一样，有关租船合同中的管辖权条款能否并入提单也存在争议。由于管辖权条款与仲裁条款一样，均是合同当事方选择解决争议的方式之一，因此只有并入条款本身非常明确提及将租船合同管辖权条款并入到提单的，该并入条款才能有效地将管辖权条款并入到提单中，从而约束提单持有人。仅仅是采用非常宽泛的用语，即使使用"租船合同中一切条款、条件、免责，无

---

① 参见2007年1月26日［2006］民四他字第49号文。

② 参见2008年11月25日［2008］民四他字第33号文。

③ 参见2009年2月24日［2008］民四他字第50号文。

④ 分别参见最高人民法院2009年4月24日发布的［2009］民四他字第12号文以及2009年4月28日［2009］民四他字第13号文。

论如何，都将并入本提单……”（all the terms, conditions and exemptions, whatsoever...），也不能将租船合同中的管辖权条款有效地并入到租船提单。在英国法院2013年审理的Caresse Navigation Ltd. 诉 Office National de L'Electricite and others（The Channel Ranger）①一案的判决意见中，可以管窥一斑。船舶采用航次租船合同，承运散装煤炭从荷兰鹿特丹港至摩洛哥的一个港口卸货。卸货时因海水入侵而使得货物受损。出租人向英国高等法院提起诉讼宣称不对货损负责。收货人及其保险人提出管辖权异议，并在摩洛哥提起向出租人的货损赔偿诉讼。出租人向英国法院提出要求限制在摩洛哥诉讼的禁诉令，理由是收货人违反了并入到提单中的有关向英国法院提起诉讼管辖的租船合同条款。航次租船合同约定“本租约适用英国法。任何由本租约引起的或有关的纠纷，应受英格兰及威尔士高等法院的排他性管辖”。提单采用1994年康金格式，正面条款载有“运费按租约支付。租约中一切条款、条件、权利、除外责任规定，包括法律和仲裁条款，并入本提单”。提单背面进一步载明：“本提单背面标明签订日期的租约中的一切条款、条件、权利、除外责任规定，包括法律和仲裁条款，并入本提单。”

显然根据以上事实和证明情况可以看出，租船合同中规定的提交英国高等法院诉讼管辖的条款，与提单并入条款表述的“仲裁条款”存在矛盾，而且租船合同根本没有仲裁条款。出租人声称，根据上述内容，本案争议应当适用英国法，并在英国高等法院诉讼解决。英国高等法院首先认可出租人的第一项抗辩理由，认为案件应当适用英国法。对于出租人的第二项抗辩理由，认为尽管租船合同不存在仲裁条款，但是像仲裁条款、管辖条款等都是对主合同起到附加作用的条款，仅仅采用宽泛的并入条款是不够的，只有明确和具体的用语才可以将租船合同相关内容并入到提单。而本案中，尽管并入条款提及“法律和仲裁条款”，而非管辖条款，但是该并入条款的表述和用语不违反确定性和明确性的原则规定，明显属于附加作用的条款。至于如何理解租船合同当事方的真实意图，并不能影响该并入条款的效力。结合租船合同中的条款，明显属于法律和管辖条款，而非字面上显示的“仲裁条款”。因此支持出租人的诉请，判定被告应受英国排他性法院管辖条款的约束并批准限制保险人在摩洛哥起诉的禁诉令。

由于高等法院允许被告就此判决书提起上诉。目前尚不清楚该案件是否已经上诉或者上诉后是否能够改判。但是至少有一点可以明确，在英国只有并入条款本身非常清晰、明确地将租约有关争议解决的条款并入到提单的，才有可能将仲裁或管辖的条款并入提单并约束提单持有人。仅仅使用比较宽泛、不明确的语言，无法达到并入的效果。

---

① [2013] EWHC 3081(Comm).

第三节 承运人的识别和认定

租船合同下签发提单，尤其是当提单持有人是承租人以外的善意第三人时，如何认定究竟是出租人还是承租人为该提单关系下的承运人，是租船合同提单下单证持有人必须面对的问题。特别是期租合同下签发提单，由于通常情况下，定期租船合同会允许承租人签发提单或者规定允许承租人代表船长签发提单，因此如何判定和识别谁是提单项下的承运人就变得非常复杂。而当非承租人的收货人发现货物灭失或损坏时，势必会根据提单向承运人提出索赔。但究竟是出租人为承运人，还是承租人是承运人，在不同的租船合同中，依据提单记载的事项不同，是不容易认定的。而收货人或提单持有人只有在认准承运人的情况下，才可以主张自己权利，否则一年的索赔时效时间一过，就很难再向承运人将货损索赔回来。因此，租船合同下签发的提单，谁是承运人便成了关键问题。

根据我国《海商法》第72条的规定，在接受货物或货物装船之后，应托运人要求，承运人应当签发提单。也可以由承运人授权的人签发提单。载货船上的船长签发提单视为代表承运人签发提单。因此实践中判定谁是承运人，可能会考虑如下因素：提单抬头、是否提单中载有承运人名称、是否由承运人签署、签署人是否是承运人的代理人、签署人是否是载货船船长等等。在租船合同下签发提单的，根据租船合同类型不同，以及租船合同的条文规定不同，如果仅以承租人、转租承租人的名义或者上述人员的代理人的名义签发(issued)提单而没有明确承运人的名称，谁是承运人将是较难认定的事情。如果船长或代表船长的人再在提单上签署(signed)，则问题会更加复杂，因为船长通常被认为是出租人的代理人(光船租赁除外)。根据英国法的一般原则，在每一个运输合同中，只有一方当事人能被认定为承运人并承担责任。因此对于托运人或提单持有人而言，选择正确的承运人主张自己的权利至关重要。一般来说，出租人往往被认定为承运人，而不管是否存在租船合同，因为此时出租人往往要对船舶的管理负责，同时对其代理人签发的并由船长签署的提单负责。但是在有些情况下，承租人也有权以自己的名义签署提单，这要看租船合同是否有明确的条款授予承租人这一权利。

关于海上货物运输中承运人的认定，我国《海商法》并没有明确规定。只是在第42条规定："承运人是指本人或者委托他人以本人名义与托运人订立海上货物运输合同的人。"并没有具体的识别方式，而且《海商法》规定提单是海上货物运输合同的证明。因此在海事司法实践中，当提单作为唯一的运输单证时，若提单没有抬头，除非签发人能证明代签的事实，否则应当以提单签发人作为承运人(参见

2001 年 7 月 20 日的全国海事法院院长座谈会纪要内容）。

笔者认为租船合同下签发的提单，其承运人的认定及识别，应综合考虑提单抬头、提单签发人、提单上的签名以及租船合同中的相关条款等各个因素。之所以考虑提单签发人和签名人的情况，是因为定期租船合同下，经常出现承租人签发提单，不管提单正面是带有承租人自己公司的抬头还是带有出租人公司的抬头或是没有任何公司抬头的，最后均由船长签字。如果按照我国司法实践的通常做法，将签发人一概认定为承运人的，未免有些过于绝对和僵硬。

由于该问题的复杂性，不能列举每一种情况下承运人的认定问题，本书仅从如下方面进行初步分析。

一、光船租赁合同下签发的提单

由于光船租赁的情况下，船长、船员的配备由承租人负责，而且船舶的全部营运安排及调度工作完全由承租人进行，因此船长视为承租人的受雇人而非出租人的受雇人，所以不论是船长签发提单还是承租人或其代理人签发提单，都可以认定承租人是提单的承运人。

二、定期租船合同和航次租船合同下签发的提单

这种情况下识别谁是承运人比较复杂，不但要看谁签发提单，还要视提单和（或）租船合同的具体规定来确定承运人。

如果船长代表出租人或以自己的名义签发提单，或者承租人作为船长的授权代理签发提单的，则认定出租人是承运人。如果船长代表承租人或以承租人的名义签发提单，则承租人是承运人。如果承租人签发自己的提单或由其代理人签发提单，则承租人是承运人。如果船长代表出租人签发的带有承租人公司抬头的提单，以及承租人以自己的名义签发带有出租人公司抬头的提单或无任何公司抬头的提单，承运人的认定就要具体情况具体分析，应综合考虑提单抬头，谁签发提单，以谁的名义签发提单，提单或租船合同中是否有相应的规定等事项。此外，《海牙－维斯比规则》第 1 条也明确规定承运人可以是出租人，也可以是承租人，即明确了承租人可以作为承运人的情形。

依我国《海商法》第 42 条规定，承运人是指本人或者委托他人以本人名义与托运人订立海上货物运输合同的人。所以，上述关于承运人的认定，指的就是这种人，不包括实际承运人。根据第 42 条规定，实际承运人是指接受承运人委托、从事货物运输或者部分运输的人，包括接受转委托从事此项运输的其他人。因此，除光船租赁合同下签发的提单外，可以肯定其他租船合同下签发的提单，多数情况下出租人是实际承运人。

综上所述,虽然很多情况下都可以认定承租人是租船合同下签发的提单的承运人,但承租人往往通过一些方式来隐瞒自己作为承运人的地位,以达到逃避责任和风险的目的。最常见的方式是在提单中增加"光船租赁条款"。光船租赁条款(demise clause),又称"过户条款",其通常含义如下:假如该船不是签发提单的公司所拥有或不是以光船租赁的方式租予该公司,那么提单只作为出租人或光船承租人与提单持有人之间的合同,该公司只作为承运人的代理人而不负任何责任。(If the ship is not owned by or chartered by demise to the company or line by whom this B/L is issued, this B/L shall to be effect only, as a contract with the owner or demise charterers as the case may be as principal made through the agency of the said company or line who act as agent only and shall be under no personal liability whatsoever in respect thereof.)显然该条款较有利于承租人。

该条款的起因是英国《1894 年商船航运法》(Merchant shipping Act of 1894)第 503 条关于船舶所有人责任限制的规定,仅限于出租人或光船承租人,这样其他租船合同下的承租人无法享受该责任限制,于是承租人通过在提单中增加过户条款,从而达到间接享受责任限制的权利 。但是《1976 年海事赔偿责任限制公约》(LLMC)已经将承租人列入可享受责任限制的范围之内,而且英国已经在《1979 年商船航运法》中将《1976 年海事索赔责任限制公约》并入国内法,过户条款似乎无存在的必要。但毕竟还有许多国家未加入《1976 年海事赔偿责任限制公约》,所以该条款仍在实践中大量存在。而且该条款早已超越其最初的用意,实际上成为承租人逃避责任的最佳武器。这一条款于 1974 年"The Berkshire"一案中被英国高等法院予以认可,而在美国、中国等多数国家被认定是无效的或法院对该条款进行严格解释,因为这一条款隐瞒了承租人作为一个合法的承运人的事实,如果存在因此降低或减少承运人义务和责任的,就会与《海牙规则》等国际公约及国内立法相抵触,是违反公共政策的。①

实践中承租人还可以选择在提单中订入"承运人识别"(Identity of Carrier)条款来规避责任。其常见内容如下:"本提单所证明的运输合同在货方和提单上列明的出租人之间订立,并且经协议同意因运输合同的违反或任何不履行所产生的灭失或损害,由列明出租人单独承担责任。"(The contract evidenced by this bill of lading is between the Merchant and the Owner of the vessel named herein and it is, therefore, agreed that the said ship-owner alone shall be liable for any damage or loss due to any breach or non-performance of any obligation arising out of the contract of carriage.)在英国该条款被认为与"光船租赁条款"具有相同的作用。但该条款更易

---

① 汪淮江. 试论光船租赁条款在我国的效力. 中国海商法年刊,1994:138-146.

于被接受，因为它避免了“光船租赁条款”用词晦涩、语意不清晰的弊端，清楚地认定出租人为承运人。

综上，在定期租船合同和航次租船合同之下，我们认为，有关承运人的识别标准主要包括如下三个方面：

1. 通过提单的抬头识别承运人

在主要航运国家的司法实践中，一般很少将提单抬头作为识别承运人的标准，但也有特别的案例见诸于报道。例如，1998 年英国法院审理的“The Hector”一案。① 主审该案的 Rix 大法官最终判决 USEL 公司为承运人，并在判决书中强调“提单抬头”在识别承运人中的重要作用。而且该案件确定的识别承运人规则，直接造成通过提单识别承运人的问题更加复杂化。

2. 通过提单签名识别承运人

在司法实践中，提单的签名通常对于承运人识别起决定性作用，识别的规则并不因为签名的内容不同而有所区别。无论是船长签名，还是承租人签名，无论是船长“代表承租人”签名，还是承租人“代表船长”签名，归纳起来都是遵照各国的代理法规则，根据相关法律事实，在需要识别的对象之间识别是否存在代理关系，进而确定承运人是谁。

3. 通过提单背面条款识别承运人

主要是依据“光船租赁条款”或“承运人识别/定义条款”。一般而言，这些条款并不起到识别承运人的实质作用，但也有例外情况。主要涉及这两种条款的效力问题。根据英国法，光船租赁条款是有效的，且能够对识别承运人起决定性的作用。例如在“The Berkshire”一案中，涉案的提单从抬头到签名，均为定期承租人，但由于提单背面印有光船租赁条款，Brandon 大法官判决认为根据该条款，承运人应当是船舶出租人。② 但在美国法下，光船租赁条款一般会被认定为无效条款。例如在“The Anthony Ⅱ”一案中，美国法院判决光船租赁条款存在减轻承运人根据《1936 年海上货物运输法案》(Carriage of Goods by Sea Act，1936：COGSA）的强制性义务，因而无效。③ 而英国法对承运人识别/定义条款的效力通常予以认可。例如在“The Venezuela”一案中，Sheen 大法官在判决时根据此条款及案情，认定 Compania Anonima Venezolana de Navegacion 实际运营船舶，因而是承运人。尽管如此，在欧洲大陆和其他很多地区，光船租赁条款和承运人识别/定义条款的效力

① [1998] 2 Lloyd's Rep. 287.
② [1974] 1 Lloyd's Rep. 185.
③ [1966] 2 Lloyd's Rep. 437.

均得不到支持,一般不作为识别承运人的依据。[①]

鉴于承运人识别的标准不够统一,“光船租赁条款”以及“承运人识别条款”在不同国家法院认定的效力不一,尤其是租船合同下签发提单涉及多方当事人而使得承运人识别问题更加复杂。为了保护提单的正常流转以及维护善意第三方提单持有人的合法权益,2008年《鹿特丹规则》首次在国际海运公约层面专门规定“承运人识别”问题。第37条包括3款规定。第1款规定如果在合同事项中载明承运人名称的,则运输单证或电子运输记录中凡是与此不一致的有关承运人身份的其他信息一概无效。该规定与《鹿特丹规则》第36条“合同事项”第2款中要求记载承运人名称、地址的规定相协调。第2款规定,如果未能根据规定载明任何人为承运人的,但合同事项载明货物已装上指定船舶的,推定该船舶的登记所有人为承运人,除非该登记所有人能够证明运输货物时该船舶处于光船租用之中,且能够指出该光船承租人及其地址,在这种情况下,推定该光船承租人为承运人。或船舶登记所有人可以通过指出承运人及其地址,推翻将其当作承运人的推定。光船承租人可以按照同样方式推翻将其当作承运人的任何推定。显然《鹿特丹规则》摒弃了各国法院现行有关承运人识别的一般标准,既没有考虑提单抬头,也不考虑单证签署情况或者提单背面是否载有光船租赁条款或承运人识别条款,而直接将载货船舶的登记船舶所有人认定为承运人,除非该船舶所有人能够举证证明另有光租承租人存在或者另有一个承运人存在而非船舶所有人本人。同时为了避免这一原则的僵化适用以及可能存在的不合理性,公约第3款规定:“本条规定概不妨碍索赔人证明,承运人是合同事项所载明的人以外的人,或是根据本条第2款所识别的人以外的人。”

在公约草案讨论过程中,该条规定引起各国代表团的热烈讨论。以荷兰为代表的一些国家明确指出,该条款可能会对船舶所有人产生不公平,而且会对船舶融资产生不利影响。因为在航运实践中,特别是采取船舶融资情况下,船舶所有人往往是金融机构或银行,很少涉及船舶经营和管理,作为承运人的情形也非常少。此外货物运输中可能涉及一系列的船舶租赁关系,船舶所有人对于承运人的情况可能根本毫无了解;在涉及多式联运的情形,船舶所有人可能根本无法了解其他运输区段的情况,因此将其推定为承运人会产生很多问题,也是错误的。

但是公约草案工作组始终坚持这种对船舶所有人或者光船承租人的身份推定制度,理由是这种规定可以彻底地解决承运人身份识别问题,为货物索赔人提供一种彻底的帮助。尽管船舶所有人不可能在任何时候都掌握识别承运人的信息,但

---

① 参见刘俊,吕进良.论光船租赁条款及承运人识别条款的效力.中国海商法年刊,大连海事大学出版社,2006:126.

其总可能掌握运输船舶的有关信息，公约推定其承运人身份方面的规定，只不过是在识别承运人身份方面做出举证负担的安排，以给予货物索赔人适当的救济。①

尽管该公约尚未生效，公约确定的有关承运人识别的原则和标准到底会产生哪些问题还不可预测。但是至少有一点可以预见到，就是该公约有关承运人识别的规定，会在一定程度上限制或降低各国法院在个案中解决承运人识别问题上的灵活性。

第四节 租船合同中常见的提单条款

租船合同中通常都规定提单条款，但是不同租船合同类型，涉及的提单条款内容略有不同。

例如1994年"金康合同"第10条规定，应按照1994年修正的CONGENBILL提单格式，在不影响本租船合同前提下，由船长或经出租人书面授权的代理人签发提单。如果是后者，应向承租人提供授权书的副本。出租人因签发所呈递的提单产生的责任超出基于本租船合同产生的责任，因此带来的一切后果和责任，承租人应给予赔偿。（Bills of Lading shall be presented and signed by the Master as per "Congenbill" Bill of Lading form, Edition 1994, without prejudice to this Charter Party, or by the Owner's agents provided written authority has been given by Owners to the agents, a copy of which is to be furnished to the Charterers. The Charterers shall indemnify the Owners against all consequences or liabilities that may arise from the signing of bills of lading as presented to the extent that the terms or contents of such bills of lading impose or result in the imposition of more onerous liabilities upon the Owners than those assumed by the Owners under this Charter Party.）

BALTIME格式没有明确规定提单条款，而是在第9条涉及船舶雇佣及赔偿的条款中涉及有关提单签发造成的后果。其中规定，承租人应赔偿船长、驾驶员、代理人因签发提单或其他文件或听从承租人指示而给出租人造成的一切后果或责任……（The Charterers to indemnify the Owners against all consequences or liabilities arising from the Master, Officers or Agents signing Bills of Lading or other documents or otherwise complying with such orders...）

1946年NYPE格式第8条规定：……承租人在船长的监督之下负责货物的装载、积载和平舱工作，并负担上述费用，船长应根据大副收据或理货报告，签发所呈

① 参见UNCITRAL官方网站，第A/CN.9/616文件，Para. 20－24.

递的提单……(... and Charterers are to load, stow, and trim the cargo at their expense under the supervision of the Captain, who is to sign Bills of Lading for cargo as presented, is conformity with Mate's or Tally Clerk's receipts.)

1993 年 NYPE 专门在第 30 条规定了提单条款,内容包括 3 款,具体如下:

(a)船长应当根据大副收据或理货收据签发所呈递的提单或海运单。但是在获得出租人事先书面授权的情形下,承租人也可以代表船长签发提单或海运单,并确保其内容与大副收据或理货收据保持一致。

(b)任何提单或海运单不得影响本租船合同的规定,并且因承租人签发,或经请求由船长签发任何提单或海运单,致使因提单或海运单与本租船合同内容规定不一致造成出租人任何后果或责任的,承租人应当承担赔偿责任。

(c)装载舱面货的提单中应当载有如下条款:"货装舱面,对于因此造成的任何灭失、损坏、费用或迟延,船舶或出租人均不承担责任,由承租人、托运人和收货人承担相应的风险、费用和责任。"

虽然上述租船合同形式不同,租船合同下的提单条款内容也各不相同,但租船合同下签发的提单,其作用和目的是相同的,甚至部分用语也是类似的。以下就条款用语进行分析说明。

"所呈递的"(as presented)一词表明如下方面的含义:①承租人有权选择提单格式,而不是出租人选择;②所呈递的提单应当是一个普通格式的提单,而不是特殊格式的提单,除非合同双方另有约定;③与航次租船合同相比较,期租合同下,因承租人享有更多涉及货物经营和航线选择等权利,因此承租人享有更广泛的权利以决定提单的格式及内容,并要求船长签发;④承租人有权选择某个提单格式或内容以适合于贸易运输的需要。

"不得影响本租船合同的规定"(without prejudice to this Charter Party)是指出租人和承租人在本租船合同下的权利、义务不因提单的签发而受到任何影响。即承租人所呈递的提单内容不应当对租船合同的内容有所变更。如果承租人呈递的提单规定与租船合同的规定不一致,船长可以拒绝签发所呈递的提单。当然,如果船长事实上签发了不同于租船合同内容的提单,由于是承租人违反租船合同的规定,擅自在呈递的提单中变更租船合同内容,因此就提单与租船合同规定不一致,并因此造成出租人损失的,出租人有权向承租人索赔。出租人索赔时可以依据合同中的提单条款或者定期租船合同中明示的有关"使用与赔偿"条款(express indemnity clause)。如果合同中没有这样的条款,则依据英美普通法,也会认定默示存在一个赔偿条款(implied indemnity clause)。如果承租人所呈递的提单内容与租船合同的规定不同,而且这种"差异"属于"明显不一致"(manifestly inconsistent)的,则船长有权拒绝签发提单。例如提单上记载的装运日期与事实不符,货物的性质、数量或外表状况与事实不符等。如果船长应该拒绝签发提单，但是事实上没有拒绝的，并不影响作为承运人的出租人首先对善意第三方承担赔偿责任。在出租人承担赔偿责任后，能否向承租人追偿，则有待于上述不准确事实的描述情况以及船长对不符事实的了解程度而有所差异。

如果船长明知提单中有关装运日期不真实或者货物外表状况不良，仍然签发清洁提单的，则出租人无权向承租人追偿。①如果船长对提单中的不真实记载不知情或者可以采取合理的措施去核验而对提单不真实记载采取轻率的行为，则出租人是否有权向承租人索赔，有赖于具体案件的事实情况。例如，如果承租人要求船长签发提单时要求船长根据实际情况可以做出合理的保留，而不是简单的要求船长签署所呈递的提单，则船长有义务采取合理的措施对装船货物的情况进行检查之后再签发提单。如果提单记载事项是否准确是在承租人或托运人的掌控范围之内，而且船长对于提单记载不存在任何疏忽，则出租人有权向承租人索赔因提单记载不符而造成的损失。

根据各国法律，船长一般有权代表出租人签发提单。只要船长是在一般授权范围内(general authority)签发的提单，出租人都应受该提单的约束，除非是出租人限制了船长的一般授权，且提单持有人知道这种权利受限制的情况。有时候当提单条款及当时情况明显表明船长签发提单，不是在出租人的一般授权范围之内，而是作为承租人的代理签发提单，则该提单约束的是承租人，而非出租人。例如我国《海商法》第72条第2项规定："提单可以由承运人授权的人签发。提单由载货船舶的船长签发的，视为代表承运人签发。"这里提及的承运人多数情况下是出租人(船舶所有人)，此时船长签发提单不需要出租人特殊授权。如果认定承租人为承运人时，船长是否有权签发提单依据租船合同或提单条款确定，在该条款明确授权的范围内，船长签发的提单才约束承租人。

另外，根据NYPE格式的规定，一方面船长有义务签发承租人所呈递的提单，该提单约束出租人；另一方面承租人可以要求船长不签发代表出租人利益的提单，而是承租人自己代表出租人的利益亲自签发提单。不论采取上述哪种签发形式，出租人都将受提单约束，从而承担提单所证明的海上货物运输合同下承运人的责任和义务。由于承租人可以以出租人的名义或采用出租人公司抬头的提单并亲自签发提单，使得承租人可能有机会签发前述几种船长有权拒绝签发的提单，而给出租人造成不必要的损失。因此，作为出租人，最好在合同中明确限制承租人签发提单的权利，而只将提单的签发权授予能维护其利益的船长或代理人。

---

① Sir Bernard Eder etc.,Scrutton on Charterparties and Bills of lading(22 ed.) Sweet & Maxwell, 2011:107－108,para.6－043～6－045.

附录一

中华人民共和国海商法(节选)

第四章　海上货物运输合同

第七节　航次租船合同的特别规定

第九十二条　航次租船合同,是指船舶出租人向承租人提供船舶或者船舶的部分舱位,装运约定的货物,从一港运至另一港,由承租人支付约定运费的合同。

第九十三条　航次租船合同的内容,主要包括出租人和承租人的名称、船名、船籍、载货重量、容积、货名、装货港和目的港、受载期限、装卸期限、运费、滞期费、速遣费以及其他有关事项。

第九十四条　本法第四十七条和第四十九条的规定,适用于航次租船合同的出租人。

本章其他有关合同当事人之间的权利、义务的规定,仅在航次租船合同没有约定或者没有不同约定时,适用于航次租船合同的出租人和承租人。

第九十五条　对按照航次租船合同运输的货物签发的提单,提单持有人不是承租人的,承运人与该提单持有人之间的权利、义务关系适用提单的约定。但是,提单中载明适用航次租船合同条款的,适用该航次租船合同的条款。

第九十六条　出租人应当提供约定的船舶;经承租人同意,可以更换船舶。但是,提供的船舶或者更换的船舶不符合合同约定的,承租人有权拒绝或者解除合同。

因出租人过失未提供约定的船舶致使承租人遭受损失的,出租人应当负赔偿责任。

第九十七条　出租人在约定的受载期限内未能提供船舶的,承租人有权解除合同。但是,出租人将船舶延误情况和船舶预期抵达装货港的日期通知承租人的,承租人应当自收到通知时起四十八小时内,将是否解除合同的决定通知出租人。

因出租人过失延误提供船舶致使承租人遭受损失的,出租人应当负赔偿责任。

第九十八条　航次租船合同的装货、卸货期限及其计算办法,超过装货、卸货期限后的滞期费和提前完成装货、卸货的速遣费,由双方约定。

第九十九条　承租人可以将其租用的船舶转租;转租后,原合同约定的权利和义务不受影响。

第一百条 承租人应当提供约定的货物；经出租人同意，可以更换货物。但是，更换的货物对出租人不利的，出租人有权拒绝或者解除合同。

因未提供约定的货物致使出租人遭受损失的，承租人应当负赔偿责任。

第一百零一条 出租人应当在合同约定的卸货港卸货。合同订有承租人选择卸货港条款的，在承租人未按照合同约定及时通知确定的卸货港时，船长可以从约定的选卸港中自行选定一港卸货。承租人未按照合同约定及时通知确定的卸货港，致使出租人遭受损失的，应当负赔偿责任。出租人未按照合同约定，擅自选定港口卸货致使承租人遭受损失的，应当负赔偿责任。

（注：第四十七条 承运人在船舶开航前和开航当时，应当谨慎处理，使船舶处于适航状态，妥善配备船员、装备船舶和配备供应品，并使货舱、冷藏舱、冷气舱和其他载货处所适于并能安全收受、载运和保管货物。

第四十九条 承运人应当按照约定的或者习惯的或者地理上的航线将货物运往卸货港。

船舶在海上为救助或者企图救助人命或者财产而发生的绕航或者其他合理绕航，不属于违反前款规定的行为。）

第六章 船舶租用合同

第一节 一般规定

第一百二十七条 本章关于出租人和承租人之间权利、义务的规定，仅在船舶租用合同没有约定或者没有不同约定时适用。

第一百二十八条 船舶租用合同，包括定期租船合同和光船租赁合同，均应当书面订立。

第二节 定期租船合同

第一百二十九条 定期租船合同，是指船舶出租人向承租人提供约定的由出租人配备船员的船舶，由承租人在约定的期间内按照约定的用途使用，并支付租金的合同。

第一百三十条 定期租船合同的内容，主要包括出租人和承租人的名称、船名、船籍、船级、吨位、容积、船速、燃料消耗、航区、用途、租船期间、交船和还船的时间和地点以及条件、租金及其支付，以及其他有关事项。

第一百三十一条 出租人应当按照合同约定的时间交付船舶。

出租人违反前款规定的，承租人有权解除合同。出租人将船舶延误情况和船舶预期抵达交船港的日期通知承租人的，承租人应当自接到通知时起四十八小时内，将解除合同或者继续租用船舶的决定通知出租人。

因出租人过失延误提供船舶致使承租人遭受损失的，出租人应当负赔偿责任。

第一百三十二条 出租人交付船舶时，应当做到谨慎处理，使船舶适航。交付的船舶应当适于约定的用途。

出租人违反前款规定的，承租人有权解除合同，并有权要求赔偿因此遭受的损失。

第一百三十三条 船舶在租期内不符合约定的适航状态或者其他状态，出租人应当采取可能采取的合理措施，使之尽快恢复。

船舶不符合约定的适航状态或者其他状态而不能正常营运连续满二十四小时的，对因此而损失的营运时间，承租人不付租金，但是上述状态是由承租人造成的除外。

第一百三十四条 承租人应当保证船舶在约定航区内的安全港口或者地点之间从事约定的海上运输。

承租人违反前款规定的，出租人有权解除合同，并有权要求赔偿因此遭受的损失。

第一百三十五条 承租人应当保证船舶用于运输约定的合法的货物。

承租人将船舶用于运输活动物或者危险货物的，应当事先征得出租人的同意。

承租人违反本条第一款或者第二款的规定致使出租人遭受损失的，应当负赔偿责任。

第一百三十六条 承租人有权就船舶的营运向船长发出指示，但是不得违反定期租船合同的约定。

第一百三十七条 承租人可以将租用的船舶转租，但是应当将转租的情况及时通知出租人。租用的船舶转租后，原租船合同约定的权利和义务不受影响。

第一百三十八条 船舶所有人转让已经租出的船舶的所有权，定期租船合同约定的当事人的权利和义务不受影响，但是应当及时通知承租人。船舶所有权转让后，原租船合同由受让人和承租人继续履行。

第一百三十九条 在合同期间，船舶进行海难救助的，承租人有权获得扣除救助费用、损失赔偿、船员应得部分以及其他费用后的救助款项的一半。

第一百四十条 承租人应当按照合同约定支付租金。承租人未按照合同约定支付租金的，出租人有权解除合同，并有权要求赔偿因此遭受的损失。

第一百四十一条　承租人未向出租人支付租金或者合同约定的其他款项的，出租人对船上属于承租人的货物和财产以及转租船舶的收入有留置权。

第一百四十二条　承租人向出租人交还船舶时，该船舶应当具有与出租人交船时相同的良好状态，但是船舶本身的自然磨损除外。

船舶未能保持与交船时相同的良好状态的，承租人应当负责修复或者给予赔偿。

第一百四十三条　经合理计算，完成最后航次的日期约为合同约定的还船日期，但可能超过合同约定的还船日期的，承租人有权超期用船以完成该航次。超期期间，承租人应当按照合同约定的租金率支付租金；市场的租金率高于合同约定的租金率的，承租人应当按照市场租金率支付租金。

第三节　光船租赁合同

第一百四十四条　光船租赁合同，是指船舶出租人向承租人提供不配备船员的船舶，在约定的期间内由承租人占有、使用和营运，并向出租人支付租金的合同。

第一百四十五条　光船租赁合同的内容，主要包括出租人和承租人的名称、船名、船籍、船级、吨位、容积、航区、用途、租船期间、交船和还船的时间和地点以及条件、船舶检验、船舶的保养维修、租金及其支付、船舶保险、合同解除的时间和条件，以及其他有关事项。

第一百四十六条　出租人应当在合同约定的港口或者地点，按照合同约定的时间，向承租人交付船舶以及船舶证书。交船时，出租人应当做到谨慎处理，使船舶适航。交付的船舶应当适于合同约定的用途。

出租人违反前款规定的，承租人有权解除合同，并有权要求赔偿因此遭受的损失。

第一百四十七条　在光船租赁期间，承租人负责船舶的保养、维修。

第一百四十八条　在光船租赁期间，承租人应当按照合同约定的船舶价值，以出租人同意的保险方式为船舶进行保险，并负担保险费用。

第一百四十九条　在光船租赁期间，因承租人对船舶占有、使用和营运的原因使出租人的利益受到影响或者遭受损失的，承租人应当负责消除影响或者赔偿损失。

因船舶所有权争议或者出租人所负的债务致使船舶被扣押的，出租人应当保证承租人的利益不受影响；致使承租人遭受损失的，出租人应当负赔偿责任。

第一百五十条　在光船租赁期间，未经出租人书面同意，承租人不得转让合同的权利和义务或者以光船租赁的方式将船舶进行转租。

第一百五十一条 未经承租人事先书面同意，出租人不得在光船租赁期间对船舶设定抵押权。

出租人违反前款规定，致使承租人遭受损失的，应当负赔偿责任。

第一百五十二条 承租人应当按照合同约定支付租金。承租人未按照合同约定的时间支付租金连续超过七日的，出租人有权解除合同，并有权要求赔偿因此遭受的损失。

船舶发生灭失或者失踪的，租金应当自船舶灭失或者得知其最后消息之日起停止支付，预付租金应当按比例退还。

第一百五十三条 本法第一百三十四条、第一百三十五条第一款、第一百四十二条和第一百四十三条的规定，适用于光船租赁合同。

第一百五十四条 订有租购条款的光船租赁合同，承租人按照合同约定向出租人付清租购费时，船舶所有权即归于承租人。

附录二

中 国 国 际 商 会

航 次 租 船 合 同 确 认 书

(2000 年标准格式)

Fixture Note of Voyage Charter Party

(2000 Standard Form)

________年________月________日

出租人____

(地址:____________________传真:________________电话:__________________)

与承租人____

(地址:____________________传真:______________电话:________________)

双方同意按下列条款和条件履行本确认书:

第一条　承运船舶的规范

船名:______________船旗国:______________建造时间:______________

船级:________________________登记船东:__________________________

总吨/净吨/载重吨:________/________/________吨　夏季干舷:________米

总长/型宽:____米/____米　散装舱容/包装舱容:____立方米/____立方米

舱/舱口:__________/__________吊杆:__________二层甲板:__________

[可根据需要增加项目]____

____

第二条　货物和数量[使用✓标明选择(A)或(B)]

[　](A)______公吨______[袋装或散装]货物____________________________,增加或减少______%,由______[出租人或承租人]选择。

[　](B)______立方米货物______________________________,增加或减少______%,由______[承租人或出租人]选择。

第三条　受载期

____年____月____日/____年____月____日。

第四条　装货/卸货港[使用✓标明选择(A)或(B)]

[　](A) 在____________/____________的____个安全港口。

[　](B) 在____________港/____________港的____个安全泊位。

第五条　装货/卸货率[使用✓标明选择(A)或(B)或(C)]

[　](A) 每晴天工作日______公吨/______公吨,星期日、节假日除外,除非已经使用(PWWD SHEX UU)。

[　](B)每晴天工作日______公吨/______公吨,星期日、节假日除外,即使已经使用(PWWD SHEX EIU)。

[　](C)在__________________________[装货港或卸货港]按港口习惯快速装/卸货(CQD)。

第六条　装卸时间的计算[使用✓标明选择(A)或(B)]

[　](A)装货时间与卸货时间分别计算。

[　](B)装货时间与卸货时间合并计算。

第七条　运费率[使用✓标明选择(A)或(B)或(C)或(D)]

[　](A) 包干运费________,出租人不负担装卸、堆舱及平舱费。

[　](B) 每____[净或毛]公吨____________,出租人不负担装卸、堆舱及平舱费。

[　](C)每____[净或毛]公吨 ____________,出租人不负担装货费,卸货费按班轮条件。

[　](D)每____[净或毛]立方米____________,出租人不负担装卸、堆舱及平舱费。

第八条　运费的支付[使用✓标明选择(A)或(B)或(C)]

[　](A)运费应于装货结束后________个银行工作日内支付。

[　](B)运费应于装货结束后________个银行工作日内支付,但至迟应在开舱卸货以前。

按照以上(A)或(B)已收取或应收取的运费,在货物装上船后即为出租人所赚取;不论船舶/货物灭失与否,承租人必须支付,无须返还,不得扣减。

[　](C)运费应于卸货结束后________个银行工作日内支付。

第九条　滞期费/速遣费

滞期费/速遣费为每天______ /______，不足一天按比例计算，于卸货结束后____天内结算，但出租人如有留置货物的权利，不受本条规定的影响。

第十条　税费/规费/费用

船舶/运费的税费/规费/费用由出租人负担，不论其计算方法如何。货物的税费/规费/费用由承租人负担，不论其计算方法如何。

第十一条　代理[使用✓标明选择（A）或（B）]

[　]（A）装卸港均为出租人的代理。

[　]（B）装货港为出租人的代理，卸货港为承租人的代理。

第十二条　佣金[使用✓标明选择（A）或（B）]

[　]（A）运费、亏舱费和滞期费的佣金包括洽租佣金合计____%。

[　]（B）运费、亏舱费和滞期费佣金合计____%，另加____%付给________。

第十三条　法律和仲裁

本确认书适用中国法律并根据中国法律解释，自签订之日起租船合同成立。本确认书产生的或与本确认书有关的任何争议均应提交中国海事仲裁委员会在北京仲裁。仲裁裁决是终局的，对当事人均有约束力。

第十四条　金康租船合同[使用✓标明选择（A）或（B）]

[　]（A）其他条款和条件按1994年金康租船合同，但第2条除外。

[　]（B）其他条款和条件按1976年金康租船合同，但第________条除外。

第十五条　特别条款

____

________________________　　________________________

出租人签字　　承租人签字

附录三

GENCON 1994 与 GENCON 1976 之比较

1. Shipbroker Copyright, published by The Baltic and International Maritime Council (BIMCO), Copenhagen	RECOMMENDE THE BALTIC AND INTERNATIONAL MARITIME COUNCIL UNIFORM GENERAL CHARTER (AS REVISED 1922, 1976 AND 1994) (To be used for trades for which no specially approved form is in force) CODE NAME: "GENCON" **Part I**
	2. Place and date
3. Owners/Place of business (Cl. 1)	**4.** Charterers/Place of business (Cl. 1)
5. Vessel's name (Cl. 1)	**6.** GT/NT (Cl. 1)
7. DWT all told on summer load line in metric tons (abt.) (Cl. 1)	**8.** Present position (Cl. 1)
9. Expected ready to load (abt.) (Cl. 1)	
10. Loading port or place (Cl. 1)	**11.** Discharging port or place (Cl. 1)
12. Cargo also state quantity and margin in Owners' option, if agreed; if full and complete cargo not agreed state "part cargo" (Cl. 1)	
13. Freight rate (also state whether freight prepaid or payable on delivery) (Cl. 4)	**14.** Freight payment (state currency and method of payment; also beneficiary and bank account) (Cl. 4)
15. State if vessel's cargo handling gear shall not be used (Cl. 5)	**16.** Laytime (if separate laytime for load. and disch. is agreed, fill in (a) and (b). If total laytime for load. and disch., fill in (c) only) (Cl. 6)
17. Shippers/Place of business (Cl. 6)	(a) Laytime for loading
18. Agents (loading) (Cl. 6)	(b) Laytime for discharging
19. Agents (discharging) (Cl. 6)	(c) Total laytime for loading and discharging
20. Demurrage rate and manner payable (loading and discharging) (Cl. 7)	**21.** Cancelling date (Cl. 9)
	22. General; Average to be adjusted at (Cl. 12)
23. Freight Tax state if for the Owners' account (Cl. 13(c)	**24.** Brokerage commission and to whom payable (Cl. 15)
25. Law and Arbitration state 19(a), 19(b) or 19(c) of Cl. 19; if 19(c) agreed also state Place of Arbitration) if not filled in 19(a) shall apply) (Cl. 19)	
(a) State maximum amount for small claims/shortened arbitration (Cl. 19)	**26.** Additional clauses covering special provisions, if agreed

It is mutually agreed that this Contract shall be performed subject to the conditions contained in this Charter Party which shall include Part Ⅰ as well as Part Ⅱ. In the event of a conflict of conditions, the provisions of Part Ⅰ shall prevail over those of Part Ⅱ to the extent of such conflict.

Signature (Owners)	Signature (Charterers)

Printed and sold by Fr. G. Knudtzon Ltd., 55 Toldbodgade, DK-1253 Copenhagen K, Telefax +45 33 93 11 84 by authority of The Baltic and International maritime Council (BIMCO), Copenhagen

Gencon 1994 与 Gencon 1976 之比较①

(Changes to large parts of a Clause are indicated by shading
Other changes within Clauses are underlined)

PART Ⅱ

"Gencon" Charter (As Revised 1922 and 1976)
Including "F. I. O." Alternative, etc.

1. **It is agreed between the party** mentioned in Box 3 as Owners of the steamer or motor-vessel named in Box 5, of the gross/nett Register tons indicated in Box 6 and carrying about the number of tons of deadweight cargo stated in Box 7, now in position as stated in Box 8 and expected ready to load under this charter about the date indicated in Box 9, and the party mentioned as Charterers in Box 4 that:

The said vessel shall proceed to the loading port or place stated in Box 10 or so near thereto as she may safely get and lie always afloat, and there load a full and complete cargo (if shipment of deck cargo agreed same to be at Charterers' risk) as stated in Box 12 (Charterers to provide all mats and/or wood for dunnage and

PAPT Ⅱ

"Gencon" Charter (As Revised 1922, 1976 and 1994)

1. **It is agreed between the party** mentioned in Box 3 as the Owners of the Vessel named in Box 5 of the GT/NT indicated in Box 6 and carrying about the number of metric tons of deadweight capacity all told on summer loadline stated in Box 7 now in position as stated in Box 8 and expected ready to load under this Charter Party about the date indicated in Box 9, and the party mentioned as the Charterers in Box 4 that:

The said Vessel shall, as soon as her prior commitments have been completed, proceed to the loading port (s) or place (s) stated in Box 10 or so near thereto as she may safely get and lie always afloat, and there load a full and complete cargo (if shipment of deck cargo agreed same to be at the Charterers' risk and responsibility) as stated

① 因本书排版需要和限制,本合同格式每行条款前(或后)未加顺序号,与原始合同格式略有不同,请读者注意。以下附录的格式变化,理由相同。

Gencon 1976	**Gencon** 1994
any separations required, the Owners allowing the use of any dunnage wood on board if required) which the Charterers bind themselves to ship, and being so loaded the vessel shall proceed to the discharging port or place stated in Box 11 as ordered on signing Bills of Lading or so near thereto as she may safely get and lie always afloat and there deliver the cargo on being paid freight on delivered or intaken quantity as indicated in Box 13 at the rate stated in Box 13.	in Box 12, which the Charterers bind themselves to ship, and being so loaded the Vessel shall proceed to the discharging port (s) or place (s) stated in Box 11 as ordered on signing Bills of Lading, or so near thereto as she may safely get and lie always afloat, and there deliver the cargo.
2. Owners' Responsibility Clause	**2. Owners' Responsibility Clause**
Owners are to be responsible for loss of or damage to the goods or for delay in delivery of the goods only in case the loss, damage or delay has been caused by the improper or negligent stowage of the goods (unless stowage performed by shippers/ Charterers or their stevedores or servants) or by personal want of due diligence on the part of the Owners or their Manager to make the vessel in all respects seaworthy and to secure that she is properly manned, equipped and supplied, or by the personal act or default of the Owners or their Manager.	The Owners are to be responsible for loss of or damage to the goods or for delay in delivery of the goods only in case the loss, damage or delay has been caused by personal want of due diligence on the part of the Owners or their Manager to make the Vessel in all respects seaworthy and to secure that she is properly manned, equipped and supplied, or by the personal act or default of the Owners or their Manager.
And the Owners are responsible for no loss or damage or delay arising from any other cause whatsoever, even from the neglect or default of the	And the Owners are not responsible for loss, damage or delay arising from any other cause whatsoever, even from the neglect or default of the Master or crew or some other person employed by the Owners on board or ashore for whose acts they would, but

Gencon 1976

Captain or crew or some other person employed by the Owners on board or ashore for whose acts they would, but for this clause, be responsible, or from unseaworthiness of the vessel on loading or commencement of the voyage or at any time whatsoever. <u>Damage caused by contact with or leakage, smell or evaporation from other goods or by the inflammable or explosive nature or insufficient package of other goods not to be considered as caused by improper or negligent stowage, even if in fact so caused.</u>

Gencon 1994

for this clause, be responsible, or from unseaworthiness of the Vessel on loading or commencement of the voyage or at any time whatsoever.

Gencon 1976

3. Deviation Clause

The vessel has liberty to call at any port or ports in any order, for any purpose, to sail without pilots, to tow and/or assist vessels in all situations, and also to deviate for the purpose of saving life and/or property.

4. Payment of Freight

The freight to be paid in the manner prescribed in Box 14 in cash without discount on delivery of the cargo at mean rate of exchange ruling on day or days of payment, the receivers of the cargo being bound to pay freight on account during delivery, if required by Captain or Owners.

Cash for vessel's ordinary disbursements at port of loading to be advanced by Charterers if required at

Gencon 1994

3. Deviation Clause

The Vessel has liberty to call at any port or ports in any order, for any purpose, to sail without pilots, to tow and/or assist vessels in all situations, and also to deviate for the purpose of saving life and/or property.

4. Payment of Freight

(a) The freight at the rate stated in Box 13 shall be paid in cash calculated on the intaken quantity of cargo.

(b) <u>*Prepaid*</u>. If according to Box 13 freight is to be paid on shipment, it shall be deemed earned and non-returnable, Vessel and/or cargo lost or not lost.

Neither the Owners nor their agents shall be required to sign or endorse bills of lading showing freight prepaid

Gencon 1976

highest current rate of exchange, subject to two per cent. to cover insurance and other expenses.

Gencon 1994

unless the freight due to the Owners has actually been paid.

(c) *On delivery.* If according to Box 13 freight. or part thereof, is payable at destination it shall not be deemed earned until the cargo is thus delivered. Notwithstanding the provisions under (a), if freight or part thereof is payable on delivery of the cargo the Charterers shall have the option of paying the freight on delivered weight/quantity provided such option is declared before breaking bulk and the weight/quantity can be ascertained by official weighing machine, joint draft survey or tally.

Cash for Vessel's ordinary disbursements at the port of loading to be advanced by the Charterers, if required, at highest current rate of exchange, subject to two (2) per cent to cover insurance and other expenses.

Gencon 1976

5. Loading/Discharging Costs

* (*a*) *Gross Terms*

The cargo to be brought alongside in such a manner as to enable vessel to take the goods with her own tackle. Charterers to procure and pay the necessary men on shore or on board the lighters to do the work there, vessel only heaving the cargo on board.

If the loading takes place by elevator,

Gencon 1994

5. Loading/Discharging

(*a*) *Costs/Risks*

The cargo shall be brought into the holds, loaded, stowed and/or trimmed, tallied, lashed and/or secured and taken from the holds and discharged by the Charterers, free of any risk, liability and expense whatsoever to the Owners. The Charterers shall provide and lay all dunnage material as required for the proper stow-

Gencon 1976

cargo to be put free in vessel's holds, Owner only paying trimming expenses.

Any pieces and/or packages of cargo over two tons weight, shall be loaded, stowed and discharged by Charterers at their risk and expense.

The cargo to be received by Merchants at their risk and expense alongside the vessel not beyond the reach of her tackle.

* (*b*) *F. i. o. and free stowed/trimmed*

The cargo shall be brought into the holds, loaded, stowed and/or trimmed and taken from the holds and discharged by the Charterers or their Agents, free of any risk, liability and expense whatsoever to the Owners.

The Owners shall provide winches, motive power and winchmen from the Crew if requested and permitted; if not, the Charterers shall provide and pay for winchmen from shore and/or crane, if any. (This provision shall not apply if vessel is gearless and stated as such in Box 15).

* *indicate alternative* (*a*) *or* (*b*), *as agreed*, *in Box* 15

Gencon 1994

age and protection of the cargo on board, the Owners allowing the use of all dunnage available on board. The Charterers shall be responsible for and pay the cost of removing their dunnage after discharge of the cargo under this Charter Party and time to count until dunnage has been removed.

(*b*) *Cargo handling gear*

Unless the Vessel is gearless or unless it has been agreed between the parties that the Vessel's gear shall not be used and stated as such in Box 15, the Owners shall throughout the duration of loading/discharging give free use of the Vessel's cargo handling gear and of sufficient motive power to operate all such cargo handling gear. All such equipment to be in good working order. Unless caused by negligence of the stevedores, time lost by breakdown of the Vessel's cargo handling gear or motive power-pro rata the total number of cranes/winches required at that time for the loading/discharging of cargo under this Charter Party shall not count as laytime or time on demurrage.

On request the Owners shall provide free of charge cranemen/winchmen from the crew to operate the Vessel's cargo handling gear, unless local regulations prohibit this, in which latter

Gencon 1976

Gencon 1994

event shore labourers shall be for the account of the Charterers. Cranemen/winchmen shall be under the Charterers' risk and responsibility and as stevedores to be deemed as their servants but shall always work under the supervision of the Master.

(*c*) *Stevedore Damage*

The Charterers shall be responsible for damage (beyond ordinary wear and tear) to any part of the Vessel caused by Stevedores. Such damage shall be notified as soon as reasonably possible by the Master to the Charterers or their agents and to their Stevedores, failing which the Charterers shall not be held responsible. The Master shall endeavour to obtain the Stevedores' written acknowledgement of liability.

The Charterers are obliged to repair any stevedore damage prior to completion of the voyage, but must repair stevedore damage affecting the Vessel's seaworthiness or class before the Vessel sails from the port where such damage was caused or found. All additional expenses incurred shall be for the account of the Charterers and any time lost shall be for the account of and shall be paid to the Owners by the Charterers at the demurrage rate.

Gencon 1976

6. Laytime

* (*a*) *Separate laytime for loading and discharging*

The cargo shall be loaded within the number of running hours as indicated in Box 16, weather permitting, Sundays and holidays excepted, unless used, in which event time actually used shall count.

The cargo shall be discharged within the number of running hours as indicated in Box 16, weather permitting, Sundays and holidays excepted, unless used, in which event time actually used shall count.

* (*b*) *Total laytime for loading and discharging*

The cargo shall be loaded and discharged within the number of total running hours as indicated in Box 16, weather permitting, Sundays and holidays excepted, unless used, in which event time actually used shall count.

(*c*) *Commencement of laytime (loading and discharging)*

Laytime for loading and discharging shall commence at 1 p. m. if notice of readiness is given before noon, and at 6 a. m. next working

Gencon 1994

6. Laytime

* (*a*) *Separate laytime for loading and discharging*

The cargo shall be loaded within the number of running days/hours as indicated in Box 16, weather permitting, Sunday and holidays excepted, unless used, in which event time used shall count.

The cargo shall be discharged within the number of running days/hours as indicated in Box 16, weather permitting, Sundays and holidays excepted, unless used, in which event time used shall count.

* (*b*) *Total laytime for loading and discharging*

The cargo shall be loaded and discharged within the number of total running days/hours as indicated in Box 16, weather permitting, Sundays and holidays excepted, unless used, in which event time used shall count.

(*c*) *Commencement of laytime (loading and discharging)*

Laytime for loading and discharging shall commence at 13:00 hours, if notice of readiness is given up to and including 12:00 hours, and at 06:00 hours next

Gencon 1976

day if notice given during office hours after noon. Notice at loading port to be given to the Shippers named in Box 17.

Time actually used before commencement of laytime shall count.

Time lost in waiting for berth to count as loading or discharging time, as the case may be.

* *indicate alternative* (*a*) *or* (*b*) *as agreed*, *in Box* 16.

Gencon 1994

working day if notice given during office hours after 12:00 hours. Notice of readiness at loading port to be given to the Shippers named in Box 17 or if not named, to the Charterers or their agents named in Box 18. Notice of readiness at the discharging port to be given to the Receivers or, if not known, to the Charterers or their agents named in Box 19.

If the loading/discharging berth is not available on the Vessel's arrival at or off the port of loading/discharging, the Vessel shall be entitled to give notice of readiness within ordinary office hours on arrival there, whether in free pratique or not, whether customs cleared or not. Laytime or time on demurrage shall then count as if she were in berth and in all respects ready for loading/discharging provided that the Master warrants that she is in fact ready in all respects. Time used in moving from the place of waiting to the loading/discharging berth shall not count as laytime.

If, after inspection, the Vessel is found not to be ready in all respects to load/discharge time lost after the discovery thereof until the Vessel is again ready to load/discharge shall not count as laytime.

Gencon 1976

Gencon 1994

Time used before commencement of laytime shall count.

* *Indicate alternative (a) or (b) as agreed, in Box* 16.

7. Demurrage

Ten running days on demurrage at the rate stated in Box 18 per day or pro rata for any part of a day, payable day by day, to be allowed Merchants altogether at ports of loading and discharging.

7. Demurrage

Demurrage at the loading and discharging port is payable by the Charterers at the rate stated in Box 20 in the manner stated in Box 20 per day or pro rata for any part of a day. Demurrage shall fall due day by day and shall be payable upon receipt of the Owners' invoice.

In the event the demurrage is not paid in accordance with the above. the Owners shall give the Charterers 96 running hours written notice to rectify the failure. If the demurrage is not paid at the expiration of this time limit and if the Vessel is in or at the loading port, the owners are entitled at any time to terminate the Charter Party and claim damages for any losses caused thereby.

8. Lien Clause

Owners shall have a lien on the cargo for freight, dead-freight, demurrage and damages for detention. Charterers shall remain responsible for deadfreight and demurrage

8. Lien Clause

The Owners shall have a lien on the cargo and on all sub-freights payable in respect of the cargo, for freight, deadfreight, demurrage, claims for damages and for all oth-

Gencon 1976

(including damages for detention), incurred at port of loading. Charterers shall also remain responsible for freight and demurrage (including damages for detention) incurred at port of discharge, but only to such extent as the Owners have been unable to obtain payment thereof by exercising the lien on the cargo.

9. **Bills of Lading**

The Captain to sign Bills of Lading at such rate of freight as presented without prejudice to this Charterparty, but should the freight by Bills of Lading amount to less than the total chartered freight the difference to be paid to the Captain in cash on signing Bills of Lading.

Gencon 1994

er amounts due under this Charter Party including costs of recovering same.

10. **Bills of Lading**

Bills of Lading shall be presented and signed by the Master as per "Congenbill" Bill of Lading form, Edition 1994, without prejudice to this Charter Party, or by the Owners' agents provided written authority has been given by Owners to the agents, a copy of which is to be furnished to the Charterers. The Charterers shall indemnify the Owners against all consequences or liabilities that may arise from the signing of bills of lading as presented to the extent that the terms or contents of such bills of lading impose or result in the imposition of more onerous liabilities upon the Owners than those assumed by the Owners under this Charter Party.

Gencon 1976

10. Cancelling Clause

Should the vessel not be ready to load(whether in berth or not) on or before the date indicated in Box 19, Charterers have the option of cancelling this contract, such option to be declared,

if demanded, at least 48 hours before vessel's expected arrival at port of loading. Should the vessel be delayed on account of average or otherwise. Charterers to be informed as soon as possible, and if the vessel is delayed for more than 10 days after the day she is stated to be expected ready to load, Charterers have the option of cancelling this contract, unless a cancelling date has been agreed upon.

Gencon 1994

9. Cancelling Clause

(a) Should the Vessel not be ready to load (whether in berth or not) on the cancelling date indicated in Box 21, the Charterers shall have the option of cancelling this Charter Party.

(b) Should the Owners anticipate that, despite the exercise of due diligence, the Vessel will not be ready to load by the cancelling date, they shall notify the Charterers thereof without delay stating the expected date of the Vessel's readiness to load and asking whether the charterers will exercise their option of cancelling the Charter Party, or agree to a new cancelling date.

Such option must be declared by the Charterers within 48 running hours after the receipt of the owners' notice. If the charterers do not exercise their option of cancelling, then this Charter Party shall be deemed to be amended such that the seventh day after the new readiness date stated in the Owners' notification to the Charterers shall be the new cancelling date.

The provisions of sub-clause (b) of this Clause shall operate only once, and in case of the Vessel's

Gencon 1976

Gencon 1994

further delay, the Charterers shall have the option of cancelling the Charter Party as per sub-clause (a) of this Clause.

11. General Average

General average to be settled according to York-Antwerp Rules, 1974, Proprietors of cargo to pay the cargo's share in the general expenses even if same have been necessitated through neglect or default of the Owners' servants (see clause 2).

12. General Average and New Jason Clause

General Average shall be adjusted in London unless otherwise agreed in Box 22 according to York-Antwerp Rules 1994 and any subsequent modification thereof. Proprietors of cargo to pay the cargo's share in the general expenses even if same have been necessitated through neglect or default of the Owners' servants (see Clause 2).

If General Average is to be adjusted in accordance with the law and practice of the United States of America, the following clause shall apply: "In the event of accident, danger, damage or disaster before or after the commencement of the voyage, resulting from any cause whatsoever, whether due to negligence or not, for which, or for the consequence of which, the Owners are not responsible, by statute, contract or otherwise, the cargo, shippers, consignees or the owners of the cargo shall con-

Gencon 1976

Gencon 1994

tribute with the Owners in General Average to the payment of any sacrifices, losses or expenses of a General Average nature that may be made or incurred and shall pay salvage and special charges incurred in respect of the cargo. If a salving vessel is owned or operated by the Owners, salvage shall be paid for as fully as if the said salving vessel or vessels belonged to strangers. Such deposit as the Owners, or their agents, may deem sufficient to cover the estimated contribution of the goods and any salvage and special charges thereon shall, if required, be made by the cargo, shippers, consignees or owners of the goods to the Owners before delivery."

11. Both-to-Blame Collision Clause

If the Vessel comes into collision with another vessel as a result of the negligence of the other vessel and any act, neglect or default of the Master, Mariner, Pilot or the servants of the Owners in the navigation or in the management of the Vessel, the owners of the cargo carried hereunder will indemnify the Owners against all loss or liability to the other or non-carrying vessel or her owners in so far as such loss or liability re-

Gencon 1976

Gencon 1994

presents loss of, or damage to, or any claim whatsoever of the owners of said cargo, paid or payable by the other or non-carrying vessel or her owners to the owners of said cargo and set-off, recouped or recovered by the other or non-carrying vessel or her owners as part of their claim against the carrying vessel or the Owners.

The foregoing provisions shall also apply where the owners, operators or those in charge of any vessel or vessels or objects other than, or in addition to, the colliding vessels or objects are at fault in respect of a collision or contact.

12. Indemnity

Indemnity for non-performance of this Charterparty, proved damages, not exceeding estimated amount of freight.

13. Taxes and Dues Clause

a) *On Vessel*-The Owners shall pay all dues, charges and taxes customarily levied on the Vessel, howsoever the amount thereof may be assessed.

b) *On cargo*-The Charterers shall pay all dues, charges, duties and taxes customarily levied on the

Gencon 1976	**Gencon** 1994
	cargo, howsoever the amount thereof may be assessed. c) *On freight*-Unless otherwise agreed in Box 23, taxes levied on the freight shall be for the Charterers' account.
13. Agency In every case the Owners shall appoint his own Broker or Agent both at the port of loading and the port of discharge.	**14. Agency** In every case the Owners shall appoint their own Agent both at the port of loading and the port of discharge.
14. Brokerage A brokerage commission at the rate stated in Box 20 on the freight earned is due to the party mentioned in Box 20. In case of non-execution at least 1/3 of the brokerage on the estimated amount of freight and dead-freight to be paid by the Owners to the Brokers as indemnity for the latter's expenses and work. In case of more voyages the amount of indemnity to be mutually agreed.	**15. Brokerage** A brokerage commission at the rate stated in Box 24 on the freight, dead-freight and demurrage earned is due to the party mentioned in Box 24. In case of non-execution 1/3 of the brokerage on the estimated amount of freight to be paid by the party responsible for such non-execution to the Brokers as indemnity for the latter's expenses and work. In case of more voyages the amount of indemnity to be agreed.
15. General Strike Clause Neither charterers nor Owners shall be responsible for the consequences of any strikes or lock-outs preventing or delaying the fulfilment of any obligations under this contract.	**16. General Strike Clause** (a) If there is a strike or lock-out affecting or preventing the actual loading of the cargo, or any part of it, when the Vessel is ready to proceed from her last port or at

Gencon 1976	**Gencon** 1994
If there is a strike of lock-out affecting the loading of the cargo, or any part of it, when vessel is ready to proceed from her last port or at any time during the voyage to the port or ports of loading or after her arrival there, Captain or Owners may ask Charterers to declare, that they agree to reckon the laydays as if there were no strike or lock-out. Unless Charterers have given such declaration in writing (by telegram, if necessary) within 24 hours, Owners shall have the option of cancelling this contract. If part cargo has already been loaded, Owners must proceed with same, (freight payable on loaded quantity only) having liberty to complete with other cargo on the way for their own account.	any time during the voyage to the port or ports of loading or after her arrival there, the Master or the Owners may ask the Charterers to declare, that they agree to reckon the laydays as if there were no strike or lock-out. Unless the Charterers have given such declaration in writing (by telegram, if necessary) within 24 hours, the Owners shall have the option of cancelling this Charter Party. If part cargo has already been loaded, the Owners must proceed with same, (freight payable on loaded quantity only) having liberty to complete with other cargo on the way for their own account.
If there is a strike or lock-out affecting the discharge of the cargo on or after vessel's arrival at or off port of discharge and same has not been settled within 48 hours, Receivers shall have the option of keeping vessel waiting until such strike or lock-out is at an end against paying half demurrage after expiration of the time provided for discharging, or of ordering the vessel to a safe port where she can safely discharge without risk of being detained by strike or lock-out.	(b) If there is a strike or lock-out affecting or preventing the actual discharging of the cargo on or after the Vessel's arrival at or off port of discharge and same has not been settled within 48 hours, the Charterers shall have the option of keeping the Vessel waiting until such strike or lock-out is at an end against paying half demurrage after expiration of the time provided for discharging until the strike or lock-out terminates and thereafter full demurrage shall be payable until the completion of discharging, or of ordering the Vessel to a safe port

Gencon 1976

Such orders to be given within 48 hours after Captain or Owners have given notice to Charterers of the strike or lock-out affecting the discharge. On delivery of the cargo at such port, all conditions of this Charterparty and of the Bill of Lading shall apply and vessel shall receive the same freight as if she had discharged at the original port of destination, except that if the distance of the substituted port exceeds 100 nautical miles, the freight on the cargo delivered at the substituted port to be increased in proportion.

Gencon 1994

where she can safely discharge without risk of being detained by strike or lock-out. Such orders to be given within 48 hours after the Master or the Owners have given notice to the Charterers of the strike or lock-out affecting the discharge. On delivery of the cargo at such port, all conditions of this Charter Party and of the Bill of Lading shall apply and the Vessel shall receive the same freight as if she had discharged at the original port of destination, except that if the distance to the substituted port exceeds 100 nautical miles, the freight on the cargo delivered at the substituted port to be increased in proportion.

(c) Except for the obligations described above, neither the Charterers nor the Owners shall be responsible for the consequences of any strikes or lock-outs preventing or affecting the actual loading or discharging of the cargo.

16. War Risks ("**Voywar** 1950")

(1) In these clauses "War Risks" shall include any blockade or any action which is announced as a blockade by any Government or by any belligerent or by any organized body,

17. War Risks("**Voywar** 1993")

(1) For the purpose of this Clause, the words:

(a) The "Owners" shall include the shipowners, bareboat charterers, disponent owners, managers or other operators who are

Gencon 1976

sabotage, piracy, and any actual or threatened war, hostilities, warlike operations, civil war, civil commotion, or revolution.

(2) If at any time before the Vessel commences loading, it appears that performance of the contract will subject the Vessel or her Master and crew or her cargo to war risks at any stage of the adventure, the Owners shall be entitled by letter or telegram despatched to the Charterers, to cancel this Charter.

(3) The Master shall not be required to load cargo or to continue loading or to proceed on or to sign Bill(s) of Lading for any adventure on which or any port at which it appears that the Vessel, her Master and crew or her cargo will be subjected to war risks. In the event of the exercise by the Master of his right under this Clause after part or full cargo has been loaded, the Master shall be at liberty either to discharge such cargo at the loading port or to proceed therewith. In the latter case the Vessel shall have liberty to carry other cargo for Owners' benefit and accordingly to proceed to and load or discharge such other cargo at any other port or ports whatsoever, backwards or forwards,

Gencon 1994

charged with the management of the Vessel, and the Master; and

(b) "War Risks" shall include any war (whether actual or threatened), act of war, civil war, hostilities, revolution, rebellion, civil commotion, warlike operations, the laying of mines (whether actual or reported), acts of piracy, acts of terrorists, acts of hostility or malicious damage, blockades (whether imposed against all Vessels or imposed selectively against Vessels of certain flags or ownership, or against certain cargoes or crews or otherwise howsoever), by any person, body, terrorist or political group, or the Government of any state whatsoever, which, in the reasonable judgement of the Master and/or the Owners, may be dangerous or are likely to be or to become dangerous to the Vessel, her cargo, crew or other persons on board the Vessel.

(2) If at any time before the Vessel commences loading, it appears that, in the reasonable judgement of the Master and/or the Owners, performance of the Contract of Carriage, or any part of it, may expose, or is likely to expose, the Vessel, her cargo, crew or other persons on board the Vessel to War Risks, the Owners may

Gencon 1976

although in a contrary direction to or out of or beyond the ordinary route. In the event of the Master electing to proceed with part cargo under this Clause freight shall in any case be payable on the quantity delivered.

(4) If at the time the Master elects to proceed with part or full cargo under Clause 3, or after the Vessel has left the loading port, or the last of the loading ports, if more than one, it appears that further performance of the contract will subject the Vessel, her Master and crew or her cargo, to war risks, the cargo shall be discharged, or if the discharge has been commenced shall be completed, at any safe port in vicinity of the port of discharge as may be ordered by the Charterers. If no such orders shall be received from the Charterers within 48 hours after the Owners have despatched a request by telegram to the Charterers for the nomination of a substitute discharging port, the Owners shall be at liberty to discharge the cargo at any safe port which they may, in their discretion, decide on and such discharge shall be deemed to be due fulfilment of the contract of affreightment. In the event of cargo being discharged at any such other port, the Owners shall be entitled to

Gencon 1994

give notice to the Charterers cancelling this Contract of Carriage, or may refuse to perform such part of it as may expose, or may be likely to expose, the Vessel, her cargo, crew or other persons on board the Vessel to War Risks; provided always that if this Contract or Carriage provides that loading or discharging is to take place within a range of ports, and at the port or ports nominated by the Charterers, the Vessel, her cargo, crew, or other persons onboard the Vessel may be exposed, or may be likely to be exposed, to War Risks, the Owners shall first require the Charterers to nominate any other safe port which lies within the range for loading or discharging, and may only cancel this Contract of Carriage if the Charterers shall not have nominated such safe port or ports within 48 hours of receipt of notice of such requirement.

(3) The Owners shall not be required to continue to load cargo for any voyage, or to sign Bills of lading for any port or place, or to proceed or continue on any voyage, or on any part thereof, or to proceed through any canal or waterway, or to proceed to or remain at any port or place whatsoever, where it appears, either after the loading of the cargo com-

Gencon 1976

freight as if the discharge had been effected at the port or ports named in the Bill(s) of Lading or to which the Vessel may have been ordered pursuant thereto.

(5) (a) The Vessel shall have liberty to comply with any directions or recommendations as to loading, departure, arrival, routes, ports of call, stoppages, destination, zones, waters discharge, delivery or in any other wise whatsoever (including any direction or recommendation not to go to the port of destination or to delay proceeding thereto or to proceed to some other port) given by any Government or by any belligerent or by any organized body engaged in civil war, hostilities or warlike operations or by any person or body acting or purporting to act as or with the authority of any Government or belligerent or of any such or body or by any committee or person having under the terms of the war risks insurance on the Vessel, the right to give any such directions or recommendations. or recommendation, anything is done or is not done, such shall not be deemed a deviation.

(b) If, by reason of or in compliance with any such directions or recommendations, the Vessel does not pro-

Gencon 1994

mences, or at any stage of the voyage thereafter before the discharge of the cargo is completed, that, in the reasonable judgement of the Master and/ or the Owners, the Vessel, her cargo (or any part thereof), crew or other persons on board the Vessel (or any one or more of them) may be, or are likely to be, exposed to War Risks. If it should so appear, the Owners may by notice request the Charterers to nominate a safe port for the discharge of the cargo or any part thereof, and if within 48 hours of the receipt of such notice, the discharge, Charterers shall not have nominated such a port, the Owners may discharge the cargo at any safe port of their choice (including the port of loading) in complete fulfilment of the Contract of Carriage. The Owners shall be entitled to recover from the Charterers the extra expenses of such discharge and, if the discharge takes place at any port other than the loading port, to receive the full freight as though the cargo had been carried to the discharging port and if the extra distance exceeds 100 miles, to additional freight which shall be the same percentage of the freight contracted for as the percentage which the extra distance represents to the distance of

Gencon 1976

ceed to the port or ports named in the Bill(s) of Lading or to which she may have been ordered pursuant thereto, the Vessel may proceed to any port as directed or recommended or to any safe port which the Owners in their discretion may decide on and there discharge the cargo. Such discharge shall be deemed to be due fulfilment of the contract of affreightment and the Owners shall be entitled to freight as if discharge had been effected at the port or ports named in the Bill(s) of Lading or to which the Vessel may have been ordered pursuant thereto.

(6) All extra expenses (including insurance costs) involved in discharging cargo at the loading port or in reaching or discharging the cargo at any port as provided in Clauses 4 and 5 (b) hereof shall be paid by the Charterers and/or cargo owners, and the Owners shall have a lien on the cargo for all moneys due under these Clauses.

Gencon 1994

the normal and customary route, the Owners having a lien on the cargo for such expenses and freight.

(4) If at any stage of the voyage after the loading of the cargo commences, it appears that, in the reasonable judgement of the Master and/or the Owners, the Vessel, her cargo, crew or other persons on board the Vessel may be, or are likely to be, exposed to War Risks on any part of the route (including any canal or waterway) which is normally and customarily used in a voyage of the nature contracted for, and there is another longer route to the discharging port, the Owners shall give notice to the Charterers that this route will be taken. In this event the Owners shall be entitled, if the total extra distance exceeds 100 miles, to additional freight which shall be the same percentage of the freight contracted for as the percentage which the extra distance represents to the distance of the normal and customary route.

(5) The Vessel shall have liberty:

(a) to comply with all orders, directions, recommendations or advice as to departure, arrival, routes, sailing in convoy, ports of call, stoppages, destinations, discharge of cargo, delivery or in any way whatsoever which

Gencon 1976

Gencon 1994

are given by the Government of the Nation under whose flag the Vessel sails, or other Government to whose laws the Owners are subject, or any other Government which so requires, or any body or group acting with the power to compel compliance with their orders or directions;

(b) to comply with the orders, directions or recommendations of any war risks underwriters who have the authority to give the same under the terms of the war risks insurance;

(c) to comply with the terms of any resolution of the Security Council of the United Nations, any directives of the European Community, the effective orders of any other Supranational body which has the right to issue and give the same, and with national laws aimed at enforcing the same to which the Owners are subject, and to obey the orders and directions of those who are charged with their enforcement;

(d) to discharge at any other port any cargo or part thereof which may render the Vessel liable to confiscation as a contraband carrier;

(e) to call at any other port to change the crew or any part thereof or other persons on board the Vessel when there is reason to believe that they may be subject to internment,

Gencon 1976

Gencon 1994

imprisonment or other sanctions;
(f) where cargo has not been loaded or has been discharged by the Owners under any provisions of this Clause, to load other cargo for the Owners' own benefit and carry it to any other port or ports whatsoever, whether backwards or forwards or in a contrary direction to the ordinary or customary route.

(6) If in compliance with any of the provisions of sub-clauses (2) to (5) of this Clause anything is done or not done, such shall not be deemed to be a deviation, but shall be considered as due fulfilment of the Contract of Carriage.

17. General Ice Clause

Port of loading

(a) In the event of the loading port being inaccessible by reason of ice when the vessel is ready to proceed from her last port or at any time during the voyage or on vessel's arrival or in the case frost sets in after vessel's arrival, the Captain for fear of being frozen in is at liberty to leave without cargo, and this Charter shall be null and void.

18. General Ice Clause

Port of loading

(a) In the event of the loading port being inaccessible by reason of ice when the Vessel is ready to proceed from her last Port or at any time during the voyage or on the Vessel's arrival or in case frost sets in after the Vessel's arrival, the Master for fear of being frozen in is at liberty to leave without cargo, and this Charter Party shall be null and void.

Gencon 1976

(b) If during loading the Captain, for fear of vessel being frozen in, deems it advisable to leave, he has liberty to do so with what cargo he has on board and to proceed to any other port or ports with option of completing cargo for Owners' benefit for any port or ports including port of discharge. Any part cargo thus loaded under this Charter to be forwarded to destination at vessel's expense but against payment of freight, provided that no extra expenses be thereby caused to the Receivers, freight being paid on quantity delivered (in proportion if lump sum), all other conditions as per Charter.

(c) In case of more than one loading port, and if one or more of the ports are closed by ice, the Captain or Owners to be at liberty either to load the part cargo at the open port and fill up elsewhere for their own account as under section.

(b) or to declare the Charter null and void unless Charterers agree to load full cargo at the open port.

(d) This Ice Clause not to apply in the Spring.

Port of discharge

(a) Should ice (except in the

Gencon 1994

(b) If during loading the Master, for fear of the Vessel being frozen in, deems it advisable to leave, he has liberty to do so with what cargo he has on board and to proceed to any other port or ports with option of completing cargo for the Owners' benefit for any port or ports including port of discharge. Any part cargo thus loaded under this Charter Party to be forwarded to destination at the Vessel's expense but against payment of freight, provided that no extra expenses be thereby caused to the Charterers, freight being paid on quantity delivered (in proportion if lump-sum), all other conditions as per this Charter Party.

(c) In case of more than one loading port, and if one or more of the ports are closed by ice, the Master or the Owners to be at liberty either to load the part cargo at the open port and fill up elsewhere for their own account as under section (b) or to declare the Charter Party null and void unless the Charterers agree to load full cargo at the open port.

Port of discharge

(a) Should ice prevent the Vessel from reaching port of discharge the

Gencon 1976

Spring) prevent vessel from reaching port of discharge Receivers shall have the option of keeping vessel waiting until the reopening of navigation and paying demurrage, or of ordering the vessel to a safe and immediately accessible port where she can safely discharge without risk of detention by ice. Such orders to be given within 48 hours after Captain or Owners have given notice to Charterers of the impossibility of reaching port of destination.

(b) If during discharging the Captain for fear of vessel being frozen in deems it advisable to leave, he has liberty to do so with what cargo he has on board and to proceed to the nearest accessible port where she can safely discharge.

(c) On delivery of the cargo at such port, all conditions of the Bill of Lading shall apply and vessel shall receive the same freight as if she had discharged at the original port of destination, except that if the distance of the substituted port exceeds 100 nautical miles, the freight on the cargo delivered in the substituted port to be increased in proportion.

Gencon 1994

Charterers shall have the option of keeping the Vessel waiting until the re-opening of navigation and paying demurrage or of ordering the Vessel to a safe and immediately accessible port where she can safely discharge without risk of detention by ice. Such orders to be given within 48 hours after the Master or the Owners have given notice to the Charterers of the impossibility of reaching port of destination.

(b) If during discharging the Master for fear of the Vessel being frozen in deems it advisable to leave, he has liberty to do so with what cargo he has on board and to proceed to the nearest accessible port where she can safely discharge.

(c) On delivery of the cargo at such port, all conditions of the Bill of Lading shall apply and the Vessel shall receive the same freight as if she had discharged at the original port of destination, except that if the distance of the substituted port exceeds 100 nautical miles, the freight on the cargo delivered at the substituted port to be increased in proportion.

Gencon 1976

Gencon 1994

19. Law and Arbitration

＊(a) This Charter Party shall be governed by and construed in accordance with English law and any dispute arising out of this Charter Party shall be referred to arbitration in London in accordance with the Arbitration Acts 1950 and 1979 or any statutory modification or re-enactment thereof for the time being in force. Unless the parties agree upon a sole arbitrator, one arbitrator shall be appointed by each party and the arbitrators so appointed shall appoint a third arbitrator, the decision of the three-man tribunal thus constituted or any two of them, shall be final. On the receipt by one party of the nomination in writing of the other party's arbitrator, that party shall appoint their arbitrator within fourteen days, failing which the decision of the single Arbitrator appointed shall be final.

For disputes where the total amount claimed by either party does not exceed the amount stated in Box 25＊＊ the arbitration shall be conducted in accordance with the Small Claims Procedure of the

Gencon 1976

Gencon 1994

London Maritime Arbitrators Association.

* (b) This Charter Party shall be governed by and construed in accordance with Title 9 of the United States Code and the Maritime Law of the United States and should any dispute arise out of this Charter Party, the matter in dispute shall be referred to three persons at New York, one to be appointed by each of the parties hereto, and the third by the two so chosen; their decision or that of any two of them shall be final, and for purpose of enforcing any award, this agreement may be made a rule of the Court. The proceedings shall be conducted in accordance with the rules of the Society of Maritime Arbitrators, Inc…

For disputes where the total amount claimed by either party does not exceed the amount stated in Box 25** the arbitration shall be conducted in accordance with the Shortened Arbitration Procedure of the Society of Maritime Arbitrators, Inc……

Gencon 1976

Gencon 1994

* (c) Any dispute arising out of this Charter Party shall be referred to arbitration at the place indicated in Box 25, subject to the procedures applicable there. The laws of the place indicated in Box 25 shall govern this Charter Party.

(d) If Box 25 in Part 1 is not filled in, sub-clause (a) of this Clause shall apply.

* *(a), (b) and (c) are alternatives; indicate alternative agreed in Box* 25

* * Where no figure is supplied in Box 25 in Part 1, this provision only shall be void but the other provisions of this Clause shall have full force and remain in effect.

附录四

CONGENBILL 1994

Edition 1994, Adopted By The Baltic And International Maritime Council (BIMCO)

CODE NAME:"CONGENBILL" EDITION 1994 **Part I**

<table>
<tr><td>Shipper's</td><td rowspan="5">BILL OF L ADING
TO BE USED WITH CHARTER-PARTIES
Reference No</td></tr>
<tr><td>Consignee</td></tr>
<tr><td>Notify address</td></tr>
<tr><td>Vessel Port of loading</td></tr>
<tr><td>Port of discharge</td></tr>
<tr><td colspan="2">Shipper's description of goods Gross weight (of which on deck at shipper's risk; the Carrier not being responsible for loss or damage however arising)</td></tr>
<tr><td rowspan="3">Freight payable as per
CHARTER-PARTY dated __________

FREIGHT ADVANCE.
Received on account of freight:

____
Time used for loading ____ days ____ hours.

Printed and sold by
Fr. G Knudtzons Bogtrykkeri A/S, 55
Toldbodgade, DK-1253 Copenhagen K,
Telefax +45 33 93 11 84
by authority of The Baltic and
International
Maritime Council
(BIMCO), Copenhagen.</td><td>SHIPPED at the Port of Loading in apparent good order and condition on board the vessel for carriage to the Port of Discharge or so near thereto as she may safely get the goods specified above.
Weight, measure, quality, quantity, condition, contents and value unknown
IN WITNESS whereof the Master or Agent of the said Vessel has signed the number of Bills of Lading indicated below all of this tenor and date any one of which being accomplished the others shall be void.

FOR CONDITIONS OF CARRIAGE SEE OVERLEAF</td></tr>
<tr><td>Freight payable at | Place and date of issue</td></tr>
<tr><td>Number of original Bs/L | Signature</td></tr>
</table>

Conditions of Carriage

Part Ⅱ

(1) All terms and conditions, liberties and exceptions of the Charter Party, dated as overleaf, including the Law and Arbitration Clause, are herewith incorporated.

(2) **General Paramount Clause**

(a) The Hague Rules contained in the International Convention for the Unification of certain rules relating to Bills of Lading, dated Brussels the 25th August 1924 as enacted in the country of shipment, shall apply to this Bill of Lading. When no such enactment is in force in the country of shipment, the corresponding legislation of the country of destination shall apply, but in respect of shipments to which no such enactments are compulsorily applicable, the terms of the said Convention shall apply.

(b) *Trades where Hague-Visby Rules apply*

In trades where the International Brussels Convention 1924 as amended by the Protocol signed at Brussels on February 23rd 1968-the Hague Visby Rules-apply compulsorily, the provisions of the respective legislation shall apply to this Bill of Lading.

(c) The Carrier shall in no case be responsible for loss of or damage to the cargo, howsoever arising prior to loading into and after discharge from the Vessel or while the cargo is in the charge of another Carrier, not in respect of deck cargo or live animals.

(3) **General Average**

General Average shall be adjusted, stated and settled according to York-Antwerp Rules 1994, or any subsequent modification thereof, in London unless another place is agreed in the Charter Party.

Cargo's contribution to General Average shall be paid to the Carrier even when such average is the result of a fault, neglect or error of the Master, Pilot or Crew. The Charterers, Shippers and Consignees expressly renounce the Belgian Commercial Code, Part Ⅱ. Art. 148.

(4) **New Jason Clause**

In the event of accident, danger, damage or disaster before or after the commencement of the voyage, resulting from any cause whatsoever, whether due to negligence or not, for which, or for the consequence of which, the Carrier is not responsible, by statute, contract or otherwise, the cargo, shippers, consignees or the owners of the cargo shall contribute with the Carrier in General Average to the payment of any sacrifices, losses or expenses of a General Average nature that may be made or incurred and shall pay salvage and special charges incurred in respect of the cargo. If a salving vessel is owned or operated by the Carrier, salvage shall be paid for as fully as if the said salving vessel or vessels belonged to strangers. Such deposit as the Carrier, or his agents, may deem sufficient to cover the estimated contribution of the goods and any salvage and special charges thereon shall, if required. be made by the cargo, shippers, consignees or owners of the goods to the Carrier before delivery.

(5) **Both-to-Blame Collision Clause**

If the Vessel comes into collision with another vessel as a result of the negligence of the other vessel and any act, neglect or default of the Master, Mariner, Pilot or the servants of the Carrier in the navigation or in the management of the Vessel, the owners of the cargo carried hereunder will indemnify the Carrier against all loss or liability to the other or non-carrying vessel or her owners in so far as such loss or liability represents loss of, or damage to, or any claim whatsoever of the owners of said cargo, paid or payable by the other or non-carrying vessel or her owners to the owners of said cargo and set-off, recouped or recovered by the other or non-carrying vessel or her owners as part of their claim against the carrying Vessel or the Carrier.

The foregoing provisions shall also apply where the owners, operators or those in charge of any vessel or vessels or objects other than, or in addition to, the colliding vessels or objects are at fault in respect of a collision or contact.

For particulars of cargo, freight,
destination, etc. , see overleaf.

附录五

LAYTIME DEFINITIONS OF CHARTERPARTY, 1980

DEFINITIONS

1. "PORT"—means an area within which ships are loaded with and/or discharged of cargo and includes the usual places where ships wait for their turn or are ordered or obliged to wait for their turn no matter the distance from that area.
   If the word "PORT" is not used, but the port is (or is to be) identified by its name, this definition shall still apply.
2. "SAFE PORT"—means a port which, during the relevant period of time, the ship can reach, enter, remain at and depart from without, in the absence of some abnormal occurrence, being exposed to danger which cannot be avoided by good navigation and seamanship.
3. "BERTH"—means the specific place where the ship is to load and/or discharge. If the word "BERTH" is not used, but the specific place is (or is to be) identified by its name, this definition shall still apply.
4. "SAFE BERTH"—means a berth which, during the relevant period of time, the ship can reach, remain at and depart from without, in the absence of some abnormal occurrence, being exposed to danger which cannot be avoided by good navigation and seamanship.
5. "REACHABLE ON ARRIVAL" or "ALWAYS ACCESSIBLE"—means that the charterer undertakes that when the ship arrives at the port there will be a loading/discharging berth for her to which she can proceed without delay.
6. "LAYTIME"—means the period of time agreed between the parties during which the owner will make and keep the ship available for loading/discharging without payment additional to the freight.
7. "CUSTOMARY DESPATCH"—means that the charterer must load and/or discharge as fast as is possible in the circumstances prevailing at the time of loading or discharging.

8. "PER HATCH PER DAY"—means that laytime is to be calculated by multiplying the agreed daily rate per hatch of loading/discharging the cargo by the number of the ship's hatches and dividing the quantity of cargo by the resulting sum. Thus:

$$\text{Laytime} = \frac{\text{Quantity of Cargo}}{\text{Daily Rate} \times \text{Number of Hatches}} = \text{Days}$$

A hatch that is capable of being worked by two gangs simultaneously shall be counted as two hatches.

9. "PER WORKING HATCH PER DAY" or "PER WORKABLE HATCH PER DAY"—means that laytime is to be calculated by dividing the quantity of cargo in the hold with the largest quantity by the result of multiplying the agreed daily rate per working or workable hatch by the number of hatches serving that hold. Thus:

$$\text{Laytime} = \frac{\text{Largest Quantity in one hold}}{\text{Daily rate per hatch} \times \text{Number of Hatches serving that hold}} = \text{Days}$$

A hatch that is capable of being worked by two gangs simultaneously shall be counted as two hatches

10. "AS FAST AS THE VESSEL CAN RECEIVE/DELIVER"—means that the laytime is a period of time to be calculated by reference to the maximum rate at which the ship in full working order is capable of loading/discharging the cargo.

11. "DAY"—means a continuous period of 24 hours which, unless the context otherwise requires, runs from midnight to midnight.

12. "CLEAR DAY" or "CLEAR DAYS"—means that the day on which the notice is given and the day on which the notice expires are not included in the notice period.

13. "HOLIDAY"—means a day of the week or part(s) thereof on which cargo work on the ship would normally take place but is suspended at the place of loading/discharging by reason of:

(i) the local law, or

(ii) the local practice.

14. "WORKING DAYS"—means days or part(s) thereof which are not expressly excluded from laytime by the charterparty and which are not holidays.

15. "RUNNING DAYS" or "CONSECUTIVE DAYS"—means days which follow one immediately after the other.

16. “WEATHER WORKING DAY”—means a working day or part of a working day during which it is or, if the vessel is still waiting for her turn, it would be possible to load/discharge the cargo without interference due to the weather. If such interference occurs (or would have occurred if work had been in progress), there shall be excluded from the laytime a period calculated by reference to the ratio which the duration of the interference bears to the time which would have or could have been worked but for the interference.

17. “WEATHER WORKING DAY OF 24 CONSECUTIVE HOURS”—means a working day or part of a working day of 24 hours during which it is or, if the ship is still waiting for her turn, it would be possible to load/discharge the cargo without interference due to the weather. If such interference occurs (or would have occurred if work had been in progress) there shall be excluded from the laytime the period during which the weather interfered or would have interfered with the work.

18. “WEATHER PERMITTING”—means that time during which weather prevents working shall not count as laytime.

19. “EXCEPTED”—means that the specified days do not count as laytime even if loading or discharging is done on them.

20. “UNLESS USED”—means that if work is carried out during the excepted days the actual hours of work only count as laytime.

21. “TO AVERAGE”—means that separate calculations are to be made for loading and discharging and any time saved in one operation is to be set against any excess time used in the other.

22. “REVERSIBLE”—means an option given to the charterer to add together the time allowed for loading and discharging. Where the option is exercised the effect is the same as a total time being specified to cover both operations.

23. “NOTICE OF READINESS”—means notice to the charterer, shipper, receiver or other person as required by the charterer that the ship has arrived at the port or berth as the case may be and is ready to load/discharge.

24. “IN WRITING”—means, in relation to a notice of readiness, a notice visibly expressed in any mode of reproducing words and includes cable, telegram and telex.

25. "TIME LOST WAITING FOR BERTH TO COUNT AS LOADING/DISCHARGING TIME" or "AS LAYTIME"—means that if the main reason why a notice of readiness cannot be given is that there is no loading/discharging berth available to the ship the laytime will commence to run when the ship starts to wait for a berth and will continue to run, unless previously exhausted, until the ship stops waiting. The laytime exceptions apply to the waiting time as if the ship was at the loading/discharging berth provided the ship is not already on demurrage. When the waiting time ends time ceases to count and restarts when the ship reaches the loading/discharging berth subject to the giving of a notice of readiness if one is required by the charterparty and to any notice time if provided for in the charterparty, unless the ship is by then on demurrage.

26. "WHETHER IN BERTH OR NOT" or "BERTH NO BERTH"—means that if the location named for loading/discharging is a berth and if the berth is not immediately accessible to the ship a notice of readiness can be given when the ship has arrived at the port in which the berth is situated.

27. "DEMURRAGE"—means the money payable to the owner for delay for which the owner is not responsible in loading and/or discharging after the laytime has expired.

28. "ON DEMURRAGE"—means that the laytime has expired. Unless the charterparty expressly provides to the contrary the time on demurrage will not be subject to the laytime exceptions.

29. "DESPATCH MONEY" or "DESPATCH"—means the money payable by the owner if the ship completes loading or discharging before the laytime has expired.

30. "ALL TIME SAVED"—means the time saved to the ship from the completion of loading/discharging to the expiry of the laytime including periods excepted from the laytime.

31. "ALL WORKING TIME SAVED" or "ALL LAYTIME SAVED"—means the time saved to the ship from the completion of loading/discharging to the expiry of the laytime excluding any notice time and periods excepted from the laytime.

附录六

VOYAGE CHARTERPARTY LAYTIME INTERPRETATION RULES 1993

Issued Jointly by BIMCO, CMI,
FONASBA and INTERCARGO

Preamble

The interpretations of words and phrases used in a charterparty, as set out below, and the corresponding initials if customarily used, shall apply when expressly incorporated in the charterparty, wholly or partly, save only to the extent that they are inconsistent with any express provision of it.

When the word "charterparty" is used, it shall be understood to extend to any form of contract of carriage or affreightment, including contracts evidenced by bills of lading.

List of Rules

1. "Port"
2. "Berth"
3. "Reachable on her arrival" or "always accessible"
4. "Laytime"
5. "Per hatch per day"
6. "Per working hatch per day" (WHD) or "Per workable hatch per day" (WHD)
7. "Day"
8. "Clear days"
9. "Holiday"
10. "Working day" (WD)
11. "Running days" or "Consecutive days"
12. "Weather working day" (WWD) or "Weather working day of 24 hours" or "Weather working day of 24 consecutive hours"
13. "Weather permitting" (WP)

14. "Excepted" or "Excluded"
15. "Unless sooner commenced"
16. "Unless used" (UU)
17. "To average laytime"
18. "Reversible laytime"
19. "Notice of readiness"
20. "In writing"
21. "Time lost waiting for berth to count as loading or discharging time" or "as laytime"
22. "Whether in berth or not" (WIBON) or "Berth or no berth"
23. "Vessel being in free pratique" and/or "Having been entered at the custom house"
24. "Demurrage"
25. "Despatch money" or "Despatch"
26. "Despatch on (all) working time saved" (WTS) or "On (all) laytime saved"
27. "Despatch on all time saved" (ATS)
28. "Strike"

Rules

1. "Port" shall mean an area, within which vessels load or discharge cargo whether at berths, anchorages, buoys, or the like, and shall also include the usual places where vessels wait for their turn or are ordered or obliged to wait for their turn no matter the distance from that area. If the word "Port" is not used, but the port is (or is to be) identified by its name, this definition shall still apply.

2. "Berth" shall mean the specific place within a port where the vessel is to load or discharge. If the word "Berth" is not used, but the specific place is (or is to be) identified by its name, this definition shall still apply.

3. "Reachable on her arrival" or "Always accessible" shall mean that the charterer undertakes that an available loading or discharging berth be provided to the vessel on her arrival at the port which she can reach safely without delay in absence of an abnormal occurrence.

4. "Laytime" shall mean the period of time agreed between the parties during which the owner will make and keep the vessel available for loading or discharging without payment additional to the freight.

5. "Per hatch per day" shall mean that the laytime is to be calculated by dividing (a), the quantity of cargo by (b), the result of multiplying the agreed daily rate per hatch by the number of the vessel's hatches. Thus:

$$\text{Laytime} = \frac{\text{quantity of cargo}}{\text{daily rate} \times \text{number of hatches}} = \text{days}$$

Each pair of parallel twin hatches shall count as one hatch. Nevertheless, a hatch that is capable of being worked by two gangs simultaneously shall be counted as two hatches.

6. "Per working hatch per day" (WHD) or "Per workable hatch per day" (WHD) shall mean that the laytime is to be calculated by dividing (a), the quantity of cargo in the hold with the largest quantity, by (b), the result of multiplying the agreed daily rate per working or workable hatch by the number of hatches serving that hold. Thus:

$$\text{Laytime} = \frac{\text{largest quantity in one hold}}{\text{daily rate per hatch} \times \text{number of hatches serving that hold}} = \text{days}$$

Each pair of parallel twin hatches shall count as one hatch. Nevertheless, a hatch that is capable of being worked by two gangs simultaneously shall be counted as two hatches.

7. "Day" shall mean a period of twenty-four consecutive hours running from 0000 hours to 2400 hours. Any part of a day shall be counted pro rata.

8. "Clear days" shall mean consecutive days commencing at 0000 hours on the day following that on which a notice is given and ending at 2400 hours on the last of the number of days stipulated.

9. "Holiday" shall mean a day other than the normal weekly day(s) of rest, or part thereof, when by local law or practice the relevant work during what would otherwise be ordinary working hours is not normally carried out.

10. "Working days" (WD) shall mean days not expressly excluded from laytime.

11. "Running days" or "Consecutive days" shall mean days which follow one immediately after the other.

12. "Weather working day" (WWD) or "Weather working day of 24 hours" or "Weather working day of 24 consecutive hours" shall mean a working day of 24 consecutive hours except for any time when weather prevents the loading or discharging of the vessel or would have prevented it, had work been in progress.

13. "Weather permitting" (WP) shall mean that any time when weather prevents the loading or discharging of the vessel shall not count as laytime.

14. "Excepted" or "Excluded" shall mean that the days specified do not count as laytime even if loading or discharging is carried out on them.

15. "Unless sooner commenced" shall mean that if laytime has not commenced but loading or discharging is carried out, time used shall count against laytime.

16. "Unless used" (UU) shall mean that if laytime has commenced but loading or discharging is carried out during periods excepted from it, such time shall count.

17. "To average laytime" shall mean that separate calculations are to be made for loading and discharging and that any time saved in one operation is to be set off against any excess time used in the other.

18. "Reversible laytime" shall mean an option given to the charterer to add together the time allowed for loading and discharging. Where the option is exercised the effect is the same as a total time being specified to cover both operations.

19. "Notice of readiness" (NOR) shall mean the notice to charterer, shipper, receiver or other person as required by the charterparty that the vessel has arrived at the port or berth, as the case may be, and is ready to load or discharge.

20. "In writing" shall mean any visibly expressed form of reproducing words; the medium of transmission shall include electronic communications such as radio communications and telecommunications.

21. "Time lost waiting for berth to count as loading or discharging time" or "as laytime", shall mean that if no loading or discharging berth is available and the vessel is unable to tender notice of readiness at the waiting place then any time lost to the vessel shall count as if laytime were running, or as time on demurrage if laytime has expired. Such time shall cease to count once the berth becomes available. When the vessel reaches a place where she is able to tender notice of readiness laytime or time on demurrage shall resume after such tender and, in respect of laytime, on expiry of any notice time provided in the charterparty.

22. "Whether in berth or not" (WIBON) or "Berth or no berth" shall mean that if no loading or discharging berth is available on her arrival, the vessel on reaching any usual waiting place at or off the port, shall be entitled to tender notice of readiness from it and laytime shall commence in accordance with the charterparty. Laytime or time on demurrage shall cease to count once the berth becomes available and shall resume when the vessel is ready to load or discharge at the berth.

23. "Vessel being in free pratique" and/or "Having been entered at the custom house" shall mean that the completion of these formalities shall not be a condition precedent to tendering notice of readiness, but any time lost by reason of delay in the vessel's completion of either of these formalities shall not count as laytime or time on demurrage.

24. "Demurrage" shall mean an agreed amount payable to the owner in respect of delay to the vessel beyond the laytime, for which the owner is not responsible. Demurrage shall not be subject to laytime exceptions.

25. "Despatch money" or "Despatch" shall mean an agreed amount payable by the owner if the vessel completes loading or discharging before the laytime has expired.

26. "Despatch on (all) working time saved" (WTS) or "on (all) laytime saved" shall mean that despatch money shall be payable for the time from the completion of loading or discharging to the expiry of the laytime excluding any periods excepted from the laytime.

27. "Despatch on all time saved" (ATS) shall mean that despatch money shall be payable for the time from the completion of loading or discharging to the expiry of the laytime including periods excepted from the laytime.

28. "Strike" shall mean a concerted industrial action by workmen causing a complete stoppage of their work which directly interferes with the working of the vessel. Refusal to work overtime, go-slow or working to rule and comparable actions not causing a complete stoppage shall not be considered a strike. A strike shall be understood to exclude its consequences when it has ended, such as congestion in the port or effects upon the means of transportation bringing or taking the cargo to or from the port.

附录七

LAYTIME DEFINITIONS FOR CHARTER PARTIES 2013

PREAMBLE

Words, phrases, acronyms and abbreviations ("Words and Phrases") used in a Charter Party shall be defined, for the purposes of Laytime only, in accordance with the corresponding Words and Phrases set out below, when any or all such definitions are expressly incorporated into the Charter Party.

"Charter Party" shall include any form of contract of carriage or affreightment including contracts evidenced by bills of lading.

Singular/Plural

The singular includes the plural and vice versa as the context admits or requires.

List of Definitions

1. PORT shall mean any area where vessels load or discharge cargo and shall include, but not be limited to, berths, wharves, anchorages, buoys and offshore facilities as well as places outside the legal, fiscal or administrative area where vessels are ordered to wait for their turn no matter the distance from that area.

2. BERTH shall mean the specific place where the Vessel is to load or discharge and shall include, but not be limited to, any wharf, anchorage, offshore facility or other location used for that purpose.

3. REACHABLE ON ARRIVAL shall mean that the charterer undertakes that an available loading or discharging Berth be provided to the Vessel on arrival at the Port which the Vessel can reach safely without delay.

4. ALWAYS ACCESSIBLE shall mean that the charterer undertakes that an available loading or discharging Berth be provided to the Vessel on arrival at the Port which the Vessel can reach safely without delay. The charterer additionally undertakes that the Vessel will be able to depart safely from the Berth and without delay at any time before, during or on completion of loading or discharging.

5. LAYTIME shall mean the period of time agreed between the parties during which the owner will make and keep the Vessel available for loading or discharging without payment additional to the freight.

6. PER HATCH PER DAY shall mean that the Laytime is to be calculated by dividing the quantity of cargo by the result of multiplying the agreed daily rate per hatch by the number of the Vessel's hatches. Thus:

$$\text{Laytime} = \frac{\text{Quantity of cargo}}{\text{Daily rate} \times \text{Number of hatches}} = \text{Days}$$

Each pair of parallel twin hatches shall count as one hatch. Nevertheless, a hatch that is capable of being worked by two gangs simultaneously shall be counted as two hatches.

7. PER WORKING HATCH PER DAY or PER WORKABLE HATCH PER DAY shall mean that the Laytime is to be calculated by dividing the quantity of cargo in the hold with the largest quantity by the result of multiplying the agreed daily rate per working or workable hatch by the number of hatches serving that hold. Thus:

$$\text{Laytime} = \frac{\text{Largest quantity in one hold}}{\text{Daily rate per hatch} \times \text{Number of hatches serving that hold}} = \text{Days}$$

Each pair of parallel twin hatches shall count as one hatch. Nevertheless, a hatch that is capable of being worked by two gangs simultaneously shall be counted as two hatches.

8. DAY shall mean a period of twenty – four (24) consecutive hours. Any part of a Day shall be counted pro rata.

9. CALENDAR DAY shall mean a period of twenty – four (24) consecutive hours running from 0000 hours to 2400 hours. Any part of a Calendar Day shall be counted pro rata.

10. CONVENTIONAL DAY shall mean a period of twenty – four (24) consecutive hours running from any identified time. Any part of a Conventional Day shall be counted pro rata.

11. WORKING DAY shall mean a Day when by local law or practice work is normally carried out.

12. RUNNING DAYS or CONSECUTIVE DAYS shall mean Days which follow one immediately after the other.

13. RUNNING HOURS or CONSECUTIVE HOURS shall mean hours which follow one immediately after the other.

14. HOLIDAY shall mean a Day other than the normal weekly Day(s) of rest, or part thereof, when by local law or practice work during what would otherwise be ordinary working hours is not normally carried out.

15. WEATHER WORKING DAY shall mean a Working Day or part of a Working Day during which it is or, if the Vessel is still waiting for her turn, it would be possible to load/discharge the cargo without interruption due to the weather. If such interruption occurs (or would have occurred if work had been in progress), there shall be excluded from the Laytime a period calculated by reference to the ratio which the duration of the interruption bears to the time which would have or could have been worked but for the interruption.

16. WEATHER WORKING DAY OF 24 CONSECUTIVE HOURS shall mean a Working Day or part of a Working Day of 24 consecutive hours during which it is or, if the vessel is still waiting for her turn, it would be possible to load/discharge the cargo without interruption due to the weather. If such interruption occurs (or would have occurred if work had been in progress) there shall be excluded from the Laytime the period during which the weather interrupted or would have interrupted work.

17. WEATHER WORKING DAY OF 24 HOURS shall mean a period of 24 hours made up of one or more Working Days during which it is or, if the Vessel is still waiting for her turn, it would be possible to load/discharge the cargo without interruption due to the weather. If such interruption occurs (or would have occurred if work had been in progress), there shall be excluded from Laytime the actual period of such interruption.

18. (WORKING DAY) WEATHER PERMITTING shall have the same meaning as WEATHER WORKING DAY OF 24 CONSECUTIVE HOURS.

19. EXCEPTED or EXCLUDED shall mean that the Days specified do not count as Laytime even if loading or discharging is carried out on them.

20. UNLESS SOONER COMMENCED shall mean that if turn – time has not expired but loading or discharging is carried out, Laytime shall commence.

21. UNLESS SOONER COMMENCED, IN WHICH CASE ACTUAL TIME USED TO COUNT shall mean that actual time used during turn – time shall count as Laytime.

22. UNLESS USED shall mean that if Laytime has commenced but loading or discharging is carried out during excepted periods, actual time used shall count as Laytime.

23. TO AVERAGE LAYTIME shall mean that separate calculations are to be made for loading and discharging and that any time saved in one operation is to be set off against any excess time used in the other.

24. REVERSIBLE LAYTIME shall mean an option given to the charterer to add together the time allowed for loading and discharging. Where the option is exercised the effect is the same as a total time being specified to cover both operations.

25. NOTICE OF READINESS shall mean the notice to the charterer, shipper, receiver or other person as required by the Charter Party that the Vessel has arrived at the Port or Berth, as the case may be, and is ready to load or discharge.

26. TIME LOST WAITING FOR BERTH TO COUNT AS LOADING OR DISCHARGING TIME or AS LAYTIME shall mean that if no loading or discharging Berth is available and the Vessel is unable to tender Notice of Readiness at the waiting-place then any time lost to the Vessel is counted as if Laytime were running, or as time on Demurrage if Laytime has expired. Such time ceases to count once the Berth becomes available. When the Vessel reaches a place where she is able to tender Notice of Readiness, Laytime or time on Demurrage resumes after such tender and, in respect of Laytime, on expiry of any notice time provided in the Charter Party.

27. WHETHER IN BERTH OR NOT (WIBON) or BERTH OR NO BERTH shall mean that if the designated loading or discharging Berth is not available on arrival, the Vessel on reaching any usual waiting place at the Port, shall be entitled to tender Notice of Readiness from it and Laytime shall commence in accordance with the Charter Party.

28. WHETHER IN PORT OR NOT (WIPON) shall mean that if the designated loading or discharging Berth and the usual waiting place at the Port are not available on arrival, the Vessel shall be entitled to tender Notice of Readiness from any recognised waiting place off the Port and Laytime shall commence in accordance with the Charter Party.

29. VESSEL BEING IN FREE PRATIQUE shall mean that the Vessel complies with port health requirements.

30. DEMURRAGE shall mean an agreed amount payable to the owner in respect of delay to the Vessel once the Laytime has expired, for which the owner is not responsible. Demurrage shall not be subject to exceptions which apply to Laytime unless specifically stated in the Charter Party.

31. DESPATCH MONEY or DESPATCH shall mean an agreed amount payable by the owner if the Vessel completes loading or discharging before the Laytime has expired.

32. DESPATCH ON ALL WORKING TIME SAVED or ON ALL LAYTIME

SAVED shall mean that Despatch Money shall be payable for the time from the completion of loading or discharging until the expiry of the Laytime excluding any periods excepted from the Laytime.

33. DESPATCH ON ALL TIME SAVED shall mean that Despatch Money shall be payable for the time from the completion of loading or discharging to the expiry of the Laytime including periods excepted from the Laytime.

附录八

NYPE FORM 1946
TIME CHARTER

Approved by the New York Produce Exchange
November 6th. 1913—Amended October 20th, 1921;
August 6th, 1931; October 3rd, 1946

This Charter Party, made and concluded in ······························day of ·······························19·······Between·····················Owners of the good·······················Steamship/Motorship···········of·············of················tons gross register, and·················tons net register, having engines of ····················indicated horse power and with hull, machinery and equipment in a thoroughly efficient state, and classed··············at·················of about··············cubic feet bale capacity, and about ··························tons of 2240 lbs. deadweight capacity (cargo and bunkers, including fresh water and stores not exceeding one and one-half percent of ship's deadweight capacity, allowing a minimum of fifty tons) on a draft of················feet················inches on ····················Summer freeboard, inclusive of permanent bunkers, which are of the capacity of about························tons of fuel, and capable of steaming, fully laden, under good weather conditions about··································knots on a consumption of about························tons of best Welsh coal-best grade fuel oil—best grade Diesel oil, now·····························and·······································Charterers of the City of··

Witnesseth, That the said Owners agree to let, and the said Charterers agree to hire the said vessel, from the time of delivery, for about ··within below mentioned trading limits. Charterers to have liberty to sub-let the vessel for all or any Part of the time covered by this Charter, but Charterers remaining responsible for the fulfillment of this Charter Party.

Vessel to be placed at the disposal of the Charterers, at ···in such dock or at such wharf or place (where she may safely lie, always afloat, at all times of tide, except as otherwise provided in clause No. 6), as the Charterer may direct. If such dock, wharf or place be not available time to count as provided for in clause No. 5. Vessel on her delivery to be ready to receive cargo with clean-swept holds and tight, staunch, strong and in every way fitted for the service, having water ballast, winches and donkey boiler with sufficient steam power, or if not equipped with donkey boiler, then other power sufficient to run all the winches at one and the same time (and with full complement of officers, seamen, engineers and firemen for a vessel of her tonnage), to be employed, in carrying lawful merchandise, including petroleum or its products, in proper containers, excluding··(vessel is not to be employed in the carriage of Live Stock. but Charterers are to have the privilege of shipping a small number on deck at their risk, all necessary fittings and other requirements to be for account of Charterers), in such lawful trades, between safe port and/or ports in British North America, and/or United States of America, and/or West Indies, and/or Central America, and/or Caribbean Sea, and/or Gulf of Mexico, and/or Mexico, and/or South America·· ······and/or Europe, and/or Africa, and/or Asia, and/or Australia, and/or Tasmania, and/or New Zealand, but excluding Magdalena River, River St. Lawrence between October 31st and May 15th. Hudson Bay and all unsafe ports; also excluding, when out of season, White Sea, Black Sea and the Baltic.

··as the Charterers or their Agents shall direct, on the following conditions:

1. That the Owners shall provide and pay for all provisions, wages and consular shipping and discharging fees of the Crew; shall pay for the insurance of the vessel, also for all the cabin, deck, engine-room and other necessary stores, including boiler water and maintain her class and keep the vessel in a thoroughly efficient state in hull, machinery and equipment for and during the service.

2. That the Charterers shall provide and pay for all the fuel except as otherwise agreed, Port Charges, Pilotages, Agencies, Commissions, Consular Charges (except those pertaining to the Crew) and all other usual expenses except those before stated, but when the vessel puts into a port for causes for which vessel is responsible, then all such charges incurred shall be paid by the Owners. Fumigations ordered because of illness of the crew to be for Owners account. Fumigations ordered because of cargoes carried or ports visited while vessel is employed under this charter to be for Charterers account. All other fumigations to be for Charterers account after vessel has been on charter for a continuous period of six months or more.

Charterers are to provide necessary dunnage and shifting boards, also any extra fittings requisite for a special trade or unusual cargo. but Owners to allow them the use of any dunnage and shifting boards already aboard vessel. Charterers to have the privilege of using shifting boards for dunnage, they making good any damage thereto.

3. That the Charterers, at the port of delivery, and the Owners, at the port of re-delivery, shall take over and pay for all fuel remaining on board the vessel at the current prices in the respective ports, the vessel to be delivered with not less than ……………………tons and not more than……………………tons and to be re-delivered with not less than……………………tons and not more than……………… tons.

4. That the Charterers shall pay for the use and hire of the said Vessel at the rate of………………………………………………………………………………………… ……………………………United States Currency per ton on vessel's total deadweight carrying capacity, including bunkers and stores, on……………………summer freeboard, per Calendar Month, commencing on and from the day of her delivery, as aforesaid, and at and after the same rate for any part of a month; hire to continue until the hour of the day of her re-delivery in like good order and condition, ordinary wear and tear excepted, to the Owners (unless lost) at…………………………… ……………………………unless otherwise mutually agreed. Charterers are to give Owners not less than……………………………………days notice of vessel's expected date of re-delivery, and probable port.

5. Payment of said hire to be made in New York in cash in United States Currency, semi-monthly in advance, and for the last half month or part of same the approximate amount of hire, and should same not cover the actual time, hire is to be paid for the balance day by day, as it becomes due, if so required by Owners, unless bank guarantee or deposit is made by the Charterers, otherwise failing the punctual and regular payment of the hire, or bank guarantee, or on any breach of this Charter Party, the Owners shall be at liberty to withdraw the vessel from the service of the

Charterers, without prejudice to any claim they (the Owners) may otherwise have on the Charterers. Time to count from 7 a. m. on the working day following that on which written notice of readiness has been given to Charterers of their Agents before 4 p. m. , but if required by Charterers they to have the privilege of using vessel at once, such time used to count as hire.

Cash for vessel' s ordinary disbursements at any port may be advanced as required by the Captain, by the Charterers or their Agents, subject to 2.5% commission and such advances shall be deducted from the hire. The Charterers, however, shall in no way be responsible for the application of such advances.

6. That the cargo or cargoes be laden and/or discharged in any dock or at any wharf or place that Charterers or their Agents may direct, provided the vessel can safely lie always afloat at any time of tide, except at such places where it is customary for similar size vessels to safely lie aground.

7. That the whole reach of the Vessel' s Hold, Decks, and usual places of loading (not more than she can reasonably stow and carry), also accommodations for Supercargo, if carried, shall be at the Charterers' disposal, reserving only proper and sufficient space for Ship' s officers, crew, tackle, apparel, furniture, provisions, stores and fuel. Charterers have the privilege of passengers as far as accommodations allow. Charterers paying Owners…………………per day per passenger for accommodations and meals. However, it is agreed that in case any fines or extra expenses are incurred in the consequence of the carriage of passengers. Charterers are to bear such risk and expense.

8. That the Captain shall prosecute his voyages with the utmost despatch, and shall render all customary assistance with ship' s crew and boats. The Captain (although appointed by the Owners), shall be under the orders and directions of the Charterers as regards employment and agency; and Charterers are to load, stow, and trim the cargo at their expense under the supervision of the Captain, who is to sign Bills of Lading for cargo as presented, in conformity with Mate' s or Tally Clerk' s receipts.

9. That if the Charterers shall have reason to be dissatisfied with the conduct of the Captain, Officers, or Engineers, the Owners shall on receiving particulars of the complaint, investigate the same, and, if necessary, make a change in the appointments.

10. That the Charterers shall have permission to appoint a Supercargo, who shall accompany the vessel and see that voyages are prosecuted with the utmost despatch. He is to be furnished with free accommodation, and same fare as provided for Captain's table. Charterers paying at the rate of $1.00 per day. Owners to victual Pilots and Customs Officers, and also, when authorized by Charterers or their Agents, to victual Tally Clerks, Stevedore's Foreman, etc., Charterers paying at the current rate per meal, for all such victualling.

11. That the Charterers shall furnish the Captain from time to time with all requisite instructions and sailing directions, in writing, and the Captain shall keep a full and correct Log of the voyage or voyages, which are to be patent to the Charterers or their Agents, and furnish the Charterers, their Agents or Supercargo, when required, with a true copy of daily Logs, showing the course of the vessel and distance run and the consumption of fuel.

12. That the Captain shall use diligence in caring for the ventilation of the cargo.

13. That the Charterers shall have the option of continuing this charter for a further period of……………………………………………………………………on giving written notice thereof to the Owners or their Agents………………………days previous to the expiration of the first-named term, or any declared option.

14. That if required by Charterers, time not to commence before………………………………………and should vessel not have given written notice of readiness on or before………………………………………………but not later than 4 p.m. Charterers or their Agents to have the option of cancelling this Charter at any time not later than the day of vessel's readiness.

15. That in the event of the loss of time from deficiency of men or stores, fire, breakdown or damages to hull, machinery or equipment, grounding, detention by average accidents to ship or cargo, drydocking for the purpose of examination or painting bottom, or by any other cause preventing the full working of the vessel, the payment of hire shall cease for the time thereby lost; and if upon the voyage the speed be reduced by defect in or breakdown of any part of her hull, machinery or equipment, the time so lost, and the cost of any extra fuel consumed in consequence thereof, and all extra expenses shall be deducted from the hire.

16. That should the Vessel be lost, money paid in advance and not earned (reckoning from the date of loss or being last heard of) shall be returned to the Charterers at once. The act of God, enemies, fire, restraint of Princes, Rulers and People, and all dangers and accidents of the Seas, Rivers, Machinery, Boilers and Steam Navigation, and errors of Navigation throughout this Charter Party, always mutually excepted.

The vessel shall have the liberty to sail with or without pilots, to tow and to be towed, to assist vessels in distress, and to deviate for the purpose of saving life and property.

17. That should any dispute arise between Owners and the Charterers, the matter in dispute shall be referred to three persons at New York, one to be appointed by each of the parties hereto, and the third by the two so chosen; their decision or that of any two of them, shall be final, and for the purpose of enforcing any award, this agreement may be made a rule of the Court. The Arbitrators shall be commercial men.

18. That the Owners shall have a lien upon all cargoes, and all sub-freights for any amounts due under this Charter, including General Average contributions, and the Charterers to have a lien on the Ship for all monies paid in advance and not earned, and any overpaid hire or excess deposit to be returned at once. Charterers will not suffer, nor permit to be continued, any lien or encumbrance incurred by them or their agents, which might have priority over the title and interest of the owners in the vessel.

19. That all derelicts and salvage shall be for Owners' and Charterers' equal benefit after deducting Owners' and Charterers' expenses and Crew's proportion. General Average shall be adjusted, stated and settled, according to Rules 1 to 15, inclusive, 17 to 22, inclusive, and Rule F of York-Antwerp Rules 1924, at such port or place in the United States as may be selected by the carrier, and as to matters not provided for by these Rules, according to the laws and usages at the port of New

York. In such adjustment disbursements in foreign currencies shall be exchanged into United States money at the rate prevailing on the dates made and allowances for damage to cargo claimed in foreign currency shall be converted at the rate prevailing on the last day of discharge at the port or place of final discharge of such damaged cargo from the ship. Average agreement or bond and such additional security, as may be required by the carrier, must be furnished before delivery of the goods. Such cash deposit as the carrier or his agents may deem sufficient as additional security for the contribution of the goods and for any salvage and special charges thereon, shall, if required, be made by the goods, shippers, consignees or owners of the goods to the carrier before delivery. Such deposit shall, at the option of the carrier, be payable in United States money and be remitted to the adjuster. When so remitted the deposit shall be held in a special account at the place of adjustment in the name of the adjuster pending settlement of the General Average and refunds or credit balances, if any, shall be paid in United States money.

In the event of accident, danger, damage, or disaster, before or after commencement of the voyage resulting from any cause whatsoever, whether due to negligence or not, for which, or for the consequence of which, the carrier is not responsible, by statute, contract, or otherwise, the goods, the shipper and the consignee, jointly and severally, shall contribute with the carrier in general average to the payment of any sacrifices, losses, or expenses of a general average nature that may be made or incurred, and shall pay salvage and special charges incurred in respect of the goods. If a salving ship is owned or operated by the carrier, salvage shall be paid for as fully and in the same manner as if such salving ship or ships belonged to strangers.

Provisions as to General Average in accordance with the above are to be included in all bills of lading issued hereunder.

20. Fuel used by the vessel while off hire, also for cooking, condensing water, or for grates and stoves to be agreed to as to quantity, and the cost of replacing same, to be allowed by Owners.

21. That as the vessel may be from time to time employed in tropical waters during the term of this Charter, Vessel is to be docked at a convenient place, bottom cleaned and painted whenever Charterers and Captain think necessary, at least once in every six months, reckoning from time of last painting, and payment of the hire to be suspended until she is again in proper state for the service.

……………………………………………………………………………………………………

……………………………………………………………………………………………………

22. Owners shall maintain the gear of the ship as fitted, providing gear (for all derricks) capable of handling lifts up to three tons, also providing ropes, falls, slings and blocks. If vessel is fitted with derricks capable of handling heavier lifts. Owners are to provide necessary gear for same, otherwise equipment and gear for heavier lifts shall be for Charterers' account. Owners also to provide on the vessel lanterns and oil for night work, and vessel to give use of electric light when so fitted, but any additional lights over those on board to be at Charterers' expense. The Charterers to have the use of any gear on board the vessel.

23. Vessel to work night and day, if required by Charterers, and all winches to be at Charterers' disposal during loading and discharging; steamer to provide one winchman per hatch to work winches day and night, as required, Charterers agreeing to pay officers, engineers, winchmen, deck hands and donkeymen for overtime work done in accordance with the working hours and rates stated in the ship's articles. If the rules of the port, or labor unions, prevent crew from driving winches, shore Winchmen to be paid by Charterers. In the event of a disabled winch or winches, or insufficient power to operate winches, Owners to pay for shore engine, or engines, in lieu thereof, if required, and pay any loss of time occasioned thereby.

24. It is also mutually agreed that this Charter is subject to all the terms and provisions of and all the exemptions from liability contained in the Act of Congress of the United States approved on the 13th day of February, 1893, and entitled "An Act relating to Navigation of Vessels, etc.", in respect of all cargo shipped under this charter to or from the United States of America. It is further subject to the following clauses, both of which are to be included in all bills of lading issued hereunder:

U.S.A. Clause Paramount

This bill of lading shall have effect subject to the provisions of the Carriage of Goods by Sea Act of the United States, approved April 16, 1936, which shall be deemed to be incorporated herein, and nothing herein contained shall be deemed a surrender by the carrier of any of its rights or immunities or an increase of any of its responsibilities or liabilities under said Act. If any term of this bill of lading be repugnant to said Act to any extent, such term shall be void to that extent, but no further.

Both-to-Blame Collision Clause

If the ship comes into collision with another ship as a result of the negligence of the other ship and any act, neglect or default of the Master, mariner, pilot or the servants of the Carrier in the navigation or in the management of the ship, the owners of the goods carried hereunder will indemnify the Carrier against all loss or liability to the other or non-carrying ship or her owners in so far as such loss or liability represents loss of, or damage to, or any claim whatsoever of the owners of said goods, paid or payable by the other or non-carrying ship or her owners to the owners of said goods and set off, recouped or recovered by the other or non-carrying ship or her owners as part of their claim against the carrying ship or carrier.

25. The Vessel shall not be required to enter any ice-bound port, or any port where lights or light-ships have been or are about to be withdrawn by reason of ice, or where there is risk that in the ordinary course of things the vessel will not be able on account of ice to safely enter the port or to get out after having completed loading or discharging.

26. Nothing herein stated is to be construed as a demise of the vessel to the Time Charterers. The owners to remain responsible for the navigation of the vessel, insurance, crew, and all other matters, same as when trading for their own account.

27. A commission of 2.5 per cent is payable by the Vessel and Owners to……………………………………on hire earned and paid under this Charter, and also upon any continuation or extension of this Charter.

28. An address commission of 2.5per cent payable to…………………………………………on the hire earned and paid under this Charter.

By cable authority from

The original Charter Party in our possession

As………For Owners

BROKERS

附录九

NYPE FORM 1993

Recommended by
The Baltic and International Maritime Council (BIMCO)
The Federation of National Associations of
Ship Brokers and Agents (FONASBA)

TIME CHARTER©

New York Produce Exchange Form
Issued by the Association of Ship Brokers and Agents (U. S. A.), Inc.

November 6th, 1913. Amended October 20th, 1921; August 6th, 1931; October 3rd, 1946; Revised June 12th, 1981; September 14th 1993.

THIS CHARTER PARTY, made and concluded in……………………………
this…………day of…………………19…………………………………………
Between……………………………………………………………………………
…………………………………………………………………………………………
Owners of the Vessel described below, and……………………………………
…………………………………………………………………………………………

Charterers

Description of Vessel

Name……………Flag……………Built…………………(year).
Port and number of Registry………………………………………………
Classed……………………………in……………………………………
Deadweight……………………long*/metric* tons (cargo and bunkers, including freshwater and stores not exceeding…………………long*/metric* tons) on a salt water draft of…………………on summer freeboard.
Capacity……………………………cubic feet grain……………………cubic feet

bale space.
Tonnage……………………………GT/GRT.
Speed about……………………knots, fully laden, in good weather conditions up to and including maximum Force…………………on the Beaufort wind scale, on a consumption of about…………long*/metric* tons of ……………………

** Delete as appropriate.*
For further description see Appendix "A" (if applicable)

1. Duration

The Owners agree to let and the Charterers agree to hire the Vessel from the time of delivery for a period of ………within below mentioned trading limits.

2. Delivery

The Vessel shall be placed at the disposal of the Charterers at……The Vessel on her delivery shall be ready to receive cargo with clean-swept holds and tight, staunch, strong and in every way fitted for ordinary cargo service, having water ballast and with sufficient power to operate all cargo-handling gear simultaneously.
The Owners shall give the Charterers not less than…………days notice of expected date of delivery.

3. On-Off Hire Survey

Prior to delivery and redelivery the parties shall, unless otherwise agreed, each appoint surveyors, for their respective accounts, who shall not later than at first loading port/last discharging port respectively, conduct joint on-hire/off-hire surveys, for the purpose of ascertaining quantity of bunkers on board and the condition of the Vessel. A single report shall be prepared on each occasion and signed by each surveyor, without prejudice to his right to file a separate report setting forth items upon which the surveyors cannot agree. If either party fails to have a representative attend the survey and sign the joint survey report, such party shall nevertheless be bound for all purposes by the findings in any report prepared by the other party. On-hire survey shall be on Charterers' time and off-hire survey on Owners' time.

4. Dangerous Cargo/Cargo Exclusions

(a) The Vessel shall be employed in carrying lawful merchandise excluding any goods of a dangerous, injurious, flammable or corrosive nature unless carried in accordance with the requirements or recommendations of the competent authorities of the country of the Vessel's registry and of ports of shipment and discharge and of any intermediate countries or ports through whose waters the Vessel must pass. Without prejudice to the generality of the foregoing, in addition the following are specifically excluded: livestock of any description, arms, ammunition, explosives, nuclear and radioactive materials, ……………………………………………………………………

……………………………………………………………………………………………………

……………………………………………………………………………………………………

……………………………………………………………………………………………………

(b) If IMO-classified cargo is agreed to be carried, the amount of such cargo shall be limited to ……………………… tons and the Charterers shall provide the Master with any evidence he may reasonably require to show that the cargo is packaged, labelled, loaded and stowed in accordance with IMO regulations, failing which the Master is entitled to refuse such cargo or, if already loaded, to unload it at the Charterers' risk and expense.

5. Trading Limits

The Vessel shall be employed in such lawful trades between safe ports and safe places within ……………………………………………………………………………………

…………………………………………………………excluding……………………………

……………………………………………………………………………………………………

…as the Charterers shall direct.

6. Owners to Provide

The Owners shall provide and pay for the insurance of the Vessel, except as otherwise provided, and for all provisions, cabin, deck, engine-room and other necessary stores, including boiler water; shall pay for wages, consular shipping and discharging fees of the crew and charges for port services pertaining to the crew; shall maintain the Vessel's class and keep her in a thoroughly efficient state in hull, machinery and equipment for and during the service, and have a full complement of officers and crew.

7. Charterers to Provide

The Charterers, while the vessel is on hire, shall provide and pay for all the bunkers except as otherwise agreed; shall pay for port charges (including compulsory watchmen and cargo watchmen and compulsory garbage disposal), all communication expenses pertaining to the Charterers' business at cost, pilotages, towages, agencies, commissions, consular charges (except those pertaining to individual crew members or flag of the Vessel), and all other usual expenses except those stated in Clause 6, but when the Vessel puts into a port for causes for which the Vessel is responsible (other than by stress of weather), then all such charges incurred shall be paid by the Owners. Fumigations ordered because of illness of the crew shall be for the Owners' account. Fumigations ordered because of cargoes carried or ports visited while the Vessel is employed under this Charter Party shall be for the Charterers' account. All other fumigations shall be for the Charterers' account after the Vessel has been on charter for a continuous period of six months or more.

The Charterers shall provide and pay for necessary dunnage and also any extra fittings requisite for a special trade or unusual cargo, but the Owners shall allow them the use of any dunnage already aboard the Vessel. Prior to redelivery the Charterers shall remove their dunnage and fittings at their cost and in their time.

8. Performance of Voyages

(a) The Master shall perform the voyages with due despatch, and shall render all customary assistance with the Vessel's crew. The Master shall be conversant with the English language and (although appointed by the Owners) shall be under the orders and directions of the Charterers as regards employment and agency; and the Charterers shall perform all cargo handling, including but not limited to loading, stowing, trimming, lashing, securing, dunnaging, unlashing, discharging, and tallying, at their risk and expense, under the supervision of the Master.

(b) If the Charterers shall have reasonable cause to be dissatisfied with the conduct of the Master or officers, the Owners shall, on receiving particulars of the complaint, investigate the same, and, if necessary, make a change in the appointments.

9. Bunkers

(a) The Charterers on delivery, and the Owners on redelivery, shall take over and pay for all fuel and diesel oil remaining on board the Vessel as hereunder. The Vessel shall be delivered with:……………………………………long*/metric* tons of fuel oil at the price of ………………………per ton; ……………………………tons of diesel oil at the price of……………per ton. The vessel shall be redelivered with: ………………………tons of fuel oil at the price of………………………per ton; ……………………………tons of diesel oil at the price of ……………………per ton.

* *Same tons apply throughout this clause.*

(b) The Charterers shall supply bunkers of a quality suitable for burning in the Vessel's engines and auxiliaries and which conform to the specification(s) as set out in Appendix A.

The Owners reserve their right to make a claim against the Charterers for any damage to the main engines or the auxiliaries caused by the use of unsuitable fuels or fuels not complying with the agreed specification(s). Additionally, if bunker fuels supplied do not conform with the mutually agreed specification(s) or otherwise prove unsuitable for burning in the Vessel's engines or auxiliaries, the Owners shall not be held responsible for any reduction in the Vessel's speed performance and/or increased bunker consumption, nor for any time lost and any other consequences.

10. Rate of Hire/Redelivery Areas and Notices

The Charterers shall pay for the use and hire of the said Vessel at the rate of $…… …………………U. S. currency, daily, or $ ………………………U. S. currency per ton on the Vessel's total deadweight carrying capacity, including bunkers and stores, on ………………summer freeboard, per 30 days, commencing on and from the day of her delivery, as aforesaid, and at and after the same rate for any part of a month; hire shall continue until the hour of the day of her redelivery in like good order and condition, ordinary wear and tear excepted, to the Owners (unless Vessel

lost) at……………………………………………………………………………………
……………………………………………………………unless otherwise mutually agreed.

The Charterers shall give the Owners not less than……………………days notice of the Vessel's expected date and probable port of redelivery.

For the purpose of hire calculations, the times of delivery, redelivery or termination of charter shall be adjust to GMT.

11. Hire Payment

(a) ***Payment***

Payment of Hire shall be made so as to be received by the Owners or their designated payee in ……………………………………………………………, viz………………
………………………………………………………………………………………………
……………………………………in……………………………………currency, or in United States Currency, in funds available to the Owners on the due date, 15 days in advance, and for the last month or part of same the approximate amount of hire, and should same not cover the actual time, hire shall be paid for the balance day by day as it becomes due, if so required by the Owners. Failing the punctual and regular payment of the hire, or on any fundamental breach whatsoever of this Charter Party, the Owners shall be at liberty to withdraw the Vessel from the service of the Charterers without prejudice to any claims they (the Owners) may otherwise have on the Charterers.

At any time after the expiry of the grace period provided in Sub-clause 11 (b) hereunder and while the hire is outstanding, the Owners shall, without prejudice to the liberty to withdraw, be entitled to withhold the performance of any and all of their obligations hereunder and shall have no responsibility whatsoever for any consequences thereof, in respect of which the Charterers hereby indemnify the Owners, and hire shall continue to accrue and any extra expenses resulting from such withholding shall be for the Charterers' account.

(b) *Grace Period*

Where there is failure to make punctual and regular payment of hire due to oversight, negligence, errors or omissions on the part of the Charterers or their bankers, the Charterers shall be given by the Owners ………clear banking days (as recognized at the agreed place of payment) written notice to rectify the failure, and when so rectified within those………days following the Owners' notice, the payment shall stand as regular and punctual.

Failure by the Charterers to pay the hire within………days of their receiving the Owners' notice as provided herein, shall entitle the Owners to withdraw as set forth in Sub-clause 11(a) above.

(c) *Last Hire Payment*

Should the Vessel be on her voyage towards port of redelivery at the time the last and/or the penultimate payment of hire is/are due, said payment(s) is/are to be made for such length of time as the Owners and the Charterers may agree upon as being the estimated time necessary to complete the voyage, and taking into account bunkers actually on board, to be taken over by the Owners and estimated disbursements for the Owners' account before redelivery. Should same not cover the actual time, hire is to be paid for the balance, day by day, as it becomes due. When the Vessel has been redelivered, any difference is to be refunded by the Owners or paid by the Charterers, as the case may be.

(d) *Cash Advances*

Cash for the Vessel's ordinary disbursements at any port may be advanced by the Charterers, as required by the Owners, subject to 2.5 percent commission and such advances shall be deducted from the hire. The Charterers, however, shall in no way be responsible for the application of such advances.

12. Berths

The Vessel shall be loaded and discharged in any safe dock or at any safe berth or safe place that Charterers or their agents may direct, provided the Vessel can safely enter, lie and depart always afloat at any time of tide.

13. Spaces Available

(a) The whole reach of the Vessel's holds, decks, and other cargo spaces (not more than she can reasonably and safely stow and carry), also accommodations for supercargo, if carried, shall be at the Charterers' disposal, reserving only proper and sufficient space for the Vessel's officers, crew, tackle, apparel, furniture, provisions, stores and fuel.

(b) In the event of deck cargo being carried, the Owners are to be and are hereby indemnified by the Charterers for any loss and/or damage and/or liability of whatsoever nature caused to the Vessel as a result of the carriage of deck cargo and which would not have arisen had deck cargo not been loaded.

14. Supercargo and Meals

The Charterers are entitled to appoint a supercargo, who shall accompany the Vessel at the Charterers' risk and see that voyages are performed with due despatch. He is to be furnished with free accommodation and same fare as provided for the Master's table, the Charterers paying at the rate of ……………………per day. The Owners shall victual pilots and customs officers, and also, when authorized by the Charterers or their agents, shall victual tally clerks, stevedore's foreman, etc., Charterers paying at the rate of……………………per meal for all such victualling.

15. Sailing Orders and Logs

The Charterers shall furnish the Master from time to time with all requisite instructions and sailing directions, in writing, in the English language, and the Master shall keep full and correct deck and engine logs of the voyage or voyages, which are to be patent to the Charterers or their agents, and furnish the Charterers, their agents or supercargo, when required, with a true copy of such deck and engine logs, showing the course of the Vessel, distance run and the consumption of bunkers. Any log extracts required by the Charterers shall be in the English language.

16. Delivery/Cancelling

If required by the Charterers, time shall not commence before………………and should the Vessel not be ready for delivery on or before………………but not later than …………hours, the Charterers shall have the option of cancelling this Charter Party.

Extension of Cancelling

If the Owners warrant that, despite the exercise of due diligence by them, the Vessel will not be ready for delivery by the cancelling date, and provided the Owners are able to state with reasonable certainty the date on which the Vessel will be ready, they may, at the earliest seven days before the Vessel is expected to sail for the port or place of delivery, require the Charterers to declare whether or not they will cancel the Charter Party. Should the Charterers elect not to cancel, or should they fail to reply within two days or by the cancelling date, whichever shall first occur, then the seventh day after the expected date of readiness for delivery as notified by the Owners shall replace the original cancelling date. Should the Vessel be further delayed, the Owners shall be entitled to require further declarations of the Charterers in accordance with this Clause.

17. Off Hire

In the event of loss of time from efficiency and/or default and/or strike of officers or crew, or deficiency of stores, fire, breakdown of, or damages to hull, machinery or equipment, grounding, detention by the arrest of the Vessel, (unless such arrest is caused by events for which the Charterers, their servants, agents or subcontractors are responsible), or detention by average accidents to the Vessel or cargo unless resulting from inherent vice, quality or defect of the cargo, drydocking for the purpose of examination or painting bottom, or by any other similar cause preventing the full working of the Vessel, the payment of hire and overtime, if any, shall cease for the time thereby lost. Should the Vessel deviate or put back during a voyage, contrary to the orders or directions of the Charterers, for any reason other than accident to the cargo or where permitted in lines 257 to 258 hereunder,① the hire is to be suspended from the time of her deviating or putting back until she is again in the same or equidistant position from the destination and the voyage resumed therefrom. All bunkers used by the Vessel while off hire shall be for the Owners' account. In the event of

① 第257至第258条行动内容是指第22条款规定。（编者注）

the Vessel being driven into port or to anchorage through stress of weather, trading to shallow harbors or to rivers or ports with bars, any detention of the Vessel and/or expenses resulting from such detention shall be for the Charterers' account. If upon the voyage the speed be reduced by defect in, or breakdown of, any part of her hull, machinery or equipment, the time so lost, and the cost of any extra bunkers consumed in consequence thereof, and all extra proven expenses may be deducted from the hire.

18. Sublet

Unless otherwise agreed, the Charterers shall have the liberty to sublet the Vessel for all or any part of the time covered by this Charter Party, but the Charterers remain responsible for the fulfillment of this Charter party.

19. Drydocking

The Vessel was last drydocked……………………………………………………

*(a) The Owners shall have the option to place the Vessel in drydock during the currency of this Charter at a convenient time and place, to be mutually agreed upon between the Owners and the Charterers, for bottom cleaning and painting and/or repair as required by class or dictated by circumstances.

*(b) Except in case of emergency no drydocking shall take place during the currency of this Charter Party.

*** *Delete as appropriate***

20. Total Loss

Should the Vessel be lost, money paid in advance and not earned (reckoning from the date of loss or being last heard of) shall be returned to the Charterers at once.

21. Exceptions

The act of God, enemies, fire, restraint of princes, rulers and people, and all dangers and accidents of the seas, rivers, machinery, boilers, and navigation, and errors of navigation throughout this Charter, always mutually excepted.

22. Liberties

The Vessel shall have the liberty to sail with or without pilots, to tow and to be towed, to assist vessels in distress, and to deviate for the purpose of saving life and property.

23. Liens

The Owners shall have a lien upon all cargoes and all sub-freights and/or sub-hire for any amounts due under this Charter Party, including general average contributions, and the Charterers shall have a lien on the Vessel for all monies paid in advance and not earned, and any overpaid hire or excess deposit to be returned at once.

The Charterers will not directly or indirectly suffer, nor permit to be continued, any lien or encumbrance, which might have priority over the title and interest of the Owners in the Vessel. The Charterers undertake that during the period of this Charter Party, they will not procure any supplies or necessaries or services, including any port expenses and bunkers, on the credit of the Owners or in the Owners' time.

24. Salvage

All derelicts and salvage shall be for the Owners' and the Charterers' equal benefit after deducting Owners' and Charterers' expenses and crew's proportion.

25. General Average

General average shall be adjusted according to York-Antwerp Rules 1974, as amended 1990, or any subsequent modification thereof, in…………………………and settled in…………………currency.

The Charterers shall procure that all bills of lading issued during the currency of the Charter Party will contain a provision to the effect that general average shall be adjusted according to York-Antwerp Rules 1974, as amended 1990, or any subsequent modification thereof and will include the "New Jason Clause" as per Clause 31.

Time charter hire shall not contribute to general average.

26. Navigation

Nothing herein stated is to be construed as a demise of the Vessel to the Time Charterers. The Owners shall remain responsible for the navigation of the Vessel, acts of pilots and tug boats, insurance, crew, and all other matters, same as when trading for their own account.

27. Cargo Claims

Cargo claims as between the Owners and the Charterers shall be settled in accordance with the Inter-Club New York Produce Exchange Agreement of February 1970, as amended May, 1984, or any subsequent modification or replacement thereof.

28. Cargo Gear and Lights

The Owners shall maintain the cargo handling gear of the Vessel which is as follows:

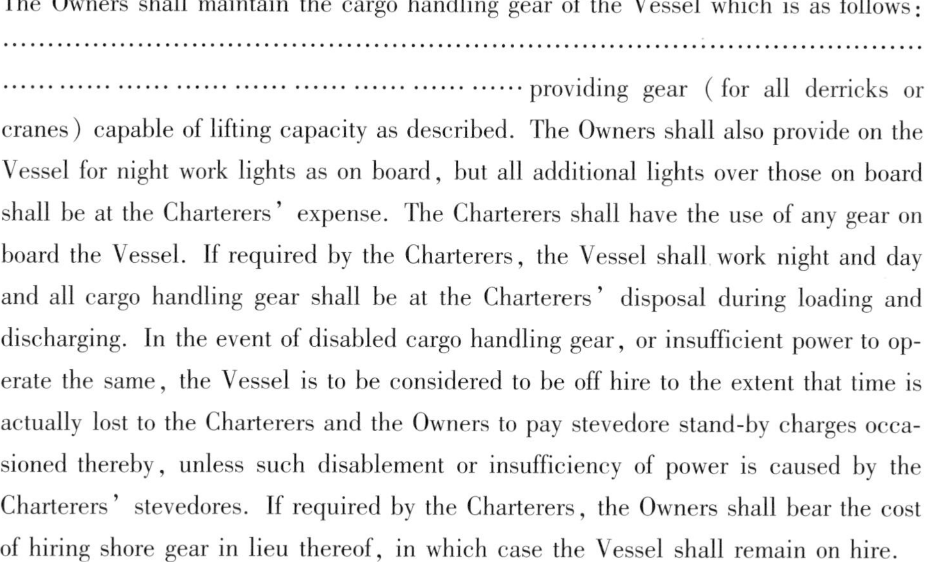

……………………………………………………………………………………………

…………………………………………… providing gear (for all derricks or cranes) capable of lifting capacity as described. The Owners shall also provide on the Vessel for night work lights as on board, but all additional lights over those on board shall be at the Charterers' expense. The Charterers shall have the use of any gear on board the Vessel. If required by the Charterers, the Vessel shall work night and day and all cargo handling gear shall be at the Charterers' disposal during loading and discharging. In the event of disabled cargo handling gear, or insufficient power to operate the same, the Vessel is to be considered to be off hire to the extent that time is actually lost to the Charterers and the Owners to pay stevedore stand-by charges occasioned thereby, unless such disablement or insufficiency of power is caused by the Charterers' stevedores. If required by the Charterers, the Owners shall bear the cost of hiring shore gear in lieu thereof, in which case the Vessel shall remain on hire.

29. Crew Overtime

In lieu of any overtime payments to officers and crew for work ordered by the Charterers or their agents, the Charterers shall pay the Owners, concurrently with the hire ………………… per month or pro rata.

30. Bills of Lading

(a) The Master shall sign the bills of lading or waybills for cargo as presented in conformity with mates or tally clerk's receipts. However, the Charterers may sign bills of lading or waybills on behalf of the Master, with the Owner's prior written authority, always in conformity with mates or tally clerk's receipts.

(b) All bills of lading or waybills shall be without prejudice to this Charter Party and the Charterers shall indemnify the Owners against all consequences or liabilities which may arise from any inconsistency between this Charter Party and any bills of lading or waybills signed by the Charterers or by the Master at their request.

(c) Bills of lading covering deck cargo shall be claused: "Shipped on deck at Charterers', Shippers' and Receivers' risk, expense and responsibility, without liability on the part of the Vessel, or her Owners for any loss, damage, expense or delay howsoever caused."

31. Protective Clauses

This Charter Party is subject to the following clauses all of which are also to be included in all bills of lading or waybills issued hereunder:

(a) **CLAUSE PARAMOUNT**

"This bill of lading shall have effect subject to the provisions of the Carriage of Goods by Sea Act of the United States, the Hague Rules, or the Hague-Visby Rules, as applicable, or such other similar national legislation as may mandatorily apply by virtue of origin or destination of the bills of lading, which shall be deemed to be incorporated herein and nothing herein contained shall be deemed a surrender by the carrier of any of its rights or immunities or an increase of any of its responsibilities or liabilities under said applicable Act. If any term of this bill of lading be repugnant to said applicable Act to any extent, such term shall be void to that extent, but no further."

and

(b) **BOTH-TO-BLAME COLLISION CLAUSE**

"If the ship comes into collision with another ship as a result of the negligence of the other ship and any act, neglect or default of the master, mariner, pilot or the servants of the carrier in the navigation or in the management of the ship, the owners of the goods carried hereunder will indemnify the carrier against all loss or liability to the other or non-carrying ship or her owners insofar as such loss or liability represents loss of, or damage to , or any claim whatsoever of the owners of said goods, paid or payable by the other or non-carrying ship or her owners to the owners of said goods and set off, recouped or recovered by the other or non-carrying ship or her owners as part of their claim against the carrying ship or carrier.

The foregoing provisions shall also apply where the owners, operators or those in charge of any ships or objects other than, or in addition to, the colliding ships or objects are at fault in respect to a collision or contact."

and

(c) **NEW JASON CLAUSE**

"In the event of accident, danger, damage or disaster before or after the commencement of the voyage resulting from any cause whatsoever, whether due to negligence or not, for which, or for the consequences of which, the carrier is not responsible, by statute, contract, or otherwise, the goods, shippers, consignees, or owners of the goods shall contribute with the carrier in general average to the payment of any sacrifices, losses, or expenses of a general average nature that may be made or incurred, and shall pay salvage and special charges incurred in respect of the goods.

If a salving ship is owned or operated by the carrier, salvage shall be paid for as fully as if salving ship or ships belonged to strangers. Such deposit as the carrier or his agents may deem sufficient to cover the estimated contribution of the goods and any salvage and special charges thereon shall, if required, be made by the goods, shippers, consignees or owners of the goods to the carrier before delivery."

and

(d) **U. S. TRADE-DRUG CLAUSE**

"In pursuance of the provisions of the U. S. Anti Drug Abuse Act 1986 or any re-enactment thereof, the Charterers warrant to exercise the highest degree of care and diligence in preventing unmanifested narcotic drugs and marijuana to be loaded or concealed on board the Vessel.

Non-compliance with the provisions of this clause shall amount to breach of warranty for consequences of which the Charterers shall be liable and shall hold the Owners, the Master and the crew of the Vessel harmless and shall keep them indemnified against all claims whatsoever which may arise and be made against them individually or jointly. Furthermore, all time lost and all expenses incurred, including fines, as a result of the Charterers' breach of the provisions of this clause shall be for the Charterer's account and the Vessel shall remain on hire.

Should the Vessel be arrested as a result of the Charterers' non-compliance with the provisions of this clause, the Charterers shall at their expense take all reasonable steps to secure that within a reasonable time the Vessel is released and at their expense put up the bails to secure release of the Vessel.

The Owners shall remain responsible for all time lost and all expenses incurred, including fines, in the event that unmanifested narcotic drugs and marijuana are found in the possession or effects of the Vessel's personnel."

and

(e) **WAR CLAUSES**

"(i) No contraband of war shall be shipped. The Vessel shall not be required, without the consent of the Owners, which shall not be unreasonably withheld, to enter any port or zone which is involved in a state of war, warlike operations, or hostilities, civil strife, insurrection or piracy whether there be a declaration of war or not, where the Vessel, cargo or crew might reasonably be expected to be subject to capture, seizure or arrest, or to a hostile act by a belligerent power (the term 'power' meaning any de jure or de facto authority or any purported governmental organization maintaining naval, military or air forces).

(ii) If such consent is given by the Owners, the Charterers will pay the provable additional cost of insuring the Vessel against hull war risks in an amount equal to the value under her ordinary hull policy but not exceeding a valuation of………………

……………… In addition, the Owners may purchase and the Charterers will pay for war risk insurance on ancillary risks such as loss of hire, freight disbursements, total loss, blocking and trapping, etc. If such insurance is not obtainable commercially or through a government program, the Vessel shall not be required to enter or remain at any such port or zone.

(iii) In the event of the existence of the conditions described in (i) subsequent to the date of this Charter, or while the Vessel is on hire under this Charter, the Charterers shall, in respect of voyages to any such port or zone assume the provable additional cost of wages and insurance properly incurred in connection with master, officers and crew as a consequence of such war, warlike operations or hostilities.

(iv) Any war bonus to officers and crew due to the Vessel's trading or cargo carried shall be for the Charterers' account."

32. War Cancellation

In the event of the outbreak of war (whether there be a declaration of war or not) between any two or more of the following countries: ……………………………………
……………………………………………………………………………………
……………………………………………… either the Owners or the Charterers may cancel this Charter Party. Whereupon, the Charterers shall redeliver the Vessel to the Owners in accordance with Clause 10; if she has cargo on board, after discharge thereof at destination, or, if debarred under this Clause from reaching or entering it, at a near open and safe port as directed by the Owners; or, if she has no cargo on board, at the port at which she then is; or, if at sea, at a near open and safe port as directed by the Owners. In all cases hire shall continue to be paid in accordance with Clause 11 and except as aforesaid all other provisions of this Charter Party shall apply until redelivery.

33. Ice

The Vessel shall not be required to enter or remain in any icebound port or area, nor any port or area where lights or lightships have been or are about to be withdrawn by reason of ice, nor where there is risk that in the ordinary course of things the Vessel will not be able on account of ice to safely enter and remain in the port or area or to get out after having completed loading or discharging. Subject to the Owners' prior approval the Vessel is to follow ice-breakers when reasonably required with regard to her size, construction and ice class.

34. Requisition

Should the Vessel be requisitioned by the government of the Vessel's flag during the period of this Charter Party, the Vessel shall be deemed to be off hire during the period of such requisition, and any hire paid by the said government in respect of such requisition period shall be retained by the Owners. The period during which the Vessel is on requisition to the said government shall count as part of the period provided for in this Charter Party.

If the period of requisition exceeds……………………months, either party shall have the option of cancelling this Charter Party and no consequential claim may be made by either party.

35. Stevedore Damage

Notwithstanding anything contained herein to the contrary, the Charterers shall pay for any and all damage to the Vessel caused by stevedores provided the Master has notified the Charterers and/or their agents in writing as soon as practical but not later than 48 hours after any damage is discovered. Such notice to specify the damage in detail and to invite Charterers to appoint a surveyor to assess the extent of such damage.

(a) In case of any and all damage(s) affecting the Vessel's seaworthiness and/or the safety of the crew and/or affecting the trading capabilities of the Vessel, the Charterers shall immediately arrange for repairs of such damage(s) at their expense and the Vessel is to remain on hire until such repairs are completed and if required passed by the Vessel's classification society.

(b) Any and all damage(s) not described under point(a) above shall be repaired at the Charterers' option, before or after redelivery concurrently with the Owners' work. In such case no hire and/or expenses will be paid to the Owners except and insofar as the time and/or the expenses required for the repairs for which the Charterers are responsible, exceed the time and/or expenses necessary to carry out the Owners' work.

36. Cleaning of Holds

The Charterers shall provide and pay extra for sweeping and/or washing and/or cleaning of holds between voyages and/or between cargoes provided such work can be undertaken by the crew and is permitted by local regulations, at the rate of………… ……………per hold.

In connection with any such operation, the Owners shall not be responsible if the Vessel's holds are not accepted or passed by the port or any other authority. The Charterers shall have the option to re-deliver the Vessel with unclean/unswept holds against a lumpsum payment of……………in lieu of cleaning.

37. Taxes

Charterers to pay all local, State, National taxes and/or dues assessed on the Vessel or the Owners resulting from the Charterers' orders herein, whether assessed during or after the currency of this Charter Party including any taxes and/or dues on cargo and/or freights and/or sub-freights and/or hire (excluding taxes levied by the country of the flag of the Vessel or the Owners).

38. Charterers' Colors

The Charterers shall have the privilege of flying their own house flag and painting the Vessel with their own markings. The Vessel shall be repainted in the Owners' colors before termination of the Charter Party. Cost and time of painting, maintaining and repainting those changes effected by the Charterers shall be for the Charterers' account.

39. Laid Up Returns

The Charterers shall have the benefit of any return insurance premium receivable by the Owners from their underwriters as and when received from underwriters by reason of the Vessel being in port for a minimum period of 30 days if on full hire for this period or pro rata for the time actually on hire.

40. Documentation

The Owners shall provide any documentation relating to the Vessel that may be required to permit the Vessel to trade within the agreed trade limits, including, but not limited to certificates of financial responsibility for oil pollution, provided such oil pollution certificates are obtainable from the Owners' P & I club, valid international tonnage certificate, Suez and Panama tonnage certificates, valid certificate of registry and certificates relating to the strength and/or serviceability of the Vessel's gear.

41. Stowaways

(a) (i) The Charterers warrant to exercise due care and diligence in preventing stowaways in gaining access to the Vessel by means of secreting away in the goods and/or containers shipped by the Charterers.

(ii) If, despite the exercise of due care and diligence by the Charterers, stowaways have gained access to the Vessel by means of secreting away in the goods and/or containers shipped by the Charterers, this shall amount to breach of charter for the consequences of which the Charterers shall be liable and shall hold the Owners harmless and shall keep them indemnified against all claims whatsoever which may arise and be made against them. Furthermore, all time lost and all expenses whatsoever and howsoever incurred, including fines, shall be for the Charterer's account and the Vessel shall remain on hire.

(iii) Should the Vessel be arrested as a result of the Charterers' breach of charter according to Sub-clause (a)(ii) above, the Charterers shall take all reasonable steps to secure that, within a reasonable time, the Vessel is released and at their expense put up bail to secure release of the Vessel.

(b) (i) If, despite the exercise of due care and diligence by the Owners, stowaways have gained access to the Vessel by means other than secreting away in the goods and/or containers shipped by the Charterers, all time lost and all expenses whatsoever and howsoever incurred, including fines, shall be for the Owners' account and the Vessel shall be off hire.

(ii) Should the Vessel be arrested as a result of stowaways having gained access to the Vessel by means other than secreting away in the goods and/or containers shipped by the Charterers, the Owners shall take all reasonable steps to secure that, within a reasonable time, the Vessel is released and at their expense put up bail to secure release of the Vessel.

42. Smuggling

In the event of smuggling by the Master, Officers and/or crew, the Owners shall bear the cost of any fines, taxes, or imposts levied and the Vessel shall be off hire for any time lost as a result thereof.

43. Commissions

A commission of…………………percent is payable by the Vessel and the Owners to ………on hire earned and paid under this Charter, and also upon any continuation or extension of this Charter.

44. Address Commission

An address commission of…………………percent is payable to………on hire earned and paid under this Charter.

45. Arbitration

(a) NEW YORK

All disputes arising out of this contract shall be arbitrated at New York in the following manner, and subject to U. S. Law:

One Arbitrator is to be appointed by each of the parties hereto and a third by the two so chosen. Their decision or that of any two of them shall be final, and for the purpose of enforcing any award, this agreement may be made a rule of the court. The Arbitrators shall be commercial men, conversant with shipping matters. Such Arbitration is to be conducted in accordance with the rules of the Society of Maritime Arbitrators Inc.

For disputes where the total amount claimed by either party does not exceed US $ ……………………… * * the arbitration shall be conducted in accordance with the Shortened Arbitration Procedure of the Society of Maritime Arbitrators Inc.

(b) LONDON

All disputes arising out of this contract shall be arbitrated at London and, unless the parties agree forthwith on a single Arbitrator, be referred to the final arbitrament of two Arbitrators carrying on business in London who shall be members of the Baltic Mercantile & Shipping Exchange and engaged in Shipping, one to be appointed by each of the parties, with power to such Arbitrators to appoint an Umpire. No award shall be questioned or invalidated on the ground that any of the Arbitrators is not qualified as above, unless objection to his action be taken before the award is made. Any dispute arising hereunder shall be governed by English Law.

For disputes where the total amount claimed by either party does not exceed US $ ………………………… * * the arbitration shall be conducted in accordance with the Small Claims Procedure of the London Maritime Arbitrators Association.

* *Delete para (a) or (b) as appropriate*

* * *Where no figure is supplied in the blank space this provision only shall be void but the other provisions of this clause shall have full force and remain in effect.*

If mutually agreed, clauses…………to…………, both inclusive, as attached hereto are fully incorporated in this Charter Party.

Printed and sold by
wither by & Company Limited,
32/36 Aylesbury Street.
London ECIROET.
by authority of The Baltic and
International Maritime Council
(BIMCO). Copenhagen.

附录十

BALTIME FORM 1974

1. Shipbroker	THE BALTIC AND INTERNATIONAL MARITIME CONF ERENCE UNIFORM TIME-CHARTER (Box Layout 1974) CODE NAME: "BALTIME 1939" **Part Ⅰ**
	2. Place and date
3. Owners/Place of business	4. Charter ers/Place of business
5. Vessel' s name	6. GRT/NRT
7. Class	8. Indicated horse power
9. Total tons d. w. (abt.) on Board of Trade summer freeboard	10. Cubic feet grain/bale capacit y
11. Permanent bunkers (abt.)	
12. Speed capability in knots (abt.) on a consumption in tons (abt.) of	
13. Present position	
14. Period of hire (Cl. 1)	15. Port of delivery (Cl. 1)
	16. Time of delivery (Cl. 1)
17. (a) Trade limits (Cl. 2)	
(b) Cargo exclusions specially agreed	
18. Bunkers on re-delivery (state min. and max. quantity) (Cl. 5)	
19. Charter hire (Cl. 6)	20. Hire payment (state currency, method and place of payment; also beneficiary and bank account) (Cl. 6)
21. Place or range of re-delivery (Cl. 7)	22. War (only to be filled in if Section (C) agreed) (Cl. 21)
23. Cancelling date (Cl. 22)	24. Place of arbitration (only to be filled in if place other than London agreed) (Cl. 23)
25. Brokerage commission and to whom payable (Cl. 25)	26. Numbers of additional clauses covering special provisions, if agreed

It is mutually agreed that this Contract shall be performed subject to the conditions contained in this Charter which shall include Part Ⅰ as well as Part Ⅱ. In the event of a conflict of conditions, the provisions of Part Ⅰ shall prevail over those of Part Ⅱ to the extent of such conflict.

Signature (Owners)	Signature (Charterers)

Printed and sold by S. Straker & Sons Ltd., 47-51 Gt Suffolk Street, London, SE 1
by authority of The Baltic and international Maritime Conference, Copenhagen.

Issued	5/2/1909		
Amended	13/3/1911	Amended	1/3/1939
Amended	6/3/1912	Amended	1/1/1950
Amended	10/6/1920	Amended	1/1/1974

Adopted by the Documentary Committee of the Chamber of Shipping of the United Kingdom and the Documentary Committee of The Japan Shipping Exchange, Inc.

Part Ⅱ

(Formerly The Baltic and White Sea Conference)

UNIFORM TIME-CHARTER

…………19………………………

IT IS THIS DAY MUTUALLY AGREED between…………………Owners of the Vessel called ……………………of……… $\frac{\text{tons gross}}{\text{tons net}}$ Register, classed ……………………of ……………indicated horse power, carrying about ……………tons deadweight on Board of Trade summer freeboard inclusive of bunkers, stores, provisions and boiler water, having as per builder's plan…………cubic-feet $\frac{\text{grain}}{\text{bale}}$ capacity, exclusive of permanent bunkers, which contain about …… tons, and fully loaded capable of steaming about……knots in good weather and smooth water on a consumption of about…………tons best Welsh coal, or about………tons oil-fuel, now………and ………of……………………Charterers, as follows:

1. The Owners let, and the Charterers hire the Vessel for a period of……………………calendar months from the time (not a Sunday or a legal Holiday unless taken over) the Vessel is delivered and placed at the disposal of the Charterers between 9 a. m. and 6 p. m., or between 9 a. m. and 2 p. m. if on Saturday, at……………………………in such available berth there she can safely lie always afloat, as the Charterers may direct, she being in every way fitted for ordinary cargo service.

The Vessel to be delivered……………………

2. The Vessel to be employed in lawful trades for the carriage of lawful merchandise only between good and safe ports or places where she can safely lie always afloat within the following limits:………

No live stock nor injurious, inflammable or dangerous goods (such as acids, explosives, calcium carbide, ferro silicon, naphtha, motor spirit, tar, or any of their products) to be shipped.

3. The Owners to provide and pay for all provisions and wages, for insurance of the Vessel, for all deck and engine-room stores and maintain her in a thoroughly efficient state in hull and machinery during service.

The Owners to provide one winchman per hatch. If further winchmen are required, or if the stevedores refuse or are not permitted to work with the Crew, the Charterers to provide and pay qualified shore-winchmen.

4. The Charterers to provide and pay for all coals, including galley coal, oil-fuel, water for boilers, port charges, pilotages (whether compulsory or not), canal steersmen, boatage, lights, tugassistance, consular charges (except those pertaining to the Master, Officers and Crew), canal, dock and other dues and charges, including any foreign general municipality or state taxes, also all dock, harbour and tonnage dues at the ports of delivery and re-delivery (unless incurred through cargo carried before delivery or after re-delivery), agencies, commissions, also to arrange and pay for loading, trimming, stowing (including dunnage and shifting boards, except any already on board), unloading, weighing, tallying and delivery of cargoes surveys on hatches, meals supplied to officials and men in their service and all other charges and expenses whatsoever including detention and expenses through quarantine (including cost of fumigation and disinfection).

All ropes, slings and special runners actually used for loading and discharging and any special gear, including special ropes, hawsers and chains required by the custom of the port for mooring to be for the charterers' account. The Vessel to be fitted with winches, derricks, wheels and ordinary runners capable of handling lifts up to 2 tons.

5. The Charterers at port of delivery and the Owners at port of re-delivery to take over and pay for all coal or oil-fuel remaining in the Vessel's bunkers at current price at the respective ports. The Vessel to be re-delivered with not less than········ tons and not exceeding········tons of coal or oil-fuel in the Vessel's bunkers.

6. The Charterers to pay as hire··············per 30 days, commencing in accordance with clause 1 until her re-delivery to the Owners.

Payment of hire to be made in cash, in··················without discount, every 30 days, in advance.

In default of payment the Owners to have the right of withdrawing the Vessel from the service of the Charterers, without noting any protest and without interference by any court or any other formality whatsoever and without prejudice to any claim the Owners may otherwise have on the Charterers under the Charter.

7. The Vessel to be re-delivered on the expiration of the Charter in the same good order as when delivered to the Charterers (fair wear and tear excepted) at an ice-free port in the Charterers' option in·························between 9 a. m. and 6 p. m., and 2 p. m. on Saturday, but the day of re-delivery shall not be a Sunday or legal Holiday.

The Charterers to give the Owners not less than ten day's notice at which port and on about which day the Vessel will be re-delivered.

Should the Vessel be ordered on a voyage by which the Charter period will be exceeded the Charterers to have the use of the Vessel to enable them to complete the voyage. Provided it could be reasonably calculated that the voyage would allow re-delivery about the time fixed for the termination of the Charter, but for any time exceeding the termination date the Charterers to pay the market rate if higher than the rate stipulated herein.

8. The whole reach and burden of the Vessel, including lawful deck-capacity to be at the Charterer's disposal, reserving proper and sufficient space for the Vessel's Master, Officers, Crew, tackle, apparel, furniture, provisions and stores.

9. The Master to prosecute all voyages with the utmost despatch and to render customary assistance with the Vessel's Crew. The Master to be under the orders of the Charterers as regards employment agency, or other arrangements. The Charterers to indemnify the Owners against all consequences or liabilities arising from the Master, Officers or Agents signing Bills of Lading or other documents or otherwise complying with such orders, as well as from any irregularity in the Vessel's papers or for overcarrying goods. The Owners not to be responsible for shortage, mixture, marks, nor for number of pieces or packages, nor for damage to or claims on cargo caused by bad stowage or otherwise.

If the Charterers have reason to be dissatisfied with the conduct of the Master, Officers, or Engineers, the Owners, on receiving particulars of the complaint, promptly to investigate the matter, and, if necessary and practicable, to make a change in the appointments.

10. The Charterers to furnish the Master with all instructions and sailing directions and the Master and Engineer to keep full and correct logs accessible to the Charterers or their Agents.

11. (A) In the event of drydocking or other necessary measures to maintain the efficiency of the Vessel, deficiency of men or Owners' stores, breakdown of machinery, damage to hull or other accident, either hindering or preventing the working of the vessel and continuing for more than twenty four consecutive hours, no hire to be paid in respect of any time lost thereby during the period in which the Vessel is unable to perform the service immediately required. Any hire paid in advance to be adjusted accordingly.

(B) In the event of the Vessel being driven into port or to anchorage through stress of weather, trading to shallow harbours or to rivers or ports with bars or suffering an accident to her cargo, any detention of the Vessel and/or expenses resulting from such detention to be for the Charterers' account even if such detention and/or expenses, or the cause by reason of which either is incurred, be due to, or be contributed to by, the negligence of the Owners' servants.

12. Cleaning of boilers whenever possible to be done during service, but if impossible the Charterers to give the Owners necessary time for cleaning. Should the Vessel be detained beyond 48 hours hire to cease until again ready.

13. The Owners only to be responsible for delay in delivery of the Vessel or for delay during the currency of the Charter and for loss or damage to goods onboard, if such delay or loss has been caused by want of due diligence on the part of the Owners or their Manager in making the Vessel seaworthy and fitted for the voyage or any other personal act or omission or default of the Owners or their Manager. The Owners not to be responsible in any other case nor for damage or delay whatsoever and howsoever caused even if caused by the neglect or default of their servants. The Owners not to be liable for loss or damage arising or resulting from strikes, lockouts or stoppage or restraint of labour (including the Master, Officers or Crew) whether partial or general.

The Charterers to be responsible for loss or damage caused to the Vessel or to the Owners by goods being loaded contrary to the terms of the Charter or by improper or careless bunkering or loading, stowing or discharging of goods or any other improper or negligent act on their part or that of their servants.

14. The Charterers or their Agents to advance to the Master, if required, necessary funds for ordinary disbursements for the Vessel's account at any port charging only interest at 6 per cent p. a., such advances to be deducted from hire.

15. The Vessel not to be ordered to nor bound to enter: a) any place where fever or epidemics are prevalent or to which the Master, Officers and Crew by law are not bound to follow the Vessel. b) any ice-bound place or any place where lights, lightships, marks and buoys are or are likely to be withdrawn by reason of ice on the Vessel's arrival or where there is risk that ordinarily the Vessel will not be able on account of ice to reach the place or to get out after having completed loading or discharging. The Vessel not to be obliged to force ice. If on account of ice the Master considers it dangerous to remain at the loading or discharging place for fear of the Vessel being frozen in and/or damaged, he has liberty to sail to a convenient open place and await the Charterers' fresh instructions.

Unforeseen detention through any of above causes to be for the Charterers' account.

16. Should the Vessel be lost or missing, hire to cease from the date when she was lost. If the date of loss cannot be ascertained half hire to be paid from the date the Vessel was last reported until the calculated date of arrival at the destination. Any hire paid in advance to be adjusted accordingly.

17. The Vessel to work day and night if required. The Charterers to refund the Owners their outlays for all overtime paid to Officers and Crew according to the hours and rates stated in the Vessel's articles.

18. The Owners to have a lien upon all cargoes and sub-freights belonging to the Time-Charterers and any Bill of Lading freight for all claims under this Charter, and the Charterers to have a lien on the Vessel for all moneys paid in advance and not earned.

19. All salvage and assistance to other vessel to be for the Owners' and the Charterers' equal benefit after deducting the Master's and Crew's proportion and all legal and other expenses including hire paid under the charter for time lost in the salvage, also repairs of damage and coal or oil-fuel consumed. The Charterers to be bound by all measures taken by the Owners in order to secure payment of salvage and to fix its amount.

20. The Charterers to have the option of subletting the vessel, giving due notice to the Owners, but the original Charterers always to remain responsible to the Owners for due performance of the Charter.

21. (A) The Vessel unless the consent of the Owners be first obtained not to be ordered nor continue to any place or on any voyage nor be used on any service which will bring her within a zone which is dangerous as the result of any actual or threatened act of war, war hostilities, warlike operations, acts of piracy or of hostility or malicious damage against this or any other vessel or its cargo by any person, body or State whatsoever, revolution, civil war, civil commotion or the operation of international law, nor be exposed in any way to any risks or penalties whatsoever consequent upon the imposition of Sanctions, nor carry any goods that may in any way expose her to any risks of seizure, capture, penalties or any other interference of any kind whatsoever by the belligerent or fighting powers or parties or by any Government or Ruler.

(B) Should the Vessel approach or be brought or ordered within such zone, or be exposed in any way to the said risks, (1) the Owners to be entitled from time to time to insure their interests in the Vessel and/or hire against any of the risks likely to be involved thereby on such terms as they shall think fit, the Charterers to make a refund to the Owners of the premium on demand; and (2) notwithstanding the terms of clause 11 hire to be paid for all time lost including any lost owing to loss of or injury to the Master, officers, or Crew or to the action of the Crew in refusing to proceed to such zone or to be exposed to such risks.

(C) In the event of the wages of the Master, Officers and/or Crew or the cost of provisions and/or stores for deck and/or engine room and/or insurance premiums being increased by reason of or during the exsitence of any of the matters mentioned in section (A) the amount of any increase to be added to the hire and paid by the Charterers on production of the Owner's account therefor, such accout being rendered monthly.

(D) The Vessel to have liberty to comply with any orders or directions as to departure, arrival, routes, ports of call, stoppage, destination, delivery or in any other wise whatsoever given by the Government of the nation under whose flag the Vessel sails or any other Government or any person (or body) acting or purporting to act with the authority of such Government or by any committee or person having under the terms of the war risks insurance on the Vessel the right to give any such orders or directions.

(E) In the event of the nation under whose flag the Vessel sails becoming involved in war, hostilities, warlike operations, revolution, or civil commotion, both the Owners and the Charterers may cancel the Charter and unless otherwise agreed, the Vessel to be redelivered to the Owners at the port of destination or, if prevented through the provisions of section (A) from reaching or entering it, then at a near open and safe port at the Owners' option, after discharge of any cargo on board.

(F) If in compliance with the provisions of this clause anything is done or is not done, such not to be deemed a deviation.

22. Should the Vessel not be delivered by the ……day of…………19…………,the Charterers to have the option of cancelling.

If the Vessel cannot be delivered by the cancelling date, the Charterers, if required, to declare within 48 hours after receiving notice thereof whether they cancel or will take delivery of the Vessel.

23. Any dispute arising under the Charter to be referred to arbitration in London (or such other place as may be agreed) one Arbitrator to be nominated by the Owners and the other by the Charterers, and in case the Arbitrators shall not agree then to the decision of an Umpire to be appointed by them, the award of the Arbitrators or the Umpire to be final and binding upon both parties.

24. General Average to be settled according to York/Antwerp Rules, 1974. Hire not to contribute to General Average.

25. The Owners to pay a commission of…………to…………………on any hire paid under the Charter, but in no case less than is necessary to cover the actual expenses of the Brokers and a reasonable fee for their work. If the full hire is not paid owing to breach of Charter by either of the parties the party liable therefor to indemnify the Brokers against their loss of commission.

Should the parties agree to cancel the charter, the owners to indemnify the Brokers against any loss of commission but in such case the commission not to exceed the brokerage on one year's hire.

附录十一

BALTIME FORM 2001

1. Shipbroker	**BIMCO UNIFORM TIME-CHARTER (AS REVISED 2001) CODE NAME: "BALTIME 1939"** PART I
	2. Place and Date of Charter
3. Owners/Place of business	4. Charterers/Place of business
5. Vessel's Name	6. GT/NT
7. Class	8. Indicated brake horse power (bhp)
9. Total tons d.w. (abt.) on summer freeboard	10. Cubic feet grain/bale capacity
11. Permanent bunkers (abt.)	12. Speed capability in knots (abt.) on a consumption in tons (abt.) of
13. Present position	14. Period of hire (Cl. 1)
15. Port of delivery (Cl. 1)	16. Time of delivery (Cl. 1)
17. (a) Trade limits (Cl. 2)	
(b) Cargo exclusions specially agreed	
18. Bunkers on re-delivery (state min. and max. quantity)(Cl. 5)	19. Charter hire (Cl. 6)
20. Hire payment (state currency, method and place of payment; also beneficiary and bank account) (Cl. 6)	
21. Place or range of re-delivery (Cl. 7)	22. Cancelling date (Cl. 21)
23. Dispute resolution (state 22(A), 22(B) or 22(C); if 22(C) agreed Place of Arbitration must be stated) (Cl. 22)	24. Brokerage commission and to whom payable (Cl. 24)
25. Numbers of additional clauses covering special provisions, if agreed	

It is mutually agreed that this Contract shall be performed subject to the conditions contained in this Charter which shall include PART I as well as PART II. In the event of a conflict of conditions, the provisions of PART I shall prevail over those of PART II to the extent of such conflict.

Signature (Owners)	Signature (Charterers)

Printed and sold by Fr. G. Knudtzons Bogtrykkeri A/S, Vallensbaekvej 61, DK-2625 Vallensbaek, Fax: +45 4366 0701

PART II
"BALTIME 1939" Uniform Time-Charter (as revised 2001)

It is agreed between the party mentioned in Box 3 as Owners of the Vessel named in Box 5 of the gross/net tonnage indicated in Box 6, classed as stated in Box 7 and of indicated brake horse power (bhp) as stated in Box 8, carrying about the number of tons deadweight indicated in Box 9 on summer freeboard inclusive of bunkers, stores and provisions, having as per builder's plan a cubic-feet grain/bale capacity as stated in Box 10, exclusive of permanent bunkers, which contain about the number of tons stated in Box 11, and fully loaded capable of steaming about the number of knots indicated in Box 12 in good weather and smooth water on a consumption of about the number of tons fuel oil stated in Box 12, now in position as stated in Box 13 and the party mentioned as Charterers in Box 4, as follows:

1. Period/Port of Delivery/Time of Delivery

The Owners let, and the Charterers hire the Vessel for a period of the number of calendar months indicated in Box 14 from the time (not a Sunday or a legal Holiday unless taken over) the Vessel is delivered and placed at the disposal of the Charterers between 9 a.m. and 6 p.m., or between 9 a.m. and 2 p.m. if on Saturday, at the port stated in Box 15 in such available berth where she can safely lie always afloat, as the Charterers may direct, the Vessel being in every way fitted for ordinary cargo service. The Vessel shall be delivered at the time indicated in Box 16.

2. Trade

The Vessel shall be employed in lawful trades for the carriage of lawful merchandise only between safe ports or places where the Vessel can safely lie always afloat within the limits stated in Box 17. No live stock nor injurious, inflammable or dangerous goods (such as acids, explosives, calcium carbide, ferro silicon, naphtha, motor spirit, tar, or any of their products) shall be shipped.

3. Owners' Obligations

The Owners shall provide and pay for all provisions and wages, for insurance of the Vessel, for all deck and engine-room stores and maintain her in a thoroughly efficient state in hull and machinery during service. The Owners shall provide winchmen from the crew to operate the Vessel's cargo handling gear, unless the crew's employment conditions or local union or port regulations prohibit this, in which case qualified shore-winchmen shall be provided and paid for by the Charterers.

4. Charterers' Obligations

The Charterers shall provide and pay for all fuel oil, port charges, pilotages (whether compulsory or not), canal steersmen, boatage, lights, tug-assistance, consular charges (except those pertaining to the Master, officers and crew), canal, dock and other dues and charges, including any foreign general municipality or state taxes, also all dock, harbour and tonnage dues at the ports of delivery and re-delivery (unless incurred through cargo carried before delivery or after re-delivery), agencies, commissions, also shall arrange and pay for loading, trimming, stowing (including dunnage and shifting boards, excepting any already on board), unloading, weighing, tallying and delivery of cargoes, surveys on hatches, meals supplied to officials and men in their service and all other charges and expenses whatsoever including detention and expenses through quarantine (including cost of fumigation and disinfection). All ropes, slings and special runners actually used for loading and discharging and any special gear, including special ropes and chains required by the custom of the port for mooring shall be for the Charterers' account. The Vessel shall be fitted with winches, derricks, wheels and ordinary runners capable of handling lifts up to 2 tons.

5. Bunkers

The Charterers at port of delivery and the Owners at port of re-delivery shall take over and pay for all fuel oil remaining in the Vessel's bunkers at current price at the respective ports. The Vessel shall be re-delivered with not less than the number of tons and not exceeding the number of tons of fuel oil in the Vessel's bunkers stated in Box 18.

6. Hire

The Charterers shall pay as hire the rate stated in Box 19 per 30 days, commencing in accordance with Clause 1 until her re-delivery to the Owners.

Payment of hire shall be made in cash, in the currency stated in Box 20, without discount, every 30 days, in advance, and in the manner prescribed in Box 20. In default of payment the Owners shall have the right of withdrawing the Vessel from the service of the Charterers, without noting any protest and without interference by any court or any other formality whatsoever and without prejudice to any claim the Owners may otherwise have on the Charterers under the Charter.

7. Re-delivery

The Vessel shall be re-delivered on the expiration of the Charter in the same good order as when delivered to the Charterers (fair wear and tear excepted) at an ice-free port in the Charterers' option at the place or within the range stated in Box 21, between 9 a.m. and 6 p.m., and 9 a.m. and 2 p.m. on Saturday, but the day of re-delivery shall not be a Sunday or legal Holiday.

The Charterers shall give the Owners not less than ten days' notice at which port and on about which day the Vessel will be re-delivered. Should the Vessel be ordered on a voyage by which the Charter period will be exceeded the Charterers shall have the use of the Vessel to enable them to complete the voyage, provided it could be reasonably calculated that the voyage would allow redelivery about the time fixed for the termination of the Charter, but for any time exceeding the termination date the Charterers shall pay the market rate if higher than the rate stipulated herein.

8. Cargo Space

The whole reach and burthen of the Vessel, including lawful deck-capacity shall be at the Charterers' disposal, reserving proper and sufficient space for the Vessel's Master, officers, crew, tackle, apparel, furniture, provisions and stores.

9. Master

The Master shall prosecute all voyages with the utmost despatch and shall render customary assistance with the Vessel's crew. The Master shall be under the orders of the Charterers as regards employment, agency, or other arrangements. The Charterers shall indemnify the Owners against all consequences or liabilities arising from the Master, officers or Agents signing Bills of Lading or other documents or otherwise complying with such orders, as well as from any irregularity in the Vessel's papers or for overcarrying goods. The Owners shall not be responsible for shortage, mixture, marks, nor for number of pieces or packages, nor for damage to or claims on cargo caused by bad stowage or otherwise. If

PART II

"BALTIME 1939" Uniform Time-Charter (as revised 2001)

the Charterers have reason to be dissatisfied with the conduct of the Master or any officer, the Owners, on receiving particulars of the complaint, promptly to investigate the matter, and, if necessary and practicable, to make a change in the appointments.

10. Directions and Logs
The Charterers shall furnish the Master with all instructions and sailing directions and the Master shall keep full and correct logs accessible to the Charterers or their Agents.

11. Suspension of Hire etc.
(A) In the event of drydocking or other necessary measures to maintain the efficiency of the Vessel, deficiency of men or Owners' stores, breakdown of machinery, damage to hull or other accident, either hindering or preventing the working of the Vessel and continuing for more than twenty-four consecutive hours, no hire shall be paid in respect of any time lost thereby during the period in which the Vessel is unable to perform the service immediately required. Any hire paid in advance shall be adjusted accordingly.
(B) In the event of the Vessel being driven into port or to anchorage through stress of weather, trading to shallow harbours or to rivers or ports with bars or suffering an accident to her cargo, any detention of the Vessel and/or expenses resulting from such detention shall be for the Charterers' account even if such detention and/or expenses, or the cause by reason of which either is incurred, be due to, or be contributed to by, the negligence of the Owners' servants.

12. Responsibility and Exemption
The Owners only shall be responsible for delay in delivery of the Vessel or for delay during the currency of the Charter and for loss or damage to goods onboard, if such delay or loss has been caused by want of due diligence on the part of the Owners or their Manager in making the Vessel seaworthy and fitted for the voyage or any other personal act or omission or default of the Owners or their Manager. The Owners shall not be responsible in any other case nor for damage or delay whatsoever and howsoever caused even if caused by the neglect or default of their servants. The Owners shall not be liable for loss or damage arising or resulting from strikes, lock-outs or stoppage or restraint of labour (including the Master, officers or crew) whether partial or general. The Charterers shall be responsible for loss or damage caused to the Vessel or to the Owners by goods being loaded contrary to the terms of the Charter or by improper or careless bunkering or loading, stowing or discharging of goods or any other improper or negligent act on their part or that of their servants.

13. Advances
The Charterers or their Agents shall advance to the Master, if required, necessary funds for ordinary disbursements for the Vessel's account at any port charging only interest at 6 per cent. p.a., such advances shall be deducted from hire.

14. Excluded Ports
The Vessel shall not be ordered to nor bound to enter:
(A) any place where fever or epidemics are prevalent or to which the Master, officers and crew by law are not bound to follow the Vessel;
(B) any ice-bound place or any place where lights, lightships, marks and buoys are or are likely to be withdrawn by reason of ice on the Vessel's arrival or where there is risk that ordinarily the Vessel will not be able on account of ice to reach the place or to get out after having completed loading or discharging. The Vessel shall not be obliged to force ice. If on account of ice the Master considers it dangerous to remain at the loading or discharging place for fear of the Vessel being frozen in and/or damaged, he has liberty to sail to a convenient open place and await the Charterers' fresh instructions. Unforeseen detention through any of above causes shall be for the Charterers' account.

15. Loss of Vessel
Should the Vessel be lost or missing, hire shall cease from the date when she was lost. If the date of loss cannot be ascertained half hire shall be paid from the date the Vessel was last reported until the calculated date of arrival at the destination. Any hire paid in advance shall be adjusted accordingly.

16. Overtime
The Vessel shall work day and night if required. The Charterers shall refund the Owners their outlays for all overtime paid to officers and crew according to the hours and rates stated in the Vessel's articles.

17. Lien
The Owners shall have a lien upon all cargoes and sub-freights belonging to the Time-Charterers and any Bill of Lading freight for all claims under this Charter, and the Charterers shall have a lien on the Vessel for all moneys paid in advance and not earned.

18. Salvage
All salvage and assistance to other vessels shall be for the Owners' and the Charterers' equal benefit after deducting the Master's, officers' and crew's proportion and all legal and other expenses including hire paid under the charter for time lost in the salvage, also repairs of damage and fuel oil consumed. The Charterers shall be bound by all measures taken by the Owners in order to secure payment of salvage and to fix its amount.

19. Sublet
The Charterers shall have the option of subletting the Vessel, giving due notice to the Owners, but the original Charterers shall always remain responsible to the Owners for due performance of the Charter.

20. War ("Conwartime 1993")
(A) For the purpose of this Clause, the words:
(i) "Owners" shall include the shipowners, bareboat charterers, disponent owners, managers or other operators who are charged with the management of the Vessel, and the Master; and
(ii) "War Risks" shall include any war (whether actual or threatened), act of war, civil war, hostilities, revolution, rebellion, civil commotion, warlike operations, the laying of mines (whether actual or reported), acts of piracy, acts of terrorists, acts of hostility or malicious damage, blockades (whether imposed against all vessels or imposed selectively against vessels of certain flags or ownership, or against certain cargoes or crews or otherwise howsoever), by any person, body, terrorist or political group, or the Government of any state whatsoever, which, in the reasonable judgement of the Master and/or the Owners, may be dangerous or are likely to be or to become dangerous to the Vessel, her cargo, crew or other persons on board the Vessel.
(B) The Vessel, unless the written consent of the Owners be first obtained, shall not be ordered to or required to continue to or through, any port, place, area or zone (whether of land or sea), or any waterway or canal, where

PART II

"BALTIME 1939" Uniform Time-Charter (as revised 2001)

it appears that the Vessel, her cargo, crew or other persons on board the Vessel, in the reasonable judgement of the Master and/or the Owners, may be, or are likely to be, exposed to War Risks. Should the Vessel be within any such place as aforesaid, which only becomes dangerous, or is likely to be or to become dangerous, after her entry into it, she shall be at liberty to leave it.

(C) The Vessel shall not be required to load contraband cargo, or to pass through any blockade, whether such blockade be imposed on all vessels, or is imposed selectively in any way whatsoever against vessels of certain flags or ownership, or against certain cargoes or crews or otherwise howsoever, or to proceed to an area where she shall be subject, or is likely to be subject to a belligerent's right of search and/or confiscation.

(D) **(i)** The Owners may effect war risks insurance in respect of the Hull and Machinery of the Vessel and their other interests (including, but not limited to, loss of earnings and detention, the crew and their Protection and Indemnity Risks), and the premiums and/or calls therefor shall be for their account.

(ii) If the Underwriters of such insurance should require payment of premiums and/or calls because, pursuant to the Charterers' orders, the Vessel is within, or is due to enter and remain within, any area or areas which are specified by such Underwriters as being subject to additional premiums because of War Risks, then such premiums and/or calls shall be reimbursed by the Charterers to the Owners at the same time as the next payment of hire is due.

(E) If the Owners become liable under the terms of employment to pay to the crew any bonus or additional wages in respect of sailing into an area which is dangerous in the manner defined by the said terms, then such bonus or additional wages shall be re-imbursed to the Owners by the Charterers at the same time as the next payment of hire is due.

(F) The Vessel shall have liberty:-

(i) to comply with all orders, directions, recommendations or advice as to departure, arrival, routes, sailing in convoy, ports of call, stoppages, destinations, discharge of cargo, delivery, or in any other way whatsoever, which are given by the Government of the Nation under whose flag the Vessel sails, or other Government to whose laws the Owners are subject, or any other Government, body or group whatsoever acting with the power to compel compliance with their orders or directions;

(ii) to comply with the order, directions or recommendations of any war risks underwriters who have the authority to give the same under the terms of the war risks insurance;

(iii) to comply with the terms of any resolution of the Security Council of the United Nations, any directives of the European Community, the effective orders of any other Supranational body which has the right to issue and give the same, and with national laws aimed at enforcing the same to which the Owners are subject, and to obey the orders and directions of those who are charged with their enforcement;

(iv) to divert and discharge at any other port any cargo or part thereof which may render the Vessel liable to confiscation as a contraband carrier;

(v) to divert and call at any other port to change the crew or any part thereof or other persons on board the Vessel when there is reason to believe that they may be subject to internment, imprisonment or other sanctions.

(G) If in accordance with their rights under the foregoing provisions of this Clause, the Owners shall refuse to proceed to the loading or discharging ports, or any one or more of them, they shall immediately inform the Charterers. No cargo shall be discharged at any alternative port without first giving the Charterers notice of the Owners' intention to do so and requesting them to nominate a safe port for such discharge. Failing such nomination by the Charterers within 48 hours of the receipt of such notice and request, the Owners may discharge the cargo at any safe port of their own choice.

(H) If in compliance with any of the provisions of sub-clauses (B) to (G) of this Clause anything is done or not done, such shall not be deemed a deviation, but shall be considered as due fulfilment of this Charter.

21. Cancelling

Should the Vessel not be delivered by the date indicated in Box 22, the Charterers shall have the option of cancelling. If the Vessel cannot be delivered by the cancelling date, the Charterers, if required, shall declare within 48 hours after receiving notice thereof whether they cancel or will take delivery of the Vessel.

22. Dispute Resolution

*) **(A)** This Charter shall be governed by and construed in accordance with English law and any dispute arising out of or in connection with this Charter shall be referred to arbitration in London in accordance with the Arbitration Act 1996 or any statutory modification or re-enactment thereof save to the extent necessary to give effect to the provisions of this Clause.

The arbitration shall be conducted in accordance with the London Maritime Arbitrators Association (LMAA) Terms current at the time when the arbitration proceedings are commenced.

The reference shall be to three arbitrators. A party wishing to refer a dispute to arbitration shall appoint its arbitrator and send notice of such appointment in writing to the other party requiring the other party to appoint its own arbitrator within 14 calendar days of that notice and stating that it will appoint its arbitrator as sole arbitrator unless the other party appoints its own arbitrator and gives notice that it has done so within the 14 days specified. If the other party does not appoint its own arbitrator and give notice that it has done so within the 14 days specified, the party referring a dispute to arbitration may, without the requirement of any further prior notice to the other party, appoint its arbitrator as sole arbitrator and shall advise the other party accordingly. The award of a sole arbitrator shall be binding on both parties as if he had been appointed by agreement.

Nothing herein shall prevent the parties agreeing in writing to vary these provisions to provide for the appointment of a sole arbitrator.

In cases where neither the claim nor any counterclaim exceeds the sum of US$50,000 (or such other sum as the parties may agree) the arbitration shall be conducted in accordance with the LMAA Small Claims Procedure current at the time when the arbitration proceedings are commenced.

*) **(B)** This Charter shall be governed by and construed in accordance with Title 9 of the United States Code and the Maritime Law of the United States and any dispute arising out of or in connection with this Contract shall be referred to three persons at New York, one to be appointed by each of the parties hereto, and the third by the two so chosen; their decision or that of any two of them shall be final, and for the purposes of enforcing any award, judgement may be entered on an award by any court of competent jurisdiction. The proceedings shall be conducted in accordance with the rules of the Society of Maritime Arbitrators, Inc.

PART II
"BALTIME 1939" Uniform Time-Charter (as revised 2001)

In cases where neither the claim nor any counterclaim exceeds the sum of US$50,000 (or such other sum as the parties may agree) the arbitration shall be conducted in accordance with the Shortened Arbitration Procedure of the Society of Maritime Arbitrators, Inc. current at the time when the arbitration proceedings are commenced.

*) **(C)** This Charter shall be governed by and construed in accordance with the laws of the place mutually agreed by the parties and any dispute arising out of or in connection with this Charter shall be referred to arbitration at a mutually agreed place, subject to the procedures applicable there.

(D) Notwithstanding (A), (B) or (C) above, the parties may agree at any time to refer to mediation any difference and/or dispute arising out of or in connection with this Charter.

In the case of a dispute in respect of which arbitration has been commenced under (A), (B) or (C) above, the following shall apply:-

(i) Either party may at any time and from time to time elect to refer the dispute or part of the dispute to mediation by service on the other party of a written notice (the "Mediation Notice") calling on the other party to agree to mediation.

(ii) The other party shall thereupon within 14 calendar days of receipt of the Mediation Notice confirm that they agree to mediation, in which case the parties shall thereafter agree a mediator within a further 14 calendar days, failing which on the application of either party a mediator will be appointed promptly by the Arbitration Tribunal ("the Tribunal") or such person as the Tribunal may designate for that purpose. The mediation shall be conducted in such place and in accordance with such procedure and on such terms as the parties may agree or, in the event of disagreement, as may be set by the mediator.

(iii) If the other party does not agree to mediate, that fact may be brought to the attention of the Tribunal and may be taken into account by the Tribunal when allocating the costs of the arbitration as between the parties.

(iv) The mediation shall not affect the right of either party to seek such relief or take such steps as it considers necessary to protect its interest.

(v) Either party may advise the Tribunal that they have agreed to mediation. The arbitration procedure shall continue during the conduct of the mediation but the Tribunal may take the mediation timetable into account when setting the timetable for steps in the arbitration.

(vi) Unless otherwise agreed or specified in the mediation terms, each party shall bear its own costs incurred in the mediation and the parties shall share equally the mediator's costs and expenses.

(vii) The mediation process shall be without prejudice and confidential and no information or documents disclosed during it shall be revealed to the Tribunal except to the extent that they are disclosable under the law and procedure governing the arbitration.

(Note: The parties should be aware that the mediation process may not necessarily interrupt time limits.)

(E) If Box 23 in Part I is not appropriately filled in, sub-clause (A) of this Clause shall apply. Sub-clause (D) shall apply in all cases.

*) *(A), (B) and (C) are alternatives; indicate alternative agreed in Box 23.*

23. General Average

General Average shall be settled according to York/Antwerp Rules, 1994 and any subsequent modification thereof. Hire shall not contribute to General Average.

24. Commission

The Owners shall pay a commission at the rate stated in Box 24 to the party mentioned in Box 24 on any hire paid under the Charter, but in no case less than is necessary to cover the actual expenses of the Brokers and a reasonable fee for their work. If the full hire is not paid owing to breach of Charter by either of the parties the party liable therefor shall indemnify the Brokers against their loss of commission. Should the parties agree to cancel the Charter, the Owners shall indemnify the Brokers against any loss of commission but in such case the commission not to exceed the brokerage on one year's hire.

附录十二

The Federation of National Associations of Ship Brokers and Agents
TIME CHARTER INTERPRETATION CODE 2000

Disclaimer

Where any of this code conflicts with any of the terms of the relevant time charter, those of the latter shall prevail to that extent, but no further:

Introduction:

AIMS AND OBJECTS

In commercial practice many aims and objectives for standardisation are often frustrated by the laws in different jurisdictions and where the legal understanding and interpretation may differ the one from the other.

The main jurisdictions applicable to maritime disputes are:

a) The Common Law countries-mainly England and the USA.

b) The Civil Law countries such as France, Germany, Italy, etc.

The endeavour is not going to be the alter-ego of the Laytime Definitions for Voyage Charters; nor is this an attempt to create new charter party clauses, but merely a Code of how to interpret existing charter party clauses as well as to assist disputing parties where charter parties are silent or non-determining.

There is a vast difference between definition and interpretation, but in some ways and sometimes they may compliment one another. For example, nobody in shipping needs a definition of what speed and consumption are or mean, but how should one deal with a speed claim, if any?

The chief objective of the Code is to try to eliminate many often occurring and avoidable maritime charter parties disputes in the field of time charter.

1. Speed and Consumption

The following is to apply to any dry cargo time charter not containing a performance clause, and to any combination carrier when engaged in dry cargo trading:

The speed and consumption warrantees of the time charter are to apply for its duration and whether the vessel is fully, partly loaded or in ballast, and shall be computed from pilot station to pilot station on all sea passages while the vessel is on hire, excluding:

a) Any day on which winds of Beaufort Wind Scale 4 or above are encountered for more than six (6) consecutive hours;

b) Any time during which speed is deliberately reduced for reasons of safety, or on charterers' orders to steam at economical or reduced speed, or when the vessel is navigating within confined waters, or when assisting vessels in distress;

c) Any complete sea passage of less than 24 hours duration from pilot station to pilot station;

d) Periods in which time is lost on charterers' instructions or due to causes expressly excepted under terms of the time charter;

e) Periods when the vessels' speed is reduced by reason of hull fouling caused by charterers' trading orders.

When specific figures have been agreed to for the vessel in ballasted condition these shall be taken into consideration as shall agreed specifics for reduced or economical speed and consumption, when computations are made.

The mileage made good during qualifying periods shall be divided by the warranted speed and compared to the time actually spent. Any excess is to be treated as off-hire. If the word 'about' precedes the speed and consumption, same will be understood to mean . knot less in the speed and 5% more in the consumption, not be cumulative.

As to consumption, the recorded qualifying periods, as above shall be multiplied by the warranted consumption on the qualifying days and compared to the actual consumption. In case of any excess, the charterers are be to compensated by the owners for such excess in cost to the charterers calculated at the prices at the last port bunkers were supplied during the time charter, or those at delivery whichever applicable. Such amount may be deducted from hire.

The immediate financial consequences of a speed deficiency shall be set-off with any saving caused by under-consumption.

The computations shall be made sea passage by sea passage. The vessel's speed and consumption shall be reviewed at the end of each twelve months, or other lesser period as appropriate.

If in respect of any such review period it is found that the vessel's speed has fallen below the warranted speed, hire shall be reduced by an amount equivalent to the loss in time involved at the rate of hire. And if in respect of any review period it is found that the vessel's consumption has exceeded the warranted consumption, the additional costs shall be borne by the owners.

The foregoing is without prejudice to any other claim(s) that a party may have on the other.

2. Withdrawal for late/non payment of hire

Except where otherwise specifically permitted in the provisions of the charter party, the charterers shall have no right to make arbitrary deductions from hire which shall remain payable punctually and regularly as stipulated therein. Nothing in the charter party shall, however, prejudice the charterers' right to make any equitable set-off against a hire payment due provided that the calculation is reasonable, made bona fide, and that it is in respect of a claim arising directly out of their deprivation of the use of the vessel in whole or in part.

Except as provided herein, the owners shall have a right of permanent withdrawal of their vessel when payment of hire has not been received by their bankers by the due date by reason of oversight, negligence, errors or omissions of charterers or their bankers. In such cases prior to effecting a withdrawal of the vessel, the owners shall put the charterers on preliminary notice of their failure to pay hire on the due date, following which the charterers shall be given two clear banking days to remedy the default. Where the breach has been cured the payment shall be deemed to have been made punctually.

In respect to a payment of hire made in due time, but insufficient in amount, the owners shall be permitted a reasonable time to verify the correctness of a deduction. If, thereafter, there is found to be disagreement on the amount of the deduction, then the amount in dispute shall be placed in escrow by the charterers and the matter referred to immediate arbitration in accordance with the terms of the charter party's arbitration clause. In that event there shall be no right of withdrawal.

Except as provided heretofore, withdrawal of the vessel may be made by the owners, which shall be without prejudice to any other claim they may otherwise have on the charterers.

3. Off-hire

Any period of time qualifying as off-hire under terms of the charter party shall be allowed to the charterers for any time lost in excess of three consecutive hours for each occurrence.

In addition to matters referred to as off-hire in the charter party, shall be included time lost to the charterers caused by interference by a legal, port of governmental authority, resulting in the charterers being deprived of their unfettered use of the vessel at any given time during the currency of the charter party, or in the vessel being prevented from leaving the jurisdiction contrary to charterers' requirements.

4. Deviation

All periods of off-hire due to deviation shall run from the commencement of the loss of time to charterers, deviation or putting back, and shall continue until the vessel is again in a fully efficient state to resume her service from a position not less favourable to the charterers than that at which the loss of time, deviation or putting back occurred.

5. Legitimacy of the Last Voyage

In the absence of any specific provision in the time charter relating to redelivery and orders for the final voyage, the following shall apply:

Charterers undertake to arrange the vessel's trading so as to permit redelivery within the period and permissible redelivery area as contained in the charter party. As soon as the charterers have arranged the final voyage they shall immediately so inform the owners giving a realistic estimated itinerary up to redelivery time. The owners shall notify the charterers within two working days thereafter as to whether they agree or disagree with charterers' estimate. Should they disagree and consider the vessel will overlap the maximum period, they shall nonetheless allow the voyage to be undertaken at the time charter rate of the charter party without prejudice to their ultimate right to compensation for additional hire at the market rate should an overlap subsequently have proven to have occurred, and should the market rate be higher than the charter party rate of hire.

附录十三

BARECON “A” FORM 1974

<table>
<tr><td colspan="2" rowspan="2">1. Shipbroker</td><td colspan="2">THE BALTIC AND INTERNATIONAL
MARITIME CONFERENCE
STANDARD BAREBOAT CHARTER
CODE NAME: “BARECON ‘A’ ” **Part Ⅰ**</td></tr>
<tr><td colspan="2">2. Place and date</td></tr>
<tr><td colspan="2">3. Owners (lessors)/place of business</td><td colspan="2">4. Charterers (Lessees)/Place of business</td></tr>
<tr><td colspan="2">5. Vessel's name (Cl. 8)</td><td>6. Flag & country of registry (Cl. 8)</td><td>7. Call sign.</td></tr>
<tr><td colspan="2" rowspan="2">8. Type of Vessel (motor or steam, dry-cargo, tank, reefer or passenger)</td><td>9. GRT/NRT</td><td>10. When/where built</td></tr>
<tr><td colspan="2">11. Total dw. (abt.) in tons of 2,240 lbs. on summer freeboard</td></tr>
<tr><td colspan="2">12. Class (Cl. 8)</td><td colspan="2">13. Date of last special survey by the Vessel's classification society</td></tr>
<tr><td colspan="4">14. Further particulars of Vessel (also indicate minimum of months' validity of class certificates agreed acc. to Cl. 13)</td></tr>
<tr><td>15. Port of delivery (Cl. 1)</td><td>16. Time for delivery (Cl. 2)</td><td>17. Cancelling date (Cl. 3)</td><td>18. Port of re-delivery (Cl. 13)</td></tr>
<tr><td colspan="2">19. Running days' notice if other than stated in Cl. 2</td><td colspan="2">20. Frequency of dry-docking if other than stated in Cl. 8(f)</td></tr>
<tr><td colspan="4">21. Trading limits (Cl. 4)</td></tr>
<tr><td colspan="2">22. Charter period</td><td colspan="2">23. Charter hire (Cl. 9)</td></tr>
<tr><td colspan="2">24. Currency and method of payment (Cl. 9)</td><td colspan="2">25. Place of payment; also state beneficiary and bank account (Cl. 9)</td></tr>
<tr><td colspan="2">26. Bank guarantee/bond (sum and place) (Cl. 21, optional)</td><td colspan="2">27. Mortgage(s), if any (Cl. 10)</td></tr>
<tr><td colspan="2">28. insurance (marine and war risks) (state value acc. to Cl. 11(e) or. if applicable. acc. to Cl. 12(k)) (also state if Cl. 12 applies)</td><td colspan="2">29. Additional insurance cover for Owners' account limited to (Cl. 11(b) or, if applicable, Cl. 12(g))</td></tr>
<tr><td colspan="2">30. Additional insurance cover for Charterers' account limited to (Cl. 11(b) or, if applicable, Cl. 12(g))</td><td colspan="2">31. Brokerage commission and to whom payable (Cl. 24)</td></tr>
<tr><td colspan="2">32. Latent defects (only to be filled in if period other than stated in Cl. 1)</td><td colspan="2">33. Applicable law (Cl. 25)</td></tr>
<tr><td colspan="2">34. Place of arbitration (Cl. 25)</td><td colspan="2">35. Hire/purchase agreement (state if Part Ⅲ applies) (optional)</td></tr>
<tr><td colspan="4">36. Numbers of additional clauses covering special provisions, if agreed</td></tr>
</table>

PREAMBLE. – It is mutually agreed that this Contract shall be performed subject to the conditions contained in this Charter which shall include Part Ⅰ as well as Part Ⅱ. In the event of a conflict of conditions, the provisions of Part Ⅰ shall prevail over those of Part Ⅱ to the extent of such conflict. It is further mutually agreed that Part Ⅲ shall only apply and shall only form part of this Charter if expressly agreed and stated in Box 35. If Part Ⅲ applies it is further mutually agreed that in the event of a conflict of conditions, the provisions of Part Ⅰ and Part Ⅱ shall prevail over those of Part Ⅲ to the extent of such conflict.

Signature (Owners(Lessors))	Signature (charterers(Lessees))

Printed and sold by Fr. G. Knudtzon Ltd., 55, Toldbodgade. Copenhagen, by authority of The Baltic and International Maritime Conference (BIMCO), Copenhagen.

Part Ⅱ
"Barecon 'A'" Standard Bareboat Charter

1. Delivery

The Vessel shall be delivered and taken over by the Charterers at the port indicated in Box 15, in such ready berth as the Charterers may direct.

The Owners shall before and at the time of delivery exercise due diligence to make the Vessel seaworthy and in every respect ready in hull, machinery and equipment for service hereunder. The Vessel shall be properly documented at time of delivery.

The delivery to the Charterers of the Vessel and the taking over of the Vessel by the Charterers shall constitute a full performance by the Owners of all the Owners' obligations hereunder, and thereafter the Charterers shall not be entitled to make or assert any claim against the Owners on account of any representations or warranties expressed or implied with respect to the Vessel but the Owners shall be responsible for repairs or renewals occasioned by latent defects in the Vessel, her machinery or appurtenances, existing at the time of delivery under the Charter, provided such defects have manifested themselves within 18 months after delivery unless otherwise provided in Box 32.

2. Time for Delivery

The Vessel to be delivered not before the date indicated in Box 16 unless with Charterers' consent.

Unless otherwise agreed in Box 19, the Owners to give the Charterers not less than 30 running days' notice of the date on which the Vessel is expected to be ready for delivery.

The Owners to keep the Charterers closely advised of possible changes in the Vessel's position.

3. Cancelling

Should the Vessel not be delivered latest by the cancelling date indicated in Box 17, the Charterers to have the option of cancelling this Charter.

If it appears that Vessel will be delayed beyond the cancelling date, Owners shall, as soon as they are in a position to state with reasonable certainty the day on which Vessel should be ready, give notice thereof to Charterers asking whether they will exercise their option of cancelling, and the option must then be declared within one hundred and sixty-eight (168) hours of the receipt by Charterers of such notice. If Charterers do not then exercise their option of cancelling, the seventh day after the readiness date stated in Owners' notice shall be regarded as a new cancelling date for the purpose of this Clause.

4. Trading Limits

The Vessel shall be employed in lawful trades for the carriage of suitable lawful merchandise within the trading limits indicated in Box 21.

Notwithstanding any other provisions contained in this Charter it is agreed that nuclear fuels or radioactive products or waste are specifically excluded from the cargo permitted to be loaded or carried under this Charter. This exclusion does not apply to radioisotopes used or intended to be used for any industrial, commercial, agricultural, medical or scientific purposes provided the Owners' prior approval has been obtained to loading thereof.

5. Surveys

Survey on Delivery and Re-delivery. — The Owners and Charterers shall each appoint surveyors for the purpose of determining and agreeing in writing the condition of the Vessel at the time of delivery and re-delivery hereunder. The Owners shall bear all expenses of the On-Survey including loss of time, if any ,and the Charterers shall bear all expenses of the Off-Survey including loss of time, if any, at the rate of hire per day or pro rata, also including in each case the cost of any docking and undocking, if required, in connection herewith.

6. Inspection

Inspection. — The Owners shall have the right at any time to inspect or survey the Vessel or instruct a duly authorised surveyor to carry out such survey on their behalf to ascertain the condition of the Vessel and satisfy themselves that the Vessel is being properly repaired and maintained. Inspection or survey in dry-dock shall be made only when the Vessel shall be in dry-dock for the Charterers' purpose. However. Owners shall have the right to require the Vessel to be dry-docked for inspection if Charterers are not docking her at normal classification intervals. The fees for such inspection or survey shall in the event of the Vessel being found to be in the condition provided in Clause 8 of this Charter be payable by the Owners and shall be paid by the Charterer only in the event of the Vessel being found to require repairs or maintenance in order to achieve the condition so provided. All time taken in respect of inspection, survey or repairs shall count as time on hire and shall form part of the Charter period.

The Charterers shall also permit the Owners to inspect the Vessel's log books whenever requested and shall whenever required by the Owners furnish them with full information regarding any casualties or other a accidents or damage to the Vessel. If required, the Charterers shall from time to time keep the Owners advised of the intended employment of the Vessel.

7. Inventories and Consumable Oil and Stores

A complete inventory of the Vessel's entire equipment, outfit, appliances and of all consumable stores on board the Vessel shall be made by the Charterers in conjunction with the Owners on delivery and again on re-delivery of the Vessel. The Charterers and the Owners respectively shall at the time of delivery and re-delivery take over and pay for all bunkers, lubricating oil, water and unbroached provisions, paints, oils, ropes and other consumable stores in the said Vessel at the then current market prices at the ports of delivery and re-delivery, respectively.

8. Maintenance and Operation

(a) The Vessel shall during the Charter period be in the full possession and at the absolute disposal for all purposes of the Charterers and under their complete control in every respect. The Charterers shall maintain the Vessel, her machinery, boilers, appurtenances and spare parts in a good state of repair, in efficient operating condition and in accordance with good commercial maintenance practice and, except as provided for in Clause 12 (1), they shall keep the Vessel with unexpired classification of the class indicated in Box 12 and with other required certificates in force at all times.

The Charterers to take immediate steps to have the necessary repairs done within a reasonable time failing which the Owners shall have the right of withdrawing the Vessel from the service of the Charterers without noting any protest and without prejudice to any claim the Owners may otherwise have on the Charterers under the Charter.

Unless otherwise agreed, in the event of any improvement, structural changes or expensive new equipment becoming necessary for the continued operation of the Vessel by reason of new class requirements or by compulsory legislation costing more than 5 per cent of the Vessel's marine insurance value as stated in Box 28, then the arbitrators under Clause 25 shall have power to re-negotiate this Contract in a reasonable way having regard, inter alia, to the length of the period remaining under the Charter and may decide the ratio in which the cost of compliance shall be shared between the parties concerned.

The Charterers are required to establish and maintain financial security or responsibility in respect of oil or other pollution damage as required by any government, including Federal, state or municipal or other division or authority thereof, to enable the Vessel, without penalty or charge, lawfully to enter, remain at, or leave any port, place, territorial or contiguous waters of any country, state or municipality in performance of this Charter without any delay. This obligation shall apply whether or not such requirements have been lawfully imposed by such government or division or authority thereof. The Charterers shall make and maintain all arrangements by bond or otherwise as may be necessary to satisfy such requirements at the Charterers' sole expense and the Charterers shall indemnify the Owners against all consequences whatsoever (including loss of time) for any failure or inability to do so.

TOVALOP SCHEME. (*Applicable to oil tank vessels only*).

—The Charterers are required to enter the Vessel under the TOVALOP SCHEME or under any similar compulsory scheme upon delivery under this Charter and to maintain her so during the currency of this Charter.

(b) The Charterers shall at their own expense and by their own procurement man, victual, navigate, operate, supply, fuel and repair the Vessel whenever required during the Charter period and they shall pay all charges and expenses of every kind and nature whatsoever incidental to their use and operation of the Vessel under this Charter, including any foreign general municipality and/or state taxes, The Master, officers and crew of the Vessel shall be the servants of the Charterers for all purposes whatsoever, even if for any reason appointed by the Owners.

Charterers shall comply with the regulations regarding officers and crew in force in the country of the Vessel's registry and also with those of their own country.

(c) During the currency of this Charter, the Vessel shall retain her present name as indicated in Box 5 and shall remain under and fly the flag as indicated in Box 6. Provided, however, that the Charterers shall have the liberty to paint the Vessel in their own colours, install and display their funnel insignia and fly their own house flag. Painting and re-painting, instalment and re-instalment to be for the Charterers' account and time used thereby to count as time on hire.

(d) The Charterers shall make no structural changes in the Vessel or changes in the machinery, boilers, appurtenances or spare parts thereof without in each instance first securing the Owners' approval thereof. If the Owners so agree, the Charterers shall, if the Owners so require, restore the Vessel to its former condition before the termination of the Charter.

(e) The Charterers shall have the use of all outfit, equipment, and appliances on board the Vessel at the time of delivery, provided the same or their substantial equivalent shall be returned to the Owners on re-delivery in the same good order and condition as when received, ordinary wear and tear excepted. The Charterers shall from time to time during the Charter period replace such items of equipment as shall be so damaged or worn as to be unfit for use. Charterers are to procure that all repairs to or replacement of any damaged, worn or lost parts or equipment be effected in such manner (both as regards workmanship and quality of materials) as not to diminish the value of the Vessel. The Charterers have the right to fit additional equipment at their expense and risk but the Charterers shall remove such equipment at the end of the period if requested by the Owners.

Any equipment including radio equipment on hire on the Vessel at time of delivery shall be kept and maintained by the Charterers and the Charterers shall assume the obligations and liabilities of the Owners under any lease contracts in connection therewith and shall reimburse the Owners for all expenses incurred in connection therewith, also for any new equipment required in order to comply with radio regulations.

(f) The Charterers shall dry-dock the Vessel and clean and paint her underwater parts whenever the same may be necessary, but not less than once in every eighteen calendar months after delivery unless otherwise agreed in Box 20.

9. Hire

(a) The Charterers shall pay to the Owners for the hire of the Vessel at the lump sum per calendar month as indicated in Box 23 commencing on and from the date and hour of her delivery to the Charterers and at and after the agreed lump sum for any part of a month. Hire to continue until the date and hour when the Vessel is re-delivered by the Charterers to her Owners.

(b) Payment of Hire, except for the first and last month's Hire, if sub-clause (c) of this Clause is applicable, shall be made in cash without discount every month in advance on the first day of each month in the currency and in the manner indicated in Box 24 and at the place mentioned in Box 25.

(c) Payment of Hire for the first and last month's Hire if less than a full month shall be calculated proportionally according to the number of days in the particular calendar month and advance payment be effected accordingly.

(d) Should the Vessel be lost or missing, Hire to cease from the date and time when she was lost or last heard of. Any Hire paid in advance to be adjusted accordingly.

(e) In default of payment beyond a period of seven running days the Owners to have the right of withdrawing the Vessel from the service of the Charterers, without noting any protest and without interference by any court or any other formality whatsoever and without prejudice to any claim the Owners may otherwise have against the Charterers under the Charter.

(f) Any delay in payment of Hire shall entitle the Owners to an interest of 10 per cent. per annum.

10. Mortgage

Owners warrant that they have not effected any mortgage of the Vessel unless otherwise indicated in Box 27. Owners hereby undertake not to effect any (other) mortgage of the Vessel without Charterers' prior approval. Any mortgage approved by Charterers hereunder is herein referred to as an "approved mortgage" and any mortgagee under an approved mortgage is herein referred to as an "approved mortgagee".

11. Insurance and Repairs

(a) During the Charter period the Vessel shall be kept insured by Charterers at their expense against marine, war and Protection and Indemnity risks in such form as Owners shall in writing approve, which approval shall not be unreasonably withheld. Such marine, war and P. and I. insurances shall be arranged by Charterers to protect the interests of both Owners and Charterers and "approved mortgagees" (if any), and Charterers shall be at liberty to protect under such insurances the interests of any managers they may appoint. All insurance policies shall be in the joint names of Owners and Charterers as their interests may appear.

If the Charterers fail to arrange and keep any of the insurances provided for under the provisions of sub-clause (a) above in the manner described therein, Owners shall notify Charterers whereupon Charterers shall rectify the position within seven running days, failing which Owners shall have the right to withdraw the Vessel from the service of the Charterers without prejudice to any claim the Owners may otherwise have against the Charterers.

The Charterers shall, subject to the approval of the Owners and the Underwriters, effect all insured repairs and shall undertake settlement of all costs in connection with such repairs as well as insured charges, expenses and liabilities (reimbursement to be secured by the Charterers from the Underwriters) to the extent of coverage under the insurances herein provided for.

The Charterers also to remain responsible for and to effect repairs and settlement of costs and expenses incurred thereby in respect of all other repairs not covered by the insurances and/or not exceeding any possible franchise(s) or deductibles provided for in the insurances.

All time used for repairs under the provisions of sub-clause (a) of this Clause and for repairs of latent defects according to Clause 1 above including any deviation shall count as time on hire and shall form part of the Charter period.

(b) If the conditions of the above insurances permit additional insurance to be placed by the parties, such cover shall be limited to the amount for each party set out in Box 29 and Box 30, respectively. Owners or Charterers as the case may be shall immediately furnish the other party with particulars of any additional insurance effected, including copies of any cover notes or policies and the written consent of the Insurers of any such required insurance in any case where the consent of such Insurers is necessary.

(c) Should the Vessel become an actual or constructive total loss under the insurances required under sub-clause (a) of this Clause, all insurance payments for such loss shall be paid to Owners, who shall distribute the moneys between themselves and Charterers according to their respective interests.

(d) Owners shall upon the request of Charterers, promptly execute such documents as may be required to enable Charterers to abandon the Vessel to Insurers and claim a constructive total loss.

(e) For the purpose of insurance coverage against marine and war risks under the provisions of sub-clause (a) of this Clause, the value of the Vessel is the sum indicated in Box 28.

12. Insurance, Repairs and Classification

(*Optional, only to apply if expressly agreed and stated in Box* 28, *in which event Clause* 11 *shall be considered deleted*).

(a) During the Charter period the Vessel shall be kept insured by the Owners at their expense against marine and war risks under the form of policy or policies attached hereto. The Owners and/or insurers shall not have any right of recovery or subrogation against the Charterers on account of loss of or any damage to the Vessel or her machinery or appurtenances covered by such insurance, or on account of payments made to discharge claims against or liabilities of the Vessel or Owners covered by such insurance. All insurance policies shall be in the joint names of Owners and Charterers as their interests may appear.

(b) During the Charter period the Vessel shall be kept insured by the Charterers at their expense against Protection and Indemnity risks in such form as Owners shall in writing approve which approval shall not be unreasonably withheld. If the Charterers fail to arrange and keep any of the insurances provided for under the provisions of sub-clause (b) in the manner described therein, Owners shall notify Charterers whereupon Charterers shall rectify the position within seven running days, failing which Owners shall have the right to withdraw the Vessel from the service of the Charterers without prejudice to any claim the Owners may otherwise have against the Charterers.

(c) In the event that any act or negligence of the Charterers shall vitiate any of the insurance herein provided, the Charterers shall pay to the Owners all losses and indemnify the Owners against all claims and demands which would otherwise have been covered by such insurance.

(d) The Charterers shall, subject to the approval of the Owners or Owners' Underwriters, effect all insured repairs, and the Charterers shall undertake settlement of all miscellaneous expenses in connection with such repairs as well as all insured charges, expenses and liabilities, to the extent of coverage under the insurances provided for under the provisions of sub-clause (a) of this Clause, Charterers to be secured reimbursement through Owners' Underwriters for such expenditures upon presentation of accounts.

(e) The Charterers to remain responsible for and to effect repairs and settlement of costs and expenses incurred thereby in respect of all other repairs not covered by the insurances and/or not exceeding any possible franchise(s) or deductibles provided for in the insurances.

(f) All time used for repairs under the provisions of sub-clause (d) and (e) of this Clause and for repairs of latent defects according to Clause 1 above, including any deviation, shall count as time on hire and shall form part of the Charter period.

The Owners shall not be responsible for any expenses as are incident to the use and operation of the Vessel for such time as may be required to make such repairs.

(g) If the conditions of the above insurances permit additional insurance to be placed by the parties such cover shall be limited to the amount for each party set out in Box 29 and Box 30, respectively. Owners or Charterers as the case may be shall immediately furnish the other party with particulars of any additional insurance effected, including copies of any cover notes or policies and the written consent of the Insurers of any such required insurance in any case where the consent of such Insurers is necessary.

(h) Should the Vessel become an actual or constructive total loss under the insurances required under sub-clause (a) of this Clause, all insurance payments for such loss shall be paid to Owners, who shall distribute the moneys between themselves and Charterers according to their respective interests.

(i) If the Vessel becomes an actual total loss or a constructive total loss under the insurances arranged by Owners in accordance with sub-clause (a) of this Clause, this Charter shall terminate as of the date of the casualty giving rise to such loss.

(j) Charterers shall upon the request of Owners, promptly execute such documents as may be required to enable Owners to abandon the Vessel to Insurers and claim a constructive total loss.

(k) For the purpose of insurance coverage against marine and war risks under the provisions of sub-clause (a) of this Clause, the value of the Vessel is the sum indicated in Box 28.

(l) Notwithstanding anything contained in Clause 8 (a), it is agreed that under the provisions of Clause 12, if applicable, the Owners shall keep the Vessel with unexpired classification in force at all times during the Charter period.

13. Re-delivery

The Charterers shall at the expiration of the Charter period redeliver the Vessel at a safe and ice-free port as indicated in Box 18. The Charterers shall give the Owners not less than 30 days' preliminary and not less than 14 days' definite notice of expected date, range of ports or port of re-delivery. Any changes thereafter in Vessel's position shall be notified immediately to Owners.

Should the Vessel be ordered on a voyage by which the Charter period may be exceeded the Charterers to have the use of the Vessel to enable them to complete the voyage, provided it could be reasonably calculated that the voyage would allow redelivery about the time fixed for the termination of the Charter.

The Vessel shall be re-delivered to the Owners in the same or as good structure, state, condition and class as that in which she was delivered, fair wear and tear not affecting class excepted.

The Vessel upon re-delivery shall have her survey cycles up to date and class certificates valid for at least the number of months agreed in Box 14.

14. Non-Lien

Charterers will not suffer, nor permit to be continued, any lien or encumbrance incurred by them or their agents, which might have priority over the title and interest of the Owners in the Vessel.

The Charterers further agree to fasten to the Vessel in a conspicuous place and to keep so fastened during the Charter period a notice reading as follows:—

"This Vessel is the property of (name of Owners). It is under charter to (name of Charterers) and by the terms of the Charter Party neither the Charterers nor the Master have any right, power or authority to create, incur or permit to be imposed on the Vessel any lien whatsoever."

Charterers shall indemnify and hold Owners harmless against any lien of whatsoever nature arising upon the Vessel during the Charter period while she is under the control of Charterers, and against any claims against Owners arising out of the operation of the vessel by Charterers or out of any neglect of Charterers in relation to the Vessel or the operation thereof. Should the Vessel be arrested by reason of claims or liens arising out of her operation hereunder by Charterers, Charterers shall at their own expense take all reasonable steps to secure that within a reasonable time the Vessel is released and at their own expense put up bail to secure release of the Vessel.

15. Lien

The Owners to have a lien upon all cargoes and sub-freights belonging to the Charterers and any Bill of Lading freight for all claims under this Charter, and the Charterers to have a lien on the Vessel for all moneys paid in advance and not earned.

16. Salvage

All salvage and towage shall be for the Charterers' benefit and the cost of repairing damage occasioned thereby shall be borne by the Charterers.

17. Wreck Removal

In the event of the Vessel becoming a wreck or obstruction to navigation the Charterers shall indemnify the Owners against any sums whatsoever which the Owners shall become liable to pay and shall pay in consequence of the Vessel becoming a wreck or obstruction to navigation.

18. General Average

General Average, if any, shall be adjusted according to the York-Antwerp Rules 1974 or any subsequent modification thereof current at the time of the casualty. The Charter Hire not to contribute to General Average.

19. Assignment and Sub-Demise

The Charterers shall not assign this Charter Party nor sub-demise the Vessel except with the prior consent in writing of the Owners which shall not be unreasonably withheld and subject to such terms and conditions as the Owners shall approve.

20. Bills of Lading

The Charterers are to procure that all Bills of Lading issued for carriage of goods under this Charter shall contain a Paramount Clause incorporating any legislation relating to Carrier's liability for cargo compulsorily applicable in the trade; if no such legislation exists, the Bills of Lading shall incorporate the British Carriage of Goods by Sea Act. The Bills of Lading shall also contain the amended New Jason Clause and the Both-to-Blame Collision Clause.

The Charterers agree to indemnify the Owners against all consequences or liabilities arising from the Master, Officers or Agents signing Bills of Lading or other documents.

21. Bank Guarantee

The Charterers undertake to furnish, before delivery of the Vessel, a first class bank guarantee or bond in the sum and at the place as indicated in Box 26 as guarantee for full performance of their obligations under this Charter.

(*Optional, only to apply if Box* 26 *filled in*).

22. Requisition/Acquisition

(a) In the event of the Requisition for Hire of the Vessel by any governmental or other competent authority (hereinafter referred to as "Requisition for Hire") irrespective of the date during the Charter period when "Requisition for Hire" may occur and irrespective of the length thereof and whether or not it be for an indefinite or a limited period of time, and irrespective of whether it may or will remain in force for the remainder of the Charter period, this Charter Party shall not be deemed thereby or thereupon to be frustrated or otherwise terminated and the Charterers shall continue to pay the stipulated hire in the manner provided by this Charter until the time when the Charter Party would have terminated pursuant to any of the provisions hereof always provided however that in the event of "Requisition for Hire" any Requisition Hire or compensation received or receivable by the Owners shall be payable to the Charterers during the remainder of the Charter period or the period of the "Requisition for Hire" whichever be the shorter.

The Hire under this Contract shall be payable to the Owners from the same time as the Requisition Hire is payable to the Charterers.

(b) In the event of the Owners being deprived of their ownership in the Vessel by any Compulsory Acquisition of the Vessel or requisition for title by any governmental or other competent authority (hereinafter referred to as "Compulsory Acquisition"), then, irrespective of the date during the Charter period when "Compulsory Acquisition" may occur, this Charter shall be deemed terminated as of the date of such "Compulsory Acquisition". In such event Charter Hire to be considered as earned and to be paid up to the date and time of such "Compulsory Acquisition".

23. War

(a) The Vessel unless the consent of the Owners be first obtained not to be ordered nor continue to any place or on any voyage nor be used on any service which will bring her within a zone which is dangerous as the result of any actual or threatened act of war, war, hostilities, warlike operations, acts of piracy or of hostility or malicious damage against this or any other vessel or its cargo by any person, body or State whatsoever, revolution, civil war, civil commotion or the operation of international law, nor be exposed in any way to any risks or penalties whatsoever consequent upon the imposition of Sanctions, nor carry any goods that may in any way expose her to any risks of seizure, capture, penalties or any other interference of any kind whatsoever by the belligerent or fighting powers or parties or by any Government or Ruler.

(b) The Vessel to have liberty to comply with any orders or directions as to departure, arrival, routes, ports of call, stoppages, destination, delivery or in any other wise whatsoever given by the Government of the nation under whose flag the Vessel sails or any other Government or any person (or body) acting or purporting to act with the authority of such Government or by any committee or person having under the terms of the war risks insurance on the Vessel the right to give any such orders or directions.

(c) In the event of the outbreak of war (whether there be a declaration of war or not) between any two or more of the following countries: the United Kingdom, the United States of America, France, the Union of Soviet Socialist Republics, the People's Republic of China or in the event of the nation under whose flag the Vessel sails becoming involved in war (whether there be a declaration of war or not), hostilities, warlike operations, revolution, or civil commotion preventing Vessel's normal trading either the Owners or the Charterers may cancel this Charter, whereupon the Charterers shall re-deliver the Vessel to the Owners in accordance with Clause 13, if she has cargo on board after discharge thereof at destination or if debarred under this Clause from reaching or entering it at a near open and safe port as directed by the Owners, or if she has no cargo on board, at the port at which she then is or if at sea at a near open and safe port as directed by the Owners. In all cases hire shall continue to be paid in accordance with Clause 9 and except as aforesaid all other provisions of this Charter shall apply until redelivery.

(d) If in compliance with the provisions of this Clause anything is done or is not done, such not to be deemed a deviation.

24. Commission

The Owners to pay a commission at the rate indicated in Box 31 to the Brokers named in Box 31 on any hire paid under the Charter but in no case less than is necessary to cover the actual expenses of the Brokers and a reasonable fee for their work. If the full hire is not paid owing to breach of Charter by either of the parties the party liable therefor to indemnify the Brokers against their loss of commission.

Should the parties agree to cancel the Charter, the owners to indemnify the Brokers against any loss of commission but in such case the commission not to exceed the brokerage on one year's hire.

25. Law and Arbitration

This Charter shall be governed by the law of the country agreed in Box 33 (if Box 33 not filled in, English Law shall apply). Any dispute arising out of this Charter shall be referred to arbitration in London or at the place agreed in Box 34, as the case may be, the dispute being settled by a single Arbitrator the be appointed by the parties hereto. If the parties cannot agree upon the appointment of the single Arbitrator the dispute shall be settled by three Arbitrators, each party appointing one Arbitrator, the third being appointed by the Arbitrators of the parties. If the Arbitrators fail to agree on the appointment of the third Arbitrator, such appointment shall be made by The Baltic and International Maritime Conference in Copenhagen. If either of the appointed Arbitrators refuses or is incapable of acting, the party who appointed him shall appoint a new Arbitrator in his place.

If one party fails to appoint an Arbitrator—either originally or by way of substitution—for two weeks after the other party having appointed his Arbitrator has sent the party making default notice by mail, cable or telex to make the appointment. The Baltic and International Maritime Conference shall, after application from the party having appointed his Arbitrator, also appoint an Arbitrator on behalf of the party making default.

The award rendered by the Arbitration Court shall be final and binding upon the parties and may if necessary be enforced by the Court or any other competent authority in the same manner as a judgement in the Court of Justice.

Part Ⅲ

"Barecon 'A'" Standard Bareboat Charter
HIRE/PURCHASE AGREEMENT

(Optional, only to apply it expressly agreed and stated in Box 35)

26. On expiration of this Charter and provided Charterers have fulfilled their obligations according to Parts Ⅰ and Ⅱ, it is agreed, that on payment of the last month's hire instalment as per Clause 9 the Charterers have purchased the Vessel with everything belonging to her and the Vessel is fully paid for.

If the payment of the instalment due is delayed for less than 7 running days or for a reason beyond Charterers' control, the right of withdrawal under the terms of Clause 9(e) of Part Ⅱ shall not be exercised. However, any delay in payment of the instalment due shall entitle the Owners to an interest of 10 per cent. per annum.

27. In the following paragraphs the Owners are referred to as the Sellers and the Charterers as the Buyers.

28. The Vessel shall be delivered by the Sellers and taken over by the Buyers on expiration of the Charter.

29. The Sellers guarantee that the Vessel, at the time of delivery, is free from all encumbrances and maritime liens or any debts whatsoever other than those arising from anything done or not done by the Buyers or any existing mortgage agreed not to be paid off by the time of delivery. Should any claims, which have been incurred prior to the time of delivery be made against the Vessel, the Sellers hereby undertake to indemnify the Buyers against all consequences of such claims to the extent it can be proved that Sellers are responsible for such claims. Any taxes, notarial, consular and other charges and expenses connected with the purchase and registration under Buyers' flag, shall be for Buyers' account. Any taxes, consular and other charges and expenses connected with closing of the Sellers' register, shall be for Sellers' account.

In exchange for payment of the last month's hire instalment the Sellers shall furnish the Buyers with a Bill of Sale duly attested and legalized, together with a certificate setting out the registered encumbrances, if any. On delivery of the Vessel the Sellers shall provide for deletion of the Vessel from the Ship's Register and deliver a certificate of deletion to the Buyers.

The Sellers shall, at the time of delivery, hand to the Buyers all classification certificates (for hull, engines, anchors, chains, etc.), as well as all plans which may be in Sellers' possession.

30. The Wireless Installation and Nautical Instruments, unless on hire, shall be included in the sale without any extra payment.

31. The Vessel with everything belonging to her shall be at Sellers' risk and expense until she is delivered to the Buyers, subject to the conditions of this Contract and the Vessel with everything belonging to her shall be delivered and taken over as she is at the time of delivery, after which the Sellers shall have no responsibility for possible faults or deficiencies of any description.

32. The Buyers undertake to pay for the repatriation of the Captain, Officers and other personnel if appointed by the Sellers to the port where the Vessel entered the Bareboat Charter as per Clause 1 (Part Ⅱ) or to pay the equivalent cost for their journey to any other place.

附录十四

BARECON FORM 2001

First issued by The Baltic and International Maritime Council (BIMCO), Copenhagen, in 1974 as " Barecon A" and " Barecon B". Revised and amalgamated 1989. Revised 2001

1. Shipbroker	**BIMCO STANDARD BAREBOAT CHARTER CODE NAME: "BARECON 2001"** PART I
	2. Place and date
3. Owners/Place of business (Cl. 1)	4. Bareboat Charterers/Place of business (Cl. 1)
5. Vessel's name, call sign and flag (Cl. 1 and 3)	
6. Type of Vessel	7. GT/NT
8. When/Where built	9. Total DWT (abt.) in metric tons on summer freeboard
10. Classification Society (Cl. 3)	11. Date of last special survey by the Vessel's classification society
12. Further particulars of Vessel (also indicate minimum number of months' validity of class certificates agreed acc. to Cl. 3)	
13. Port or Place of delivery (Cl. 3)	14. Time for delivery (Cl. 4) / 15. Cancelling date (Cl. 5)
16. Port or Place of redelivery (Cl. 15)	17. No. of months' validity of trading and class certificates upon redelivery (Cl. 15)
18. Running days' notice if other than stated in Cl. 4	19. Frequency of dry-docking (Cl. 10(g))
20. Trading limits (Cl. 6)	
21. Charter period (Cl. 2)	22. Charter hire (Cl. 11)
23. New class and other safety requirements (state percentage of Vessel's insurance value acc. to Box 29)(Cl. 10(a)(ii))	
24. Rate of interest payable acc. to Cl. 11(f) and, if applicable, acc. to PART IV	25. Currency and method of payment (Cl. 11)

Printed and sold by Fr. G. Knudtzons Bogtrykkeri A/S, Vallensbaekvej 61, DK-2625 Vallensbaek, Fax: +45 4366 0701

continued

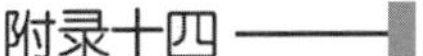

(continued) **"BARECON 2001" STANDARD BAREBOAT CHARTER** PART I

26. Place of payment; also state beneficiary and bank account (Cl. 11)	27. Bank guarantee/bond (sum and place)(Cl. 24)(optional)
28. Mortgage(s), if any (state whether 12(a) or (b) applies; if 12(b) applies state date of Financial Instrument and name of Mortgagee(s)/Place of business)(Cl. 12)	29. Insurance (hull and machinery and war risks)(state value acc. to Cl. 13(f) or, if applicable, acc. to Cl. 14(k))(also state if Cl. 14 applies)
30. Additional insurance cover, if any, for Owners' account limited to (Cl. 13(b) or, if applicable, Cl. 14(g))	31. Additional insurance cover, if any, for Charterers' account limited to (Cl. 13(b) or, if applicable, Cl. 14(g))
32. Latent defects (only to be filled in if period other than stated in Cl. 3)	33. Brokerage commission and to whom payable (Cl. 27)
34. Grace period (state number of clear banking days)(Cl. 28)	35. Dispute Resolution (state 30(a), 30(b) or 30(c); if 30(c) agreed Place of Arbitration <u>must</u> be stated (Cl. 30)
36. War cancellation (indicate countries agreed)(Cl. 26(f))	
37. Newbuilding Vessel (indicate with "yes" or "no" whether PART III applies)(optional)	38. Name and place of Builders (only to be filled in if PART III applies)
39. Vessel's Yard Building No. (only to be filled in if PART III applies)	40. Date of Building Contract (only to be filled in if PART III applies)
41. Liquidated damages and costs shall accrue to (state party acc. to Cl. 1) a) b) c)	
42. Hire/Purchase agreement (indicate with "yes" or "no" whether PART IV applies)(optional)	43. Bareboat Charter Registry (indicate "yes" or "no" whether PART V applies)(optional)
44. Flag and Country of the Bareboat Charter Registry (only to be filled in if PART V applies)	45. Country of the Underlying Registry (only to be filled in if PART V applies)
46. Number of additional clauses covering special provisions, if agreed	

PREAMBLE - It is mutually agreed that this Contract shall be performed subject to the conditions contained in this Charter which shall include PART I and PART II. In the event of a conflict of conditions, the provisions of PART I shall prevail over those of PART II to the extent of such conflict but no further. It is further mutually agreed that PART III and/or PART IV and/or PART V shall only apply and only form part of this Charter if expressly agreed and stated in the Boxes 37, 42 and 43. If PART III and/or PART IV and/or PART V apply, it is further agreed that in the event of a conflict of conditions, the provisions of PART I and PART II shall prevail over those of PART III and/or PART IV and/or PART V to the extent of such conflict but no further.

Signature (Owners)	Signature (Charterers)

PART II
"BARECON 2001" Standard Bareboat Charter

1. Definitions

In this Charter, the following terms shall have the meanings hereby assigned to them:

"*The Owners*" shall mean the party identified in Box 3;

"*The Charterers*" shall mean the party identified in Box 4;

"*The Vessel*" shall mean the vessel named in Box 5 and with particulars as stated in Boxes 6 to 12.

"*Financial Instrument*" means the mortgage, deed of covenant or other such financial security instrument as annexed to this Charter and stated in Box 28.

2. Charter Period

In consideration of the hire detailed in Box 22, the Owners have agreed to let and the Charterers have agreed to hire the Vessel for the period stated in Box 21 ("The Charter Period").

3. Delivery

(not applicable when Part III applies, as indicated in Box 37)

(a) The Owners shall before and at the time of delivery exercise due diligence to make the Vessel seaworthy and in every respect ready in hull, machinery and equipment for service under this Charter.

The Vessel shall be delivered by the Owners and taken over by the Charterers at the port or place indicated in Box 13 in such ready safe berth as the Charterers may direct.

(b) The Vessel shall be properly documented on delivery in accordance with the laws of the flag State indicated in Box 5 and the requirements of the classification society stated in Box 10. The Vessel upon delivery shall have her survey cycles up to date and trading and class certificates valid for at least the number of months agreed in Box 12.

(c) The delivery of the Vessel by the Owners and the taking over of the Vessel by the Charterers shall constitute a full performance by the Owners of all the Owners' obligations under this Clause 3, and thereafter the Charterers shall not be entitled to make or assert any claim against the Owners on account of any conditions, representations or warranties expressed or implied with respect to the Vessel but the Owners shall be liable for the cost of but not the time for repairs or renewals occasioned by latent defects in the Vessel, her machinery or appurtenances, existing at the time of delivery under this Charter, provided such defects have manifested themselves within twelve (12) months after delivery unless otherwise provided in Box 32.

4. Time for Delivery

(not applicable when Part III applies, as indicated in Box 37)

The Vessel shall not be delivered before the date indicated in Box 14 without the Charterers' consent and the Owners shall exercise due diligence to deliver the Vessel not later than the date indicated in Box 15.

Unless otherwise agreed in Box 18, the Owners shall give the Charterers not less than thirty (30) running days' preliminary and not less than fourteen (14) running days' definite notice of the date on which the Vessel is expected to be ready for delivery.

The Owners shall keep the Charterers closely advised of possible changes in the Vessel's position.

5. Cancelling

(not applicable when Part III applies, as indicated in Box 37)

(a) Should the Vessel not be delivered latest by the cancelling date indicated in Box 15, the Charterers shall have the option of cancelling this Charter by giving the Owners notice of cancellation within thirty-six (36) running hours after the cancelling date stated in Box 15, failing which this Charter shall remain in full force and effect.

(b) If it appears that the Vessel will be delayed beyond the cancelling date, the Owners may, as soon as they are in a position to state with reasonable certainty the day on which the Vessel should be ready, give notice thereof to the Charterers asking whether they will exercise their option of cancelling, and the option must then be declared within one hundred and sixty-eight (168) running hours of the receipt by the Charterers of such notice or within thirty-six (36) running hours after the cancelling date, whichever is the earlier. If the Charterers do not then exercise their option of cancelling, the seventh day after the readiness date stated in the Owners' notice shall be substituted for the cancelling date indicated in Box 15 for the purpose of this Clause 5.

(c) Cancellation under this Clause 5 shall be without prejudice to any claim the Charterers may otherwise have on the Owners under this Charter.

6. Trading Restrictions

The Vessel shall be employed in lawful trades for the carriage of suitable lawful merchandise within the trading limits indicated in Box 20.

The Charterers undertake not to employ the Vessel or suffer the Vessel to be employed otherwise than in conformity with the terms of the contracts of insurance (including any warranties expressed or implied therein) without first obtaining the consent of the insurers to such employment and complying with such requirements as to extra premium or otherwise as the insurers may prescribe.

The Charterers also undertake not to employ the Vessel or suffer her employment in any trade or business which is forbidden by the law of any country to which the Vessel may sail or is otherwise illicit or in carrying illicit or prohibited goods or in any manner whatsoever which may render her liable to condemnation, destruction, seizure or confiscation.

Notwithstanding any other provisions contained in this Charter it is agreed that nuclear fuels or radioactive products or waste are specifically excluded from the cargo permitted to be loaded or carried under this Charter. This exclusion does not apply to radio-isotopes used or intended to be used for any industrial, commercial, agricultural, medical or scientific purposes provided the Owners' prior approval has been obtained to loading thereof.

7. Surveys on Delivery and Redelivery

(not applicable when Part III applies, as indicated in Box 37)

The Owners and Charterers shall each appoint surveyors for the purpose of determining and agreeing in writing the condition of the Vessel at the time of delivery and redelivery hereunder. The Owners shall bear all expenses of the On-hire Survey including loss of time, if any, and the Charterers shall bear all expenses of the Off-hire Survey including loss of time, if any, at the daily equivalent to the rate of hire or pro rata thereof.

8. Inspection

The Owners shall have the right at any time after giving reasonable notice to the Charterers to inspect or survey the Vessel or instruct a duly authorised surveyor to carry out such survey on their behalf:-

(a) to ascertain the condition of the Vessel and satisfy

PART II
"BARECON 2001" Standard Bareboat Charter

themselves that the Vessel is being properly repaired and maintained. The costs and fees for such inspection or survey shall be paid by the Owners unless the Vessel is found to require repairs or maintenance in order to achieve the condition so provided;

(b) in dry-dock if the Charterers have not dry-docked her in accordance with Clause 10(g). The costs and fees for such inspection or survey shall be paid by the Charterers; and

(c) for any other commercial reason they consider necessary (provided it does not unduly interfere with the commercial operation of the Vessel). The costs and fees for such inspection and survey shall be paid by the Owners.

All time used in respect of inspection, survey or repairs shall be for the Charterers' account and form part of the Charter Period.

The Charterers shall also permit the Owners to inspect the Vessel's log books whenever requested and shall whenever required by the Owners furnish them with full information regarding any casualties or other accidents or damage to the Vessel.

9. Inventories, Oil and Stores

A complete inventory of the Vessel's entire equipment, outfit including spare parts, appliances and of all consumable stores on board the Vessel shall be made by the Charterers in conjunction with the Owners on delivery and again on redelivery of the Vessel. The Charterers and the Owners, respectively, shall at the time of delivery and redelivery take over and pay for all bunkers, lubricating oil, unbroached provisions, paints, ropes and other consumable stores (excluding spare parts) in the said Vessel at the then current market prices at the ports of delivery and redelivery, respectively. The Charterers shall ensure that all spare parts listed in the inventory and used during the Charter Period are replaced at their expense prior to redelivery of the Vessel.

10. Maintenance and Operation

(a)(i) Maintenance and Repairs - During the Charter Period the Vessel shall be in the full possession and at the absolute disposal for all purposes of the Charterers and under their complete control in every respect. The Charterers shall maintain the Vessel, her machinery, boilers, appurtenances and spare parts in a good state of repair, in efficient operating condition and in accordance with good commercial maintenance practice and, except as provided for in Clause 14(l), if applicable, at their own expense they shall at all times keep the Vessel's Class fully up to date with the Classification Society indicated in Box 10 and maintain all other necessary certificates in force at all times.

(ii) New Class and Other Safety Requirements - In the event of any improvement, structural changes or new equipment becoming necessary for the continued operation of the Vessel by reason of new class requirements or by compulsory legislation costing (excluding the Charterers' loss of time) more than the percentage stated in Box 23, or if Box 23 is left blank, 5 per cent. of the Vessel's insurance value as stated in Box 29, then the extent, if any, to which the rate of hire shall be varied and the ratio in which the cost of compliance shall be shared between the parties concerned in order to achieve a reasonable distribution thereof as between the Owners and the Charterers having regard, inter alia, to the length of the period remaining under this Charter shall, in the absence of agreement, be referred to the dispute resolution method agreed in Clause 30.

(iii) Financial Security - The Charterers shall maintain financial security or responsibility in respect of third party liabilities as required by any government, including federal, state or municipal or other division or authority thereof, to enable the Vessel, without penalty or charge, lawfully to enter, remain at, or leave any port, place, territorial or contiguous waters of any country, state or municipality in performance of this Charter without any delay. This obligation shall apply whether or not such requirements have been lawfully imposed by such government or division or authority thereof.

The Charterers shall make and maintain all arrangements by bond or otherwise as may be necessary to satisfy such requirements at the Charterers' sole expense and the Charterers shall indemnify the Owners against all consequences whatsoever (including loss of time) for any failure or inability to do so.

(b) Operation of the Vessel - The Charterers shall at their own expense and by their own procurement man, victual, navigate, operate, supply, fuel and, whenever required, repair the Vessel during the Charter Period and they shall pay all charges and expenses of every kind and nature whatsoever incidental to their use and operation of the Vessel under this Charter, including annual flag State fees and any foreign general municipality and/or state taxes. The Master, officers and crew of the Vessel shall be the servants of the Charterers for all purposes whatsoever, even if for any reason appointed by the Owners.

Charterers shall comply with the regulations regarding officers and crew in force in the country of the Vessel's flag or any other applicable law.

(c) The Charterers shall keep the Owners and the mortgagee(s) advised of the intended employment, planned dry-docking and major repairs of the Vessel, as reasonably required.

(d) Flag and Name of Vessel - During the Charter Period, the Charterers shall have the liberty to paint the Vessel in their own colours, install and display their funnel insignia and fly their own house flag. The Charterers shall also have the liberty, with the Owners' consent, which shall not be unreasonably withheld, to change the flag and/or the name of the Vessel during the Charter Period. Painting and re-painting, instalment and re-instalment, registration and re-registration, if required by the Owners, shall be at the Charterers' expense and time.

(e) Changes to the Vessel – Subject to Clause 10(a)(ii), the Charterers shall make no structural changes in the Vessel or changes in the machinery, boilers, appurtenances or spare parts thereof without in each instance first securing the Owners' approval thereof. If the Owners so agree, the Charterers shall, if the Owners so require, restore the Vessel to its former condition before the termination of this Charter.

(f) Use of the Vessel's Outfit, Equipment and Appliances - The Charterers shall have the use of all outfit, equipment, and appliances on board the Vessel at the time of delivery, provided the same or their substantial equivalent shall be returned to the Owners on redelivery in the same good order and condition as when received, ordinary wear and tear excepted. The

PART II
"BARECON 2001" Standard Bareboat Charter

Charterers shall from time to time during the Charter Period replace such items of equipment as shall be so damaged or worn as to be unfit for use. The Charterers are to procure that all repairs to or replacement of any damaged, worn or lost parts or equipment be effected in such manner (both as regards workmanship and quality of materials) as not to diminish the value of the Vessel. The Charterers have the right to fit additional equipment at their expense and risk but the Charterers shall remove such equipment at the end of the period if requested by the Owners. Any equipment including radio equipment on hire on the Vessel at time of delivery shall be kept and maintained by the Charterers and the Charterers shall assume the obligations and liabilities of the Owners under any lease contracts in connection therewith and shall reimburse the Owners for all expenses incurred in connection therewith, also for any new equipment required in order to comply with radio regulations.

(g) Periodical Dry-Docking - The Charterers shall dry-dock the Vessel and clean and paint her underwater parts whenever the same may be necessary, but not less than once during the period stated in Box 19 or, if Box 19 has been left blank, every sixty (60) calendar months after delivery or such other period as may be required by the Classification Society or flag State.

11. Hire

(a) The Charterers shall pay hire due to the Owners punctually in accordance with the terms of this Charter in respect of which time shall be of the essence.

(b) The Charterers shall pay to the Owners for the hire of the Vessel a lump sum in the amount indicated in Box 22 which shall be payable not later than every thirty (30) running days in advance, the first lump sum being payable on the date and hour of the Vessel's delivery to the Charterers. Hire shall be paid continuously throughout the Charter Period.

(c) Payment of hire shall be made in cash without discount in the currency and in the manner indicated in Box 25 and at the place mentioned in Box 26.

(d) Final payment of hire, if for a period of less than thirty (30) running days, shall be calculated proportionally according to the number of days and hours remaining before redelivery and advance payment to be effected accordingly.

(e) Should the Vessel be lost or missing, hire shall cease from the date and time when she was lost or last heard of. The date upon which the Vessel is to be treated as lost or missing shall be ten (10) days after the Vessel was last reported or when the Vessel is posted as missing by Lloyd's, whichever occurs first. Any hire paid in advance to be adjusted accordingly.

(f) Any delay in payment of hire shall entitle the Owners to interest at the rate per annum as agreed in Box 24. If Box 24 has not been filled in, the three months interbank offered rate in London (LIBOR or its successor) for the currency stated in Box 25, as quoted by the British Bankers' Association (BBA) on the date when the hire fell due, increased by 2 per cent., shall apply.

(g) Payment of interest due under sub-clause 11(f) shall be made within seven (7) running days of the date of the Owners' invoice specifying the amount payable or, in the absence of an invoice, at the time of the next hire payment date.

12. Mortgage

(only to apply if Box 28 has been appropriately filled in)

*) **(a)** The Owners warrant that they have not effected any mortgage(s) of the Vessel and that they shall not effect any mortgage(s) without the prior consent of the Charterers, which shall not be unreasonably withheld.

*) **(b)** The Vessel chartered under this Charter is financed by a mortgage according to the Financial Instrument. The Charterers undertake to comply, and provide such information and documents to enable the Owners to comply, with all such instructions or directions in regard to the employment, insurances, operation, repairs and maintenance of the Vessel as laid down in the Financial Instrument or as may be directed from time to time during the currency of the Charter by the mortgagee(s) in conformity with the Financial Instrument. The Charterers confirm that, for this purpose, they have acquainted themselves with all relevant terms, conditions and provisions of the Financial Instrument and agree to acknowledge this in writing in any form that may be required by the mortgagee(s). The Owners warrant that they have not effected any mortgage(s) other than stated in Box 28 and that they shall not agree to any amendment of the mortgage(s) referred to in Box 28 or effect any other mortgage(s) without the prior consent of the Charterers, which shall not be unreasonably withheld.

*) *(Optional, Clauses 12(a) and 12(b) are alternatives; indicate alternative agreed in Box 28).*

13. Insurance and Repairs

(a) During the Charter Period the Vessel shall be kept insured by the Charterers at their expense against hull and machinery, war and Protection and Indemnity risks (and any risks against which it is compulsory to insure for the operation of the Vessel, including maintaining financial security in accordance with sub-clause 10(a)(iii)) in such form as the Owners shall in writing approve, which approval shall not be un-reasonably withheld. Such insurances shall be arranged by the Charterers to protect the interests of both the Owners and the Charterers and the mortgagee(s) (if any), and the Charterers shall be at liberty to protect under such insurances the interests of any managers they may appoint. Insurance policies shall cover the Owners and the Charterers according to their respective interests. Subject to the provisions of the Financial Instrument, if any, and the approval of the Owners and the insurers, the Charterers shall effect all insured repairs and shall undertake settlement and reimbursement from the insurers of all costs in connection with such repairs as well as insured charges, expenses and liabilities to the extent of coverage under the insurances herein provided for.

The Charterers also to remain responsible for and to effect repairs and settlement of costs and expenses incurred thereby in respect of all other repairs not covered by the insurances and/or not exceeding any possible franchise(s) or deductibles provided for in the insurances.

All time used for repairs under the provisions of sub-clause 13(a) and for repairs of latent defects according to Clause 3(c) above, including any deviation, shall be for the Charterers' account.

(b) If the conditions of the above insurances permit additional insurance to be placed by the parties, such cover shall be limited to the amount for each party set out in Box 30 and Box 31, respectively. The Owners or the Charterers as the case may be shall immediately furnish the other party with particulars of any additional

PART II
"BARECON 2001" Standard Bareboat Charter

insurance effected, including copies of any cover notes or policies and the written consent of the insurers of any such required insurance in any case where the consent of such insurers is necessary.

(c) The Charterers shall upon the request of the Owners, provide information and promptly execute such documents as may be required to enable the Owners to comply with the insurance provisions of the Financial Instrument.

(d) Subject to the provisions of the Financial Instrument, if any, should the Vessel become an actual, constructive, compromised or agreed total loss under the insurances required under sub-clause 13(a), all insurance payments for such loss shall be paid to the Owners who shall distribute the moneys between the Owners and the Charterers according to their respective interests. The Charterers undertake to notify the Owners and the mortgagee(s), if any, of any occurrences in consequence of which the Vessel is likely to become a total loss as defined in this Clause.

(e) The Owners shall upon the request of the Charterers, promptly execute such documents as may be required to enable the Charterers to abandon the Vessel to insurers and claim a constructive total loss.

(f) For the purpose of insurance coverage against hull and machinery and war risks under the provisions of sub-clause 13(a), the value of the Vessel is the sum indicated in Box 29.

14. Insurance, Repairs and Classification

(Optional, only to apply if expressly agreed and stated in Box 29, in which event Clause 13 shall be considered deleted).

(a) During the Charter Period the Vessel shall be kept insured by the Owners at their expense against hull and machinery and war risks under the form of policy or policies attached hereto. The Owners and/or insurers shall not have any right of recovery or subrogation against the Charterers on account of loss of or any damage to the Vessel or her machinery or appurtenances covered by such insurance, or on account of payments made to discharge claims against or liabilities of the Vessel or the Owners covered by such insurance. Insurance policies shall cover the Owners and the Charterers according to their respective interests.

(b) During the Charter Period the Vessel shall be kept insured by the Charterers at their expense against Protection and Indemnity risks (and any risks against which it is compulsory to insure for the operation of the Vessel, including maintaining financial security in accordance with sub-clause 10(a)(iii)) in such form as the Owners shall in writing approve which approval shall not be unreasonably withheld.

(c) In the event that any act or negligence of the Charterers shall vitiate any of the insurance herein provided, the Charterers shall pay to the Owners all losses and indemnify the Owners against all claims and demands which would otherwise have been covered by such insurance.

(d) The Charterers shall, subject to the approval of the Owners or Owners' Underwriters, effect all insured repairs, and the Charterers shall undertake settlement of all miscellaneous expenses in connection with such repairs as well as all insured charges, expenses and liabilities, to the extent of coverage under the insurances provided for under the provisions of sub-clause 14(a). The Charterers to be secured reimbursement through the Owners' Underwriters for such expenditures upon presentation of accounts.

(e) The Charterers to remain responsible for and to effect repairs and settlement of costs and expenses incurred thereby in respect of all other repairs not covered by the insurances and/or not exceeding any possible franchise(s) or deductibles provided for in the insurances.

(f) All time used for repairs under the provisions of sub-clauses 14(d) and 14(e) and for repairs of latent defects according to Clause 3 above, including any deviation, shall be for the Charterers' account and shall form part of the Charter Period.

The Owners shall not be responsible for any expenses as are incident to the use and operation of the Vessel for such time as may be required to make such repairs.

(g) If the conditions of the above insurances permit additional insurance to be placed by the parties such cover shall be limited to the amount for each party set out in Box 30 and Box 31, respectively. The Owners or the Charterers as the case may be shall immediately furnish the other party with particulars of any additional insurance effected, including copies of any cover notes or policies and the written consent of the insurers of any such required insurance in any case where the consent of such insurers is necessary.

(h) Should the Vessel become an actual, constructive, compromised or agreed total loss under the insurances required under sub-clause 14(a), all insurance payments for such loss shall be paid to the Owners, who shall distribute the moneys between themselves and the Charterers according to their respective interests.

(i) If the Vessel becomes an actual, constructive, compromised or agreed total loss under the insurances arranged by the Owners in accordance with sub-clause 14(a), this Charter shall terminate as of the date of such loss.

(j) The Charterers shall upon the request of the Owners, promptly execute such documents as may be required to enable the Owners to abandon the Vessel to the insurers and claim a constructive total loss.

(k) For the purpose of insurance coverage against hull and machinery and war risks under the provisions of sub-clause 14(a), the value of the Vessel is the sum indicated in Box 29.

(l) Notwithstanding anything contained in sub-clause 10(a), it is agreed that under the provisions of Clause 14, if applicable, the Owners shall keep the Vessel's Class fully up to date with the Classification Society indicated in Box 10 and maintain all other necessary certificates in force at all times.

15. Redelivery

At the expiration of the Charter Period the Vessel shall be redelivered by the Charterers to the Owners at a safe and ice-free port or place as indicated in Box 16, in such ready safe berth as the Owners may direct. The Charterers shall give the Owners not less than thirty (30) running days' preliminary notice of expected date, range of ports of redelivery or port or place of redelivery and not less than fourteen (14) running days' definite notice of expected date and port or place of redelivery. Any changes thereafter in the Vessel's position shall be notified immediately to the Owners.

The Charterers warrant that they will not permit the Vessel to commence a voyage (including any preceding ballast voyage) which cannot reasonably be expected to be completed in time to allow redelivery of the Vessel within the Charter Period. Notwithstanding the above,

PART II
"BARECON 2001" Standard Bareboat Charter

should the Charterers fail to redeliver the Vessel within the Charter Period, the Charterers shall pay the daily equivalent to the rate of hire stated in Box 22 plus 10 per cent. or to the market rate, whichever is the higher, for the number of days by which the Charter Period is exceeded. All other terms, conditions and provisions of this Charter shall continue to apply.
Subject to the provisions of Clause 10, the Vessel shall be redelivered to the Owners in the same or as good structure, state, condition and class as that in which she was delivered, fair wear and tear not affecting class excepted.
The Vessel upon redelivery shall have her survey cycles up to date and trading and class certificates valid for at least the number of months agreed in Box 17.

16. Non-Lien
The Charterers will not suffer, nor permit to be continued, any lien or encumbrance incurred by them or their agents, which might have priority over the title and interest of the Owners in the Vessel. The Charterers further agree to fasten to the Vessel in a conspicuous place and to keep so fastened during the Charter Period a notice reading as follows:
"This Vessel is the property of (name of Owners). It is under charter to (name of Charterers) and by the terms of the Charter Party neither the Charterers nor the Master have any right, power or authority to create, incur or permit to be imposed on the Vessel any lien whatsoever."

17. Indemnity
(a) The Charterers shall indemnify the Owners against any loss, damage or expense incurred by the Owners arising out of or in relation to the operation of the Vessel by the Charterers, and against any lien of whatsoever nature arising out of an event occurring during the Charter Period. If the Vessel be arrested or otherwise detained by reason of claims or liens arising out of her operation hereunder by the Charterers, the Charterers shall at their own expense take all reasonable steps to secure that within a reasonable time the Vessel is released, including the provision of bail.
Without prejudice to the generality of the foregoing, the Charterers agree to indemnify the Owners against all consequences or liabilities arising from the Master, officers or agents signing Bills of Lading or other documents.
(b) If the Vessel be arrested or otherwise detained by reason of a claim or claims against the Owners, the Owners shall at their own expense take all reasonable steps to secure that within a reasonable time the Vessel is released, including the provision of bail.
In such circumstances the Owners shall indemnify the Charterers against any loss, damage or expense incurred by the Charterers (including hire paid under this Charter) as a direct consequence of such arrest or detention.

18. Lien
The Owners to have a lien upon all cargoes, sub-hires and sub-freights belonging or due to the Charterers or any sub-charterers and any Bill of Lading freight for all claims under this Charter, and the Charterers to have a lien on the Vessel for all moneys paid in advance and not earned.

19. Salvage
All salvage and towage performed by the Vessel shall be for the Charterers' benefit and the cost of repairing damage occasioned thereby shall be borne by the Charterers.

20. Wreck Removal
In the event of the Vessel becoming a wreck or obstruction to navigation the Charterers shall indemnify the Owners against any sums whatsoever which the Owners shall become liable to pay and shall pay in consequence of the Vessel becoming a wreck or obstruction to navigation.

21. General Average
The Owners shall not contribute to General Average.

22. Assignment, Sub-Charter and Sale
(a) The Charterers shall not assign this Charter nor sub-charter the Vessel on a bareboat basis except with the prior consent in writing of the Owners, which shall not be unreasonably withheld, and subject to such terms and conditions as the Owners shall approve.
(b) The Owners shall not sell the Vessel during the currency of this Charter except with the prior written consent of the Charterers, which shall not be unreasonably withheld, and subject to the buyer accepting an assignment of this Charter.

23. Contracts of Carriage
*) **(a)** The Charterers are to procure that all documents issued during the Charter Period evidencing the terms and conditions agreed in respect of carriage of goods shall contain a paramount clause incorporating any legislation relating to carrier's liability for cargo compulsorily applicable in the trade; if no such legislation exists, the documents shall incorporate the Hague-Visby Rules. The documents shall also contain the New Jason Clause and the Both-to-Blame Collision Clause.
*) **(b)** The Charterers are to procure that all passenger tickets issued during the Charter Period for the carriage of passengers and their luggage under this Charter shall contain a paramount clause incorporating any legislation relating to carrier's liability for passengers and their luggage compulsorily applicable in the trade; if no such legislation exists, the passenger tickets shall incorporate the Athens Convention Relating to the Carriage of Passengers and their Luggage by Sea, 1974, and any protocol thereto.
*) *Delete as applicable.*

24. Bank Guarantee
(Optional, only to apply if Box 27 filled in)
The Charterers undertake to furnish, before delivery of the Vessel, a first class bank guarantee or bond in the sum and at the place as indicated in Box 27 as guarantee for full performance of their obligations under this Charter.

25. Requisition/Acquisition
(a) In the event of the Requisition for Hire of the Vessel by any governmental or other competent authority (hereinafter referred to as "Requisition for Hire") irrespective of the date during the Charter Period when "Requisition for Hire" may occur and irrespective of the length thereof and whether or not it be for an indefinite

PART II
"BARECON 2001" Standard Bareboat Charter

or a limited period of time, and irrespective of whether it may or will remain in force for the remainder of the Charter Period, this Charter shall not be deemed thereby or thereupon to be frustrated or otherwise terminated and the Charterers shall continue to pay the stipulated hire in the manner provided by this Charter until the time when the Charter would have terminated pursuant to any of the provisions hereof always provided however that in the event of "Requisition for Hire" any Requisition Hire or compensation received or receivable by the Owners shall be payable to the Charterers during the remainder of the Charter Period or the period of the "Requisition for Hire" whichever be the shorter.

(b) In the event of the Owners being deprived of their ownership in the Vessel by any Compulsory Acquisition of the Vessel or requisition for title by any governmental or other competent authority (hereinafter referred to as "Compulsory Acquisition"), then, irrespective of the date during the Charter Period when "Compulsory Acquisition" may occur, this Charter shall be deemed terminated as of the date of such "Compulsory Acquisition". In such event Charter Hire to be considered as earned and to be paid up to the date and time of such "Compulsory Acquisition".

26. War

(a) For the purpose of this Clause, the words "War Risks" shall include any war (whether actual or threatened), act of war, civil war, hostilities, revolution, rebellion, civil commotion, warlike operations, the laying of mines (whether actual or reported), acts of piracy, acts of terrorists, acts of hostility or malicious damage, blockades (whether imposed against all vessels or imposed selectively against vessels of certain flags or ownership, or against certain cargoes or crews or otherwise howsoever), by any person, body, terrorist or political group, or the Government of any state whatsoever, which may be dangerous or are likely to be or to become dangerous to the Vessel, her cargo, crew or other persons on board the Vessel.

(b) The Vessel, unless the written consent of the Owners be first obtained, shall not continue to or go through any port, place, area or zone (whether of land or sea), or any waterway or canal, where it reasonably appears that the Vessel, her cargo, crew or other persons on board the Vessel, in the reasonable judgement of the Owners, may be, or are likely to be, exposed to War Risks. Should the Vessel be within any such place as aforesaid, which only becomes dangerous, or is likely to be or to become dangerous, after her entry into it, the Owners shall have the right to require the Vessel to leave such area.

(c) The Vessel shall not load contraband cargo, or to pass through any blockade, whether such blockade be imposed on all vessels, or is imposed selectively in any way whatsoever against vessels of certain flags or ownership, or against certain cargoes or crews or otherwise howsoever, or to proceed to an area where she shall be subject, or is likely to be subject to a belligerent's right of search and/or confiscation.

(d) If the insurers of the war risks insurance, when Clause 14 is applicable, should require payment of premiums and/or calls because, pursuant to the Charterers' orders, the Vessel is within, or is due to enter and remain within, any area or areas which are specified by such insurers as being subject to additional premiums because of War Risks, then such premiums and/or calls shall be reimbursed by the Charterers to the Owners at the same time as the next payment of hire is due.

(e) The Charterers shall have the liberty:

(i) to comply with all orders, directions, recommendations or advice as to departure, arrival, routes, sailing in convoy, ports of call, stoppages, destinations, discharge of cargo, delivery, or in any other way whatsoever, which are given by the Government of the Nation under whose flag the Vessel sails, or any other Government, body or group whatsoever acting with the power to compel compliance with their orders or directions;

(ii) to comply with the orders, directions or recommendations of any war risks underwriters who have the authority to give the same under the terms of the war risks insurance;

(iii) to comply with the terms of any resolution of the Security Council of the United Nations, any directives of the European Community, the effective orders of any other Supranational body which has the right to issue and give the same, and with national laws aimed at enforcing the same to which the Owners are subject, and to obey the orders and directions of those who are charged with their enforcement.

(f) In the event of outbreak of war (whether there be a declaration of war or not) (i) between any two or more of the following countries: the United States of America; Russia; the United Kingdom; France; and the People's Republic of China, (ii) between any two or more of the countries stated in Box 36, both the Owners and the Charterers shall have the right to cancel this Charter, whereupon the Charterers shall redeliver the Vessel to the Owners in accordance with Clause 15, if the Vessel has cargo on board after discharge thereof at destination, or if debarred under this Clause from reaching or entering it at a near, open and safe port as directed by the Owners, or if the Vessel has no cargo on board, at the port at which the Vessel then is or if at sea at a near, open and safe port as directed by the Owners. In all cases hire shall continue to be paid in accordance with Clause 11 and except as aforesaid all other provisions of this Charter shall apply until redelivery.

27. Commission

The Owners to pay a commission at the rate indicated in Box 33 to the Brokers named in Box 33 on any hire paid under the Charter. If no rate is indicated in Box 33, the commission to be paid by the Owners shall cover the actual expenses of the Brokers and a reasonable fee for their work.

If the full hire is not paid owing to breach of the Charter by either of the parties the party liable therefor shall indemnify the Brokers against their loss of commission. Should the parties agree to cancel the Charter, the Owners shall indemnify the Brokers against any loss of commission but in such case the commission shall not exceed the brokerage on one year's hire.

28. Termination

(a) Charterers' Default

The Owners shall be entitled to withdraw the Vessel from the service of the Charterers and terminate the Charter with immediate effect by written notice to the Charterers if:

(i) the Charterers fail to pay hire in accordance with Clause 11. However, where there is a failure to make punctual payment of hire due to oversight, negligence, errors or omissions on the part of the

PART II
"BARECON 2001" Standard Bareboat Charter

Charterers or their bankers, the Owners shall give the Charterers written notice of the number of clear banking days stated in Box 34 (as recognised at the agreed place of payment) in which to rectify the failure, and when so rectified within such number of days following the Owners' notice, the payment shall stand as regular and punctual. Failure by the Charterers to pay hire within the number of days stated in Box 34 of their receiving the Owners' notice as provided herein, shall entitle the Owners to withdraw the Vessel from the service of the Charterers and terminate the Charter without further notice;

(ii) the Charterers fail to comply with the requirements of:
(1) Clause 6 (Trading Restrictions)
(2) Clause 13(a) (Insurance and Repairs)
provided that the Owners shall have the option, by written notice to the Charterers, to give the Charterers a specified number of days grace within which to rectify the failure without prejudice to the Owners' right to withdraw and terminate under this Clause if the Charterers fail to comply with such notice;

(iii) the Charterers fail to rectify any failure to comply with the requirements of sub-clause 10(a)(i) (Maintenance and Repairs) as soon as practically possible after the Owners have requested them in writing so to do and in any event so that the Vessel's insurance cover is not prejudiced.

(b) Owners' Default
If the Owners shall by any act or omission be in breach of their obligations under this Charter to the extent that the Charterers are deprived of the use of the Vessel and such breach continues for a period of fourteen (14) running days after written notice thereof has been given by the Charterers to the Owners, the Charterers shall be entitled to terminate this Charter with immediate effect by written notice to the Owners.

(c) Loss of Vessel
This Charter shall be deemed to be terminated if the Vessel becomes a total loss or is declared as a constructive or compromised or arranged total loss. For the purpose of this sub-clause, the Vessel shall not be deemed to be lost unless she has either become an actual total loss or agreement has been reached with her underwriters in respect of her constructive, compromised or arranged total loss or if such agreement with her underwriters is not reached it is adjudged by a competent tribunal that a constructive loss of the Vessel has occurred.

(d) Either party shall be entitled to terminate this Charter with immediate effect by written notice to the other party in the event of an order being made or resolution passed for the winding up, dissolution, liquidation or bankruptcy of the other party (otherwise than for the purpose of reconstruction or amalgamation) or if a receiver is appointed, or if it suspends payment, ceases to carry on business or makes any special arrangement or composition with its creditors.

(e) The termination of this Charter shall be without prejudice to all rights accrued due between the parties prior to the date of termination and to any claim that either party might have.

29. Repossession
In the event of the termination of this Charter in accordance with the applicable provisions of Clause 28, the Owners shall have the right to repossess the Vessel from the Charterers at her current or next port of call, or at a port or place convenient to them without hindrance or interference by the Charterers, courts or local authorities. Pending physical repossession of the Vessel in accordance with this Clause 29, the Charterers shall hold the Vessel as gratuitous bailee only to the Owners. The Owners shall arrange for an authorised representative to board the Vessel as soon as reasonably practicable following the termination of the Charter. The Vessel shall be deemed to be repossessed by the Owners from the Charterers upon the boarding of the Vessel by the Owners' representative. All arrangements and expenses relating to the settling of wages, disembarkation and repatriation of the Charterers' Master, officers and crew shall be the sole responsibility of the Charterers.

30. Dispute Resolution
*) **(a)** This Contract shall be governed by and construed in accordance with English law and any dispute arising out of or in connection with this Contract shall be referred to arbitration in London in accordance with the Arbitration Act 1996 or any statutory modification or re-enactment thereof save to the extent necessary to give effect to the provisions of this Clause.
The arbitration shall be conducted in accordance with the London Maritime Arbitrators Association (LMAA) Terms current at the time when the arbitration proceedings are commenced.
The reference shall be to three arbitrators. A party wishing to refer a dispute to arbitration shall appoint its arbitrator and send notice of such appointment in writing to the other party requiring the other party to appoint its own arbitrator within 14 calendar days of that notice and stating that it will appoint its arbitrator as sole arbitrator unless the other party appoints its own arbitrator and gives notice that it has done so within the 14 days specified. If the other party does not appoint its own arbitrator and give notice that it has done so within the 14 days specified, the party referring a dispute to arbitration may, without the requirement of any further prior notice to the other party, appoint its arbitrator as sole arbitrator and shall advise the other party accordingly. The award of a sole arbitrator shall be binding on both parties as if he had been appointed by agreement.
Nothing herein shall prevent the parties agreeing in writing to vary these provisions to provide for the appointment of a sole arbitrator.
In cases where neither the claim nor any counterclaim exceeds the sum of US$50,000 (or such other sum as the parties may agree) the arbitration shall be conducted in accordance with the LMAA Small Claims Procedure current at the time when the arbitration proceedings are commenced.

*) **(b)** This Contract shall be governed by and construed in accordance with Title 9 of the United States Code and the Maritime Law of the United States and any dispute arising out of or in connection with this Contract shall be referred to three persons at New York, one to be appointed by each of the parties hereto, and the third by the two so chosen; their decision or that of any two of them shall be final, and for the purposes of enforcing any award, judgement may be entered on an award by any court of competent jurisdiction. The proceedings shall be conducted in accordance with the rules of the Society of Maritime Arbitrators, Inc.
In cases where neither the claim nor any counterclaim

PART II
"BARECON 2001" Standard Bareboat Charter

exceeds the sum of US$50,000 (or such other sum as the parties may agree) the arbitration shall be conducted in accordance with the Shortened Arbitration Procedure of the Society of Maritime Arbitrators, Inc. current at the time when the arbitration proceedings are commenced.

*) **(c)** This Contract shall be governed by and construed in accordance with the laws of the place mutually agreed by the parties and any dispute arising out of or in connection with this Contract shall be referred to arbitration at a mutually agreed place, subject to the procedures applicable there.

(d) Notwithstanding (a), (b) or (c) above, the parties may agree at any time to refer to mediation any difference and/or dispute arising out of or in connection with this Contract.

In the case of a dispute in respect of which arbitration has been commenced under (a), (b) or (c) above, the following shall apply:-

(i) Either party may at any time and from time to time elect to refer the dispute or part of the dispute to mediation by service on the other party of a written notice (the "Mediation Notice") calling on the other party to agree to mediation.

(ii) The other party shall thereupon within 14 calendar days of receipt of the Mediation Notice confirm that they agree to mediation, in which case the parties shall thereafter agree a mediator within a further 14 calendar days, failing which on the application of either party a mediator will be appointed promptly by the Arbitration Tribunal ("the Tribunal") or such person as the Tribunal may designate for that purpose. The mediation shall be conducted in such place and in accordance with such procedure and on such terms as the parties may agree or, in the event of disagreement, as may be set by the mediator.

(iii) If the other party does not agree to mediate, that fact may be brought to the attention of the Tribunal and may be taken into account by the Tribunal when allocating the costs of the arbitration as between the parties.

(iv) The mediation shall not affect the right of either party to seek such relief or take such steps as it considers necessary to protect its interest.

(v) Either party may advise the Tribunal that they have agreed to mediation. The arbitration procedure shall continue during the conduct of the mediation but the Tribunal may take the mediation timetable into account when setting the timetable for steps in the arbitration.

(vi) Unless otherwise agreed or specified in the mediation terms, each party shall bear its own costs incurred in the mediation and the parties shall share equally the mediator's costs and expenses.

(vii) The mediation process shall be without prejudice and confidential and no information or documents disclosed during it shall be revealed to the Tribunal except to the extent that they are disclosable under the law and procedure governing the arbitration.

(Note: The parties should be aware that the mediation process may not necessarily interrupt time limits.)

(e) If Box 35 in Part I is not appropriately filled in, sub-clause 30(a) of this Clause shall apply. Sub-clause 30(d) shall apply in all cases.

*) *Sub-clauses 30(a), 30(b) and 30(c) are alternatives; indicate alternative agreed in Box 35.*

31. Notices

(a) Any notice to be given by either party to the other party shall be in writing and may be sent by fax, telex, registered or recorded mail or by personal service.

(b) The address of the Parties for service of such communication shall be as stated in Boxes 3 and 4 respectively.

"BARECON 2001" Standard Bareboat Charter

OPTIONAL PART

PART III
PROVISIONS TO APPLY FOR NEWBUILDING VESSELS ONLY
(Optional, only to apply if expressly agreed and stated in Box 37)

1. Specifications and Building Contract

(a) The Vessel shall be constructed in accordance with the Building Contract (hereafter called "the Building Contract") as annexed to this Charter, made between the Builders and the Owners and in accordance with the specifications and plans annexed thereto, such Building Contract, specifications and plans having been counter-signed as approved by the Charterers.

(b) No change shall be made in the Building Contract or in the specifications or plans of the Vessel as approved by the Charterers as aforesaid, without the Charterers' consent.

(c) The Charterers shall have the right to send their representative to the Builders' Yard to inspect the Vessel during the course of her construction to satisfy themselves that construction is in accordance with such approved specifications and plans as referred to under sub-clause (a) of this Clause.

(d) The Vessel shall be built in accordance with the Building Contract and shall be of the description set out therein. Subject to the provisions of sub-clause 2(c)(ii) hereunder, the Charterers shall be bound to accept the Vessel from the Owners, completed and constructed in accordance with the Building Contract, on the date of delivery by the Builders. The Charterers undertake that having accepted the Vessel they will not thereafter raise any claims against the Owners in respect of the Vessel's performance or specification or defects, if any. Nevertheless, in respect of any repairs, replacements or defects which appear within the first 12 months from delivery by the Builders, the Owners shall endeavour to compel the Builders to repair, replace or remedy any defects or to recover from the Builders any expenditure incurred in carrying out such repairs, replacements or remedies. However, the Owners' liability to the Charterers shall be limited to the extent the Owners have a valid claim against the Builders under the guarantee clause of the Building Contract (a copy whereof has been supplied to the Charterers). The Charterers shall be bound to accept such sums as the Owners are reasonably able to recover under this Clause and shall make no further claim on the Owners for the difference between the amount(s) so recovered and the actual expenditure on repairs, replacement or remedying defects or for any loss of time incurred.

Any liquidated damages for physical defects or deficiencies shall accrue to the account of the party stated in Box 41(a) or if not filled in shall be shared equally between the parties.

The costs of pursuing a claim or claims against the Builders under this Clause (including any liability to the Builders) shall be borne by the party stated in Box 41(b) or if not filled in shall be shared equally between the parties.

2. Time and Place of Delivery

(a) Subject to the Vessel having completed her acceptance trials including trials of cargo equipment in accordance with the Building Contract and specifications to the satisfaction of the Charterers, the Owners shall give and the Charterers shall take delivery of the Vessel afloat when ready for delivery and properly documented at the Builders' Yard or some other safe and readily accessible dock, wharf or place as may be agreed between the parties hereto and the Builders. Under the Building Contract the Builders have estimated that the Vessel will be ready for delivery to the Owners as therein provided but the delivery date for the purpose of this Charter shall be the date when the Vessel is in fact ready for delivery by the Builders after completion of trials whether that be before or after as indicated in the Building Contract. The Charterers shall not be entitled to refuse acceptance of delivery of the Vessel and upon and after such acceptance, subject to Clause 1(d), the Charterers shall not be entitled to make any claim against the Owners in respect of any conditions, representations or warranties, whether express or implied, as to the seaworthiness of the Vessel or in respect of delay in delivery.

(b) If for any reason other than a default by the Owners under the Building Contract, the Builders become entitled under that Contract not to deliver the Vessel to the Owners, the Owners shall upon giving to the Charterers written notice of Builders becoming so entitled, be excused from giving delivery of the Vessel to the Charterers and upon receipt of such notice by the Charterers this Charter shall cease to have effect.

(c) If for any reason the Owners become entitled under the Building Contract to reject the Vessel the Owners shall, before exercising such right of rejection, consult the Charterers and thereupon

(i) if the Charterers do not wish to take delivery of the Vessel they shall inform the Owners within seven (7) running days by notice in writing and upon receipt by the Owners of such notice this Charter shall cease to have effect; or

(ii) if the Charterers wish to take delivery of the Vessel they may by notice in writing within seven (7) running days require the Owners to negotiate with the Builders as to the terms on which delivery should be taken and/or refrain from exercising their right to rejection and upon receipt of such notice the Owners shall commence such negotiations and/or take delivery of the Vessel from the Builders and deliver her to the Charterers;

(iii) in no circumstances shall the Charterers be entitled to reject the Vessel unless the Owners are able to reject the Vessel from the Builders;

(iv) if this Charter terminates under sub-clause (b) or (c) of this Clause, the Owners shall thereafter not be liable to the Charterers for any claim under or arising out of this Charter or its termination.

(d) Any liquidated damages for delay in delivery under the Building Contract and any costs incurred in pursuing a claim therefor shall accrue to the account of the party stated in Box 41(c) or if not filled in shall be shared equally between the parties.

3. Guarantee Works

If not otherwise agreed, the Owners authorise the Charterers to arrange for the guarantee works to be performed in accordance with the building contract terms, and hire to continue during the period of guarantee works. The Charterers have to advise the Owners about the performance to the extent the Owners may request.

4. Name of Vessel

The name of the Vessel shall be mutually agreed between the Owners and the Charterers and the Vessel shall be painted in the colours, display the funnel insignia and fly the house flag as required by the Charterers.

5. Survey on Redelivery

The Owners and the Charterers shall appoint surveyors for the purpose of determining and agreeing in writing the condition of the Vessel at the time of re-delivery.

Without prejudice to Clause 15 (Part II), the Charterers shall bear all survey expenses and all other costs, if any, including the cost of docking and undocking, if required, as well as all repair costs incurred. The Charterers shall also bear all loss of time spent in connection with any docking and undocking as well as repairs, which shall be paid at the rate of hire per day or pro rata.

"BARECON 2001" Standard Bareboat Charter

OPTIONAL PART

PART IV
HIRE/PURCHASE AGREEMENT

(Optional, only to apply if expressly agreed and stated in Box 42)

On expiration of this Charter and provided the Charterers have fulfilled their obligations according to Part I and II as well as Part III, if applicable, it is agreed, that on payment of the final payment of hire as per Clause 11 the Charterers have purchased the Vessel with everything belonging to her and the Vessel is fully paid for.

In the following paragraphs the Owners are referred to as the Sellers and the Charterers as the Buyers.

The Vessel shall be delivered by the Sellers and taken over by the Buyers on expiration of the Charter.

The Sellers guarantee that the Vessel, at the time of delivery, is free from all encumbrances and maritime liens or any debts whatsoever other than those arising from anything done or not done by the Buyers or any existing mortgage agreed not to be paid off by the time of delivery. Should any claims, which have been incurred prior to the time of delivery be made against the Vessel, the Sellers hereby undertake to indemnify the Buyers against all consequences of such claims to the extent it can be proved that the Sellers are responsible for such claims. Any taxes, notarial, consular and other charges and expenses connected with the purchase and registration under Buyers' flag, shall be for Buyers' account. Any taxes, consular and other charges and expenses connected with closing of the Sellers' register, shall be for Sellers' account.

In exchange for payment of the last month's hire instalment the Sellers shall furnish the Buyers with a Bill of Sale duly attested and legalized, together with a certificate setting out the registered encumbrances, if any. On delivery of the Vessel the Sellers shall provide for deletion of the Vessel from the Ship's Register and deliver a certificate of deletion to the Buyers.
The Sellers shall, at the time of delivery, hand to the Buyers all classification certificates (for hull, engines, anchors, chains, etc.), as well as all plans which may be in Sellers' possession.

The Wireless Installation and Nautical Instruments, unless on hire, shall be included in the sale without any extra payment.

The Vessel with everything belonging to her shall be at Sellers' risk and expense until she is delivered to the Buyers, subject to the conditions of this Contract and the Vessel with everything belonging to her shall be delivered and taken over as she is at the time of delivery, after which the Sellers shall have no responsibility for possible faults or deficiencies of any description.

The Buyers undertake to pay for the repatriation of the Master, officers and other personnel if appointed by the Sellers to the port where the Vessel entered the Bareboat Charter as per Clause 3 (Part II) or to pay the equivalent cost for their journey to any other place.

PART V
PROVISIONS TO APPLY FOR VESSELS REGISTERED IN A BAREBOAT CHARTER REGISTRY

(Optional, only to apply if expressly agreed and stated in Box 43)

1. Definitions
For the purpose of this PART V, the following terms shall have the meanings hereby assigned to them:
"The Bareboat Charter Registry" shall mean the registry of the State whose flag the Vessel will fly and in which the Charterers are registered as the bareboat charterers during the period of the Bareboat Charter.
"The Underlying Registry" shall mean the registry of the State in which the Owners of the Vessel are registered as Owners and to which jurisdiction and control of the Vessel will revert upon termination of the Bareboat Charter Registration.

2. Mortgage
The Vessel chartered under this Charter is financed by a mortgage and the provisions of Clause 12(b) (Part II) shall apply.

3. Termination of Charter by Default
If the Vessel chartered under this Charter is registered in a Bareboat Charter Registry as stated in Box 44, and if the Owners shall default in the payment of any amounts due under the mortgage(s) specified in Box 28, the Charterers shall, if so required by the mortgagee, direct the Owners to re-register the Vessel in the Underlying Registry as shown in Box 45.
In the event of the Vessel being deleted from the Bareboat Charter Registry as stated in Box 44, due to a default by the Owners in the payment of any amounts due under the mortgage(s), the Charterers shall have the right to terminate this Charter forthwith and without prejudice to any other claim they may have against the Owners under this Charter.

附录十五

不同用途之标准租船合同格式列表[①]

航次租船合同

1. 一般用途(GENERAL PURPOSE)

合同名称	制订日期	代码名称	制订方
邮轮航次租船合同(Cruise Voyage)	1998 年	CRUISEVOY	波罗的海国际航运公会(BIMCO)
统一件杂货租船合同(Uniform General Charter)	1922 年,经过 1976,1994 修订	GENCON	波罗的海国际航运公会(BIMCO)
件杂货租船合同(General Charter)	1982 年	MULTIFORM	英国船舶经纪人及代理人协会联合会(FONASBA)
全球航次租船合同(Universal Voyage Charter)	1984 年	NUVOY-84	波兰对外贸易公会(Polish Chamber of Foreign Trade)
斯堪的纳维亚航次租船合同(Scandinavian Voyage Charter)	1956 年	SCANCON	波罗的海国际航运公会(BIMCO)
世界粮食规划(World Food Programme)	1999 年	WORLD-FOOD 99	联合国世界粮食组织(UN Worldfood)

2. 谷物运输(GRAIN)

合同名称	制订日期	代码名称	制订方
经批准的巴尔的摩谷物运输租船合同(Approved Baltimore Berth Grain C/P - Steamer (Form C))	1913 年,1971 年被采纳,1974 年修订	BALTIMORE FORM C	北美粮食出口协会、北美托运人协会及纽约土产交易所

① 以下内容参照 www.maritimeknowhow.com 有关标准租船合同的内容。

北美谷物租船合同(North American Grain Charter)	1973 年,1989 年	NORGRAIN	美国船舶经纪人与代理人协会(ASBA)
谷物航次租船合同(Grain Voyage Charter)	2003 年	GRAINVOY	波罗的海国际航运公会(BIMCO)
大陆谷物租船合同(Continent Grain Charter)	2000 年	SYNACO-MEX 2000	法国谷物出口商联盟(Syndicat National du Commerce Extérieur des Céréales)
澳大利亚小麦租船合同(Australian Wheat Charter)	1991 年	AUSTWHEAT	澳大利亚小麦委员会(Australian Wheat Board)
澳大利亚大麦租船合同(Australian Barley Charter)	1975 年,1980 年进行过修订	AUSBAR	澳大利亚大麦委员会 Australian Barley Board
帕拉特河流租船合同(River Plate Charter)	1914 年	CENTROCON	英国航运公会(U. K. Chamber of Shipping)

3. 化肥(FERTILIZERS)

合同名称	制订日期	代码名称	制订方
化肥租船合同(Fertilisers Charter Party)	1942 年,经过 1950 年修订	FERTICON	英国航运公会(U. K. Chamber of Shipping)
北美化肥租船合同(North American Fertilisers Charter Party)	1978 年,1988 年修订	FERTIVOY	Canpotex 航运服务有限公司(温哥华)(Canpotex Shipping Service Ltd. Vancouver)
黑德鲁查特航次租船合同(Hydro-charter Voyage Charter Party)	1923,经过 1975 年、1997 年修订	HYDRO-CHARTER	波罗的海国际航运公会(BIMCO)

4. 煤炭（COAL）

合同名称	制订日期	代码名称	制订方
煤炭租船合同（Coal Charter party）	1983 年	NIPPONCOAL	日本海运集会所（Japan Shipping Exchange）
美洲威尔士煤炭租船合同（Americanised Welsh Coal Charter Party）	1993 年	AMWELSH	美国船舶经纪人与代理人协会（ASBA）
煤炭航次租船合同（Coal Voyage Charter）	1997 年	POLCOAL-VOY	波罗的海国际航运公会（BIMCO）

5. 矿石（ORE）

合同名称	制订日期	代码名称	制订方
标准煤炭及矿石租船合同（Standard Coal and Ore Charter）	2003 年	COAL-OREVOY	波罗的海国际航运公会（BIMCO）
标准煤炭及矿石租船合同（Standard Coal and Ore Charter）	2003 年	OREVOY	波罗的海国际航运公会（BIMCO）
铁矿租船合同（Iron Ore Charter）	1973 年	NIPPONORE	日本海运集会所（Japan Shipping Exchange）

6. 木材（WOOD）

合同名称	制订日期	代码名称	制订方
波罗的海木材租船合同（Baltic Wood Charter Party）	1997 年	NUBALT-WOOD	英国航运公会（U. K. Chamber of Shipping）
贝再美洲原木/木材租船合同［BEIZAI（AMERICAN LOGS/LUMBER）CHARTER PARTY］	1964 年制订，经过 1971、1974、1991、1995 年多次修订	BEIZAI 1991	日本海运集会所（Japan Shipping Exchange）

7. 原油及其产品(CRUDE OIL & PRODUCTS)

合同名称	制订日期	代码名称	制订方
油轮航次租船合同(Tanker Voyage Charter Party)	1976 年	INTERTANKVOY	国际独立油轮船东协会(奥斯陆)(International Association of Independent Tanker Owners: INTERTANKCO)
油轮航次租船合同(Tanker Voyage C/P)	1984 年	ASBA Ⅱ	美国船舶经纪人与代理人协会(ASBA)
航次租船合同(Voyage C/P)	1983 年	BEEPEEVOY 2	BP 油轮公司(伦敦)(BP Tanker Co., London)
航次租船合同(Voyage C/P)	1980 年	SHELLVOY 4	壳牌国际石油公司(伦敦)(Shell Int. Petroleum, London)

8. 液化气(GAS)

制订方	合同名称	制订日期	代码名称
液化气航次租船合同[Gas voyage charter party (for LPG)]	1972 年	GASVOY	波罗的海国际航运公会(BIMCO)

9. 化学品(CHEMICALS)

合同名称	制订日期	代码名称	制订方
油轮化学品运输标准航次租船合同(Standard Voyage C/P for the Transportation of Chemicals in Tank Vessels)	* ①	BIMCHEM-VOY	波罗的海国际航运公会(BIMCO)

① 制订时间不明。

定期租船合同

1. 干散货运输(DRY CARGO)

合同名称	制订日期	代码名称	制订方
统一定期租船合同(Uniform Time Charter)	1939 年, 1974 年, 2001 年最新修订	BALTIME 1939	波罗的海国际航运公会(BIMCO)
集装箱船统一定期租船合同(Uniform Time-charter for Container Vessels)	1990 年,2004 年修订	BOXTIME	波罗的海国际航运公会(BIMCO)
统一定期租船合同(Uniform Time Charter)	1968 年	LINERTIME	波罗的海国际航运公会(BIMCO)
件杂货定期租船合同(General Time Charter)	1999 年	GENTIME	波罗的海国际航运公会(BIMCO)
纽约土产定期租船合同(New York Produce Exchange Time Charter Party)	1993 年①	NYPE 93	美国船舶经纪人与代理人协会(ASBA)
纽约土产定期租船合同(New York Produce Exchange Time Charter Party)	1981 年	ASBATIME	美国船舶经纪人与代理人协会(ASBA)
离岸服务船舶统一定期租船合同(Uniform Time-charter-party for Offshore Service Vessels)	1989 年	SUPPLYTIME 89	波罗的海国际航运公会(BIMCO)
离岸服务船舶统一定期租船合同(Uniform Time-charter-party for Offshore Service Vessels)	2005 年	SUPPLYTIME 2005	波罗的海国际航运公会(BIMCO)

① 纽约土产定期租船合同格式(NYPE)最早于 1946 年由纽约土产交易所(NYPE)制定。1993 年 ASBA 在 1946 年格式基础上进行了适当修改,但是仍然沿用了 NYPE 格式的代码名称。

2. 油轮(TANKER)及液化气船舶(Vessels Carrying Liquified Gas)

合同名称	制订日期	代码名称	制订方
散装化学品运输船舶统一定期租船合同(UNIFORM TIME CHARTER PARTY FOR VESSELS CARRYING CHEMICALS IN BULK)	1984 年,2005 年最新修订	BIMCHEMTIME	波罗的海国际航运公会(BIMCO)
油轮定期租船合同(Tanker Time Charter Party)	1980 年	INTERTANK-TIME	国际独立油轮船东协会(奥斯陆)(INTERTANKCO)
定期租船合同(Time Charter Party)	1984 年	SHELLTIME	壳牌国际石油公司(伦敦)(Shell Int. Petroleum, London)
定期租船合同(Time Charter Party)	2001 年	BPTIME 3	BP 航运有限公司(BP Shipping Ltd.)
统一载运液化气船舶定期租船合同	不明	GASTIME	英国航运总会(The General Council of British Shipping)①

光船租赁合同

合同名称	制订日期	代码名称	制订方
标准光船租赁合同(Standard Bareboat Charter)	1974 年, 1989 年, 2001 年修订	BARECON	波罗的海国际航运公会(BIMCO)

① 英国航运总会于 1991 年更名为英国航运公会(U. K. Chamber of Shipping)。

参考文献

[1]司玉琢.海商法详论.大连:大连海事大学出版社,1995.
[2]王义源,曾凯.远洋运输业务.3版.北京:人民交通出版社,1997.
[3]杨良宜.期租合约.大连:大连海事大学出版社,1997.
[4]杨良宜.滞期费.大连:大连海事大学出版社,1995.
[5]杨良宜.租约.大连:大连海事大学出版社,1994.
[6]司玉琢.海事实用英语大全.大连:大连海事大学出版社,1994.
[7]司玉琢.中华人民共和国海商法问答.北京:人民交通出版社,1993.
[8]崔建远.合同责任研究.长春:吉林大学出版社,1992.
[9]刘文华.新合同法实用问答.北京:中国审计出版社,1999.
[10]唐德华.最新担保法条文释义.北京:人民法院出版社,1995.
[11]王利明,郭明瑞,方流芳.民法新论(上).北京:中国政法大学出版社,1988.
[12]郭国汀,译.SCRUTTON租船合同与提单.北京:法律出版社,2001.
[13]郭萍,袁绍春,蒋跃川.国际海上货物运输实务与法律.大连:大连海事大学出版社,2010.
[14]韩立新,王秀芬,编译.各国(地区)海商法汇编(中英文对照).大连:大连海事大学出版社,2003.
[15]胡正良.国际海事条约汇编(第6卷).大连:大连海运学院出版社,1994.
[16]司玉琢,韩立新.鹿特丹规则研究.大连:大连海事大学出版社,2009.
[17]翟云岭,郭洁.新合同法论.大连:大连海事大学出版社,2000.
[18]刘文华.新合同法条文精解与典型案例.北京:世界图书出版公司,1999.
[19]杨良宜.装卸时间与滞期费.大连:大连海事大学出版社,2006.
[20]胡美芬,王义源.远洋运输业务.4版.北京:人民交通出版社,2007.
[21]司玉琢.海商法(第三版).北京:法律出版社,2012.
[22]郭萍.租船缩略语与常用条款.大连:大连海事大学出版社,2010.
[23]郭萍.试比较航次租船合同中有关装卸时间的相关条款.世界海运,1998(3).
[24]郭萍.试延滞损失的几个法律问题.中国海商法年刊,1997.
[25]郭萍.租约中有关装卸时间解释规则的最新发展及比较.世界海运,1995(6).

[26]郭萍. Deviation 的含义及其法律后果. 大连海事大学学报,1998(2).

[27]郭萍. 论船舶租用合同中留置权条款的有关问题. 中国海商法年刊,1996.

[28]李海. 论定期租船合同中的船速索赔. 海商法论文集. 北京:学术书刊出版社,1989.

[29]黄伟青. 并入提单的仲裁条款若干法律问题探讨. 中国海商法年刊,2000.

[30]汪淮江. 试论光船租赁条款在我国的效力. 中国海商法年刊,1994.

[31]轶名. 揭开 FFA 的神秘面纱. 海运纵览,2010(11).

[32]朱文奇,李颖. 打击索马里海盗:既是责任也是挑战. 中国海商法年刊,2011(2).

[33]郭萍. 快乐日子一案带给中国船舶所有人的思考//法律评论,大连:大连海事大学出版社,2002.

[34]刘瑞仪,孙广伟. 船舶期租、程租及建造合同纠纷的一些最近发展//中国律师 2011 年海商法国际研讨会论文集. 山东滨海正大律师事务所,2011.

[35]樊长春,谢振衔,单丹. 远期运费协议的法律性质及管辖问题——评中国第一起航运金融衍生品纠纷. 中国海商法年刊,2011(2).

[36]《海事审判》1995 年第 2 期(总第 24 期)

[37]许俊强. 海事纠纷中主管异议的审理程序. 人民司法,2009(14).

[38]John Wilson. Carriage of Goods by Sea. 2nd ed. Bell and Bain Ltd. , Glasgow, 1993.

[39]John Schofield, M. A. Laytime and Demurrage. 2nd ed. Lloyd's of London Press Ltd. , 1990.

[40]Donald Davies, R. D. , R. N. R. Commencement of Laytime. Lloyd's of London Press Ltd. , 1987.

[41]Michael Wilford, Terence Coghlin, John D. Kimball. Time Charters. 3th ed. Lloyd's of London Press Ltd. , 1989.

[42]Henry Campbell Black. Black's Law Dictionary. 5th ed. West Publishing Co. , 1979.

[43]LARS GORTON. Shipbroking and Charting Practice. 6th ed. LLP, 2004.

[44]Terence Coghlin, Andrew W Baker, Julian Kenny, John D. Kimball. Time Charter. 6th ed. LLP,2008.

[45]Sir Bernard Eder, Howard Bennett, David FOxton, Christopher F. Smith. Scrutton on Charterparties and Bills of lading. 22nd ed. Sweet & Maxwell, 2011.

[46]Mark Davis. Bareboat Charters. 2nd ed. LLP, 2005.

[47] Julian Cooke, Timothy Young QC, John Kimball, LeRoy Lambert, Andrew Taylor, David Martowski. Vogage Charters. 3rd ed. LLP,2007.

[48] Alexander von Ziegler, Johan Schelin, Stefano Zanareui. The Rotterdam Rules 2008. Wolters Kluwer,2010.